GLEANINGS IN GENESIS

아더 핑크

창세기 강해

정충하 옮김

아더 핑크
클래식
3

GLEANINGS IN GENESIS

아더 핑크

창세기 강해

정충하 옮김

contents

차례

서론

예로부터 창세기는 "성경의 모판"으로 일컬어져 왔는데, 그것은 참으로 합당한 이름이다. 창세기에서 거의 모든 위대한 교리들이 싹의 형태로 나타나는 것을 이어지는 책들에서 보게 되기 때문이다.

창세기에서 하나님은 "천지의 주인인 지극히 높은 자"로서뿐만 아니라 창조주 하나님으로서, 언약의 하나님으로서, 전능하신 하나님으로서 계시된다.

창세기에서 우리는 삼위일체 즉 신성(神性) 안에 있는 인격의 복수성의 첫 암시를 보게 된다. "우리의 형상을 따라 우리가 사람을 만들고"(1:26).

창세기에서 인간은 먼저 하나님의 피조물로서, 다음으로 죄로 말미암아 타락한 존재로서, 그리고 마침내 하나님께로 돌이켜진 존재로서 나타난다. 인간은 하나님께 은혜를 입으며(6:8), 하나님과 동행하며(6:9), 하나님의 벗이라 칭함을 받을 수 있는 존재이다(약 2:23).

창세기에서 사탄의 간계가 폭로된다. 우리가 "그의 계책을 알지 못하는 바가 아닌" 것은 성령께서 여기에서 그것을 충분하게 나타내셨기 때문이다(고후 2:11). 사탄이 역사(役事)하는 영역은 도덕적인 영역이 아니라 영적인 영역이다. 그는 하나님의 말씀에 이의(異意)를 제기하며, 그것의 순전성에 의문을 던지며, 그것의 진실성을 부인한다.

창세기에 주권적 선택의 진리가 처음 나타난다. 하나님은 아브라함을 우상 숭배하는 백성들로부터 뽑아내시고, 그를 선택받은 나라의 조상으로 삼으신다. 하나님은 이스마엘을 버리시고 이삭을 부르신다.

창세기에 구원의 진리가 모형적으로 나타난다. 우리의 타락한 첫 조상들에게 하나님 자신이 가죽옷을 입혀 주신다. 가죽을 얻기 위해서는 필연적으로 죽음이 들어와야만 했으며, 피가 흘려져야만 했으며, 죄인을 대신하여 무죄한 짐승이 죽임을 당해야만 했다. 오직 이런 방법에 의해서만 사람의 수치는 가려진다. 그리고 오직 이런 방법에 의해서만 죄인은 거룩하신 하나님 앞에 설 수 있게 된다.

창세기에 믿음으로 말미암아 의롭다함을 받는 진리가 처음 나타난다. "아브람이 여호와를 믿으니 여호와께서 이를 그의 의로 여기시고"(15:6). 아브라함은 하나님을 믿었다. 그는 하나님께 순종한 것도 아니었고, 하나님을 사랑한 것도 아니었고, 하나님을 섬긴 것도 아니었다. 그는 단지 하나님을 믿었을 뿐이며, 바로 이것이 그에게 의로 여기심을 받는 것이 되었다. 아브라함이 의로 "여기심"을 받았다면, 그것은 그 자신의 의가 아니다. 그는 단지 하나님을 믿음으로 말미암아 의로운 자로 간주되었을 뿐이다.

창세기에 신자의 안전이 두드러지게 나타난다. 심판의 홍수가 땅에 임하여 죄 가운데 빠져 살던 땅의 모든 백성들을 삼켰다. 그러나 여호와께 은혜를 입은 노아는 방주 속에서 안전하게 보존되었다.

창세기에서 분리(separation)의 진리가 분명하게 가르쳐진다. 에녹은 악이 가득한 시대에 살았지만, 세상과 분리되어 하나님과 동행했다. 아브라함은 우상 숭배로 가득 찬 갈대아 우르로부터 스스로를 분리시킨 채 하나님의 약속을 따라 행하도록 부름을 받았다. 롯은 우리 앞에 불신자들과 다른 멍에를 메지 않고 열매 없는 어둠의 일에 참여한 것에 대한 두려운 결과를 보여 주는 엄숙한 표본으로서 제시된다.

창세기에 잘못을 범한 신자에게 임하는 하나님의 징계의 회초리가 나타난다. 야곱은 영을 따라 행하는 대신 육체를 따라 행하는 하나님의 자녀에게 어떤 일이 일어나는지를 보여 주는 분명한 표본이다. 그러나 종국에는 하나님의 은혜가 인간의 연약함을 이긴다.

창세기에 기도의 중요성과 가치가 나타난다. 아브라함이 하나님께 기도함으로 아비멜렉의 목숨이 부지된다(20:17). 아브라함의 종은 하나님께서 자신의 발걸음을 인도하사 이삭의 아내를 찾을 수 있도록 해 달라고 기도했고, 하나님은 그의 기도에 응답하셨다(24장). 또 하나님은 야곱의 기도도 들으시고 응답하셨다.

창세기에 성도의 승천이 생생하게 묘사된다. 하나님과 동행한 에녹은 하나님이 그를 데려가심으로 더 이상 "세상에 있지" 않았다(5:24). 그는 죽음의 문을 통과하지 않았다. 그는 여기의 죄와 고통의 영역으로부터 죽음을 알지 못하는 영광의 영역으로 갑자기 옮겨졌다.

창세기에 신적 성육신이 처음 선포된다. 장차 오실 자는 초자연적으로 잉태될 것이다. 그는 다른 사람들과는 전혀 다른 방법으로 세상에 들어오실 것이다. 그는 사람의 아들(人子)이어야만 하지만, 사람 아버지를 갖지 않을 것이다. 뱀의 머리를 상하게 할 자는 여자의 후손일 것이다.

창세기에 구주의 죽음과 부활이 놀랍게 예조(豫照)된다. 노아와 그의 가족들이 탄 방주는 죽음의 홍수를 넘어 안전하게 새 땅에 도착했다. 아브라함의 사랑하는 아들인 이삭은 아버지의 명령에 따라 순순히 제단 위에 누웠다. 그곳에서 아브라함은 "비유적으로 그를 죽은 자 가운데서 도로" 받았다(히 11:19).

창세기에서 우리는 구주의 승귀(昇貴)에 대해 배운다. 특별히 그것은 요셉의 역사(歷史) 가운데 두드러지게 나타난다. 요셉은 그리스도를 예표하는 모든 모형들 가운데 가장 완전한 모형이었다. 비하(卑下)와 고난의 기간이 지난 후, 그는 애굽 전역을 치리하는 주권자로 승귀되었다. 또 야곱은 임종 자리에서 "모든 백성이 복종할" 실로에 대해 선포한다. "규가 유다를 떠나지 아니하며 통치자의 지팡이가 그 발 사이에서 떠나지 아니 하기를 실로가 오시기까지 이르리니 그에게 모든 백성이 복종하리로다"(49:10).

창세기에 그리스도의 제사장직이 나타난다. 주 예수는 아론의 반차를 따른 제사장이 아니라 멜기세덱의 반차를 따른 제사장이다. 아브라함으로부터 십일조를 받은 여기의 신비로운 인물이 우리 앞에 나타나는 것은 바로 창세기에서이다.

창세기에 장차 올 적그리스도가 언급된다. 그는 뱀의 후손으로 언급된다(3:15). 그는 또한 지극히 높은 자에 맞서 대제국을 건설한 니므롯의 인격과 역사(歷史) 가운데 예조(豫照)된다.

창세기에 처음으로 하나님이 아브라함과 그의 후손들에게 팔레스타인 땅을 주셨음이 나타난다. "여호와께서 아브람에게 나타나 이르시되 내가 이 땅을 네 자손에게 주리라 하신지라"(12:7). "보이는 땅을 내가 너와 네 자손에게 주리니 영원히 이르리라"(13:15).

창세기에 이스라엘의 놀라운 미래가 예고된다. "내가 네 자손이 땅의 티끌 같게 하리니 사람이 땅의 티끌을 능히 셀 수 있을진대 네 자손도 세리라"(13:16). "또 네 씨로 말미암아 천하 만민이 복을 받으리니"(22:18).

창세기에 악인에 대한 하나님의 심판이 엄중하게 나타난다. 가인은 자신의 죄벌이 "지기에 너무 무겁다고" 호소한다(4:13). 홍수가 불경건한 세상에 임하여 모든 것을 쓸어버린다. 불과 유황이 소돔과 고모라에 내려 거기에 있는 모든 것을 완전히 불사른다. 롯의 아내는 불순종의 한 행동으로 인해 소금기둥이 된다.

이 모든 것은 창세기의 신적 저작권을 증명하는 놀라운 증거들이다. 나중에 크게 펼쳐지고 확장되는 것들을 여기에서 싹의 형태로 구체화시킬 수 있는 자가 처음부터 끝까지 모든 것을 아는 자 외에 누구이겠는가? 창세기를 기록한 초자연적인 정신(mind)이 이후의 책들을 기록한 모든 사람들의 손을 이끈 것이 아니면 무엇이겠는가? 여기의 시작의 책의 무궁무진한 보화를 탐구하고자 하는 우리 모두에게 하나님의 축복이 임하기를 간절히 기원한다.

아더 W. 핑크

제 1 장

창조와 회복

창세기 1장

성경이 시작되는 방식은 그것의 신적 저작권과 정말로 잘 어울린다. "태초에 하나님이 천지를 창조하시니라"(창 1:1). 최초의 창조와 관련하여 성경에 기록된 것은 이것이 전부이다. 우리로 하여금 창조의 연대(年代)를 결정할 수 있도록 해 주는 것은 아무것도 없다. 창조세계의 전체적인 모양이라든지 혹은 그 안에 있는 것들에 대해서는 아무것도 계시되지 않는다. 또 최초의 창조와 관련하여 신적 건축자가 사용한 구체적인 방법에 대해서도 아무것도 언급되지 않는다. 우리는 최초의 하늘과 땅이 수천 년 전에 창조되었는지 아니면 수억 년 전에 창조되었는지 알지 못한다. 우리는 창조가 한 순간에 이루어졌는지 아니면 오랜 세대의 간격을 두고 이루어졌는지 알지 못한다. 오직 단순한 사실 그 자체만 언급될 뿐이다. "태초에 하나님이 천지를 창조하시니라." 그리고 우리의 호기심을 만족시켜 주기 위해 아무것도 덧붙여지지 않는다. 거룩한 책의 첫 문장은 철학적인 명제로서가 아니라, 믿음으로 무조건 받아들여야만 하는 진리의 선언으로 제시된다.

"태초에 하나님이 천지를 창조하시니라." 하나님의 존재를 증명하기 위한 어떤 논증도 제시되지 않는다. 다만 그의 존재는 믿음으로 받아들여야만 하는 사실로서 확언될 뿐이다. 그럼에도 불구하고 여기의 짤막한 문장은 신(神)과 관련하여 인간이 만들어 낸 모든 잘못된 개념들을 드러내기에 충분하다. 여기의 성경의 첫 문장은 무신론(無神論)을 거부한다. 그것은 하나님의 존재를 당연한 사실로서 전제하기 때문이다. 또 그것은 유물론(唯物論)을 배격한다. 그것은 하나님과 그가 창조한 물리적인 창조세계 사이를 구별하기 때문이다. 또 그것은 범신론(汎神論)을 허물어뜨린다. 그것은 필연적으로 인격적인 하나님의 필요성을 전제하기 때문이다. "태초에 하나님이 천지를 창조하시니라"는 우리에게 그 자신은 태초 이

전에 그러므로 영원 전부터 계셨음을 말해 준다. "태초에 하나님이 천지를 창조하시니라"는 우리에게 그가 인격적인 존재임을 알려 준다. 추상적이며 비인격적인 "첫째 원인"(first cause)은 창조할 수 없기 때문이다. "태초에 하나님이 천지를 창조하시니라"는 그의 무한하심과 전능하심을 주장한다. 유한한 존재는 창조의 권능을 소유할 수 없으며, 오직 전능한 존재만이 하늘과 땅을 창조할 수 있기 때문이다.

"태초에 하나님이"(in the beginning God, 즉 "처음에 하나님이" 혹은 "먼저 하나님이" — 역주). 바로 이것이 모든 실제적인 신학의 기초가 되는 사실이다. 하나님은 위대한 시작자(始作者)이며, 모든 것은 그로부터 시작된다. 인간이 고안한 모든 체계 안에 있는 근본적인 오류는 바로 이 사실을 간과하는 것이다. 신학과 철학의 모든 잘못된 체계들은 인간으로부터 시작하여 하나님에게로 확대시키고자 애를 쓴다. 그러나 이것은 앞뒤가 바뀐 것이다. 우리는 모든 사고(思考)에 있어 하나님으로부터 시작하여 인간에게로 확대시켜야 한다. 또 이것은 성경의 신적 영감(靈感)과 관련해서도 사실이다. 성경은 인간의 언어로 표현되며, 인간의 귀에 전달되며, 인간의 손에 의해 기록되었다. 그러나 거기에 "먼저 하나님이"(in the beginning God) 계셨다. "오직 성령의 감동하심을 받은 사람들이 하나님께 받아 말한 것임이라"(벧후 1:21). 이것은 또한 구원에 있어서도 사실이다. 아담이 에덴동산에서 죄를 범함으로 사망이 들어왔다. 그러나 그를 지으신 자는 그로 인해 놀라 어쩔 줄 몰라 하지 않으셨다. "먼저 하나님은"(in the beginning God) 그와 같은 비상상황에 대비하셨다. "어린 양이 창세 전부터 미리 예정되었기" 때문이다. "그는 창세 전부터 미리 알린 바 되신 이나 이 말세에 너희를 위하여 나타내신 바 되었으니"(벧전 1:20). 이것은 또한 새 창조에 있어서도 사실이다. 구원받은 영혼은 회개하며, 믿으며, 주님을 섬긴다. 그러나 "먼저 하나님이"(in the beginning God) 그리스도 안에서 우리를 택하셨다. "창세 전에 그리스도 안에서 우리를 택하사"(엡 1:4). 또 우리가 지금 그를 사랑하는 것은 그가 먼저 우리를 사랑하셨기 때문이다. "우리가 사랑함은 그가 먼저 우리를 사랑하셨음이라"(요일 4:19).

"태초에 하나님이 천지를 창조하시니라." 그러므로 우리는 창조세계가 하나님에게 합당했으며, 창조주의 완전함을 반영했으며, 완전한 아름다움으로 빛났었던 것을 믿지 않을 수 없다. 분명 처음 창조되던 날의 땅은 창세기 1장 2절에 묘사된 혼돈 상태와는 크게 달랐을 것임에 틀림없다. "땅이 혼돈하고 공허하며"는 땅의 상태와 관련하여 1절의 상태보다 훨씬 나중의 상태를 가리키는 것임에 틀림없다. 백여 년 전에 찰머스(Dr. Chalmers)는 창세기 1장 2절의 "혼돈하고 공허하며"(was)가 "혼돈하고 공허하게 **되었으며**"(became)로 번역되어야만 함을 지적했다. 그렇다면 1절과 2절 사이에 어떤 엄청난 사건이 개재(介在)되어 있었음에 틀림없다. 그러한 사실은 이사야 45장 18절로부터 확실해진다. "대저 여호와께서 이같이 말씀하시되 하늘을 창조하신 이 그는 하나님이시니 그가 땅을 지으시고 그것을 만드셨으며 그것을 견고하게 하시되 혼돈하게 창조하지 아니 하시고 사람이 거주하게 그것을 지으셨으니." 이사야는 땅이 본래 창세기 1장 2절이 묘사하는 상태로 창조되지 않았음을 분명하게 선언한다.

3절 이후에 발견되는 것은 최초의 창조에 대한 이야기가 아니라, 폐허가 된 것을 다시 세우는 **회복**에 대한 이야기이다. 1절은 최초의 창조에 대해 이야기하며, 2절은 6일 동안의 회복의 역사(役事) 이전의 땅의 상태를 묘사한다. 1절이 시간적으로 얼마나 먼 지점까지 우리를 인도하는지, 혹은 땅이 폐허가 "되기"(became) 전에 얼마나 긴 기간이 개재되어 있는지 우리는 알지 못한다. 오늘날 우리는 지질학자들이 이야기하는 어마어마한 연대(年代)에 대해 듣는다. 그렇지만 어쨌든 과학이 발견한 사실들과 성경이 가르치는 것 사이에 어떤 상충도 없다. 1절과 2절 사이에 있는 미지의 기간은 역사(歷史) 이전의 모든 시대를 품을 수 있을 만큼 충분히 광대하다. 그러나 3절 이후에 일어난 모든 일은 지금으로부터 6,000년을 넘어가지 않는다.

출애굽기 20장 11절의 "이는 엿새 동안에 나 여호와가 하늘과 땅과 바다와 그 가운데 모든 것을 **만들고**"라는 말씀을 주목해 보라. "창조하는" 것과 "만드는" 것 사이에는 큰 차이가 있다. "창조하는" 것은 어떤 것을 무(無)로부터 존재로 부르는 것이다. 반면 "만드는" 것은 이미 존재하는 재료로부터 어떤 것을 형성하며 빚는 것이다. 목수는 나무로부터 의자를 만들 수 있지만, 나무 자체를 창조할 수는 없다. 처음에 하나님이 천지를 **창조하셨다**(창 1:1). 그리고 나중에 즉 최초의 창조가 폐허가 된 다음에 하나님이 "하늘과 땅과 바다와 그 가운데 모든 것을" **만드셨다**(출 20:11). 출애굽기 20장 11절은 창세기 1장의 "날"이 어떤 종류의 날인지, 다시 말해서 그것이 24시간 하루인지 아니면 어떤 긴 기간을 의미하는 것인지와 관련하여 제기된 논쟁을 해결한다. "6일" 동안 다시 말해서 문자적인 24시간의

"날"들로 이루어진 6일 동안, 하나님은 어떤 엄청난 사건으로 말미암아 혼돈과 공허 속으로 떨어진 것을 회복시키며 재구성하는 일을 완성하셨다.

3절 이후의 이야기는 하나의 서사시로 간주되어서는 안 되며, 하물며 풍유(allegory)로 간주되어서는 더 더욱 안 된다. 그것은 신적 계시에 대한 문자적이며 역사적(歷史的)인 언급으로서 간주되어야만 한다. 나는 창세기 1장의 가르침과 현대 과학이 일치되는 것을 증명하기 위해 애쓰는 사람들을 그다지 호의적인 시각으로 바라보지 않는다. 도리어 나는 각종 과학적인 이론들을 성경의 가르침과 일치시키는 것은 과학자 자신들의 몫이어야만 한다고 생각한다. 기독교 신앙은 사람의 지혜 위에 세워지지 않으며, 과학자들의 지지대를 필요로 하지도 않는다. 기독교 신앙은 성경의 영원히 흔들리지 않는 반석 위에 세워지며, 그 이상 필요한 것은 아무것도 없다. 너무나 자주 기독교 변증가들은 자신들의 올바른 기초를 내던져 버리곤 했다. 예컨대 앗수르의 옛 점토판 가운데 하나가 해독되면, 사람들은 구약의 역사(歷史) 가운데 발견되는 어떤 언급이 확증되었노라고 의기양양하게 떠들곤 했다. 그러나 그것은 앞뒤가 바뀐 것이다. 하나님의 말씀은 어떤 "확증"도 필요로 하지 않는다. 앗수르의 점토판에 있는 어떤 기록이 성경의 기록과 일치한다면, 그것은 성경의 기록의 정확성을 확증하는 것이 아니라 앗수르 점토판의 기록의 정확성을 확증하는 것이다. 둘이 서로 일치하지 않는다면, 그것은 앗수르 점토판의 기록이 잘못된 것임을 나타내는 명백한 증거이다. 마찬가지로 과학의 어떤 가르침이 성경과 일치한다면, 그것은 그러한 과학의 가르침이 옳음을 보여 주는 증거이다. 그러나 서로 상충된다면, 그것은 그러한 과학의 가설이 틀렸음을 보여 주는 증거이다. 세속적인 사이비 과학자들은 우리의 논리를 조롱할지 모른다. 그러나 그들의 조롱은 단지 다음과 같은 하나님의 말씀이 사실임을 증명할 뿐이다. "육에 속한 사람은 하나님의 성령의 일들을 받지 아니 하나니 이는 그것들이 그에게는 어리석게 보임이요, 또 그는 그것들을 알 수도 없나니 그러한 일은 영적으로 분별되기 때문이라"(고전 2:14).

창세기 1장은 얼마나 놀랍도록 간결한가! 최초로 천지가 창조된 것을 이야기하기 위해 단 한 절로 충분하다(1절). 또 폐허가 된 땅의 무시무시한 혼돈을 이야기하기 위해 또 하나의 절이 할당된 것이 전부다(2절). 또 채 서른 개도 되지 않는 절(節)들로 하나님이 "하늘과 땅과 그 안에 있는 모든 것을 만든" 6일 동안의 역사(役事)를 이야기한다. 이 세상이 배출한 모든 문학가들과 역사가들과 시인들과 철학자들의 모든 재주를 다 합친다 하더라도 창세기 1장과 견줄만한 작품을 결코 고안할 수 없을 것이다. 주제의 심원(深遠)함에도 불구하고 그 언어는 얼마나 단순한가! 범위의 광대함에도 불구하고 그 표현은 얼마나 간결한가! 과학적인 정확성에도 불구하고 전문적인 용어는 전혀 사용되지 않는 것을 보라. 이 세상에 창세기 1장과 맞설만한 것은 아무것도 없다. 문학의 전체 영역 속에서 단 한 순간이라도 그것과 비교될 수 있는 것은 아무것도 없다. 그것은 스스로 선다. 간결함이 지혜의 핵심적인 요소라면, 창세기 1장의 간결함은 그것에 영감(靈感)을 불어넣은 자의 신적 지혜를 증명한다. 그것을 과학자들이 정리한 과학의 공식들과 비교해 보라. 그것을 시인들이 쓴 위대한 문학작품들과 비교해 보라. 그것을 옛 사람들의 허무맹랑한 천지개벽론이나 이교도들의 허탄한 신화들과 비교해 보라. 그러면 창조와 회복에 관한 여기의 신적 이야기의 독특성이 단번에 두드러질 것이다. 창세기 1장의 모든 행(行) 속에는 신성(神性)의 필적이 선명하게 새겨져 있다.

여기에서 우리는 6일 간의 역사(役事)의 세세한 것들을 모두 다루지는 않을 것이다. 다만 그것을 읽는 자들은 그 안에서 하나님이 진행하신 방식의 질서정연함, 그가 자신의 일을 이루심에 있어서의 쉬움, 창조된 것들의 탁월함, 그리고 이야기의 단순함 등을 즉시로 느끼게 될 것이다. 혼돈을 의미하는 "카오스"로부터 질서와 조화와 아름다움을 의미하는 "코스모스"가 나오고, 물로부터 땅이 솟아오르고, 폐허와 어둠과 죽음의 장면이 빛과 생명과 비옥함의 장면으로 바뀌고 마침내 "모든 것이 심히 좋았더라"라는 선언으로 귀결된다. 우리는 여기에서 첫 번째 "열 개의 신적 명령"(Decalogue)을 보게 되고, 계속해서 "하나님이 말씀하시니 그대로 되니라"가 열 번 반복되는 것을 읽게 된다(3, 6, 9, 11, 14, 14, 20, 24, 26, 30절). 이것은 창조의 십계명이라고 명명될 수 있을 것이다.

히브리어 원문에서 창세기 1장 1절은 7개의 단어로 되어 있으며, 그것은 모두 28개의 알파벳으로 구성되어 있다. 28은 7에다가 4를 곱한 숫자이다. 7은 완전을 나타내는 숫자이며, 4는 창조를 나타내는 숫자이다. 그러므로 우리는 최초의 창조가 완전했음을 배운다. 또 땅을 회복시키는 하나님의 사역이 일곱 단계로 이루어지는 것을 우리는 주목할 수 있다. 첫째로 성령의 활동(1:2). 둘째로 빛이 있으라는 부르심(1:3). 셋째로 궁창을 만드심(1:6-9). 넷째로 땅을 각종 식물로 옷 입히심(1:11). 다섯째로 천체를 만드시고 배치하심(1:14-18). 여섯째로 물을 생물로 가득 채우심(20-21절). 일곱째로 땅을 생물로 가득 채우심(24절). 하나님의 사역의 완전함은 여기에서 "좋았더라"라는 단어가 일곱 번 등장하는 것에서 또 다시 나타난다(7, 16, 25, 26, 31; 2:2, 3). 또 우리는 창세기 1장에서 "하늘"이라는 단어가 일곱 번 나오는 것을 주목할 수 있다(1, 8, 9, 14, 15, 17, 20). 또 성경의 첫 단락(창 1:1-2:4)에 "하나님" 자신이 35회 나오는데, 그것은 7에다가 5를 곱한 숫자이다. 이와 같이 여기에서 하나님이 행하시고 만드신 모든 것 위에 완전의 표가 찍혀 있다.

창세기 1장의 문자적인 의미로부터 돌이켜, 이제 그것의 상징적인 의미를 살펴보도록 하자. 옛 창조를 재구성함에 있어 하나님이 따른 순서는 새 창조와 관련하여 행해진 순서와 정확하게 일치한다. 그리고 전자는 매우 놀랄 만한 방식으로 후자의 그림자가 된다. 폐허가 된 땅을 회복시키는 회복의 역사(歷史)는 그리스도 안에서의 신자(信者)의 영적 역사와 정확하게 일치한다. 옛 세상과 관련하여 일어난 것은 거듭난 사람 안에서 자신의 짝을 발견한다. 이제 구체적으로 하나씩 살펴보도록 하자

1. "태초에 하나님이 천지를 창조하시니라"(1절). 앞에서 이야기한 것처럼, 최초의 창조의 본래 상태는 2절이 묘사하는 상태와 크게 달랐다. 창조주의 손에 의해 지어짐으로 말미암아, 하늘과 땅은 틀림없이 최고로 온전하며 아름다운 환경을 제공했을 것이다. 거기에 "새벽 별들"의 화음을 깨뜨리는 고통의 신음소리는 전혀 들리지 않았다(욥 38:7). 거기에 창조주의 작품의 완전함을 망가뜨리는 썩음의 벌레는 전혀 없었다. 거기에 하나님의 주권에 도전하는 불법적인 반역은 전혀 없었다. 거기에 어두운 분위기를 만드는 사망의 그늘은 전혀 없었다. 하나님이 주권적으로 통치하셨으며, 그와 맞서는 자는 아무도 없었다. 그러므로 모든 것이 심히 좋았다.

세상 역사(歷史)의 처음과 마찬가지로, 하나님이 처음 창조한 사람의 본래 상태는 이후의 타락으로 말미암은 상태와 크게 달랐다. 사람은 하나님의 형상과 모양대로 만들어졌으며, 돕는 배필과 기쁨의 동산과 다른 모든 피조물들을 다스리는 통치권을 받았으며, 생육하고 번성하며 땅에 충만하라는 축복을 받았으며, 하나님의 "심히 좋았더라"라는 선언에 포함되었다. 아담은 자신의 마음이 바랄 수 있는 모든 것을 가졌다. 그에게 어떤 죄의 유전(遺傳)도 없었으며, 그 안에 어떤 거짓되고 악한 마음도 없었으며, 그 위에 어떤 타락의 흔적도 없었으며, 그 주위에 어떤 사망의 표적도 없었다. 거기에 돕는 배필과 함께 그리고 창조주와 교제

하는 가운데, 그를 행복하고 만족하게 만드는 모든 것이 있었다.

2. "땅이 혼돈하고 공허하며 흑암이 깊음 위에 있고"(2 상반절). 어떤 두려운 사건이 일어났음에 틀림없다. 죄가 하나님에 대항하여 감히 자기의 가증한 머리를 들었으며, 그와 함께 죽음과 그에 수반되는 모든 악들이 들어왔다. 이로 인해 창조주의 아름다운 작품은 망가졌다. 처음에 그토록 아름다웠던 것은 이제 망가져 버렸으며, 심히 좋았던 것은 심히 악한 것이 되었다. 빛은 꺼졌으며, 땅은 심판의 수면(水面) 아래로 가라앉았다. 처음에 완전했던 것은 폐허가 되었으며, 깊음의 수면 위에 어둠이 거하게 되었다. 아, 이것은 얼마나 큰 비극인가! 창세기 1장의 첫째 절과 둘째 절 사이의 대조보다 더 큰 대조를 우리는 결코 상상할 수 없다. 이와 같이 태초에 하나님이 창조하신 최초의 땅은 폐허가 되었다.

최초의 사람에게 떨어진 것은 그것 못지않은 비극이었다. 최초의 땅과 마찬가지로, 아담 역시도 본래의 상태에 남아 있지 않았다. 어떤 두려운 재앙이 일어난 것이다. 이에 대한 이야기는 창세기 3장에 나타난다. 한 사람으로 말미암아 죄가 세상에 들어왔으며 죄로 말미암아 사망이 들어왔다. 불순종의 영이 그를 사로잡았으며, 그는 자기를 만드신 자에게 반역을 행했다. 그는 금지된 열매를 먹었으며, 그로 말미암아 두려운 결과가 따랐다. 이로 인해 창조주의 아름다운 작품은 망가졌다. 전에 축복이 있었던 곳에 이제 저주가 임했으며, 생명과 기쁨의 장면 안으로 죽음과 슬픔이 들어왔다. 처음에 "심히 좋았던" 것이 이제 심히 악한 것이 되었다. 최초의 땅과 마찬가지로, 사람은 파선(破船)되어 폐허가 되었다. 그는 악 속에 가라앉았으며, 어둠 가운데 싸였다. 이것은 말할 수 없는 비극이었다. 그러나 그것이 사실임은 아담의 모든 자손들의 마음속에서 증명된다.

이와 관련하여 그랜트(F. W. Grant)는 이렇게 말한다. "이와 같이 최초의 창조가 있었으며, 그 다음에 타락이 있었다. 처음에 '하늘과 땅' 이 올바른 순서로 있었다. 그리고 나서 '하늘 없는 땅' 즉 어둠이 되었다. 그리고 땅은 황량하며 쉼 없는 바다의 '깊음' 아래로 가라앉았다. 이것은 하나님으로부터 타락한 인간의 상태를 보여 주는 얼마나 훌륭한 상징인가! 또 그것은 얼마나 완전한 혼돈인가! '악인은 평온함을 얻지 못하고 그 물이 진흙과 더러운 것을 늘 솟구쳐 내는 요동하는 바다와 같으니라' 라는 말씀처럼(사 57:20), 쉼 없는 정욕의 파도는 난파된 배 위에 얼마나 강렬하게 휘몰아치는가!"

바로 여기에 인간의 운명의 열쇠가 있다. 바로 여기에 세상의 모든 고통과 슬픔의 원인이 있다. 바로 여기에 인간의 부패에 대한 설명이 있다. 이제 사람은 하나님이 처음 창조하셨을 때의 상태와 매우 다른 상태가 되었다. 하나님은 사람을 "정직하게" 지으셨으나(전 7:29), 사람은 그러한 상태에 계속 있지 않았다. 하나님은 금지된 열매를 먹으면 반드시 죽을 것이라고 경고하셨다. 그리하여 사람은 영적으로 죽었으며, 타락한 피조물이 되었다. 사람은 "하나님의 생명으로부터 떠난" 상태로 이 세상에 태어난다. "그들의 총명이 어두워지고 그들 가운데 있는 무지함과 그들의 마음이 굳어짐으로 말미암아 하나님의 생명에서 떠나 있도다"(엡 4:18). 사람은 "만물보다 거짓되고 심히 부패한" 마음과 함께 이 세상에 태어난다(렘 17:9). 바로 이것이 타락의 유산이며, 아담의 범죄의 결과이다. 인간은 타락한 피조물이며, 도덕과 영의 "어둠"이 그의 총명(understanding)을 지배한다. "그들의 총명이 어두워지고 그들 가운데 있는 무지함과 그들의 마음이 굳어짐으로 말미암아 하나님의 생명에서 떠나 있도다"(엡 4:18).

3. "하나님의 영은 수면 위에 운행하시니라"(2 하반절). 여기에서 소망이 동터 오기 시작한다. 하나님은 폐허가 된 최초의 땅을 버리지 않으셨다. 설령 하나님이 버리셨다 하더라도, 그것은 조금도 놀랄 일이 아니었을 것이다. 하나님이 자신의 의로운 심판 아래 놓으신 것에 대해 더 이상 신경 쓸 까닭이 도대체 어디에 있단 말인가? 이제 황량한 폐허가 된 것에 대해 그가 더 이상 관심을 가질 이유가 도대체 어디에 있단 말인가? 그러나 바로 여기에 주권적인 긍휼이 개입해 들어왔다. 그는 혼돈과 공허를 향한 은혜로운 계획을 가지고 계셨다. 그는 그것을 다시 세우며, 회복시키고자 계획하셨다. 이러한 바람직한 결과를 가져다주는 최초의 것은 "수면 위에 운행하시는 하나님의 영"이었다. 거기에 신적 행동 즉 하나님의 영 편에서의 움직임이 있었으며, 바로 이것이 근본적으로 필요한 것이었다. 어떻게 땅이 스스로를 다시 세울 수 있단 말인가? 어떻게 하나님의 의로운 심판 아래 떨어진 것이 스스로를 축복의 자리로 옮겨 놓을 수 있단 말인가? 어떻게 어둠이 스스로를 생명으로 바꿀 수 있단 말인가? 그것은 본질적으로 불가능한 일이었다. 폐허가 된 창조세계는 스스로 아무 일도 할 수 없었다. 만일 회복과 새 창조가 있었다면, 필연적으로 신적 능력이 개입했음에 틀림없었다. 그렇게 되기 위해서는 하나님의 영이 "운행"하셔야만 했기 때문이다.

이것은 영적인 영역에도 똑같이 적용된다. 폐허가 된 최초의 땅과 마찬가지로, 타락한 인간에게는 하나님의 관심을 요구할 수 있는 어떤 권리도 없었다. 아담이 창조주에 대항하여 반역을 행했을 때, 그는 하나님의 가차 없는 심판 외에 아무것도 기대할 수 없었다. 하나님이 그에게 약간의 관심이라도 보이셨다면, 그것은 전적으로 그의 주권적인 긍휼로 말미암은 것이었다. 설령 하나님이 사람을 멸망 가운데 그대로 내버려 둔다 하더라도, 그것이 도대체 무슨 놀랄 만한 일이란 말인가! 그러나 하나님은 그렇게 하지 않으셨다. 하나님은 사람을 향한 은혜의 계획을 가지고 계셨다. 난파되고 폐허가 된 타락한 인성(人性)으로부터, 하나님은 "새 창조"를 행하고자 계획하셨다. 죄로 말미암은 사망으로부터, 지금 하나님은 예수 그리스도와 연합된 모든 사람들을 부활의 땅으로 데려가고 계신다. 이 일을 이루는 첫 번째 것은 성령의 행동이다. 이것이 근본적으로 필요한 것은 폐허가 된 땅과 마찬가지로 타락한 인간 스스로는 아무 일도 할 수 없기 때문이다. 폐허가 된 땅이 스스로를 깊음으로부터 솟아오르게 할 수 없는 것과 마찬가지로, 죄인은 스스로를 거듭나게 할 수 없다. 물리적인 창조세계의 회복과 마찬가지로, 새 창조는 하나님 자신이 이루셔야만 한다.

4. **"하나님이 이르시되 빛이 있으라 하시니 빛이 있었고"**(3절). 먼저 성령의 활동이 있었고, 계속해서 하나님의 말씀이 있다. 본장에서 우리는 "하나님이 이르시되"가 열 번 반복되는 것을 발견한다. 하나님은 아무 말씀 없이도 땅을 다시 개조하시고 새롭게 하실 수 있으셨지만, 그렇게 하지 않으셨다. 그렇게 하는 대신 하나님은 처음부터 자신의 계획과 목적이 말씀으로 말미암아 이루어지기를 기뻐하셨다. 하나님이 첫 번째로 말씀하신 것은 "빛이 있으라"였으며, 그 결과는 "빛이 있었고"였다. 이와 같이 빛은 말씀 안에서 왔으며, 말씀으로 말미암아 만들어졌다. 그리고 계속해서 우리는 "빛이 하나님이 보시기에 좋았더라"라는 말씀을 읽는다(4절).

이것은 새 창조의 일에 있어서도 마찬가지이다. 성령의 활동과 하나님의 말씀의 역사(役事) — 이 두 가지는 서로 불가분리적으로 결합된다. 사람이 그리스도 안에서 "새 창조"(new creation, 혹은 "새로운 피조물")가 되는 것은 이 두 가지로 말미암는다. 그리고 그 일을 향한 첫 발자국은 어둠 속으로 빛이 들어오는 것이었다. 죄가 들어옴으로 말미암아 사람이 마음의 눈이 멀었으며, 그의 총명이 어두워졌다. 스스로에게 남겨질 때, 사람은 자신의 두려운 상태 즉 자신이 처해 있는 정죄의 상태와 자신이 서 있는 위험을 깨달을 수 없다. 또 그는 자신에게 구주가 절박하게 필요하다는 사실을 깨닫지 못한다. 요컨대 그는 영적으로 총체적인 어둠 가운데 있는 것이다. 뿐만 아니라 그는 지성이든, 감정이든, 의지적으로든 이러한 두려운 어둠을 쫓아낼 수 없다. 그러나 "주의 말씀을 열면 빛이 비치어 우둔한 사람들을 깨닫게 하나이다"라고 기록된 것처럼, 성령에 의해 적용된 말씀을 통해 빛이 죄인에게 임한다(시 119:130). 그리고 바로 이것이 사람의 영혼 위에 하나님의 역사(役事)의 첫 발자국을 찍는다. 창세기 1장의 빛이 폐허가 된 땅의 모습을 그대로 드러낸 것처럼, 사람의 마음 안으로 들어온 하나님의 말씀은 죄로 말미암아 부패한 마음을 그대로 드러낸다.

5. **"하나님이 빛과 어둠을 나누사"**(4 하반절). 히브리서 4장 12절은 "하나님의 말씀은 살아 있고 활력이 있어 좌우에 날선 어떤 검보다도 예리하여 혼과 영과 및 관절과 골수를 찔러 쪼개기까지 하며 또 마음의 생각과 뜻을 판단하나니"라고 말한다. 이것은 상징적인 표현이 아니다. 우리는 이것이 문자적인 사실을 표현한 것으로 믿는다. 사람은 "영과 혼과 몸"으로 구성된 삼중적인 존재이다(살전 5:23). 피어슨(Dr. Pierson)은 그것들을 다음과 같이 구별한다. "영은 하나님을 의식(意識)하는 좌소(座所)이며, 혼은 자아를 의식하는 좌소이며, 몸은 감각을 의식하는 좌소이다." 죄를 범하는 순간, 아담은 영적으로 죽었다. 육체의 죽음은 영이 몸으로부터 분리되는 것이지만, 영의 죽음은 영이 하나님으로부터 분리되는 것이다. 아담이 죽었을 때, 그의 영은 소멸되지 않았다. 다만 하나님으로부터 분리되었을 뿐이다. 바로 이것이 타락이다. 아담의 전 존재 가운데 가장 높은 자리에 있는 영은 더 이상 왕의 자리에 있지 못했다. 도리어 그것은 저급한 혼의 수준으로 떨어졌으며, 별도로 기능하기를 그쳤다. 그러므로 오늘날 거듭나지 못한 사람은 정욕과 혈기와 감정의 좌소인 그의 "혼"(soul)에 의해 지배된다. 그러나 거듭나게 하는 일 안에서 하나님의 말씀은 "혼과 영을 찔러 쪼갠다." 그리하여 영은 죄로 말미암아 떨어진 저급한 수준으로부터 벗어나, 하나님과 교제하는 수준으로 되돌아간다. 하나님과 교제할 수 있는 부분인 "영"이 빛이며, 혼은 — 영에 의해 통제되고 다스려지지 않을 때 — 어둠 가운데 있다. "하나님이 빛과 어둠을 나누사" — 이런 말씀 속에서 우리는 혼과 영이 나누어지는 것이 어렴풋이 예표되는 것을 간파할 수 있다.

6. **"하나님이 이르시되 물 가운데에 궁창이 있어 물과 물로 나뉘라 하시고 … 하나님이 궁창을 하늘이라 부르시니라"**(6, 8절). 이것은 우리를 둘째 날의 일로 데려간다. 그리고 여기에서 우리는 처음으로 "하나님이 무엇인가를 만드셨다"는 말씀

을 보게 된다. "하나님이 궁창을 만드사"(7절). 이것은 대기(大氣)가 있는 하늘을 만드신 것이었다. 그리고 하나님은 궁창을 "하늘"이라고 이름붙이셨다. 새 창조에 있어 이것과 상응하는 것은 새로운 본성이 주어지는 것이다. "성령으로 난" 자는 "신성한 성품에 참여하는 자"가 된다(벧후 1:4). 중생은 단순히 육체가 개량되는 것이나 옛 본성이 계발되는 것이 아니다. 그것은 완전히 새로운 하늘의 본성을 받는 것이다. 여기에서 우리는 "궁창"이 하나님의 말씀에 의해 만들어진 것을 주목할 수 있다(6절, "하나님이 이르시되 물 가운데에 궁창이 있어 물과 물로 나뉘라 하시고"). 이와 같이 새로운 탄생이 만들어지는 것은 하나님의 기록된 말씀에 의해서이다. "그가 자기의 뜻을 따라 진리의 말씀으로 우리를 낳으셨느니라"(약 1:18). 또 베드로는 "너희가 거듭난 것은 썩어질 씨로 된 것이 아니요 썩지 아니할 씨로 된 것이니 살아 있고 항상 있는 하나님의 말씀으로 되었느니라"라고 말한다(벧전 1:23).

7. "하나님이 이르시되 천하의 물이 한 곳으로 모이고 뭍이 드러나라 하시니 그대로 되니라 하나님이 뭍을 땅이라 부르시고 모인 물을 바다라 부르시니 하나님이 보시기에 좋았더라 하나님이 이르시되 땅은 풀과 씨 맺는 채소와 각기 종류대로 씨 가진 열매 맺는 나무를 내라 하시니 그대로 되어"(9-11절). 이러한 말씀은 우리 앞에 "셋째" 날의 일을 제시한다. 여기의 "셋째"라는 숫자 속에서, 우리는 부활이 분명하게 암시되는 것을 발견할 수 있다. 물속으로 가라앉았던 땅이 물로부터 솟아올랐으며, 각종 식물로 옷을 입었다. 전에는 황량함과 죽음만 있었던 곳에 이제 생명과 비옥함이 나타났다. 이를테면 땅이 다시 살아난 것이다. 허물과 죄로 죽었던 사람은 그로부터 살아나 새로운 생명 안에서 행한다. 옛 창조로 말미암아 "아담 안에" 있었던 사람은 이제 새 창조로 말미암아 "그리스도 안에" 있다. 전에는 죽은 행실밖에는 맺지 못했던 사람이 이제는 하나님의 영광에 이르는 열매를 맺기에 적합하게 된다.

오늘의 이야기는 여기에서 끝마치고자 한다. 아직 많은 것이 다루어지지 않은 채 남아 있다. 그러나 6일 간의 회복의 역사(役事) 속에서 하나님이 따르신 순서가 새 창조에 있어서의 그의 은혜의 역사를 예표적으로 나타내는 사실을 증명함에 있어, 나는 지금까지 이야기한 것으로 충분하다고 믿는다. 요컨대 하나님이 물리적인 영역에서 예전에 행하셨던 일은 영적인 영역에서의 그의 현재적인 사역을 상징하는 것이다. 모든 단계들은 신적 능력의 나타남으로 성취되었으며, 모든 것은 그의 말씀의 작용으로 만들어졌다. 나나 여러분 모두 그 말씀에 더 풍성하게 지배되기를 기원한다. 그러면 우리는 그를 섬김에 있어 더 풍성한 열매를 맺으며, 그를 더욱 기쁘시게 하는 자가 될 것이다.

제 2장

창세기 1장 속에 있는 그리스도

창세기를 처음 고찰하면서, 나는 여기의 창조사역과 "새 창조" 즉 신자 안에서의 영적 창조 사이에 존재하는 두드러진 유비관계(類比關係)를 지적했다. 먼저 어둠이 있었고, 다음으로 성령의 활동이 있었으며, 다음으로 권능의 말씀이 선포되었으며, 다음으로 빛과 함께 부활과 풍성한 열매가 있었다. 이와 같이 여기의 6일 간의 하나님의 사역의 기록 속에는 우리 인류에 대한 하나님의 구원 섭리가 그림자처럼 드리워져 있다. 그러나 이러한 주제에 대해서는 나보다 더 유능한 사람들이 이미 충분하게 다루었기 때문에 그냥 지나가고자 한다. 대신에 나는 여러분과 함께 여기의 구절들을 좀 다른 각도에서 적용해 보고자 한다. 창세기 첫째 장 속에는 그리스도와 관련한 것들이 많이 있다. 우리가 여기에서 관심을 기울이고자 하는 것은 창세기 1장을 그리스도와 그의 사역에 상징적으로 적용하는 것이다.

예수 그리스도는 신적 진리의 성전 안으로 들어가는 황금 문을 여는 열쇠이다. 그는 성경이 자신에 대해 증언하기 때문에 "성경을 연구하라"고 명령한다. "너희가 성경에서 영생을 얻는 줄 생각하고 성경을 연구하거니와 이 성경이 곧 내게 대하여 증언하는 것이니라"(요 5:39). 또 그는 여러 차례 "나를 가리켜 기록된 모든 것이 이루어져야 하리라"라고 말씀하셨다(눅 24:44). 기록된 말씀의 모든 부분에 인격적인 말씀이 계신다. 마태복음에 그런 것과 마찬가지로 창세기에도 똑같이 그렇다. 그러므로 우리는 여기의 신적 계시의 첫머리에서도 전체적인 구속사역이 다양한 모습으로 예표되어 나타나는 것을 발견할 수 있다.

성경의 첫 부분에서, 우리는 구속의 필요성이 상징적으로 나타나는 것을 발견한다. "태초에 하나님이 천지를 창조하시니라"(1절). 이것은 우리를 완전하게 아름다우며 영광스러웠을 것이 틀림없는 최초의 창조로 데려간다. 인간의 본래의 상태도 이와 같았다. 인간은 창조주의 형상대로 만들어졌으며, 엘로힘의 생기를 받았으며, "심히 좋았더라"라고 선언되었다.

그러나 다음 말씀은 매우 다른 그림을 제시한다. "땅이 혼돈하고 공허하며"(2 상반절). 우리는 히브리어 원문을 좀 더 문자적으로 "땅이 혼돈하고 공허하게 되었으며"(became)라고 번역할 수 있다. 1절과 2절 사이에 어떤 두려운 일이 일어났다. 죄가 우주에 들어온 것이다. 하나님의 모든 피조물 가운데 가장 강한 자의 마음은 교만으로 가득 차 있었다. 사탄은 감히 전능자의 뜻에 맞섰다. 그의 타락의 두려운 결과가 우리의 땅에까지 미쳤으며, 하나님에 의해 본래 창조된 아름다운 것들은 폐허가 되었다. 여기에서 또 다시 우리는 인간 역사(歷史)와의 유비관계를 보게 된다. 인간 역시도 타락했으며, 그 또한 폐허가 되었다. 그리고 그의 죄의 결과 역시도 그 자신 너머까지 미쳤다. 우리의 첫 조상의 죄의 결과는 그 자신뿐만 아니라 아직 태어나지 않은 모든 세대까지 미친 것이다.

"흑암이 깊음 위에 있고"(2 중반절). 어둠은 빛의 반대이다. 하나님은 빛이시며, 어둠은 사탄의 상징이다. "흑암이 깊음 위에 있고"는 타락한 인성(人性)의 자연적인 상태를 잘 묘사한다. 인간은 법정적으로 하나님과 분리되었으며, 도덕과 영적으로 소경이며, 경험적으로 사탄의 노예이다. 그리고 어둠의 두려운 덮개가 거듭나지 못한 인성 위에 덮여 있다. 그러나 이것은 단지 신적 은혜의 영광이 선명하게 나타날 수 있도록 어두운 배경을 제공해 줄 뿐이다. "그러나 죄가 더한 곳에 은혜가 더욱 넘쳤나니"(롬 5:20). 이러한 "은혜가 넘치는" 방법이 6일 간의 역사(役事) 속에서 상징적으로 개괄된다. 처음 나흘 동안의 역사 속에서 우리는 구속사역에 있어서 네 가지 큰 단계가 가장 두드러진 방식으로 나타나는 것을 보게 된다. 지금 우리는 이러한 놀라운 그림을 멀찍이서 흐릿하게 볼 수 있을 뿐이다. 그러나 가까이 다가갈수록 우리는 경외와 놀라움 가운데 모든 것을 더 잘 보게 될 것이다.

I. 첫째 날의 역사 속에 신적 성육신이 상징적으로 제시된다.

타락한 죄인들이 거룩하신 하나님과 화목하고자 한다면, 어떤 일이 행해져야만 하는가? 하나님과 사람을 나누는 무한한 간격에 어떻게 다리가 놓일 수 있나? 어떤 천상의 사다리를 땅에 내려야 하는가? 이러한 질문들에 대해 오직 하나의 답변만이 가능할 수 있다. 인류 구원을 위한 첫 단계는 신성(神性)의 성육신이어야만 한다. 바로 이것이 출발점이 되어야만 한다. 말씀이 육신이 되어야만 하며, 하나님 자신이 죄 가운데 인류가 떨어진 바로 그 구덩이로 내려오셔야만 한다. 그래야만 인류가 진흙과 흙탕물이 가득한 곳으로부터 천상의 아름다운 장소로 옮겨질 수 있다. 하나님의 아들이 종의 형상을 취하고 사람의 모양을 입으셔야만 한다.

이와 같이 첫째 날의 역사(役事)는 구속사역에 있어서의 첫 단계 즉 신적 구속자의 성육신을 상징적으로 보여 준다. 여기에서 다섯 가지를 주목하라.

첫째로, 거기에 성령의 활동이 있다. "하나님의 영은 수면 위에 운행하시니라"(히브리어로는 "품으시니라"). 그리스도의 성육신 안에 있는 순서도 이와 같았다. 구주의 어머니와 관련하여 우리는 다음과 같은 말씀을 보게 된다. "천사가 대답하여 이르되 성령이 네게 임하시고 지극히 높으신 이의 능력이 너를 덮으시리니 이러므로 나실 바 거룩한 이는 하나님의 아들이라 일컬어지리라"(눅 1:35).

둘째로, 말씀이 마치 빛처럼 선포된다. "하나님이 이르시되 빛이 있으라 하시니 빛이 있었고"(3절). 마리아가 아들을 낳았을 때, 주의 영광이 베들레헴의 목자들 주위를 비추었다. "주의 영광이 그들을 두루 비추매 크게 무서워하는지라"(눅 2:9). 또 시므온은 성전에서 거룩한 아기를 보고 성령에 감동되어 이렇게 말했다. "내 눈이 주의 구원을 보았사오니 이는 만민 앞에 예비하신 것이요 이방을 비추는 빛이요 주의 백성 이스라엘의 영광이니이다"(눅 2:30-32).

셋째로, 그 빛은 하나님에 의해 인정된다. "빛이 하나님이 보시기에 좋았더라"(4 상반절). 우리는 지금 이러한 언급의 상징적인 의미에 대해 길게 다룰 수 없지만, 여기에서 "좋았더라"(good)라고 번역된 히브리어 단어가 또한 전도서에서 "아름답게"(beautiful)로 번역된 사실을 주목할 필요가 있다. "하나님이 모든 것을 지으시되 때를 따라 아름답게 하셨고"(전 3:11). 그 빛은 하나님이 보시기에 너무나 좋고 아름다웠다. 이것은 성육신하신 우리 주님에게 얼마나 분명하게 적용되는가! 그가 세상에 오셨을 때, 우리는 그와 관련하여 "예수는 지혜와 키가 자라가며 하나님과 사람에게 더욱 사랑스러워 가시더라"라는 말씀을 듣는다(눅 2:52). 또 그와 관련하여 아버지가 하신 첫 번째 말씀은 "이는 내 사랑하는 아들이요 내 기뻐하는 자라"였다(마 3:17). 그렇다. 아버지께서 보시기에 그 빛은 좋고 아름다웠다. 그리스도 안에서 아무런 아름다움도 보지 못하는 사람은 얼마나 심각한 소경인가!

넷째로, 그 빛은 어둠으로부터 분리되었다. "하나님이 빛과 어둠을 나누사"(4 하반절). 성령께서 상징을 얼마나 즐겨 사용하시는지 보라! 여기에서 성령께서 인자(Son of Man)와 사람의 아들들(sons of men) 사이의 무한한 차이에 우리의 관심을 환기시키는 것을 보라! 물론 인자는 그의 무한한 비하(卑下) 가운데 기꺼이 우리의 인성(人性)에 참여하기를 기뻐하셨지만, 그럼에도 불구하고 우리의 부패에는 참여하지 않으셨다. 그리스도의 빛은 어둠 즉 타락한 인성으로부터 분리되셨다. "이러한 대제사장은 우리에게 합당하니 거룩하고 악이 없고 더러움이 없고 죄인에게서 떠나 계시고 하늘보다 높이 되신 이라"(히 7:26).

다섯째로, 하나님이 그 빛에 이름을 붙여 주셨다. "하나님이 빛을 낮이라 부르시고"(5 상반절). 이것은 세상의 빛인 자에게도 마찬가지였다. 거룩한 아이에게 이름을 붙여 주는 일은 요셉과 마리아에게 남겨지지 않았다. "섬들아 내게 들으라 먼 곳 백성들아 귀를 기울이라 여호와께서 태에서부터 나를 부르셨고 내 어머니의 복중에서부터 내 이름을 기억하셨으며"(사 49:1). 이러한 예언을 성취하기 위해 하나님은 아기가 어머니의 태중에 있을 때 천사를 보내셔서 요셉에게 "그녀가 아들을 낳으리니 이름을 예수라 하라"라고 말씀하셨다. (마 1:21).

II. 둘째 날의 역사 속에 그리스도의 십자가가 상징적으로 제시된다.

구속사역을 성취하기 위해 필요한 다음 단계는 무엇이었는가? 성육신 그 자체는 우리의 필요에 부응하지 못했다. "한 알의 밀이 땅에 떨어져 죽지 아니 하면 한 알 그대로 있고 죽으면 많은 열매를 맺느니라"(요 12:24). 성육신하신 그리스도는 하나님의 마음에 부합하는 흠 없는 완전한 삶을 계시한다. 그러나 그것은 거룩하신 하나님과 파멸된 죄인 사이의 거대한 간격에 다리를 놓는데 도움이 되지 못한다. 이를 위해 죄가 제거되어야만 했으며, 그것은 죽음이 들어오지 않고는 이루어질 수 없었다. "피흘림이 없은즉 사함이 없느니라"(히 9:22). 하나님의 어린 양은 죽임을 당해야만 하며, 거룩한 자는 자신의 목숨을 내려놓아야만 한다. 하나님의 보좌의 의로운 요구가 만족될 수 있는 유일한 장소는 다름 아닌 십자가뿐이다.

구속이 이루어지는 이러한 두 번째 단계는 둘째 날의 역사(役事) 가운데 상징적으로 제시된다. 둘째 날에 행해진 두드러진 일은 나누며 분리하는 일이었다.

"하나님이 이르시되 물 가운데에 궁창이 있어 물과 물로 나뉘라 하시고 하나님이 궁창을 만드사 궁창 아래의 물과 궁창 위의 물로 나뉘게 하시니 그대로 되니라" (6, 7절). 여기에 두 가지 나눔이 있는 것을 주목하라. 첫째로, 물 가운데 궁창이 있어 이 궁창이 물과 물을 나눈다. 둘째로, 이 궁창이 자기 아래의 물과 자기 위의 물을 나눈다. 우리는 여기의 "궁창"이 십자가를 상징한다고 믿는다. 십자가에서 우리 주님은 하나님 자신으로부터 분리되셨다. "나의 하나님, 나의 하나님, 어찌하여 나를 버리셨나이까?"(마 27:46). 뿐만 아니라 그는 또한 사람으로부터 분리되셨다. "그가 살아 있는 자들의 땅에서 끊어짐은"(사 53:8).

여기에서 "궁창"이 십자가를 상징하는 것이라는 사실은 궁창과 관련하여 여기에 언급되는 것과 예수 그리스도의 십자가 사이의 놀라운 유비관계(類比關係)로부터 분명하게 확증된다. 다음 네 가지를 주목하라.

첫째로, 궁창은 그것이 실제로 만들어지기 전에 하나님에 의해 계획되었다. 6절의 "하나님이 이르시되 궁창이 있으라"라는 말씀과, 7절의 "하나님이 궁창을 만드사"라는 말씀을 비교해 보라. 여기에서 모형과 실재가 얼마나 완전하게 일치하는지 주목하라. 골고다 언덕에 세워지기 오래 전에, 십자가는 이미 하나님에 의해 계획되었다. 계시록 13장 8절에서 우리는 "세상의 기초로부터 죽임당한 어린 양"이라는 표현을 보게 된다(KJV: the Lamb slain from the foundation of the world).

둘째로, 궁창은 물 가운데 놓였다. 성경을 연구하는 사람들에게 성경에서 "물"이 사람들이나 혹은 나라들을 상징하는 것은 잘 알려진 사실이다. "또 천사가 내게 말하되 네가 본 바 음녀가 앉아 있는 물은 백성과 무리와 열국과 방언들이니라"(계 17:15). 그러므로 우리는 "물 가운데 궁창이 있으라"는 말씀을 "백성들 가운데 십자가가 있으라"를 의미하는 것으로서 이해할 수 있다. 우리는 이것을 다양하게 적용할 수 있다. 먼저 우리는 그것을 "사람들 가운데" 십자가가 세워질 것을 의미하는 것으로서 문자적으로 적용할 수 있다. 요한복음 19장 18절을 보라. "그들이 거기서 예수를 십자가에 못 박을새 다른 두 사람도 그와 함께 좌우편에 못 박으니 예수는 가운데 있더라." 또 그것은 갈보리의 지리적 위치와 관련해서도 마찬가지로 적용될 수 있다. 왜냐하면 팔레스타인은 실제적으로 땅의 중앙에 — 혹은 가운데 — 위치하기 때문이다.

셋째로, 궁창은 물들을 나누었다. 그와 같이 십자가는 "사람들"을 나누었다. 예수 그리스도의 십자가는 사람들을 나누는 위대한 도구이다. 실제로 골고다 언덕에서도 그랬다. 십자가는 불신의 강도로부터 믿음의 강도를 나누었다. 그때 이래로 역사적(歷史的)으로 항상 그랬고, 그것은 지금도 마찬가지이다. 십자가의 도는 한편으로 "멸망하는 자들에게는 미련한 것"이지만, 다른 한편으로 "구원을 받는 우리에게는 하나님의 능력"이다(고전 1:18).

넷째로, 궁창은 하나님에 의해 계획되었다. "하나님이 궁창을 만드사"(7 상반절). 그와 같이 베드로는 오순절 날 주 예수 그리스도와 관련하여 "그가 하나님께서 정하신 뜻과 미리 아신 대로 내준 바 되었거늘"이라고 선언했다(행 2:23). 또 오래 전에 이사야 선지자는 "여호와께서 그에게 상함을 받게 하시기를 원하사 질고를 당하게 하셨은즉"이라고 말했다(사 53:10). 십자가는 신적 계획과 약속에 따른 것이었다.

둘째 날의 모든 일이 끝난 후 "하나님이 보시기에 좋았더라"라는 말씀이 빠져 있는 것은 참으로 의미심장하지 않은가? 만일 여기에 그러한 말씀이 포함되었다면, 상징은 상당 부분 훼손될 수밖에 없었을 것이다. 둘째 날의 역사(役事)는 십자가를 가리키는 것이었으며, 십자가에서 하나님은 죄를 다루고 계셨다. 거기에서 하나님의 진노가 불의한 자들을 위해 죽으시고 계셨던 의로운 자에게 쏟아지고 있었다. 그에게는 어떤 죄도 없었다. 그러나 그는 "우리를 위해 죄가 되셨으며," 그에 따라 처벌되셨다. 그렇게 볼 때 여기에서 "하나님이 보시기에 좋았더라"라는 계속 반복되는 표현이 빠진 것은 얼마나 의미심장한 일인가!

III. 셋째 날의 역사 속에 우리 주님의 부활이 상징적으로 제시된다.

제2장의 내용은 우리가 처음에 계획한 분량을 이미 초과했다. 따라서 우리는 부득이 나머지 내용은 간략하게 다루어야만 한다.

구속사역을 성취함에 있어 필요한 세 번째 단계는 십자가에 달린 자의 부활이었다. 죽은 구주는 아무도 구원할 수 없었다. 그는 "자기를 힘입어 하나님께 나아가는 자들을 온전히 구원할" 수 있으시다. 그 이유가 무엇인가? 그것은 "그가 항상 살아 계시기" 때문이다(히 7:25).

그것은 여기의 상징에 있어서도 마찬가지이다. 셋째 날의 역사(役事)가 부활을 상징하는 것은 의심의 여지가 없다. 그러한 사실은 셋째 날에 발하여진 "뭍이 드러나라"라는 말씀 가운데 나타난다(9절). 전에 땅은 물 아래 가라앉아 — 혹은 수

장(水葬)되어 — 있었다. 그러나 이제 땅은 수면 위로 솟아오른다. 뭍이 드러나며, 여기에 부활이 있다. 그러나 이것이 전부가 아니다. 11절에서 우리는 "땅은 풀과 씨 맺는 채소와 각기 종류대로 씨 가진 열매 맺는 나무를 내라"는 말씀을 읽는다. 지금까지 죽음이 모든 것을 지배하고 있었으며, 폐허가 된 땅 위에 어떤 생명도 나타나지 않았다. 그러나 셋째 날, 땅에게 "풀과 각종 식물들을 내라"는 명령이 떨어진다. 황량한 땅에 생명이 나타난 것은 둘째 날도 아니었고 넷째 날도 아니었다. 오직 셋째 날이었다. 아, 이것은 얼마나 완전한 모형인가! "땅은 풀과 각종 식물들을 내라"는 말씀은 얼마나 놀랍도록 의미심장한가! "성경대로" 우리 주님이 죽은 자 가운데 부활한 것은 셋째 날이었다. 그러면 무슨 성경인가? 우리는 창세기 1장 9절부터 11절에서 우리 주님의 부활을 보여 주는 최초의 그림을 발견하지 않는가?

Ⅳ. 넷째 날의 역사 속에 우리 주님의 승천이 상징적으로 제시된다.

부활로서 우리 주님의 구속사역이 완성된 것은 아니었다. 구속사역을 완성시키기 위해, 그는 손으로 짓지 아니한 하늘의 처소로 들어가셔야만 한다. 그는 지극히 높으신 자의 우편에 앉으셔야만 한다. 그는 "우리를 위하여 하나님 앞에 나타나시기" 위해 하늘에 들어가셔야만 한다. "그리스도께서는 참 것의 그림자인 손으로 만든 성소에 들어가지 아니하시고 바로 그 하늘에 들어가사 이제 우리를 위하여 하나님 앞에 나타나시고"(히 9:24).

여기에서 또 다시 우리는 상징과 실재가 정확하게 일치하는 것을 발견한다. 넷째 날의 역사(役事)에서 우리의 눈은 땅으로부터 하늘로 옮겨진다. 14절부터 19절까지 읽어 보라. 그것을 읽는 동안 성령께서 여러분의 귀에 다음과 같이 말씀하시는 것이 들리지 않는가? "위의 것을 찾으라 거기는 그리스도께서 하나님 우편에 앉아 계시느니라 위의 것을 생각하고 땅의 것을 생각하지 말라"(골 3:1, 2).

눈을 들어 하늘을 보라. 무엇이 보이는가? "두 큰 광명체" 즉 상징적으로 그리스도와 그의 백성들이 보이지 않는가? 거기에 우리에게 "의의 태양"에 대해 말하는 해와, 이스라엘과 교회에 대해 말하는 달이 보이지 않는가(말 4:2, 계 12:1)? 해와 달의 기능을 주목하라. 그것들은 첫째 "땅을 비추며"(17절), 둘째 "낮과 밤을 주관"한다(18절). 이것은 그리스도와 그의 백성들에게도 마찬가지이다. 세상의 밤이 계속되는 동안, 그리스도와 그의 백성들은 "세상의 빛"이다. 그러나 천년왕국 동안 그들은 땅을 주관하며 다스릴 것이다.

이와 같이 창세기 1장의 처음 나흘의 역사(役事)에서, 우리는 구속사역의 네 가지 큰 단계가 상징적으로 나타나는 것을 발견할 수 있다. 각각의 날에 이루어진 일들은 우리 주님의 성육신과 죽음과 부활과 승천을 상징한다. 그렇게 볼 때, 6일간의 역사가 종결되면서 선포된 "천지와 만물이 다 이루어지니라 하나님이 그가 하시던 일을 일곱째 날에 마치시니 그가 하시던 모든 일을 그치고 일곱째 날에 안식하시니라"라는 말씀은 얼마나 보배로운가(창 2:1, 2)!

창세기를 계속 공부해 나가는 가운데, 부디 하나님이 은혜 가운데 "우리의 눈을 열어 주의 율법에서 놀라운 것을 보게" 하시기를 간절히 기원한다(시 119:18).

제 3장

두 나무

창세기 2장

우리의 목적은 창세기를 세부적인 부분까지 샅샅이 해설하는 것이 아니다. 다만 우리는 창세기의 거대한 광산으로부터 비교적 눈에 잘 안 띄는 보화들을 찾아내기 위해 노력하고자 한다. 그 광산에는 무궁무진한 영적 보화들이 매장되어 있기 때문이다. 창세기는 실천적인 교훈뿐만 아니라 각종 상징과 모형과 예시(豫示)들로 가득 차 있다. 창세기를 한 장 한 장 살펴나가는 가운데 그러한 것들에 세심한 주의를 기울이는 것은 우리의 기쁨이 될 것이다.

구약의 상징들을 연구하는 가운데, 우리는 때로 그것들을 비교하거나 또 때로 그것들을 대조함으로써 많은 것을 배울 수 있다. 이러한 이중적인 방법의 한 가지 두드러진 실례(實例)를 우리는 창세기 둘째 장에서 발견한다. 9절에서 우리는 "선악을 알게 하는 나무"에 대해 듣는다. 반면 사도행전 5장 30절에서 우리는 "너희가 나무에 달아 죽인 예수를 우리 조상의 하나님이 살리시고"라는 말씀을 읽으며, 또한 베드로전서 2장 24절에서 "친히 나무에 달려 그 몸으로 우리 죄를 담당하셨으니"라는 말씀을 읽는다. 이제 사려 깊은 독자라면 자연스럽게 "왜 여기에서 우리 주님의 십자가를 단순히 '나무'로 말하는 것일까?"라는 의문을 갖게 될 것이다. 분명 여기에는 겉으로 나타나는 것 이상의 훨씬 더 깊은 의미가 담겨있음이 틀림없다. 우리가 창세기 2장 9절로 되돌아가 여기의 두 나무를 서로 비교해 보고 또 대조해 보는 것은 성령께서 의도하신 일이 아니겠는가? 나는 그렇다고 믿는다. 만일 우리가 "선악을 알게 하는 나무"와 "우리 주님이 못 박히신 나무"를 서로 비교해 보고 또 대조해 본다면, 두 방법을 통해 우리는 매우 많은 사실들을 배우게 될 것이다. 먼저 몇 가지 대조점들을 살펴보도록 하자.

1. 첫 번째 나무는 하나님이 심으셨다. "여호와 하나님이 그 땅에서 보기에 아름

답고 먹기에 좋은 나무가 나게 하시니 동산 가운데에는 생명 나무와 선악을 알게 하는 나무도 있더라"(9절). 이와 같이 첫 번째 나무 즉 선악을 알게 하는 나무는 아담이 아니라 하나님이 심으셨다. 그러나 두 번째 나무 즉 우리 주님이 못 박히신 나무는 사람이 세웠다. "그들이 예수를 십자가에 못 박으니"는 짤막하지만, 너무나 두려운 기록이다(마 27:35). 갈보리 언덕에 그 잔인한 나무를 계획하고, 준비하고, 세운 것은 사람들이었다. 바로 이것이 첫 번째 나무와의 두드러진 대조점이다. 두 번째 나무를 세운 것은 창조주의 손이 아니라 피조물의 손이었다.

2. 첫 번째 나무는 보암직했다. "여자가 그 나무를 본즉 먹음직도 하고 보암직도 하고 지혜롭게 할 만큼 탐스럽기도 한 나무인지라 여자가 그 열매를 따먹고"(3:6). 여기의 "보암직"이 정확하게 무엇으로 구성되는지 우리는 알지 못한다. 그러나 성경의 기록은 이 나무가 아름답고 즐거운 것이었음을 가리키는 것으로 보인다. 이것은 두 번째 나무와 얼마나 선명하게 대조되는가! 두 번째 나무에서 모든 것은 너무나 끔찍하고 살벌했다. 고통 가운데 계시는 구주, 야비한 군중들, 조롱하는 제사장들, 두 명의 강도, 흐르는 피, 세 시간의 어둠 ― 여기에 보암직한 것은 아무것도 없었다. 첫 번째 나무는 보암직했다. 그러나 두 번째 나무에 달린 자에 대해 성경은 "우리가 보기에 흠모할 만한 아름다운 것이" 아무것도 없다고 말한다(사 53:2).

3. 하나님은 첫 번째 나무의 열매를 먹는 것을 금하셨다. "선악을 알게 하는 나무의 열매는 먹지 말라"(2:17). 이 나무의 열매에는 신의 금령(禁令)이 내려졌다. 이것 또한 두 번째 나무와 얼마나 다른가! 둘 사이의 대조는 얼마나 놀랄만한가! 두 번째 나무에는 어떤 제한도 없다. 여기의 경우 사람은 거리낌 없이 나아와 열매를 먹으라고 초청받는다. 죄인은 "여호와의 선하심을 맛보아 아는" 것이 금지된다(시 34:8). 그러나 두 번째 나무에서는 모든 것이 정반대이다. "모든 것을 갖추었으니 혼인 잔치에 오소서"(마 22:4). 첫 번째 나무의 열매를 먹지 말라고 명령받은 것과 정반대로, 이제 사람은 두 번째 나무의 열매를 먹으라고 명령받는다.

4. 하나님이 첫 번째 나무의 열매를 먹는 것을 금하셨기 때문에, 사탄은 사람이 그것을 먹도록 만들기 위해 모든 책략을 사용했다. 반대로 이제 하나님이 사람들에게 두 번째 나무의 열매를 먹도록 초청하시기 때문에, 사탄은 사람들이 그것을 먹지 못하도록 하기 위해 모든 권능을 사용한다. 이러한 절묘한 대조 역시 이것이 성령에 의해 기록된 것임을 나타내지 않는가? 우리의 첫 조상들이 금지된 열매를

먹은 것은 전적으로 하나님과 사람의 원수의 악의와 간교함 때문이었다. 마찬가지로 오늘날 죄인들이 두 번째 나무의 열매를 먹지 못하는 상태로 남겨지는 것도 일차적으로 옛 뱀 마귀의 간교한 책략 때문이다.

5. 첫 번째 나무의 열매를 먹은 것은 죄와 사망을 가져왔다. "선악을 알게 하는 나무의 열매는 먹지 말라 네가 먹는 날에는 반드시 죽으리라"(2:17). 우리 인류 위에 저주와 그에 수반되는 모든 불행이 임한 것은 이 나무의 열매를 먹은 것 때문이었다. 반면 두 번째 나무의 열매를 먹으면 생명과 구원이 온다. "내가 진실로 진실로 너희에게 이르노니 인자의 살을 먹지 아니하고 인자의 피를 마시지 아니하면 너희 속에 생명이 없느니라 내 살을 먹고 내 피를 마시는 자는 영생을 가졌고"(요 6:53, 54). 우리 주님의 이러한 말씀은 인간의 타락과 관련한 에덴 동산의 이야기와 연결되지 않는가? 그리고 여기에서도 역시 두 나무 사이의 절묘한 대조가 나타나지 않는가? "먹는" 행동으로 말미암아 영적 생명을 잃은 것처럼, 또한 사람은 "먹는" 행동으로 말미암아 영적인 영원한 생명을 얻는다.

6. 강도(强盜) 아담은 첫 번째 나무의 열매를 먹음으로 낙원으로부터 쫓겨났다. 반면 회개한 강도는 두 번째 나무의 열매를 먹음으로 낙원에 들어갔다. 우리는 여기에서 또 다시 둘 사이의 절묘한 대조를 발견한다. 강도는 두 나무 모두와 연결된다. 금지된 열매를 먹음으로 우리의 첫 조상들은 결국 강도질을 한 것이었기 때문이다. 그렇다면 두 번째 나무와 관련해서 또 다시 "강도"가 나타나는 것은 단순한 우연의 일치 이상의 어떤 것이 아닌가? 특별히 두 강도의 완전히 다른 경험을 주목할 때, 요점은 한층 더 두드러진다. 한 강도는 낙원(에덴 동산)으로부터 쫓겨났고, 다른 강도는 낙원으로 들어갔다. 여기에서 우리 주님이 굳이 "낙원"이라는 단어를 사용한 것은 얼마나 의미심장한가! 특별히 그가 그 단어를 사용한 것은 여기가 유일하다는 사실을 생각할 때 더욱 그러하다.

이제 두 나무 사이의 유사점들을 간략하게 살펴보도록 하자.

1. 두 나무 모두 동산에 심겨졌다. 첫 번째 나무는 에덴 동산에 심겨졌으며, 두 번째 나무는 이름이 알려지지 않은 어떤 동산에 심겨졌다. "예수께서 십자가에 못 박히신 곳에 동산이 있고"(요 19:41). 이러한 말씀은 우리가 두 나무를 서로 연결시켜야만 하는 사실을 암시하는 것이 아닐까? 첫째 아담과 마지막 아담이 모두 "동산"에서 죽은 것은 얼마나 놀라운 유사점인가!

2. 두 나무 모두와 관련해서 우리는 "가운데"(in the midst)라는 말씀을 발견한다. "동산 가운데에는 생명나무와 선악을 알게 하는 나무도 있더라"(창 2:9). 여기에서 두 나무를 함께 연결하는 접속사 "와"(and)는 두 나무가 동산 한가운데 나란히 있었음을 암시한다. 마찬가지로 우리는 또한 우리 구주와 관련하여 다음과 같은 말씀을 보게 된다. "그들이 거기서 예수를 십자가에 못 박을새 다른 두 사람도 그와 함께 좌우편에 못 박으니 예수는 가운데 있더라"(요 19:18).

3. 두 나무 모두 선과 악을 알게 하는 나무이다. 선악을 아는 법을 배움에 있어 두 번째 나무 즉 십자가보다 더 큰 것은 세상 전체나 성경 전체에 아무것도 없다. 거기에서 우리는 성육신한 선(善)을 본다. 거기에서 우리는 하나님의 거룩하심이 완전하게 나타나는 것을 본다. 거기에서 우리는 다른 어디에서도 발견할 수 없는 하나님의 측량할 수 없는 사랑과 무엇과도 비교할 수 없는 은혜를 발견한다. 그러나 거기에서 또한 우리는 악의 모든 가증한 속성들을 본다. 거기에서 우리는 피조물의 악함의 극치와 절정을 목격한다. 거기에서 우리는 거룩하신 하나님의 시각(視覺)으로부터의 죄의 가증함과 악독함과 두려움을 본다. 그렇다. 두 나무 사이에는 절묘한 대조점들뿐만 아니라 똑같이 절묘한 유사점들도 있다. 십자가 역시도 선과 악을 알게 하는 나무이다.

4. 마지막으로, 창세기 3장 6절의 에덴 동산에 심겨진 나무 외에 또 다른 나무가 있다는 것은 사실이다. "여자가 그 나무를 본즉 먹음직도 하고 보암직도 하고 지혜롭게 할 만큼 탐스럽기도 한 나무인지라 여자가 그 열매를 따먹고"(3:6). 그 두 번째 나무 역시 분명 "먹음직"하다. 예수 그리스도의 십자가는 신자의 생명을 위한 최고의 양식이다. 그것은 영혼을 위한 양식으로서 정말로 "먹음직"하다. 또 그것은 믿음의 눈에 얼마나 "보암직"한가! 거기에서 우리는 우리의 모든 죄가 도말된 것을 본다. 거기에서 우리는 우리의 옛 사람이 십자가에 못 박힌 것을 본다. 거기에서 우리는 거룩하신 하나님이 죄인을 만날 수 있는 기초를 본다. 거기에서 우리는 우리 구주의 완성된 사역을 본다. 그것은 정말로 "보암직"하다. 그러한 두 번째 나무는 또한 "지혜롭게 할 만큼 탐스럽기도" 하지 않은가! 그렇다. 십자가의 도는 하나님의 능력일 뿐만 아니라 또한 "하나님의 지혜"이기도 하다. 두 번째 나무를 알 때, 죄인은 구원에 이르는 "지혜"를 얻는다.

오늘의 주제를 마치기에 앞서, 성경에서 "나무"가 두드러지게 나타나는 몇 군데를 살펴보도록 하자. 먼저 창세기 3장 17절로부터 우리는 "나무"가 저주와 직접적으로 연결되는 것을 배운다. "네가 네 아내의 말을 듣고 내가 네게 먹지 말라 한 나무의 열매를 먹었은즉 땅은 너로 말미암아 저주를 받고 너는 네 평생에 수고하여야 그 소산을 먹으리라." 또 창세기 40장에 요셉과 함께 옥에 갇혀 있었던 두 사람의 꿈과 관련한 이야기가 기록되어 있다. 떡 굽는 자의 꿈을 해석하면서, 요셉은 이렇게 말한다. "지금부터 사흘 안에 바로가 당신의 머리를 들고 당신을 나무에 달리니"(40:19). 또 여호수아 8장 29절에서 우리는 "그가 또 아이 왕을 저녁 때까지 나무에 달았다가 해 질 때에 명령하여 그의 시체를 나무에서 내려"라는 말씀을 읽는다. 또 에스더 2장 23절에서 우리는 "조사하여 실증을 얻었으므로 두 사람을 나무에 달고 그 일을 왕 앞에서 궁중 일기에 기록하니라"라는 말씀을 읽는다. 이 모든 말씀들은 갈라디아서 3장 13절에서 우리가 발견하는 것에 대한 얼마나 훌륭한 예화(例話)들인가! "그리스도께서 우리를 위하여 저주를 받은 바 되사 율법의 저주에서 우리를 속량하셨으니 기록된 바 나무에 달린 자마다 저주 아래에 있는 자라 하였음이라."

반면 창세기 18:1-4절을 읽어보라. "여호와께서 마므레의 상수리나무들이 있는 곳에서 아브라함에게 나타나시니라 날이 뜨거울 때에 그가 장막 문에 앉아 있다가 눈을 들어 본즉 사람 셋이 맞은편에 서 있는지라 그가 그들을 보자 곧 장막 문에서 달려나가 영접하며 몸을 땅에 굽혀 이르되 내 주여 내가 주께 은혜를 입었사오면 원하건대 종을 떠나 지나가지 마시옵고 물을 조금 가져오게 하사 당신들의 발을 씻으시고 나무 아래에서 쉬소서." 위의 인용문의 마지막 구절은 우리에게 무엇인가를 연상시키지 않는가? 만일 여기에 어떤 상징적인 의미가 담겨 있지 않다면, 아브라함이 세 사람의 방문자를 굳이 "나무 아래에서" 쉬도록 초청할 이유가 도대체 무엇이란 말인가? 여기의 "나무"는 두 말할 것도 없이 그리스도의 십자가를 말하는 것이다. 바로 거기에 "쉼"이 있다. 계속해서 8절을 읽어보라. "아브라함이 엉긴 젖과 우유와 하인이 요리한 송아지를 가져다가 그들 앞에 차려 놓고 나무 아래에 모셔 서매 그들이 먹으니라." 먹는 것은 교제의 상징이다. 여기의 세 방문자가 먹은 곳은 "나무 아래"였다. 이와 같이 우리와 하나님 사이의 교제의 기초는 그리스도의 십자가이다. 여기에 나타나는 순서는 얼마나 놀라운가! 먼저 "나무" 아래에서 쉬고, 다음에 먹었다.

마지막으로, 출애굽기 15장의 마라 사건을 생각해 보자. 이것 역시 얼마나 풍성한 의미를 가지는가! 마라에 도착했을 때, 이스라엘 백성들은 그곳의 물을 마실 수 없었다. "그 곳의 물이 썼기" 때문이었다(23절). 그리하여 "모세가 여호와께 부르짖었더니 여호와께서 그에게 한 나무를 가리키셨으며 그것을 물에 던지니 물이 달게 되었다"(25절). 여기의 상징은 설명이 필요없을 정도로 명백하다. 여기의 "나무" 역시 그리스도의 십자가와 십자가의 그리스도를 상징한다. 우리 주님은 우리를 위해 죽음의 처소로 내려가심으로써 쓴 물을 달게 만드셨다. 나아가 우리의 광야와 같은 인생길에 마라의 쓴 물이 단 물로 바뀌는 것은 오직 우리가 십자가의 원리를 우리의 매일의 삶 가운데 적용시킬 때뿐이다. "그리스도의 고난에 동참하며 기꺼이 그의 죽으심을 본받을" 수 있게 되는 것은 그리스도인의 최고의 특권이다(빌 3:10).

자, 여기에 나타나는 순서를 주목해 보자! 첫째로, "나무"가 저주의 장소로서 나타난다. 둘째로, "나무"가 쉼의 장소로서 나타난다. 셋째로, "나무"가 교제의 장소로서 나타난다. 넷째로, "나무"가 신자의 매일의 삶의 원리로서 나타난다.

제 4 장

타락

❶

창세기 3장

창세기 3장은 전체 하나님 말씀 속에서 가장 중요한 부분 가운데 하나이다. 통상적으로 창세기는 성경의 모판으로 불리는데, 이것은 특별히 3장과 관련하여 사실이다. 여기에 기독교를 구성하는 많은 교리들이 근거하는 기초가 있다. 여기에 신적 진리의 많은 강(江)들이 시작되는 근원이 있다. 여기에서 인간 역사(歷史)의 무대 위에서 지금까지 공연되어 온 그리고 거의 6,000년이 지나도록 끝나지 않은 위대한 드라마가 시작된다. 여기에서 우리는 인류의 타락과 멸망의 상태에 대한 신적 설명을 발견한다. 여기에서 우리는 우리의 원수 마귀의 간교한 책략에 대해 배운다. 여기에서 우리는 신적 은혜가 없이는 결코 의의 길을 행할 수 없다는 인간의 전적 무력성을 발견한다. 여기에서 우리는 죄의 영적 결과가 사람이 하나님으로부터 피하여 숨는 것이라는 사실을 발견한다. 여기에서 우리는 죄인에 대한 하나님의 태도를 발견한다. 여기에서 우리는 인간이 자신의 도덕적인 수치를 "자기 자신이 만든 것"(즉 무화과나무 잎을 엮어 만든 치마)으로 가리려고 하는 인간 본성의 보편적인 성향을 보게 된다. 여기에서 우리는 우리의 필요에 부응하기 위해 "하나님 자신이 은혜로 준비하신 것"(즉 가죽옷)을 보게 된다. 여기에서 성경 전체를 관통하여 흐르는 메시야 예언의 놀라운 강(江)이 시작된다. 여기에서 우리는 사람이 중보자 없이 하나님께 나아갈 수 없다는 위대한 진리를 배운다. 이제 이러한 심오한 주제들 가운데 몇 가지를 살펴보도록 하자.

I. 타락 자체

인간의 타락에 대한 신적 기록은 다윈의 진화론을 명백히 반박한다. 성경은 사람이 도덕적인 사다리의 밑바닥으로부터 시작하여 천천히 그러나 확실하게 위로 올라가고 있다고 가르치지 않는다. 도리어 성경은 사람이 위로부터 시작하여 아래로 떨어졌다고 선언한다. 뿐만 아니라 성경은 오늘날의 유전론과 환경론을 거부한다. 지난 50년 동안 많은 사회학자들은 인간 사회의 모든 악들의 원인을 전적으로 유전과 환경에 돌릴 수 있다고 가르쳤다. 이러한 개념은 인간이 타락한 피조물로서 그 마음이 절망적으로 부패했다는 사실을 부인한다. 그들은 만일 완벽한 환경이 주어진다면 인간은 자신의 이상(理想)을 실현할 수 있을 것이며 인간의 유전적 형질은 정결하게 될 것이라고 말한다. 그러나 인간은 이미 가장 완벽한 조건 아래서 시험을 받았으며, 그 결과 부족함이 입증되었다. 우리의 첫 조상들은 아무런 악한 유전적 형질도 없었으며, 하나님 자신이 "심히 좋다"고 선언하실 정도로 가장 완벽한 환경 아래 있었다. 그리고 그들의 자유에 오직 하나의 제한만이 주어졌을 뿐임에도 불구하고, 결국 그들은 실패하고 말았다. 인간의 문제는 외부적인 것이 아니라 내부적인 것이다. 인간에게 가장 필요한 것은 새로운 환경이 아니라 새로운 탄생이다.

인간의 자유에 오직 하나의 제한이 주어졌다. 인간은 책임을 가진 존재이다. 인간에게는 자기를 만드신 자를 섬기며, 순종하며, 영화롭게 해야 할 책임이 있다. 인간은 독립적인 피조물이 아니다. 인간 스스로 자신을 만든 것이 아니었기 때문이다. 인간은 하나님에 의해 창조되었으며, 그렇기 때문에 창조주에게 빚을 지고 있다. 다시 한 번 반복하거니와 인간은 책임을 가진 피조물이며, 그렇기 때문에 신적 통치에 복종해야 한다. 이것은 인간 역사(歷史)의 초창기부터 하나님이 계속해서 강조하는 위대한 사실이다. "선악을 알게 하는 나무의 열매는 먹지 말라"(창 2:17). 하나님의 명백한 명령 외에 이 나무의 열매를 먹어서는 안 되는 다른 이유는 없었다. 이러한 명령은 까닭 없이 주어진 것이 결코 아니었다. 도리어 그것은 하나님과 사람 사이의 관계를 분명하게 보여 준다. 이성적(理性的)이며 책임을 가진 피조물로서, 인간은 신적 통치에 복종해야 한다. 그러나 인간은 자기중심적이며, 자기의지적이며, 자기본위적인 존재가 되었다. 그리고 그 결과 불순종하고, 범죄하고, 타락했다.

우리는 타락과 관련한 기록을 세심하게 연구할 필요가 있다. 여기에서 최초의 불순종의 다양한 단계들을 주목해 보자. 첫째로, 유혹하는 자의 목소리를 주의 깊게 들었다. "사탄아 내 뒤로 물러가라!"라고 말하는 대신, 하와는 여호와의 말씀에 도전하는 악한 자의 목소리에 귀를 기울였다. 뿐만 아니라 그녀는 어리석게도 유혹하는 자와 대화하는 자리까지 나아간다. 다음으로 하나님의 말씀을 가감(加減)하는 것이 있었다. 하와는 하나님이 말씀하신 것에 무엇인가를 더함으로써 시작한다 — 항상 이것이 치명적인 문제를 일으킨다. "너희는 먹지도 말고 만지지도 말라"(3:3). 여기의 마지막 구절은 그녀가 더한 것이었다. 이렇게 하여 그녀는 잠언 30장 6절 말씀을 어긴 최초의 실례(實例)가 되었다. "너는 그의 말씀에 더하지 말라 그가 너를 책망하시겠고 너는 거짓말하는 자가 될까 두려우니라." 다음으로 하나님의 말씀을 바꾸는 것이 있었다 — "너희가 죽을까 하노라 하셨느니라." 이렇게 하여 성령의 검의 예리한 끝은 무디어졌다. 그리고 마지막으로, 하나님의 엄중한 경고를 빠뜨리는 것이 있었다 — "네가 먹는 날에는 반드시 죽으리라"(2:17). "역사(歷史)는 반복된다"는 말은 얼마나 사실인가! 하나님과 원수된 자들은 오늘날에도 똑같은 길을 걸어가고 있다. 하나님의 말씀은 더해지거나, 바뀌거나, 혹은 단호히 부인된다. 빛의 유일한 근원을 버릴 때, 그 자연적인 결과는 죄를 범하는 행동이다. 하와는 금지된 열매를 탐하는 눈으로 바라보았으며, 마침내 그것을 취하여 먹고, 남편에게도 주었다. 바로 이것이 논리적인 순서이다. 그리고 바로 이것이 우리의 세상 안으로 죄가 들어온 것에 대한 신적 설명이다. 우리의 첫 조상들은 하나님의 뜻을 거슬렀으며, 하나님의 말씀을 부인했으며, 하나님의 길을 버렸다.

타락에 대한 이러한 신적 기록이야말로 인류의 현재적인 상태에 대해 온전하게 설명하는 유일한 설명이다. 오직 그것만이 완전한 창조주께서 만드신 세상 안에 악이 가득한 것을 올바로 설명해 준다. 뿐만 아니라 그것은 또한 죄의 보편성에 대한 유일하게 타당한 설명을 제공해 준다. 왕궁에 사는 왕의 아들과 오두막에 사는 성자(聖者)의 딸이 최고의 사랑과 돌봄을 받음에도 불구하고 어린 시절부터 죄와 악으로 향하는 성향을 나타내는 것은 도대체 무엇 때문인가? 죄가 세상 전체에 보편적으로 있는 것은 도대체 무엇 때문인가? 어떤 제국도, 어떤 나라도, 어떤 가정도 이 끔찍한 질병으로부터 자유롭지 못하다. 신적 설명을 배제해 보라. 그러면 이러한 질문들에 대해 어떤 만족스러운 답변도 가능하지 않을 것이다. 그것을 받아들여 보라. 그러면 우리는 죄가 보편적인 것이 우리 모두가 공통의 조상을 가졌기 때문임을 알게 될 것이다. 요컨대 우리 모두가 공통의 줄기로부터 나온 것이다. "아담 안에서 모두가 죽었다." 나아가 타락에 대한 이러한 신적 기록만이 죽음의 신비를 설명해 준다. 인간은 소멸될 수 없는 영혼을 소유한다. 그런데 어째서 인간은 죽어야만 하는가? 아담의 코 안으로 불어넣어진 숨은 영원한 자의 숨이었다. 그런데 어째서 그는 이 세상에서 영원히 살지 못한단 말인가? 신적 설명을 배제해 보라. 그러면 우리는 풀리지 않는 수수께끼에 직면하게 될 것이다. 그것을 받아들여 보라. "한 사람으로 말미암아 죄가 세상에 들어오고 죄로 말미암아 사망이 들어왔으며 이와 같이 모든 사람이 죄를 지었으므로 사망이 모든 사람에게 이른" 사실을 받아들여 보라(롬 5:12). 그러면 우리는 모든 의문들에 대한 완전한 해답을 갖게 될 것이다.

II. 사탄과 타락

여기에서 우리는 성경에서 처음으로 신비한 인격적 존재인 마귀와 만난다. 그는 그의 이전의 역사(歷史)와 관련한 아무런 설명도 없이 갑자기 등장한다. 그의 창조, 아담 이전의 그의 존재, 그가 가지고 있었던 존귀한 지위와 그로부터의 가공할만한 타락 등에 대해, 우리는 예컨대 이사야 12:14-15이라든지 혹은 에스겔 28:12-19 등과 같은 성경의 다른 구절들에 의존한다. 그렇지만 여기의 창세기 3장에서 우리는 우리의 대적(大敵)과 관련한 몇 가지 중요한 교훈들을 배운다. 여기에서 우리는 그의 활동영역, 그가 접근하는 방법, 그의 유혹의 형태 등에 대해 배운다. 또 여기에서 우리는 그의 궁극적인 패배와 멸망의 확실함에 대해 배운다.

사탄을 총체적인 육체의 죄의 창시자로 만드는 통상적인 관념과는 달리, 창세기 3장은 우리에게 그의 활동영역이 종교적이며 영적인 영역임을 보여 준다. 그의 주된 목표는 사람과 하나님 사이를 불화하게 만들며, 사람의 마음을 창조자로부터 떼어놓으며, 하나님 대신 자신을 신뢰하도록 만드는 것이다. 그는 하나님의 피조물들을 자신의 뜻에 따라 움직이도록 만듦으로써 지극히 높은 자의 자리를 찬탈하기를 꿈꾼다. 그의 일은 하나님의 진리를 자신의 거짓말로 대체시키는 것으로 이루어진다. 또 창세기 3장은 우리 앞에 그가 일하는 표본과 그가 사용하는 방법을 제시한다. 이 모든 것은 우리의 교훈을 위해 기록된 것이다. 그의 활동과 그가 역사(役事)하는 영역은 에덴 동산에서와 마찬가지로 오늘날에도 동일하기 때문이다.

사탄이 접근하는 방법은 오늘날과 마찬가지로 그때도 똑같았다. "하나님이 참으로 너희에게 … 말씀하시더냐?"(1절). 그는 하나님의 말씀에 대해 의심을 던지면서 시작한다. 그는 그것의 진실성에 의문을 제기한다. 그는 은연중 하나님이 말씀하신 것과 하나님이 진짜로 의도한 것은 다르다고 암시한다. 이것은 오늘날에도 마찬가지이다. 성경의 신적 영감(靈感)을 부인하기 위해 행해지는 모든 노력, 성경의 절대적인 권위를 배격하기 위해 이루어지는 모든 시도, 학문의 미명으로 성경에 가해지는 모든 공격 - 이 모든 것은 "하나님이 참으로 너희에게 … 말씀하시더냐?"라는 여기의 옛 질문이 다시금 반복되는 것에 불과하다. 다음으로 사탄은 하나님의 말씀을 자신의 말로 대체시킨다. "너희가 결코 죽지 아니하리라"(3절). 우리는 마태복음 13장의 처음 두 비유 속에서도 같은 원리가 나타나는 것을 발견한다. 주 예수께서 하나님의 말씀의 씨앗을 뿌린다. 그러자 악한 자가 곧바로 자신의 가라지를 뿌린다. 슬픈 일은 사람들이 살아 계신 하나님의 말씀을 믿는 것은 거절하면서도 정작 사탄의 거짓말은 쉽게 믿어버리는 사실이다. 이것은 에덴 동산 이래로 항상 마찬가지였다. 마지막으로 사탄은 감히 하나님의 선하심과 완전하심에 대해 의심을 불러일으킨다. "너희가 그것을 먹는 날에는 너희 눈이 밝아져 하나님과 같이 되어 선악을 알 줄 하나님이 아심이니라"(5절). 여기에서 마귀가 암시하는 것은 이것이다. 즉 하나님이 지금 마치 폭군처럼 사람에게 유익한 것을 사람이 가지지 못하도록 금지하고 있다는 것이다. 그러면서 그는 만일 하와가 하나님의 말씀 대신 자신의 거짓말을 믿는다면 그녀는 지금까지 갖지 못하도록 금지되었던 지식과 지혜를 얻게 될 것이라는 약속을 미끼로 던진다. 사탄은 지금도 똑같은 미끼를 던지며 많은 사람들을 유혹한다.

우리는 마귀의 유혹에서 인간의 삼중 구조와 상응하는 세 가지 호소가 하와에게 가해지는 것을 주목할 수 있다. "여자가 그 나무를 본즉 먹음직도 하고" — 이것은 육의 감각에 호소하는 것이다. "보암직도 하고" — 이것은 혼에 그 좌소(座所)를 가지고 있는 욕망의 감정에 호소하는 것이다. "지혜롭게 할 만큼 탐스럽기도 한 나무인지라" — 이것은 영에 그 좌소를 가지고 있는 지성(知性)에 호소하는 것이다(고전 2:11 참조). 이와 같이 우리는 여기에서 사탄은 외부로부터 내부로 일한다는 매우 중요한 사실을 배운다. 이것은 하나님이 일하시는 것과 정반대이다. 하나님은 자신의 일을 사람의 마음 안에서 시작하신다. 그리고 거기에서 이루어진 변화가 외적 삶에 작용하여 그것을 변화시킨다. 그러나 사탄은 외부로부터 시작한다. 그는 육의 감각과 혼의 감정을 통해 영으로 들어간다. 그렇게 하는 이유가 무엇일까? 그것은 그가 하나님처럼 사람의 영에 직접 접근할 수 없기 때문이다. 사탄은 우리 주님에 대해서도 동일한 방식으로 유혹했다. "명하여 이 돌들로 떡덩이가 되게 하라" — 이것은 육의 감각에 호소하는 것이다. "뛰어내리라" — 이것은 혼의 감정에 호소하면서 그의 용기에 도전하는 것이다. "내게 엎드려 경배하라" — 이것은 영에 호소하는 것이다. 우리는 아버지께 "영과 진리로" 예배드리기 때문이다.

Ⅲ. 타락과 인간

아담과 하와에게 있어 타락의 첫 번째 결과는 그들의 수치가 실현된 것이었다. "이에 그들의 눈이 밝아져 자기들이 벗은 줄을 알고"(7절). 죄를 통해 사람은 전에는 가지고 있지 않았던 것 — 최소한 작용하고 있지 않았던 것 — 즉 선과 악을 아는 양심을 갖게 되었다. 이것은 타락하기 전에는 가지고 있지 않았던 것이었다. 사람은 무죄한 상태로 창조되었는데, 무죄함은 악을 알지 못하는 것이기 때문이다. 그러나 금지된 열매에 참여하자 마자 사람은 자신의 악(惡)을 의식하게 되었으며, 눈이 열려 자신의 타락한 상태를 보게 되었다. 양심 혹은 도덕적인 본능은 이제 인간의 공통적인 본성이 되었다. 인간은 자기 안에 자신의 죄와 타락의 상태를 증언하는 양심을 갖게 되었다. 이와 같이 양심은 인간의 타락을 증언하는데, 이러한 사실은 양심이 창조주의 작품임을 보여 주는 한 가지 분명한 표적이다. 양심은 사람이 만들 수 없다. 사람은 자발적으로 자기 안에 스스로를 괴롭히는 참소자와 재판장을 두지 않을 것이다. 그렇다면 그것은 어디로부터 온 것일까? 그것은 교육의 결과가 아니다. 그것은 마치 이성(理性)이나 지능이 교육의 결과가 아닌 것과 — 설령 교육으로 말미암아 향상되고 계발될 수 있다 하더라도 — 마찬가지이다. 양심은 영혼 안에서 울리는 작고 세미한 하나님의 음성이다. 그것은 인간이 스스로의 주인이 아니며, 도덕법을 따라 살아야할 책임이 있는 존재라는 사실을 증언한다.

자신들의 수치를 의식하게 되었을 때, 아담과 하와는 즉시로 무화과나무 잎을 엮어 치마를 만듦으로써 그것을 가리고자 하였다. 이러한 행동은 매우 의미심장한 것이었다. 하나님께 나아가 자신들의 죄를 고백하는 대신, 그들은 하나님과 자기 자신으로부터 그것을 감추고자 시도했다. 바로 이것이 자연인(natrual man)이 항상 하는 방식이다. 자연인은 하나님 앞에 자신의 타락한 상태를 시인하는 것을 마지막 순간까지 미룬다. 자신에게 무엇인가 잘못되었음을 의식할 때, 그는 자기 의의 장벽 뒤로 숨으면서 자신의 선한 행실이 악한 행실보다 더 클 것이라고 생각하며 그것을 의지(依支)한다. 교회에 가는 것, 종교적인 훈련, 각종 규례와 의식(儀式)을 따르는 것, 박애주의와 이타주의 — 이런 것들이 오늘날 많은 사람들이 자신의 영적 수치를 가리는 치마를 만들기 위해 엮는 무화과나무 잎이다. 그러나 우리의 첫 조상들이 엮어 만든 치마와 마찬가지로, 그것들은 영원함의 시험을 견디지 못할 것이다. 그것들은 오래 가지 못한다. 그것들은 곧 말라, 부서져, 가루가 되고 말 것이다.

여기에서 우리는 복음서의 한 구절을 되돌아볼 필요가 있다. 그것은 우리 주님이 열매를 발견할 수 없었던 또 하나의 무화과나무와 관련한 이야기이다. 두 성경을 비교할 때, 그로부터 우리는 얼마나 놀라운 교훈을 배우는가! 어째서 우리는 아담과 하와가 엮은 것이 무화과나무 잎이었음을 듣는가? 또 어째서 우리는 우리 주님이 저주하신 것이 무화과나무였음을 듣는가? 그것은 우리가 두 성경을 서로 연결시키도록 의도된 것이 아닌가? 무화과나무는 우리 주님이 세상에 계실 때 저주하신 유일한 것이 아니었다. 그것은 사람이 자신의 영적 수치를 가리기 위해 사용하는 것은 결국 그리스도의 저주 아래 있는 것임을 우리가 배우도록 하기 위함이 아닌가?

그러나 인간의 손으로 만든 치마는 아담과 하와로부터 수치를 의식(意識)하는 것을 없애주지 못했다. 하나님의 음성을 들었을 때, 그들은 그로부터 피하여 "숨었기" 때문이다(10절). 이와 같이 양심은 사람을 하나님에게로 데려가지 못한다 — 그렇게 되기 위해서는 반드시 성령의 역사(役事)가 있어야만 하기 때문이다. 도리어 양심은 사람이 두려움 가운데 하나님으로부터 도망치도록 만든다. 우리의 첫 조상들은 이와 같이 하나님으로부터 숨고자 하였다. 여기에서 또 다시 우리는 그들의 행동이 매우 특징적이며 전형적이라는 사실을 주목할 수 있다. 그들은 하나님과 자신들 사이에 있었던 도덕적인 간격을 최소한 희미하게나마 의식했다. 하나님은 거룩하셨으며, 자신들은 죄를 범했다. 그 결과 그들은 하나님을 두려워하였으며, 그로부터 도망치고자 했다. 오늘날 거듭나지 못한 사람들도 이와 마찬가지이다. 자신들이 오만하게 자랑하는 모든 것들과 종교적인 행위들과 스스로 만든 모든 종류의 치마들에도 불구하고, 사람들은 두려워하며 불안해 한다. 그들이 성경을 가까이 하는 것을 그토록 싫어하는 이유가 무엇인가? 그것은 성경이 다른 어떤 책보다도 사람을 하나님께 가까이 데려가기 때문이다. 그럴 때 사람은 두려움과 불편함 가운데 하나님으로부터 피하기를 원한다. 또 사람들이 말씀을 배우는 모임에 적극적으로 참여하지 않는 이유가 무엇인가? 사람들은 여러 가지 핑계를 댈 것이다. 그러나 진짜 이유는 그러한 모임이 하나님을 그들에게 가까이 데려가기 때문이다. 그리하여 그들은 자신들의 죄에 대해 불편함을 느끼면서 그로부터 도망치기를 바라게 되는 것이다. 우리 모두가 최초의 죄에 참여하여 아담 안에서 죽었음은 얼마나 명백한 사실인가! 아담은 우리 모두를 대표하여 서 있었다. 그가 인류 전체를 대표하여 행동한 사실은 그의 모든 자손들이 그의 본성을 공유하며, 그의 죄를 영속적으로 반복하는 사실에 의해 온전히 드러난다.

하나님이 아담을 찾으신 것은 아담에게 있어 죄를 고백할 수 있는 좋은 기회였다. "내가 네게 먹지 말라 명한 그 나무 열매를 네가 먹었느냐"(11절). 이에 대한 아담의 대답은 무엇이었나? 아담은 이러한 기회를 어떻게 활용했나? 상한 마음으로 자신의 죄를 고백하는 대신, 그는 변명으로 일관했다. "하나님이 주셔서 나와 함께 있게 하신 여자 그가 그 나무 열매를 내게 주므로 내가 먹었나이다"(12절). 이것은 하와도 마찬가지였다. "뱀이 나를 꾀므로 내가 먹었나이다"(13절). 그들은 이와 같이 책임을 다른 존재에게 전가함으로써 자신들의 죄를 경감시키고자 했다. 이것은 오늘날 20세기에도 얼마나 놀랍도록 사실인가! 이러한 사실 역시 이것이 신적 영감(靈感)의 산물임을 무심코 드러내지 않는가! 그러나 핑계는 죄책을 더욱 무겁게 만들 뿐이다. 우리는 혼인잔치의 비유 속에서 이러한 원리를 보여 주는 또 하나의 예화(例話)를 발견한다. "나는 밭을 샀으매 꼭 나가 보아야 하겠으니 청컨대 나를 양해하도록 하라"(눅 14:18, 한글개역개정판에는 "아무래도 나가 보아야 하겠으니"라고 되어 있음). "꼭" 나가 보아야만 하는 이유가 무엇인가? 바로 이것이다. 그는 하나님의 초청을 받아들이는 것보다 스스로를 만족시키는 것을 더 좋아했다. 바로 이것이 그가 "꼭" 나가 보아야만 하는 진짜 이유였다. 이와 같이 그가 내세운 핑계는 결국 그의 죄책을 더 무겁게 만들 뿐이었다. 이것은 여기의 아담도 마찬가지였다. 그가 내세운 핑계는 도리어 그의 죄책을 더욱 무겁게 만들었다. "네가 네 아내의 말을 듣고 내가 네게 먹지 말라 한 나무의 열매를 먹었은즉 땅은 너로 말미암아 저주를 받고 너는 네 평생에 수고하여야 그 소산을 먹으리라"(17절). 모든 핑계들은 아무 쓸모없었으며, 사람은 거룩하신 하나님 앞에서 죄인으로 정죄되었다. 마지막 심판 때도 이와 같을 것이다.

요컨대 우리는 여기에서 타락의 결과가 네 가지로 나타나는 것을 발견한다. 첫째로, 자신에게 무엇인가 잘못되었음을 의식하는 것. 둘째로, 자기의 수치를 자기 자신이 만든 덮개로 가리려고 애쓰는 것. 셋째로, 하나님을 두려워하며 그 앞에서 숨으려고 시도하는 것. 그리고 넷째로, 자기의 죄를 고백하는 대신 그에 대해 핑계를 대는 것. 우리는 오늘날에도 이러한 것들이 세상 전체를 덮고 있는 것을 주목할 수 있다.

제5장

타락 ❷

Ⅳ. 타락과 하나님

"여호와 하나님이 아담을 부르시며 그에게 이르시되 네가 어디 있느냐"(3:9). 이러한 하나님의 은혜의 부르심은 얼마나 아름다운가! 이것은 죄인을 호출하는 경찰관의 엄중한 음성이 아니라, 간절한 사랑의 부르심이었다. 여기의 어두운 배경은 단지 하나님의 은혜의 부요함을 더 풍성하게 나타내는데 도움이 될 뿐이다. 우리의 첫 조상들은 얼마나 큰 호의를 입었었나! 그들은 사람의 마음이 바랄 수 있는 모든 것으로 축복을 받았다. 그들의 자유에 오직 하나의 제한만이 주어졌을 뿐인데, 그것은 창조주에 대한 그들의 믿음과 충성을 시험하기 위한 것이었다. 그렇게 볼 때 그들의 죄는 얼마나 악독한 것이며, 그들의 타락은 얼마나 두려운 것인가! 설령 하나님이 그들을 영원한 사슬로 결박하여 흑암 아래 던진다 하더라도 — 타락한 천사들에 대해 그렇게 하였던 것처럼 — 그것이 도대체 모슨 놀랄 일이란 말인가? 설령 하나님이 진노 가운데 즉시로 그들을 불사른다 하더라도, 그것이 도대체 무슨 이상한 일이란 말인가? 그렇게 한다 하더라도, 그것은 결코 과도한 형벌이 아니었다. 도리어 그렇게 하는 것이 공의에 맞는 일이었다. 그들은 그런 형벌을 받기에 합당했다. 그러나 하나님은 그렇게 하지 않으셨다. 무한한 겸비(謙卑)와 풍성한 긍휼 가운데, 하나님은 에덴 동산에 찾아오셔서 "네가 어디 있느냐?"고 물으셨다.

그리피스 토머스(W. Griffith Thomas)는 이러한 질문의 의미를 다음과 같은 강력한 말로 요약한다. "아담에 대한 '네가 어디 있느냐?'라는 하나님의 질문은 여전히 모든 죄인들의 귀 속에서 울린다. 이것은 죄를 간과할 수 없는 신적 공의의 부르심이며, 죄인을 바라보며 탄식하는 신적 슬픔의 부르심이며, 죄로부터의 구속을 제시하는 신적 사랑의 부르심이다. 우리 모두와 우리 각자에게 '네가 어디 있느냐?' 라는 부르심은 계속 반복된다."

창세기 3장의 모든 기록 속에는 매우 풍성한 의미가 담겨 있다. 거기에 나타난 하나님의 태도와 행동은 매우 상징적이며 특징적이다. 아담이 하나님을 찾은 것이 아니라, 하나님이 아담을 찾으셨다. 그때 이래로 이와 같은 순서는 단 한 번도 바뀐 적이 없었다. "깨닫는 자도 없고 하나님을 찾는 자도 없고"(롬 3:11). 아브람이 아직 우상 숭배 가운데 있었을 때, 그를 찾아와 부르신 것은 하나님이었다. 야곱이 악한 행동의 결과로 형을 피해 도망치고 있었을 때, 벧엘로 그를 찾아온 것은 하나님이었다. 모세가 도망자로서 미디안 광야에 있었을 때, 그를 찾아온 것은 하나님이었다. 사도들이 고기 잡는 일에 종사하고 있었을 때, 그들을 찾아온 것은 그리스도였다. 그렇기 때문에 그리스도는 "너희가 나를 택한 것이 아니요 내가 너희를 택하여 세웠나니"라고 말씀하실 수 있으셨다(요 15:16). 형언할 수 없는 사랑 가운데 잃은 자를 찾아 구원하기 위해 온 것은 그리스도였다. 양들이 목자를 찾은 것이 아니라, 목자가 양들을 찾았다. "우리가 그를 사랑함은 그가 먼저 우리를 사랑하심이라" — 이것은 정말로 사실이다. 벌레와 같은 보잘것없는 우리를 찾으시고 우리에게 관심을 기울이시는 것은 신성(神性)의 얼마나 놀라운 겸비(謙卑)인가!

"내가 너로 여자와 원수가 되게 하고 네 후손도 여자의 후손과 원수가 되게 하리니 여자의 후손은 네 머리를 상하게 할 것이요 너는 그의 발꿈치를 상하게 할 것이니라"(3:15). 여기에서 또 다시 우리는 하나님의 은혜의 지극히 부요하심을 보게 된다. 심판의 행동을 하시기에 앞서, 하나님은 긍휼을 나타내셨다. 범죄자를 에덴 동산으로부터 쫓아내기에 앞서, 하나님은 그들에게 복된 약속과 소망을 주셨다. 하나님은 여자의 후손이 와서 사탄의 머리를 상하게 할 것이라고 말씀하셨다. 여자로 말미암아 저주가 들어왔다. 그러므로 여자로 말미암아 저주를 담당하고 제거할 자가 올 것이다. 여자로 말미암아 낙원을 잃었다. 그러므로 여자로 말미암아 낙원을 되찾을 자가 태어날 것이다. 영광의 주님이 여자의 후손으로 오실 것이라는 것은 얼마나 놀라운 은혜인가!

바로 여기에 메시야와 관련한 모든 예언의 배아(胚芽)가 들어 있다. 특별히 여기에서 세 가지를 주목하자. 첫째로, 사탄과 여자 사이에 적의(敵意)가 있을 것임이 선언된다. 이 부분은 많은 주석가들에 의해 너무나 자주 간과되어왔다. 여기의 "여자"는 계시록 12장의 약속의 씨를 잉태한 여자인 이스라엘을 상징한다. 장차 메시야가 오실 통로로 예정된 이스라엘은 사탄의 계속적인 적의와 공격의 대상이 되었다. 이러한 예언이 이미 얼마나 놀랍게 성취되었는지 우리 모두가 충분히 안다. 창세기에 언급된 "기근"은 원수가 메시야의 조상들을 진멸시키려고 한 첫 번째 시도였다. 모든 사내아이를 죽이라는 바로의 명령, 홍해에서의 애굽 군대의 추격, 약속의 땅에서의 가나안 사람들의 공격, 하만의 음모 — 이 모든 것이 사탄과 "여자" 사이의 적의(敵意)의 실례들이다. 그리고 그 이후의 유대인에 대한 이방인의 핍박과 짐승에 의해 행해지게 될 미래의 핍박 역시 같은 사실을 증언한다.

둘째로, 여기에 두 "후손"(seed)이 언급된다. 이것 역시 자주 간과되어 온 또 하나의 주제이다. 그것은 "네 씨"와 "여자의 씨" 즉 "사탄의 씨"와 "여자의 씨" 다시 말해서 적그리스도와 그리스도이다. 모든 예언이 여기의 두 인물에 초점이 맞추어진다. 전자의 "네 씨"(사탄의 씨)라는 표현 속에서, 우리는 적그리스도의 초자연적이며 사탄적인 본성과 성격에 대한 암시를 보게 된다. 처음부터 마귀는 모방자(imitator)였다. 그러한 사실은 그가 우리 주님의 두 가지 본성 즉 그의 인성과 신성의 본질적인 연합을 모방한 것에서 절정에 이른다. 우리 주님이 사람의 아들(人子)이면서 동시에 하나님의 아들인 것처럼, 적그리스도는 죄의 아들이면서 동시에 멸망의 아들(문자적으로 뱀의 씨)일 것이다. 그러므로 다음과 같은 논리적인 결론은 필연적이다. 만일 "여자의 씨"가 궁극적으로 한 인격적 존재(그리스도)로 귀결된다면, "네 씨" 역시 궁극적으로 한 인격적 존재(적그리스도)로 귀결되어야만 할 것이다. "여자의 씨" — 여기에서 우리는 우리 구주의 초자연적인 탄생과 관련한 최초의 암시를 보게 된다. 메시야는 특별한 방법으로 세상에 오실 것으로 예언되었다. 그는 남자의 씨가 아니라 "여자의 씨"이다. 이러한 예언이 문자적으로 성취된 것을 우리는 메시야의 초자연적인 탄생과 관련한 다음과 같은 신약의 두 표현에서 배우게 된다. 첫째는 메시야를 잉태한 것은 "처녀"였다는 표현이며, 둘째는 여기의 최초의 예언 후 4,000년이 지났을 때 하나님이 "자기 아들을 보내사 여자에게서 나게" 하셨다는 표현이다(갈 4:4).

셋째로, 여기에 두 가지 "상함"이 언급된다. "여자의 후손은 네 머리를 상하게 할 것이요 너는 그의 발꿈치를 상하게 할 것이니라." 여자의 씨는 뱀의 머리를 상하게 할 것이며, 뱀은 그의 발꿈치를 상하게 할 것이다. 여기의 예언의 후반부 구절은 이미 역사(歷史)가 되었다. 여자의 씨의 발꿈치가 상하는 것은 우리 구주의 고난과 죽음을 상징하는 것이다. "그가 찔림은 우리의 허물 때문이요 그가 상함은 우리의 죄악 때문이라"(사 53:5). 반면 여기의 예언의 전반부 구절은 아직 성취를 기다리고 있다. 뱀의 머리가 상하는 것은 우리 주님이 이 땅에 다시 오실 때 이루어질 것이다. "용을 잡으니 곧 옛 뱀이요 마귀요 사탄이라 잡아서 천 년 동안 — 즉 천년왕국 동안 — 결박하여 무저갱에 던져 넣어 잠그고"(계 20:2, 3). 이러한 구절 또한 우리에게 성경의 신적 영감에 대한 놀라운 증거를 제공해 준다. 이후 역사(歷史)와 관련하여 이토록 정확한 개요를 제시해줄 수 있는 자가 그리고 이후 역사 전체를 이 한 구절로 요약할 수 있는 자가 처음과 마지막을 동시에 아는 자 외에 도대체 누구란 말인가!

"여호와 하나님이 아담과 그의 아내를 위하여 가죽옷을 지어 입히시니라"(3:21). 이러한 구절을 상세히 설명하기 위해서는 많은 지면이 필요할 것이다. 그렇지만 부득이 우리는 간략한 설명으로 만족해야만 한다. 그것은 우리에게 죄인의 구원과 관련한 상징적인 그림을 제공해 준다. 그것은 하나님 자신이 말씀으로가 아니라 상징과 행동으로 하신 첫 번째 복음 설교이다. 그것은 죄인이 거룩하신 창조주에게로 돌아올 수 있는 방법을 제시한다. 그것은 "피흘림이 없은즉 사함이 없는" 근본적인 진리를 최초로 선포하는 것이었다(히 9:22). 그리고 그것은 죄인을 위해 무죄한 자가 대신 죽는 대속(代贖)의 원리를 보여 주는 복된 예화(例話)였다.

타락하기 전에, 하나님은 죄의 삯을 규정하셨다. "네가 먹는 날에는 반드시 죽으리라"(2:17). 하나님은 의로우시며, 의로운 재판장으로서 그는 의를 행하셔야만 한다. 그의 율법은 깨어졌으며, 그로 말미암아 공의는 그에 합당한 형벌을 시행할 것을 부르짖었다. 그러나 긍휼이 공의의 입을 막았다. 은혜와 의가 함께 나타날 수 있는 방법이 없는가? 감사하게도 있으며, 또 있었다. 긍휼은 죄인에게 형벌을 내리기보다 은혜를 베풀기를 원했다. 그러나 공의가 죽음을 요구했기 때문에, 다른 존재가 죄인을 대신해서 죽음을 당해야만 했다. 여호와 하나님은 아담과 하와에게 가죽옷을 입혀 주셨다. 가죽을 얻기 위해, 동물이 죽임을 당해야만 했다. 생명이 취하여져야만 했으며, 피가 흘려져야만 했다. 이런 방법으로 타락과 멸망 가운데 떨어진 죄인의 수치를 가려줄 옷이 준비되었다. 여기의 상징의 의미는 너무나 명백하다. 여기에 하나님의 아들의 죽음이 그림자처럼 나타난다. 주 예수께서 양들을 위해 목숨을 내어놓으셨기 때문에, 이제 하나님은 의로우시면서 동시에 예수를 믿는 자들을 의롭다 하실 수 있게 되었다.

여기의 상징은 얼마나 완전하며 아름다운가! 가죽을 준비하고, 그것으로 옷을 짓고, 그 옷을 우리의 첫 조상들에게 입혀 주신 것은 여호와 하나님이었다. 그들은 아무 일도 하지 않았다. 하나님이 모든 일을 하셨다. 그들은 전적으로 수동적이었다. 이와 동일한 진리가 탕자의 비유 가운데 나타난다. 탕자가 비참한 상태에 빠진 가운데 자신의 죄를 시인했을 때, 아버지의 은혜가 나타났다. "아버지는 종들에게 이르되 제일 좋은 옷을 내어다가 입히고"(눅 15:22). 탕자는 스스로 옷을 준비하지도 않았고, 스스로 그 옷을 입지도 않았다. 다만 모든 것이 그를 위해 준비되었다. 이것은 모든 죄인들에게 있어서도 마찬가지이다. "너희는 그 은혜에 의하여 믿음으로 말미암아 구원을 받았으니 이것은 너희에게서 난 것이 아니요 하나님의 선물이라"(엡 2:8). 그러므로 우리는 이렇게 노래할 수 있다. "내가 여호와로 말미암아 크게 기뻐하며 내 영혼이 나의 하나님으로 말미암아 즐거워하리니 이는 그가 구원의 옷을 내게 입히시며 공의의 겉옷을 내게 더하심이 신랑이 사모를 쓰며 신부가 자기 보석으로 단장함 같게 하셨음이라"(사 61:10).

"이같이 하나님이 그 사람을 쫓아내시고 에덴 동산 동쪽에 그룹들과 두루 도는 불칼을 두어 생명나무의 길을 지키게 하시니라"(창 3:24). 이것은 최초의 죄에 대한 신적 유죄판결의 절정이었다. 판결은 제일 먼저 뱀에게, 다음으로 여자에게, 그리고 마지막으로 남자에게 선언되었다. 하나님이 긍휼 가운데 아담과 하와에게 보배로운 약속을 주신 연후에, 그들은 낙원으로부터 쫓겨났다. 이것의 도덕적인 의미는 명백하다. 그들이 에덴 동산에 남아 하나님과 더불어 계속 교제를 나누는 것은 불가능했다. 그는 거룩하시다. 그러므로 부정한 것은 그 앞에 설 수 없다. 죄는 항상 분리의 결과를 낳는다. "오직 너희 죄악이 너희와 너희 하나님 사이를 갈라 놓았고 너희 죄가 그의 얼굴을 가리어서 너희에게서 듣지 않으시게 함이니라"(사 59:2).

여기에서 우리는 하나님의 경고가 이루어진 것을 발견한다. 하나님은 "네가 먹는 날에는 반드시 죽으리라"고 경고하셨다(2:17). 이것은 단순히 육체적으로 죽는 것이 아니라 — 그것보다 무한히 더 나쁜 — 영적으로 죽는 것이다. 육체적 죽음이 몸으로부터 영혼이 분리되는 것인 것처럼, 영적인 죽음은 하나님으로부터 영혼이 분리되는 것이다. "네 동생은 죽었다가(나로부터 분리되었다가) 살아났으며

(회복되었으며)"(눅 15:32). 사람들이 본질적으로 "허물과 죄로" 죽은 것은 "그들 가운데 있는 무지함과 그들의 마음이 굳어짐으로 말미암아 하나님의 생명에서 떠나 있기" 때문이다(엡 2:1, 4:17). 마찬가지로 죄 가운데 죽은 모든 사람들을 기다리고 있는 법정적인 죽음은 많은 사람들이 잘못 가르치는 것처럼 단순히 멸절되는 것이 아니라,[1] 하나님으로부터 영원히 분리되어 불못 가운데 영원히 던져지는 것이다. 여기의 창세기 3장에서 우리는 죽음에 대한 하나님 자신의 정의(定義)를 보게 된다. 그것은 하나님 자신으로부터 분리되는 것으로서, 사람이 에덴 동산으로부터 쫓겨나는 것에서 분명하게 나타난다.

생명나무로 가는 길을 가로막는 것은 우리에게 매우 중요한 영적 진리를 보여준다. 종종 생명나무는 신적 임재를 상징하는 것으로서 나타난다(잠 3:18을 보라). 타락한 인간이 그 나무에 나아갈 권리를 갖지 못하는 것은 그가 하나님으로부터 서 있는 도덕적인 먼 거리를 강조한다. 성막과 성전의 휘장이 신적 임재로 들어가는 길을 가로막고 있는 것처럼, 죄인은 하나님에게 나아가지 못한다. 공의의 칼이 그 길을 막고 있기 때문이다. 그러나 하나님을 송축할지니, 우리 앞에 하나님께 나아가는 "새롭고 산 길"을 여신 그리고 그 자신이 길이신 자가 계신다(요 14:6). 그 길은 어떻게 열렸는가? 공의가 스스로 자신의 칼을 거두었는가? 결코 그렇지 않다. 도리어 공의의 칼은 우리 구주의 옆구리를 찔렀다. 스가랴 13:7의 "칼아 깨어서 내 목자를 치라"는 말씀은 의심의 여지없이 여기의 창세기 3:24을 되돌아본다. 목자가 칼에 찔림으로 양들의 생명이 보존되었다. 그리고 그로 말미암아 우리는 하나님의 낙원에서 생명나무의 열매를 먹게 될 것이다. "이기는 그에게는 내가 하나님의 낙원에 있는 생명나무의 열매를 주어 먹게 하리라"(계 2:7).

본장의 내용을 요약해 보자. "타락과 하나님"을 다루는 본장에서 우리는 다음과 같은 것들을 발견한다. 첫째로 사람을 찾아오신 것에 나타나는 하나님의 겸비(謙卑), 둘째로 복된 예언과 약속을 주신 것에 나타나는 그의 긍휼, 셋째로 사람의 수치를 가리기 위해 준비하신 가죽옷에 나타나는 그의 은혜, 넷째로 사람의 죄를 징벌하신 것에 나타나는 그의 거룩하심, 그리고 마지막으로 가죽옷에서 상

[1] 계시록 20장에서 구원받지 못한 자들은 부활한 후에도 여전히 "죽은" 것으로 언급된다. 그들은 영원히 죽었으며, 심지어 살아 있는 동안에도 하나님에 대하여 죽었다.

징적으로 나타나는 하나님과 사람 사이의 중보자의 절실한 필요.

제6장

타락

❸

다윈의 진화론에 따를 때, 죄는 단순히 점진적으로 사라지게 될 현재의 불완전함과 한계에 불과한 것이 된다. 그러므로 진화론은 단지 창세기 1장의 가르침만을 배격할 뿐만 아니라, 나아가 창세기 3장에 기록된 사실들까지도 배격한다. 바로 여기에 사탄의 공격의 핵심이 있다. 오늘날 많은 신학자들은 창조의 진정성을 훼손하고자 시도할 뿐만 아니라 복음의 칼끝도 무디게 하고자 시도한다.

타락을 부인할 때, "새로운 탄생"(new birth)은 꼭 필요한 것은 아닌 것이 된다. 사람이 도덕적인 사다리의 아래로부터 시작하여 천천히 그러나 확실하게 위로 올라가는 것이 사실이라면, 그가 필요로 하는 모든 것은 교육과 훈련일 것이기 때문이다. 반면 사람이 사다리의 위로부터 시작했지만 죄로 말미암아 타락하여 아래로 굴러 떨어진 것이라면, 그에게 절박하게 필요한 것은 중생과 의롭다함이 될 것이다. 이와 같이 양자(兩者)의 결과는 생사를 결정할 정도로 본질적이며 절대적이다.

V. 타락과 인간 역사(歷史)

우리는 인간 역사의 초창기에 대한 지식을 위해 전적으로 하나님의 말씀의 계시에 의존하며, 그의 말씀의 절대적인 권위를 의심 없이 받아들이며, 성경이 인간의 논리의 버팀목을 필요로 하지 않음을 믿는다. 그럼에도 불구하고 우리는 여전히 역사(歷史)와 경험에 호소하는 것이 나름대로 가치 있는 일임을 기꺼이 인정한다. 이것은 "타락"과 관련해서도 마찬가지이다. 창세기 3장의 가르침은 인간의 역사(歷史)와 경험의 위대한 사실들에 의해 분명하게 입증되고 옹호된다.

1. 인간의 경험의 가르침

역사의 사료들을 읽어 보라. 법정(法廷)의 기록들을 검토해 보라. 대도시 뒷골목의 빈민가의 삶을 연구해 보라. 그러고 난 연후에 도대체 어떻게 만물의 영장인 인간이 동물보다도 못한 삶 가운데 빠질 수 있는지 물어보라. 어떻게 인간이 그토록 타락할 수 있는지를 보이기 위해 굳이 많은 실례(實例)를 들 필요는 없다. 우리 모두가 오늘날 세상 전체를 가득 채우고 있는 온갖 종류의 추악함과 황폐함을 너무나 고통스러운 마음으로 바라보지 않을 수 없기 때문이다. 오늘날 곳곳에서 아무렇지도 않게 버려지는 수많은 사생아들을 보라. 짐승조차도 자기 새끼를 그렇게 버리지는 않을 것이다. 심지어 들짐승조차 많은 사람들을 부끄럽게 만들지 않는가! 번식기에 많은 들짐승들도 스스로를 자기 짝에게만 한정시키기 때문이다. 또 독한 술에 취해 비틀거리는 많은 사람들과 달리, 어떤 짐승도 술을 마시지 않기 때문이다.

그러면 이 모든 것들의 원인은 무엇인가? 이러한 사실들을 우리는 도대체 어떻게 설명할 수 있을 것인가? 만물의 영장이 들짐승보다도 못한 것은 도대체 무슨 까닭인가? 여기에 오직 하나의 대답만이 가능하다. 그것은 다름 아닌 죄와 타락이다. 인간의 본성 안으로 죄가 들어왔으며, 인간은 타락한 피조물이 되었다. 그리고 타락한 피조물로서, 인간은 어떤 악도 행할 수 있는 존재가 되었다.

2. 인간 본성의 불화

인간은 복합적인 존재이다. 그 안에서 두 가지 원리가 작동한다. 그는 자기모순적인 존재이다. 한 순간 그는 고결하며 칭찬할만한 일을 행하지만, 다음 순간 추잡하며 악한 일을 행한다. 때로 그는 선하며 숭고한 것에 순복하지만, 훨씬 더 자주 스스로를 죄의 낙(樂)에 던진다. 어떤 경우 그는 하나님을 닮은 것처럼 보이지만, 다른 경우 영락없는 마귀의 자녀처럼 보인다. 선과 악 사이의 이러한 충돌은 도대체 어디로부터 온 것인가? 우리의 본성 안에 있는 이러한 복합적인 이중성의 이유는 도대체 무엇인가? 이 모든 사실들에 부응하는 오직 하나의 설명이 있다. 한편으로 인간은 "하나님의 작품"이다. 다른 한편으로 죄가 들어와 창조주의 작품을 망가뜨렸다.

3. 죄의 보편성

왕궁에 사는 왕의 아들과 오두막에 사는 성자(聖者)의 딸이 최고의 사랑과 돌봄에도 불구하고 죄와 악으로 향하는 성향(性向)을 나타내는 이유는 도대체 무엇인가? 교육과 훈련이 그러한 성향을 변화시키지 못하는 것은 도대체 무슨 까닭인가? 모든 사람에게 죄성(罪性)이 있는 이유는 도대체 무엇인가? 죄의 오염으로부터 자유로운 나라도 없고, 부족도 없고, 가족도 없는 이유는 도대체 무엇인가? 오직 하나님의 말씀만이 이러한 질문들에 대해 올바로 답해 준다. 그것은 모두가 공통의 기원(아담)을 가지며, 공통의 유산(타락)을 공유하며, 공통의 기업(죄)을 소유하는 까닭이다.

4. 죽음의 존재

모든 것에 공통적으로 일어나는 하나의 사건이 있는데, 그것은 죽음이다. 그러면 그 이유는 무엇인가? 우리는 영원한 하나님에 의해 창조되었으며, 영원히 소멸되지 않는 영혼을 소유한다. 그런데 어째서 사람들은 이 땅에서 영원히 살지 못하는 것인가? 썩음과 파괴와 같은 것들이 있는 이유는 무엇인가? 이런 질문들에 대해 과학이나 철학은 아무런 대답도 주지 못하며, 또 다시 우리는 하나님의 말씀에 갇히게 된다. 죽음은 죄의 삯이며, 죽음이 보편적인 것은 죄가 보편적이기 때문이다. 어떤 사람이 "죄와 죽음이 보편적인 이유가 무엇이냐?"고 묻는다면, 그에 대한 대답은 이것이다. "한 사람으로 말미암아 죄가 세상에 들어오고 죄로 말미암아 사망이 들어왔나니 이와 같이 모든 사람이 죄를 지었으므로 사망이 모든 사람에게 이르렀느니라"(롬 5:12).

5. 인류의 현재적인 마비상태

모든 존재와 유기체는 필연적으로 자라며, 또 자라야만 한다. 동물과 식물뿐 아니라 심지어 수정(水晶)까지도 이러한 법칙에 복종한다. 그런데 역사(歷史)가 보여 주는 것처럼 유독 유기체적인 전체를 구성하는 인류만이 그러한 법칙을 따르지 않는 이유를 알기는 매우 어렵다. 이에 대한 유일한 해답은 인간이 지금 본래의 정상적인 상태에 있지 않다는 것이다. 그는 더 이상 하나님이 창조하셨을 때의 그가 아니다. 타락을 부인하는 사람은 이러한 심원(深遠)한 신비에 대해 아무런 빛도 갖지 못한다. 인간이 타락하지 않았다면, 의심의 여지없이 인간은 지식과 선과 행복에 있어 계속해서 자랄 것이며 하나님과 점점 더 같아져 갈 것이다.

하나님과 동행하다가 365세 때에 하늘로 취함을 입은 에녹은 자신의 운명을 온전히 성취한 인간의 표본이며, 모든 사람이 어떻게 될 수 있는지를 보여 주는 분명한 모형이다. 그러나 슬프게도 인간은 타락했으며, 그로 말미암아 궁극적인 의미에서 진보와 발전은 불가능하게 되었다.

인간이 진보하지 않은 — 혹은 그보다도 지금 진보하고 있지 않는 — 사실은 오늘날 사람들이 만들어내는 다양한 분야의 산물들을 과거 2,000년 혹은 3,000년 전의 산물들과 비교해 보면 분명하게 드러난다. 문학의 분야에서, 욥기나 혹은 시편과 필적할만한 것은 아무것도 나타나지 않았다. 철학의 분야에서, 사람의 지적 발달과 정신적 삶에 있어 산스크리트어와 비교할 수 있는 것은 현대 언어에 없다. 예술의 분야에서, 최고의 것을 여전히 우리는 고대 그리스로부터 빌려온다. 과학의 분야에서, 여전히 우리는 피라미드를 설계하고 건축한 사람들보다 훨씬 뒤떨어져 있다. 최근의 연구에 따르면, 일부 미라들은 고대 이집트인들이 치과학(齒科學) 분야에 있어 오늘날의 우리보다 뛰어났음을 보여 준다. 윤리의 분야에서, 유교의 뛰어난 윤리체계는 오늘날 우리가 성경 밖에서 가지고 있는 어떤 윤리체계보다 뛰어나다. 거대 문명의 분야에서, 어떤 것도 기독교 시대가 시작되기 수백 년 전에 꽃폈던 바빌로니아와 페니키아의 문명을 능가하지 못한다. 또 법률의 분야에서, 어느 누구도 로마인들을 능가하지 못했다.

여기에서 한 가지 매우 중요한 사실이 증명되는데, 그것은 유기체적인 전체로서 우리 인류가 아무런 실제적인 진보도 이루지 못했다는 사실이다. 다시 반복하거니와, 모든 살아 있는 유기체들 가운데 계속해서 자라지 않는 것은 오직 하나뿐이다. 그러면 이러한 신비한 현상 즉 유기체임에도 불구하고 자라지 못하는 마비상태의 원인은 무엇인가? 이러한 질문에는 하나님의 말씀이 제시하는 오직 하나의 설명만이 가능할 뿐이다. 즉 인류라는 이 유기체는 타락으로 말미암아 심각하게 훼손되었으며, 인류의 지금의 상태는 본래의 정상적인 상태가 아니라는 것이다.

만일 타락이 역사적(歷史的)인 사실이며 인간의 전체 역사를 정당하게 설명하는 유일한 설명이라면, 필연적으로 다음과 같은 사실들이 따르게 된다. 첫째로 인간은 타락한 피조물이라는 사실, 둘째로 인간은 죄인이라는 사실, 그리고 셋째로 인간에게는 구주가 필요하다는 사실. 이러한 것들이 바로 복음이 근거하는 기초이다. 본성적으로 인간은 하나님으로부터 단절되어 있으며, 잃어버린 존재로서 정죄 아래 있다. 그러면 그것을 치료할 수 있는 치료제는 무엇인가? 그것은 "새로운 창조"(new creation, 혹은 "새로운 피조물")이다. "그런즉 누구든지 그리스도 안에 있으면 새로운 피조물이라 이전 것은 지나갔으니 보라 새 것이 되었도다"(고후 5:17). 인간에게 필요한 것은 옛 본성을 좀 더 낫게 계발시키는 것이 아니다. 그것은 타락으로 말미암아 파괴되었기 때문이다. 인간에게 정말로 필요한 것은 성령에 의해 새롭게 태어난 "새로운 본성"(new nature)을 받는 것이다. "사람이 거듭나지 아니하면 하나님의 나라를 볼 수 없느니라"(요 3:3). 여기에 미치지 못하는 것은 무엇이든 무가치하며 쓸모없다.

Ⅵ. 타락과 그리스도

창세기 3장을 그리스도와 연결하여 연구하지 않는 것은 올바른 연구가 아니다. 그 안에 있는 많은 구절들이 우리가 아담과 그리스도를 함께 연결시키도록 만든다. 그러므로 우리는 두 인물을 주의 깊게 비교하며 대조할 필요가 있다. 본 단락을 고찰함에 있어, 우리는 다음과 같은 세 가지를 살피고자 한다. 첫째로 성격과 행동에 있어서의 첫째 아담과 마지막 아담 사이의 대조, 둘째로 타락의 저주를 짊어지신 그리스도, 그리고 셋째로 타락의 결과를 역전시키고 "더 나은 것"을 가져오신 그리스도. 이제 이 세 가지를 순서대로 살펴보도록 하자.

금지된 열매를 먹음으로 말미암아, 아담은 하나님의 사랑과 하나님의 진실하심과 하나님의 권위를 모독했다. 그는 하나님의 형상대로 창조되었으며, 그 코에 하나님의 생기가 불어넣어졌으며, 완벽한 환경 가운데 놓였으며, 사람의 마음이 바랄 수 있는 모든 축복으로 둘러싸였으며, 모든 피조물을 주관하는 권세를 받았으며, 그를 위해 돕는 배필이 준비되었으며, 온 우주에 여호와의 사랑과 선하심을 나타내는 표본이 되었으며, 오직 하나의 금령만 주어짐으로써 어렵지 않게 하나님의 권위에 대한 자신의 순복을 나타낼 수 있는 기회를 가질 수 있었다. 그러나 그는 유혹자의 음성에 귀를 기울이며, 마귀의 거짓말을 믿는다.

"뱀이 여자에게 이르되 너희가 결코 죽지 아니하리라 너희가 그것을 먹는 날에는 너희 눈이 밝아져 하나님과 같이 되어 선악을 알 줄 하나님이 아심이니라"(창 3:4, 5). 사탄의 이러한 말 속에 무엇이 암시되어 있는가? 그는 이를테면 이렇게 말한 것이었다. "하나님이 너희에게 이 나무의 열매를 먹지 말라 하시더냐? 아,

정말로 하나님은 매정하기 짝이 없구나! 하나님은 너희에게 동산에서 가장 좋은 것을 금하고 계시는 거야. 그는 너희가 이 열매를 먹으면 눈이 열려 자신처럼 될 것을 너무나 잘 알고 계셔." 다시 말해서 그것은 그들에게 하나님을 불신하며 그의 은혜와 선하심에 의문을 제기하라고 호소하는 것이었다. 이와 같이 금지된 열매를 먹음으로써, 아담은 하나님의 사랑을 모독하며 거부했다.

또 아담은 하나님의 진실하심을 의심하며 모독했다. 하나님은 이미 아담에게 모호하지 않은 언어로 "네가 먹는 날에는 반드시 죽으리라"라고 분명하게 경고하셨다(2:17). 아담은 죽음에 대해 아무것도 알지 못했다. 그는 오로지 살아 있는 피조물들에 의해 둘러싸여 있었다. 이성(理性)은 낙원과 같은 아름다운 땅에 죽음이 들어오는 것은 불가능하다고 추론할 수 있었다. 그러나 거기에 거짓말할 수 없는 자의 말씀이 울렸다. "네가 먹는 날에는 반드시 죽으리라." 그러나 뱀은 감히 여호와의 말씀을 부인한다. 그는 "너희가 결코 죽지 아니하리라"라고 선언한다(3:4). 아담은 누구의 말을 믿었나? 하나님인가, 아니면 사탄인가? 그는 사탄을 더 신뢰했다. 그는 감히 하나님을 의심하면서 치명적인 행동을 했다. 이와 같이 금지된 열매를 먹음으로써 아담은 하나님의 진실하심을 부인하며 모독했다.

또 아담은 하나님의 권위를 부인했다. 창조주로서 하나님은 자신의 피조물들에게 명령을 발하며 절대적인 순종을 요구할 수 있는 본원적인 권리를 갖는다. 입법자와 통치자로서 그리고 자신의 종들의 자유의 한계를 정하는 자로서 행동하는 것은 그의 특권이다. 에덴 동산에서 그는 자신의 특권을 행사하며 자신의 의지(意志)를 나타냈다. 그러나 아담은 자신에게 하나님보다 더 나은 친구가 있다고 생각했다. 그는 하나님을 자신의 유익이 증진되는 것을 못마땅하게 여기는 가혹한 폭군으로 생각했다. 보암직도 하고 지혜롭게 할 만큼 탐스럽기도 한 나무의 열매를 먹지 못하도록 금지한 것에 대해, 그는 하나님이 무자비하며 전횡적으로 행동하고 있는 것으로 생각했다. 그리하여 그는 하나님이 정해준 자신의 자유의 한계를 내던져 버리고 자신의 권리를 주장하기로 결심했다. 그는 하나님의 율법을 마귀의 말로 대체시킨다. 그는 여호와의 명령보다 자신이 바라는 것을 앞세운다. 이와 같이 금지된 열매를 먹음으로써, 아담은 하나님의 권위를 부인하며 모독했다. 바로 이것이 첫째 아담의 성격과 행동이었다.

이제 마지막 아담을 생각해 보도록 하자. 마지막 아담을 생각할 때, 우리는 모든 것이 정반대인 것을 발견하게 될 것이다. 생각과 말과 행동에 있어, 그리스도는 첫째 아담이 그토록 잔혹하게 모독하고 부인한 하나님의 사랑과 진실하심과 권위를 완전하게 옹호하셨다. 그가 어떻게 하나님의 사랑을 옹호했는지 생각해 보라! 아담은 하나님이 자신의 유익이 증진되는 것을 못마땅하게 여기신다는 악한 생각을 품었다. 이와 같이 그는 하나님의 선하심을 의심했다. 그러나 주 예수 그리스도는 그런 생각을 정반대로 뒤집으셨다. 잃은 자를 찾아 구원하기 위해 이 세상에 오신 것에서, 그는 인류를 위한 하나님의 동정심을 충분하게 나타내셨다. 병으로 고통당하는 자들을 동정하시는 것에서, 치유의 기적에서, 예루살렘을 향한 애절한 눈물에서, 쉼 없이 계속되는 긍휼의 사역에서 — 그는 하나님의 사랑과 은혜를 온전히 나타내셨다. 하물며 그의 십자가 고통과 죽음에 대해 우리가 무슨 말을 할 것인가! 우리를 위해 자신의 목숨을 내어주신 것에서, 우리를 대신하여 십자가 위에서 죽으신 것에서 — 그는 아버지의 마음을 가장 완전하게 나타내셨다. "우리가 아직 죄인 되었을 때에 그리스도께서 우리를 위하여 죽으심으로 하나님께서 우리에 대한 자기의 사랑을 확증하셨느니라"(롬 5:8). 갈보리 앞에서 우리는 더 이상 하나님의 은혜와 선하심을 의심할 수 없다.

또 그리스도께서 어떻게 하나님의 진실하심을 옹호했는지 생각해 보라! 사탄에 의해 하나님의 선하심과 진실하심을 의심하며 그의 권위를 부인하도록 유혹받았을 때, 예수 그리스도는 각각의 경우에 "기록하였으되"라는 말로 대답하셨다. 안식일에 회당에 들어갔을 때, 그는 성경을 취하여 읽으셨다. 그가 열두 사도를 선택할 때 유다까지도 선택한 것은 성경이 "이루어지도록" 하기 위함이었다. 바리새인과 서기관들을 책망할 때, 그리스도는 그들이 자신들의 유전으로 "하나님의 말씀"을 폐한다고 말씀하셨다. 십자가 위에서의 마지막 순간에 그는 모든 것이 이루어졌음을 아시고 성경이 이루어지도록 하기 위해 "내가 목마르다"라고 말씀하셨다. 부활 후 엠마오로 가는 두 제자와 동행하면서, 그는 "모든 성경에 쓴 바 자기에 관한 것을 자세히 설명"하셨다(눅 24:27). 이와 같이 예수 그리스도는 그의 생애의 모든 순간에 하나님의 진실하심을 분명하게 드러내셨다.

마지막으로, 그리스도는 하나님의 권위를 완전하게 옹호하셨다. 피조물은 창조주와 동등하게 되기를 열망해 왔다. 아담은 하나님이 정해준 자신의 자유의 제한을 못마땅하게 여겼다. 그는 하나님의 율법을 무시하고, 그의 존귀를 모독하며, 그의 권위에 도전했다. 그러나 우리의 복된 주님은 얼마나 달랐나! 하나님과 동등한 영광의 주님이었음에도 불구하고, 그는 "자기를 비워 종의 형체를" 가지셨다(빌 2:7). 아, 무엇과도 비견할 수 없는 은혜여! 그는 스스로를 "율법 아래로" 낮추셨다. 이 땅에 머무는 모든 기간 동안, 그는 자신의 권리를 주장하기를 부인하고 항상 아버지께 순복하셨다. 그는 항상 "나의 뜻대로 마옵시고"라고 부르짖으셨다. "죽기까지 복종하셨으니 곧 십자가에 죽으심이라"(빌 2:8). 하나님의 아들이 사람들 가운데 장막을 치신 33년 동안 만큼 하나님의 율법이 존귀하게 되고, 하나님의 권위가 높여지고, 하나님의 왕권이 두드러지게 세워진 때는 결코 없었다. 이와 같이 그리스도는 자신의 인격 안에서 하나님의 권위를 옹호하셨다.

이제 그리스도께서 타락의 저주를 짊어지신 것을 생각해 보도록 하자. 첫째 아담의 죄로 말미암아 어떤 형벌이 따랐는가? 이러한 질문에 대답함에 있어 우리는 스스로를 창세기 3장에만 제한시키고자 한다. 창세기 3:17 이하에서 우리는 세상에 죄가 들어온 것의 일곱 가지 결과를 추적할 수 있다. 첫째로, 땅이 저주를 받았다. 둘째로, 사람은 평생 동안 슬픔 가운데 그 양식을 먹게 되었다. 셋째로, 가시와 엉겅퀴가 나게 되었다. 넷째로, 사람은 얼굴에 땀을 흘려야 먹을 것을 먹게 되었다. 다섯째로, 사람은 흙으로 돌아가게 되었다. 여섯째로, 불붙은 칼이 생명나무로 나아가는 길을 막았다. 그리고 일곱째로, 금지된 열매를 먹는 날에는 반드시 죽을 것이라는 하나님의 경고가 실현되었다. 이것이 타락의 결과로서 아담 위에 떨어진 저주였다.

이제 우리 주님이 어떻게 죄의 모든 결과들을 완전하게 짊어지셨는지 살펴보도록 하자. 첫째로, 그리스도께서 우리를 위해 저주가 되셨다. "그리스도께서 우리를 위하여 저주를 받은 바 되사 율법의 저주에서 우리를 속량하셨으니 기록된 바 나무에 달린 자마다 저주 아래에 있는 자라 하였음이라"(갈 3:13). 둘째로, "슬픔의 사람"이라고 일컬어질 정도로 그리스도께서 슬픔에 대해 완전하게 아셨다(the man of sorrows, 한글개역개정판 사 53:3에는 "질고를 아는 자"라고 되어 있음). 셋째로, 그리스도께서 "가시관"을 쓰셨다(요 19:5). 넷째로, 겟세마네 동산에서 기도하시는 동안 그리스도께서 "핏방울이 땅에 떨어지는 것처럼" 땀을 흘리셨다(눅 22:44). 이것은 첫째 아담이 먹을 것을 먹기 위해 흘려야만 하는 땀과 상응하는 것이었다. 다섯째로, 첫째 아담이 흙으로 돌아가야만 했던 것과 마찬가지로 마지막 아담은 "주께서 나를 죽음의 진토 속에 두셨나이다"라고 부르짖었다(시 22:15). 여섯째로, 스가랴 13:7의 "칼아 깨어서 내 목자, 내 짝 된 자를 치라"는 예언처럼, 생명나무로 가는 길을 가로막은 공의의 칼이 하나님의 아들의 옆구리를 찔렀다. 일곱째로, 그리스도께서 십자가 위에서 영적인 죽음 즉 영혼이 하나님으로부터 분리되는 고통을 맛보셨다. "나의 하나님 나의 하나님 어찌하여 나를 버리셨나이까"(마 27:46). 우리의 복된 구주께서 스스로를 잃은 자들과 완전하게 동일시하신 것과, 불의한 자의 자리를 취하신 것과, 의로운 자로서 불의한 자들을 위해 고통을 당하신 것을 생각해 보라! 그리스도가 자기 몸으로 타락의 모든 저주를 짊어진 것은 얼마나 명백한 사실인가!

결론적으로 예수 그리스도는 타락의 모든 결과들을 역전시켰다. 오직 하나님만이 악으로부터 선을 가져올 수 있다. 타락은 하나님에게 그의 지혜와 은혜의 부요함을 나타내는 기회를 가져다주었다. 만일 세상에 죄가 들어오지 않았다면, 그의 지혜와 은혜의 부요함은 그토록 풍성하게 나타날 수 없었을 것이다. 구속의 영역에서 그리스도는 타락의 결과들을 역전시켰을 뿐만 아니라, 도리어 그것 때문에 "더 좋은 것"을 가져다주셨다. 사람이 그리스도로 말미암아 구속에 참여하는 것은 신적 지혜와 은혜의 아주 놀라운 기적이다. 구속받은 자들은 첫째 아담으로 말미암아 잃은 것보다 훨씬 더 많은 것을 마지막 아담을 통해 얻었다. 그들은 더 높은 자리를 차지한다. 타락 이전에 아담은 지상의 낙원에 거했지만, 구속받은 자들은 그리스도와 함께 하늘 보좌에 앉는다. 또 구속으로 말미암아 그들은 하늘의 본성을 입는 축복을 받았다. 타락 이전에 사람은 자연적인 생명을 소유했지만, 그러나 이제 그리스도 안에 있는 모든 사람은 신적 본성에 참여하는 자가 되었다. 또 그들은 하나님 앞에서 새로운 신분을 얻었다. 아담은 단지 무죄했을 뿐이었다 — 이것은 소극적인 상태이다. 그러나 그리스도 안에 있는 자들은 의롭다 — 이것은 적극적인 상태이다. 또 우리는 더 나은 기업(基業)에 참여한다. 아담은 에덴 동산의 주인이었지만, 신자들은 "만유의 상속자"이며 "하나님의 상속자"이며 "그리스도와 함께 한 상속자"이다. 또 은혜로 말미암아 우리는 타락하지 않은 영들이 알았던 것보다 더 크고 심오한 기쁨을 알 수 있게 되었다. 예컨대 죄 사함 받은 희열이라든지 혹은 신적 긍휼에 빚진 자라는 의식으로부터 나오는 천상의 기쁨 같은 것들 말이다. 또 그리스도 안에서 신자들은 타락 이전에 가능했던 것보다 훨씬 더 친밀한 하나님과의 교제를 즐긴다. 아담은 단순한 피조물에 불과했지만, 우리는 그리스도의 몸의 지체이다. 우리는 그의 몸의 지체로서, 그의 뼈 중의 뼈요 그의 살 중의 살이다. 이 얼마나 놀라운 사실인가! 우리는 신성(神性)과 더불어 연합되며, 그렇기 때문에 하나님의 아들은 우리를 형제라 부르기를 부끄러워하지 않으신다. 타락은 구속의 필요성을 가져다주었다. 그러나 십자가의 구속 사역을 통해 신자들은 타락하지 않은 아담은 결코 가질 수 없었던 분깃을 갖는다. 진실로 "죄가 더한 곳에 은혜가 더욱 넘쳤다"(롬 5:20).

제 7장

가인과 아벨 ❶

창세기 4장

창세기 3장과 4장은 서로 밀접하게 연결된다. 전자(前者)에서 우리는 사람 안에서 죄가 시작되는 것을 본다. 그리고 후자(後者)에서는 그렇게 시작된 죄가 자라 열매를 맺는 것을 본다. 전자에서 죄는 개인 안에 있었지만, 후자에서 그것은 가족 가운데 있다. 마치 나병처럼 죄는 사람을 부정하게 하고, 점점 더 퍼져나가다가, 마침내 사망을 맺는다. 3장에서 죄는 하나님에 대한 것이었다. 반면 4장에서 그것은 같은 사람에 대한 것이다. 여기의 순서는 항상 동일하다. 하나님을 두려워하지 않는 사람은 이웃의 권리에 참된 존중심을 갖지 않는다. 또 4장에서 우리는 3:15이 부분적으로 성취되는 것을 본다. "내가 너로 여자와 원수가 되게 하고 네 후손도 여자의 후손과 원수가 되게 하리니 여자의 후손은 네 머리를 상하게 할 것이요 너는 그의 발꿈치를 상하게 할 것이니라." 두 후손 사이의 적의(敵意)가 악한 자와 의로운 자 즉 가인과 아벨 사이에서 부분적으로 성취되었다. 또 우리는 여기에서 죄인이 오직 희생제물로 말미암아 하나님께 나아갈 수 있음을 — 심지어 앞장의 가죽옷에 의한 것보다 더 분명하게 — 본다. 이제 창세기 4장을 역사적(歷史的) 관점과 상징적 관점과 시대적 관점 등 세 가지 관점에서 간략하게 살펴보도록 하자.

I. 역사적 관점으로부터의 가인과 아벨

창세기 4장의 기록은 극도로 간결하지만, 거기에는 표면에 나타나지 않은 많은 내용들이 담겨 있다. 본장의 중심적인 진리는 하나님이 예배를 받으신다는 것과,

하나님이 희생제물을 통해 예배를 받으신다는 것과, 하나님이 믿음으로 드리는 희생제물을 통해 예배를 받으신다는 것이다(히 11:4를 참조하라). 우리는 가인과 아벨의 예배 가운데 세 가지가 암시되는 것을 주목할 수 있다.

첫째로, 여기에 하나님이 예배를 받으시는 특정한 장소가 있었음이 암시된다. 이것은 3절에 나타난다. "가인은 땅의 소산으로 제물을 삼아 여호와께 가져왔고" (brought, 한글개역개정판에는 "드렸고"라고 되어 있음). 다시 말해서 가인은 자신의 제물을 어떤 특정한 장소로 가져온 것이다. 이러한 가정(假定)은 16절의 언어에 의해서도 뒷받침되는 것으로 보인다. "가인이 여호와 앞을 떠나서." 그리고 그것은 또한 아벨이 가져온 "기름"에 대한 언급에 의해서도 확증되는 것으로 보인다. "아벨은 자기도 양의 첫 새끼와 그 기름으로 드렸더니"(4절). "양의 첫 새끼와 그 기름"은 희생제물이 드려지고 그 기름이 태워졌던 제단을 암시한다. 여기의 예배 장소가 어디였는지에 대해 우리는 확실하게 말할 수 없지만, 그것이 에덴 동산의 동쪽에 있었다고 믿을만한 어느 정도의 근거는 있다. 제이미슨(Jamieson)과 포셋(Fausset)과 브라운(Brown)은 그들의 창세기 주석에서 3장 24절을 이렇게 번역한다. "이같이 하나님이 생명나무의 길을 지키기 위해 에덴 동산 동쪽에 쉐키나(불의 혀 혹은 불의 칼)처럼 그룹들 사이에 거하시고."[1] 이와 동일한 개념이 예루살렘 탈굼에 나타난다. 만일 이러한 해석이 옳다면, 하나님은 에덴 동산으로부터 아담을 쫓아내신 후 그 동쪽에 불의 혀 혹은 불의 칼로 상징되는 그룹들에 의해 보호되는 은혜의 보좌(mercy-seat)를 세우신 것으로 보인다. 나는 이러한 해석이 매우 음미할만한 가치가 있다고 생각한다. 어쨌든 창세기 4장은 가인과 아벨이 제물을 가지고 나온 어떤 특정한 장소가 있었음을 암시한다.

둘째로, 여기에 예배를 위해 지정된 특별한 때가 있었음이 암시된다. 창세기 4:3의 난외(欄外)는 이렇게 읽는다. "날들의 끝(the end of days)에 가인은 땅의 소산으로 제물을 삼아 여호와께 가져왔고." "날들의 끝"은 한 주(週)의 끝을 가리키

[1] 영(Young)의 성구사전에 따를 때, 창 3:24에서 "두어"(placed)라고 번역된 히브리어 "샤켄"(shaken)은 "장막을 치게 하여"(to tabernacle)를 의미한다. 구약에서 "샤켄"이 "두다"로 번역된 경우는 여기 외에 한 곳도 없다. 반면 그 단어는 83회에 걸쳐 "거하다"(dwell)로 번역된다. 출 25:8에서 "거할"(dwell)로 번역된 단어는 바로 그 단어이다. "내가 그들 중에 거할 성소를 그들이 나를 위하여 짓되."

는 것이 아닐까? 다시 말해서 이러한 표현은 하나님이 공식적으로 예배를 받으시는 날인 안식일을 가리키는 것이 아닐까?

셋째로, 여기에 예배를 위해 정해진 특별한 방법이 있었음이 암시된다. 사람은 오직 희생제물의 방법을 통해서만 하나님께 나아가고 또 예배할 수 있었다. 이와 같이 창세기 4장의 사건은 가인과 아벨이 부모로부터 하나님을 만나는 특정한 장소와 때와 방법에 대해 가르침을 받은 것을 암시하는 것으로 보인다. 만일 희생제물이 분명하게 규정되지 않았다면, 가인과 아벨은 그것에 대해 아무것도 알지 못했을 것이다. 히브리서 11:4로부터 우리는 "아벨이 믿음으로 제물을 드렸음"을 배운다. 그리고 로마서 10:17에서 우리는 "믿음은 들음으로 말미암는" 사실을 듣는다. 아벨이 양의 첫 새끼와 그 기름을 하나님께 가져온 것은 자기 생각으로 말미암은 것이 아니라 믿음으로 말미암은 것이었다. 그는 하나님이 희생제물을 요구하시는 것을 들었으며, 그것을 믿었다. 그리고 그는 하나님의 계시된 의지(意志)에 순복함으로써 자신의 믿음을 증명했다.

이제 가인과 아벨이 여호와께 가지고 나온 제물의 성격과 하나님이 가인의 제물은 받지 않고 아벨의 제물만 받으신 이유를 생각해 보도록 하자. 바로 이것이 우리가 본장에서 배워야 할 가장 중요한 사실이다. 우리의 관심의 초점은 단순히 가인과 아벨 두 사람에게가 아니라, 그들이 드린 제물들 사이의 차이에 맞추어져야 한다. 본문 가운데 가인이 자연적이며 도덕적인 관점에서 아벨보다 더 악한 사람이었음을 암시하는 것은 아무것도 없다. 가인은 불신자도 아니었고, 무신론자도 아니었다. 그는 기꺼이 하나님의 존재를 인정했으며, 자기 나름대로의 방식으로 하나님께 예배를 드렸다. 그는 **"땅의 소산으로 제물을 삼아 여호와께 가져왔다"**(3절). 여기에서 우리는 세 가지를 주목할 필요가 있다. 첫째로, 그의 제물은 피 없는 제물이었다. "피흘림이 없은즉 사함이 없느니라"(히 9:22). 둘째로, 그의 제물은 그 자신의 수고의 열매로 만들어진 것이었다. 그것은 그 자신의 노력의 산물이었으며, 한 마디로 그 자신의 손으로 행한 공로였다. 셋째로, 그는 창세기 3:17에 기록된 신적 판결 즉 "땅이 저주를 받은" 사실을 대수롭지 않게 여기면서 "땅의 열매"를 가져왔다. 반면 아벨은 "양의 첫 새끼와 그 기름"을 가져옴으로써, 생명이 취하여지고 피가 흘려져야만 하는 원리를 지켰다. 이 사건과 관련하여 성령은 "믿음으로 아벨은 가인보다 더 나은 제사를 하나님께 드렸다"고 논평한다(히 11:4). 성령은 아벨이 가인보다 더 훌륭했다고 말씀하지 않는다. 다만 아벨이 드린 제물이 창조주를 기쁘시게 하며 그분께 받으실만한 것이었다고 말씀할 뿐이다.

계속해서 우리는 **"여호와께서 아벨과 그의 제물을 받으셨다"**는 말씀을 듣는다(4절). 그리고 이와 관련하여 히브리서 11:4은 "하나님이 그 예물에 대하여 증언하심이라"라고 말한다. 히브리서의 표현으로부터 우리는 여호와께서 아벨의 제물을 받으셨음을 나타내신 방식이 하늘로부터 불이 내려와 제물을 사른 것이었음을 추론할 수 있다(레 9:24, 삿 6:21, 왕상 18:38, 대상 21:26, 대하 7:1 등을 참조하라). 그러나 하나님은 "가인과 그의 제물은 귀하게 받지 않으셨다"(5절). 의심의 여지없이 가인의 제물은 매우 아름다운 것이었을 것이다. 의심의 여지없이 그는 자신이 발견할 수 있는 최고의 열매들을 선택했을 것이다. 의심의 여지없이 그의 제물은 많은 수고와 노력의 대가를 치른 것이었을 것이다. 틀림없이 그는 상당한 만족과 함께 여호와 앞에 나왔을 것이다. 그러나 여호와는 그의 제물을 받지 않으셨다. 하나님이 그의 제물을 받으셨음을 나타내는 어떤 외적 증표도 없었다. 그의 제물을 사르기 위해 하늘로부터 어떤 불도 내려오지 않았다. 그리하여 가인의 안색이 변했다. 자신의 모든 수고가 헛되게 끝난 것으로 인해 그는 격노했다. 자신의 방식으로 하나님께 나아가 예배할 수 없음을 알았을 때, 그는 화가 났다. 그리고 나중에 보게 될 것처럼 아벨이 자기보다 높아질 것이라고 생각했을 때, 그는 분노로 가득 찼다. 이것은 오늘날에도 마찬가지이다. 만일 사람의 어두워진 이성(理性)이 성령에 의해 조명(照明)되지 않고 육신적인 증오심이 성령에 의해 정복되지 않는다면, 피의 제물 없이는 결코 하나님께 나아갈 수 없다는 개념에 대해 사람들은 분노하며 적의(敵意)를 표출한다. 교만과 자기 의 가운데, 자연인(natural man)은 속죄와 대속의 진리를 심지어 마귀를 증오하는 것보다 더 증오한다.

"여호와께서 가인에게 이르시되 네가 분하여 함은 어찌 됨이며 안색이 변함은 어찌 됨이냐"(6절). 하나님이 자신의 제물을 받지 않은 것으로 인한 분노로 가인의 마음상태가 분명하게 나타났다. 오늘날의 많은 예배들과 마찬가지로, 그의 예배는 명백히 "경건의 모양은 있으나 경건의 능력은 부인하는" 예배였다(딤후 3:5). 요컨대 그것은 진실함이 결여된 예배였다. 가인의 제물이 참된 영으로 드려진 것이었다면, 하나님이 받지 않으셨을 때 그에게 분함 가운데 안색이 변하는 일은 결코 없었을 것이다. 도리어 겸손한 마음으로 무릎을 꿇고 하나님의 뜻이 무엇인지 기꺼이 배우고자 했을 것이다.

"네가 선을 행하면 어찌 낯을 들지 못하겠느냐 선을 행하지 아니하면 죄가 문에 엎드려 있느니라 죄가 너를 원하나 너는 죄를 다스릴지니라"(7절). 주석가들에게 이 구절은 항상 어려운 구절이었다. 그리고 지금까지 우리는 이 구절과 관련하여 충분히 만족할만한 설명을 보지 못했다. 이 구절에 대한 해석은 대체로 다음과 같다. "가인아 네가 분하여 함은 어찜이냐? 만일 네가 선을 행한다면 다시 말해서 합당한 제물을 드린다면, 네 제물은 받아들여질 것이니라. 그러나 만일 네가 선을 행하지 않는다면 그래서 네가 드린 제물이 받아들여지지 않았다면, 그 해결책은 속죄제물이니라. 너는 마땅히 속죄제물을 드릴 것이니라. 그리고 만일 네가 그것들 드린다면, 너는 '우월함'(欄外)을 가질 것이니라. 다시 말해서 너는 장자권을 가지면서 네 아우 아벨보다 우월한 위치를 차지할 것이니라." 여기에서 죄로 번역된 히브리어 단어는 다른 곳에서 때로 속죄제물로 번역되곤 하는 단어이다. 설령 많은 성경 연구자들이 이러한 번역과 해석을 받아들여 왔다 하더라도, 나는 그에 대해 이의(異意)를 제기하지 않을 수 없다. 그 이유는 여기의 경우 외에 시내산에서 율법이 주어지기 전에 속죄제가 언급되는 경우는 성경에 전혀 나타나지 않기 때문이다. 우리는 아브라함이 번제를 드리는 것은 보지만, 속죄제를 드리는 것은 보지 못한다. 특별히 로마서 3:20의 빛에 비추어, 우리는 모세 이전에는 속죄제가 없었음을 확신할 수 있다. "율법에 의해 죄를 알게 되느니라"(by the Law is the knowledge of sin, 한글개역개정판에는 "율법으로는 죄를 깨달음이니라"라고 되어 있음). 율법이 주어진 것은 사람들이 죄를 죄로서 깨닫도록 하기 위함이었다. 사람들에게 죄와 함께 속죄제의 필요성을 깨닫게 한 것은 율법이었다. 그러므로 우리는 율법이 주어지기 전에는 속죄제가 없었다고 결론내릴 수 있다. 욥기 1:5은 이러한 결론을 뒷받침해 준다. "그들이 차례대로 잔치를 끝내면 욥이 그들을 불러다가 성결하게 하되 아침에 일어나서 그들의 명수대로 번제를 드렸으니 이는 욥이 말하기를 혹시 내 아들들이 죄를 범하여 마음으로 하나님을 욕되게 하였을까 함이라." 만일 욥의 아들들이 율법이 주어진 이후에 죄를 범한 것이었다면, 당연히 번제가 아니라 속죄제가 필요했을 것이었다. 그러면 창세기 4:7의 의미는 무엇인가?

두말할 필요 없이 "네가 선을 행하면"이라는 말씀은 하나님에게 합당한 제물을 가져오는 것과 관련된다. 가인이 기꺼이 합당한 제물을 가져오는 경우, 하나님은 "네가 어찌 우월함(欄外)을 갖지 않을 것이냐?"라고 물으신다. 이것은 "네가 마땅히 장자권을 갖지 않을 것이냐"를 의미하는 것이다. 계속해서 "만일 네가 선을 행하지 아니하면 죄가 문에 엎드려 있느니라"라는 표현을 생각해 보자. 이것을 우리는 다음을 의미하는 것으로 이해할 수 있다. "네가 합당한 제물을 가져오기를 거부한다면, 죄가 문 앞에 웅크리고 있다가 마치 야수처럼 네게 덤벼들어 너를 물어뜯을 것이니라."

본 문맥에서 "and"가 계속적으로 반복되는 것과 특별히 4절에 "also"가 사용된 것은 가인과 아벨이 여호와께 제물을 드리기 위해 함께 나란히 왔음을 암시한다. 아벨의 제물은 받아들여졌고, 가인의 제물은 받아들여지지 않았다. 이러한 사실로부터 아마도 가인은 자신의 장자권에 모종의 변화가 생김과 함께 자신의 아우 아벨이 자신을 다스리는 자가 된 것으로 추론했을 것이다. 그리하여 가인은 아벨에게 복종하기보다, 분노하면서 그를 죽이고자 했다. 한 마디로 가인은 어떤 대가를 치르더라도 첫째가 되고자 했다. 가인은 장자의 특권과 지위를 잃었다고 생각했다. 그는 아벨이 자신을 다스리는 자가 되는 것에 분노하면서, 그 모든 것을 받아들이는 대신 기꺼이 아우를 죽이기로 결심했다. 나는 바로 이것이 가인이 아벨을 죽인 이유와 동기였다고 생각한다.

7절에 대한 우리의 해석을 요약해 보자. "가인의 제물이 받아들여지지 않자 분노가 그의 마음을 채운다. 그러자 여호와께서 그에게 그렇게 화를 내는 이유가 무엇이냐고 물으시면서 그가 노할만한 정당한 이유가 없노라고 말씀하신다. 그러면서 만일 그가 합당한 제물을 드린다면, 그의 제물은 받아들여지고 그의 장자권은 유지될 것이라고 말씀하신다. 동시에 하나님은 그가 합당한 제물을 가져오기를 거절할 때 따르게 될 결과들을 엄중하게 경고하신다. 그의 죄가 제거되지 않는다면, 그것이 그에게 덤벼들어 그를 물어뜯을 것이다. 가인은 여호와의 말씀에 따르기를 거절했으며, 결국 하나님의 경고가 그대로 이루어졌다." 야고보서 1:15을 읽어 보라. "욕심이 잉태한즉 죄를 낳고 죄가 장성한즉 사망을 낳느니라." 이 말씀은 가인의 경우와 얼마나 잘 맞아떨어지는가! 가인은 이 말씀의 순서를 똑같이 따랐다. 첫째로 욕심과 분노, 다음으로 죄가 문 앞에 웅크리는 것, 다음으로 사망 즉 아벨을 죽이는 것.

"여호와께서 가인에게 이르시되 네 아우 아벨이 어디 있느냐 그가 이르되 내가 알지 못하나이다 내가 내 아우를 지키는 자니이까 이르시되 네가 무엇을 하였느냐 네

아우의 핏소리가 땅에서부터 내게 호소하느니라"(8, 9절). 죄는 감출 수 없다. 가인의 죄는 사람들의 눈에 띄지 않았을는지 모른다. 그러나 하나님이 그것을 보고 계셨다. 이것은 우리에게 얼마나 엄중한 교훈을 가르쳐 주는가! "너희 죄가 반드시 너희를 찾아낼 줄 알라"(민 32:23). "감추인 것이 드러나지 않을 것이 없고 숨은 것이 알려지지 않을 것이 없느니라"(마 10:26). 이러한 말씀들은 우리에게 동일한 진리를 가르친다. "네 아우 아벨이 어디 있느냐?"는 하나님의 예리한 질문에, 가인은 "내가 알지 못하나이다"라고 대답한다. 이러한 대답은 사람의 마음속에 뿌리 깊이 박혀 있는 악을 보여 준다. 그에게 가슴을 치는 것도 없었고, 죄를 고백하는 것도 없었다. 오직 부인하며 감추는 것만 있었다. 에덴 동산에서 우리의 첫 조상들이 그랬던 것처럼, 그들의 모든 자손들도 — 하나님의 은혜가 그들 안에서 효과적으로 역사(役事)할 때까지 — 항상 그렇게 한다. 여기에서 우리는 성경에서 "피"가 처음으로 언급되는 것을 주목할 필요가 있다. 다른 모든 최초의 언급들과 마찬가지로, 이것 역시 그 단어가 가진 일차적이며 본질적인 의미를 표현한다. 여기의 피는 무죄한 피였다. 그것은 악한 손에 의해 흘려진 피였으며, 하나님께 큰 소리로 부르짖는 피였다. 이것의 의미는 얼마나 깊고 심오한가! 그것은 우리에게 그리스도의 보배로운 피에 대해 말해 준다.

하나님의 심문(審問)에 이어 범죄한 자에 대한 신적 판결이 따른다. **"땅이 그 입을 벌려 네 손에서부터 네 아우의 피를 받았은즉 네가 땅에서 저주를 받으리니 네가 밭을 갈아도 땅이 다시는 그 효력을 네게 주지 아니할 것이요 너는 땅에서 피하며 유리하는 자가 되리라"**(11, 12절). 이러한 말씀은 우리에게 단 한 순간도 죄를 묵인할 수 없는 하나님의 의와 거룩하심에 대해 말해 준다. 그가 세상 어디로 가든, 땅이 그를 대적할 것이었다. 왜냐하면 그 땅은 입을 벌려 그가 죽인 그의 아우 아벨의 피를 받은 땅이었기 때문이다. 아우를 죽인 기억이 항상 그를 쫓아다닐 것이었으며, 그러므로 그는 한곳에 오래 머무르는 것으로 만족할 수 없게 될 것이었다.

"가인이 여호와께 아뢰되 내 죄벌이 지기가 너무 무거우니이다"(13절). 가인은 자신이 행한 죄보다 그에 대한 형벌이 더 무겁다고 항변한다. "내 죄벌이 지기가 너무 무거우니이다"는 불못 가운데 빠진 자의 언어일 것이다. 구원받지 못한 자의 두려운 분깃은 지기에 너무나 무거운 것일 것이다. 그러나 그는 그것을 영원히 져야만 할 것이다. 계속해서 가인은 "내가 주의 낯을 뵈옵지 못하리니"라고 부르짖었다(14절). 영원히 하나님과 단절되는 것 — 바로 이것이 죄인의 형벌 가운데 가장 두려운 요소일 것이다. "저주받은 자여 나로부터 떠나라"는 심판 날 악한 자에게 선고되는 두려운 판결일 것이다. "가인이 여호와 앞을 떠나서 에덴 동쪽 놋 땅에 거주하더니"(16절). "놋"은 "방랑"을 의미한다. 악한 자들에게는 평강도 없고, 안식도 없다. 이 세상에서 그들은 마치 바다의 요동치는 파도와 같으며, 오는 세상에서 그들은 마치 캄캄한 우주 속에서 영원히 방랑하는 떠돌이별과 같을 것이다. 이 책을 읽는 독자들에게 말한다. 당신이 주 예수 그리스도의 희생제사를 배척한다면, 가인의 운명이 바로 당신의 운명이 될 것이다. "아들을 믿는 자에게는 영생이 있고 아들에게 순종하지 아니하는 자는 영생을 보지 못하고 도리어 하나님의 진노가 그 위에 머물러 있느니라"(요 3:36).

제8장

가인과 아벨

❷

Ⅱ. 상징적 혹은 대표적 관점으로부터의 가인과 아벨

가인과 아벨은 각각 두 부류의 사람을 대표한다. 한 사람은 버림받은 자를 상징하며, 다른 사람은 구원받은 자를 상징한다. 한 사람은 자기 의를 상징하며, 다른 사람은 상한 심령을 상징한다. 한 사람은 형식적인 신앙고백자를 상징하고, 다른 사람은 참된 신자를 상징한다. 한 사람은 자기 공로를 의지(依支)하는 자를 상징하고, 다른 사람은 예수 그리스도의 완성된 사역을 의지하는 자를 상징한다. 한 사람은 자기 공로로 구원받는다고 주장하는 자를 상징하며, 다른 사람은 기꺼이 하나님의 은혜로 구원받고자 하는 자를 상징한다. 한 사람은 하나님에 의해 거절되고 저주받은 자를 상징하고, 다른 사람은 하나님에 의해 받아들여지고 축복받은 자를 상징한다. 가인과 아벨 모두 타락한 부모의 자녀들이었으며, 에덴동산 밖에서 태어났다. 그러므로 두 사람 모두 본질적으로 "진노의 자녀"였으며, "진노의 자녀"로서 법정적으로 하나님으로부터 단절되었다. 또 두 사람 모두 죄 가운데 잉태되었으므로 두 사람 모두 구주를 필요로 했다. 그러나 가인은 자신의 타락과 멸망의 상태를 부인했으며, 하나님이 준비하신 해결책을 받아들이기를 거부했다. 반면 아벨은 자신이 죄인임을 인정했으며, 신적 증언을 믿었으며, 대속의 희생제사를 믿었으며, 하나님 앞에 의로운 자로 간주되었다.

창세기 3장을 공부할 때, 우리는 하나님이 우리의 첫 조상들을 에덴 동산으로부터 쫓아내시기에 앞서 그들에게 구원의 방법을 계시하셨음을 보았다. "여호와 하나님이 아담과 그의 아내를 위하여 가죽옷을 지어 입히시니라"(3:21). 바로 이것이 이 땅에서 전파된 — 말씀으로가 아니라 상징으로 — 최초의 복음 설교였다. 아담과 하와에게 가죽옷을 입히심으로써, 하나님은 그들에게 네 가지 교훈을 가르치셨다. 첫째로, 죄인이 거룩하신 하나님께 나아가기 위해서는 자신의 수치를 가릴 수 있는 합당한 옷이 있어야만 한다는 것. 둘째로, 그들 자신의 손으로 무화과나무 잎을 엮어 만든 치마는 하나님에게 받으실만한 것이 아니었다는 것. 셋째로, 하나님 자신이 그들의 수치를 가릴 수 있는 옷을 준비하셔야만 한다는 것. 그리고 넷째로, 그들의 수치를 가리는 것은 반드시 죽음을 통해 얻어져야만 한다는 것. 죄의 삯은 사망이다. 아담과 하와는 하나님의 명령을 깨뜨렸으며, 공의는 그들에게 율법의 형벌을 시행할 것을 요구했다. 그들이 죽거나, 아니면 그들을 대신하여 다른 것이 죽어야만 한다. 먼저 공의가 만족된 연후에야 비로소 긍휼이 올 수 있다. 은혜는 "공의로 말미암아" 통치하며, 자신이 드러나기 위해 공의를 희생시키지 않는다. 하나님은 아담과 하와를 긍휼로 다루셨지만, 그렇게 하기에 앞서 먼저 깨어진 율법의 요구와 직면하셨다. 하나님은 아담과 하와에게 가죽옷을 입혀주심으로써 죄는 오직 희생제물의 대가(代價)에 의해 가려질 — 혹은 속죄될(히브리어에서 속죄는 곧 "가려지는" 것을 의미한다) — 수 있을 뿐이라는 사실을 강력한 상징으로 보여주셨다. 다시 말해서 죄가 가려지기 위해서는 생명이 취하여지고 피가 흘려져야만 했다.

이와 같이 우리는 에덴 동산 자체에서 예수 그리스도의 십자가의 첫 번째 상징과 그림자를 발견한다. 이와 같이 하나님은 아담과 하와에게 대속(代贖)의 복된 진리를 가르치셨다. 그것은 의로운 자가 불의한 자를 위해 죽는 것이며, 무죄한 자가 죄인을 위해 고난을 당하는 것이다. 아담과 하와는 죄를 범했으며, 멸망 아래 있었다. 그러나 무죄한 짐승이 그들을 대신하여 죽었으며, 그것의 죽음으로 그들의 죄와 수치를 가리는 옷이 준비되었다. 이것은 그리스도의 경우도 마찬가지이다. 그리스도 안에서 의의 옷이 준비되었다. 그것은 거룩하신 하나님을 완전하게 만족시키는 "최고의 옷"이다.

이와 같이 에덴 동산에서 우리는 최초의 복음 메시지를 듣는다. 그러나 그것이 전부가 아니다. 또한 에덴 동산에서 하나님은 자신이 사람들에게 요구하는 것을 분명하게 보여 주셨다. 우리의 첫 조상들에게 입힐 가죽을 얻기 위해 동물을 죽이신 것에서, 하나님은 죄인이 창조주에게 나아올 수 있는 조건을 계시하셨다. 그것은 다름 아닌 피가 흘려지는 것이었다. 사람은 자신과 하나님의 진노 사이에 대속물을 놓아야만 한다. 동물을 죽이는 것에서 제물을 드리는 자는 자신을 제물과 동일시하면서 자신이 죄인이며 마땅히 하나님의 심판을 받아 사망에 처하여져야만 함을 인정했다. 또 자신과 동일시한 제물을 죽이는 것에서 그는 자신의 대속물의 죽음과, 하나님의 요구가 충족되는 것과, 신적 공의가 만족되는 것과, 자신의 대속물이 죽임을 당함으로 자신이 자유롭게 되는 것을 보았다.

여기에서 내가 창세기 3:21의 의미를 다시금 설명한 것은 그 구절을 올바로 이해하는 것이 4장의 내용을 이해하는데 필수적이기 때문이다. 앞에서 이야기한 것처럼, 아담과 하와는 창조주에게 나아가는 조건과 관련하여 하나님 자신으로부터 분명하게 가르침을 받았다. 그들에게 하나님은 당신의 요구를 분명하게 계시하셨으며, 그러한 요구들은 그들을 통해 그들의 자녀들에게 알려졌다. 이와 같이 가인과 아벨이 여호와 앞에 나아가기 위해서는 반드시 피의 제물을 가지고 나아가야만 한다는 사실을 알았던 것은 의문의 여지가 없다. 히브리서 11:4은 그 사실을 분명하게 보여 준다. 아벨이 제물로서 "양의 첫 새끼와 그 기름"을 드린 것은 "믿음으로" 말미암은 것이었다. 한편 로마서 10:17은 "믿음은 들음에서 나며 들음은 하나님의 말씀으로" 말미암는다고 말한다. 그러므로 그와 그의 형이 하나님의 요구를 "들은" 것은 의문의 여지없는 사실이다.

"세월이 지난 후에 가인은 땅의 소산으로 제물을 삼아 여호와께 드렸고"(4:3). 땅의 소산을 제물로 가져오는 것에서, 가인은 감히 하나님의 계시된 의지(意志)를 외면하고 그 대신에 자기 자신의 의지를 내세웠다. 그러한 제물을 가져오는 것에서, 가인은 자신이 타락한 피조물로서 신적 정죄의 선고 아래 있다는 사실을 부인했다. 그는 자신이 죄인으로서, 도덕과 법정적으로 하나님으로부터 분리되어 있음을 부인했다. 그는 "대속의 희생제물의 죽음에 의한 속죄"가 필요하다는 하나님의 요구를 무시했다. 그는 자신의 공로에 근거해서 하나님께 나아가고자 했다. 하나님의 방법을 받아들이는 대신, 그는 오만하게도 자신의 길로 행하면서 자신이 보기에 좋은 제물을 선택했다. 그는 하나님이 저주하신 땅의 소산을 하나님께 드렸다. 그는 자신의 수고의 산물을 드렸으며, 자신의 손으로 행한 공로를 드렸다. 그리하여 하나님은 그것을 받기를 거절하셨다.

가인은 자연인(natural man)을 대표한다. 그는 십자가의 피를 외면하면서 속죄의 진리를 "도살장의 교리"라고 험담하는 자들을 대표한다. 그는 주 예수 그리스도의 완성된 사역을 배척하면서 자신들이 행한 의의 공로로 구원받는다고 생각하는 자들을 대표한다. 가인은 자신들의 경건과 도덕성을 오만하게 자랑하면서 회개하는 세리를 경멸하는 바리새인들의 조상이다. 그는 자신들의 힘으로 하나님을 기쁘시게 하는 삶을 살 수 있다고 오만하게 말하는 모든 사람을 대표한다. 그는 자신들의 노력으로 하나님이 인정하시는 공로를 이룰 수 있다고 떠벌이는 모든 사람을 대표한다.

유다서 11절은 "가인의 길로 행한" 사람들에게 화가 있을 것을 선언한다. "화 있을진저 이 사람들이여, 가인의 길에 행하였으며." 유다는 어떤 사람들을 가리켜 그와 같이 말하는가? 그들은 인류 전체가 아담 안에서 범죄하고 타락했으며, 그러므로 본질상 진노의 자녀임을 부인하는 자들이다. 그들은 인간이 하나님의 임재로부터 쫓겨남으로 말미암아 하나님과 자신들 사이에 거대한 심연(深淵)이 있음을 부인하는 자들이다. 그들은 그러한 심연이 오직 예수 그리스도의 십자가에 의해서만 메워질 수 있음을 부인하는 자들이다. 그들은 오직 예수 그리스도와 그의 구속을 통해서만 아버지께 돌아갈 수 있음을 부인하는 자들이다. 그들은 인간의 본성이 본질적으로 악하며 하나님의 저주 아래 있음을 부인하는 자들이다. 그들은 부정한 것으로부터 정결한 것이 나오는 것은 절대적으로 불가능함을 부인하는 자들이다. 그들은 사람이 거듭나지 않으면 하나님의 나라에 들어갈 수 없다는 사실을 부인하는 자들이다. 거꾸로 그들은 인간의 본성이 본질적으로 선하며, 교육과 계발의 과정을 통해 선한 열매 즉 하나님이 받으실만한 열매를 맺을 수 있다고 선언한다.

그들은 도덕적인 선행이나 자선 등의 형태로 그러한 열매를 하나님께 드린다. 그들의 언어는 "나는 오직 내 손의 열매를 가져가노라. 나는 오직 나 자신의 선(善)을 붙잡노라"이다. 바로 이것이 가인의 길이다. 가인은 하나님이 저주하신 땅의 열매를 가져왔으며, 하나님은 그런 열매를 받지 않으셨다. 인간의 본성은 하나님의 저주 아래 있으며, 그러므로 그와 같은 종류의 열매를 맺는다. "우리의 의는 다 더러운 옷 같으며"라고 기록된 것처럼, 인간의 공로는 고작해야 저주받은 땅의 열매 즉 하나님에게 가증한 것일 뿐이다(사 64:6). 이것은 예나 지금이나 동일하다. 하나님은 그런 제물과 그런 제물을 가져오는 자를 받지 않으신다. 하나님이 받으시는 유일한 제물은 그 아들 예수 그리스도의 공로의 기초 위에서 드려지는 제물이다.

"아벨은 자기도 양의 첫 새끼와 그 기름으로 드렸더니 여호와께서 아벨과 그의 제물은 받으셨으나"(4절). 아벨은 가인과 정반대의 제물을 가져왔다. "양의 첫 새끼와 그 기름"을 가져오는 것에서, 아벨은 자신이 타락한 피조물이며 죄인이며 도덕과 법정적으로 하나님으로부터 분리된 존재임을 고백했다. 그는 자신에게 내려진 신적 정죄의 판결에 순복했으며, 그것의 옳음을 인정했다. 그는 자신이 마땅히 죽어야만 하는 존재임을 인정했다. 그는 어린 양을 제물로 드림으로써 자신의 유일한 소망이 자신을 대신하여 죽음의 형벌을 짊어진 대속물 안에 놓여 있음을 증언했다. 그는 "믿음으로" 제물을 드렸다. 다시 말해서 그는 하나님이 자신이 바친 어린 양을 받으실 것이며, 그것이 흘린 피가 하나님의 모든 요구를 충족시키고 그의 공의를 만족시킬 것임을 믿었다. 그는 부모로부터 하나님께로 돌아가는 유일한 방법이 희생제물을 통한 것임을 들었다. 무죄한 생명을 죄인을 대신하여 제물로 드림으로써, 비로소 사람은 다시금 하나님께로 돌아갈 수 있었다. 이러한 사실을 들었을 때, 아벨은 그것을 믿었다. 그리고 그러한 믿음에 기초하여 행동했다.

그의 믿음은 "구원받는 믿음"(saving faith)과 정확하게 동일한 믿음이었다. 그는 하나님의 말씀을 믿었으며, 그러한 믿음 위에서 행동했다. 한 가지 예화(例話)를 들어보자. "시몬에게 이르시되 깊은 데로 가서 그물을 내려 고기를 잡으라 시몬이 대답하여 이르되 선생님 우리들이 밤이 새도록 수고하였으되 잡은 것이 없지마는 **그럼에도 불구하고 말씀**에 의지하여 내가 그물을 내리리이다 하고"(눅 5:4, 5, 한글개역개정판에는 "그럼에도 불구하고"가 생략되어 있음). 믿음은 단순한 지적 동의 이상이다. 믿음은 스스로를 하나님의 말씀에 던지는 것이다. 믿음은 필연적으로 의지적 결단을 포함한다 — "내가 그물을 내리리이다"(I will let down the net). 믿음은 모든 육신적인 논리와 감정과 경험을 뛰어넘어 "**그럼에도 불구하**고 말씀에 의지하여"라고 말한다. 이와 같이 아벨은 하나님의 말씀을 붙잡고 믿음으로 제물을 드렸다. 그리하여 그의 제물은 받아들여졌으며, 그는 의로운 자로 선언되었다.

앞에서 나는 가인이 자연인(natural man)을 대표한다고 말했다. 그와 정반대로 아벨은 영적인 사람, 위로부터 난 사람, 그리스도 예수 안에서 새롭게 창조된 사람을 대표한다. 그는 자신의 의지(意志)를 내려놓고 하나님의 의지를 취하는 자들을 대표한다. 그는 하나님이 주시는 성품을 받아들이는 자들을 대표한다. 그는 자신들이 잃어버린 자이며, 파멸된 자이며, 스스로의 힘으로는 아무것도 할 수 없는 자임을 인정하는 자들을 대표한다. 그는 자신들의 유일한 소망이 자신이 아닌 다른 자에게 있음을 인정하는 자들을 대표한다. 그는 그러한 사실을 인정하는 가운데 스스로를 하나님의 은혜 안에 던지면서 "하나님이여 죄인에게 긍휼을 베푸소서!"라고 부르짖는 자들을 대표한다. 그는 스스로의 믿음을 갈보리의 희생제사 위에 고정시키는 자들을 대표한다. 그는 자신들의 모든 것을 십자가의 구속사역 위에 세우는 자들을 대표한다. 그는 마음으로부터 "나의 소망은 오직 예수의 보혈과 의(義) 위에 세워지도다"라고 노래하는 자들을 대표한다. 한 마디로 아벨은 세상 죄를 지고 가는 하나님의 어린 양을 자신의 구주와 대속물로 받아들이는 모든 자들을 대표한다.

그러므로 가인과 아벨의 궁극적인 차이는 그들 자신의 성품이 아니라 그들이 드린 제물에 있었다. 한 마디로 그것은 피가 있고 없음의 차이였다. 아벨은 하나님께 피 흘리는 어린 양을 드림으로써 받으심을 받았다. 반면 가인은 그와 같은 제물을 드리기를 거부함으로써 받으심을 받지 못했다. 바로 여기에 하나는 천국 — 즉 구원 — 을 향해 흐르고, 다른 하나는 지옥 — 즉 멸망 — 을 향해 흐르는 두 개의 강줄기가 시작되는 원천이 있다. 두 개의 강줄기가 나누어지는 분기점은 피(血)다. 바로 그것이 이스라엘 백성과 애굽 백성의 차이였다. 하나님의 보응의 천사가 애굽 천지를 다니던 밤을 생각해 보라. 그 문에 어린 양의 피가 뿌려진 집을 발견했을 때, 보응의 천사는 그냥 지나갔다. 그러나 그 문에 어린 양의 피가 뿌려지지 않은 집을 발견했을 때, 그는 그 집에 들어가 장자를 죽였다. 보좌에 앉은 왕의 장자로부터 토굴에 갇힌 죄수의 장자에 이르기까지 말이다. 이것은 마지막 심판 날에도 마찬가지일 것이다. 그 이름이 어린 양의 생명책에 기록되지 않은 모든 사람들은 불못에 던져지게 될 것이다. 구속은 오직 예수 그리스도를 통해 얻어진다. "이 예수를 하나님이 그의 피로써 믿음으로 말미암는 화목제물로 세우셨으니"(롬 3:25). 이 책을 읽는 독자들에게 묻는다. 당신의 소망의 기초는 무엇인가? 만일 당신이 당신 자신의 노력과 공로와 선과 도덕성을 의지(依支)하며 신뢰한다면, 당신은 당신의 소망을 모래 위에 세우고 있는 것이다. 그 결과가 무엇이겠는가? 마침내 당신의 모든 소망은 허물어지고 말 것이다. 반면 당신이 그리스도의 보혈의 공로를 신뢰하며 의지한다면, 당신은 당신의 소망을 반석 위에 세우고 있는 것이다. 분명 당신은 그 반석 안에서 장차 올 진노로부터 피할 피난처를 발견하게 될 것이다.

Ⅲ. 시대론적 관점으로부터의 가인과 아벨

"그들에게 일어난 이런 일은 모형(KJV 欄外)이 되고 또한 말세를 만난 우리를 깨우치기 위하여 기록되었느니라"(고전 10:11). 아벨은 그리스도의 특별한 모형이었다. 그리고 그가 가인에 의해 죽임을 당한 것은 우리 주님이 유대인들에 의해 배척과 십자가 처형을 당한 것에 대한 두드러진 그림자였다. 모형(아벨)과 원형(그리스도) 사이에서, 우리는 최소한 35가지의 일치점을 추적할 수 있다. 아벨을 우리 주님의 모형으로 고찰함에 있어, 제단 위에 드려진 이삭과 수풀에 걸려있는 숫양처럼 우리는 거기에 이중적인 모형이 나타나는 사실을 주목할 필요가 있다. 아벨과 그의 제물 모두 예수 그리스도를 가리켰다. 이제 모형과 원형 사이의 일치점들을 구체적으로 열거해 보도록 하자. 먼저 아벨 자신과 관련하여 살펴보도록 하자.

(1) 아벨은 목자였다(창 4:2).

(2) 아벨이 하나님께 제물을 드린 것은 목자로서였다.

(3) 아벨은 아무 까닭 없이 자신의 형제에게 미움을 받았다.

(4) 가인이 아벨을 죽인 것은 "시기심" 때문이었다.

(5) 아벨은 자연적인 죽음으로 죽지 않았다.

(6) 아벨은 형제의 손에 폭력적인 죽음을 당했다.

(7) 아벨이 죽은 후 하나님은 그의 피가 자신에게 "호소"한다고 말씀하셨다. 그리하여 하나님은 그를 죽인 자에게 준엄한 형벌을 내리셨다.

계속해서 아벨의 제물과 관련하여 살펴보도록 하자.

(8) 아벨은 "하나님께" 제물을 드렸다(히 11:4).

(9) 아벨이 드린 제물은 "양의 첫 새끼" 즉 "어린 양"이었다.

(10) "믿음으로" 제물을 드림으로써, 아벨은 하나님의 뜻과 말씀을 존귀케 하며 영화롭게 했다.

(11) 아벨이 드린 제물은 "더 나은" 제물이었다고 묘사된다(히 11:4).

(12) 하나님은 아벨과 그의 제물을 받으셨다.

(13) 더 나은 제물을 드림으로써, 아벨은 "의로운 자라 하시는 증거를 얻었다"(히 11:4).

(14) 아벨이 드린 제물에 대하여 하나님은 그것을 받으셨음을 공개적으로 "증

언" 하셨다.

(15) 끝으로, 아벨의 제물은 여전히 하나님에게 "말하고" 있다. "그가 죽었으나 그 믿음으로써 지금도 말하느니라" (히 11:4).

아벨은 모든 점에서 그리스도의 완전한 모형이다. 먼저 우리 주님 자신과 관련하여 살펴보도록 하자.

(1) 우리 주님은 "목자" 시다 — 선한 목자.

(2) 우리 주님이 하나님께 자신의 제물을 드린 것은 목자로서였다(요 10:11).

(3) 우리 주님은 아무 까닭 없이 육체를 따라 형제된 자들에게 미움을 받았다.

(4) 그가 십자가형에 넘겨진 것은 "시기심" 때문이었다(마 27:18).

(5) 우리 주님은 자연적인 죽음으로 죽지 않았다. 그는 악인들에 의해 "죽임"을 당했다(행 2:23).

(6) 예수 그리스도는 육체를 따라 형제된 "이스라엘 집" 에 의해 십자가에 못 박혀 죽으셨다.

(7) 그리스도께서 죽으신 후 하나님은 그를 죽인 자들에게 준엄한 형벌을 내리셨다(막 12:9).

계속해서 우리 주님의 제물과 관련하여 살펴보도록 하자.

(8) 주 예수는 "하나님께" 제물을 드렸다(엡 5:2).

(9) 그가 드린 제물은 그 자신 즉 "어린 양" 이었다(벧전 1:19).

(10) 자신을 제물로 드림으로써, 예수 그리스도는 하나님의 뜻과 말씀을 존귀케 하며 영화롭게 했다(히 10:7-9).

(11) 그리스도께서 드리신 제물은 향기로운 냄새가 나는 "더 나은" 제물이었다(엡 5:2).

(12) 하나님은 그리스도의 제물을 받으셨다. 그 증거는 그가 하나님 우편에 앉으신 사실 가운데 나타난다(히 10:12).

(13) 십자가 위에서 자신을 제물로 드림으로써, 그리스도는 "의로운 자라는 증거를 얻으셨다." 그의 십자가를 바라보면서 백부장은 "이 사람은 정녕 의인이었도다" 라고 말했다(눅 23:47).

(14) 그리스도를 죽은 자 가운데 다시 살리심으로써 하나님은 그의 제물을 받으셨음을 공개적으로 증언하셨다(행 2:32).

(15) 그리스도의 제물은 지금도 여전히 하나님께 "말하고" 있다(히 12:24).

아벨과 그의 제물이 모든 점에서 그리스도와 그의 제물의 놀라운 모형인 것처럼, 아벨을 죽인 가인 또한 자신들의 메시야를 십자가에 못 박아 죽인 유대인들의 놀라운 모형이다.

(1) 가인은 "땅을 경작하는" 자였다(창 4:2). 이와 같이 성경은 그에 대해 말하는 가운데 제일 먼저 그를 땅과 연결시킨다.

(2) 하나님이 요구한 어린 양을 가져오기를 거부한 것에서, 가인은 하나님이 은혜로 준비하신 제물을 배척했다.

(3) 가인은 자기 의(self-righteousness) 가운데 자신이 선택한 제물을 가져왔다.

(4) 그가 가져온 제물은 그 자신의 수고의 산물이었다.

(5) 이러한 제물은 하나님에 의해 거부되었다.

(6) 자신의 형제를 다스리는 것은 하나님이 주신 가인의 특권이었다(4:7).

(7) 가인은 이러한 특권을 빼앗겼다.

(8) 가인은 시기심으로 아벨을 죽였다.

(9) 하나님은 가인의 죄에 대해 형벌을 내리셨다.

(10) 하나님은 가인에게 아벨의 피가 보응을 호소한다고 말씀하셨다.

(11) 형제의 피를 흘린 것으로 인해, 하나님의 저주가 가인에게 떨어졌다.

(12) 그에 대한 형벌의 일부는 그에게 땅이 황폐하게 되는 것이었다(4:12).

(13) 뿐만 아니라 가인은 땅에서 피하여 유리하는 자가 되었다,.

(14) 가인은 자신의 죄벌이 지기에 너무나 무거운 사실을 인정했다.

(15) 죄로 인해 가인은 지면으로부터 "쫓겨났다"(4:14).

(16) 죄로 인해 가인은 하나님의 얼굴로부터 감추어졌다.

(17) 이제 모든 사람이 그를 대적하게 되었다(4:14).

(18) 하나님이 그에게 표를 주셨다(4:15).

(19) 하나님은 가인을 죽이는 자에게 일곱 배로 보응할 것을 선언하셨다.

(20) 가인은 땅을 떠나 도시(城)로 가서 거주했다(4:17).

이제 모형(가인)으로부터 원형(유대인들)으로 돌이켜 보자. 그럴 때 우리는 가인이 이스라엘의 역사(歷史)를 아래 사항들에서 얼마나 정확하게 미리 나타내는지 발견하게 된다.

(1) 유대인들은 땅, 약속의 땅, 거룩한 땅의 백성이었다(창 13:15).

(2) 하나님의 어린 양을 거절한 것에서, 유대인들은 하나님이 은혜로 준비하신 제물을 배척했다.

(3) 바울 사도는 유대인들이 "하나님의 의를 모르고 자기 의를 세우려고" 했다고 선언한다(롬 10:3).

(4) 유대인들은 자신의 공로를 신뢰하며 의지(依支)했다.

(5) 그러나 하나님은 그들의 공로를 귀하게 보지 않으셨다(행 13:39).

(6) 만일 이스라엘이 하나님의 규례를 따라 행했다면, 그들은 열방의 머리가 될 것이었다(신 28:13).

(7) 그러나 그들은 죄로 말미암아 그러한 지위와 특권을 빼앗겼다(사 9:14).

(8) 그리스도를 십자가에 못 박은 것은 유대인들이었다(행 5:30).

(9) 하나님은 그들의 죄에 대해 형벌을 내리셨다(행 2:22, 23).

(10) 법정적으로 그리스도의 피는 지금 유대인들을 참소하고 있다(마 27:25).

(11) 자신들의 메시야를 십자가에 못 박아 죽인 것으로 인해, 하나님의 저주가 이스라엘에게 떨어졌다(렘 24:9).

(12) 이스라엘에 대한 하나님의 저주의 일부는 그들의 땅이 황폐하게 되는 것이었다(레 26:34, 35).

(13) 유대인들은 오랜 세월 땅에서 유리하는 자가 되었다(신 28:65).

(14) 이스라엘은 자신들의 죄벌이 지기에 너무나 무거움을 인정하게 될 것이다(슥 12:10).

(15) 그리스도를 십자가에 못 박아 죽이고 난 40년 후, 이스라엘은 팔레스타인으로부터 쫓겨났다.

(16) 그때 이래로 하나님의 얼굴은 그들로부터 감추어졌다(호 1:9).

(17) 거의 2,000년 동안 거의 모든 사람이 유대인을 대적했다(신 28:66).

(18) 어디서든 식별될 수 있도록 유대인들에게 표가 찍혔다.

(19) 이스라엘을 저주한 자들에게 항상 하나님의 특별한 저주가 임했다(창 12:3).

(20) 오늘날에 이르기까지 유대인들은 거의 대부분 큰 도시에 거주한다.

모형과 원형 사이의 이러한 놀라운 일치를 우리는 어떻게 설명할 수 있나? 이에 대한 유일한 설명은 구약이 초자연적인 영감(靈感)으로 기록되었다는 것뿐이다. 오직 처음과 마지막을 동시에 아는 자만이 수천 년 후에 일어날 일을 정확하고 자세하게 미리 나타낼 수 있었다. 예언은 — 직접적인 말씀으로든 혹은 상징적인 모형으로든 — 거룩한 두루마리 위에 기록된 신적 육필(肉筆)이다. 부디 하나님이 성경의 신적 권위와 절대적인 충족성에 대한 우리의 믿음을 더욱 강하게 하시기를 기원한다.

제 9 장

에녹

창세기 5장

창세기 4장의 가인과 아벨의 이야기 속에서, 우리는 아담의 자손들이 두 가지 서로 다른 예배 노선을 따라간 것을 살펴보았다. 아벨은 믿음으로 예배하면서, 피의 희생제물을 가지고 하나님께 나아갔다. 반면 가인은 타락한 부모로부터 태어남으로 말미암아 본질적으로 타락한 죄인이라는 사실을 무시하면서, 대속의 희생제물이 아닌 자신의 수고의 소산을 가지고 하나님께 나아갔다. 4장의 나머지 이야기는 불경건한 가인의 계열을 칠 대까지 추적한 연후에 하나님이 아벨을 대신하여 주신 셋의 탄생 이야기와 함께 끝난다.

새로운 단락이 시작되는 5장은 셋의 계열을 추적한다. 특별히 여기의 장(章)이 시작되는 도입어는 매우 주목할 만하다. "아무개의 계보는 이러하니라"라는 관용구는 창세기에 최소한 10회 나타난다(창 2:4; 6:9; 10:1; 11:10; 25:12; 25:19; 36:1; 36:9; 37:2). 그러나 여기의 5:1에는 특별한 단어가 덧붙여져 있다 — "이것은 아담의 계보를 적은 책이니라." 창세기와 구약 전체에서 이러한 표현 양식은 다시 나타나지 않는다. 그러나 그것은 신약에서 다시 한 번 나타난다. 신약을 펴자마자 나타나는 첫 번째 구절이 바로 그곳이다. "예수 그리스도의 계보의 책이라"(마

[1] 성경에서 숫자의 의미를 연구하는 학자라면 누구든 구약에 "계보" 혹은 "족보"가 13번 기록된 사실을 안다. 13은 반역과 배교의 수이다(창 14:4을 보라). 그것은 인간이 멸망 아래 있음을 말해 준다. 13은 율법이 나타낼 수 있는 모든 것이었다. 그러나 은혜와 진리는 예수 그리스도로 말미암아 왔으며, 그는 구약에다가 하나(마 1:1)를 더하셨다. 14는 7 곱하기 2 즉 완전수(7)의 2배수이다 — 완전하신 하나님과 완전한 사람. 또 여기로부터 7과 2를 각각 취해 보자. 그러면 우리는 분리 혹은 다름(2의 의미)과 완전함(7의 의미)을 갖게 된다. 열네 번째 계보 즉 예수 그리스도의 계보는 얼마나 완전하게 다른 것을 만들었는가!

1:1, 한글개역개정판에는 그냥 "예수 그리스도의 계보라"라고 되어 있음).[1] 이것은 성경의 축자적 영감의 한 가지 중요한 증거로서, 매우 중요한 의미를 갖는다.

그러면 이와 같이 두 개의 서로 다른 표현 양식이 있는 이유는 무엇인가? 어째서 유독 두 두절만 — 창 5:1과 마 1:1 — 일반적인 표현 양식과 다른 양식을 취하는가? 이에 대한 대답은 찾는 것은 그리 어렵지 않다. 창세기와 마태복음은 각각 구약과 신약의 첫 번째 책이 아닌가? 구약의 첫 번째 책에 기록된 "아담의 계보의 책" 속에 첫 사람의 타락한 후손들의 이름들이 들어 있다. 또 신약의 첫 번째 책에 기록된 "예수 그리스도의 계보의 책" 속에 주권적인 은혜로 말미암아 구속받은 모든 사람들의 이름이 들어 있다. 하나는 사망의 책이며, 다른 하나는 어린 양의 생명의 책이다.

한쪽에 "아담의 계보의 책"이 있으며, 다른 한쪽에 "예수 그리스도의 계보의 책"이 있다. 여기에서 우리는 구약과 신약의 놀라운 통일성을 보지 않는가? 성경 전체는 이 두 책 즉 아담의 계보의 책과 예수 그리스도의 계보의 책에 초점이 모아진다.

그러면 여기의 "계보"라는 단어의 의미는 무엇인가? 여기에서 우리는 "첫 번째 언급의 법칙"(law of First Mention) 즉 어떤 표현이 나타나는 최초의 용례(用例)가 그것의 의미를 규정한다는 법칙을 상기할 필요가 있다. 창세기 2:4에서 "이것이 하늘과 땅의 계보이니"(these are the generations of the heavens and of the earth, 한글개역개정판에는 "하늘과 땅의 내력이니"라고 되어 있음)라는 표현을 읽을 때, 그러한 언급은 기원이 아니라 발전(development)을 가리킨다. 창세기 2:4이 어떻게 하늘과 땅이 만들어졌는지에 대한 정보를 제공하기 위한 목적을 가진 것이었다면, 그러한 표현은 그와 같은 주제를 다루는 창세기 1장 첫머리에 나타났을 것이다. 또 창세기 6:9에서 "노아의 계보"라는 표현을 읽을 때, 그것은 우리에게 그의 조상들에 대해 이야기하는 것이 아니라 — 그것은 창 5장에 나타난다 — 그의 후손들에 대해 이야기한다. 그러므로 "계보"는 기원이 아니라 역사(歷史)와 발전을 의미한다. 이 열쇠를 각각의 자물쇠에 넣어 보라. 그러면 당신은 그것이 정확하게 맞는 것을 발견하게 될 것이다. "하늘과 땅의 계보(혹은 歷史)." 이것은 여기의 창세기 5:1에서도 마찬가지이다. 여기로부터 우리는 아담의 자손들의 역사(歷史)와 발전을 보게 된다. 그리고 그것은 마태복음 1:1에서도 마찬가지이다. 신약이 예수 그리스도와 그의 "형제들"의 역사와 발전이 아니면 도대체 무엇이란 말인가?

앞에서 이야기한 것처럼, 5장으로부터 창세기의 새로운 단락이 시작된다. 의로운 아벨은 죽임을 당했으며, 가인의 모든 자손들은 홍수로 말미암아 멸망을 당할 운명이 되었다. 셋으로부터 장차 노아가 탄생하며, 그의 아들들이 방주로부터 나와 다시금 땅을 가득 채우게 될 것이다. 그러므로 우리는 여기에서 다시금 처음(beginning)으로 되돌아가는 셈이다. 그리하여 셋의 탄생의 근원을 설명하기 위해 여기에서 아담이 다시금 언급된다.

우리는 창세기 5장 앞부분의 두 구절을 주의 깊게 비교해 볼 필요가 있다. "하나님이 사람을 창조하실 때에 **하나님의 모양대로 지으시되**"(1절). 그리고 또 한 구절은 3절이다. "아담이 **자기의 모양 곧 자기의 형상과 같은** 아들을 낳아." 죄로 말미암아 아담은 하나님의 형상을 잃었으며, 그의 본성은 부패되었다. 타락한 부모로부터 오직 타락한 자녀만이 나올 수 있을 뿐이다. 셋은 죄인인 아버지의 모양을 따라 태어났으며, 우리 모두의 조상인 노아는 셋의 직계 후손이었다. 우리 모두의 조상은 오직 자신이 받은 것을 우리에게 전달해 줄 수 있을 뿐이었다. 바로 여기에서 **보편적 타락**의 교리가 나타난다. 오늘날 세상에 사는 모든 사람은 — 노아와 그의 세 아들을 통해 — 셋의 후손이다. 그러므로 여기의 새로운 단락의 첫머리에서, 우리는 모든 사람이 본질적으로 타락한 부모로부터 태어난 타락한 자손이라는 사실을 또 다시 발견하게 된다. 우리 모두는 죄로 말미암아 타락한 조상의 모양과 형상을 따라 태어났다.

20절까지는 특별히 언급할 만한 것이 별로 없다. 그것은 우리에게 셋의 후손의 계열을 보여 주는데, 거기에서 우리는 "죽음"이라는 단어가 큰 글자로 새겨져 있는 것을 발견한다. 왜냐하면 거기에 "죽었더라"가 8회 반복되기 때문이다. 그러나 21절로 24절에서 우리는 매우 주목할 만한 예외를 발견한다. 아담의 7대 자손인 에녹은 죽지 않았다. 그는 죽음을 보지 않고 옮겨졌다. 이제 우리는 여기의 주목할 만한 사람에게 우리의 관심을 집중시켜야만 한다.

에녹은 매우 특별한 사람이다. 그는 성경에서 "하나님과 동행했다"고 언급되는 두 사람 가운데 한 사람이다. 그는 이 땅에서 살다가 죽음의 문을 통과하지 않고 하늘로 올라간 두 사람 가운데 한 사람이다. 또 그는 성경이 "그가 하나님을 기쁘시게 했다"고 기록하는 유일한 — 우리의 복된 주님을 제외하고 — 사람이다.[2] 또 그는 홍수 이전에 우리가 어느 정도 아는 극소수의 사람들 가운데 한 사람이다. 유다서가 분명하게 보여 주는 것처럼, 에녹이 살던 시대는 매우 악한 시대였다. 그는 불경건한 사람들 가운데 홀로 서서 하나님을 위한 충성된 증인의 역할을 한 것으로 보인다. 그에 대한 기록은 매우 적은데, 이러한 사실 역시 아무리 강조해도 지나치지 않는 성경의 신적 영감의 또 하나의 증거이다. 성경이 단순히 사람의 작품일 뿐이라면, 작가는 에녹이 승천하게 된 이유와 그 방법을 설명하기 위해 많은 지면을 할애했을 것이다. 이와 같이 성경의 침묵은 그것의 신적 기원을 암묵적으로 증명한다. 그러나 그에 대한 기록이 매우 적다 하더라도, 우리는 그것을 주의 깊게 연구함으로써 그의 생애의 상당 부분을 재구성할 수 있다.

"에녹은 육십오 세에 므두셀라를 낳았고 므두셀라를 낳은 후 삼백 년을 하나님과 동행하며 자녀들을 낳았으며 그는 삼백육십오 세를 살았더라 에녹이 하나님과 동행하더니 하나님이 그를 데려가시므로 세상에 있지 아니하였더라"(창 5:21-24).

에녹이 하나님과 동행한 것에 함축된 첫 번째 것은 화해이다. 아모스는 이렇게 반문한다. "두 사람이 뜻이 같지 않은데 어찌 동행하겠으며"(암 3:3). 이와 같이 두 사람이 동행하는 것은 마음과 뜻이 하나가 되어 서로 조화를 이루는 것을 전제한다. 두 사람 가운데 어느 한 사람이 상대방에 대하여 적의를 품고 있었다고 가정해 보자. 그런데 두 사람이 동행한다면, 그는 분명 상대방과 더불어 화해한 것이다. 그와 같이 어떤 사람이 하나님과 동행한다면, 그것은 그가 하나님과 더불어 화해했음을 함축한다. 하나님에 그에게 맞춘 것이 아니라, 그가 하나님에게 맞춘 것이다.

또 하나님과 동행하는 것은 본질의 일치를 함축한다. 빛이 어둠과 동행할 수 없는 것처럼, 죄인은 하나님과 동행할 수 없다. 그 마음이 하나님과 불화한 상태에 있기 때문이다. 죄는 사람을 하나님으로부터 분리시킨다. 아담이 죄를 범하던 날, 그는 창조주로부터 피하여 동산의 나무들 가운데 숨었다. 그러므로 어떤 사람이 하나님과 동행한다면, 그것은 그의 죄가 법정적(法廷的)으로 소멸되고 그에게 신적 본성이 주어졌음을 전제한다.

또 하나님과 동행하는 것은 도덕적 적합성을 함축한다. 하나님은 성결의 길을

[2] 다른 모든 경우에서와 마찬가지로 여기에서도 우리 주님이 최고의 탁월성을 갖는다. 오직 그만이 "나는 항상 그가 기뻐하시는 일을 행하노라"라고 말씀하실 수 있으셨다(요 8:29).

벗어나지 않으신다. 하나님이 이스라엘 진영(陣營) 가운데 행하실 수 있게 되기 전에, 먼저 모든 부정한 것들이 제거되어야만 했다. 또 그리스도께서 천년왕국에 대한 통치를 시작하기 전에, 먼저 그 나라로부터 거치는 모든 것들이 제거되어야만 한다. 거룩하신 하나님은 부정한 자와 동행하시지 않는다. "만일 우리가 하나님과 사귐이 있다 하고 어둠에 행하면 거짓말을 하고 진리를 행하지 아니함이거니와 그가 빛 가운데 계신 것 같이 우리도 빛 가운데 행하면 우리가 서로 사귐이 있고 그 아들 예수의 피가 우리를 모든 죄에서 깨끗하게 하실 것이요"(요일 1:6, 7). 한 마디로 하나님과 동행하는 것은 우리가 우리 자신의 길과 세상의 길을 버리고 하나님의 길을 따르는 것을 의미한다.

또 하나님과 동행하는 것은 의지의 순복을 함축한다. 하나님은 어떤 사람을 자신과 강제로 동행하게 하시지 않는다. "두 사람이 뜻이 같지 않은데 어찌 동행하겠으며"(암 3:3). 이에 대한 최고의 실례(實例)와 모범은 주 예수 그리스도이다. 그리스도만큼 아버지와 더불어 그토록 완전하며 친밀한 교제를 나눈 사람은 아무도 없었다. 그러면 그 모든 것의 비밀은 무엇이었는가? "나의 하나님이여 내가 주의 뜻 행하기를 즐거워하나이다"가 모든 것을 설명해 준다(시 40:8). 그러므로 우리가 하나님과 동행하고자 한다면, 우리 편에서 기꺼이 그렇게 하고자 하는 의지가 준비되어야만 한다. "나의 멍에를 메고 내게 배우라"(마 11:29). 하나님은 아무에게도 강제로 멍에를 씌우지 않는다.

또 하나님과 동행하는 것은 영적 교제를 함축한다. "두 사람이 뜻이 같지 않은데 어찌 동행(walk)하겠으며." "walk"는 꾸준히 앞으로 나아가는 것을 암시한다. 에녹은 어느 정도 하나님과 함께 걷다가 그만두기를 반복하지 않았다. 그는 300년 동안 하나님과 함께 걸었다. 이 얼마나 놀라운 동행인가! 그것은 뛰는 것이나 달리는 것이 아니었다. 단지 꾸준히 걷는 것이었다.

"에녹이 하나님과 동행하더니"(창 5:24). 여기에서 특별히 "동행"(walk)이라는 단어를 다시 한 번 주목해 보라. 이 한 단어가 이 사람의 삶과 성품에 얼마나 큰 빛을 비추는가! 또 그것은 우리에게 얼마나 많은 것을 계시하는가! 아담의 다른 모든 자손들과 마찬가지로, 에녹 역시도 본질적으로 진노의 자녀였고 하나님의 생명으로부터 단절되어 있었다. 그러나 그가 창조주와 화해하는 날이 왔다. 그러면 그러한 화해의 원인은 무엇이었나? 히브리서 11:5이 그에 대해 답해 준다. "그는 하나님을 기쁘시게 하는 자라 하는 증거를 받았느니라." 그러면 그는 어떻게 하나님을 기쁘시게 했나? 다음 절이 그에 대해 답해 준다. "믿음이 없이는 하나님을 기쁘시게 하지 못하나니"(6절). 그의 화해의 유효한 원인은 믿음이었다. 다시 반복하거니와, "에녹이 하나님과 동행하더니"라는 짤막한 한 문장은 그와 관련하여 우리에게 얼마나 많은 것을 말해 주는가! 그는 죄인으로 이 세상에 태어났지만, 그러나 믿음을 통해 은혜로 구원받았으며 거듭남으로 신적 본질에 참여하는 자가 되었다. 그는 지극히 높은 자와 뜻이 같은 사람이 되었으며, 그로 말미암아 그와 교제하기에 적합한 자가 되었다.

계속해서 에녹이 하나님과 동행한 결과가 무엇이었는지 생각해 보도록 하자. 그가 하나님과 동행한 첫 번째 결과는 은혜 안에서 자라는 것이었다. 걷는 것은 앞을 향해 나아가는 것을 함축한다. 두 말할 필요 없이 에녹의 인생은 계속해서 앞으로 나아가는 인생이었다. 하나님과 동행한 300년의 삶의 첫 부분과 끝 부분을 생각해 보자. 그것의 끝 부분은 도덕적으로나 영적으로나 그것의 첫 부분과 같을 수 없었다. 그는 분명 죄에 대해 더 많이 미워하고, 자신에 대해 더 겸비한 마음을 품었을 것이다. 그는 분명 자신의 무력함을 더 많이 의식(意識)하는 가운데 하나님에게 절대적으로 의존한 필요성을 더 크게 느꼈을 것이다. 또 그는 분명 하나님을 더 많이 향유하는 가운데 더 강한 사람으로 그리고 영광에서 영광으로 자랐을 것이다.

에녹이 하나님과 동행한 두 번째 결과는 하나님을 아는 지식 안에서 자라는 것이었다. 하나님에 대해 말하며 추론하며 숙고하며 들으며 책을 읽는 것과 그를 아는 것은 전혀 별개이다. 하나님을 아는 것은 기독교적 삶의 실제적이며 경험적인 측면이다. 우리가 하나님을 알고자 한다면, 우리는 그와 함께 걸어야 하며, 그와의 살아 있는 접촉을 해야 하며, 그와 더불어 인격적인 교제를 나누어야 하며, 그와 더불어 교통해야 한다. 이와 같은 300년의 동행하는 삶 이후에, 에녹은 하나님의 탁월하심을 더 깊이 깨달으며, 그의 완전하심을 더 풍성하게 향유하며, 그의 영광을 더 진지하게 사모하게 되었을 것이다.

그가 하나님과 동행한 세 번째 결과는 깊게 뿌리박힌 기쁨과 평안이었다. 에녹의 삶은 틀림없이 최고로 행복한 삶이었을 것이다. 그토록 하나님과 동행한 그에게 도대체 어떻게 불행이 가능할 수 있단 말인가? 그토록 하나님과 동행한 그에게 도대체 어떻게 우울하며 침울한 삶이 가능할 수 있단 말인가? "내가 사망의 음침한 골짜기로 다닐지라도 해를 두려워하지 않을 것은 주께서 나와 함께 하심이라"

(시 23:4). 하나님과 동행하는 것은 우리의 삶 가운데 보호(保護)를 보장한다. 지극히 높은 자의 은밀한 곳에 거하는 자는 전능자의 그늘 아래 거할 것이다. 자기 우편에 하나님을 가진 자를 해할 수 있는 것은 아무것도 없다.

그가 하나님과 동행한 네 번째 결과는 그가 하나님을 위해 증언한 것이었다. 유다서 14절과 15절을 보라. "아담의 칠대 손 에녹이 이 사람들에 대하여도 예언하여 이르되 보라 주께서 그 수만의 거룩한 자와 함께 임하셨나니 이는 뭇 사람을 심판하사 모든 경건하지 않은 자가 경건하지 않게 행한 모든 경건하지 않은 일과 또 경건하지 않은 죄인들이 주를 거슬러 한 모든 완악한 말로 말미암아 그들을 정죄하려 하심이라 하였느니라." 이것은 크게 강조될 필요가 있다. 여기의 순서는 결코 바뀔 수 없다. 그것은 하나님이 정하신 순서이다. 하나님을 위해(for) 증언할 수 있기 전에, 먼저 우리는 하나님과 함께(with) 동행해야 한다. 오늘날 "기독교 사역" 가운데 많은 부분이 하나님과 동행하는 삶의 산물이 아닌 것은 얼마나 두려운 일인가! 그런 사역은 심판 날 "나무와 풀과 짚"으로 드러날 것이다(고전 3:12). 하나님을 위해 일하는 것보다 선행해야만 하는 것이 있다. 그것은 하나님과 함께 걷는 것이다. "주 너의 하나님께 경배하라, 그리고 오직 그만을 섬기라" (마 4:10, 한글개역개정판에는 "주 너의 하나님께 경배하고 다만 그를 섬기라"라고 되어 있음).

이제 에녹이 하나님과 동행한 것의 성격과 관련하며 마지막 두 가지 즉 그러한 동행의 시작과 절정에 대해 생각해 보도록 하자.

"에녹은 육십오 세에 므두셀라를 낳았고 므두셀라를 낳은 후 삼백 년을 하나님과 동행하며"(창 5:21, 22). 에녹이 므두셀라를 낳기 이전에도 하나님과 동행하는 삶을 살았는지 여부는 언급되지 않는다. 다만 우리는 여기의 므두셀라를 선물로 받은 것이 그를 하나님과의 친밀한 교제로 이끈 계기가 되었을 것이라고 추론할 수 있다. 이런 일은 매우 흔한 경우이다. 부모로서의 책임이 우리를 하나님에게 더 간절하게 매달리게 만들지 않는가!

므두셀라라는 이름은 에녹이 하나님으로부터 특별한 계시를 받았음을 강력하게 암시한다. 므두셀라는 "그가 죽은 후 그것(즉 홍수)이 임할 것이라"를 의미한다. 어쨌든 므두셀라라는 이름 속에 신적 계시가 담겨 있을 가능성이 매우 높다. 이를테면 하나님은 에녹에게 이렇게 말씀하신 것이었다. "네가 그 아이를 보느냐? 세상은 그 아이가 있을 동안에는 존속할 것이지만, 그 이상은 아니니라. 내가 세상에 심판을 내릴 것이니라. 하늘의 창들이 열리고 큰 깊음의 샘들이 터져 모든 인류가 멸망을 당할 것이라." 이러한 메시지는 에녹에게 어떤 결과를 가져다 주었겠는가? 이것을 오늘날의 경우로 바꾸어 생각해 보라. 하나님이 당신에게 도저히 의심할 수 없는 방법으로 이 세상이 당신의 아이가 살아 있는 동안에만 존속할 것임을 알려 주셨다고 상상해 보라. 하나님이 당신에게 다음과 같이 말씀하셨다고 상상해 보라. "네 아이가 살아 있는 기간이 곧 세상이 존속할 기간이니라. 그 아이가 죽을 때, 세상이 멸망을 당할 것이니라." 당신에게 이런 메시지가 전달된 결과는 무엇일 것인가? 그 아이가 얼마나 빨리 죽을지 아무도 알지 못한다. 당신 앞에 언제든지 세상이 멸망을 당할 가능성이 놓여 있다. 아이가 아플 때마다 당신은 세상의 멸망과 직면할 것이다. 더욱이 당신이 구원받지 못했다고 상상해 보라. 당신은 깊은 근심에 사로잡히지 않겠는가? 당신은 하나님을 만날 준비를 할 절박한 필요를 느끼지 않겠는가? 당신은 즉시로 영적인 일에 몰두하기 시작하지 않겠는가? 에녹 역시도 그랬을 것이다. 어쨌든 므두셀라가 태어난 때부터 에녹은 세상의 모든 매력을 잃어버렸다. 그리고 그때부터 그는 하나님과 동행했다.

"믿음으로 에녹은 죽음을 보지 않고 옮겨졌으니 하나님이 그를 옮기심으로 다시 보이지 아니하였느니라 그는 옮겨지기 전에 하나님을 기쁘시게 하는 자라 하는 증거를 받았느니라"(히 11:5). "하나님이 그를 옮기심으로."[3] 에녹이 365년을 살았을 때, 하나님은 그를 자신에게로 취하셨다. 마치 그가 자신의 운명을 완성한 인간의 모범인 것처럼 그리고 죄가 세상에 들어오지 않았다면 모든 인생의 운명이 어떻게 되었을지를 보여 주는 본보기인 것처럼 말이다.

"하나님이 그를 옮기심으로." 이러한 표현의 의미를 이해하기 위해 우리가 취할 수 있는 최선의 방법은 캐롤 박사(Dr. B. H. Carroll)의 창세기 주석을 인용하는 것이다. "'하나님이 그를 옮기심으로' — 이것은 옛 라틴어의 불규칙동사로서, 그것이 의미하는 것은 단순히 '위로 데려갔다' 혹은 '가로질러 데려갔다' 이다. 하나님이 그를 가로질러 데려가셨다. 그러면 무엇을 가로지르셨나? 죽음을 가로지르셨다. 죽음은 이 세상과 오는 세상을 나누는 강이다. 여기에 그 강을 통과

[3] "하나님이 그를 옮기심으로." 여기에서도 우리는 우리 주님의 유일성을 발견한다. 오직 그만이 하늘에 올라가셨다(요 3:13). 이것은 그 자신의 권리로 말미암은 것이며, 그 자신의 권능을 행사하신 결과이다. 반면 에녹에 대하여는 "하나님이 그를 데려가시므로"라고 언급된다(창 5:24). 또 엘리야에 대해서도 "엘리야가 회오리 바람으로 하늘로 올라가더라"라고 언급된다(왕하 2:11). 또 그리스도께서 다시 오실 때, 성도들 역시도 "취하여질" 것이다.

하지 않은 한 사람이 있다. 에녹이 그 강 앞에 도달했을 때, 하나님이 그를 가로질러 데려가셨다. 하나님이 그를 옮기시고 이전시키셨다. 하나님은 그를 취하시고, 가로질러 데려가셔서, 반대쪽 강변에 놓으셨다. 에녹은 이 세상에서 믿음으로 하나님과 동행하며 교제하다가, 한 순간 다른 세상으로 옮겨져 하나님을 눈으로 보며 교제하게 되었다. 아, 보배로운 믿음이여! 이제 믿음은 보는 것으로 바뀌었으며, 소망은 한 순간 현실이 되었다. 이와 같이 믿음의 삶은 하늘의 완전한 교제의 삶 속으로 들어가는 것에서 그 절정에 이른다. '그들이 흰 옷을 입고 나와 함께 다니리니' (계 3:4)."

마지막으로 우리는 에녹이 예수 그리스도께서 그의 피로 사신 모든 신자들의 모형이라는 사실을 기억할 필요가 있다. "보라 내가 너희에게 비밀을 말하노니 우리가 다 잠잘(죽을) 것이 아니요 마지막 나팔에 순식간에 홀연히 다 변화되리니" (고전 15:51, 52). 에녹이 죽음을 보지 않고 하늘로 옮겨진 것처럼, 주님이 오실 때 이 땅에 남아 있는 그의 백성들 역시 그러할 것이다. 이 땅의 짧은 기간 동안 "하나님과 동행하는" 것이 우리의 분깃이 되게 하자. 그리고 당신과 나도 에녹처럼 죽음의 문을 통과함이 없이 영광의 나라로 옮겨지는 사람들 가운데 하나이기를 소망한다. 만일 그것이 하나님의 기쁘신 뜻이라면 말이다.

제 10장

노아

창세기 6장

노아의 계보에 대해서는 아주 조금밖에 언급되지 않지만, 그럼에도 불구하고 그 가운데 그가 하나님을 경외하는 경건한 조상들의 자손이었던 사실은 충분하게 나타난다. 노아는 하늘로 옮겨진 에녹의 증손이며, 므두셀라의 손자며, 라멕의 아들이었다. 라멕은 아들이 태어나던 날 그 이름을 "노아"라 부르면서, "여호와께서 땅을 저주하시므로 수고롭게 일하는 우리를 이 아들이 안위하리라"라고 말했다(창 5:29). 라멕이 믿음의 사람이었던 사실은 그가 "수고롭게 일하는" 것을 "여호와께서 땅을 저주하신" 것과 연결시키는 사실에서 분명하게 나타난다. 뿐만 아니라 하나님은 그에게 그의 아들 노아를 통해 장차 당신이 이루시고자 하는 계획을 어느 정도 계시하신 것으로 보인다. 그는 자기 아들을 "위로"와 "안식"을 가져다줄 자로서 바라보았기 때문이다.

노아가 살았던 시대의 어두운 상태는 "당대에 완전한 자요 하나님과 동행했던" 자의 믿음과 의를 생생하게 부각시키기에 충분했다. "여호와께서 사람의 죄악이 세상에 가득함과 그의 마음으로 생각하는 모든 계획이 항상 악할 뿐임을 보시고 땅 위에 사람 지으셨음을 한탄하사 마음에 근심하시고 이르시되 내가 창조한 사람을 내가 지면에서 쓸어버리되 사람으로부터 가축과 기는 것과 공중의 새까지 그리하리니 이는 내가 그것들을 지었음을 한탄함이니라 하시니라"(창 6:5-7). 여기에서 모든 것을 보시는 하나님의 눈앞에 펼쳐진 것은 얼마나 두려운 장면이었는가! 여기의 모습은 그가 6일 동안의 모든 일을 마치고 바라보셨을 때의 모습과 얼마나 놀랍게 대조되는가! 그때 우리는 "하나님이 지으신 그 모든 것을 보시니 보시기에 심히 좋았더라"라는 말씀을 듣는다(창 1:31). 그러나 여기에서는 "여호와께서 사람의 죄악이 세상에 가득한 것을 보셨다"는 말씀을 듣는다. 하나님이 억제하지 않으실 때, 죄는 얼마나 무서운 속도로 자라며 또 퍼져나가는가!

그러나 여기에 또 하나의 복된 대조가 있다. 사람의 죄악이 세상에 가득했던 것과 그로 인한 하나님의 근심에 대한 말씀에 이어, 우리는 "그러나 노아는 여호와께 은혜를 입었더라"라는 말씀을 듣는다(6:8). 황량한 사막 한가운데 오아시스가 있었다. 그것은 하나님의 은혜가 준비한 오아시스였다. 그리고 그 오아시스 위에 "하나님의 눈"이 거하고 있었다. 악인들에 대하여는, 우리는 단지 여호와께서 "보셨다"는 말씀만을 읽을 뿐이다. 반면 노아를 바라보는 것과 관련해서는, "여호와의 눈"이 그렇게 했다고 언급된다(but Noah found grace in the eyes of the Lord, 한글개역개정판에서는 단순히 "그러나 노아는 여호와께 은혜를 입었더라"라고만 되어 있음). 전자의 경우에는 단순히 "보는" 것으로 충분했다. 그러나 후자의 경우 우리는 하나님의 따뜻한 애정과 관심이 담겨 있는 것을 느낄 수 있다.

노아라는 인물에 대해 연구하기에 앞서 먼저 "이것이 노아의 족보니라"라는 표현에 대해 생각해 보도록 하자(9절). 여기에서 또 다시 창세기의 새로운 단락이 시작된다. 창세기의 연대표는 5장에서 노아까지 이르렀다. 그러나 6장의 첫 구절은 앞으로 나아가는 것이 아니라 뒤를 되돌아본다. "사람이 땅 위에 번성하기 시작할 때에 그들에게서 딸들이 나니 하나님의 아들들이 사람의 딸들의 아름다움을 보고 자기들이 좋아하는 모든 여자를 아내로 삼는지라"(6:1, 2). 이것은 홍수 이전의 인류의 모습을 묘사한다. 그러면서 창세기 6:5-8에서 두 번째 단락이 종결된다. 그리고 각각의 단락들은 "이것이 아무개의 족보니라" 혹은 "아무개의 족보가 이러하니라"라는 표현과 함께 시작된다(창 2:4, 5:1, 6:9 등을 참조하라). 그러나 지금 우리가 주목하고자 하는 것은 각각의 단락들이 죄의 결과를 보여 주는 그림과 함께 끝난다는 사실이다. 첫 번째 단락은 창세기 4장 끝 부분에서 가인이 아벨을 죽인 이야기와 라멕이 소년을 죽였다고 자랑하는 이야기와 함께 끝난다. 두 번째 단락은 창세기 6:1-8에서 홍수 이전의 사람들의 악함을 묘사하는 이야기와 함께 끝난다. 세 번째 단락은 창세기 9:20-29에서 노아가 포도주에 취한 것과 그가 함을 저주한 것과 그의 죽음에 대한 슬픈 이야기와 함께 끝난다. 네 번째 단락은 창세기 11:1-9에서 바벨탑이 무너진 이야기와 함께 끝난다. 다섯 번째 단락은 창세기 11:10-26에서 셈의 자손들의 탄생과 향년과 죽음에 대한 이야기와 함께 끝난다. 여섯 번째 단락은 창세기 11:31-32에서 데라의 죽음과 함께 끝난다. 일곱 번째 단락은 창세기 25:10-11에서 아브라함이 죽어 장사되는 이야기와 함께 끝난다. 여덟 번째 단락은 창세기 25:18에서 이스마엘의 죽음과 함께 끝난다. 아홉 번째 단락은 창세기 35:29에서 이삭의 죽음과 함께 끝난다. 열 번째 단락은 창세기 36:8에서 에서가 약속의 땅으로부터 떠난 것과 그가 자신의 장자권을 팥죽 한 그릇에 판 이야기와 함께 끝난다. 열한 번째 단락은 창세기 36장에서 에서의 후손들의 목록과 함께 그리고 특별히 "에돔 족속의 조상은 에서더라"라는 말씀과 함께 끝난다(43절). 그리고 마지막 열두 번째 단락은 창세기 50:26에서 요셉의 죽음과 함께 끝난다.

그러나 노아는 여호와께 은혜를 입었다. "그러나 노아는 여호와께 은혜를 입었더라"(창 6:8). 이것은 우리가 노아에 대해 첫 번째로 듣는 말씀이다. 은혜는 하나님을 기쁘시게 하는 모든 삶의 기초이며, 우리에게 주어지는 모든 축복이 흘러나오는 원천이다. 그를 홍수로부터 보존한 것은 그 자신이 가진 덕들(graces)이 아니라, 하나님의 은혜(the grace of God)였다. 바로 이곳이 성경에서 "은혜"라는 보배로운 단어가 나타나는 첫 장소이다. 하나님의 은혜가 나타난 것은 인간의 죄가 그 절정에 이르렀을 때였다. 이와 같이 성경은 처음부터 사람 안에 신적 호의(好意)를 부를 만한 것이 아무것도 없음을 분명하게 보여 준다.

하나님은 "내가 창조한 사람을 내가 지면에서 쓸어버리되 사람으로부터 가축과 기는 것과 공중의 새까지 그리하리니"라고 말씀하셨다(7절). 그러나 노아는 여호와께 은혜를 입었다. 그는 마치 가시떨기 사이에 핀 백합 같았다. 그의 경건한 발걸음은 그를 둘러싸고 있는 세상의 불경건한 발걸음과 대조되어 더욱 아름답게 빛났다. 인간적으로 말할 때, 신자가 하나님께 영광을 돌리는 삶을 사는 것은 결코 쉬운 일이 아니다. 심지어 동료 성도들로부터 격려를 받을 때조차도 그렇다. 그러나 여기에 "땅에서 모든 혈육 있는 자의 행위가 부패한" 악한 세상에서 살았던 한 사람이 있었다(12절). 여기에 세상 전체의 풍조와 맞섰던 한 사람이 있었다. 우리는 여기에서 하나님의 은혜의 충족성과 그것의 보존하는 능력을 발견한다.

노아의 성격은 창세기 6:9에서 세 가지로 묘사된다. "노아는 의인이요 당대에 완전한 자라 그는 하나님과 동행하였으며." 첫째로, 그는 "의인"이었다. 그는 그와 같은 이름으로 일컬어진 첫 번째 사람이었다. 의롭다하심의 공로적 기초는 예수 그리스도의 피이며(롬 5:9), 그것의 도구적 원인은 믿음이다(롬 5:1). 의인은 믿음으로 말미암아 살 것이다. 그러므로 우리는 히브리서 11장에 기록된 열다섯 명의 위대한 믿음의 사람들 사이에서 노아를 발견한다. 노아가 하나님 앞에 의롭다 하심을 받은 믿음은 하나님의 명령에 순종하여 "경외함으로 방주를 준비한" 것으로 증명되었다(히 11:7). 둘째로, 그는 "당대에 완전한" 자였다. 이러한 언급은 노아와 그의 가족이 자신들을 네피림과의 접촉으로부터 지킴으로써 그 시대를 둘러싸고 있는 도덕적 악으로부터 스스로를 분리시킨 것을 가리키는 것으로 보인다. 여기에 사용된 히브리어 "타민"(tamin)은 구약의 다른 곳에서 44회에 걸쳐 "흠 없는"으로 번역된다. 영어의 "오염된"(contaminated)이란 단어는 그 단어로부터 파생된 것일 수 있다. 노아는 그 세대에 "오염되지 않은"(uncontaminated) 사람이었다. 셋째로, 그는 "하나님과 동행했다." 그것은 자신을 둘러싸고 있는 악으로부터 지켜지기 위해 하나님과 함께 걷는 것을 의미한다.

노아의 믿음은 히브리서 11:7에 묘사된다. "믿음으로 노아는 아직 보이지 않는 일에 경고하심을 받아 경외함으로 방주를 준비하여 그 집을 구원하였으니 이로 말미암아 세상을 정죄하고 믿음을 따르는 의의 상속자가 되었느니라." 이러한 말씀은 우리에게 노아의 믿음과 관련하여 일곱 가지를 말해 준다.

첫째로, 우리는 여기에서 노아의 믿음의 **기초**를 배운다. 그의 믿음의 기초는 하나님의 말씀이었다 — "경고하심을 받아." 하나님이 받으실만한 참된 믿음의 기초는 감정이나 생각이 아니라, 단순한 말씀이다. "믿음은 들음에서 나며 들음은 하나님의 말씀으로 말미암았느니라"(롬 10:17). 베드로와 그의 동료들은 밤새도록 수고하며 고기를 잡았지만 한 마리도 잡지 못했다. 주님이 그들의 배에 올라오셔서 말씀하셨다. "깊은 데로 가서 그물을 내려 고기를 잡으라"(눅 5:4). 그때 베드로는 어떻게 대답했나? 그의 대답은 이것이었다. "선생님 우리들이 밤이 새도록 수고하였으되 잡은 것이 없지마는 **그럼에도 불구하고 말씀**에 의지하여 내가 그물을 내리리이다"("nevertheless at Thy word" — 한글개역개정판에는 "그럼에도 불구하고"가 생략되어 있음). 또 하나의 예를 들어 보자. 바울 일행을 태운 배는 여러 날 동안 풍랑과 싸웠다. 그러는 가운데 마침내 모든 선원과 승객들은 구원의 모든 소망을 잃어버리고 말았다. 그때 바울이 일어나 말했다. "여러분이여 안심하라 나는 내게 **말씀하신 그대로 되리라고** 하나님을 믿노라"(행 27:25). 기록된 말씀 위에 기초하지 않은 믿음은 단지 맹신(盲信)일 뿐이다.

둘째로, 우리는 여기에서 노아의 믿음의 **영역**을 배운다. 그의 믿음은 "보이지 않는 것" 즉 보이지 않는 영역에 속하는 것을 붙잡았다. 신자는 보는 것을 따라 행하지 않고 믿음을 따라 행한다. "이는 우리가 믿음으로 행하고 보는 것으로 행하지 아니함이로라"(고후 5:7). 노아가 방주를 만드는 일로 분주했을 때를 상상해 보라. 의심의 여지없이 세상은 그를 쓸데없는 일에 엄청난 수고를 기울이는 미치광이 광신자로 여겼을 것이다. 거기에 홍수가 임할 것을 예고하는 무슨 징조가 있었나? 아무 징조도 없었다. 모든 것은 창세 때로부터 그대로였다. 특별히 작은 홍수도 없었으며, 심지어 비조차도 별로 내리지 않았다. 그러면 무엇이 노아로 하여금 방주를 만들도록 이끌었나? 그것은 하나님의 경고의 말씀 외에 아무것도 없었다. 여기에서 우리는 믿음의 본질이 나타나는 것을 발견한다. 믿음은 영의 눈이다. 그것은 보이지 않는 것을 보는 것이다. 그것은 "바라는 것들의 실상이요 보이지 않는 것들의 증거"이다(히 11:1).

셋째로, 우리는 여기에서 노아의 믿음의 성격을 배운다. 그것은 "경외함으로"(moved with fear, 혹은 "두려움으로") 말미암은 것이었다. 믿음은 하나님의 보배로운 약속만 신뢰하는 것이 아니라, 또한 그의 엄중한 경고까지도 신뢰한다. 이와 관련하여 스펄전은 이렇게 말한다. "하나님이 죄를 징벌하실 것을 믿지 않는 자는 또한 하나님이 속죄의 피로 말미암아 죄를 용서하실 것을 믿지 않을 것이다. 하나님이 불신자들을 지옥에 던질 것을 믿지 않는 자는 또한 하나님이 신자들을 천국으로 데려가실 것을 믿지 않을 것이다. 우리가 어떤 한 가지에 있어 하나님의 말씀을 의심한다면, 우리는 다른 것에 대하여도 큰 확신을 갖지 못할 것이다. 하나님을 믿는 믿음은 그의 말씀 전체를 똑같이 다룰 수밖에 없기 때문이다. 하나님의 어떤 말씀은 받아들이고 다른 말씀은 받아들이지 않는 것은 명백히 하나님을 믿는 것이 아니라 자신의 판단과 자신의 경험을 믿는 것이다." 노아는 하나님으로부터 은혜로운 약속을 받았다. 그러나 동시에 그는 장차 임할 심판 즉 홍수로 말미암아 모든 생명이 멸망을 당할 것에 대해 경고를 받았다. 그는 약속과 경고 모두를 믿었다. 또 다시 스펄전의 말을 들어보자. "나는 자신이 주의 백성이라고 고백하면서 그러나 불경건한 자에 대한 하나님의 경고에 대해서는 믿지 않는 자들에게 말한다. 설령 그것이 당신의 몸과 마음을 오싹하게 만든다 하더라도 그러한 경고를 믿으라. 당신이 그것을 믿지 않는다면, 한 가지 문제에 있어 하나님을 믿지 않는 행동은 당신을 다른 문제에 있어서도 하나님을 믿지 못하도록 이끌 것이다. 그러면 당신은 결코 하나님이 받으시는 어린아이와 같은 참된 믿음에 이르지 못할 것이다."

넷째로, 우리는 여기에서 노아의 믿음의 증거를 배운다. 그것은 "방주를 준비하는" 것이었다. "행함이 없는 믿음은 그 자체가 죽은 것이라"(약 2:17). 행함이 없는 믿음은 생명이 없는 믿음이며, 단지 이름뿐인 믿음이다. 그것은 "하나님의 택하신 자들의 믿음"이 아니다(딛 1:1). 야고보는 "내 형제들아 만일 사람이 믿음이 있노라 하고 행함이 없으면 무슨 유익이 있으리요"라고 반문한다(약 2:14). 바울은 믿음으로 의롭다함을 받는 것에 대해 이야기하는 반면, 야고보는 믿음이 어떻게 정당화되는지 혹은 사람이 자신의 믿음을 어떻게 증명할 수 있는지에 대해 이야기한다. 나는 스스로를 신자라고 고백한다. 그러면 나는 그런 고백을 어떻게 증명할 것인가? 나의 행함과, 나의 발걸음과, 하나님을 위한 나의 증언으로 말미암아 증명한다. 히브리서 11장을 읽어보라. 그러면 당신은 거기에 기록된 모든 경우에 믿음이 행함에 의해 증명되는 것을 발견하게 될 것이다. 아벨은 믿음을 가지고 있었다. 그는 어떻게 자신의 믿음을 나타냈나? "더 나은 제물"을 드림으로써 그렇게 했다. 에녹은 믿음을 가지고 있었다. 그는 어떻게 자신의 믿음을 나타냈나? 하나님과 동행함으로써 그렇게 했다. 노아는 믿음을 가지고 있었다. 그는 어떻게 자신의 믿음을 증명했나? 방주를 준비함으로써 그렇게 했다. 믿음은 그 소유자에게 대가를 치르게 함으로써 스스로를 나타낸다. 방주를 준비하는 것은 결코 작은 일이 아니었다. 그것은 매우 수고롭고 오래 걸리는 일이었을 뿐만 아니라, 또한 분명 매우 비용이 많이 드는 일이었을 것이다. 이것은 항상 그랬다. 아브라함은 믿음의 조상이었으며, 그의 믿음은 그에게 많은 희생을 치르게 하는 것으로 스스로를 나타냈다. 아브라함에게 믿음은 본토와 친척과 아비 집을 떠나는 것을 의미했다. 아브라함에게 믿음은 사랑하는 독자를 희생제물로 바치는 것을 의미했다. 당신은 당신의 믿음을 표현하기 위해 무슨 대가를 치르는가? 값비싼 대가를 치르지 않는 믿음은 별 가치가 없는 믿음이다.

다섯째로, 우리는 여기에서 노아의 믿음의 결과를 발견한다 — "방주를 준비하여 그 집을 구원하였으니." 하나님은 항상 자신에 대한 참된 믿음을 귀하게 여기신다. 우리는 특별히 노아의 믿음의 결과는 유심히 살펴볼 필요가 있다. 물론 대리적인 구원 같은 것은 없다. 어떤 부모도 자신의 믿음으로 자녀의 영혼을 구원하기를 바랄 수 없다. 그럼에도 불구하고 성경에는 자신의 믿음과는 상관없이 다른 사람의 믿음으로 하나님의 축복을 받은 많은 실례(實例)들이 나온다. 아브라함의 믿음 때문에, 하나님은 그의 후손들에게 가나안 땅을 주셨다. 라합이 정탐꾼들의 말을 믿었기 때문에, 그녀의 가족 전체가 멸망으로부터 보존되었다. 신약에서도 우리는 이런 경우를 종종 발견한다. 친구들이 침상에 누인 채로 주님 앞에 데려온 중풍병자를 생각해 보라. 그와 관련하여 성경은 이렇게 말한다. "예수께서 그들(친구들)의 믿음을 보시고 중풍병자에게 이르시되 작은 자야 안심하라 네 죄 사함을 받았느니라"(마 9:2). 백부장의 믿음 때문에 그의 종이 고침을 받았으며, 가나안 여자의 믿음 때문에 그녀의 딸이 온전하여졌다. 이와 같이 노아의 믿음으로 말미암아 "그의 집"이 구원을 받았다. 이것은 우리의 교훈을 위해 기록된 것이 아닌가? 이것은 구원받지 못한 자녀를 가진 오늘날의 많은 부모들에게 큰 격려를 주지 않는가? 바울이 빌립보 간수에게 한 말을 생각해 보라. "주 예수를 믿으라 그리하면 너와 네 집이 구원을 받으리라"(행 16:31). 우리는 이 말씀에 의지해 하나님께 탄원할 수 있지 않은가?

여섯째로, 우리는 여기에서 노아의 믿음의 증언에 대해 배운다 — "이로 말미암아 세상을 정죄하고." 이러한 말씀을 고찰함에 있어, 우리는 먼저 믿음의 본질이 무엇인지 묻고자 한다. 믿음은 무엇인가? 로마서 14:23에서 우리는 "믿음을 따라 하지 아니하는 것은 다 죄니라"라는 말씀을 읽는다. 믿음은 죄의 반대이다. 그러면 죄는 무엇인가? 요한일서 3:4에서 우리는 이러한 질문에 대한 영감(靈感)된 대답을 발견한다. "죄는 불법이라." 죄는 단순한 행동 이상(以上)이다. 그것은 하나의 태도이다. 죄는 하나님의 통치에 반항하는 것이며, 그의 권위에 도전하는 것이다. 죄는 영적 무정부 상태이다. 죄는 하나님으로부터 독립하여, 자기 의지와 자기 주장을 따르는 것이다. 죄는 하나님이 "할지니라!"라고 말씀하실 때 "나는 하지 않겠노라!"라고 말하는 것이다. 죄는 하나님이 "하지 말지니라!"라고 말씀하실 때 "나는 하겠노라!"라고 말하는 것이다. 바로 이것이 자기의지와 자기주장을 따르는 것이다. 반면 믿음은 모든 측면에서 죄와 반대이다. 믿음 역시 단순한 행동 이상(以上)이며, 하나의 태도이다. 믿음은 하나님의 통치에 순복하는 것이며, 그의 권위에 굴복하는 것이며, 그의 계시된 의지(意志)에 순응하는 것이다. 하나님을 믿는 것은 곧 자신을 포기하고 하나님에게 전적으로 의존하는 것을 의미한다. 이와 같이 믿음의 권속에 속한 자들과 악한 자의 자녀들을 나누는 거대한 심연이 있다. 우리는 믿음으로 행하며, 그들은 보는 것으로 행한다. 우리는 하나님의 영광을 위해 살며, 그들은 자기만족을 위해 산다. 우리는 영원을 위해 살며, 그들은 순간을 위해 산다. 이와 같이 믿음으로 행하는 모든 그리스도인들은 필연적으로 세상을 정죄한다. 그들의 삶은 불경건한 자들이 따르는 삶의 방법에 대한 무언(無言)의 책망이며, 그들의 죄를 폭로하는 증언이다.

마지막으로, 우리는 여기에서 노아의 믿음의 상급을 배운다 — "믿음을 따르는 의의 상속자가 되었느니라." 믿음은 현재적인 축복을 가져다준다. 믿음은 하나님의 인정(認定)의 웃음을 가져다준다. 믿음은 마음을 평안으로 채우며, 생의 수레바퀴에 기름을 칠한다. 그리고 믿음은 "모든 것을" 가능하게 만든다. 그러나 믿음의 최고의 상급은 이 땅에서 주어지지 않는다. 믿음으로 말미암아 들어가는 기업(基業)을, 우리는 지금 여기에서 소유하지 않는다. 아브라함과 이삭과 야곱은 약속의 땅에서 단지 나그네로서 "거류"(居留)했을 뿐이었다. 하나님의 자녀들은 "하나님의 상속자요 또한 그리스도와 함께 한 상속자"이다(롬 8:17). 그러나 그들이 자신들의 기업에 들어가는 것은 아직 미래에 남아 있다. 지금 우리는 그것을 향유하는 것에 대해 말하고 있는 것이 아니다. 믿음은 그것을 현재적으로 향유하며 즐기기 때문이다. 다만 그것에 들어가는 것에 대해 말하고 있을 뿐이다. 하나님의 아들 예수 그리스도는 "만유의 상속자"로 세움을 받았다(히 1:2). 그가 그의 소유에 들어간 연후에, 우리는 그와 함께 그것에 참여할 것이다. 그때까지 우리는 노아와 함께 "믿음에 의한 의의 상속자"이다(heirs of the righteousness which is by faith, 한글개역개정판에는 "믿음을 따르는 의의 상속자"라고 되어 있음).

제11장

홍수

창세기 6장

에녹에 대해 공부하는 가운데, 우리는 "므두셀라"라는 그의 아들의 이름 속에 장차 임할 홍수에 대한 암시가 담겨 있음을 살펴보았다 — "에녹은 육십오 세에 므두셀라를 낳았고"(창 5:21). 므두셀라의 의미는 "그가 죽을 때 그것(즉 홍수)이 임할 것이라"이다. 이와 같이 그의 이름에 신적 계시가 담겨 있었다. 세상은 에녹의 아들이 살아 있는 동안만 존속할 것이었다. 만일 베드로전서 3:20이 여기의 창세기 5:21과 연결된다면, 우리 앞에 매우 흥미로운 개념이 펼쳐진다. "그들(즉 지금 옥에 있는 홍수 이전의 사람들)은 전에 노아의 날 방주를 준비할 동안 하나님이 오래 참고 기다리실 때에 복종하지 아니하던 자들이라"(벧전 3:20). 방주가 준비될 때까지 하나님이 "오래 참고 기다리신" 것은 도대체 어느 정도의 기간을 가리키는 것인가? 하나님은 얼마 동안의 기간을 오래 참으셨나? 그것은 므두셀라가 살았던 기간인 969년이었다. 에녹의 아들이 살아 있는 동안 세상은 안전했다. 그러나 그가 죽자 그것(홍수)이 임했다. 이것은 하나님의 오래 참으심의 가장 감동적인 실례(實例)가 아닌가? 세상은 므두셀라가 살아 있는 동안까지만 존속할 것이었다. 그가 사는 기간이 곧 세상이 존속하는 기간이었다. 그런 그에게 창세 이래 이 땅에서 산 모든 사람들 가운데 가장 긴 삶의 기간이 주어지지 않았는가! 969년 — 여기에 하나님의 긍휼이 얼마나 놀랍게 나타나는가! 여호와의 길은 얼마나 놀라운가! 그 아이는 인류가 홍수에 의해 멸망을 당하기 직전까지 살 것이었다. 그리고 그 기간 동안 하나님의 종들이 사람들에게 다가올 진노에 대해 경고할 것이었다. 이것은 하나님의 긍휼이 그 날까지 연장되는 것을 의미하지 않는가? 그 아이는 이 땅에서 살았던 다른 어떤 사람보다도 더 오래 살 것이 아닌가? "그의 숨이 멎을 때, 멸망의 고통이 시작될 것이다. 그가 세상을 떠날 때, 하나님의 진노가 시작될 것이다. 하늘의 창들이 열리고 큰 깊음의 샘들이 터질 것이며, 신적 멸망의 빗자루가 살아 있는 모든 것을 이 땅으로부터 쓸어낼 것이다." 실제로 그렇게 되었다. 므두셀라는 모든 동시대 사람들보다 더 오래 살았다. 그는 이 땅에 거의 1,000년 가까이 남아 있었다.

지금까지 하나님의 오래 참으심에 의해 홍수가 연기(延期)된 것에 대해 살펴보았다. 계속해서 하나님의 오래 참으심에 대해 좀 더 고찰해 보도록 하자. 신약은 "하나님의 오래 참으심이 노아의 날에 기다렸다"고 말한다(벧전 3:20, longsuffering of God waited in the days of Noah, 한글개역개정판에는 단순히 "노아의 날 하나님이 오래 참고 기다리실 때에"라고 되어 있음). 이러한 말씀은 하나님의 오래 참으심이 노아의 날 이전에 "기다렸을" 뿐만 아니라, 심지어 노아의 날에도 계속해서 "기다렸음"을 암시한다. 이것은 언제 어떻게 하나님의 "오래 참으심"이 사전에 노아에게 나타났었는지 묻게 만든다.

"오래 참으심"이라는 단어는 하나님이 긍휼 가운데 인생들을 다루신 것과, 그의 긍휼이 무시된 것과, 그의 인내가 (인간적으로 말해서) 가혹하게 시험된 것을 함축한다. 그리고 이것은 우리를 또 하나의 질문으로 이끈다. 그것은 "홍수 이전의 사람들은 어떤 신적 빛을 향유했나?"라는 질문인데, 이것은 참으로 흥미로우며 중요한 질문이다. 하나님과 그의 성품과 그의 방법과 관련하여, 그들은 어떤 지식을 소유했나? 그들의 책임의 분량은 어느 정도였나? 이러한 질문에 대답하는 것은 그들의 죄의 악함을 발견하는 것이며, 그들의 악독함의 크기를 측량하는 것이며, 그들이 하나님의 진노를 격발한 정도를 결정하는 것이며, 그 모든 것을 그토록 인내하신 하나님의 오래 참으심의 크기를 나타내는 것이다.

이와 관련한 기록은 많지 않지만, 홍수 이전의 사람들이 결코 적은 양의 빛을 소유하지 않았음을 보여 주기에는 충분하다. 그들은 모든 세대와 마찬가지로 "자연의 빛"을 가지고 있었다. 다시 말해서, 로마서 1장이 말하는 것처럼, 그들 안에 "하나님을 알 만한" 것이 있었다. "이는 하나님을 알 만한 것이 그들 속에 보임이라 하나님께서 이를 그들에게 보이셨느니라 창세로부터 그의 보이지 아니하는 것들 곧 그의 영원하신 능력과 신성이 그가 만드신 만물에 분명히 보여 알려졌나니 그러므로 그들이 핑계하지 못할지니라"(19, 20절). 뿐만 아니라 그에 더하여 그들은 신적 계시의 빛을 가지고 있었다. 그러면 그들이 가지고 있었던 신적 계시의 빛이 구체적으로 어떤 것들이었는지 생각해 보도록 하자.

첫째로, 사람들은 구속자의 약속을 가지고 있었다. 우리의 첫 조상들이 에덴 동산으로부터 쫓겨나기 전에 하나님은 여자의 후손이 뱀의 머리를 상하게 할 것이라고 선언하셨으며, 신자들은 그의 나타남을 대망(待望)하며 기다렸다(창 49:18을 보라).

둘째로, 여호와께 나아가는 유일한 수단으로서 속죄의 희생제사가 있었다. 하나님은 이것을 가죽옷을 통해 아담과 하와에게 알려 주셨다. 그것은 그들의 벌거벗은 것을 가리기 위해 하나님이 준비하신 것이었다. 가인과 아벨의 이야기에 분명하게 나타나는 것처럼, 그러한 희생제사를 드려야 할 필요성과 그것의 의미가 그들을 통해 그들의 자녀들에게 전달되었다. 그러한 지식이 부모로부터 자녀들에게로 이어진 사실은 또한 노아가 방주에서 나오자마자 "여호와께 제단을 쌓고 제물을 취하여 번제로 제단에 드린" 사실 가운데 나타난다(창 8:20).

셋째로, 하나님이 가인에게 주신 "표"가 있었다(창 4:15), 그것은 그가 하나님에 의해 거절되었음을 보여 주는 증거였으며, 그의 죄를 나타내는 두드러진 기념비였으며, 그의 뒤를 따르는 자들에게 던지는 엄중한 경고였다.

넷째로, 창세기 4장을 공부할 때 이야기한 것처럼, 그때 이미 안식일 제도가 세워져 있었다. 가인과 아벨에게 있어 이미 예배를 위해 정해진 때가 있었던 사실에서, 우리는 그러한 사실을 알 수 있다(창 4:3 欄外).

다섯째로, 우리는 족장들이 오래 산 사실을 유념할 필요가 있다. 아담은 930년을 살았고, 므두셀라는 969년을 살았다. 두 사람이 산 연수(年數)를 합하면 인간 역사(歷史)의 초창기로부터 홍수 때까지의 기간을 거의 망라한다. 아담은 930년을 살면서 자손들에게 자신이 창조된 경위에 대해, 자신이 하나님에 대해 행한 불순종에 대해, 그리고 그로 말미암은 결과들에 대해 이야기했다. 이러한 지식이 세대를 거쳐 전달되었음을 보여 주는 한 가지 두드러진 실례(實例)를 우리는 라멕의 말에서 발견할 수 있다. 그는 홍수가 임하기 불과 수년 전까지 살았던 사람인데, 그는 노아를 낳으면서 "여호와께서 땅을 저주하시므로"라고 말했다(창 5:29).

여섯째로, 에녹의 예언이 있었다. 하나님은 에녹을 통해 세상에 임할 심판에 대해 경고하셨다(유 14, 15).

일곱째로, 에녹의 신비하며 초자연적인 옮겨짐이 있었다. 그것은 틀림없이 주변 사람들에게 강한 인상을 남겼을 것이다.

여덟째로, 노아의 무언(無言)의 설교가 있었다. 그는 방주를 만듦으로써 "세상을 정죄"했다(히 11:7).

아홉째로, 성령의 역사(役事)가 있었다(창 6:3, 벧전 3:19).

이 모든 사실에서 홍수 이전의 사람들이 신적 계시에 대해 무지했던 것이 아니라 그것을 고의로 배척한 것이 분명하게 드러난다. 그들은 고의적으로 죄와 악으로 얼룩진 삶에 착념했다.

이제 홍수의 이유를 살펴보도록 하자. 한 마디로 그것은 사람들의 철저한 부패와 패역함의 결과였다. "하나님이 보신즉 땅이 부패하였으니 이는 땅에서 모든 혈육 있는 자의 행위가 부패함이었더라 하나님이 노아에게 이르시되 모든 혈육 있는 자의 포악함이 땅에 가득하므로 그 끝 날이 내 앞에 이르렀으니 내가 그들을 땅과 함께 멸하리라"(창 6:12, 13).

하나님의 성도들은 세상의 소금이다(마 5:43). 세상은 거의 인식하지 못하지만, 죄가 아구까지 차는 것을 막음으로써 하나님의 진노로부터 인류를 보존하는 것은 하나님의 백성들이 세상에 남아 있는 이유이다. 소돔에 열 명의 의인이 있었다면, 그 도시는 하나님의 심판을 피할 수 있었다. 그러나 거기에 오직 한 명만이 있었을 뿐이었다.

하나님의 백성들이 소금인 것은 성령께서 그들 안에 거하시고 그들을 통해 역사(役事)하는 사실에 기인한다. 사람들이 그의 은혜로운 나타나심을 대적하며 경멸한다면, 그의 나타나심은 거두어질 것이다. 그러면 사람들의 죄의 분량은 급속도로 채워질 것이다. 이러한 보존과 억제의 두 가지 기능이 데살로니가후서 2장에 나타난다. 우리 주님이 성도들과 함께 세상에 강림하시기 전에, "불법의 사람 곧 멸망의 아들"이라고 일컬어지는 자가 올 것이다. "누가 어떻게 하여도 너희가 미혹되지 말라 먼저 배교하는 일이 있고 저 불법의 사람 곧 멸망의 아들이 나타나기 전에는 그 날이 이르지 아니하리니"(살후 2:3). 이 사람은 범사에 하나님을 대적할 것이며, 하나님과 관련된 모든 것 위에 스스로를 높일 것이다. 그는 (예루살렘에 있는) 하나님의 성전에 앉아 스스로를 하나님으로 내세우면서 사람들에게 신적 경배를 요구할 것이다(4절). 그는 "사탄의 활동을 따라 모든 능력과 표적과 거짓 기적과 불의의 모든 속임으로" 나타날 것이다(9절). 이러한 "불법의 비밀"이 심지어 사도 시대에조차 활동하고 있었다. 그러나 그것이 충분하게 역사(役事)하는 것을 막는 것이 두 가지 있었다. 불법의 사람이 "그의 때"가 올 때까지 나타날 수 없는 것은 그것을 "막는 것"과 "막는 자"가 있기 때문이다(6, 7절). 의심의 여지없이 여기의 비인칭대명사(막는 것)는 하나님의 교회와 관련되며, 인칭대명사(막는 자)는 성령 자신과 관련된다. 세상에 하나님의 교회와 성령이 있는 동안, 사탄의 활동은 억제된다. 그러나 하나님의 교회와 성령을 제거해 보라. 소금을 제거해 보라. 그러면 즉시로 그것의 짠 맛과 보존하는 능력은 사라질 것이며, 사탄이 활동하는 것을 막는 것은 아무것도 남지 않게 될 것이다.

이로부터 우리는 어렵지 않게 홍수의 직접적인 원인을 발견할 수 있다. 사람들은 신적 계시를 경멸하며 배척했다. 사람들은 반복적인 경고를 조롱했다. 사람들은 대속의 희생제물에 의한 속죄를 발로 차버렸다. 사람들은 자신의 행위가 악하므로 빛보다 어둠을 더 사랑했다. 하나님의 성도들의 숫자는 계속해서 감소하였으며, 마침내 한 가족만 남았다. 시체를 썩는 것으로부터 보존하기 위한 "소금"은 이제 거의 남지 않았다. 하나님은 자신의 영이 영원히 사람들과 함께 하지 않을 것이라고 경고하셨는데, 이제 그의 오래 참으심은 끝났다. 그리하여 하나님의 영은 거두어졌으며, 이제 심판이 임하는 것을 막는 것은 아무것도 남지 않았다. 그리하여 하나님의 심판의 폭풍이 죄로 가득한 세상에 임할 수밖에 없었다.

이제 홍수의 원인에 대해 생각해 보도록 하자. **"사람이 땅 위에 번성하기 시작할 때에 그들에게서 딸들이 나니 하나님의 아들들이 사람의 딸들의 아름다움을 보고 자기들이 좋아하는 모든 여자를 아내로 삼는지라"**(창 6:1, 2). 여기의 "하나님의 아들들"의 정체와 관련하여 주석가들 사이에 많은 의견 차이가 있다. 가장 널리 받아들여지는 관점은 하나님의 아들들과 사람의 딸들 사이의 결혼을 신자들과 불신자들의 결합을 가리키는 것으로 보는 것이다. "하나님의 아들들"은 셋의 후손을 가리키는 것으로, 그리고 "사람의 딸들"은 가인의 후손을 가리키는 것으로 간주된다. 이러한 두 계열이 점차적으로 혼합되어 마침내 하나님의 백성과 세상 사이의 구분선이 사라지게 되었다는 것이다. 그리하여 홍수는 하나님의 백성들이 마땅히 구별되어야 함에도 불구하고 그렇게 하지 못한 것으로 인한 신적 심판으로 간주된다. 그러나 이러한 해석에는 해결될 수 없는 많은 난제들이 있다.

이러한 해석이 사실이라면, 이러한 혼합이 일어났을 당시 하나님의 백성은 남성들에게만 한정되었다는 결론이 불가피하다. "하나님의 아들들"이 "사람의 딸들"과 결혼했기 때문이다. 또 여기의 "하나님의 아들들"이 정말로 신자들을 의미하는 것이라면, 홍수 때 멸망을 당한 것은 바로 그들이어야 한다. 그러나 베드로후서 2:5은 다르게 말한다 — "경건하지 아니한 자들(ungodly 즉 "하나님 없는 자들")의 세상에 홍수를 내리셨으며." 또 지금까지의 신적 기록 가운데 우리는 하나님이 자기 백성들이 불신자와 결혼하는 것을 금하는 어떤 특별한 명령도 발견하지 못한다. 이런 관점에서 그와 같은 죄에 대해 하나님이 그토록 두려운 심판을 내리셔야만 했던 것은 너무나 이상해 보인다. 어느 시대든 하나님의 백성들이 불신자들과 "멍에를 함께 메는" 것은 종종 있는 일이었다. 그러나 그런 경우 홍수와 약간이라도 비슷한 것이 따랐던 적은 없었다. 마지막으로 신자와 불신자가 결혼하여 "거인"을 낳는 것은 참으로 이상한 일이 아닌가! "당시에 땅에는 거인들이 있었고"(4절, 한글개역개정판에는 "네피림"이라고 되어 있음).

만일 여기의 "하나님의 아들들"이 그 시대의 성도들을 의미하는 것이 아니라면, 그들은 도대체 누구를 가리키는 것인가? 욥기 1:6과 2:1과 38:7에서 우리는 같은 표현을 발견한다. 그리고 거기에서 그러한 표현은 명백히 천사들을 가리킨다. 70인경의 일부 역본에서 창세기 6장 2절과 4절에 "천사들"이라는 단어가 포함되어 있는 것은 매우 의미심장한 사실이다. 여기에서 사람의 딸들을 아내로 취한 것으로 언급되는 "하나님의 아들들"이 천사들(타락한 천사들)이었던 것은 유다서 6절에서도 나타나는 것으로 보인다. "또 자기 지위를 지키지 아니하고 자기 처소를 떠난 천사들을 큰 날의 심판까지 영원한 결박으로 흑암에 가두셨으며."

그러므로 여기의 "하나님의 아들들"은 자기 처소를 떠나 세상에 내려와 사람의 딸들과 동거한 천사들을 가리키는 것으로 보인다. 이러한 불법적인 동거의 결과를 살피기에 앞서, 먼저 그것의 이유가 무엇이었는지 생각해 보도록 하자. 이러한 천사들이 그와 같은 "죄"를 범한 이유는 무엇이었나(벧후 2:4)? 이러한 질문에 대한 대답은 우리가 지금 길게 다룰 수 없는 신비로운 주제로 우리를 데려간다. 그 이유를 우리는 사탄 안에서 발견한다.

옛 뱀 마귀가 우리의 첫 조상들을 타락으로 이끈 직후, 하나님은 뱀에게 "여자의 후손이 그의 머리를 상하게 할" 것이라고 말씀하셨다(창 3:15). 그리하여 사탄은 당연히 하나님의 계획을 좌절시키려고 했다. 그의 첫 번째 노력은 자기 머리를 상하게 할 자가 이 세상에 오지 못하게 하려는 것이었다. 이러한 노력은 주 예수께서 오실 통로(이스라엘)를 멸망시키고자 했던 그의 시도들 가운데 분명하게 나타난다.

첫째로, 하나님은 장차 오실 자가 여자의 후손으로서 사람으로 오실 것이라는 사실을 계시하셨다. 그리하여 사탄은 인류를 멸망시키고자 시도했다.

둘째로, 하나님은 아브라함에게 장차 오실 자가 그의 자손일 것이라고 계시하셨다(창 12:3, 갈 3:18, 마 1:1). 그러므로 400년 후 아브라함의 자손이 애굽에서 크게 번성했을 때, 사탄은 바로를 충동하여 모든 사내아이들을 죽이게 함으로써 아브라함의 혈통을 끊으려고 했다(출 1:15, 16).

셋째로, 하나님은 장차 오실 자가 다윗의 자손으로서 오실 것이라는 사실을 알려 주셨다(삼하 7:12, 13). 그리하여 사탄은 압살롬을 통해 다윗을 죽이려고 시도했다(삼하 15장).

넷째로, 만일 장차 오실 자가 다윗의 자손으로 오실 것이라면, 그는 분명 유다 지파로부터 오실 것이었다. 그리하여 사탄은 열 지파를 충동하여 유다 지파를 공격하도록 했다.

여기에서 유다서 6절을 다시 한 번 생각해 보도록 하자. 여기에 나타나는 "자기 처소를 떠난 천사들"은 분명 사람들의 딸들에게로 들어온 "하나님의 아들들"을 가리킨다. 틀림없이 이런 방법으로 사탄은 기괴한 괴물들을 만듦으로써 인류(장차 여자의 후손이 태어날 통로)를 진멸하려고 했을 것이다. 사탄이 거의 성공할 뻔했던 것은 한 가족만 제외하고 "땅에서 모든 혈육 있는 자의 행위가 부패한" 사실에서 명백하게 드러난다(창 6:12). 기괴한 괴물들이 "하나님의 아들들"(천사들)과 사람의 딸들 사이의 부자연스러운 결합의 결과로서 만들어진 것이라는 사실은 창세기 6:4의 "당시에 땅에는 거인들이 있었고"라는 말씀으로부터 분명하게 나타난다. "거인들"로 번역된 히브리어 단어는 네피림이다. 그것은 "나팔"(naphal)로부터 파생된 단어로서, 타락한 자들을 의미한다. 또 창세기 6:4의 "명성이 있는 사람들"이라는 용어와 역사적으로 상응하는 것을 아마도 우리는 그리스 신화의 "영웅들"이라는 단어에서 발견할 수 있을 것이다. 인류를 진멸함으로써 여자의 후손이 오는 것을 막고자 했던 사탄의 계획은 명백히 자신의 파멸의 운명을 피하고자 했던 시도였다.

"하나님의 아들들"이 타락한 천사들을 가리키는 것이라는 해석을 반박하기 위해 종종 마태복음 22:30이 인용되곤 한다. "부활 때에는 장가도 아니 가고 시집도 아니 가고 하늘에 있는 천사들과 같으니라"(마 22:30). 그러나 만일 우리가 이 말씀을 주의 깊게 연구한다면, 우리는 실제로 여기에 앞의 해석과 상충되는 것은 아무것도 없다는 사실을 발견하게 될 것이다. 우리 주님이 "부활 때에는 장가도 아니 가고 시집도 아니 가고 천사들과 같으니라"라고 말씀하셨다면, 그러한 반박은 상당한 힘을 갖게 될 것이다. 그러나 주님은 그렇게 말씀하지 않으셨다. 그는 "천사들" 앞에 "하늘에 있는"이라는 한정어를 덧붙이셨다. 바로 이것이 모든 차이를 만든다. 하늘에 있는 천사들은 장가도 아니 가고 시집도 아니 간다. 그러나 창세기 6장에서 "하나님의 아들들"이라고 일컬어진 천사들은 더 이상 하늘에 있지 않다. 유다서 6절이 분명하게 보여 주는 것처럼, 그들은 "자기 처소를 떠난" 천사들이다. 그들은 하늘의 처소로부터 떨어져 땅으로 내려와 사람의 딸들과 불법적으로 결합했다. 바로 이것이 예수께서 마태복음 22:30을 말씀하실 때 "천사들" 앞에 "하늘에 있는"이라는 한정어를 붙여야만 했던 이유이다. 하늘에 있는 천사들은 장가도 아니 가고 시집도 아니 간다. 그러나 자기 처소를 떠난 천사들은 사람의 딸들을 취하여 아내로 삼았다.

오늘의 이야기를 마치기에 앞서 마지막으로 우리는 성경구절 하나를 더 살펴볼 필요가 있다. 그것은 마태복음 24:37이다. "노아의 때와 같이 인자의 임함도 그러하리라." 역사(歷史)는 반복된다. 주님이 강림하시기 전에, 홍수 이전의 세상 풍조는 또 다시 반복될 것이다. 노아의 때의 특징을 우리는 다음과 같이 열 가지로 요약할 수 있다.

(1) 사람이 땅 위에 번성함(1절). 지난 세기 동안 세계 인구가 크게 증가한 것을 주목하라.

(2) 하나님이 악한 세상에 대하여 오래 참으심.

(3) 죄인들에게 다가올 심판을 경고하기 위해 하나님이 그의 사자들을 보내심.

(4) 하나님의 영이 사람들과 다투심. "나의 영이 영원히 사람과 함께 하지 아니하리니"(3절). 하나님의 영이 다시 한 번 "옮겨질" 것에 대하여 이야기하는 데살로니가후서 2장을 참조하라.

(5) 하나님의 법칙들이 조롱과 경멸과 배척을 당함. 이것이 오늘날의 세상 풍조가 아닌가!

(6) 하나님께 은혜를 입고 그와 동행하는 소수의 남은 자들이 있음.

(7) 에녹이 초자연적으로 하늘로 옮겨짐. 이것은 공중에서 주님을 영접하기 위해 성도들이 땅으로부터 취하여져 옮겨질 것을 상징한다.

(8) 타락한 천사들이 땅으로 내려와 사람의 딸들과 결합함. 오늘날 마귀적인 강신술이라든지 혹은 접신술과 같은 것들이 다시금 발흥하는 것을 주목하라.

(9) 경건치 않은 자들에게 계시록 6장부터 19장에 묘사된 하나님의 심판들이 쏟아짐.

(10) 노아와 그의 가족이 기적적으로 보존됨. 이것은 유대인 남은 자들이 대환난 가운데 보존될 것을 보여 주는 상징이다.

제 12장

그리스도의 모형 노아

창세기 6장

노아의 인물과 성격을 연구함에 있어, 그를 주 예수 그리스도의 모형으로 보지 않는다면, 그것은 결코 온전한 연구가 될 수 없다. 이제 모형(노아)과 원형(그리스도) 사이에 나타나는 두드러진 일치점들을 살펴보도록 하자.

1. 노아라는 이름 자체가 장차 오실 자를 미리 나타낸다. 창세기 5:28절에서 우리는 "라멕은 백팔십이 세에 아들을 낳고 이름을 노아라 하여"라는 말씀을 읽는다. 노아는 "안식"을 의미한다. 그의 아버지는 그를 "안식을 가져다 줄 자"와 "저주로 말미암아 초래된 수고로부터 위로를 가져다 줄 자"로 인식했다. "이름을 노아라 하여 이르되 여호와께서 땅을 저주하시므로 수고롭게 일하는 우리를 이 아들이 안위하리라 하였더라"(29절). 라멕은 자기 아들을 "저주로부터 구원을 가져다 줄 자"와 "수고와 곤고함으로터 위로와 안식을 가져다 줄 자"로 바라보았다. 독자들은 이러한 옛 예언이 "수고하고 무거운 짐 진 자들아 다 내게로 오라 내가 너희를 쉬게 하리라"라고 말씀하신 자 안에서 어떻게 성취되었는지 잘 알 것이다(마 11:28). 그러나 이것이 전부가 아니다. 노아라는 이름에 담긴 예언은 또한 우리 주님이 저주로부터 땅을 구원하실 그의 재림의 날을 바라본다.

2. 노아와 관련하여 우리가 듣는 첫 번째 말씀은 "그가 여호와께 은혜를 입었더라"는 말씀이다(창 6:8). 이것은 "땅에서 모든 혈육 있는 자의 행위가 부패함이었더라"는 말씀과 완전한 대조를 이룬다(12절). 죄의 파괴적이며 파멸적인 결과는 보편적이었다. 그러나 하나님이 자신의 손으로 만든 타락하고 부패한 세상을 내려다보셨을 때, 거기에 "의인이며 당대에 완전한" 한 사람이 서 있었다. 그리고 하나님은 그를 바라보며 기뻐하셨다. 이와 관련하여 노아의 가족들(그의 아들들과 며느리들)에 대해서는 아무 언급도 없는 것은 매우 의미심장하다. 마치 우리

의 관심이 노아 한 사람에게만 집중되어야만 함을 보여 주기라도 하듯이, 오직 그 한 사람만 언급한다. 그가 우리 주 예수 그리스도의 두드러진 모형임을 생각할 때, 그 이유는 명백하다. 노아와 관련하여 우리가 듣는 첫 번째 말씀이 "그는 여호와께 은혜를 입었더라"는 말씀인 것처럼, 예수 그리스도께서 공생애를 시작하신 이후 아버지께서 그와 관련하여 하신 첫 번째 말씀은 "이는 내 사랑하는 아들이요 내 기뻐하는 자라"는 말씀이었다(마 3:17).

3. 노아와 관련하여 우리가 다음으로 듣는 말씀은 그가 "의인"이었다는 말씀이다(창 6:9). 하나님에 의해 받아들여진 다른 모든 죄인들과 마찬가지로, 노아는 "믿음으로 말미암아 의롭다하심을 받았다." 그의 의는 그 자신으로 말미암은 본래적인 의가 아니었다. 그것은 전가(轉嫁) 된 의였다. 의는 믿는 자들에게 전가 된다(롬 4:6, 22-25). 본래적으로 의로운 자는 여기의 노아가 예표하는 우리 주 예수 그리스도 오직 한 사람뿐이다. 그에 대하여 백부장은 "이 사람은 정녕 의인이었도다"라고 증언했다(눅 23:47).

4. 다음으로 우리는 노아가 "당대에 완전한 자"였음을 듣는다(창 6:9). 앞에서 우리는 이러한 표현이 그의 성품과 관련된 것이 아니라 육체와 관련된 것이라는 사실을 살펴보았다. 노아와 그의 가족은 네피림과 접촉함으로 말미암아 부정해지지 않았다. "당대에 완전했다"는 것은 노아가 육체적으로 오염되지 않았다는 것을 의미한다. 여기에서 "당대에 완전한 자"라는 표현은 오직 노아 한 사람에게만 사용될 뿐 다른 어느 누구에게도 사용되지 않는다. 이런 측면에서 노아는 우리 주님을 보여 주는 얼마나 명백하며 완전한 모형인가! "당대에 완전한 자"라는 표현은 우리 주님의 무죄한 인성(人性)을 가리키지 않는가! 영원한 말씀이 육신이 되었을 때, 그는 우리의 타락하고 부패한 본성과 접촉하지 않으셨다. 그는 "죄악 중에서 출생하고 죄 중에서 잉태되지" 않으셨다(시 51:5). 반대로 그가 잉태될 때, 천사는 그의 어머니 마리아에게 "나실 바 거룩한 이는 하나님의 아들이라 일컬어지리라"라고 말했다(눅 1:35). 자신의 인성(人性) 안에서, 우리 주님은 "죄인으로부터 떠나" 계신다(히 7:26). 그는 죄의 바이러스에 오염되지 않았다. 그는 "당대에 완전한" 자였다.

5. 다음으로 우리는 노아가 "하나님과 동행"했음을 듣는다(창 6:9). 이것에 있어서도 그는 33년 동안 아버지와 더불어 계속적으로 친밀한 교제를 나누었던 자의 모형이었다. 그 모든 기간 우리는 그가 다양한 상황 가운데 아버지와의 거룩

하며 복된 교제를 나누었음을 발견한다. 어린 시절 나사렛에 살면서 그는 "지혜와 키가 자라가며 하나님에게 더욱 사랑스러워" 가셨다(눅 2:52). 광야에서 금식하며 시험을 받으시던 기간 우리는 그가 "하나님의 모든 말씀"으로 말미암아 사셨음을 발견한다(눅 4:4). 제자들이 잠자는 동안 우리 주님은 홀로 산으로 가셔서 거기에서 자기 영혼을 쏟으며 아버지와 더불어 깊은 교제를 나누셨다(눅 6:12). 십자가의 고통이 거의 끝나는 순간 우리는 그가 "아버지 내 영혼을 아버지 손에 부탁하나이다"라고 부르짖는 것을 듣는다(눅 23:46). 진실로 그는 항상 "하나님과 동행" 했다.

6. 하나님은 노아에게 위대한 일을 맡기셨다. "너는 고페르 나무로 너를 위하여 방주를 만들되 그 안에 칸들을 막고 역청을 그 안팎에 칠하라 그러나 너와는 내가 내 언약을 세우리니 너는 네 아들들과 네 아내와 네 며느리들과 함께 그 방주로 들어가고 혈육 있는 모든 생물을 너는 각기 암수 한 쌍씩 방주로 이끌어 들여 너와 함께 생명을 보존하게 하되"(창 6:14, 18, 19). 여기에서 우리는 하나님이 노아에게 매우 중요하면서도 어마어마한 일을 맡기시는 것을 발견한다. 한 사람에게 그와 같은 엄청난 일이 맡겨지는 것은 전에도 없었고 앞으로도 없을 것이었다. 하나님의 심판으로부터 각 피조물의 대표를 보존하는 일이 노아에게 맡겨졌다. 여기에서 그가 주 예수 그리스도의 모형으로 나타나는 것은 설명이 필요치 않을 정도로 명백하다. 하나님의 아들 예수 그리스도에게 잃은 자와 파멸된 죄인들을 구원하는 일이 맡겨졌다. 그가 "아버지께서 내게 하라고 주신 일을 내가 이루었나이다"라고 말할 때 가리킨 것이 바로 그것이다(요 17:4).

7. 노아 홀로 그 일을 행했다. 우리는 방주의 상징적 의미에 대해서는 다음 장에서 별도로 고찰할 것이다. 여기에서는 오직 노아와 그가 행한 일에만 우리의 관심을 집중시키고자 한다. 노아가 하나님이 맡기신 일을 수행함에 있어, 어떤 도움에 대한 언급도 나타나지 않는 것은 참으로 놀랍지 않은가? 방주를 지음에 있어 어떤 사람이 그를 도왔다는 어떤 암시도 나타나지 않는다. 전체적인 기록은 마치 노아 홀로 행한 것처럼 나타난다. 그 이유는 명백하다. 여기에 나타나는 사실은 레위기 16:17의 모형론과 병행된다 — "그가 지성소에 속죄하러 들어가서 자기와 그의 집안과 이스라엘 온 회중을 위하여 속죄하고 나오기까지는 누구든지 회막에 있지 못할 것이며." 속죄가 행해지는 동안 제사장 홀로 있어야만 했다. 이것은 원형(그리스도)의 경우에도 동일했다. 구속사역은 "친히 나무에 달려 그

몸으로 우리 죄를 담당하신" 우리 주 예수 그리스도에 의해서 이루어졌으며(벧전 2:24), 이 일에는 어느 누구의 도움도 필요치 않았다. 하나님이 "능력 있는 용사에게 돕는 힘을 더하셨기" 때문이다(시 89:19). 이런 측면에서 창세기가 방주를 지음에 있어 노아가 다른 사람의 도움을 받지 않고 혼자 행한 것으로 기록하는 것은 모형론적으로 상당한 의미를 갖는다.

8. 계속해서 성경이 노아가 방주를 지음에 있어 필요한 기간을 그냥 지나치는 것 역시 모형론을 완전하게 하는데 일조한다. 이것은 매우 특이한 일이 아닐 수 없다. 창세기가 묘사하는 정도의 규모를 가진 방주를 짓기 위해서는 상당한 정도의 기간이 소요되었을 것이기 때문이다. 그러나 이에 대해서는 단 한 마디도 언급되지 않는다. 하나님이 노아에게 방주를 짓는 일과 관련한 구체적인 지침을 주시고 난 다음 곧바로 우리가 읽는 것은 "노아가 그와 같이 하여 하나님이 자기에게 명하신 대로 다 준행하였더라 여호와께서 노아에게 이르시되 너와 네 온 집은 방주로 들어가라"라는 말씀이다(창 6:22, 7:1). 마치 방주 짓는 일이 금방 이루어진 것처럼 보일 정도다. 우리는 성경의 침묵으로부터 많은 것을 배울 수 있다. 여기에서 우리는 또 다시 레위기 16장의 모형론과 병행되는 것을 발견한다 — "이 날에 너희를 위하여 속죄하여 너희를 정결하게 하리니 너희의 모든 죄에서 너희가 여호와 앞에 정결하리라"(30절). 레위기 23장에서 속죄일은 이스라엘의 큰 절기 가운데 하나로 분류된다. 그것을 감안할 때, 지금 내가 이야기하는 요지는 보다 더 분명해진다. 다른 절기들 예컨대 무교절이나 장막절 같은 절기들은 여러 날 동안 계속되었다. 그러나 속죄일은 하루로 완성되었다. 다음 날을 위해 남겨진 것은 아무것도 없었다. 이것은 우리에게 우리 주님이 십자가 위에서 외친 "다 이루었다!"는 복된 승리의 외침을 일깨워준다. 이제 우리에게 그의 완성된 사역에 의지(依支)하는 것 외에 남은 것은 아무것도 없다. 우리 주님은 하루에 — 그렇다, 불과 세 시간 만에 — 자신의 희생제사로 죄를 제거하셨다. 앞에서 이야기한 것처럼, 이것은 방주를 짓는데 소요된 기간과 관련하여 성경이 침묵하는 사실에 의해 — 다시 말해서 마치 그 일이 금방 완성된 것처럼 기록하는 사실에 의해 — 예표된다.

9. 히브리서 11:7은 노아가 "자신의 집을 구원"하였다고 말한다. 여기에 나타나는 노아의 사역의 성공적인 결과는 우리에게 히브리서 3:6이 언급하는 사실을 일깨워 준다. "그리스도는 하나님의 집을 맡은 아들로서 그와 같이 하셨으니." 그러

나 모형은 한 걸음 더 나아간다. 동물과 새까지도 방주 안에서 보존된 사실에 나타나는 것처럼, 노아의 사역은 모든 피조물에게 축복을 가져다준다. 이것이 창세기 8:1에 얼마나 아름답게 나타나는지 주목하라. "하나님이 노아와 그와 함께 방주에 있는 모든 들짐승과 가축을 기억하사." 이와 마찬가지로 그리스도의 사역 역시도 들짐승에게까지 축복을 가져다줄 것이다. 그리스도께서 세상에 다시 오실 때, "피조물 역시 썩어짐의 종 노릇 한 데서 해방되어 하나님의 자녀들의 영광의 자유에 이를" 것이다(롬 8:21).

10. 창세기 6:19에서 우리는 모든 동물들이 노아에게 종속된 사실에 대한 한 가지 암시를 발견한다. "혈육 있는 모든 생물을 너는 각기 암수 한 쌍씩 방주로 이끌어들여 너와 함께 생명을 보존하게 하되." 우리는 여기의 모형이 마가복음 1:13에서 성취되는 것을 발견한다. "광야에서 사십 일을 계시면서 사탄에게 시험을 받으시며 들짐승과 함께 계시니." 노아가 모든 생명체의 머리인 사실은 창세기 9:2에서 보다 분명하게 나타난다. "땅의 모든 짐승과 공중의 모든 새와 땅에 기는 모든 것과 바다의 모든 물고기가 너를 두려워하며 너를 무서워하리니 이것들은 너의 손에 붙였음이니라"(into your hand are they delivered, 한글개역개정판에는 "너희의 손에 붙였음이니라"라고 되어 있음). 이것은 우리에게 인자(人子)의 미래의 왕권에 대해 이야기하는 시편 8편을 일깨워 준다. "그를 하나님보다 조금 못하게 하시고 영화와 존귀로 관을 씌우셨나이다 주의 손으로 만드신 것을 다스리게 하시고 만물을 그의 발 아래 두셨으니 곧 모든 소와 양과 들짐승이며 공중의 새와 바다의 물고기와 바닷길에 다니는 것이니이다"(5-8절). 이것을 히브리서 2:8과 비교해 보라. "만물을 그 발 아래에 복종하게 하셨느니라 하였으니 만물로 그에게 복종하게 하셨은즉 복종하지 않은 것이 하나도 없어야 하겠으나 지금 우리가 만물이 아직 그에게 복종하고 있는 것을 보지 못하고." 이와 동일한 개념이 창세기에서 계속적으로 반복된다. 동물들이 방주 안으로 들어올 때, 우리는 "그것들이 노아에게 — 노아와 그의 가족들에게가 아니라 — 나아와 방주로 들어갔으며"라는 말씀을 듣는다(창 7:15). 그리고 계속해서 우리는 "여호와께서 그를 — 그것들을 이 아니라 — 들여보내고 문을 닫으시니라"라는 말씀을 듣는다(16절). 또 홍수가 끝난 후, 우리는 하나님이 노아에게 "모든 산 동물은 너희의 먹을 것이 될지라 채소 같이 내가 이것을 다 너희에게 주노라"라고 말씀하시는 것을 듣는다(9:3). 이와 같이 예수 그리스도는 "만유의 상속자"이다(히 1:2).

11. 창세기 6:21에서 우리는 노아가 "먹을 것을 주는 자"로서 나타나는 것을 발견한다. "너는 먹을 모든 양식을 네게로 가져다가 저축하라 이것이 너와 그들의 먹을 것이 되리라." 두 말할 필요 없이 이것은 생명의 떡이신 그리스도 안에서 성취된다. 그는 우리 영혼을 위한 하나님의 만나이다. 그는 아론과 그의 아들들이 먹었던 진설병이다(레 24:9). 그는 약속의 땅의 소산물이다(수 5:11). 한 마디로 말해서 기록된 말씀 안에서 예수 그리스도를 먹고 마실 때 비로소 우리의 영적 생명은 소생되고 배부름을 얻는다.

12. 창세기 6:22에서 우리는 노아의 무조건적이며 완전한 순종을 배운다. "노아가 그와 같이 하여 하나님이 자기에게 명하신 대로 다 준행하였더라." 또 다시 창세기 7:5은 "노아가 여호와께서 자기에게 명하신 대로 다 준행하였더라"라고 말한다. 그와 같이 우리는 노아가 예표했던 자의 완전한 순종에 대해 읽는다. "내가 아버지의 계명을 지켜 그의 사랑 안에 거하는 것 같이 너희도 내 계명을 지키면 내 사랑 안에 거하리라"(요 15:10). 우리 주님의 순종은 노아의 순종을 훨씬 더 능가했다. 우리 주님은 "죽기까지 복종"하셨기 때문이다. "사람의 모양으로 나타나사 자기를 낮추시고 죽기까지 복종하셨으니 곧 십자가에 죽으심이라"(빌 2:8). 그의 우월함이 미치지 않는 곳은 단 한 곳도 없다.

13. "노아가 그 아들들과 그의 아내와 그 며느리들과 함께 나왔고 땅 위의 동물 곧 모든 짐승과 모든 기는 것과 모든 새도 그 종류대로 방주에서 나왔더라"(창 8:18, 19). 여기에서 우리는 노아가 하나님이 자신에게 맡기신 모든 것을 새 땅으로 데려왔음을 본다. 이것은 우리에게 "아버지께서 내게 주신 자 중에서 내가 하나도 잃지 아니하였사옵나이다"라는 우리 주님의 말씀을 일깨워 주지 않는가(요 18:9)? 여기에서 새 땅에 들어가는 축복에 동물들이 동참하는 것이 특별하게 언급되는 사실은 모든 피조물이 그리스도의 통치의 은택을 누리는 천년왕국의 장면을 가리키는 것처럼 보인다(사 11장을 참조하라).

14. "노아가 여호와께 제단을 쌓고 모든 정결한 짐승과 모든 정결한 새 중에서 제물을 취하여 번제로 제단에 드렸더니"(창 8:20). 여기에서 우리는 노아가 여호와께 번제를 드리는 것을 본다. 그와 같이 우리 주님도 "우리를 위하여 자신을 버리사 향기로운 제물과 희생제물로 하나님께 드리셨다"(엡 5:2).

15. "하나님이 노아와 그 아들들에게 복을 주시며"(창 9:1). 여기에서 하나님의 복이 주어짐에 있어 노아와 그의 아들들이 함께 연결되는 것을 주목하라. 여기에

그리스도로 말미암아 지금 우리가 누리는 모든 긍휼이 우리의 것이 된 복된 사실이 예표적으로 나타나지 않는가? "찬송하리로다 하나님 곧 우리 주 예수 그리스도의 아버지께서 그리스도 안에서 하늘에 속한 모든 신령한 복을 우리에게 주시되"(엡 1:3).

16. 하나님은 노아와 그의 아들들과 더불어 언약을 세우셨다. "하나님이 노아와 그와 함께 한 아들들에게 말씀하여 이르시되 내가 내 언약을 너희와 너희 후손과 세우리니"(창 9:8, 9). "언약"이라는 단어는 여기의 문맥에서 일곱 번 반복된다(9, 11, 12, 15, 15, 16, 17절). 하나님이 노아와 더불어 맺으신 언약이 "영원한 언약"이었음을 주목하라(16절). 마찬가지로 노아의 원형(그리스도)과 관련해서도 성경은 이렇게 기록한다. "양들의 큰 목자이신 우리 주 예수를 영원한 언약의 피로 죽은 자 가운데서 이끌어 내신 평강의 하나님이"(히 13:20).

제 13장

방주의 모형론

창세기 7장

노아가 하나님의 지시를 따라 만든 방주는 성경 전체 속에서 그리스도 안에서의 신자의 구원을 보여 주는 가장 명확하면서도 포괄적인 모형 가운데 하나이다. 이것은 너무나 중요한 주제이므로, 우리는 이것을 별도의 장으로 따로 떼어 살펴보고자 한다.

1. 방주와 관련하여 첫 번째로 주목해야만 하는 것은 그것이 하나님이 준비하신 것이었다는 사실이다. 이것은 창세기 6:13-14로부터 분명하게 나타난다. "하나님이 노아에게 이르시되 모든 혈육 있는 자의 포악함이 땅에 가득하므로 그 끝 날이 내 앞에 이르렀으니 … 너는 고페르 나무로 너를 위하여 방주를 만들되." 홍수가 임하기 전에, 이미 하나님의 생각 속에 그의 백성들이 그것을 피할 수 있는 방법이 준비되어 있었다. 방주는 하늘에서 비가 내리기 시작한 연후에 하나님이 준비하신 것이 아니었다. 단 한 방울의 비도 떨어지기 전에 하나님은 노아에게 방주를 만들라고 명령하셨다. 이와 마찬가지로 그리스도를 세상에 보내는 것은 죄가 들어와 그것이 창조세계를 망가뜨리고 난 연후에 비로소 하나님이 계획하신 것이 아니었다. 영원 전부터 하나님은 자기 백성들을 구속하시고자 계획하셨다. 그러므로 그리스도는 하나님의 계획 속에서 "창세로부터 죽임 당한 어린 양"이었다(계 13:8). 이와 같이 그리스도가 죄인들을 위해 하나님이 준비하신 것이었던 것처럼, 방주는 노아를 위해 하나님이 준비하신 것이었다.

2. 하나님은 노아에게 자신의 계획을 계시하시고, 그에게 다가올 심판의 폭풍으로부터 피할 수 있는 피난처를 만들 것을 명령하셨다. 방주는 노아가 고안한 것이 아니었다. 하나님이 그에게 자신의 계획을 계시하지 않았다면, 노아 역시도 다른 모든 사람들과 함께 멸망을 당했을 것이었다. 그와 마찬가지로 하나님은 우

리에게 자신의 긍휼과 은혜의 계획을 계시하셨다. 하나님이 그렇게 하지 않으셨다면, 우리는 스스로의 어둠과 무지(無知) 안에서 영원히 잃은 자가 되었을 것이다. "어두운 데에 빛이 비치라 말씀하셨던 그 하나님께서 예수 그리스도의 얼굴에 있는 하나님의 영광을 아는 빛을 우리 마음에 비추셨느니라" (고후 4:6).

3. 하나님은 노아에게 고페르 나무로 방주를 만들라고 명령하셨다(창 6:14). 방주를 만든 재료는 우리에게 매우 중요한 교훈을 가르쳐 준다. 방주는 오늘날의 전함처럼 쇠로 만들어지지 않고, 나무로 만들어졌다. 이것이 보여 주는 상징적인 진리는 생명은 오직 죽음으로부터만 온다는 사실이다. 다시 말해서 생명은 오직 희생제물에 의해서만 안전하게 될 수 있다는 사실이다. 방주가 만들어질 수 있기 위해서는, 먼저 나무들이 베어져야만 했다. 노아와 그의 가족들의 생명이 안전하게 되는 것은 나무들의 죽음에 의해 얻어졌다. 뿐만 아니라 여기에서 우리는 또한 우리 주님의 인성에 대한 암시를 발견할 수 있다. 방주를 위한 나무들은 땅의 것이었다. 이것은 우리에게 그리스도에 대한 이사야의 "그는 마른 땅에서 나온 뿌리 같아서"라는 묘사를 일깨워 준다(사 53:2). 이와 같이 하나님의 영원한 아들이셨던 그리스도는 — 흙으로부터 지음 받은 — 사람의 아들(人子)이 되셔야만 했다. 그리고 그는 사람의 아들로서 우리를 위한 피난처가 되기 위해 베어져야만 — 혹은 예언적인 표현으로 "끊어져야만" — 했다(단 9:26).

4. 방주(ark)는 신적 심판으로부터 피하는 피난처였다. 성경에 "ark"로 표현되는 것이 세 가지 있는데, 그것들은 모두 안전한 피난처였다. 노아의 "방주"(ark of Noah)는 그 안에 있는 자들을 하나님의 진노의 홍수로부터 안전하게 지켜주었다. 갈대 "상자"(ark of bulrushes)는 아기 모세를 사탄의 모형이었던 바로의 극악한 계획으로부터 지켜주었다(출 2:3). 언약 "궤"(ark of covenant)는 하나님의 거룩한 율법이 새겨진 두 돌판을 감추었다. 이러한 각각의 "ark"들은 모두 그리스도를 예표한다. 그리고 이러한 각각의 세 가지를 통해, 우리는 신자가 하나님의 진노(방주)와 사탄의 공격(갈대상자)과 율법의 정죄(언약궤)로부터 가려지는 것을 배운다. 이와 같이 노아의 방주는 안전한 피난처였다. 그것은 죽음이 모든 것을 위협할 때 하나님에 의해 준비되었다. 그것은 장차 임할 진노로부터 구원받는 유일한 장소였다. 이와 같이 노아의 방주는 잃어버린 죄인들의 유일한 구주이신 우리 주 예수 그리스도를 예표한다. "다른 이로써는 구원을 받을 수 없나니 천하 사람 중에 구원을 받을 만한 다른 이름을 우리에게 주신 일이 없음이라 하였더라"

(행 4:12).

5. 하나님은 사람들을 이러한 방주 안으로 오라고 초청하셨다. 노아는 하나님 자신으로부터 직접 초청을 받았다. "여호와께서 노아에게 이르시되 너와 네 온 집은 방주로 오라"(창 7:1, 한글개역개정판에는 "방주로 들어가라"라고 되어 있음). 바로 여기가 성경에서 "오라"(come)는 단어가 처음 나타나는 장소이다. 그리고 이후 그 단어는 500회 이상 나타난다. 그 단어가 여기에서 처음 나타나는 사실은 참으로 의미심장하지 않는가? 여기에는 참으로 풍성한 의미가 담겨 있다. 하나님은 "방주 안으로 가라"고 말씀하시지 않고 "방주로 오라"고 말씀하셨다. "가라"(go)는 명령이지만, "오라"(come)는 은혜로운 초청이다. "가라"는 노아가 하나님으로부터 멀어지는 것을 함축하지만, "오라"는 방주에서 하나님이 그와 함께 계실 것을 암시한다. 이것은 우리가 복음 안에서 발견하는 것과 동일한 개념이 아닌가? "수고하고 무거운 짐 진 자들아 다 내게로 오라 내가 너희를 쉬게 하리라"(마 11:28). 계속해서 그러한 초청이 개인적인 초청이었다는 사실을 주목하라 — "너는 방주로 오라." 하나님은 항상 개인의 마음과 양심에 호소하신다. 그러나 하나님의 초청은 한 걸음 더 나아간다 — "네 온 집은 방주로 오라." 우리는 오늘날의 은혜의 복음에서도 이와 병행되는 것을 발견한다. "주 예수를 믿으라 그리하면 너와 네 집이 구원을 받으리라"(행 16:31).

6. 방주는 절대적으로 안전한 장소였다. 이러한 사실은 몇 가지 세부적인 것들로부터 나타난다. 첫째로, 방주는 "그 안팎을 역청으로" 칠했다(6:14). 그리하여 방주는 전혀 물이 새지 않았으며, 그렇기 때문에 완전한 피난처였다. 아무리 폭우가 쏟아지고 물결이 높이 일어난다 하더라도, 방주 안에 있는 모든 것은 안전했다. 이러한 측면에서 방주도 그리스도 안에 있는 우리의 구원의 모형이었다. 골로새 교회의 성도들에게 바울은 이렇게 말한다. "이는 너희가 죽었고 너희 생명이 그리스도와 함께 하나님 안에 감추어졌음이라 — 마치 노아가 방주 안에 감추어진 것처럼"(골 3:3). 다음으로 노아가 방주 안으로 들어간 직후, 우리는 그와 관련하여 "여호와께서 그를 감추시니라"라는 말씀을 읽는다(7:16, 한글개역개정판에는 "여호와께서 그를 들여보내고 문을 닫으시니라"라고 되어 있음). 이것은 얼마나 복된 말씀인가! 노아는 자신에 대해 염려할 필요가 없었다. 방주 안에서 그를 보존하는 것은 전적으로 하나님의 책임이었다. 이것은 구원을 위해 그리스도에게 피한 자들에게도 마찬가지이다. 그들은 "말세에 나타내기로 예비하신 구원

을 얻기 위하여 믿음을 통해 하나님의 능력으로 보호하심을 받는다"(벧전 1:5). 마지막으로, 방주 안에 있는 모든 것들의 안전은 일 년 후 그들 모두가 새 땅에 완전하게 도착한 사실 가운데 나타난다. "노아가 그 아들들과 그의 아내와 그 며느리들과 함께 나왔고 땅 위의 동물 곧 모든 짐승과 모든 기는 것과 모든 새도 그 종류대로 방주에서 나왔더라"(8:18, 19). 방주 안으로 들어간 모든 것이 보존되었으며, 홍수로 인해 죽은 것은 아무것도 없었다. 이것은 우리에게 "아버지께서 내게 주신 자 중에서 하나도 잃지 아니하였사옵나이다"(요 18:9)라는 우리 주님의 말씀을 일깨워 주지 않는가?

7. 방주에는 오직 하나의 문이 있었을 뿐이었다. 노아와 그의 가족들을 위한 문이 따로 있고, 동물들을 위한 문이 따로 있고, 새들을 위한 문이 따로 있었던 것이 아니었다. 하나의 문이 전부였다. 이것은 나중에 성막에서도 사실이었다. 성막 역시도 오직 하나의 문밖에는 가지고 있지 않았다. 이것의 영적 의미는 명백하다. 영원한 죽음으로부터 피할 수 있는 오직 하나의 길이 있다. 장차 임할 진노로부터 피할 수 있는 오직 하나의 길이 있다. 불못으로부터 우리를 건져줄 오직 한 분의 구주가 계신다. 그는 주 예수 그리스도이다. "내가 곧 길이요 진리요 생명이니 나로 말미암지 않고는 아버지께로 올 자가 없느니라"(요 14:6). 요한복음 10:9에서 우리 주님은 여기의 모형의 언어를 직접적으로 사용하신다. "내가 문이니 누구든지 나로 말미암아 들어가면 구원을 받고 또는 들어가며 나오며 꼴을 얻으리라." 하나님은 노아에게 문을 "옆으로" 내라고 명령하셨는데(6:16), 여기에도 역시 중요한 의미가 담겨 있다. 분명 이것은 우리 주님의 옆구리가 창에 찔리는 것을 가리킨다(요 19:34). 그리고 그것은 이제 죄인들을 위해 하나님의 심장으로 가는 길이 열렸음을 암시한다.

8. 방주는 "상 중 하 삼층으로" 만들어졌다(6:16). 이것의 의미는 무엇인가? 4,000년 후에 사는 하나님의 성도들에게 방주가 몇 층으로 된 것이 도대체 무슨 의미가 있단 말인가? 그것이 일 층으로 되었든 십이 층으로 되었든 도대체 거기에 무슨 차이가 있단 말인가? 하나님의 말씀을 연구하는 경건한 학자들은 성경 안에 있는 모든 것에 특별한 영적 의미가 담겨 있는 사실을 배워왔다. 이것은 분명한 사실이다. 모든 하나님의 말씀이 정결하기 때문이다. 성령께서 모세를 "감동"시켜 창세기를 기록하게 하실 때, 그는 그 책이 수천 년 후의 하나님의 백성들에 의해 읽힐 것을 아셨다. 그러므로 그는 모든 곳에 단순한 문자적인 의미 이상

의 어떤 것을 담아 놓으셨다. "무엇이든지 전에 기록된 바는 우리의 교훈을 위하여 기록된 것이니"(롬 15:4). 그렇다면 우리는 방주가 더도 덜도 아닌 삼층으로 된 사실로부터 무엇을 "배울" 것인가?

지금까지 우리는 방주가 그리스도를 예표하는 사실을 살펴보았다. 심판의 물을 통과한 것이라든지, 물속에 잠긴 것이라든지, "일곱째 달 십칠 일에" 아라랏 산에 머무른 것(8:4) — 뒤에서 보게 될 것처럼 이것은 우리 주님의 부활의 날을 상징하는 것이다 — 등에서, 방주는 그리스도의 분명한 모형이었다. 그렇다면 방주의 내부는 분명 우리에게 **그리스도** 안에서 우리가 가지게 되는 것에 대해 이야기하는 것에 틀림없다. 방주가 삼 층으로 나누어진 것은 그리스도 안에서의 우리의 **삼중적인 구원**을 암시하지 않는가? 그리스도 안에서 우리가 가지게 되는 구원은 두 가지 의미에서 삼중적인 구원이다. 그것은 우리의 삼중 구조 즉 우리의 영과 혼과 몸 전체를 포괄하는 구원이다(살전 5:23). 또 우리의 구원은 우리가 죄의 형벌로부터 구원받았으며, 죄의 권능으로부터 구원받고 있으며, 장차 죄의 실재로부터 구원받을 것이라는 의미에서 삼중적인 구원이다.

9. 하나님은 노아에게 방주 "위"에다가 창을 내라고 명령하셨다. "거기에 창을 내되 위에서부터 한 규빗에 내고"(6:16). 이것의 영적 의미는 명백하다. 노아와 그의 가족들은 그들의 옆과 아래에서 펼쳐지는 멸망의 장면을 바라보아서는 안 되었다. 그들은 오직 위를 향해 살아 계신 하나님을 바라보아야만 했다. 광야의 이스라엘 백성들에게도 동일한 교훈이 가르쳐졌다. 낮에 그들을 인도하기 위한 구름기둥과 밤에 그들을 보호하기 위한 불기둥은 단지 그들을 인도하기 위해서만 준비된 것이 아니었다. 그것은 또한 그들을 가르치기 위해 준비된 것이었다. 이스라엘은 주위를 바라보며 광야의 위험과 역경 따위에 매몰되는 대신, 눈을 들어 크신 하나님 여호와를 바라보아야만 했다. 그와 같이 믿음으로 행하도록 부름받은 우리 역시도 우리의 눈을 위로 향한 채 광야와 같은 여행길을 걸어가야만 한다. 우리의 마음과 생각은 항상 위의 것에 초점이 맞추어져 있어야만 한다. "위의 것을 생각하고 땅의 것을 생각하지 말라"(골 3:2).

10. 방주에는 여러 개의 "칸들" 혹은 "둥지들"이 있었다. "너는 고페르 나무로 너를 위하여 방주를 만들되 그 안에 칸들을 막고"(6:14, 欄外에는 "칸들"[rooms]이라는 단어 대신 "둥지들"[nests]이라는 단어가 사용됨). 히브리어 "겐"(gen)이 나타나는 구약의 다른 모든 구절들에서, 그 단어는 "**둥지**"로 번역된다. 나는 여기에다가 영적

인 의미를 억지로 집어넣을 마음은 없다. 그러나 우리는 앞에서 방주가 그리스도 안에서의 우리의 구원을 나타내는 매우 포괄적이며 두드러진 모형이라는 사실을 보았다. 그러므로 우리는 여기의 표현에도 어떤 의미가 담겨 있다고 믿어야만 한다. 여기의 표현이 암시하는 것은 우리가 그리스도 안에서 피난처 이상의 어떤 것을 갖는다는 사실이다. 즉 우리가 그리스도 안에서 안식처를 갖는다는 사실이다. 마치 둥지 안에 있는 새들과 같이, 우리는 하나님이 사랑으로 돌보시는 대상이다. 방주 안에 있는 "둥지들"은 — 그리스도께서 우리를 위해 예비하기 위해 가신 — 아버지의 집에 있는 "거할 곳들"(mansions)을 가리키지 않는가(요 14:2)? 여기에서 "거할 곳들"로 번역된 헬라어 단어의 정확한 의미와 관련하여 어느 정도 불확실성이 있는 것은 매우 흥미로운 일이다. 웨이마우스(Weymouth)는 그것을 "내 아버지 집에 안식처가 많도다"라고 번역한다.

11. 방주와 관련하여 속죄의 위대한 진리가 상징적으로 나타난다. 이것은 몇몇 세부적인 것들 안에 나타난다. "너는 고페르 나무로 너를 위하여 방주를 만들되 그 안에 칸들을 막고 역청을 그 안팎에 칠하라"(6:14). 여기의 "역청"을 위해 사용된 히브리어는 통상적으로 그와 같이 번역되는 "제테트"가 아니라, 구약에서 70회나 "속죄하다"로 번역되는 "카페르"이다. "카페르"의 일차적인 의미는 "덮다"이며, 그것은 여기 이외의 다른 어떤 곳에서도 "역청"으로 번역되지 않는다. 속죄는 죄를 덮는 피로 말미암아 이루어졌다. 독자들은 이러한 개념을 충분히 잘 알고 있을 것이다. 그러므로 그것을 여기에서 장황하게 설명할 필요는 없을 것이다. 하나님은 거룩하시다. 그러므로 그는 "눈이 정결하시므로 악을 차마 보지 못하시며 패역을 차마 보지 못하신다"(합 1:13). 그러므로 죄는 피로 덮여져야만 한다. 이런 측면에서 여기의 "카페르"라는 단어가 성경에서 방주와 관련하여 처음 사용된 것은 매우 주목할 만하다. 그것은 마치 하나님의 진노로부터의 피난처가 오직 속죄의 피 아래서 발견될 수 있음을 가르치려고 의도된 것처럼 느껴질 정도다. 또 우리는 자기 안에 있는 모든 것들에게 피난처를 제공한 방주 위에 폭풍이 임한 것을 주목할 수 있다. 이것 역시도 신적 심판의 폭풍이 우리의 사랑하는 구속자에게 임한 것을 상징적으로 보여 준다. 그는 "주의 모든 파도와 물결이 나를 휩쓸었나이다"라고 부르짖었다(시 42:7). 그의 이러한 말씀은 지금 우리가 고찰하고 있는 방주의 모형을 가리키고 있는 것처럼 보이지 않는가?

12. 방주의 상징적인 교훈은 속죄의 진리를 넘어 부활 자체에까지 이른다. 여기

에서 최근에 작고한 윌리엄 링컨(William Lincoln)의 글을 인용하도록 하자. "방주가 아라랏 산에 머무른 날은 우리 주님이 죽은 자 가운데 다시 살아나신 날과 정확하게 일치한다. 방주는 '일곱째 달 열이렛날' 에 아라랏 산에 머물렀다(8:4). 그러나 하나님이 유월절을 제정하시면서 명령하신 바에 따라 일곱째 달은 첫째 달로 바뀌었다. 우리가 잘 아는 것처럼, 유월절은 첫째 달 십사 일이었다. 그리고 우리 주님은 유월절로부터 삼일 후, 그러니까 첫째 달 십칠 일에 심판의 물을 통과하여 땅에 서셔서 다시금 제자들에게 '너희에게 평강이 있을지어다!'라고 말씀하셨다. 주님과 그들은 영원한 안식의 항구에 도착한 것이었다." 그러나 여기의 모형은 단지 우리 주님의 부활을 예표할 뿐만 아니라 그의 승천의 사실까지도 암시한다. "일곱째 달 곧 그 달 열이렛날에 방주가 아라랏 산에 머물렀으며"(8:4). 방주의 최종적인 안식처는 산꼭대기 위에 있었다. 그것은 우리 주님이 지금 하나님 우편에 앉아 계신 "높은 곳"을 상징하지 않는가?

우리는 성경이 결코 "교묘히 만든 이야기"가 아니라 진실로 살아 계신 하나님의 영감(靈感)된 말씀이라는 굳은 확신과 함께 펜을 놓는다(벧후 1:16).

제 14장

하나님이 노아와 맺으신 언약

창세기 8장

언약의 개념은 구약을 해석하는 주된 열쇠들 가운데 하나이며, 각각의 시대를 구분하는 구분선이며, 하나님이 세상을 다루신 방법에 있어서의 몇몇 변화들을 나타낸다. 여러 차례 하나님은 스스로를 낮추시면서 사람과 더불어 언약을 맺으셨다. 그러므로 그러한 언약의 조건과 범위를 이해하지 못할 때, 사람은 필연적으로 혼란에 빠지게 된다. 성경에 기록된 다양한 언약들을 주의 깊게 살필 때 비로소 우리는 진리의 말씀을 올바르게 이해할 수 있게 된다. 각각의 언약들은 각각의 요구와 범위와 약속과 증표 등에 있어 다양하다. 언약과 관련해 영감(靈感)을 받은 역사(歷史)는 우리에게 하나님의 신실하심과 인간의 불신앙을 분명하게 보여 준다.

우리는 구약에 더도 덜도 아니고 정확하게 일곱 개의 언약이 나타나는 것을 발견한다. 첫째로, 금지된 나무의 열매를 먹지 않는 것을 조건으로 사람이 계속해서 에덴 동산을 향유하는 것과 관련한 아담 언약. 그러나 아담은 자신의 몫의 약속을 지키는데 실패했다. 호세아 6:7의 난외(欄外)를 보라. 둘째로, 땅과 사계절이 계속될 것과 관련한 노아 언약. 창세기 9장을 보라. 셋째로, 이스라엘이 팔레스타인 땅을 차지할 것과 관련한 아브라함 언약. 창세기 15:18을 보라. 넷째로, 이스라엘이 하나님의 율법에 순종하는 것을 조건으로 하나님의 은총을 계속적으로 향유하는 것과 관련한 모세 언약. 출애굽기 24:7-8과 34:27을 보라. 다섯째로, 제사장직이 레위 지파에 계속될 것이라는 약속과 관련한 레위 언약. 민수기 25:12-13, 말라기 2:4-5, 에스겔 44:15 등을 보라. 여섯째로, 이스라엘의 왕권과 관련한 다윗 언약. 사무엘하 23:5과 역대하 13:5을 보라. 일곱째로, 천년왕국과 관련한 메시야 언약 혹은 새 언약. 이사야 42:6과 예레미야 31:31-34을 보라. 이와 같은 일곱 개의 서로 다른 언약들을 충분하게 설명하려면 별도의 또 한 권의 책이 필요할 것이다. 그러나 여기에서 우리는 두 번째 언약인 노아 언약만을 살펴보고자 한다.

1. 노아 언약의 배경을 주목해 보자. 그 때는 이를테면 새로운 세상이 시작되는 때였다. 모든 것은 새롭게 출발되어야만 했다. 홍수는 방주 안에 있었던 것들만 제외하고 사람과 동물 모두를 완전하게 멸망시켰다. 멸망이 휩쓸고 지나간 땅 위에 노아와 그의 가족들이 다시 섰다. 노아의 첫 행동은 자신을 위한 집을 짓는 것이 아니라, "여호와께" 제단을 쌓는 것이었다. 그는 그 위에다가 번제물을 드렸으며, 그것은 여호와께 "향기로운 냄새" 였다. 하나님은 사람으로 인해 더 이상 땅을 저주하지 않을 것이며 땅이 있는 동안 사계절과 주야가 계속 반복될 것을 약속하셨다. 그런 연후에 하나님은 "노아와 그의 아들들을 축복" 하셨다(창 9:1). 에덴 동산에서 무죄한 아담을 축복하신 이래(1:28), 이것이 하나님이 무엇인가를 축복하신 첫 번째 사례이다. 이러한 "축복"의 기초는 번제물이었다. 아담과 하와에게 베풀어진 신적 호의(好意)는 이제 인류의 새로운 조상들 위에 임했다.

여기에서 우리는 창세기의 두 번째 "시작"(beginning)을 보게 된다. 두 번째 시작은 몇 가지 측면에서 첫 번째 시작과 비슷하다. 특별히 생육하고 번성하라는 명령과 이성(理性)이 없는 동물들을 인간의 통치 아래 예속시키는 것에 있어 그렇다. 그러나 거기에 우리가 꼭 주목해야만 하는 한 가지 중요한 차이가 있다. 그것은 이제 모든 것이 흘려진 피에 기초한 은혜의 언약 위에 세워진다는 것이다. 사람은 하나님의 "축복"과 창조세계의 주관자로서의 위치를 빼앗겼지만, 은혜가 그것을 회복시켰다. 하나님은 노아와 언약을 맺으시는데, 거기에는 들짐승까지도 포함되었다(9:2). 들짐승은 그와 더불어 화평을 이루고, 그의 권위에 순복하게 된다. 그리고 땅이 있는 동안 그것들도 계속해서 있게 될 것이다.

2. 노아 언약의 근원을 주목하라. 앞에서 언급한 일곱 개의 언약들 가운데 최소한 두 개(첫 번째와 네 번째)는 하나님과 사람 사이의 상호 협정이었다. 그러나 여기의 노아 언약의 경우는 하나님 자신이 일방적으로 시작하시고 홀로 약정을 맺으셨다. 전체적인 문맥은 그것이 노아가 하나님과 맺은 언약이 아니라 하나님이 노아와 맺으신 언약이었다는 사실을 강조한다. 하나님은 "주는 자"(giver)이고, 사람은 "받는 자"(receiver)이다. "내가 너희와 언약을 세우리니"(9:11), "내가 너희와 영원히 세우는 언약의 증거는 이것이니라"(12절), "내가 내 언약을 기억하리니"(15절) 등의 말씀들을 주목해 보라. 또 그것이 하나님이 주도적으로 세우

신 언약이며 사람은 그것을 세우거나 혹은 지키는데 자신의 몫을 갖고 있지 않았다는 사실은 "내가 내 무지개를 구름 속에 두었나니 이것이 나와 세상 사이의 언약의 증거니라"라는 말씀이라든지 혹은 "내가 나와 너희와 및 육체를 가진 모든 생물 사이의 내 언약을 기억하리니"라는 말씀 가운데서도 충분하게 나타난다(13, 15절).

여기에서 특별히 하나님이 노아에게 "너와 더불어 내가 내 언약을 세우리니"라고 말씀하신 것을 주목하라(6:18). 물론 노아의 후손들이 그 언약의 은택을 향유하게 될 것이지만, 그 언약은 그들과 맺어지지 않았다. 노아로 인해 그의 후손들에게 신적 호의가 베풀어졌다. 마찬가지로 하나님은 아브라함과 더불어 언약을 맺으시고, 그 언약 안에서 그의 후손들을 축복하실 것을 약속하셨다. 이와 같이 인간 역사(歷史)의 초창기에 하나님은 장차 구속이 그의 아들로 말미암아 유효하게 될 것이라는 위대한 원리를 계시하셨다. 즉 많은 사람들을 대표하여 행한 그의 아들의 한 행동으로 말미암아, 많은 사람들이 축복을 받을 것이었다.

3. 노아 언약의 기초는 창세기 8장 끝 부분에 나타난다. 나는 여기의 장(章) 구분에 대해 매우 유감스럽게 생각한다. 창세기 8장은 19절로 끝났어야 했다. 그리고 이후의 세 절은 다음 장의 첫머리를 이루었어야 했다. "노아가 여호와께 제단을 쌓고 모든 정결한 짐승과 모든 정결한 새 중에서 제물을 취하여 번제로 제단에 드렸더니"(8:20). 그리고 이어지는 두 절과 다음 장 17절까지는 노아가 제물을 드린 것에 대한 여호와의 응답을 다룬다. 그러한 구절들에서 우리는 제단에서 올라가는 "향기로운 냄새"에 대한 하나님의 응답을 배운다. 이와 같이 여기의 언약은 희생제물 위에 기초했다. 그것은 노아가 하나님과 맺은 언약이 아니라 하나님이 노아와 맺은 언약으로서, 무조건적이며 절대적인 언약이었다. 이러한 모형으로부터 우리는 성도들의 분깃인 모든 영적 축복뿐만 아니라 땅이 향유하는 모든 일시적 축복까지도 여기의 노아의 번제물이 예표했던 주 예수 그리스도의 희생제물로부터 말미암는다는 사실을 배운다.

4. 여기의 언약의 내용을 주목하라. "땅이 있을 동안에는 심음과 거둠과 추위와 더위와 여름과 겨울과 낮과 밤이 쉬지 아니하리라"(8:22). "내가 너희와 언약을 세우리니 다시는 모든 생물을 홍수로 멸하지 아니할 것이라 땅을 멸할 홍수가 다시 있지 아니하리라"(9:11). 이러한 약속들이 주어지고 난 후 4,000년 이상이 흘렀다. 지난 모든 세기들에 걸쳐 여기의 약속들이 그대로 지켜져 온 것은 하나님

의 신실하심을 놀랍게 증명한다. 여기의 언약의 내용들은 우리에게 오늘날 거의 대부분의 사람들에 의해 잊혀진 위대한 사실, 즉 자연의 "법칙들" 뒤에 자연의 주인이 계시다는 사실을 일깨워 준다. 오늘날 사람들은 창조주를 그의 창조세계로부터 단절시키고자 애를 쓴다. 오늘날 대부분의 사람들은 일용할 양식과 육체의 건강을 사람이 생산하고 통제할 수 있는 것으로 생각한다. 결코 그렇지 않다. 우리의 일용할 양식은 위로부터의 선물이다. 계절이 순환되지 않는다든지 혹은 하나님이 지면(地面)을 새롭게 하시지 않는다면, 사람은 단 한 톨의 곡식도 생산할 수 없기 때문이다. 그리고 계절이 순환되는 것과 지면이 새로워지는 것은 하나님이 노아와 맺으신 언약이 성취되는 것이다. 자연의 "법칙들"은 우리에게 그것이 항상 동일하게 움직이는 것은 아니라는 사실을 보여 준다. 그러므로 만일 신적 계시가 배제된다면, 사람은 계절이 제멋대로 바뀌지 않을 것이라는지 혹은 세상이 또 다시 홍수에 의해 멸망당하지 않을 것이라는 보증을 결코 갖지 못한다. 노아의 때에 자연의 "법칙들"은 대홍수를 막지 못했다. 그렇다면 그것이 어떻게 우리 시대에 또 다시 대홍수가 임하는 것을 막을 것이란 말인가? 하나님의 자녀들에게 있어 정확무오(正確無誤)한 하나님의 말씀으로부터 "내가 너희와 언약을 세우리니 다시는 모든 생물을 홍수로 멸하지 아니할 것이라 땅을 멸할 홍수가 다시 있지 아니하리라"는 확실한 약속을 듣는 것은 얼마나 복된 일인가(9:11)!

5. 바로 앞에 인용된 성경에 여기의 언약의 의도가 암시된다. "땅을 멸할 홍수가 다시 있지 않을" 것이라는 계시는 얼마나 복되며 시의적절한가! 홍수와 같은 끔찍한 대재앙은 확고부동한 자연 질서에 대한 사람들의 확신을 격렬하게 뒤흔들 것이었다. 그리고 그들의 마음은 대재앙에 대한 두려움의 망령에 계속해서 시달릴 것이었다. 홍수가 또 다시 반복되지 않을 것이라고 누가 장담할 수 있단 말인가! 그러므로 다시금 홍수로 세상을 멸하지 않겠다는 확증으로 그들의 마음을 안심하게 하신 것은 하나님 편에서의 큰 긍휼의 행동이었다. 뿐만 아니라 그것은 그의 은혜가 놀랍게 나타난 것이었다. 사람에게 하늘의 긍휼을 받을 아무런 자격이 없다는 사실이 충분하게 드러났음에도 불구하고 그리고 "사람의 마음이 계획하는 바가 어려서부터 악한" 사실에도 불구하고, 하나님은 "내가 전에 행한 것 같이 모든 생물을 다시 멸하지 아니하리니"라고 말씀하셨기 때문이다(8:21). 나아가 그것은 그의 창조주되심을 다시 한 번 확증하는 것이었다. "심음과 거둠과 추위와 더위와 여름과 겨울과 낮과 밤"이 계속해서 교차하며 반복되는 것은 모두

"만물을 자신의 능력의 말씀으로 붙드시는" 자의 통제 아래 있는 것이었기 때문이다(히 1:3).

6. 여기의 언약이 요구하는 것들을 생각해 보자. 창세기 9:11에 이를 때까지 "언약"이라는 단어 자체는 나타나지 않는다. 그럼에도 불구하고 문맥을 주의 깊게 고찰할 때 창세기 8:22에 언약의 개념이 분명하게 나타나는 것은 의문의 여지가 없는 사실이다. 그리고 창세기 8:22 이후의 전체적인 주제는 바로 "언약"이다. 거기에서 하나님은 다음과 같은 세 가지를 요구하신다. 첫째로, 피를 먹어서는 안 된다. 둘째로, 여기에서 보응의 원리가 처음으로 분명하게 언급된다. 하나님은 살인한 사람에 대해 죽음의 형벌을 명령하신다. 셋째로, 인류는 홍수로 인해 폐허가 된 땅을 다시금 생육하고 번성하여 가득 채워야 한다. 이제 이러한 세 가지 요구를 간략히 살펴보도록 하자.

"그러나 고기를 그 생명 되는 피째 먹지 말 것이니라"(창 9:4). 이것은 성경에서 피라는 단어가 나타나는 두 번째 구절이다. 대부분의 경우 성경에서의 어떤 단어에 대한 최초의 언급들은 그 단어와 관련한 주제의 전체적인 개요를 제시한다. 그것은 여기의 "피"의 경우도 마찬가지이다. "피"라는 단어가 발견되는 최초의 일곱 구절 속에 그러한 주제와 관련하여 하나님의 말씀이 가르치는 것의 전체적인 개요가 포함되어 있다.

(1) 창세기 4:10-11에 피가 최초로 언급된다. 여기에서 우리는 피가 하나님께 호소하는 것을 발견한다.

(2) 창세기 9:4-6에서 우리는 피가 곧 생명이며 함부로 흘려서는 안 된다는 사실을 배운다.

(3) 창세기 37:22, 26, 31은 요셉의 형들이 피 묻은 요셉의 옷을 아버지 야곱에게 가지고 간 것을 묘사한다. 여기에서 우리는 모형적으로 아들의 피가 아버지에게 드려지는 것을 배운다.

(4) 창세기 42:22에서 우리는 피 흘린 자에게 핏값이 요구되는 것을 배운다.

(5) 창세기 49:11에서 유다의 옷은 시적(詩的)이며 예언적인 언어로 포도의 피로 빨아 깨끗하게 될 것으로 언급된다.

(6) 나일강이 피로 변한 것을 언급하는 출애굽기 4:9에서 우리는 피가 죄에 대한 하나님의 심판을 상징하는 것임을 발견한다.

(7) 출애굽기 12:13에서 피는 이스라엘에게 보응의 천사로부터 피할 피난처를

제공해 준다.

이와 같이 성경에서 피가 언급되는 최초의 일곱 구절에서, 우리는 피와 관련한 성경의 전체적인 주제의 완전한 개요를 발견한다. 이런 측면에서 하나님이 노아와 맺으신 언약에서 첫 번째로 요구된 것이 "피는 신성한 것으로서 함부로 흘려서는 안 된다"는 것이었던 사실은 매우 의미심장하다.

이제 노아 언약과 관련하여 두 번째로 요구된 것을 살펴보도록 하자. "다른 사람의 피를 흘리면 그 사람의 피도 흘릴 것이니 이는 하나님이 자기 형상대로 사람을 지으셨음이니라"(창 9:6). 이러한 말씀은 국가의 모든 통치권과 관련한 기본적인 원리를 설명한다. 여기에서 처음으로 공권력의 칼이 사람의 손에 위임된다. 홍수 이전에는 죄를 억제하고 범죄자를 처벌하기 위한 특별한 형태의 공권력이 나타나지 않는다. 가인은 자신의 동생을 죽였지만, 그의 목숨은 보존되었다. 라멕 역시도 사람을 죽였지만, 그가 어떤 법정 같은 곳에서 스스로를 변호해야만 했던 어떤 암시도 나타나지 않는다. 그러나 홍수가 끝나고 난 후에는 사람을 죽인 것에 대해 죽음으로 갚을 것이 규정된다. 그것은 하나님 자신이 규정하신 것이었으며, 모세의 율법이 주어지기 오래 전에 주어진 것이었다. 그렇기 때문에 그것은 마지막 날까지 보편적인 구속력을 가진다. 그러한 율법의 이유가 여기에서 인간의 복리(福利)가 아니라 인간이 "하나님의 형상"으로 만들어진 기본적인 사실 위에 기초하는 것은 매우 주목할 만하다. 여기의 표현은 최소한 두 가지 의미를 갖는다. 하나는 자연적인 의미이고, 또 하나는 도덕적인 의미이다. 타락으로 말미암아 사람 안에 있는 도덕적인 하나님의 형상은 상실되었다. 그러나 자연적인 하나님의 형상은 보존되었다. 그러한 사실은 고린도전서 11:7과 야고보서 3:9에 분명하게 나타난다. 사람을 죽이는 것이 죄인 것은 일차적으로 그가 하나님의 형상으로 만들어졌기 때문이다. 여기에서 풀러(Andrew Fuller)의 『창세기 강해』한 구절을 인용해 보도록 하자. "왕의 형상을 훼손하는 것은 일종의 반역이다. 왜냐하면 그것은 왕에 대한 증오심을 표출하는 것이기 때문이다. 왕 자신이 그 자리에 있었다면, 그의 형상 대신 그 자신이 같은 꼴을 당했을 것이다. 그렇다면 하물며 만왕의 왕의 형상을 어떤 형태로든 파괴하고 저주하고 모독하고 압제하는 것은 얼마나 더 큰 반역이겠는가!" 앞에서 이야기한 것처럼, 노아에게 주신 여기의 하나님의 말씀은 우리에게 세상에서의 통치권의 필요성을 가르쳐 준다. 하나님 자신에 의해 인간의 손에 공권력의 칼이 주어졌다. 그러므로 로마서 13:1-

2은 이렇게 말한다. "각 사람은 위에 있는 권세들에게 복종하라 권세는 하나님으로부터 나지 않음이 없나니 모든 권세는 다 하나님께서 정하신 바라 그러므로 권세를 거스르는 자는 하나님의 명을 거스름이니 거스르는 자들은 심판을 자취하리라."

이제 하나님이 세 번째로 요구하신 것을 살펴보도록 하자. "너희는 생육하고 번성하며 땅에 가득하여 그 중에서 번성하라"(9:7). 이것은 하나님이 아담에게 하셨던 말씀을 다시 반복하는 것이었다(1:28). 지금 인류는 다시금 새롭게 시작되고 있었다. 지금은 새로운 시작(new beginning)의 때였다. 예전에 아담이 그랬던 것처럼, 지금 노아는 인류의 머리로서 서 있었다. 그러므로 이러한 말씀의 필요성은 명백했다. 지금 땅은 황폐되었으며, 인류는 여덟 명으로 줄었다(벧전 3:20).[1] 사람을 창조한 목적이 이루어져야만 한다면 또 땅이 사람들로 가득해지고 사람들에 의해 정복되어야만 한다면, 사람들은 "생육하고 번성해야만" 한다. "땅의 모든 짐승과 공중의 모든 새와 땅에 기는 모든 것과 바다의 모든 물고기가 너를 두려워하며 너를 무서워하리니 이것들은 너의 손에 붙였음이니라"는 말씀은 노아가 인류의 새로운 머리로 서 있음을 보여 주는 또 하나의 증거이다(9:2). 하나님의 피조물들은 전에 아담의 손에 붙여졌던 것처럼 이제 노아의 손에 붙여졌다.

7. "하나님이 이르시되 내가 나와 너희와 및 너희와 함께하는 모든 생물 사이에 대대로 영원히 세우는 언약의 증거는 이것이니라 내가 내 무지개를 구름 속에 두었나니 이것이 나와 세상 사이의 언약의 증거니라 내가 구름으로 땅을 덮을 때에 무지개가 구름 속에 나타나면 내가 나와 너희와 및 육체를 가진 모든 생물 사이의 내 언약을 기억하리니 다시는 물이 모든 육체를 멸하는 홍수가 되지 아니할지라 무지개가 구름 사이에 있으리니 내가 보고 나 하나님과 모든 육체를 가진 땅의 모든 생물 사이의 영원한 언약을 기억하리라"(창 9:12-16). 이러한 말씀은 우리 앞에 언약의 증표를 제시한다. 하나님은 구름 속에 무지개를 두심으로써 자신의 약속을 비준하셨다. 구름 속에 있는 무지개는 사람들에게 더 이상 세상이 홍수에

[1] 홍수 심판과 관련하여 "언약"이라는 단어가 8회 나타나는 것은 단순한 우연 이상(以上)이다. 창6:8과 9:9, 11, 12, 13, 15, 16, 17절을 보라. 여덟째 날이 새로운 주(週)의 시작인 것처럼, 숫자 8은 새로운 시작을 나타낸다.

의해 파괴되지 않을 것을 확증해 주었을 뿐만 아니라 또한 하나님과 그들 사이의 새로운 관계를 기억나게 해 주었다. 사람들의 눈뿐만이 아니라 "하나님의 눈"도 무지개를 볼 것이었다. 이와 같이 하나님은 사람들에게 자신과의 새로운 교제를 허락하셨다. 그것은 그들에게 고통 가운데 평안을, 어둠 가운데 빛을 가져다주었다. 그와 같이 우리도 구름 속에 있는 무지개를 바라보면서 그 모든 사실들을 기억해야 한다.

하나님은 빛이시며, "드러나는 것마다 빛"이다(엡 5:13). 과학은 모든 색깔들이 빛 자체의 다양한 아름다움이라는 사실을 우리에게 가르쳐 준다. 우리에게 무색(無色)으로 보이는 순수한 빛은 단지 모든 색깔들이 조화롭게 합쳐진 것에 불과하다. 세 가지 근원적인 색깔은 파란색과 빨간색과 노란색이다 — 이 세 가지 색깔로부터 다른 모든 색깔들이 나온다. 어떤 사물의 실제 색깔은 그것이 나머지 색깔들을 흡수한 것의 결과이다. 어떤 사물이 빨간 빛과 노란 빛을 흡수한다면, 그것은 파란색이다. 어떤 사물이 파란 빛과 노란 빛을 흡수한다면, 그것은 빨간색이다. 어떤 사물이 빨간 빛만을 흡수한다면, 그것은 초록색이다. 이렇게 끝없이 계속된다. 빛은 이런 방식으로 모든 자연에 색깔을 입힌다. 모든 색깔들이 온전히 연합하여 하나의 빛을 이룰 때, 우리는 그것을 볼 수 없다. 빛의 아름다움은 그것이 우리를 위해 깨어져 부분적으로 나타날 때 비로소 우리 앞에 보이는 색깔로 나타난다.

또 하나님은 "빛"이시며, "빛의 아버지"시다. 빛을 구성하는 모든 색깔들이 하나로 연합할 때, 우리는 그 빛을 볼 수 없다. 그와 같이 하나님의 영광은, 깨어짐이 없이 하나로 연합되어 있을 때, 우리의 감각을 초월한다. 하나님은 자신의 명백한 속성들을 부분적으로 나타내신다. 그렇게 함으로써 우리가 그것을 보다 쉽게 인식할 수 있게 하며, 또 그런 방법으로 자신의 손으로 행한 모든 일들에 색깔을 입히신다. 대제사장의 흉패에 달려 있었던 보석들을 생각해 보라. 그것들은 다양한 색깔로 빛났으며, 각각의 보석 위에는 하나님의 백성들의 이름이 새겨져 있었다. 그러한 보석들이 달린 흉패는 "우림과 둠밈" 즉 "빛들과 완전함들"(Lights and Perfections)이라고 불렸다. 그것은 하나님 자신을 상징하는 것이었다. 모든 빛과 완전함은 하나님 자신으로부터 말미암는 것이기 때문이다. 그리고 그의 백성들은 그 빛과 완전함이 부분적으로 나타나는 것이다.

그랜드(F. W. Grand)는 이렇게 말한다. "빛은 무지개 안에서 스스로를 펼치며,

햇빛은 먹구름 안에서 스스로를 반사시킨다. 이에 대한 해석은 명백하다. 하나님은 '내가 구름을 땅에 가져올 때에 무지개가 구름 속에 나타날' 것이라고 말씀하셨다. 하늘을 가득 채우는 어두운 먹구름이 그가 가져오는 것이라는 사실을 아는 것은 얼마나 복된가! 정말로 그렇다면, 하나님은 그 안에서 자신의 영광을 나타내실 것이다. 그러나 그것이 전부가 아니다. 하나님은 한 번 가장 어두운 심판의 먹구름 안에서 자신의 영광의 빛의 전체적인 프리즘을 가장 완전하게 나타내셨다. 그것은 다름 아닌 십자가를 말하는 것이다. 하나님은 자기 아들의 십자가 안에서 자신의 약속을 기억하시고 모든 것을 이루셨다."

무지개 안에서 우리는 단순한 은혜의 암시 이상(以上)을 본다. 어떤 사람이 말한 것처럼, "무지개는 하늘을 가리키면서 거기에 아무것도 없음을 보여 준다. 마치 모든 것이 이미 다 이루어졌다는 듯이." 무지개와 하나님의 은혜 사이에는 유사한 점이 매우 많다. 무지개가 비구름과 햇빛의 합작품인 것처럼, 은혜는 인간의 죄의 어두운 배경 위에 하나님의 값없는 호의의 빛이 비췬 결과이다. 무지개가 비구름 안에 있는 물방울 위에 햇빛이 비췬 결과인 것처럼, 은혜는 우리의 복된 구주께서 흘리신 피 위에 하나님의 사랑이 비춰어 나타난 것이다. 무지개가 무색의 투명한 빛의 다양한 색깔들에 대해 말하는 것처럼, 하나님의 은혜는 여러 가지 색깔들로 표현되며 펼쳐진다(벧전 4:10의 "하나님의 여러 가지 은혜"라는 표현을 주목하라). 자연이 무지개보다 더 아름다운 것을 알지 못하는 것처럼, 천국 역시도 하나님의 은혜보다 더 아름답고 사랑스러운 것을 알지 못한다. 무지개가 하늘과 땅을 연결하는 것처럼, 우리의 중보자 안에 있는 은혜는 하나님과 사람들을 하나로 연결한다. 무지개가 모든 사람들이 볼 수 있도록 하늘에 펼쳐진 하나님의 대중적인 표적인 것처럼, 구원을 주시는 하나님의 은혜는 "모든 사람들"에게 나타났다(딛 2:11). 마지막으로, 무지개가 지난 4,000년 동안 계속해서 나타났던 것처럼, 오는 세대에도 하나님은 "그리스도 예수 안에서 우리에게 자비하심으로써 그 은혜의 지극히 풍성함을" 계속해서 나타내실 것이다(엡 2:7).

제 15장

노아의 타락과 노아의 예언

창세기 9장

앞 장에서 우리는 하나님이 노아와 맺으신 언약과 관련하여 그것의 기초와 그것의 내용과 그것의 요구 등에 대해 살펴보았다. 또 우리는 노아와 그의 아들들이 방주로부터 나오는 것에서 인류가 그들로부터 새롭게 시작되는 것을 보았다. 모든 것이 새로운 희망과 함께 새롭게 시작되고 있었다. 하나님은 노아와 더불어 언약을 맺으시면서 땅이 홍수로 또 다시 파괴되지 않을 것이라고 말씀하셨다. 이렇게 하여 하나님은 그의 피조물들의 마음에 안식을 주셨다. 이와 같이 우리는 하나님이 노아와 그의 아들들을 축복하신 것과, 모든 들짐승들이 사람을 두려워하도록 만드신 것과, 그 모든 것을 사람의 손에 붙이신 것을 배웠다. 또 우리는 공권력의 칼이 사람에게 위임되는 것을 보았다. 그러므로 통치권의 권세는 하나님 자신에 의해 규정되고 세워진 것이다.

이와 같이 하나님은 죄에 대한 당신의 거룩한 분노를 나타내셨으며, 은혜 가운데 그들을 홍수로부터 구원하셨으며, 다시는 홍수 심판이 있지 않을 것이라는 확증과 함께 통치권의 권세를 규정하셨다. 그렇다면 대부분의 사람들은 이제 인류가 죄의 길을 버리고 의의 길을 따라 행하게 되었을 것이라고 추측할 것이다. 그러나 안타깝게도 우리가 그 다음에 읽게 되는 것은 "노아가 농사를 시작하여 포도나무를 심었더니 포도주를 마시고 취하여 그 장막 안에서 벌거벗은지라"라는 말씀이다(창 9:20, 21). 학자들은 여기에서 "벌거벗은지라"라고 번역된 단어는 단순히 술 취함으로 말미암은 무의식적인 결과가 아니라 고의적인 행동을 분명하게 가리킨다고 말한다. 방종과 부정함은 서로 쌍둥이이다. 시편기자가 "사람이 무엇이기에 주께서 그를 생각하시나이까?"라고 탄식하며 부르짖을 수밖에 없었던 것은 조금도 놀랄 일이 아니다(시 8:4). 노아에 대하여 우리가 지금까지 본 모습과 여기의 모습 사이에는 얼마나 큰 차이가 있는가! 그가 이렇게 될 것이라고 도대체 누가 상상할 수 있단 말인가? 허구보다 진실이 더 이상한 법이다.

창세기 9장은 우리 앞에 새로운 시작(new beginning)의 출발을 제시한다. 여기의 기록을 깊이 묵상하며 연구할 때, 우리의 마음은 인류의 첫 시작(first beginning)으로 되돌아가게 된다. 그리고 둘을 주의 깊게 비교할 때, 우리는 노아의 역사(歷史)와 아담의 역사 사이에 놀랄 만한 유사성이 있는 사실을 발견한다. 우리는 여기에서 열 가지 유사점을 찾을 수 있다. 첫째로, 아담은 하나님의 심판으로 말미암은 "깊음"으로부터 이제 막 솟아나온 땅 위에 놓였다(창 1:2). 그와 같이 노아 역시도 하나님의 심판의 홍수로부터 이제 막 솟아나온 땅으로 왔다. 둘째로, 아담은 창조세계의 주권자가 되었다(1:28). 그와 같이 하나님은 노아의 손에 모든 것들을 붙이셨다(9:2). 셋째로, 아담은 하나님으로부터 "생육하고 번성하여 땅에 충만하라"는 축복을 받았다(1:28), 그와 같이 노아 역시도 "생육하고 번성하여 땅에 충만하라"는 축복을 받았다(9:1). 넷째로, 하나님은 아담을 동산에 두시면서 그것을 "경작하며 지키게" 하셨다(2:15). 그와 같이 노아 역시도 "농사를 시작하여 포도나무를 심었다"(9:20). 다섯째로, 아담은 동산에서 죄를 범하고 타락했다. 그와 같이 노아에게 있어서도 포도나무의 소산이 그의 죄와 타락의 계기가 되었다. 여섯째로, 아담의 죄는 그의 벌거벗음이 드러나는 결과를 야기했다(3:7). 그와 같이 노아 역시도 "포도주를 마시고 취하여 장막 안에서 벌거벗었다"(9:21). 일곱째로, 아담의 벌거벗은 것은 다른 것에 의해 가려졌다(3:21). 이것은 노아의 경우도 마찬가지였다(9:23). 여덟째로, 아담의 죄는 그의 자손들에게 끔찍한 저주를 가져다 주었다(롬 5:12). 이것은 노아의 경우도 마찬가지였다(창 24:24, 25). 아홉째로, 아담에게는 가인과 아벨과 셋 등 세 아들이 있었는데, 그 가운데 마지막 아들을 통해 약속의 씨가 올 것이었다. 이것은 노아의 경우도 마찬가지였다. 노아에게도 야벳과 함과 셋 등 세 아들이 있었는데, 그 가운데 마지막으로 언급된 아들을 통해 메시야가 올 것이었다. 열째로, 아담의 타락 직후에 구속의 역사(歷史)가 핵심적으로 응축된 놀라운 예언이 주어졌다(3:15). 마찬가지로 노아의 타락 직후에 인류의 역사(歷史)가 응축된 놀라운 예언이 주어졌다. 이와 같이 역사는 반복된다.

"노아가 포도나무를 심었더니 포도주를 마시고 취하여 그 장막 안에서 벌거벗은지라"(9:20, 21). 이러한 말씀은 우리에게 성령께서 구약과 관련하여 "무엇이든지 전에 기록된 바는 우리의 교훈을 위하여 기록된 것이니"라고 말씀하신 것을 일깨워 준다(롬 15:4). 그러면 우리는 노아의 타락의 슬픈 이야기로부터 무슨 교훈을 배울 것인가?

첫째로, 노아의 타락으로부터 우리는 성경의 신적 영감(靈感)에 대한 놀라운 증거를 발견한다. 성경은 인간의 본성을 있는 그대로 묘사한다. 성경에 나타나는 영웅들은 본래의 모습 그대로 적나라하게 그려진다. 가장 훌륭한 인물들의 죄까지도 솔직하게 기록된다. 사람은 종종 오류를 범하며, 특별한 사람들의 결함을 감추기를 좋아한다. 만일 성경이 신적 영감과 무관하게 단순히 역사가들이 기록한 것일 뿐이라면, 거기에 등장하는 특별한 인물들의 결함은 간과되었을 것이다. 설령 기록되었다 하더라도, 정상을 참작한다든지 혹은 결함을 가능한 가볍게 하려는 시도가 행해졌을 것이다. 노아를 흠모하는 어떤 사람이 노아의 역사(歷史)를 기록했다면, 그는 틀림없이 노아의 타락 이야기를 빠뜨렸을 것이다. 그의 타락 이야기가 있는 그대로 기록되고 그의 죄를 변명하려는 어떤 시도도 이루어지지 않은 사실은 모세를 비롯한 모든 역사가들이 신적 영감에 의해 성경을 기록하고 거기에 등장하는 모든 인물들을 진실에 기초하여 있는 그대로 묘사했음을 증명한다.

둘째로, 노아의 타락으로부터 우리는 사람이 최선의 상태에서조차 결국 아무것도 아님을 배운다. 다시 말해서 그의 타락 이야기로부터 우리는 인간 본성의 전적 부패를 보게 된다. 창세기 9장은 새로운 시대의 시작을 다룬다. 그 이전 시대나 그 이후 시대와 마찬가지로, 그 시대 역시 실패와 함께 시작된다. 어떤 시험을 하든, 결국 드러나는 것은 인간이 스스로 설 수 없다는 사실이다. 노아는 멸망의 빗자루가 모든 쓰레기들을 쓸어버리고 난 이후의 정결한 환경 가운데 놓였다. 범죄한 자들에 대한 하늘의 심판의 엄중한 경고가 그 앞에 펼쳐졌다. 또 그에게 하나님의 축복이 선포되었으며, 주권자의 칼이 맡겨졌다. 그럼에도 불구하고 노아는 스스로를 다스리지 못하고 공공연한 악 가운데 떨어졌다. 이러한 사실로부터 우리는 인간은 본질적으로 악하다는 사실과 "새로 지으심을 받는" 것 외에 다른 것은 아무 소용없다는 사실을 배운다. "할례나 무할례가 아무것도 아니로되 오직 새로 지으심을 받는 것만이 중요하니라"(갈 6:15).

셋째로, 노아의 타락으로부터 포도주의 위협과 무절제가 가져다 주는 두려운 해악을 배운다. 여기가 성경에서 포도주가 처음으로 언급되는 곳이다. 그런데 포도주가 처음으로 언급되는 곳이 술 취함과 수치와 저주와 연결되는 사실은 매우 의미심장하다. 성경은 술 취함에 대해 엄중하게 경고한다. 술 취함은 하나님에 대한 죄다. 그것은 그의 긍휼을 오용(誤用)하는 것이기 때문이다. 또 그것은 이웃들에 대한 죄다. 그것은 궁핍한 사람들로부터 그들의 필수품을 빼앗으며 그들 앞에 악한 모범을 보이는 것이기 때문이다. 또 그것은 우리 자신에 대한 죄다. 그것은 우리로부터 단정함과 절제와 성실함을 빼앗기 때문이다. 뿐만 아니라 술 취함은 일반적으로 또 다른 악도 만들어낸다. 노아의 경우에도 그랬다. 노아의 죄는 그의 아들이 또 다른 죄를 짓게 만드는 계기가 되었다.

넷째로, 노아의 죄에서 우리는 끊임없이 경계하며 깨어 기도해야 할 필요성을 배운다. 신자는 넘어지는 것으로부터 결코 면제되지 않는다. 우리 안에 여전히 악한 본성이 남아 있으며, 계속적으로 하나님을 의지(依支)하는 것 외에 어떤 것도 우리를 세상의 유혹에 맞설 수 있도록 해 주지 못한다. 모든 성도들은 "그런즉 선 줄로 생각하는 자는 넘어질까 조심하라"는 말씀을 항상 마음에 새겨야만 한다(고전 10:12). 시험의 때에 우리를 안전하게 지켜주는 것은 나이도 아니고 성품도 아니다. 여기에 600년 동안 악한 세상의 유혹과 맞섰던 한 사람이 있었다. 그럼에도 불구하고 그는 지금 육체의 정욕에 굴복하고 말았다. 이것은 "우리를 깨우치기 위해" 기록된 것들 가운데 하나이다(고전 10:11). 우리는 바리새인들처럼 노아를 심판하는 자리에 앉아서는 안 된다. 그렇게 하는 대신 "스스로를 살피면서 우리 역시도 시험을 받을까" 조심하자. "형제들아 사람이 만일 무슨 범죄한 일이 드러나거든 신령한 너희는 온유한 심령으로 그러한 자를 바로잡고 너 자신을 살펴보아 너도 시험을 받을까 두려워하라"(갈 6:1). 과거에 체험한 하나님의 은혜의 경험조차도 미래에 새로운 유혹에 노출되는 것으로부터 우리를 건져주지 못한다.

마지막으로, 노아의 타락은 하나님의 모든 종들에게 엄중한 경고를 발한다. 창세기 9장 마지막 부분의 예언에 이어 노아와 관련하여 기록된 것은 그가 죽었다는 것 외에 아무것도 없다. 그의 생애의 마지막 300년은 공백으로 남아 있다. "내가 내 몸을 쳐 복종하게 함은 내가 남에게 전파한 후에 자신이 도리어 버림을 당할까 두려워함이로다"(고전 9:27).

지금까지 우리는 노아의 타락과 그것이 우리에게 가르치는 교훈에 대해 살펴보았다. 이제 그 일 직후에 그가 말한 예언을 검토해 보도록 하자. 우리는 세 가지를 주목할 필요가 있다 — 예언의 정황과 예언의 의미와 예언의 성취.

1. 노아의 예언의 정황. 그의 예언의 배경은 매우 주목할 만하다. 인류의 세 인종의 미래 역사(歷史)와 관련한 그의 놀라운 예언은 그의 끔찍한 타락의 배경 위에 세워진다. 성령께서 이러한 두 가지를 함께 결합시키는 사실은 하나님의 방법이 우리의 방법과 다르다는 사실을 보여 주는 한 가지 두드러진 실례(實例)이다. 말씀을 연구하는 경건한 학자들은 단순히 성경의 언어들만 하나님에 의해 영감된 것이 아니라, 그것들의 순서와 배열까지도 인간의 지혜를 초월하는 하늘의 지혜를 드러내는 사실을 배워왔다. 그러면 이와 같이 노아의 타락과 노아의 예언을 함께 연결시키는 것으로부터 우리는 무엇을 배워야만 하는가?

이러한 질문에 대한 대답을 찾음에 있어 우리는 그의 예언의 범위를 주목할 필요가 있다. 노아의 예언에는 세상 나라들의 역사(歷史)의 개요가 포함되어 있다. 여기에 세상의 인종들의 근원이 나타난다. 각각의 인종들의 근원은 셈과 함과 야뱃을 거쳐 노아에게까지 올라간다. 강(江)의 어떠함은 그 근원의 어떠함에 의해 결정된다. 쓴 물이 솟아오르는 근원은 단물을 흘려보낼 수 없다. 열매의 어떠함은 그 나무의 어떠함에 달려 있다. 썩은 나무는 온전한 열매를 맺을 수 없다. 샘 근원은 노아이다. 그러면 그런 샘 근원으로부터 어떤 종류의 물이 흘러나올 수 있는가? 다시 한 번 노아의 타락의 슬픈 이야기와 함의 악한 행동에 대해 읽어보라. 그리고 그런 나무로부터 어떤 열매가 맺힐 수밖에 없는지 물어보라. 노아의 세 아들로부터 나오는 인종들의 역사(歷史)는 어떨 것인가? 노아가 하나님의 은혜를 오용(誤用)하는 것과 함께 시작된 역사, 새로운 인류의 머리가 스스로를 다스리는 일에 완전히 실패한 것과 함께 시작된 역사, 그리고 함의 악한 행동과 함께 시작된 역사는 오직 하나의 길로 나가며 하나의 종착지로 귀결될 수밖에 없었다. 그것은 사람의 실패와 함께 시작했으며, 그와 같이 계속해서 나아가며, 마침내 그와 같이 끝날 것이다. 여기에 "인류의 세 인종의 역사(歷史)를 개괄적으로 묘사하는 노아의 예언이 그의 타락과 연결되는 이유가 무엇인가?"라는 우리의 질문에 대한 답이 있다. 둘은 마치 원인과 결과처럼 혹은 전제와 결론처럼 혹은 심음과 거둠처럼 함께 연결된다.

바울은 "이 세상 지혜는 하나님께 어리석은 것"이라고 말한다(고전 3:19). 이에 대한 한 가지 두드러진 실례를 우리는 오늘날 소위 고등비평가들(Higher Critics)이라고 일컫는 학자들에게서 발견한다. 그들은 하나님의 말씀을 인간의 작품 수준으로 격하시킨다. 그리하여 자기 아들들에 대한 노아의 주목할 만한 예언에서,

그들은 수치를 느낀 한 노인의 성급한 혈기의 폭발 외에 아무것도 보지 못한다. 여기의 노아의 말이 그의 분개의 감정을 만족시키기 위한 것이 아니라 신적 충동 아래서 나온 것이라는 사실은 그 예언이 성취된 사실 자체에 의해 증명된다. 고대 역사를 조금이라도 아는 사람이라면 여기의 노아의 말이 단순히 분개를 표현하고 그것을 만족시키기 위한 것 훨씬 이상(以上)이라는 사실을 알 것이다. 여기의 노아의 말을 성경의 다른 구절들과 비교해 보라. 그러면 당신은 그것이 예언이라는 사실을 알게 될 것이다. 그리고 그것이 놀랍게 성취된 사실은 그것이 신적 계시였음을 충분히 증명하고도 남는다.

"이에 이르되 가나안은 저주를 받아 그의 형제의 종들의 종이 되기를 원하노라 하고

"또 이르되 셈의 하나님 여호와를 찬송하리로다 가나안은 셈의 종이 되고

"하나님이 야벳을 창대하게 하사 셈의 장막에 거하게 하시고 가나안은 그의 종이 되게 하시기를 원하노라 하였더라"(창 9:25-27).

2. 노아의 예언의 의미. 그의 예언은 저주와 축복 두 부분으로 구성된다. 아들들에 대한 그의 예언은 그가 술에 취했을 때 행한 그들의 행동과 연결된다. 노아의 타락은 심각한 것이었다. 그러나 함이 아버지의 슬픈 장면을 발견하고 그것을 악의적으로 즐거워하면서 형제들에게 떠벌인 것은 더 큰 죄였다. 죄를 조롱하는 자는 어리석은 자이다. "미련한 자는 죄를 조롱하여도 정직한 자 중에는 은혜가 있느니라"(잠 14:9, 한글개역개정판에는 "죄를 심상히 여겨도"라고 되어 있음). 아이가 자기 부모의 죄를 드러내며 조롱하는 것은 가장 나쁜 종류의 악이며, 그 마음이 완전하게 부패되어 있음을 보여 주는 증거이다.

가나안에게 선언된 저주에서 우리는 아버지의 죗값이 아들에게로 유전되는 것에 대한 한 가지 실례(實例)를 발견한다. 모든 것이 의심받고 도전받는 오늘날의 교만한 시대에, 사람들은 이와 같이 죗값이 유전되는 것의 도덕적 정당성을 비판한다. 많은 사람들은 그것이 매우 무자비하며 부당한 것이라고 말한다. 그러나 겸손한 신자는 자신이 충분하게 이해하지 못하는 심오한 것들에 대해 과도하게 캐내려고 하지 않는다. 그는 거룩하신 하나님이 그와 같은 법칙을 세우셨다면, 그것으로 충분하다고 생각한다. 그리고 그는 그것이 옳음을 안다. 자신이 그것의 옳음을 충분히 이해할 수 있든 없든 상관없이 말이다.

함의 죄는 아버지의 명예를 실추시킨 것과 관련된다. 그에게는 아버지에 대한

사랑이 완전히 결여되어 있었다. 그가 정말로 아버지를 걱정했다면, 그는 다른 형제들처럼 행동했을 것이었다. 그러나 그렇게 하는 대신 그는 아버지에 대한 자신의 완전한 무례를 드러냈다. 그러한 함의 악한 행동의 두려운 결과를 주목해 보라. 그는 정확하게 자신이 뿌린 것을 거두었다. 함은 아들로서 죄를 범했으며, 자기 아들 안에서 형벌을 받았다. 함에게 부과된 형벌은 그의 아들이 다른 형제들의 종이 되고, 그의 자손들이 다른 사람들을 "섬기는" 자가 될 것이라는 것이었다(25절). 여기에서 "종들의 종"이라는 표현은 가장 비천한 일을 하는 노예를 함축한다.

여기에서 우리는 노아가 선언한 "저주"가 함에게 직접적으로 떨어진 것이 아니라 그의 아들들 가운데 하나 즉 넷째 아들 "가나안"에게 떨어진 사실을 주목할 필요가 있다(10:6). 뒤에 보게 될 것처럼, 이러한 저주는 단지 가나안에게만 한정된 것이 아니라 함의 자손 모두를 포괄했다. 아마도 여기에서 "가나안"이 여러 형제들 가운데 특별하게 선택된 것은 훗날 약속의 땅에 올라가 그 땅을 점령하게 될 이스라엘 백성들을 특별하게 고무하기 위한 것이었을 가능성이 매우 높다. 이와 같이 성령은 모세에게 지금 이스라엘 백성들이 나아가고 있는 땅의 주민들 즉 가나안 족속들에게 특별한 저주가 내려져 있는 사실을 가르쳐 주셨다. 그러나 실상 함의 모든 아들들이 이러한 저주의 범위에 포함되는 것은 다른 형제들의 경우와는 달리 함에게 어떤 축복도 전혀 선언되지 않은 사실에서 분명하게 드러난다.

"셈의 하나님 여호와를 찬송하리로다 가나안은 셈의 종이 되고"(9:26). 셈의 상급은 특별히 종교적인 특권과 관련된다. 여기에 나타나는 하나님의 호칭을 주목해 보라. 다음 절에서 우리는 "하나님이 야벳을 창대하게 하사"라는 표현을 읽는다. 그러나 여기에서는 "셈의 하나님 여호와"라고 표현된다. 이것은 언약관계를 나타내는 호칭이다. 하나님은 셈의 자손들과 언약관계를 맺으실 것이었다. 여호와가 셈의 하나님이 되실 것을 깨닫는 순간, 노아는 감사의 탄성을 터뜨리지 않을 수 없었다. "셈의 하나님 여호와를 찬송하리로다."

"하나님이 야벳을 창대하게 하사"(27절). 야벳이라는 단어는 "창대함"을 의미한다. 그러므로 이것은 일종의 "말놀이"(wordplay)이다. "셈의 장막에 거하게 하시고"(and he shall dwell in the tents of Shem). 이것은 매우 모호한 표현이다. 선행사가 무엇인지 확정하기가 상당히 어렵기 때문이다. 학자들은 "셈의 장막에 거하는" "he"가 하나님을 가리키는 것인지 혹은 야벳을 가리키는 것인지 서로 의견이 나뉜다. 비록 이후의 역사(歷史)가 두 해석 모두를 정당화시킨다고 하더라도, 나 개인적으로는 후자의 해석을 선호한다. 혹시 성령께서 둘 모두가 사실임을 나타내기 위해 의도적으로 그것을 불확실한 상태로 그냥 내버려두신 것은 아닐까? 어쨌든 하나님이 셈의 장막에 거하신 것도 분명한 사실이고, 야벳의 자손들이 지금 셈의 장막에 거하고 있는 것도 분명한 사실이다.

3. 노아의 예언의 성취. 노아의 입으로부터 나온 놀라운 예언은 새로운 세상의 역사(歷史)를 한 문장으로 요약한다. 또 그것은 하나님이 인류의 세 인종에게 각각 어떤 위치를 부여하셨는지를 보여 준다. 창세기 9장 뒷부분에서 우리는 새로운 인류의 미래 운명이 놀랍게 펼쳐지는 것을 발견한다. 한 사람은 종이 되고, 또 한 사람은 종교적인 우월성을 갖고, 또 한 사람은 창대하게 된다.

"가나안은 저주를 받아 그의 형제의 종들의 종이 되기를 원하노라"(25절). 앞에서 언급한 것처럼 다른 형제들의 경우와는 달리 함에게 아무런 축복도 선언되지 않은 것은 저주가 단지 가나안에게만 한정된 것이 아니라 그의 아들들 모두를 포함하는 것임을 암시하는 것처럼 보인다. 다만 가나안이 특별하게 선택된 것은 요컨대 이스라엘 백성들을 고무하기 위한 것이었을 것이다. 함의 다른 아들들의 역사(歷史)를 추적해 보라, 그러면 노아의 예언의 범위가 가나안 너머까지 미치는 것이 분명하게 드러나게 될 것이다. 함은 구스를 낳았고, 구스는 니므롯을 낳았다(창 10:6-8). 이와 같이 함의 자손인 니므롯은 바벨탑을 쌓고 바벨론 제국을 세웠다. 또 함의 자손 가운데 미스라임이 있었는데, 그는 애굽인들의 조상이었다(창 10:6, 시 78:51). 바벨론과 애굽은 잠시 동안 창대하였지만, 곧 셈의 자손인 페르시아인들에게 예속되었으며 다음으로 야벳의 자손인 그리스인들과 로마인들에게 예속되었다. 그리고 이후로 그들은 다시 회복되지 못했다. 아프리카 전체는 함의 자손들로 가득 찼으며, 오랜 세기에 걸쳐 그 대륙의 상당 부분은 로마와 사라센과 터키의 통치 아래 놓였다. 그리고 오랫동안 유럽인들과 미국인들의 노예였던 흑인들은 함의 자손들이다.

"또 이르되 셈의 하나님 여호와를 찬송하리로다 가나안은 셈의 종이 되고"(26절). 여기에 두 가지가 약속된다. 하나는 여호와가 셈의 하나님이 될 것이라는 것이고, 다른 하나는 가나안이 셈의 종이 될 것이라는 것이다. 셈은 에벨을 낳았는데, 에벨은 히브리인들의 조상이었다(창 10:21). 이와 같이 하나님을 알며 섬기는 것이 셈의 가문 안에서 보존되었다. 이 부분의 예언이 어떻게 성취되었는지에 대해 독자들은 잘 알 것이다. 하나님은 특별한 의미에서 히브리인들의 하나님이었다. "내가 이스라엘 자손 중에 거하여 그들의 하나님이 되리니"(출 29:45). "내가 땅의 모든 족속 가운데 너희만을 알았나니"(암 3:2).

"가나안은 셈의 종이 되고." 이러한 예언은 여호수아 때에 최초로 성취된다. "그 날에 여호수아가 그들(기브온 사람들)을 나무를 패며 물을 긷는 자들로 삼았더니"(수 9:27). 그리고 다음의 구절들은 그러한 예언이 이후에도 계속적으로 성취된 것을 보여 준다. "이스라엘이 강성한 후에 가나안 족속에게 노역을 시켰고"(삿 1:28). "이스라엘 자손이 아닌 아모리 사람과 헷 사람과 브리스 사람과 히위 사람과 여부스 사람 중 남아 있는 모든 사람 곧 이스라엘 자손이 다 멸하지 못하므로 그 땅에 남아 있는 그들의 자손들을 솔로몬이 노예로 역군을 삼아 오늘까지 이르렀으되"(왕상 9:20, 21).

"하나님이 야벳을 창대하게 하사 셈의 장막에 거하게 하시고"(창 9:27). 야벳에 대해서도 두 가지가 예언된다. 그는 첫째로 창대하게 될 것이며, 둘째로 셈의 장막에 거하게 될 — 즉 셈의 축복에 동참하게 될 — 것이다. 구속 역사와 세속 역사 모두 이러한 예언이 온전히 성취되었음을 증언한다. 하나님이 가장 창대하게 하신 나라들은 야벳의 자손들로 이루어진 나라들이었다. 그리스인들과 로마인들은 사실상 당시 알려진 모든 지역을 통치했다. 그리고 근대의 유럽인들과 특별히 오늘날의 앵글로색슨인들은 모두 야벳의 자손들이다. 야벳의 자손들의 목록이 기록된 창세기 10장에서, 우리는 "이들로부터 여러 나라 백성으로 나뉘어서 각기 언어와 종족과 나라대로 바닷가의 땅에 머물렀더라"라는 말씀을 읽는다(5절).

"야벳이 셈의 장막에 거할" 것이라는 말씀은 야벳이 셈의 초대를 받아 셈의 장막의 안식에 참여할 것을 함축한다. 이러한 예언은 영적으로 얼마나 놀랍게 이루어졌나! 이와 관련하여 우르쿠하르트(Urquhart)는 이렇게 말한다. "우리가 소중히 여기는 계시는 이스라엘의 하나님의 계시이다. 우리가 믿는 구주는 아브라함의 씨이다. 구약은 일차적으로 이스라엘을 위해 기록되었다. 신약 역시도 — 비록 야벳의 자손의 언어로 기록되었다 하더라도 — 유대인들의 손에 의해 기록되었다." 우리 주님도 "구원이 유대인에게서 남이라"라고 말씀하셨다(요 4:22). 바울 역시도 로마서 11장에서 이방인들에게 편지를 쓰는 가운데 "돌감람나무인 네가 그들 중에 접붙임이 되어 참감람나무 뿌리의 진액을 함께 받는 자가 되었은즉"이라고 말한다(17절). 이와 같이 우리는 "야벳이 셈의 장막에 거하게" 된 것을 보게 된다.

홍수 이후의 인류의 세 인종의 전체적인 역사(歷史)를 이토록 간결하고 정확하게 요약할 수 있는 자를 생각해 보라. 그가 처음과 마지막을 동시에 아는 자가 아니라면 도대체 누구란 말인가!

제16장

니므롯과 바벨탑

창세기 10-11장

창세기 10장과 11장에서 우리는 노아의 시대와 아브라함의 시대를 연결하는 역사적(歷史的) 연결고리를 보게 된다. 건성으로 읽는 독자들에게 여기의 부분은 별로 흥미롭게 느껴지지 않을는지 모른다. 그러나 진지하게 연구하는 사람들에게 그것은 실제로 가장 값진 정보를 제공해 준다. 여기의 두 장(章)과 거기에 포함된 계보(系譜)들이 없었다면, 분명 우리는 노아의 놀라운 예언이 성취되는 것을 추적할 수 없었을 것이다. 또 여기의 두 장이 없었다면, 우리는 세상에 수많은 민족들과 언어들이 존재하게 된 경위에 대해 만족할 만한 해답을 찾을 수 없었을 것이다. 그리고 우리는 하나님이 열방을 그대로 내버려 두시면서 아브라함을 선민 이스라엘의 조상으로 택하신 이유를 알 수 없었을 것이다.

창세기 10장과 11장은 우리에게 홍수 이후의 세상의 역사(歷史)를 제공해 주면서 동시에 홍수 이후의 새로운 세상에서의 사람들의 삶의 방식을 보여 준다. 그것은 하나님에 맞서 반역을 꾀하며, 스스로를 신격화하며, 자기 영광을 추구하는 것이었다. 또 그것은 우리에게 새로운 세상이 세워지는 원리들을 보여 준다. 10장과 11장을 올바로 이해하기 위해서는 그것들의 구조와 연대(年代)를 주의 깊게 살필 필요가 있다. 창세기 11장은 역사적으로 10장보다 훨씬 더 앞서는 가운데 우리에게 10장에 대한 주석(註釋)을 제공해 준다. 창세기 10:8-12과 11:1-9은 일종의 삽입구처럼 읽혀야 한다. 그렇게 읽을 때, 우리는 10장과 11장이 우리에게 노아로부터 아브라함에게 이르기까지의 계보를 제공해 주는 것을 발견하게 된다. 오늘 나는 여러분과 함께 다양한 민족들의 계보와 기원에 대해서는 다루지 않고 다만 삽입구에 해당하는 부분만을 다루고자 한다.

창세기의 다른 이야기들과 마찬가지로, 여기의 짤막한 삽입구에 기록된 역사적 사건들 역시 그 상징적인 의미와 범위에 있어 매우 주목할 만하다. 신약의 더 풍성한 빛 속에서, 우리는 니므롯이 우리 주님이 세상에 다시 오셔서 천년왕국을 여시기에 앞서 오는 최후의 세상 통치자를 예표하는 것을 알게 된다. 여기에서 니므롯의 역사(歷史)가 하나님이 아브라함을 이방인들 가운데에서 부르시고 그를 약속의 땅으로 데려가기 직전에 시작되는 것은 매우 의미심장하다. 이것은 언젠가 또 다시 반복될 것이다. 하나님이 아브라함의 자손들을 이방인들의 땅으로부터 모으시기 직전에, 여기에서 니므롯이 상징적으로 예표하는 자가 일어날 것이다. 두 말할 것도 없이 그는 적그리스도이다. 적그리스도와 관련한 주제는 매우 흥미로울 뿐만 아니라 중요한 주제이다. 그러므로 여기에서 잠깐 그에 대해 이야기하고 넘어가도록 하자.

창세 때부터 시작하도록 하자. 사탄은 하나님의 오랜 원수이다. 인간 역사(歷史) 전체에 걸쳐 그는 창조주를 대적하며 통치권의 홀(笏)을 손에 쥐고자 했다. 뿐만 아니라 성경에 분명하게 나타나는 것처럼 그는 위대한 모방자이다. 그는 하나님에게 속한 것들과 하나님의 방법들을 모방하며, 흉내 내며, 비슷하게 꾸민다. 그러나 사탄의 궤계의 절정은 아직 나타나지 않았다. 비록 영감(靈感)된 말씀이 그러한 절정이 어떤 형태를 취할 것인지에 대해 분명하게 보여 준다 할지라도 말이다. 이 땅을 위한 하나님의 계획은 "한 사람" 안에서 실현되며 절정에 이른다. 그는 "사람이신 그리스도 예수"다. 그는 만왕의 왕이요 만주의 주로서 세상을 통치하실 것이다. 사탄의 계획 또한 한 사람 안에서 절정에 이를 것이다. 그는 "불법의 사람"으로서, 잠깐 세상을 왕으로서 통치할 것이다(살후 2:3). 이 사람은 사탄 자신으로부터 나올 것이다(살후 2:9). 그는 자신의 독재를 강화시키기 위한 권세를 취할 것이다. "그가 모든 자 곧 작은 자나 큰 자나 부자나 가난한 자나 자유인이나 종들에게 그 오른손에나 이마에 표를 받게 하고 누구든지 이 표를 가진 자 외에는 매매를 못하게 하니 이 표는 곧 짐승의 이름이나 그 이름의 수라"(계 13:16, 17). 시편기자가 "여러 나라의 머리"라고 표현한 자가 바로 그였다. "그(그리스도)가 뭇 나라를 심판하여 시체로 가득하게 하시고 여러 나라의 머리를 쳐서 깨뜨리시며"(시 110:6). 또 하박국 선지자가 "그는 술을 즐기며 거짓되고 교만하여 가만히 있지 아니하고 스올처럼 자기의 욕심을 넓히며 또 그는 사망 같아서 족한 줄을 모르고 자기에게로 여러 나라를 모으며 여러 백성을 모으나니"라고 말한 자가 바로 그였다(합 2:5). 이 사람은 오늘날 세상이 말하는 초인(超人,

superman)이 될 것이며, 그가 나타날 때 세상은 즉시로 그를 따를 것이다. 또 그는 바하이교도(Bahaists)가 대망하는 "빛의 주인"(위대한 마하트마)이 될 것이다.

적그리스도는 구약의 예언의 주제일 뿐만 아니라 또한 구약의 모형론의 주제이기도 하다. 구약 속에 등장하는 대부분의 인물들은 두 사람 가운데 어느 한 사람의 모형이다 — 그리스도와 적그리스도. 우리 주님을 예표하는 인물들에 대해서는 많은 연구가 행해져왔다. 그러나 불법의 사람을 예표하는 인물들에 대한 연구는 상대적으로 훨씬 적게 행해졌다. 여기에 우리가 탐사해야 할 땅이 넓게 펼쳐져 있다. 우리는 그가 나타나는 날이 가까워 올수록 성령께서 그와 관련한 주제에 더 많은 빛을 비추어주실 것을 믿어 의심치 않는다.

적그리스도를 예표하는 인물들 가운데 한 사람이 바로 여기의 니므롯이다. 최소한 일곱 가지 측면에서, 우리는 그와 적그리스도 사이의 유사성을 추적할 수 있다. 첫째로, 그의 이름 자체가 그가 상징하는 자의 가장 두드러진 특징을 묘사한다. "니므롯"은 "반역자"를 의미한다. 이러한 이름은 우리에게 적그리스도의 호칭들 가운데 하나를 일깨워 준다. 그것은 데살로니가후서 2장에 나타나는 "불법한 자"라는 호칭이다. "그 때에 불법한 자가 나타나리니 주 예수께서 그 입의 기운으로 그를 죽이시고 강림하여 나타나심으로 폐하시리라"(살후 2:8). 둘째로, 니므롯이 취한 반역의 방식는 하나님께 대항하여 맞서는 거대한 동맹의 우두머리가 되는 것이었다. 그러한 동맹이 창세기 11장에 묘사되어 있다. 그리고 그것이 여호와께 대항하는 조직적인 반역이었던 사실은 창세기 10:9의 언어로에서 분명하게 나타난다. "여호와 앞에 니므롯 같이 용감한 사냥꾼"이라는 표현은 뒤에서 보게 될 것처럼 그가 창조주에 맞서 결연하게 도전하는 자신의 계획을 계속 몰아붙였음을 함축한다. 적그리스도 역시도 그와 같을 것이다. "그 왕은 자기 마음대로 행하며 스스로 높여 모든 신보다 크다 하며 비상한 말로 신들의 신을 대적하며 형통하기를 분노하심이 그칠 때까지 하리니 이는 그 작정된 일을 반드시 이룰 것임이라 그가 모든 것보다 스스로 크다 하고 그의 조상들의 신들과 여자들이 흠모하는 것을 돌아보지 아니하며 어떤 신도 돌아보지 아니하고"(단 11:36, 37). 셋째로, 니므롯을 묘사하기 위해 "용감한"(mighty)이라는 단어가 네 번 사용된다. 마찬가지로 불법한 자에 대하여도 "악한 자의 나타남은 사탄의 활동을 따라 모든 능력과 표적과 거짓 기적과 불의의 모든 속임으로 멸망하는 자들에게 있으리니"라고 말하여진다(살후 2:9). 넷째로, 니므롯은 "사냥꾼" — 아마도 사람들을 잡는 사냥꾼 — 이었다(10:9). 이것은 불법의 사람과 정확하게 일치한다. 시편 5:6에서 그는 "피 흘리기를 즐기는 자와 속이는 자"로 일컬어진다. 다섯째로, 니므롯은 "왕"이었다. "그의 나라는 시날 땅의 바벨과 에렉과 악갓과 갈레에서 시작되었으며"(10:10). 마찬가지로 다니엘 11장에 나타나는 것처럼 적그리스도 역시 "왕"으로 일컬어진다. "그 왕은 자기 마음대로 행하며 스스로 높여 모든 신보다 크다 하며"(단 11:36). 여섯째로, 니므롯의 본거지는 바벨론이었다. 창세기 10:10과 11:1-9을 보라. 마찬가지로 우리는 불법의 사람이 "바벨론 왕"으로 일컬어지는 것을 발견한다. "너는 바벨론 왕에 대하여 이 노래를 지어 이르기를 압제하던 자가 어찌 그리 그쳤으며 강포한 성이 어찌 그리 폐하였는고"(사 14:4). 또 우리는 그가 계시록에서 "큰 바벨론"과 연결되는 것을 발견한다. "그의 이마에 이름이 기록되었으니 비밀이라 큰 바벨론이라 땅의 음녀들과 가증한 것들의 어미라 하였더라"(계 17:5). 일곱째로, 니므롯의 최고의 야심과 열망은 자신의 이름을 내는 것이었다. 그는 자신의 영광을 드러내고자 하는 터무니없는 열망을 가지고 있었다. 여기에서도 우리는 모형과 원형이 서로 상응하는 것을 발견한다. 마귀가 정죄를 당한 것은 "교만" 때문이었다. 바로 그것이 그를 타락으로 이끈 흉악한 야심이었다. 불법의 사람은 사탄에게 완전히 사로잡힌 자이다. 그러므로 끝없는 교만이 그를 사로잡을 것이다. "그는 대적하는 자라 신이라고 불리는 모든 것과 숭배함을 받는 것에 대항하여 그 위에 자기를 높이고 하나님의 성전에 앉아 자기를 하나님이라고 내세우느니라"(살후 2:4). 그를 이렇게 만드는 것은 사탄적인 철저한 자기중심주의이다.

이제 창세기 10장과 11장의 두 삽입구로 들어갈 수 있는 모든 길이 준비되었다.

"구스가 또 니므롯을 낳았으니 그는 세상에 첫 용사라"(창 10:8). 여기에서 우리가 첫 번째로 주목해야만 하는 것은 니므롯이 구스의 아들로서 함의 자손이었다는 사실이다. 요컨대 그는 "저주"가 그 위에 임하여 있는 가문에서 태어났다. 다음으로 우리는 "첫"(first)이라는 단어를 주목할 필요가 있다. 아마 이것은 그가 우월함을 위해 투쟁한 개념을 암시하는 것처럼 보인다. 그는 의지(意志)의 힘으로 그것을 얻었다. 마지막으로 "용사"라는 표현을 주목하라. 이것은 정복을 암시하는 것으로 보인다. 그는 사람들을 정복하고, 그들을 통치하는 지도자가 되었다.

"그가 여호와 앞에서 용감한 사냥꾼이 되었으므로 속담에 이르기를 아무는 여호와 앞에 니므롯 같이 용감한 사냥꾼이로다 하더라"(10:9). 여기의 짤막한 문장

속에 "여호와 앞에 용감한 사냥꾼"이라는 표현이 두 번 반복되는 것은 매우 의미심장하다. "용감한"(mighty)이라는 단어는 창세기 10장에서 세 번 그리고 또 다시 역대하 1:10에서 니므롯에게 적용된다. 그에 해당되는 히브리어 단어는 "기보르"이다. 그 단어는 구약에서 "우두머리"로 번역된다. 또 역대상 1:10은 창세기의 구절들과 정확하게 일치된다. "구스가 또 니므롯을 낳았으니 세상에서 첫 영걸이며." 갈대아 역본은 이 구절을 다음과 같이 풀어쓴다. "구스가 또 악에 있어 첫째 가는 니므롯을 낳았으니 이는 그가 무죄한 피를 흘리고 여호와께 반역했기 때문이며." 계속해서 "여호와 앞에"라는 표현을 주목해 보라. 우리가 이러한 표현을 창세기 6:11(그 때에 온 땅이 하나님 앞에 부패하여)의 비슷한 표현과 비교해 본다면, 우리는 여기에 니므롯이 불경건한 야심과 계획으로 전능자에 대해 노골적으로 도전했다는 개념이 함축되어 있는 것을 발견하게 될 것이다. 뒤에서 보게 될 것처럼, 창세기 11장의 내용은 이러한 해석을 확증해 준다.

"그의 나라는 바벨에서 시작되었으며"(창 10:10). 여기에 창세기 11장의 처음 아홉 절을 여는 열쇠가 있다. 그리고 여기는 성경에서 바벨이라는 단어가 처음 언급되는 장소이다. 다른 단어들이 성경에서 처음 나타날 때와 마찬가지로, 여기의 경우 역시 주의 깊은 고찰을 요구한다. 그 시대의 언어에서 바벨은 "하나님의 문"을 의미했다. 그러나 나중에 그 단어는 하나님이 그것에 내린 심판으로 말미암아 "혼잡"을 의미하게 되었다. 여기에 나타나는 여러 가지 암시들을 함께 연결하여 고찰할 때, 우리는 니므롯이 스스로를 머리로 하는 거대한 제국을 세웠을 뿐만 아니라 우상 숭배적인 새로운 예배를 제정했음을 배우게 된다. 다시 말해서 여기에서 니므롯은 — 훗날 불법의 사람이 그렇게 할 것과 마찬가지로 — 신적 영광을 요구하고 또 받은 것이다. 나는 이것이 우상 숭배의 시작일 가능성이 매우 높다고 생각한다. 나아가 여기에서 우리는 성경에서 어떤 단어의 첫 언급이 그것의 미래의 범위를 규정하는 것을 또 다시 보게 된다. 여기에서부터 바벨론은 성경에서 하나님과 그의 백성들을 대적하는 모든 것을 대표한다. 약속의 땅에서 어떤 이스라엘 백성을 처음으로 죄 가운데 넘어지게 만든 것은 "시날 산(바벨론)의 아름다운 외투"였다(수 7:21). 또 계시록 17장에서 "붉은 빛 짐승"을 탄 음녀는 "큰 바벨론"이라고 일컬어진다. "그의 이마에 이름이 기록되었으니 비밀이라 큰 바벨론이라 땅의 음녀들과 가증한 것들의 어미라 하였더라"(계 17:5).

바벨 땅으로부터 니므롯은 "앗수르로 나아가 니느웨와 르호보딜과 갈라와 및 니느웨와 갈라 사이의 큰 성읍 레센을 건설했다"(10:11, 12). 이로부터 우리는 니므롯의 야심이 세계 제국을 건설하는 것이었음을 느끼게 된다. 이제 우리는 창세기 11장으로 나아갈 수 있는 모든 준비를 마쳤다. 이제 창세기 11:1-9을 지금까지 이야기한 것의 빛 안에서 주의 깊게 살펴보도록 하자.

"온 땅의 언어가 하나요 말이 하나였더라 이에 그들이 동쪽으로부터(from the east) 옮기다가 시날 평지를 만나 거기 거류하며"(11:1, 2, 한글개역개정판에는 "동방으로 옮기다가"라고 되어 있음). 이러한 지리학적인 언급에는 도덕적인 의미가 담겨 있다. 그것은 "애굽으로 내려갔다"라든지 혹은 "예루살렘으로 올라갔다"는 등의 표현이 도덕적인 의미를 갖는 것과 마찬가지이다. 여기에서 우리는 사람들이 "동쪽으로부터" 옮겼다는 이야기를 듣는다. 즉 그들은 해가 뜨는 곳으로부터 등을 돌린 것이다. 계속해서 "시날 평지"라는 표현을 주목하라. 그들이 도착한 곳은 산이 아니라 평지였다.

창세기 11장에 니므롯은 전혀 언급되지 않는다. 그러나 앞장의 이야기에서 우리는 그가 그들의 "우두머리"와 "왕"이었음을 알 수 있다. 그가 여기에 묘사된 반역을 조직하고 주도한 것이다.

"또 말하되 자, 성읍과 탑을 건설하여 그 탑 꼭대기를 하늘에 닿게 하여 우리 이름을 내고 온 지면에 흩어짐을 면하자 하였더니"(4절). 여기에서 우리는 하나님에 대한 가장 노골적인 도전을 발견한다. 그것은 노아를 통해 주어진 하나님의 명령을 고의적이며 노골적으로 거부한 것이었다. 하나님은 "생육하고 번성하여 땅에 충만하라"고 말씀하셨다(9:1). 그러나 그들은 "우리 이름을 내고 온 지면에 흩어짐을 면하자"고 말했다.

앞에서 이야기한 것처럼, 니므롯의 야심은 세계 제국을 건설하는 것이었다. 그것을 이루기 위해서는 두 가지가 필요했다. 첫째는 통합의 중심인 도시이며, 둘째는 사람들을 고무하여 움직이기 위한 동기(動機)이다. 후자는 "우리 이름을 내고"라는 표어 안에서 제시되었다. 이것은 자기 영광을 구하는 과도한 열망이다. 니므롯의 목표는 "흩어짐을 면하기" 위해 인류 전체를 자신의 지도력 아래 묶는 것이었다. 그리고 "탑"의 개념은 높음의 개념이라기보다 강함의 개념이었던 것으로 보인다 — 강한 요새.

"여호와께서 이르시되 이 무리가 한 족속이요 언어도 하나이므로 이같이 시작하였으니 이 후로는 그 하고자 하는 일을 막을 수 없으리로다 자, 우리가 내려가서 거기서 그들의 언어를 혼잡하게 하여 그들이 서로 알아듣지 못하게 하자 하시고 여호와께서 거기서 그들을 온 지면에 흩으셨으므로 그들이 그 도시를 건설하기를 그쳤더라 그러므로 그 이름을 바벨(혼돈)이라 하니 이는 여호와께서 거기서 온 땅의 언어를 혼잡하게 하셨음이니라 여호와께서 거기서 그들을 온 지면에 흩으셨더라"(11:6-9). 세상 역사(歷史) 속에 또 한 번의 위기가 찾아왔다. 또 다시 인류는 배교의 죄 가운데 떨어졌다. 그리하여 하나님이 개입하셨다. 하나님은 그들의 언어를 혼잡하게 하여 서로 알아듣지 못하게 하셨으며, 그런 방법으로 그들을 온 지면에 흩으심으로써 니므롯의 계획을 무위(無爲)로 돌아가게 하셨다. 여기에 역사(歷史)의 가장 놀라운 기적 가운데 하나가 있었다. 이것과 비견할 수 있는 것은 오순절 날 성령이 부어짐으로 말미암아 "방언"(tongues)의 기적이 임한 것 외에 아무것도 없다. 하나님의 개입의 결과 많은 민족들이 생겼으며, 바벨탑이 무너진 후 오늘날 우리가 아는 "세계"가 형성되었다. 인류는 두 번 하나님을 버렸다. 한 번은 홍수 전이었으며, 또 한 번은 홍수 후 바로 여기에서였다.

요약해 보자. 니므롯과 그의 계획 안에서 우리는 전 세계를 지배하는 통치자를 세우고자 하는 사탄의 최초의 시도를 본다. 자기 영광을 위한 그의 터무니없는 열망 속에서, 그가 휘두르는 강력한 권력에서, 그가 사용하는 무자비하며 야수적인 방법에서(사냥꾼이라는 단어에 나타나는 것처럼), 창조주에 대한 그의 노골적인 도전에서(온 지면에 흩어짐을 면하자고 하면서 땅에 충만하라는 하나님의 명령을 노골적으로 무시하는 것 안에 나타나는 것처럼), 바벨론(하나님의 문) 왕국을 세움으로써 하나님의 영광을 탈취하고자 시도하는 것에서, 그리고 그의 나라의 멸망이 "우리가 내려가서 거기서 그들의 언어를 혼잡하게 하자"라는 말씀에 묘사되는 사실에서 — 우리는 여기의 역사적 이야기의 기저(基底)에 겉으로 드러나는 것 이상의 훨씬 더 깊은 것이 있음을 분명하게 보게 된다. 다시 말해서 우리는 여기에서 적그리스도의 인격과 사역과 멸망을 보여 주는 완전한 상징과 모형을 보게 되는 것이다.

여기의 흥미로운 사건과 관련해서는 훨씬 더 많은 것들이 논의될 수 있을 것이다. 그렇지만 그것이 전달하는 상징적인 교훈을 개략적으로 나타냄에 있어서는 지금까지 이야기한 것으로 충분하다고 생각한다. 그리고 더 많은 연구는 다른 사람들에게 맡기도록 하자.

제 17 장

아브라함을 부르심

창세기 12장

우리는 마침내 창세기에서 매우 흥미로울 뿐만 아니라 믿음의 자녀들을 위한 중요한 교훈들로 가득 차 있는 부분에 도착했다. 그것은 창세기 전체의 세 번째 큰 단락에 해당된다. 창세기는, 그 이름이 암시하는 것처럼, 시작의 책이다. 그것의 문학적 구조를 볼 때, 그러한 이름은 참으로 타당하다. 그것의 전체적인 내용은 세 가지 시작으로 초점이 모아지기 때문이다. 첫째로, 아담에서 인류의 시작이 있다. 둘째로, 노아와 그의 아들들에서 홍수 이후의 새로운 시작이 있다. 그리고 셋째로, 아브라함 안에서 선택된 나라의 시작이 있다. 이와 같이 창세기에는 세 개의 큰 "시작"이 있다. 삼위의 하나님을 생각해 보라. 그와 같이 우리는 성경의 첫 번째 책인 여기의 창세기에 신성(神性)의 친필(親筆)이 새겨져 있는 것을 발견한다. 그것은 마치 오늘날 진화론자들과 고등비평가들에 의해 행해지고 있는 창세기에 대한 공격을 예상하면서 그것을 책망하고 있는 것처럼 보인다.

창세기의 세 개의 주된 단락들 사이의 상대적인 중요성이 각각의 상대적인 분량에 의해 암시된다. 처음 두 단락은 대략 2,000년 정도를 망라함에도 불구하고 거기에 할당된 분량은 총 열한 장(1장부터 11장까지)에 불과하다. 반면 세 번째 단락은 겨우 400년 정도를 망라함에도 불구하고 거기에 할당된 분량은 총 서른아홉 장(12장부터 50장까지)에 이른다. 창세기의 4분의 3 이상이 아브라함과 그의 세 자손(이삭, 야곱, 요셉)의 생애를 다루기 위해 할당된다.

창세기의 처음 열한 장으로 구성된 처음 두 단락은 문학적 관점에서 볼 때 이후의 서른아홉 장뿐만 아니라, 구약 전체의, 더 나아가 성경 전체의 서론으로 간주될 수 있다. 이러한 "서론"은 이후에 따르는 모든 것을 설명하기 위해 주어진다. 창세기의 처음 열한 장은 실제로 구약의 나머지 모든 것들이 세워지는 기초이다. 그것은 아담으로부터 아브라함까지의 계보를 간략하게 개괄한다. 성경 전체가 하나의 나무라면, 그것의 뿌리는 창세기이다. 마찬가지로 창세기가 하나의 나무라면, 그것의 뿌리는 1-11장이다. 창세기의 주된 목적들 가운데 하나는 이스라엘 나라의 기원과 시작을 계시하는 것이다. 창세기의 처음 열한 장에서 우리는 이스라엘이 하나님의 선택된 나라가 되는 다양한 단계들이 어렴풋이 나타나는 것을 발견한다. 창세기 10장과 11장은 인류 전체의 이야기를 다루지만, 12장부터 모든 관심은 아브라함이라는 한 사람과 그의 자손들에게로 초점이 모아진다.

창세기 12장은 우리 앞에 "모든 신자들의 조상" 아브람을 제시한다. 그의 이름은 나중에 아브라함으로 바뀌는데, 그는 고대 역사(歷史)에서 가장 유명한 인물이다. 아브라함! 그는 유대인과 기독교인과 이슬람교도 모두로부터 공경을 받는다. 아브라함! 그는 이스라엘의 조상이다. 아브라함! 그는 "하나님의 벗"이라고 일컬어진다. 아브라함! 그로부터 육체를 따라 우리 주님이 오셨다. 그러므로 마땅히 우리는 이 사람의 생애를 집중적으로 조명해야만 하며, 그럴 때 우리는 풍성한 보상을 받게 될 것이다. 이제부터 몇 장(章)에 걸쳐 아브라함의 역사(歷史)에 대해 살펴보도록 하자. 오늘의 이야기는 이어지는 장(章)들의 서론 격이 될 것이다.

"여호와께서 아브람에게 이르시되(had said) 너는 너의 고향과 친척과 아버지의 집을 떠나 내가 네게 보여 줄 땅으로 가라"(창 12:1). 여기의 시제(즉 "had said"로서 표현된 대과거 時制)는 사도행전 7:2-3에서 스데반에 의해 언급된 사건을 되돌아본다. "우리 조상 아브라함이 하란에 있기 전 메소보다미아에 있을 때에 영광의 하나님이 그에게 보여 이르시되 네 고향과 친척을 떠나 내가 네게 보일 땅으로 가라 하시니." 여기에서 우리는 다음과 같은 세 가지를 주목할 필요가 있다. 첫째로 여기에서 사용된 신적 호칭. 둘째로 하나님의 "나타나심"의 사실. 셋째로, 하나님이 아브라함에게 말씀하신 내용.

여기에서 사용된 신적 호칭은 성경의 다른 곳에서 오직 한 번 발견될 뿐이다. 그것은 천년왕국의 시(詩) 시편 29편이다. "여호와의 소리가 물 위에 있도다 영광의 하나님이 우렛소리를 내시니 여호와는 많은 물 위에 계시도다"(3절). 이것이 천년왕국 시인 것은 10절로부터 분명하게 나타난다. "여호와께서 홍수 때에 좌정하셨음이여 여호와께서 영원하도록 왕으로 좌정하시도다." 이러한 신적 호칭과 밀접하게 연결된 것을 우리는 또 다른 천년왕국의 시 시편 24편에서 발견한다.

거기에서 우리 주 예수는 "영광의 왕"으로 일컬어진다. "문들아 너희 머리를 들지어다 영원한 문들아 들릴지어다 영광의 왕이 들어가시리로다"(7절). 이와 같이 이러한 호칭은 특별히 나라(kingdom)와 관련된 호칭이다. 그러므로 여호와께서 이스라엘 나라의 조상에게 나타나셨을 때, 그는 "영광의 하나님"이라는 호칭으로 나타나셨다. 이러한 호칭의 타당성은 하나님이 아브람에게 나타나셨을 때 그와 그의 조상들의 종교적 상태로부터 분명하게 드러난다. 그때 그와 그들은 우상 숭배의 상태 가운데 있었다. "영광의 하나님"은 여호수아 24:2에 언급된 "다른 신들"과 완전하게 대조된다. "여호수아가 모든 백성에게 이르되 이스라엘의 하나님 여호와께서 이같이 말씀하시기를 옛적에 너희의 조상들 곧 아브라함의 아버지, 나홀의 아버지 데라가 강 저쪽에 거주하여 다른 신들을 섬겼으나."

"우리 조상 아브라함이 메소보다미아에 있을 때에 영광의 하나님이 그에게 나타나셔서"(행 7:2, 한글개역개정판에는 "그에게 보여"라고 되어 있음). 이것은 우리의 첫 조상들이 에덴 동산으로부터 추방된 이후 하나님의 "나타나심"과 관련한 첫 번째 언급이다. 우리는 하나님이 아벨이나 혹은 노아에게 나타나셨다는 말씀을 듣지 못한다. 그렇게 볼 때 나중에 "하나님의 벗"으로 일컬어지는 이 사람에게 주어진 특권은 정말로 크고 위대한 것이었다. 이제 하나님이 아브람에게 무슨 말씀을 주셨는지 살펴보도록 하자.

하나님은 아브람에게 "너는 너의 고향과 친척과 아버지의 집을 떠나 내가 네게 보여 줄 땅으로 가라"고 말씀하셨다. 이러한 명령이 하나님으로부터 아브람에게 임한 것은 그가 메소보다미아 즉 페르시아 만 인근에 위치해 있던 갈대아의 우르라는 도시에 있을 때였다. 아브람이 부르심을 받은 때는 매우 중요하다. 그것은 바벨탑이 무너지고 사람들이 흩어진 때로부터 그리 멀지 않은 때였다. 앞에서 살펴본 것처럼, 그때 사람들은 하나님에 대한 다른 죄들에다가 우상 숭배의 죄를 더했다. 아브람이 부르심을 받기 직전의 세상의 종교적 상태와 관련하여 로마서 1장은 이렇게 말한다. "하나님을 알되 하나님을 영화롭게도 아니하며 감사하지도 아니하고 오히려 그 생각이 허망하여지며 미련한 마음이 어두워졌나니 스스로 지혜 있다 하나 어리석게 되어 썩어지지 아니하는 하나님의 영광을 썩어질 사람과 새와 짐승과 기어다니는 동물 모양의 우상으로 바꾸었느니라 그러므로 하나님께서 그들을 마음의 정욕대로 더러움에 내버려 두사 그들의 몸을 서로 욕되게 하게 하셨으니 이는 그들이 하나님의 진리를 거짓 것으로 바꾸어 피조물을 조물

주보다 더 경배하고 섬김이라"(21-25절). 이러한 말씀 속에서 우리는 "하나님이 그들을 내버려 두사"라는 표현이 세 번 반복되는 것을 발견한다. 즉 하나님은 먼저 당신께 대하여 등을 돌린 자들로부터 등을 돌리신 것이다. 우리는 이러한 말씀이 창세기 11장과 연결된다고 믿는다. 그때 하나님은 "모든 민족으로 자기들의 길들을 가게 방임"하셨다(행 14:16). 아브라함이 속한 가문도 여기에 예외가 아니었다. 여호수아 24:2에 나타나는 것처럼, 그의 조상들 역시도 우상 숭배 가운데 있었었다. "이스라엘의 하나님 여호와께서 이같이 말씀하시기를 옛적에 너희의 조상들 곧 아브라함의 아버지, 나홀의 아버지 데라가 강 저쪽에 거주하여 다른 신들을 섬겼으나."

이것이 지금 우리 앞에 있는 사건의 배경이다. 나라들을 (일시적으로) 그냥 내버려 두신 하나님은 이제 선택된 나라의 조상이 될 사람을 택하신다. (바벨에서) 심판을 행하신 하나님은 이제 은혜로 행하신다. 하나님은 항상 이와 같이 행하셨으며, 앞으로도 항상 그와 같이 행하실 것이다. 그의 무한한 지혜를 따라, 심판은 단지 그의 구속의 사랑을 더 크게 나타내기 위한 길을 예비하기 위한 것으로 사용될 뿐이다. 이스라엘에 대한 하나님의 심판은 마침내 이방인들을 부요케 하는 것으로 귀결된다. 대환난 시기에 신적 진노가 쏟아지는 것은 단지 천년왕국의 축복이 임하기 위한 전조(前兆)일 뿐이다. 마찬가지로 크고 흰 보좌의(계 20:11, great white Throne) 심판 뒤에 새 하늘과 새 땅이 따를 것이다. 거기에 하나님의 의(義)가 "거하며" 하나님의 장막이 사람들과 함께 있을 것이다. 이것은 과거에도 마찬가지였다. 바벨탑이 무너지고 사람들이 흩어진 후에 하나님이 다스리시는 나라의 조상이 될 자가 부르심을 받았다. 그 나라는 하나님을 증언하며, 그의 계시를 보존하며, 궁극적으로 그의 축복이 모든 민족들에게로 흘러들어가는 통로가 될 나라였다.

이것은 우리에게 매우 중요한 교훈을 가르쳐 준다. 창세기 11장과 12장을 서로 연결시키는 것은 매우 중요하다. 하나님은 은혜의 부르심으로 자기 백성을 갖고자 결정하셨다. 그러나 그것은 오직 자연인의 모든 요구가 부인됨으로써 신적 긍휼이 값없이 흐를 수 있게 된 연후에 그렇게 될 것이었다. 다시 말해서 인간의 전적 부패가 홍수 이전 사람들에 의해 그리고 또 다시 바벨에서 충분하게 드러나고 난 연후에 비로소 하나님은 주권적인 은혜 가운데 아브람을 다루셨다. 하나님이 아브람을 주권적인 은혜로 부르신 사실은 하나님이 처음에 그에게 나타나셨을 때의 그의 자연적인 상태 가운데 온전히 나타난다. 하나님이 어떤 사람을 택하시는 것은 그에게 그럴 만한 특별한 자격이 있기 때문이 아니다. 하나님이 아브람을 택하셨을 때, 그에게는 그럴 만한 아무런 공로도 없었다. 택하심의 이유는 항상 하나님 자신의 기쁘신 뜻에서 찾아야만 한다. 택하심은 항상 "은혜로" 말미암는다(롬 11:5). 그러므로 그것은 택함 받는 대상의 어떤 자격에 — 실제적인 자격이든 보이지 않는 자격이든 — 의존하지 않는다. 만일 택하심이 택함 받는 대상의 어떤 자격에 의존한다면, 그것은 "은혜로 말미암은" 것이 아닐 것이다. 그것이 아브람 안에 어떤 자격이 있고 없음의 문제가 아닌 것은 이사야 51:1-2의 언어에 분명하게 나타난다. "의를 따르며 여호와를 찾아 구하는 너희는 내게 들을지어다 너희를 떠낸 반석과 너희를 파낸 우묵한 구덩이를 생각하여 보라 너희의 조상 아브라함과 너희를 낳은 사라를 생각하여 보라." 하나님은 항상 자신의 주권적이며 기쁘신 뜻 가운데 행하신다.

"여호와께서 아브람에게 이르시되 너는 너의 고향과 친척과 아버지의 집을 떠나 내가 네게 보여 줄 땅으로 가라"(창 12:1). 사도행전 7:3에 나타나는 것처럼, 이러한 부르심이 아브람에게 임한 것은 그가 고향 메소보다미아에 있을 때였다. 그것은 여호와의 말씀에 대한 절대적인 신뢰와 순종을 요구하는 부르심이었다. 그것은 자연인의 멍에의 줄을 끊으라는 부르심이었다. 그러한 모습을 우리는 노아 안에서 보았다. 역사(歷史)와 경험에 있어서의 노아와 아브라함 사이의 연결은 우리에게 많은 교훈을 준다. 옛 세상의 심판을 통과하여 새 땅으로 나온 노아는 신자가 그리스도 안에서 받아들여지는 것을 상징한다. 마찬가지로 고향과 친척과 아버지의 집으로부터 스스로를 분리시키면서 장차 하나님이 기업으로 주실 땅으로 가라는 부르심을 받은 아브람은 그 시민권이 하늘에 있다. 그것은 여전히 세상에 남아 믿음으로 행하는 가운데 세상에서 나그네와 외인으로 살도록 부름 받은 자를 상징한다. 한 마디로 아브람은 그리스도의 몸의 지체인 자들에 대한 하늘의 부르심을 상징적으로 보여 준다.

우리는 아브람 안에서 믿음의 삶이 어떤 것인지를 배운다. 그러므로 그는 "모든 신자들의 조상"이라고 일컬어진다. 아브람의 부르심은 우리에게 믿음의 삶의 출발점을 보여 준다. 첫 번째 요구는 세상으로부터 스스로를 분리시키는 것이다. 아브람은 그의 "고향"뿐만 아니라 "친척"으로부터 떠나라고 부름 받는다. 아브람은 살아 계신 하나님을 믿는 신자가 되었지만, 데라는 여전히 우상 숭배자였다. 그러므로 마땅히 데라는 뒤에 남겨져야만 했다. 왜냐하면 뜻이 다른 두 사람은 결코 동행할 수 없기 때문이다. "두 사람이 뜻이 같지 않은데 어찌 동행하겠으며"(암 3:3). 부자지간의 가장 밀접한 띠조차도 서로 상반되는 동기(動機)를 가진 두 영혼을 하나로 연합시킬 수 없다. 하늘의 보화를 가진 사람과 좀과 동록이 해하고 도둑이 훔쳐갈 수 있는 것 외에는 아무것도 갖지 못한 사람은 결코 동행할 수 없다.

하나님의 부르심에 대한 아브람의 응답이 어떠했는지를 보기 위해, 우리는 앞 장으로 다시 되돌아갈 필요가 있다. "데라가 그 아들 아브람과 하란의 아들인 그의 손자 롯과 그의 며느리 아브람의 아내 사래를 데리고 갈대아인의 우르를 떠나 가나안 땅으로 가고자 하더니 하란에 이르러 거기 거류하였으며"(11:31). 이러한 말씀으로부터 우리는 아브람의 두 가지 잘못을 보게 된다. 하나님은 그에게 세 가지를 명령하셨다. 그는 고향을 떠나야 했으며, 친척으로부터 스스로를 분리시켜야 했으며, 여호와께서 그에게 보여줄 땅으로 가야만 했다. 아브람은 첫 번째 요구에 대해서는 순종했지만, 나머지 두 요구에 대해서는 실패했다. 그는 갈대아를 떠났다. 그러나 친척으로부터 스스로를 분리시키는 대신, 그는 아버지 데라와 조카 롯과 함께했다. 데라는 "지체"를 의미한다. 결국 데라가 아브람을 따른 것은 하란에서 최소한 5년을 지체하는 결과로 귀결되었다. 한편 하란은 "바싹 마른"을 의미한다.[1] 이와 같이 하나님의 부르심에 대한 아브람의 응답은 느리고 부분적인 것이었다. 이사야 51:2의 "아브라함이 혼자 있을 때에 내가 그를 부르고"라는 말씀 가운데 나타나는 것처럼, 하나님은 아브람을 "홀로" 부르셨다. 그러나 그는 나중에 가서야 겨우 순종했다. 신약에 아브람의 잘못이 언급되지 않는 것은 얼마나 감사한 일인가! "믿음으로 아브라함은 부르심을 받았을 때에 순종하여 장래의 유업으로 받을 땅에 나아갈새 갈 바를 알지 못하고 나아갔으며"(히 11:8). 히브리서는 아브람이 갈대아 우르를 떠난 순종만을 언급할 뿐 "친척"을 데리고 간 불순종은 언급하지 않는다. 그의 모든 허물과 잘못이 "도말된" 것이다.

여호와의 명령은 "떠나라"는 것이었다. 그의 명령은 결코 가혹한 것이 아니다. 하나님의 명령에 그 이유가 설명되는 경우는 드물지만, 거기에는 항상 약속이 따

[1] 하란은 유브라데를 떠난 대상(隊商)들이 가나안에 도착하기 전에 잠시 머무는 장소였다.

른다. 이것은 아브람의 경우에도 마찬가지였다. 하나님은 "내가 너로 큰 민족을 이루고 네게 복을 주어 네 이름을 창대하게 하리니 너는 복이 될지라"라고 약속하셨다(12:2). 첫째로, 우리는 여기의 약속이 매우 일반적인 용어로 그리고 아브람의 믿음을 시험하기 위해 의도된 방식으로 표현된 것을 주목할 필요가 있다. 하나님은 "내가 네게 보여 줄" 땅으로 가라고 말씀하셨지, "젖과 꿀이 흐르는" 땅으로 가라고 말씀하시지 않으셨다. 아직까지 그 땅을 그와 그의 자손들에게 주실 것이라는 하나님으로부터의 어떤 확증도 없었다. 둘째로, 우리는 여기의 약속이 앞의 명령과 밀접하게 상응하는 것을 주목할 필요가 있다. 앞의 명령에 세 가지 요구가 포함되어 있었던 것처럼, 여기의 약속에도 세 가지 축복이 포함되어 있다. 하나는 "내가 너로 큰 민족을 이룰" 것이라는 축복이다. 이것은 고향을 잃는 것에 대한 보상이었다. 그가 속해 있었던 나라는 총체적인 우상 숭배 가운데 빠져 있었으며, 궁극적으로 하나님의 심판 아래 멸망을 당할 운명이었다. 그러나 하나님은 아브라함으로부터 큰 민족을 이루실 것이었다. 또 하나는 "네게 복을 줄" 것이라는 축복이다. 하나님은 우리에게 "친척"을 떠남으로부터 말미암는 손실보다 훨씬 더 큰 축복을 주신다. 마지막 하나는 "네 이름을 창대하게 하리니"라는 축복이다. 그는 그의 아버지의 집을 떠날 것이었다. 그러나 하나님은 그를 새로운 집(이스라엘 집)의 머리로 만드시고, 그의 이름이 세상 전체에 알려지고 공경 받도록 만드실 것이었다. 셋째로, 우리는 여기의 약속 가운데 이방인들을 부르시는 축복이 포함되어 있는 사실을 주목할 필요가 있다. 하나님의 요구에 대한 아브람의 응답은 하나님의 긍휼이 세상 전체로 확장되는 일련의 신적 역사(役事)의 첫 번째 고리가 될 것이었다. 계속해서 "너는 복이 될지라"라는 말씀을 주목해 보라. 아브라함은 단순히 축복의 대상이 될 뿐만 아니라, 나아가 다른 사람들에게 축복이 흘러가는 통로가 될 것이었다. "너를 축복하는 자에게는 내가 복을 내리고 너를 저주하는 자에게는 내가 저주하리니." 여기에서 우리는 하나님이 아브라함과 자신을 동일시하는 것을 보게 된다. "땅의 모든 족속이 너로 말미암아 복을 얻을 것이라." 이러한 약속은 육체를 따라 "아브라함의 자손"인 자의 탄생 안에서 부분적으로 성취되었다(마 1:1). 그러나 그것의 완전하며 궁극적인 성취는 천년왕국에서 이루어질 것이다. 왜냐하면 그때에야 비로소 땅의 모든 족속이 아브람과 그의 씨로 말미암아 복을 얻을 것이기 때문이다.

"이에 아브람이 여호와의 말씀을 따라갔고 롯도 그와 함께 갔으며 아브람이 하란

을 떠날 때에 칠십오 세였더라"(12:4). 앞에서 살펴본 것처럼, 아브람은 가나안으로 가는 대신 하란에 머물렀다. 그러다가 데라가 죽고 나서야 비로소 아브람은 하란을 떠나 가나안으로 왔다. 아브람을 하란에 결박한 고리를 끊은 것은 죽음이었다. "아브라함이 갈대아 사람의 땅을 떠나 하란에 거하다가 그의 아버지가 죽으매 하나님이 그를 거기서 너희 지금 사는 이 땅으로 옮기셨느니라"(행 7:4). 이것은 그의 모든 영적 자손들에게도 마찬가지이다. 신자를 옛 피조물과 결박한 고리를 끊는 것은 죽음이다. "그러나 내게는 우리 주 예수 그리스도의 십자가 외에 결코 자랑할 것이 없으니 그리스도로 말미암아 세상이 나를 대하여 십자가에 못 박히고 내가 또한 세상을 대하여 그러하니라"(갈 6:14).

"아브람이 그의 아내 사래와 조카 롯과 하란에서 모은 모든 소유와 얻은 사람들을 이끌고 가나안 땅으로 가려고 떠나서 마침내 가나안 땅에 들어갔더라 아브람이 그 땅을 지나 세겜 땅 모레 상수리나무에 이르니"(창 12:5, 6). 아브람은 가나안 땅을 소유하는 데까지는 들어가지 못했다. 그는 단지 "그 땅을 지났을" 뿐이었다. 사도행전 7:5에 나타나는 것처럼, 하나님은 "발 붙일 만한 땅도 유업으로 주지 아니하시고 다만 이 땅을 아직 자식도 없는 그와 그의 후손에게 소유로 주신다고 약속"하셨다. 아브람은 마침내 "어깨"(힘의 장소)를 의미하는 세겜에 이르러, "교훈"을 의미하는 모레의 상수리나무에 머물렀다. 이것은 얼마나 의미심장한가! 이것은 우리에게 얼마나 큰 교훈을 가르쳐 주는가! 우리가 "힘의 장소"에 도착하는 것은 오직 우리가 스스로를 세상으로부터 단절시키면서 하나님이 표시해 놓으신 길을 따라 걸을 때이다. 그리고 마찬가지로 그럴 때 비로소 우리는 그 안에 지혜와 지식의 모든 보화가 감추어진 자와의 교제 안으로 들어갈 수 있고 또 그로부터 배울 수 있다. "그 때에 가나안 사람이 그 땅에 거주하였더라"(6절). 그들이 그 땅에 있었던 것은 아브람과 그의 자손들이 그 땅을 차지하는 것을 방해하기 위함이었다. 마찬가지로 악한 영들은 하늘의 부르심을 받은 자들이 하늘의 기업을 차지하지 못하도록 계속 훼방한다.

"여호와께서 아브람에게 나타나 이르시되 내가 이 땅을 네 자손에게 주리라 하신지라 자기에게 나타나신 여호와께 그가 그 곳에서 제단을 쌓고"(12:7). 아브람이 하나님의 부르심에 충분하게 순종할 때까지, 우리는 하나님이 그에게 또 다시 나타나셨다는 기록을 읽지 못한다. 그러나 아브람이 우르와 하란을 떠나 실제로 그 땅에 도착하자, 여호와는 그에게 다시 한 번 나타나셨다. 처음 나타나셨을 때, 하나님은 아브람에게 당신이 그에게 보일 땅으로 가라고 명령하셨다. 그리고 이제 하나님은 그의 믿음과 순종에 대한 보상으로 그 땅을 그와 그의 자손에게 주겠노라고 약속하신다. 이와 같이 하나님은 그의 자녀들을 단계적으로 인도하신다. 처음 나타나셨을 때, 영광의 하나님은 아브람이 스스로를 그가 속한 세상으로부터 분리시키도록 부르셨다. 그러나 여기의 두 번째 나타나심에서 하나님은 아브람과의 교제를 위해 스스로를 그에게 계시하신다. 그리고 그 결과는 아브람이 제단을 쌓는 것이었다. 우르와 하란에 있을 때 아브람에게는 "제단"이 없었다. 세상으로부터의 실제적인 분리가 이루어지고 난 연후에야 비로소 하나님과의 교제가 가능해진다. 먼저 믿음의 순종이 있고, 다음에 그와의 교제와 예배가 있다.

"거기서 벧엘 동쪽 산으로 옮겨 장막을 치니 서쪽은 벧엘이요 동쪽은 아이라 그가 그 곳에서 여호와께 제단을 쌓고 여호와의 이름을 부르더니"(12:8). 이것은 얼마나 의미심장한가! 아이는 "폐허의 무더기"를 의미하는 반면, 벧엘은 "하나님의 집"을 의미한다. 아브람이 장막을 친 곳은 벧엘과 아이 사이였다. 이것은 신자가 현재적으로 걸어가는 길을 상징적으로 보여 준다. 한쪽에 옛 피조물(폐허)이 있고, 다른 한쪽에 하나님의 집이 있다. 여기에서 "장막"과 "제단"을 주목해 보라. 둘은 세상과 분리된 가운데 하나님과 동행하는 인생길을 상징한다. 전자는 순례자의 삶을 상징하며, 후자는 하나님을 의지(依支)하며 예배하는 삶을 상징한다. 여기에서 또한 둘의 순서를 주목해 보라. 하나님이 받으실 만한 예배가 가능해지기 전에, 먼저 우리는 이 땅에서 외인과 순례자가 되어야만 한다.

이제 아브람의 두 번째 잘못을 살펴보도록 하자. 그것은 그가 가나안을 떠나 애굽으로 내려간 것이다. 성경은 이 사건과 관련하여 단지 짤막하게만 언급할 뿐이다. 첫째로, 우리는 아브람이 "점점 남방으로 옮겨간" 것을 주목할 필요가 있다(9절). 이러한 지리학적인 언급 속에는 매우 큰 의미가 있다. 남방은 애굽으로 가는 방향이었다. "기근"이 들기 전에, 이미 아브라함의 얼굴은 애굽을 향해 있었다.

"그 땅에 기근이 들었으므로 아브람이 애굽에 거류하려고 그리로 내려갔으니 이는 그 땅에 기근이 심하였음이라"(10절). 바로 여기가 성경에서 애굽이 처음 언급되는 곳이다. 애굽과 관련한 이후의 모든 언급들에서와 마찬가지로, 여기에서도 그것은 하나님의 백성들을 항상 실족시키는 세상과 연합하며 육체의 힘을 의지(依支)하는 것을 상징한다. "도움을 구하러 애굽으로 내려가는 자들은 화 있을진저 그들은 말을 의지하며 병거의 많음과 마병의 심히 강함을 의지하고 이스라엘의 거룩하신 이를 앙모하지 아니하며 여호와를 구하지 아니하나니"(사 31:1).

기근이 임한 것은 아브람의 믿음을 시험하기 위한 것이었다. 약속의 땅에 기근이 임하다니! 이 얼마나 큰 믿음의 시험인가! 리다우트(Ridout)는 이렇게 말한다. "하나님은 아브람이 당신의 선하심을 굳게 신뢰하는지 그리고 그러한 신뢰가 기근에도 불구하고 흔들리지 않는지 보고자 하셨다. 그러나 안타깝게도 아브람은 대부분의 사람들이 행하는 대로 행했다. 그는 시험을 통해 유익을 얻는 대신 모든 어려움으로부터 벗어나고자 했다." 기근이 임했을 때, 아브람은 하나님과 더불어 아무런 의논도 하지 않은 것으로 나타난다. 아브람은 살아 계신 하나님의 도우심이 아니라 사람의 도움을 의지(依支)하라고 속삭이는 육체의 지혜를 따라 움직였다. 아, 하나님의 자녀들의 연약함이여! 우리는 너무나 자주 영원의 문제와 관련해서는 하나님을 신뢰한다. 그러나 일상의 필요와 관련해서는 그를 신뢰하기를 두려워한다. 여기에 갈대아 우르로부터 가나안까지 하나님의 말씀에 순종하여 움직였던 한 사람이 있었다. 그러나 그는 기근의 때에 하나님을 신뢰하기를 두려워했다. 그것은 얼마나 슬픈 일인가! 그러나 오늘날 우리 역시도 얼마나 그와 비슷하게 행동하나!

하나의 죄는 또 다른 죄를 이끈다. 하나님을 사랑하는 일에 실패하는 것은 항상 이웃을 사랑하는 일에 실패하는 것으로 귀결된다. 애굽에 내려간 아브람은 사래가 자신의 아내임을 감추면서 거짓을 행한다. 이렇게 하여 그는 자신의 가장 사랑하는 아내의 명예를 위험에 빠뜨린다. 아, 도대체 인간은 어떤 존재란 말인가! 그러나 여호와는 당신의 목적이 좌절되도록 내버려두지 않으셨다. "우리는 미쁨이 없을지라도 주는 항상 미쁘시니 자기를 부인하실 수 없으시리라"(딤후 2:13). 여기에서도 그랬다. 결정적인 순간에 하나님이 개입하셨다. "여호와께서 아브람의 아내 사래의 일로 바로와 그 집에 큰 재앙을 내리신지라"(17절). 그 결과가 다음 장에 나타난다. "아브람이 애굽에서 그와 그의 아내와 모든 소유와 롯과 함께 네게브로 올라가니 … 그가 네게브에서부터 길을 떠나 벧엘에 이르며 벧엘과 아이 사이 곧 전에 장막 쳤던 곳에 이르니 그가 처음으로 제단을 쌓은 곳이라 그가 거기서 여호와의 이름을 불렀더라"(13:1, 3, 4). 그는 자신이 떠났던 바로 그 자리로 다시 돌아왔다. 그는 회개하며 제 자리로 돌아온 것이다. 이와 같이 아브람이 애굽으로 내려간 것은 큰 손실이었다. 그리고 그가 거기에서 머문 기간은 아무 쓸모없이 허비된 기간이었다.

이제 오늘의 내용이 우리에게 가르치는 몇 가지 중요한 교훈들을 살펴보도록 하자.

1. 아브람에게 임한 부르심은 그의 영적인 자손들 모두에게 개별적으로 임한다. 그것은 하나님을 절대적으로 의지(依支)할 것에 대한 부르심이며, 단순하며 의심 없는 믿음으로 그의 말씀을 따라 행할 것에 대한 부르심이며, 스스로를 세상으로부터 분리시키면서 여호와를 의지하며 순례자의 삶을 살 것에 대한 부르심이다.

2. 아브라함의 믿음의 시험 역시 그의 모든 자손들의 몫이다. 신앙고백은 반드시 시험되어야만 한다. 이런 차원에서 때로 양식 통에 양식이 떨어지는 일이 생길 것이다. 아브람의 실패는 하나님을 의지하는 대신 환경에 매몰되는 것에 대한 준엄한 경고이다. 기근을 바라보지 말고 하나님의 신실하심을 바라보라.

3. 애굽으로 내려가지 않도록 조심하라. 세상과 친구가 되는 것은 하나님과 원수가 되는 것이다. 애굽에서 보낸 시간은 결국 허비된 시간이다. 하나님과의 교제 밖에서 산 날들은 "나무와 풀과 짚" 외에 아무것도 산출하지 못한다(고전 3:12).

4. 하나님의 오래 참으심을 보라. 아브람의 실패뿐만 아니라 우리 자신의 슬픈 경험들 속에서, 우리는 감사치 않는 자기 자녀들을 무한한 인내와 은혜로 다루시는 하나님의 오래 참으심을 새롭게 발견하며 놀란다.

제 18장

아브라함과 롯

창세기 13장

앞 장(章)에서 우리는 아브라함이 갈대아 우르로부터 하란으로, 그리고 하란으로부터 가나안으로 옮긴 것을 추적했다. 하나님이 부르신 땅에 도착한 후 그 땅에 기근이 일어났는데, 이러한 위기의 때에 아브라함은 믿음을 잃고 롯과 함께 애굽으로 내려갔다. 오늘의 이야기는 아브라함의 그러한 잘못의 결과들 가운데 일부를 우리 앞에 보여 준다. 하나님은 은혜와 신실하심 가운데 당신의 방황하는 자녀를 회복시켜 주셨다. 그럼에도 불구하고 그가 믿음의 길로부터 이탈한 결과는 그의 남은 날들을 계속적으로 괴롭혔다. 심음과 거둠의 법칙은 보편적으로 적용되는 법칙이다. 그것은 신자와 불신자를 불문하고 동일하게 적용된다. 아브라함은 애굽으로 내려감으로써 두 가지를 얻었다. 그리고 그 두 가지는 모두 그에게 장애물과 저주가 되었다. 비록 마지막에는 하나님에 의해 모두 회복되기는 했지만 말이다. 오늘 우리는 그 두 가지를 창세기에 나타나는 순서와 반대로 다루고자 한다.

"아브람의 아내 사래가 그 여종 애굽 사람 하갈을 데려다가 그 남편 아브람에게 첩으로 준 때는 아브람이 가나안 땅에 거주한 지 십 년 후였더라"(창 16:3). 사라는 애굽에 머무는 동안 하갈을 자신의 여종으로 취했다. 하갈이 아브람의 가정에 가져다 준 분란과 시기와 다툼에 대해 여러분은 잘 알 것이다. 그 모든 것의 절정은 하갈의 아들 이스마엘에게서 나타나는데, 그는 이삭을 놀리다가 마침내 아브람의 장막으로부터 쫓겨났다(21:9).

아브람이 애굽에서 얻은 것처럼 보이는 두 번째 것은 큰 부요였다. "아브람이 애굽에서 그와 그의 아내와 모든 소유와 롯과 함께 네게브로 올라가니 아브람이 가축과 은과 금으로 부요하였더라"(13:1, 2, 한글개역개정판에는 "아브람에게 가축과 은과 금이 풍부하였더라"라고 되어 있음). 우리는 여기에서 아브라함의 "가축"에 대해 처음 읽는다. 이러한 언급에 이어 곧바로 많은 가축이 그와 그의 조카 롯 사이의 다툼의 원인이 된 것은 매우 의미심장하다. 또 여기가 성경에서 "부요"라는 단어가 처음 언급되는 곳이라는 사실 역시 매우 주목할 만하다. 어느 때든지 "부요"는 항상 "많은 근심으로써" 그것을 소유한 자를 찌른다(딤전 6:7).

"아브람의 일행 롯도 양과 소와 장막이 있으므로"(창 13:5). 지금까지 우리는 롯에 대해 아무것도 듣지 못했다. 그는 아브람의 권속 가운데 한 사람이었으며, 아브람이 어디로 가든 항상 함께했다. 아브람과 롯의 성격과 삶의 방식은 매우 대조적이다. 성령께서는 종종 매우 대조적인 성격의 두 사람을 함께 제시함으로써 우리가 유익한 교훈을 얻도록 만드신다. 가인과 아벨, 모세와 아론, 사무엘과 사울, 다윗과 솔로몬 등이 그에 대한 두드러진 예(例)다. 거의 모든 측면에서 롯은 아브람과 대조된다. 아브람은 믿음으로 행한 반면, 롯은 보는 것으로 행했다. 아브람은 관대하며 아량이 넓은 반면, 롯은 탐욕적이며 세속적이었다. 아브람은 하나님이 세우신 도성을 자신의 본향으로 삼은 반면, 롯은 사람에 의해 세워지고 하나님에 의해 무너진 도성을 자신의 본향으로 삼았다. 아브람은 모든 신자들의 조상인 반면, 롯은 부끄러운 이름을 가진 자들의 조상이다. 아브람은 "세상의 상속자"가 된 반면(롬 4:13), 롯은 소돔에서 모든 것을 잃고 마침내 "굴"에 거하는 신세가 되었다(창 19:30).

롯의 생애는 참으로 비극적인 생애이다. 그리고 바로 그 이유 때문에 그의 생애는 우리에게 좋은 경고가 된다. 이제 그의 생애를 개략적으로 살펴보도록 하자.

1. 롯이 아브람으로부터 떠남.

이것은 창세기 13장에 묘사되어 있다. "그 땅이 그들이 동거하기에 넉넉하지 못하였으니 이는 그들의 소유가 많아서 동거할 수 없었음이니라 그러므로 아브람의 가축의 목자와 롯의 가축의 목자가 서로 다투고"(6, 7절). 우리는 세상의 일시적인 소유와 재물로 인해 심지어 가장 가까운 친족 사이에서조차 자주 "분쟁"이 일어나는 것을 목격한다. 여기의 기록은 매우 짤막하기는 하지만 누가 잘못했는지에 대해서는 의문의 여지가 없다. 이어지는 롯의 행동과 하나님이 아브라함을 축복하신 사실은 잘못한 쪽이 롯이었음을 분명하게 보여 준다. 그 이유를 찾는 것은 그리 어렵지 않다. 롯이 애굽으로부터 가져온 것은 단지 가축이 전부가 아니었다. 그는 가축 외에 또 다른 것을 가져왔다. 그는 애굽의 정신에 물들었으며, 그곳의 "고기 가마"의 맛을 보았다.

"아브람이 롯에게 이르되 우리는 한 친족이라 나나 너나 내 목자나 네 목자나 서로 다투게 하지 말자 네 앞에 온 땅이 있지 아니하냐 나를 떠나가라 네가 좌하면 나는 우하고 네가 우하면 나는 좌하리라"(8, 9절). 아브람은 자신과 조카 사이에 불화가 생길 위험이 있음을 내다보았다. 종들 사이에서 시작된 다툼은 아마도 주인들 사이의 다툼으로 끝날 것이었다. 친족 사이의 불화를 피하기 위해, 아브람은 서로 나누어질 것을 제안했다. 위로부터의 지혜는 첫째는 성결하고 다음으로는 화평을 추구한다. 아브람은 영으로 "할 수 있거든 너희로서는 모든 사람과 더불어 화목하라"는 신적 훈계를 실천했다(롬 12:18).

아브람이 롯에게 한 제안은 너무도 관대한 것이었다. 반면 롯은 탐욕 가운데 아브람의 제안으로부터 최대의 이익을 취했다. 그는 선택권을 삼촌에게 양보하지 않았다. 그가 한 행동과 관련하여 우리는 다음과 같은 말씀을 읽는다. "이에 롯이 눈을 들어 요단 지역을 바라본즉 소알까지 온 땅에 물이 넉넉하니 여호와께서 소돔과 고모라를 멸하시기 전이었으므로 여호와의 동산 같고 애굽 땅과 같았더라 그러므로 롯이 요단 온 지역을 택하고 동으로 옮기니 그들이 서로 떠난지라"(10, 11절). 롯이 "눈을 들어 바라보았다"는 표현을 주목해 보라. 다시 말해서 그는 믿음으로 행하는 것보다 보는 것으로 행하는 것을 더 좋아했다. 이런 롯이 아브람 곁에 남아 있는 것은 애당초 불가능했다. 뜻이 일치하지 않는 두 사람이 어떻게 동행할 수 있단 말인가? 아브람은 "보이지 않는 자를 보는 것처럼 하여 참았다"(히 11:27). 반면 롯의 마음은 보이는 일시적인 것에 고정되어 있었다. 그러므로 그들은 "동거할 수 없었다"(6절). 그것은 불가능한 일이었다.

롯은 "눈을 들어 바라보았다." 바로 이것이, 그 끝이 완전한 수치인, 내리막길의 시작이었다. 눈은 유혹이 영혼을 공격하는 주된 통로들 가운데 하나이다. "이는 세상에 있는 모든 것이 육신의 정욕과 **안목의 정욕**(lust of the eyes)과 이생의 자랑이니 다 아버지께로부터 온 것이 아니요 세상으로부터 온 것이라"(요일 2:16). 우리가 행하는 대부분의 실패와 슬픔의 원인은 보는 것을 따라 행하는 것이다. 이것은 에덴 동산에서도 마찬가지였다. "여자가 그 나무를 **본즉** 먹음직도 하고 **보암직도** 하고 지혜롭게 할 만큼 탐스럽기도 한 나무인지라 여자가 그 열매를 따먹고"(창 3:6). 또 아간의 고백을 들어보라. "내가 노략한 물건 중에 시날 산의 아름다운 외투 한 벌과 은 이백 세겔과 그 무게가 오십 세겔 되는 금덩이 하나를 보고 탐내어 가졌나이다"(수 7:21). 여기에 나타나는 순서를 주목해 보라 — "보고 탐내어 가졌나이다." 먼저 그는 보았으며, 다음으로 탐을 냈으며, 마침내 취했다. 이것은 롯의 경우도 마찬가지였다. 먼저 그는 눈을 들어 바라보았으며, 그러고 나서 그것을 선택했다. 10절을 다시 한 번 주목해 보라. "이에 롯이 눈을 들어 요단 지역을 바라본즉 소알까지 온 땅에 물이 넉넉하니 … 여호와의 동산 같고 애굽 땅과 같았더라." 여기의 마지막 구절은 얼마나 의미심장한가! 그것은 우리에게 롯의 마음이 여전히 "애굽"에 밀착되어 있었음을 보여 준다. 그러나 하나님은 사람이 보는 대로 보지 않으신다. "내가 보는 것은 사람과 같지 아니하니 사람은 외모를 보거니와 나 여호와는 중심을 보느니라"(삼상 16:7). 롯의 세속적인 눈에 요단 평지는 "온 땅에 물이 넉넉하여 여호와의 동산 같이" 보였다. 그러나 전능자의 거룩한 눈에 거기에 사는 사람들은 "여호와 앞에 악하며 큰 죄인"이었다(13절).

2. 롯이 소돔에 거류함.

"그러므로 롯이 요단 온 지역을 택하고 동으로 옮기니 그들이 서로 떠난지라 아브람은 가나안 땅에 거주하였고 롯은 그 지역의 도시들에 머무르며 그 장막을 옮겨 소돔까지 이르렀더라"(11, 12절). 롯이 내리막길로 치닫는 다양한 단계들을 주목해 보라. 첫째로, 그는 "눈을 들어 바라보았다." 둘째로, 그는 "요단 평지를 선택"했다. 셋째로, 그는 스스로를 아브라함으로부터 "분리"시켰다. 넷째로, 그는 "그 지역의 도시들에 머물렀다." 다섯째로, 그는 "그 장막을 옮겨 소돔까지" 이르렀다. 여섯째로, 그는 "소돔에 거주했다"(14:12). 그리고 마지막으로, 우리는 그가 소돔의 유력 인사로서 "성문에 앉아" 있는 것과 그의 딸들이 소돔의 남자들과 결혼한 것을 보게 된다(19:1). 작은 불씨가 얼마나 큰 것을 태우는지 보라. 처음에는 단지 자신의 가축을 위한 목초지를 찾기 위해 눈을 들어 바라보았을 뿐이었다. 그러나 마침내 그는 죄로 가득 찬 도시의 유력 인사가 되었다. 나병처럼, 대부분의 경우 죄는 아주 작은 모습으로 시작된다. 그러나 그것은 얼마나 빨리 퍼지며, 그것의 결과는 얼마나 혐오스러우며, 그것의 마지막은 얼마나 두려운가! 이것은 베드로의 경우도 비슷했다. 그가 주님을 부인한 것은 결코 돌발적인 행동이 아니었다. 그것은 지금까지의 일련의 과정의 절정이었다. 먼저 오만한 자기 확신이 있었다. "다 버릴지라도 나는 그리하지 않겠나이다"(막 14:29). 다음으로 마땅히 깨어 기도해야 했음에도 불구하고 "잠"에 곯아 떨어졌다(막 14:37). 다음으로 그리스도를 "멀찍이" 따랐다(마 26:58). 다음으로 주님의 적들과 더불어 불을 쬐며 같이 앉아 있었다(마 26:69). 그리고 마침내 주님을 저주하며 부인했다.

롯은 아브람을 떠나 소돔에 거류하는 것으로 무엇을 얻었나? 아무것도 얻지 못했다. 얻기는 고사하고 모든 것을 잃었다. 소돔 사람들은 "여호와 앞에 악하며 큰 죄인"이었다. 그리하여 그는 그들의 악행으로 인해 고통을 당하며 괴로움을 겪을 수밖에 없었다. "무법한 자들의 음란한 행실로 말미암아 고통 당하는 의로운 롯을 건지셨으니 이는 이 의인이 그들 중에 거하여 날마다 저 불법한 행실을 보고 들음으로 그 의로운 심령이 상함이라"(벧후 2:7, 8).

3. 롯이 소돔으로부터 구원받음.

먼저 하나님이 은혜와 신실하심 가운데 어떻게 롯에게 분명한 경고를 주셨는지 주목해 보라. 창세기 14장에서 우리는 네 왕과 다섯 왕이 서로 전쟁을 벌이는 것을 보게 된다. 거기에서 우리는 다음과 같은 말씀을 듣는다. "네 왕이 소돔과 고모라의 모든 재물과 양식을 빼앗아 가고 소돔에 거주하는 아브람의 조카 롯도 사로잡고 그 재물까지 노략하여 갔더라"(11, 12절). 롯은 자신의 모든 재물을 잃었다. 뿐만 아니라 그는 거의 목숨을 잃을 뻔한 절박한 위험 가운데 있었던 것으로 보인다. 그러나 아브람의 적시(適時)의 개입으로 인해 그는 그러한 위험으로부터 벗어났다. 그러나 그러한 경험으로부터 그는 아무것도 배우지 못했다. 그는 세상과 연합하는 것이 얼마나 악한 일인지 깨닫지 못했다. 도리어 재물과 자유를 되찾았을 때, 그는 또 다시 소돔으로 돌아갔다. 아, 사람은 도대체 어떤 존재란 말인가! 하나님의 특별한 섭리조차도 그의 마음을 움직이는데 불충분했다.

창세기 18장과 19장의 내용은 굳이 긴 설명이 필요치 않을 정도로 우리 독자들에게 익숙할 것이다. 하나님은 당신의 "벗"에게 당신이 하시고자 하는 일을 알리신다. 그러나 그러한 계시는 하나님과의 교제 밖에 있었던 롯에게는 허락되지 않았다. "여호와의 비밀"은 오직 "그를 경외하는" 자들에게만 주어진다. 여호와와 함께 아브람의 장막에 왔던 두 천사는 소돔으로 가고, 여호와 자신은 뒤에 남는다. 그리고 아브람은 그 악한 도시에 있을지 모르는 의인들을 위해 중보의 기도를 한다.

두 천사는 소돔 성문에 앉아 있는 롯을 발견한다. 롯은 기꺼이 그들을 초청한다. "내 주여 돌이켜 종의 집으로 들어와 발을 씻고 주무시고 일찍이 일어나 갈 길을 가소서"(창 19:2). 그러한 초청에 그들은 "아니라 우리가 거리에서 밤을 새우리라"고 대답한다. 그들이 롯의 집에 들어가기를 꺼렸던 것은 — 이것은 아브람의 경우와 얼마나 분명하게 대조되는가! — 롯의 영적 상태를 암시한다. 그들이 아브람을 방문했을 때는 "뜨거울 때"였다(18:1). 반면 그들이 롯에게 나타났을 때는 "저녁 때"였다(19:1). 또 두 손님을 보호하기 위해 두 딸을 주겠다는 롯의 추악한 제안에 그의 천박함이 온전하게 나타난다(19:8). 또 그가 소돔의 멸망을 예고했을 때 사위들이 보인 반응에 그의 증언의 무력함이 분명하게 나타난다(19:14). 지금의 그의 말이 아무런 힘도 가지지 못하는 것은 틀림없이 그의 이전의 삶의 모습 때문이었을 것이다. 또 "롯이 지체하매 그 사람들(천사들)이 그의 손을 잡아"라는 말씀은 그의 마음이 어떤 것이었는지를 분명하게 보여 준다(19:16). 나아가 그의 아내가 소금기둥이 된 것과 그의 딸들의 끔찍한 악행은 그가 뿌린 것을 그대로 거두는 것이었다.

롯의 구원은 하나님이 자기 백성을 돌보시는 것을 보여 주는 한 가지 두드러진 실례이다. 롯의 삶은 그의 특권에 훨씬 미치지 못하는 삶이었다. 그는 명백히 하나님과의 교제 밖에 있었다. 그럼에도 불구하고 그는 "의인"이었다(벧후 2:7, 8). 그리하여 그는 마치 불속에서 타다 남은 장작을 꺼내는 것 같이 그렇게 꺼냄을 받았다. 주의 이름을 송축할지로다! "우리는 미쁨이 없을지라도 주는 항상 미쁘시니 자기를 부인하실 수 없으시리라"(딤후 2:13). 노아를 위해 피난처가 준비되었던 것처럼 그리고 이스라엘이 보응의 천사로부터 보호받았던 것처럼, 롯도 그러했다. 천사는 그에게 "그리로 속히 도망하라 네가 거기 이르기까지는 내가 아무 일도 행할 수 없노라"라고 말했다(19:22).

마지막으로 롯이 소돔으로부터 구원받은 것과 그를 위한 아브라함의 중보기도 사이의 관계를 생각해 보도록 하자. 하나님께 탄원하는 가운데 아브람이 사용한 말은 매우 의미심장하다. 그는 "주께서 의인을 악인과 함께 멸하려 하시나이까?"라고 말했다(18:23). 이것은 성령께서 베드로후서 2:8에서 사용하신 바로 그 단어이다. "이는 이 의인이 그들 중에 거하여 날마다 저 불법한 행실을 보고 들음으로 그 의로운 심령이 상함이라." 여기의 아브람에게 우리 주님의 모습이 나타나지 않는가? 롯은 아브람의 칼에 의해 왕들로부터 구원받았으며, 아브람의 중보기도에 의해 하나님의 심판으로부터 구원받았다. 이러한 것들은 바로 우리 주님이 사용하신 도구들이 아닌가! 그는 말씀(칼)으로 자기 백성을 세상으로부터 구원하신다(요 13장을 보라). 또 그들이 범죄했을 때, 그는 그들의 대언자로서 행동하신다(요일 2:1). 계속해서 오늘의 이야기가 가르치는 몇 가지 중요한 교훈들을 살펴보도록 하자.

1. 하나님의 목적은 확실하게 실현된다.

하나님의 방법은 너무나 놀랍고 신비하다. 하나님이 아브람의 목자들과 롯의 목자들 사이에 벌어지도록 허락하신 "분쟁"은 마침내 그 자신의 목적을 이루는 것으로 귀결되었다. 하나님의 목적은 여호와를 아는 지식과 순종으로 교육시키기 위해 아브람을 그의 고향과 친척으로부터 분리시키는 것이었다. 하나님은 아브람을 "홀로" 부르셨다(사 51:2). 그러나 그가 갈대아 우르를 떠날 때 최소한 두 사람의 친척이 그를 따랐다. 그러나 결국 하나님의 목적은 실현되었다. 아브람의 아버지 데라는 하란에서 죽었다. 반면 롯은 가나안 땅까지 따라왔다. 그러나 그는 세속적인 정신으로 가득 차 있었으며, 그런 그에게 아브람이 지도자로서의 권위를 행사하는 일은 설령 불가능하지는 않다 하더라도 상당히 어려운 일이었다. 그리하여 그는 결국 아브람으로부터 분리될 수밖에 없었다. 롯이 아브람으로부터 분리되는 것에서, 우리는 아브람의 마지막 친척이 떠나는 것을 본다. 그리하여 마침내 아브람은 "홀로" 하나님과 함께 남겨졌다. 이와 같이 하나님의 목적은 확실하게 실현된다. "사람의 마음에는 많은 계획이 있어도 오직 여호와의 뜻만이 완전히 서리라"(잠 19:21).

2. 아브람의 관대함.

아브람이 롯에게 한 제안은 너무도 은혜롭고 아름다운 것이었다. 두 사람 가운데 윗사람은 아브람이었다. 그리고 그는 하나님이 그 땅을 주시겠다고 약속하신 당사자였다(12:7). 그럼에도 불구하고 그는 자신의 모든 권리를 내려놓고 "겸손과 온유와 오래 참음으로" 롯을 사랑으로 대했다. "네 앞에 온 땅이 있지 아니하냐"라는 아브람의 말을 주목해 보라(13:9). 아브람은 "형제"간의 다툼을 막기 위해 기꺼이 자신의 모든 권리를 포기했다.

자신의 모든 권리를 포기하는 것에서, 아브람은 육체를 따라 "아브라함의 자손"인 자를 예표한다(마 1:1). "아브라함의 자손"인 예수 그리스도는 하나님과 동등된 자임에도 불구하고 자발적으로 자신의 모든 권리를 포기하고 기꺼이 종의 형상을 취하셨다. 하늘과 땅의 모든 권세가 그의 것이었다. 그럼에도 불구하고 그는 도살장에 끌려가는 어린 양처럼 아무 말없이 그 모든 것을 기꺼이 받으셨다. 그는 열두 군단의 천사들을 부를 수 있는 권세를 가지고 계셨다. 그럼에도 불구하고 그는 그러한 권세를 포기하셨다. 그는 아무 죄도 행치 않았으며, 어떤 죄와도 상관없었다. 그러므로 사망은 그에게 어떤 요구도 할 수 없었다. 그럼에도 불구하고 그는 "우리를 위해 죄가 되셨으며" 십자가에 죽기까지 순종하셨다. 그렇다. 그는 자신의 모든 권리를 포기하셨다. 그리고 그렇게 하심으로써 그는 우리가 따를 본을 남기셨다.

3. 롯의 실패가 주는 경고들.

간단히 세 가지만 제시하고자 한다.

첫째로, 그가 선택한 장소. 그는 아브람의 "제단"보다 "물이 넉넉한" 평지를 더 좋아했다. 그는 영적인 유익에 대해서는 무관심한 채 오로지 일시적인 유익만을 추구했다. 아, 오늘날에도 얼마나 많은 신자들이 자신과 가족을 위한 거처를 정할 때 롯의 이러한 악한 본을 따르는가! "너희는 먼저 그의 나라와 그의 의를 구하라" — 우리의 모든 의사결정은 이러한 최고의 원칙 위에서 이루어져야만 한다.

둘째로, 그의 세속주의적인 정신.

롯은 하늘과 땅 모두에 대해 최선을 다한다고 하면서 실제로는 하늘에 속한 것보다 땅에 속한 것에 더 착념하는 부류의 그리스도인들을 대표하는 것으로 보인다. 롯은 육체를 심었으며, 육체로부터 썩는 것을 거두었다. 그가 추구한 것은 세상의 일시적인 형통이었다. 그러나 그는 결국 세상의 재물을 포함한 모든 것을 잃었다. 그의 인생은 완전한 실패였다. 그는 "나무와 풀과 짚"으로 자신의 인생 집을 지었다(고전 3:12). 그의 가정에는 하나님을 증언하는 것도 없었고, 하나님의 축복도 없었다. 그의 인생은 그 마음이 세상을 향해 이끌리는 모든 그리스도인들에게 강력한 경고를 발한다.

셋째로, 그의 비참한 말년. 그의 말년은 정말로 비참하기 짝이 없다. 그는 세상의 모든 소유를 잃고, "굴"에 거했다. 그의 사위들은 소돔과 함께 멸망을 당했으며, 그의 아내는 소금기둥이 되었다. 그는 자신이 심은 것을 그대로 거두었다.

제 19장

아브라함과 멜기세덱

창세기 14장

앞 장에서 우리는 아브라함과 롯에 대해 살펴보았다. 우리는 창세기 13장을 중심으로 살펴보았다. 거기에는 아브라함의 목자들과 롯의 목자들 사이에 생긴 다툼, 그러한 다툼을 속히 해결하기 위해 아브라함이 취한 행동, 아브라함이 롯에게 한 관대한 제안, 롯이 아브라함을 떠나 소돔으로 간 이야기 등이 기록되어 있다. 오늘 우리는 우리의 믿음의 조상의 이야기를 계속하고자 한다. 앞 장에서 멈췄던 지점으로부터 다시 시작하도록 하자.

"롯이 아브람을 떠난 후에 여호와께서 아브람에게 이르시되 너는 눈을 들어 너 있는 곳에서 북쪽과 남쪽 그리고 동쪽과 서쪽을 바라보라 보이는 땅을 내가 너와 네 자손에게 주리니 영원히 이르리라 내가 네 자손이 땅의 티끌 같게 하리니 사람이 땅의 티끌을 능히 셀 수 있을진대 네 자손도 세리라 너는 일어나 그 땅을 종과 횡으로 두루 다녀 보라 내가 그것을 네게 주리라"(창 13:14-17). 아브라함은 이제 혼자였지만, 실상은 혼자가 아니었다. 여호와께서 그와 함께 계시면서 그에게 스스로를 나타내셨기 때문이다. 아브람이 롯에게 피차 헤어질 것을 제안한 것은 하나님의 영광을 위한 참된 관심 때문이었다. "그러므로 아브람의 가축의 목자와 롯의 가축의 목자가 서로 다투고 또 가나안 사람과 브리스 사람도 그 땅에 거주하였는지라"(7절). 아브람은 이방인들 앞에서 형제들 간에 "다툼"이 생기는 것을 견딜 수 없었다. 아, 오늘날의 하나님의 자녀들도 여기의 아브라함처럼 하나님의 이름이 수치를 당하는 것을 견딜 수 없다면 얼마나 좋겠는가!

하나님은 당신의 자녀가 당신의 영광을 위해행한 관대한 제안으로 인해 손해를 당하도록 내버려 두지 않으셨다. 롯에게 아브람은 이렇게 말했다. "네 앞에 온 땅이 있지 아니하냐 나를 떠나가라 네가 좌하면 나는 우하고 네가 우하면 나는 좌하리라 이에 롯이 눈을 들어 요단 지역을 바라본즉"(9, 10절), 이제 여호와께서 아브람에게 나타나셔서 이렇게 말씀하신다. "너는 눈을 들어 … 바라보라"(14절). 이 얼마나 기가 막힌 대조인가! 롯은 세속적인 이익을 취하기 위해 "눈을 들었다." 반면 아브람은 하나님의 선물을 바라보기 위해 눈을 들었다. 이와 같이 신실하신 하나님은 당신을 존귀케 하는 자들을 존귀하게 하시기를 기뻐하신다. 창세기에 아브람이 "눈을 들었다"고 언급되는 곳이 세 곳 나타난다. 첫째는 하나님이 가리키는 "땅"을 바라보았던 여기의 13:14이다. 둘째는 자신의 장막을 향해 나아오는 "세 사람"을 바라보았던, 그리고 그 가운데 하나는 바로 여호와 자신이셨던 18:2이다. 그리고 셋째는 대속물 즉 "수풀에 걸린 수양"을 바라보았던 22:13이다.

아브람은 지금 혼자가 아니었다. 마침내 하나님의 목적이 실현되었다. 하나님은 그를 홀로 부르셨다(사 51:2). 하나님은 그에게 "네 고향과 친척을 떠나 내가 네게 보일 땅으로 가라"고 말씀하셨다(행 7:3). 그러나 그러한 명령에 아브람은 단지 부분적으로만 순종했다. 갈대아를 떠날 때 그의 아버지와 조카가 함께했기 때문이었다. 뿐만 아니라 그는 곧바로 가나안으로 가는 대신 아버지 데라가 죽을 때까지 하란에 머물렀다(창 11:31, 32). 나아가 가나안에 도착했을 때에도 그의 순종은 여전히 부분적이었다. 롯이 여전히 그와 함께 있었기 때문이었다. 그러나 마침내 롯이 떠났을 때, 비로소 아브람은 하나님과 더불어 홀로 남게 되었다. 이 때가 되어서야 비로소 하나님이 그에게 "보이는 땅을 내가 너와 네 자손에게 주리니 영원히 이르리라"라고 말씀하신 것은 참으로 의미심장하지 않은가!(13:15). 아브람에 대한 하나님의 약속의 눈금이 계속해서 올라가는 것을 주목해 보라. 갈대아에서 하나님은 아브람에게 그 땅을 "보여 주겠다"고 약속하셨다(12:1). 그리고 아브람이 실제로 그 땅에 들어가 세겜에 이르렀을 때, 하나님은 그 땅을 그의 자손에게 "주겠다"고 약속하셨다. "여호와께서 아브람에게 나타나 이르시되 내가 이 땅을 네 자손에게 주리라 하신지라"(12:7). 그리고 마침내 그의 마지막 친척이 떠났을 때, 하나님은 그에게 "모든 땅"을 주시겠다고 약속하셨다. 계속해서 하나님은 아브람에게 "너는 일어나 그 땅을 종과 횡으로 두루 다녀 보라"고 말씀하신다(13:17). 이것은 하나님께서 아브라함이 그 땅을 실제로 소유하도록 하실 것을 암시한다. 아브람은 그 땅이 이미 자신의 손 안에 있는 것처럼 거기에서 "평안히 거할" 것이었다. 여기에서 우리는 하나님이 자기 백성을 다루는 한 가지 중요한 원리를 발견할 수 있다. 얼마나 자주 우리는 하나님의 은혜를 제한하는가? 얼마나 자주 우리는 우리의 불완전하며 부분적인 순종으로 인해 하나님의 풍성함의 많은 부분을 잃어버리고 마는가? 그와 반대되는 실례를 우리는 갈렙에게서 발견한다. 그는 "하나님을 온전히 따름으로 말미암아" 약속의 땅에 들어가게 되었다. "그러나 내 종 갈렙은 그 마음이 그들과 달라서 나를 온전히 따랐은즉 그가 갔던 땅으로 내가 그를 인도하여 들이리니"(민 14:24).

이와 같이 "너는 일어나 그 땅을 종과 횡으로 두루 다녀 보라"는 말씀 가운데 실제적인 소유가 암시된다(13:17). 그것은 이를테면 이렇게 말씀하시는 것과 마찬가지였다. "내가 너를 이 땅으로 불렀노라. 내가 그것을 너와 네 자손에게 주었노라. 이제 그것을 향유하라." 아브람은 믿음으로 그 땅을 이미 자신의 것이 된 것처럼 다니며 바라보아야 했다. 왜냐하면 그는 이미 하나님의 약속을 가지고 있었기 때문이었다. 그는 마치 그 땅을 이미 절대적으로 소유하고 있는 것처럼 행동해야 했다. 하나님의 백성들은 오늘날에도 그와 같이 행동해야 한다. 우리 역시도 스스로를 세상으로부터 분리시키도록 부르심을 받았다. 우리 역시도 "썩지 않고 더럽지 않고 쇠하지 아니하는 하늘의 유업"을 가지고 있다(벧전 1:4). 우리 역시도 "그 땅을 종과 횡으로 두루 다녀 보라"고 명령받는다. 다시 말해서 우리는 믿음을 실행하도록 부름 받으며, 보이는 것이 아니라 보이지 않는 것을 바라보도록 부름 받으며, 땅에 속한 것이 아니라 하늘에 속한 것에 마음을 두도록 부름 받는다. 한마디로 우리는 하나님이 우리에게 약속하신 것을 우리 자신의 소유로 삼으며, 전유(專有)하며, 향유해야만 한다. 하나님의 계획 안에서 이미 우리의 소유가 된 것을 충분하게 향유하지 않는 것은 불신앙이다. 오바댜 선지자의 "오직 시온 산에서 피할 자가 있으리니 그 산이 거룩할 것이요 야곱 족속은 자기 기업을 누릴 것이며"라는 말씀을 주목하라(옵 1:17). 천년왕국에서 이스라엘은 자신의 기업을 충분하게 소유할 것이다. 여기에서 "충분하게" 소유할 것이라고 말하는 것은 전에는 그렇게 하지 못했기 때문이다. 그 이유는 무엇이었는가? 그것은 불신앙 때문이었다. 우리 역시도 그런 불신앙에 떨어지지 않도록 항상 깨어 경계하자.

"이에 아브람이 장막을 옮겨 헤브론에 있는 마므레 상수리 수풀에 이르러 거주하며 거기서 여호와를 위하여 제단을 쌓았더라"(13:18). 앞 문맥에 이어 여기의 말씀이 나오는 것은 우리에게 얼마나 큰 교훈을 주는가! "마므레"는 부요함을 의미하며, "헤브론"은 교제를 의미한다. 18절이 "이에"(then)로 시작하는 것을 주목하라. 롯이 떠나고 아브람이 여호와의 뜻 안에 충분하게 있게 된 후에, 헤브론(교제)이 처음으로 언급된다. 하나님과의 풍성한 교제를 가로막는 것은 불신앙이다. 여기에서 "아브람이 여호와를 위하여 제단을 쌓았더라"라는 말씀을 주목해 보라. 교제는 예배로 승화된다. 순서는 항상 다음과 같다 — 순종, 영혼의 부요함, 교제, 예배. 여기의 "헤브론"이 훗날 "여호와를 온전히 좇았던" 갈렙의 기업이 된 것은 얼마나 의미심장한 사실인가! "헤브론이 그니스 사람 여분네의 아들 갈렙의 기업이 되어 오늘까지 이르렀으니 이는 그가 이스라엘의 하나님 여호와를 온전히 좇았음이라"(수 14:14).

창세기 14장에서 우리는 전쟁이 최초로 언급되는 것을 발견한다. 네 왕과 다섯 왕 사이에 벌어진 전쟁에 대해 상세히 설명하는 것은 우리의 목적을 벗어나는 일이다.[1] 우리의 목적은 다만 아브람이 그 전쟁과 어떻게 관련되는지를 주목하는 것이다. 그 전쟁의 결과 롯이 사로잡히고 그의 재물이 노략을 당했다(12절). 그는 자기를 위해 보화를 땅에 쌓아 두었으나, 도적이 뚫고 들어와 모두 훔쳐갔다. 그 사실을 아브람은 도망한 자 가운데 한 사람으로 말미암아 알게 되었다(13절).

아브람이 그 사실을 알게 된 것의 결과를 주목하는 것은 얼마나 아름다운 일인가! 아브람은 조카의 안위(安慰)에 대해 무관심하지 않았다. 그 안에 쓴 뿌리 같은 것은 애당초 없었다. 그는 싸늘한 마음으로 "그건 나와 상관없는 일이야. 롯은 자신이 뿌린 것을 거두어야만 해"라고 말하지 않았다. 그렇게 하는 대신 그는 즉시로 롯을 돕기 위해 일어섰다. 그러나 그가 그렇게 행동한 것은 단순히 롯이 육체의 친척이었기 때문은 아니었다. 여기에서 그를 움직이게 만든 것은 단순한 친족의 정(情)이 아니었다. 14절을 주목해 보라. "아브람이 그의 형제("조카"가 아니라)가 사로잡혔음을 듣고"(when Abram heard that his brother was taken captive, 한글개역개정판에는 "조카"라고 되어 있음). 형제(영적인 형제)가 절박한 위험 가운데 있었다. 그리하여 아브람은 "집에서 길리고 훈련된 자 삼백십팔 명을 거느리고 단까지 쫓아갔다." 이러한 말씀이 오늘날 우리에게 주는 메시지는 너무나 분명하지 않은가? 얼마나 자주 "형제"가 적에게 사로잡히는가? 그럴 때 마땅히 우리는 그러한 자를 바로잡아야 하지 않는가? "신령한 너희는 온유한 심령으로 그러한 자를 바로잡고 너 자신을 살펴보아 너도 시험을 받을까 두려워하라"(갈

[1] 창 14:1-10에 나타나는 다양한 이름들의 순서와 그 의미는 깊이 연구해볼 만한 가치가 있는 주제이다.

6:1). 그러나 우리는 너무나 무관심하지 않은가? 우리 주님을 보라. 그는 얼마나 다른가? 그는 아흔아홉 마리의 양을 버려두고 한 마리의 잃은 양을 찾으러 나가신다. 그는 그 양을 찾을 때까지 결코 쉬지 않으신다.

"의인은 사자 같이 담대하니라"(잠 28:1). 롯이 적군의 포로가 되었다는 소식을 들었을 때, 아브람은 지체하지 않고 즉시로 그들을 쫓아갔다. 그리고 그들을 기습하여 성공적으로 조카를 그들의 손으로부터 구출했다. "그와 그의 가신들이 나뉘어 밤에 그들을 쳐부수고 다메섹 왼편 호바까지 쫓아가 모든 빼앗겼던 재물과 자기의 조카 롯과 그의 재물과 또 부녀와 친척을 다 찾아왔더라 아브람이 그돌라오멜과 그와 함께 한 왕들을 쳐부수고 돌아올 때에 소돔 왕이 사웨 골짜기 곧 왕의 골짜기로 나와 그를 영접하였고"(15-17절).

바로 이 지점에서 매우 주목할 만한 인물이 등장한다. 그는 다름 아닌 멜기세덱이다. 그에 관해 많은 연구가 행해지고 많은 책이 씌어졌다. 어떤 사람들은 그가 100년 정도 아브람과 동시대 인물이었던 셈이라고 생각한다. 그러나 이것은 불가능하다. 왜냐하면 멜기세덱과 관련하여 우리는 그가 "아버지도 없고 어머니도 없다"는 말씀을 듣기 때문이다(히 7:3). 뒤에서 보게 될 것처럼, 이것은 그의 족보와 관련하여 성경이 절대적으로 침묵함을 의미한다. 그러므로 우리는 멜기세덱이 셈이라는 이론을 폐기해야만 한다. 왜냐하면 우리는 그의 아버지가 누구인지 분명히 알기 때문이다. 그런가 하면 또 어떤 사람들은 그가 그리스도 자신이었다고 생각한다. 그러나 이러한 이론 역시 성경과 맞지 않는다. 왜냐하면 성경은 멜기세덱이 "하나님의 아들과 닮았으며," 또 그리스도의 제사장직이 "멜기세덱의 제사장직과 같은" 것이라고 말하기 때문이다(히 7:3, 15). 멜기세덱이 그리스도 자신이라면, 이러한 표현들은 결코 가능할 수 없다. 그런가 하면 또 어떤 사람들은 그가 어떤 신비한 천상의 존재라고 생각하기도 한다. 그러나 성경은 이러한 이론을 명백히 부인한다. 왜냐하면 히브리서 7:4에서 멜기세덱은 "사람"으로 분명하게 일컬어지기 때문이다.

히브리서 7:3의 "하나님의 아들과 닮아서"라는 구절 속에서 우리는 멜기세덱과 관련한 비밀을 여는 열쇠를 발견한다. 멜기세덱은 **그리스도의 모형**, 특별히 우리 주님의 제사장직의 모형이었다. 우리 주님과 멜기세덱 사이에는 많은 유사점들이 있다. 그러나 첫 번째 유사점은 우리 주님과 비슷하게 멜기세덱이 "아버지도 없고 어머니도 없고 족보도 없고 시작한 날도 없고 생명의 끝도 없는" 사실이다(히 7:3). 이것은 그가 초자연적인 인물이었음을 의미하지 않는다. 다만 그가 구약에서 아버지나 어머니 없이 나타남을 의미할 뿐이다. 다시 말해서 구약에 그의 족보와 관련하여 아무런 언급도 나타나지 않는 것은 매우 의도적인 것이다. 멜기세덱의 조상과 관련한 완전한 침묵은 그가 주 예수 그리스도의 완전한 모형임을 제시하기 위해 성령께서 그렇게 이끈 것이다. 창세기는 수많은 족보들로 가득 차 있음에도 불구하고 유독 멜기세덱의 족보와 관련해서는 아무 언급도 하지 않는다. 이것은 "침묵은 금이다"라는 격언의 한 실례(實例)이다. 여기의 침묵은 모형(멜기세덱)과 원형(예수 그리스도) 사이의 유사성을 보다 더 분명하게 드러내기 위해 의도된 것이었다.

멜기세덱이 우리 주님의 모형인 것은 단지 창세기에서 그가 "아버지도 없고 어머니도 없는" 존재로서 제시되는 사실 가운데서만 나타나는 것이 아니다. 그것은 또한 다른 많은 부분들에서도 나타난다. 멜기세덱은 왕이면서 동시에 제사장이었다. "살렘 왕 멜기세덱이 떡과 포도주를 가지고 나왔으니 그는 지극히 높으신 하나님의 제사장이었더라"(창 14:18). 그러므로 그는 왕 같은 제사장(royal priest)이었다. 멜기세덱 안에서 왕직과 제사장직이 결합되었다. 이런 측면에서 그는 육체를 따라 레위 지파가 아니라 유다 지파(왕의 지파)를 따라 오신 우리의 큰 대제사장의 특별한 모형이었다(히 7:14을 참조하라). 멜기세덱이 왕이면서 동시에 제사장이신 그리스도의 모형인 것은 단지 그가 평강을 의미하는 "살렘" 왕으로서 제사장이기 때문만은 아니다. 그의 이름 자체도 매우 상징적인 의미를 가지고 있었다. "멜기세덱"은 "의의 왕"을 의미한다. 여기에서 또 다시 우리는 그리스도 밖에서 나누어져 있었던 것이 하나로 놀랍게 결합되는 것을 보게 된다. 멜기세덱은 자신의 인격(person) 안에서 왕직과 제사장직을 결합시켰을 뿐만 아니라, 그는 자신의 칭호 안에서 의와 평강도 결합시켰다. 멜기세덱은 의의 왕이면서 동시에 평강의 왕이었다. 이런 측면에서 그는 우리 주님의 십자가 사역의 복된 결과를 미리 보여 주었다. 왜냐하면 "의와 평강이 서로 입 맞춘" 것은 십자가에서였기 때문이다(시 85:10).

히브리서 7:2의 순서를 주목해 보라. "아브라함이 모든 것의 십분의 일을 그에게 나누어 주니라 그 이름을 해석하면 먼저는 의의 왕이요 그 다음은 살렘 왕이니 곧 평강의 왕이요." 하나님의 순서는 항상 이와 같다. 하나님은 자신의 의가 만족될 때까지 결코 죄인과 더불어 평강을 이룰 수 없으시다. 평강은 오직 의의 기초 위에 세워질 수 있을 뿐이다. “공의의 열매는 화평이요 공의의 결과는 영원한 평안과 안전이라”(사 32:17). 이러한 진리는 로마서 3:21-26에 충분하게 설명된다. 주 예수 그리스도께서 화목제물이 되셔서 거룩하신 하나님의 모든 요구를 충분하게 만족시킨 십자가에서 하나님의 의가 나타났다. 거기에서 하나님의 의가 이루어졌으며, 그 결과가 평강이다. “그의 십자가의 피로 화평을 이루사 만물 곧 땅에 있는 것들이나 하늘에 있는 것들이 그로 말미암아 자기와 화목하게 되기를 기뻐하심이라”(골 1:20). 이것의 은택이 믿음의 통로를 통해 신자들에게 흘러들어 온다. 우리는 “믿음으로 의롭다 하심을 받고” 그 결과로 “우리 주 예수 그리스도로 말미암아 하나님과 화평을 누리기” 때문이다(롬 5:1). 로마서 14:17 역시도 이와 똑같은 순서를 제시한다. “하나님의 나라는 먹는 것과 마시는 것이 아니요 오직 성령 안에 있는 의와 평강과 희락이라.”

히브리서 7:4은 우리에게 이 사람(멜기세덱)의 위대함을 생각해 보라고 명령한다(greatness, 한글개역개정판에는 “높음”으로 되어 있음). 아브라함은 그의 “위대함”을 인식하고 그에게 “그 얻은 것에서 십분의 일”을 주었다. 여기에서도 역시 그는 우리의 “큰 대제사장”이신 주 예수 그리스도의 모형이다. 성경에서 이런 호칭이 붙여지는 자는 우리 주님이 유일하다. 우리 주님의 제사장직의 위대함은 그의 본원적인 영광에 있으며, 그것은 구원의 능력이 없는 레위 지파 제사장들의 연약함과 완전하게 대조된다. 레위 지파 제사장들에게는 두 가지 두드러진 특징이 있었다. 첫째로, 그들은 인격적으로 부정했으므로 먼저 자신들의 죄를 위해 희생제물을 드려야만 했다(히 7:27). 둘째로, 그들은 죽음 아래 있는 존재들이었으므로 그들의 사역은 죽음에 의해 종결될 수밖에 없었다. 우리의 큰 대제사장은 그들과 완전하게 대조된다. 그는 무죄하셨을 뿐만 아니라 또한 “불멸의 생명의 능력”도 가지고 계셨다(히 7:16). 그러므로 그리스도와 관련하여 성경은 이렇게 기록한다. “너는 멜미세덱의 반차를 따른 영원한 제사장이라 하셨도다”(히 7:21, Thou art a priest for ever after the order of Melchizedek, 한글개역개정판에는 “네가 영원히 제사장이라 하셨도다”라고 되어 있음). 주 예수 그리스도께서 멜기세덱의 영원한 호칭를 받으신 것은 부활하시고 승천하셨을 때였음을 주목하라. 그의 영속적인 축복의 사역은 십자가에서 완성된 일로부터 실제적으로 시작된다. 여기에서 또 다시 우리는 모형과 원형 사이의 유사점을 발견한다. 창세기는 멜기세덱의 출생에 대해서 뿐만 아니라 또한 그의 죽음에 대해서도 침묵하기 때문이다.

마지막으로, 멜기세덱이 "지극히 높으신 하나님의 제사장"으로 일컬어지는 것을 주목해 보라(창 14:18). 이것은 국가와 민족과 혈통을 초월하는 칭호이다. 여기에 멜기세덱의 반차를 따른 제사장직과 아론의 반차를 따른 제사장직 사이의 본질적인 차이가 있다. 아론의 제사장 사역은 결코 이스라엘의 경계를 넘어서지 않았다. 그는 항상 이스라엘의 하나님으로서의 여호와의 제사장이었다. 반면 멜기세덱은 "천지의 주재"이신 지극히 높으신 하나님이라는 보다 더 광범위한 호칭으로서의 여호와의 제사장이었다(19절). 이런 측면에서 멜기세덱은 "왕의 보좌에 앉은 제사장으로서 의와 평강 가운데 다스릴" 천년왕국에서의 그리스도의 영광을 보여 준다(슥 6:13을 참조하라). 그와 관련하여 예레미야는 이렇게 기록한다. "보라 때가 이르리니 내가 다윗에게 한 의로운 가지를 일으킬 것이라 그가 왕이 되어 지혜롭게 다스리며 세상에서 정의와 공의를 행할 것이며 그의 날에 유다는 구원을 받겠고 이스라엘은 평안히 살 것이며 그의 이름은 여호와 우리의 공의라 일컬음을 받으리라"(렘 23:5, 6). 이와 같이 우리의 영원한 멜기세덱은 의의 왕이면서 동시에 평강의 왕으로서 통치하실 것이다. 그와 관련하여 이사야 선지자는 이렇게 기록한다. "이는 한 아기가 우리에게 났고 한 아들을 우리에게 주신 바 되었는데 그의 어깨에는 정사를 메었고 그의 이름은 기묘자라, 모사라, 전능하신 하나님이라, 영존하시는 아버지라, 평강의 왕이라 할 것임이라 그 정사와 평강의 더함이 무궁하며 또 다윗의 왕좌와 그의 나라에 군림하여 그 나라를 굳게 세우고 지금 이후로 영원히 정의와 공의로 그것을 보존하실 것이라"(사 9:6, 7).

멜기세덱이 천년왕국에서의 그리스도의 영광을 나타내는 것은 그가 아브람 앞에 나타났을 때의 정황으로부터도 분명하게 나타난다. 여기에서 모형은 놀랍게 완성된다. 멜기세덱은 그돌라오멜을 비롯한 네 왕을 쳐부순 후 조카 롯을 구출하고 돌아오는 아브람을 만났다[2] — 롯은 대환난 시기의 유대인 남은 자들을 상징한다. 아브람을 만났을 때, 멜기세덱은 즉시로 그를 축복했다(14:19). 우리 주님이 천년왕국을 열기 위해 다시 오실 때에도 이와 같을 것이다. 그는 "왕의 골짜기"에서 짐승과 그의 세력들을 쳐부수고, 그들의 손으로부터 이스라엘을 건져내시고,

[2] 그돌라오멜 아래서의 왕들의 동맹은 우리에게 장차 짐승이 통치하게 될 열 나라로 이루어진 제국을 은연중 암시한다. 여기에서 아홉 왕이 언급되는 것은 결코 우연이 아니다. 여기에다가 아브람을 더할 때, 우리는 열 개의 서로 대적하는 세력들을 보게 된다.

아브라함의 자손들을 축복하실 것이다. 여기에서 아브람이 멜기세덱의 위대함을 인식하고 그에게 십분의 일을 주었던 것처럼, 그때 이스라엘은 그들의 영원한 멜기세덱을 인식하고 그를 자신들의 왕과 제사장으로 고백할 것이다.

이제 아브람이 멜기세덱을 만나 그의 축복을 받은 것의 직접적인 결과가 무엇인지 생각해 보도록 하자. "소돔 왕이 아브람에게 이르되 사람은 내게 보내고 물품은 네가 가지라"(14:21). 소돔 왕의 제안에서 우리는 마귀의 "간계"를 발견할 수 있다. 세상이 하나님의 자녀들에게 무엇인가를 주겠다고 제안할 때, 그것은 그것으로 그들을 속박하기 위함이다. 그러나 아브람은 위대한 믿음의 사람이었다. 믿음은 "세상을 이기는 승리"이다(요일 5:4).

"아브람이 소돔 왕에게 이르되 천지의 주재이시요[3] 지극히 높으신 하나님 여호와께 내가 손을 들어 맹세하노니 네 말이 내가 아브람으로 치부하게 하였다 할까 하여 네게 속한 것은 실 한 오라기나 들메끈 한 가닥도 내가 가지지 아니하리라 오직 젊은이들이 먹은 것과 나와 동행한 아넬과 에스골과 마므레의 분깃을 제할지니 그들이 그 분깃을 가질 것이니라"(14:22-24). 여기의 아브람의 말을 들어보라. 얼마나 멋진 말인가! 아브람은 어떤 방식으로든 소돔 왕과 관계를 맺지 않으려고 했다. 여기의 아브람의 모습은 발락의 제안을 받았을 때의 발람의 모습과 얼마나 다른가! 아브람은 자신에게 하늘에 "더 낫고 영구한 소유"가 있음을 알고 있었다(히 10:34). 여기에서 "여호와께 내가 손을 들어"라는 표현을 주목해 보라. 그러한 표현은 거룩한 맹세나 혹은 서원을 의미한다. 그렇게 볼 때 아마도 아브람은 롯을 사로잡아간 자들을 추격하기 시작할 때 하나님이 자신에게 승리를 주신다면 자신은 그로 인해 어떤 재물도 취하지 않겠노라고 서원한 것으로 보인다. 그러나 아브람은 자신과 함께 기꺼이 위험에 동참한 자들의 요구를 간과하거나 잊어버리지 않았다. 또 지극히 높으신 하나님의 제사장 멜기세덱에게 십분의 일을 주는 것에서, 우리는 아브람이 자신에게 승리를 주신 하나님의 은혜를 기꺼이 인정했음을 알 수 있다.

[3] 이러한 신적 호칭은 아브람과 이스라엘의 하나님이 단지 그들의 종족을 지켜 주는 종족신에 불과하다는 고등비평가들의 이론이 잘못된 것임을 분명하게 보여 준다. 아브람의 하나님은 단순한 지역 신이 아니라 "천지의 주재"였다.

제 20장

아브라함의 환상

창세기 15장

오늘 우리가 다루게 될 아브라함의 환상 이야기와 앞장의 이야기 사이의 연결고리를 우리는 창세기 15장의 첫 구절에서 발견한다. "이 후에 여호와의 말씀이 환상 중에 아브람에게 임하여 이르시되"(1절). 엘람 왕 그돌라오멜은 정복 전쟁을 위해 다른 세 왕과 더불어 동맹을 맺었다. 그들의 군사력은 가히 압도적이었다. 르바 족속과 수스 족속과 엠 족속과 호리 족속과 아말렉 족속과 아모리 족속이 차례대로 정복되었다(14:5-7). 그리하여 이제 다섯 왕이 힘을 합쳐 그돌라오멜 세력과 더불어 싸우기 위해 나갔지만, 그들 역시도 패배를 당했다. 그 결과로 소돔과 고모라의 모든 재물이 노략을 당하고, 롯이 사로잡혀 갔다. 이에 아브람은 318명의 종들을 데리고 밤중에 적진을 기습하여 놀라운 승리를 얻었다. 아브람은 그돌라오멜을 쳐부숨으로써 롯을 구출하고 노략을 당한 소돔과 고모라의 모든 재물을 되찾아왔다.

그러나 그것으로 모든 것이 끝난 것은 아니었다. 곧바로 아브람에게 정신과 육체적인 반응이 뒤따랐다. 아브람은 엘람 왕의 군대가 즉시로 반격을 개시하여 자신들의 패배를 앙갚음할 것이라고 생각할 수밖에 없었다. 그돌라오멜과 그와 동맹한 왕들을 쳐부숨으로 말미암아, 이제 아브람은 매우 강한 적을 갖게 되었다. 그들은 피로써 패배의 수치를 씻을 때까지 결코 쉴 수 없을 것이었다. 그들은 소돔과 고모라를 함락시키고 거기에 있는 모든 재물을 노략할 만큼 매우 강력한 힘을 가지고 있었다. 그런 그들이 아브람의 작은 무리에게 갑작스런 패배를 당한 것은 참을 수 없는 수치였다. 그리하여 아브람은 두려움에 사로잡힐 수밖에 없었으며, 그런 그에게 특별한 확신의 말씀이 주어졌다. "이 후에 여호와의 말씀이 환상 중에 아브람에게 임하여 이르시되 아브람아 두려워하지 말라 나는 네 방패이니라"(15:1). 이와 같이 여호와는 풍성한 은혜 가운데 당신의 "벗"의 요동하는 마음을 고요하게 해 주셨다.

계속해서 1절의 이어지는 부분 즉 "나는 너의 지극히 큰 상급이니라"는 말씀은 우리에게 앞장의 또 다른 사건을 회상시켜 준다. 아브람은 그돌라오멜을 쳐부수고 돌아오는 길에 멜기세덱을 만나 그로부터 축복을 받았다. 그리고 곧이어 소돔 왕으로부터 "사람은 내게 보내고 물품은 네가 가지라"는 제안을 받았다(14:21). 그러나 "하나님이 계획하시고 지으실 터가 있는 성을 바라보았던" 아브람은 소돔 왕으로부터 무엇인가를 받는 것을 기뻐하지 않았다(히 11:10). 그리하여 그는 소돔 왕에게 "천지의 주재이시요 지극히 높으신 하나님 여호와께 내가 손을 들어 맹세하노니 네 말이 내가 아브람으로 치부하게 하였다 할까 하여 네게 속한 것은 실 한 오라기나 들메끈 한 가닥도 내가 가지지 아니하리라"라고 말했다(창 14:22, 23). 이 얼마나 멋진 대답인가! 이제 우리는 그 결과가 무엇이었는지를 보게 된다. 하나님은 자기 백성이 당신의 영광을 구하며 당신을 존귀케 한 것으로 인해 손해를 당하도록 내버려 두지 않으신다. 아브람은 소돔의 탈취물을 취하기를 거절했지만, 하나님은 그에게 그것보다 훨씬 더 큰 것을 주셨다. 아브람이 관대한 마음으로 롯에게 "네 앞에 온 땅이 있지 아니하냐 나를 떠나가라 네가 좌하면 나는 우하고 네가 우하면 나는 좌하리라"라고 말했을 때를 생각해 보라(창 13:9). 그때 하나님은 그에게 나타나셔서 "너는 눈을 들어 너 있는 곳에서 북쪽과 남쪽 그리고 동쪽과 서쪽을 바라보라 보이는 땅을 내가 너와 네 자손에게 주리니 영원히 이르리라"라고 말씀하셨다(15, 16절). 그때 그렇게 하셨던 하나님은 여기에서도 똑같이 그렇게 하셨다. 소돔 왕으로 말미암아 치부하기를 거절한 아브람은 하나님의 나타나심으로 말미암아 훨씬 더 큰 것으로 보상을 받았다. 여기에 나타나는 원리는 너무도 중요하다. 이 시대의 하나님의 백성들은 세상의 호의를 받아들이는 것으로 인해 얼마나 많은 것을 잃어버리는가! 여기의 아브람과는 달리, 오늘날의 하나님의 백성들은 하나님의 나타나심을 얼마나 적게 경험하는가!

"나는 네 방패요 너의 지극히 큰 상급이니라"(15:1). 잠시 멈추고 여기의 말씀을 깊이 묵상해 보도록 하자. 이것은 "세상에서 나그네와 외인인" 사람들에게 적용될 수 있는 특별한 약속이다. 또 그것은 "하나님의 백성과 함께 고난 받기를 잠시 죄악의 낙을 누리는 것보다 더 좋아하고 상 주심을 바라보는 가운데 그리스도를 위하여 받는 수모를 애굽의 모든 보화보다 더 큰 재물로 여기는" 사람들에게 주는 하나님의 특별한 약속이다(히 11:25, 26). 그런 사람들에게 하나님은 그들의 방패와 그들의 지극히 큰 상급이 되실 것을 약속하신다. 이것은 우리 주님 자신에게도 마찬가지였다. "천하만국과 그 영광"을 주겠노라는 사탄의 제안을 거절하면서, 우리 주님은 "여호와가 나의 산업과 나의 잔의 소득"이라고 말씀하실 수 있으셨다(시 16:5).

"아브람이 이르되 주 여호와여 무엇을 내게 주시려 하나이까 나는 자식이 없사오니 나의 상속자는 이 다메섹 사람 엘리에셀이니이다 아브람이 또 이르되 주께서 내게 씨를 주지 아니하셨으니 내 집에서 길린 자가 내 상속자가 될 것이니이다"(15:2, 3). "나는 네 방패요 너의 지극히 큰 상급이니라"라는 말씀을 들었을 때, 아브람은 문득 자신에게 하나님의 약속을 이을 자손이 없다는 생각이 떠오른 것으로 보인다. 아브람이 간절히 바란 것은 아들이었다. 그는 아들이 없는 것을 곧 기업을 잃는 것으로 생각했기 때문이다. 다시 말해서 여기에서 아브람은 하나님의 기업의 상속자가 되는 것을 아들 위에 기초하는 것으로 인식하고 있었던 것이다. 여기에서 우리는 신약에서 충분하게 계시되는 위대한 진리가 그림자처럼 나타나는 것을 발견한다. 신약에 나타나는 다음과 같은 말씀들을 깊이 묵상해 보라. "성령이 친히 우리의 영과 더불어 우리가 하나님의 자녀인 것을 증언하시나니 자녀이면 또한 상속자 곧 하나님의 상속자요 그리스도와 함께 한 상속자니"(롬 8:16, 17). 또 "그 기쁘신 뜻대로 우리를 예정하사 예수 그리스도로 말미암아 자기의 아들들이 되게 하셨으니 … 모든 일을 그의 뜻의 결정대로 일하시는 이의 계획을 따라 우리가 예정을 입어 그 안에서 기업이 되었으니"(엡 1:5, 11).

아브람이 "주 여호와여 무엇을 내게 주시려 하나이까?"라고 물은 것으로 인해 우리는 그가 자신의 불신앙을 표현하고 있는 것으로 생각해서는 안 된다. 반대로 우리는 그러한 말을 믿음의 언어로 간주해야 한다. 여기에서 하나님이 그에게 아무런 책망도 하지 않는 것을 주목하라. 도리어 우리는 다음과 같은 말씀을 듣는다. **"여호와의 말씀이 그에게 임하여 이르시되 그 사람이 네 상속자가 아니라 네 몸에서 날 자가 네 상속자가 되리라 하시고 그를 이끌고 밖으로 나가 이르시되 하늘을 우러러 뭇별을 셀 수 있나 보라 또 그에게 이르시되 네 자손이 이와 같으리라"**(4, 5절). 아브람의 자손은 창세기 13:16에서는 "땅의 티끌"과 같을 것이라고 언급되었지만, 여기에서는 "하늘의 뭇별"과 같을 것이라고 언급된다.

마침내 우리는 지극히 보배로운 진리를 담고 있는 중요한 말씀에 도달한다.

"아브람이 여호와를 믿으니 여호와께서 이를 그의 의로 여기시고"(15:6). 이 구절을 충분하게 설명하는 것은 우리의 목적을 훨씬 뛰어넘는 일이다. 따라서 우리는 몇 가지 간단한 설명으로 만족하고자 한다. 여기의 말씀과 관련한 하나님 자신의 설명을 보고자 한다면, 로마서 4장을 참조하면 좋을 것이다.

창세기 15:6을 문자적으로 읽으면 다음과 같다. "아브람이 여호와 위에 스스로를 지탱시키니 여호와께서 이를 그의 의로 여기시고"(And he stayed himself upon the Lord; and He counted it to him unto righteousness). 하나님이 아브람에게 그의 상속자는 그 자신의 몸에서 날 자가 될 것이라고 약속하셨을 때, 그의 몸은 마치 "죽은 자와 같은" 상태였다(히 11:12). 그럼에도 불구하고 그는 하나님의 약속에 대하여 불신앙으로 비틀거리지 않았다. 도리어 그는 굳건한 믿음으로 하나님께 영광을 돌리며 하나님이 약속하신 그것을 "능히 이루실 줄을" 확신했다. "믿음이 없어 하나님의 약속을 의심하지 않고 믿음으로 견고하여져서 하나님께 영광을 돌리며 약속하신 그것을 또한 능히 이루실 줄을 확신하였으니 그러므로 그것이 그에게 의로 여겨졌느니라"(롬 4:20-22). 아브람은 그것이 자연적으로 불가능한 일이라고 추론하지 않았다. 도리어 하나님이 말씀대로 이루실 것이라고 믿었다. 하나님이 말씀하셨으며, 그것으로 충분했다. 자신의 몸은 죽은 것 같았으며, 사라는 이미 오래 전부터 아기를 가질 수 없는 상태였다. 그럼에도 불구하고 그는 하나님에게 심지어 죽은 자까지도 살릴 수 있는 능력이 있음을 확신했다. 그리고 이런 믿음이 그에게 의로 여겨졌다. 이것은 하나님이 의 대신에 믿음을 받으신다는, 다시 말해서 믿음을 의와 동등한 것으로 받으신다는 의미가 아니다. 그렇다면 믿음 자체가 공로가 될 것이다. 다만 믿음은 의가 흘러들어 오는 통로, 혹은 의를 담는 그릇이라는 의미이다. 우리는 여기에 나타나는 전치사를 주목할 필요가 있다. 그것은 "instead of"가 아니라 "unto"이다 — He counted it to him unto righteousness. 아브람의 경우는 단순히 그 자신에게만 해당되는 특별한 경우가 아니었다. 그것은 대표적인 경우였다. 오늘날에도 여전히 의롭다하심을 받는 것은 믿음으로 말미암는다. 그러나 그의 경우와 우리의 경우 사이에는 매우 중요한 차이가 있다. 아브람은 하나님이 자신의 몸을 다시 살리심을 통해 자신에게 아들을 주실 것을 믿었다. 반면 우리는 하나님이 우리에게 당신의 아들을 주셨음과, 그 아들이 죽음과 다시 살아남을 통해 우리의 구주가 되심을 믿는다.

여기에서 잠깐 멈추고 한 가지 난제(難題)를 생각해 보도록 하자. 아브람은 창세기 15:6에서 의롭다 여기심을 받기 오래 전에 이미 "신자"(信者)였나? 우리는 이 사건 이전에 이미 아브람이 신자의 상태에 있었다고 말할 수 있다. 그것은 마치 베드로를 만나기 이전의 고넬료의 상태와 비슷했던 것으로 여겨진다. 히브리서 11:8은 그가 "믿음으로" 갈대아 우르를 떠나 "갈 바를 알지 못하고" 나아갔다고 분명하게 말하지 않는가? 그런데 어째서 성경은 여기에서 또 다시 "아브람이 여호와를 믿으니 여호와께서 이를 그의 의로 여기시고"라고 말씀하는가? 이러한 질문에 대한 대답을 찾는 것은 그리 어렵지 않다. 신약은 아브람이 "믿음으로" 갈대아 우르를 떠났다고 말한다. 그러므로 분명 그때 그는 신자였다. 그러나 거기에서 — 즉 히 11:8에서 — 그의 믿음은 의로 여기심을 받는 것과 연결되어 언급되지 않는다. 대신에 성령께서는 로마서와 갈라디아서에서 아브람의 믿음이 "의로 여기심을 받은" 때를 여기의 창세기 15장으로 제시하기를 기뻐하셨다. 그 이유는 무엇인가? 그것은 창세기 15장에서 아브람의 믿음이 그리스도를 상징하는 그의 "자손"과 관련한 하나님의 약속과 직접적으로 연결되기 때문이다(갈 3:16을 보라). 이와 같이 아브람이 "의로 여기심을 받은" 믿음은 약속된 자손과 관련하여 하나님이 말씀하신 것을 믿는 믿음이었다. 성령께서 "의롭다하심에 이르는 믿음"을 위한 본보기로서 선택하시기를 기뻐하신 것은 바로 여기 즉 창세기 15장에서의 아브라함의 믿음이었다. 그리스도를 떠나 의롭다하심은 없다. "형제들아 너희가 알 것은 이 사람을 힘입어 죄 사함을 너희에게 전하는 이것이며 또 모세의 율법으로 너희가 의롭다 하심을 얻지 못하던 모든 일에도 이 사람을 힘입어 믿는 자마다 의롭다 하심을 얻는 이것이라"(행 13:38, 39). 그러므로 여기 즉 창세기 15장에서 아브람이 처음으로 "하나님을 믿은" 것은 아니었다. 다만 여기에서 하나님은 처음으로 그의 의를 공개적으로 확증하시기를 기뻐하셨다. 이것을 오늘날의 경우와 비교해 보자. 오늘날 그리스도인들이 이생의 일상적인 관심사들과 관련하여 하나님을 믿을 수 있을 것이다. 그러나 그러한 믿음이 곧 그들이 의롭다함을 받은 믿음은 아니다. 의롭다함을 받는 믿음은 우리 주 예수 그리스도의 인격 및 사역과 직접적으로 관련된다. 창세기 15장에 언급된 아브람의 믿음의 성격은 바로 이것이었다 — 그는 그리스도를 가리키는 하나님의 약속을 믿었다. 그러므로 우리는 창세기 12장이 아니라 15장에 가서야 비로소 "여호와께서 이를 그의 의로 여기시고"라는 말씀을 읽게 된다. 하나님의 방법은 얼마나 완전한가!

"또 그에게 이르시되 나는 이 땅을 네게 주어 소유를 삼게 하려고 너를 갈대아인

의 우르에서 이끌어 낸 여호와니라"(7절). 이제 아브라함은 자신이 자기 자손으로 말미암아 그 땅을 소유하게 될 것을 알 수 있는 표적을 구하는 자리에까지 나아간다. "그가 이르되 주 여호와여 내가 이 땅을 소유로 받을 것을 무엇으로 알리이까?"(8절). 이러한 아브람의 질문은 불신앙으로부터 말미암은 것이 아니었다. 다만 하늘의 뭇별을 통해 무수한 자손의 표적을 보도록 허락받은 연후에, 이제 그는 설명을 통한 또 다른 표적 혹은 약속을 받기를 갈망하고 있는 것이다. 그리하여 하나님은 그 앞에 그리스도의 모형을 제시하심으로써 응답하신다.

"여호와께서 그에게 이르시되 나를 위하여 삼 년 된 암소와 삼 년 된 암염소와 삼 년 된 숫양과 산비둘기와 집비둘기 새끼를 가져올지니라 아브람이 그 모든 것을 가져다가 그 중간을 쪼개고 그 쪼갠 것을 마주 대하여 놓고 그 새는 쪼개지 아니하였으며 솔개가 그 사체 위에 내릴 때에는 아브람이 쫓았더라"(9-11절). 여기의 모형은 놀랍도록 완전하다. 하나님이 "나를 위하여 가져올지니라"라고 말씀하신 네 종류의 동물들을 주목해 보라. 그것들은 사나운 들짐승들이 아니라, 길들여진 유순한 동물들이었다. 각각의 동물들은 그리스도의 사역과 그의 완전하심의 다양한 측면들을 보여 준다. 삼 년 된 암소는 그의 왕성한 능력을 가리키는 것으로 보인다. 염소는 속죄제물의 측면을 보여 주며, 숫양은 레위기에서 특별히 성별(聖別)과 관련된 동물이었다. 그리고 비둘기는 하늘로부터 온 자에 대해 말한다. 또 여기에서 "삼 년"이 세 번 반복되는데, 그것은 우리 주님의 희생의 기간을 암시하는 것으로 보인다. 그는 "삼 년" 동안 섬김의 일을 행하셨다. 그리고 특별히 여기의 동물들 모두가 죽임을 당하는 것을 주목하라. 그것은 피 흘림이 없이는 사함이 없으며, 사함이 없으면 그 땅을 유업으로 얻는 것도 없기 때문이다. 또 동물들을 "쪼개는" 것은 여기의 희생제사가 언약을 위한 기초를 세우기 위한 것이었음을 보여 준다(렘 34:18, 19을 참조하라). 그리고 솔개를 "쫓는" 것은 믿음의 능력을 가리키는 것으로 보인다.

"해 질 때에 아브람에게 깊은 잠이 임하고 큰 흑암과 두려움이 그에게 임하였더니 여호와께서 아브람에게 이르시되 너는 반드시 알라 네 자손이 이방에서 객이 되어 그들을 섬기겠고 그들은 사백 년 동안 네 자손을 괴롭히리니"(12, 13절). 여기에서 우리는 한 가지 심오한 진리가 상징적으로 나타나는 것을 발견한다. 여기에서 아브람은 오직 고난을 통해 그 땅을 소유하게 될 것임을 배운다. 그의 자손들은 하나님이 그들을 위해 예비하신 땅으로 들어가기 전에 먼저 고난의 풀무를 통과해야만 했다. "깊은 잠"과 "큰 흑암의 두려움" 속에서, 아브람은 이를테면 영으로 죽음 속으로 들어간 것이었다(horror of great darkness, 한글개역개정판에는 "큰 흑암과 두려움"이라고 되어 있음). 그것은 그의 모든 자손들이 하나님의 구원을 경험하기 전에 먼저 죽음과 같은 고난을 통과해야만 함을 보여 준다. 먼저 400년간의 고난이 있고, 그 이후에 그 땅을 유업으로 상속받는다. 이러한 사실은 우리에게 로마서 8:17 말씀을 일깨워 준다. "자녀이면 또한 상속자 곧 하나님의 상속자요 그리스도와 함께한 상속자니 우리가 그와 함께 영광을 받기 위하여 고난도 함께 받아야 할 것이니라." 또 사도행전 14:22은 이렇게 말한다. "또 우리가 하나님의 나라에 들어가려면 많은 환난을 겪어야 할 것이라 하고." 이것은 우리 주님에게도 마찬가지였다. 먼저 "고난"이 있었고, 그 다음에 "영광"이 따랐다. 우리는 이러한 순서를 항상 기억해야 한다. 첫째로 희생제물(9절), 둘째로 "네 자손"(13절), 셋째로 고난(13절), 그리고 넷째로 기업의 땅에 들어감(16절). 여기의 상징은 얼마나 완전한가!

"해 질 때에 아브람에게 깊은 잠이 임하고 큰 흑암의 두려움이 그에게 임하였더니"(12절). "깊은 잠"을 통해 하나님은 아브람에게 그의 자연적인 생명으로는 그 땅을 유업으로 얻을 수 없음을 상징적으로 보여 주셨다. 그는 먼저 죽어야만 했다. 그러고 나서 약속된 자손(Promised Seed)과 더불어 그 땅을 유업으로 받아야만 했다. 이러한 "깊은 잠"으로부터 깨어나는 것에서 그는 부활의 희미한 약속을 받았다. 그리고 무덤을 상징하는 "큰 흑암의 두려움"으로부터 벗어나는 것에서 그는 한낮의 빛으로 다시금 불러냄을 받았다. 한 마디로 그 땅을 유업으로 받는 것은 죽음과 부활을 통하는 것이었다.

"여호와께서 아브람에게 이르시되 너는 반드시 알라 네 자손이 이방에서 객이 되어 그들을 섬기겠고 그들은 사백 년 동안 네 자손을 괴롭히리니 그들이 섬기는 나라를 내가 징벌할지며 그 후에 네 자손이 큰 재물을 이끌고 나오리라 너는 장수하다가 평안히 조상에게로 돌아가 장사될 것이요 네 자손은 사대 만에 이 땅으로 돌아오리니 이는 아모리 족속의 죄악이 아직 가득 차지 아니함이니라 하시더니"(13-16절). 여기에 훗날 문자적으로 완전하게 성취된 일곱 가지 예언이 담겨 있다. 여기의 말씀은 아브람의 자손들이 애굽 땅에서 거류할 것이라는 것, 그들이 거기에서 노예로서 섬길 것이라는 것, 그리고 그들이 구원을 받아 가나안으로 돌아올 것이라는 것 등을 언급한다. 그러면 여기에 나타나는 일곱 가지 예언을 간략하게 요약해 보도록 하자. 첫째로, 아브람의 자손들이 그들의 소유가 아닌 땅에서 객이 될 것이다(13절). 둘째로, 그 땅에서 그들이 노예로서 "섬길" 것이다(13절). 셋째로, 그들이 400년 동안 "괴롭힘"을 당할 것이다(13절). 출애굽기 12:40은 우리에게 이스라엘 자손들이 애굽에서 거한 전체 기간을 가르쳐 준다. 그들은 애굽에서 430년 동안 거주했다. 그러나 그들이 "괴롭힘"을 당한 것은 그 가운데 400년이었다. 넷째로, 이스라엘 자손들이 노예로 섬긴 나라를 하나님이 "징벌"할 것이다(14절). 다섯째로, 아브람의 자손들이 "큰 재물"을 가지고 애굽으로부터 나올 것이다(14절). 시편 105:37을 참조하라. 여섯째로, 아브람 자신은 그러한 고통을 겪지 않을 것이다. 그는 "장수하다가 평안히 조상에게로 돌아가 장사될" 것이다(15절). 그리고 일곱째로, 아브람의 자손들이 4대 만에 가나안으로 돌아올 것이다(16절). 나는 우리 독자들이 이러한 예언들이 얼마나 놀랍게 성취되었는지 잘 알 것이라고 믿는다. 그러나 우리는 특별히 마지막 일곱 번째 예언이 어떻게 정확하게 이루어졌는지 주목할 필요가 있다. 출애굽기 6:16-26을 통해 우리는 이스라엘 자손이 애굽을 떠나 가나안으로 돌아온 것이 정확하게 "4대" 만이었던 사실을 알게 된다. 첫째 세대는 야곱의 아들 레위였다. 그는 아버지와 형제들과 함께 애굽에 내려갔다(출 6:16). 둘째 세대는 레위의 아들 고핫이었다(16절). 셋째 세대는 고핫의 아들 아므람이었다(18절). 그리고 넷째 세대는 아므람의 아들 모세와 아론으로서, 이들이 출애굽을 이끌었다(20절).

"해가 져서 어두울 때에 연기 나는 화로가 보이며 타는 횃불이 쪼갠 고기 사이로 지나더라"(17절). 여기의 말씀과 관련하여 많은 해석들이 제시되었다. "연기 나는 화로"와 "타는 횃불"은 아브람의 자손들의 역사(歷史)의 두 가지 주된 특징을 상징한다. "화로"와 관련해서는 예레미야 11:3-4을 보라. 또 "타는 횃불"과 관련해서는 사무엘하 22:29, 시편 119:105, 이사야 62:1 등을 보라. "연기 나는 화로와 타는 횃불"이라는 표현을 주목하라. 이것은 우리에게 이스라엘이 괴롭힘을 당할 때 하나님이 그들과 함께 계실 것을, 그리고 그들의 모든 괴로움 가운데 하나님도 그들과 함께 괴로움을 당할 것을 가르치지 않는가?

"그 날에 여호와께서 아브람과 더불어 언약을 세워 이르시되 내가 이 땅을 애굽강에서부터 그 큰 강 유브라데까지 네 자손에게 주노니"(18절). 여기에서 하나님이 아브람과 더불어 맺은 언약은 희생제물의 죽음 — 상징적으로 그리스도의 죽음 — 위에 기초했다. 그리고 희생제물 위에 기초한 여기의 언약은 하나님 자신에 의해 만들어졌다. 그것은 약속의 땅과 관련한 언약이었으며, 절대적이며 무조건적인 언약이었다. 그 언약은 아직까지 완전하게 성취되지 않았다. "내가 이 땅을 … 네 자손에게 주었노니"라는 표현을 주목해 보라(unto thy seed have I given this land, 한글개역개정판에는 "네 자손에게 주노니"라고 되어 있음). 또 그것을 창세기 13:15과 비교해 보라. "보이는 땅을 내가 너와 네 자손에게 주리니 영원히 이르리라"(I will give it). 여기에 미래형으로 나타나는 것을 주목하라. 그러나 이제 희생제물이 드려지고 피가 흘려짐으로써 값이 치러졌다. 그러므로 미래형은 현재완료형으로 바뀌었다.

이 글을 쓰는 나의 목적은 창세기 15장을 완전하게 주석하는 것이 아니다. 나의 목적은 단순히 간단한 해설을 제시하는 것일 뿐이다. 나의 주된 노력은 독자들이 개인적으로 성경을 상세히 연구하는 일에 도움이 되도록 진리의 전체적인 개요를 제시하는 것이다. 창세기 15장은 성경에서 상당한 분량의 매우 중요한 용어들과 표현들이 처음 나타나는 장이다. 다음에 열거하는 것들은 그 가운데서도 특별히 큰 중요성을 갖는 것들이다. 여기에서 우리는 처음으로 "여호와의 말씀이 임하여"라는 주목할 만한 표현을 발견한다(1절). 또 여기에서 우리는 "환상"이라는 단어가 처음 언급되는 것을 발견한다(1절). 또 여기에서 우리는 처음으로 "두려워 말라"는 표현을 읽는다(1절). 이러한 표현은 성경에서 거의 180회 정도 나타난다. 또 여기에서 하나님이 처음으로 "방패"로서 언급된다(1절). 또 여기에서 "아도나이 여호와"(주 여호와)라는 신적 호칭이 처음 나타난다(2절). 뿐만 아니라 "믿으니"(believed), "여기시고"(counted), "의"(righteousness) 등의 단어들도 여기에서 처음 나타난다. 나와 여러분 모두 매일 같이 성경을 부지런히 살펴서 우리 모두가 기꺼이 "사람이 많은 탈취물을 얻은 것처럼 나는 주의 말씀을 즐거워하나이다"라고 말할 수 있게 되기를 바란다(시 119:162).

제 21장

아브라함과 하갈

창세기 16장

오늘의 이야기와 앞장에서 우리가 다룬 이야기 사이에 나타나는 대조보다 더 큰 대조를 우리는 거의 상상할 수 없다. 아브람은 창세기 15장에서 믿음의 사람으로 나타나지만, 16장에서는 불신앙의 사람으로 나타난다. 그는 15장에서 여호와를 믿지만, 16장에서는 사래의 말을 듣는다. 그는 15장에서 성령을 따라 행하지만, 16장에서는 육체의 힘을 따라 행한다. 이 얼마나 슬픈 불일치인가! 오직 한 사람만이 "나는 항상 그가 기뻐하시는 일을 행하노라"라고 말할 수 있다(요 8:29).

"아브람의 아내 사래는 출산하지 못하였고 그에게 한 여종이 있으니 애굽 사람이요 이름은 하갈이라 사래가 아브람에게 이르되 여호와께서 내 출산을 허락하지 아니하셨으니 원하건대 내 여종에게 들어가라 내가 혹 그로 말미암아 자녀를 얻을까 하노라 하매 아브람이 사래의 말을 들으니라"(창 16:1, 2). 사래의 이러한 제안에서 우리는 아브람을 또 다시 시험하는 것을 보게 된다. 우리의 믿음의 조상은 계속해서 시험을 받고 또 시험을 받았다. 먼저 그의 믿음은 모든 자연적인 것들을 넘어서야만 했다. 하나님은 그를 그의 고향과 친척으로부터 떠나라고 명령하셨다. 그리고 가나안에 도착한 직후 그의 믿음은 환경적인 역경에 의해 시험을 받았다. 그 땅에 기근이 있었던 것이다. 다음으로 그는 형제와 관련한 시험에 직면해야만 했다. 아브람은 자신의 목자들과 롯의 목자들 사이의 마찰이 형제간의 "다툼"으로 비화되는 것을 우려했다. 그가 롯에게 관대한 제안을 함으로써 그 문제를 극복한 것을 우리는 앞에서 살펴보았다. 또 아브람은 조카에 대한 사랑과 함께 용기의 시험을 받았다. 롯이 사로잡혀 갔을 때, 아브람은 급히 뒤쫓아 그를 구출했다. 곧이어 그에게 탐심의 시험이 따랐다. 소돔 왕은 그에게 그돌라오멜이 탈취해 갔던 모든 물품을 취하라고 말했다. 그리고 여기에서 또 다시 그는 아내의 제안으로 말미암아 시험을 받고 있다. 아들을 얻는 일과 관련하여 그는 그것을 하나님의 손으로부터 취할 것인가, 아니면 육체의 힘으로부터 취할 것인가? 요컨대 지금까지 아브람은 대략 여섯 가지 측면에서 시험을 받았다. 우리는 그것을 다음과 같이 요약할 수 있다. 첫째로, 그의 믿음의 **뜨거움**이 시험되었다. 그는 하나님을 자신의 고향과 가족과 친척보다 더 사랑했는가? 둘째로, 그의 믿음의 **충분성**이 시험되었다. 그는 자신의 모든 필요를 채우기 위해 살아 계신 하나님을 바라보았는가, 아니면 순조로운 환경을 의지했는가? 셋째로, 그의 믿음의 **겸비함**이 시험되었다. 그는 자신의 권리를 주장할 것인가, 아니면 롯에게 양보할 것인가? 넷째로, 그의 믿음의 **담대함**이 시험되었다. 그는 강력한 적군의 손으로부터 자신의 조카를 구출하고자 시도할 것인가? 다섯째로, 그의 믿음의 **존귀**가 시험되었다. 그는 소돔 왕으로부터 호의를 받아들임으로 말미암아 스스로의 존귀를 떨어뜨릴 것인가? 여섯째로, 그의 믿음의 **인내**가 시험되었다. 그는 하나님이 당신의 선하신 방법으로 당신의 약속을 이루실 때까지 기다릴 것인가, 아니면 스스로 문제를 해결하고자 나설 것인가?

여기에서 우리는 이러한 다양한 시험들의 **배경**을 주목할 필요가 있다. 그럴 때 우리는 그로부터 매우 값진 교훈을 배우게 될 것이다. 가나안 땅에 도착하자마자, 아브람은 기근에 직면했다. 그러면서 애굽으로 내려가면 기근을 피할 수 있을 것이라는 시험을 받았다. 그가 **애굽**을 떠나 약속의 땅으로 돌아온 직후, 우리가 읽게 되는 다음 이야기는 목자들 사이의 **다툼**이다. 또 롯을 구출하고 멜기세덱으로부터 축복을 받은 바로 다음 순간, 그는 또 다시 **소돔 왕**의 제안으로 말미암아 하나님의 이름을 더럽히며 스스로를 부끄럽게 만드는 시험을 받는다. 또 창세기 15장에서 하나님의 놀라운 계시를 받은 직후, 우리는 그가 그의 아내로부터 미묘한 시험을 받는 것을 보게 된다.

여기에서 우리는 축복에 이어 시험이 따르는 것을 발견하게 된다. 나에게 이것은 영적인 삶에 있어서의 일반적인 원리로 보인다. 엘리사는 엘리야의 겉옷을 받기를 간절히 바랐다. 그의 바람은 허락되었다. 그러나 우리가 그에 대해 읽는 다음 이야기는 그의 앞을 요단강이 가로막는 것이었다. 엘리야의 겉옷은 즉시로 사용되어야 했다. 또 지혜를 구한 솔로몬을 생각해 보자. 그의 기도는 응답되었다. 그러자 그의 지혜는 한 아이를 가지고 서로 자기 아이라고 주장하는 두 여인의 송사를 해결하는 일에 곧바로 사용되어야 했다. 이것은 우리 주님의 경우에도 마찬가지였다. 성령이 비둘기의 형상으로 그 위에 임했다. 그러자 곧바로 우리는 "성령이 곧 예수를 광야로 몰아내신지라"라는 말씀을 읽는다(막 1:12). 그리고 거기에서 그는 마귀에게 시험을 받으셨다. 여기에서 우리는 한 가지 매우 중요한 교훈을 배워야 한다. 그것은 주의 은총의 어떤 특별한 표적을 받거나 혹은 그와의 특별한 교제를 경험했을 때, 우리는 더욱 주의를 기울여 스스로를 살피며 경계할 필요가 있다는 사실이다.

사래의 잘못된 제안은 아브람의 믿음의 인내를 시험하는 것이었다. 하나님은 아브람에게 "내가 너로 큰 민족을 이루고 네게 복을 주어 네 이름을 창대하게 하리니"라고 말씀하셨다(창 12:2). 또 하나님은 한 걸음 더 나아가 "하늘을 우러러 뭇별을 셀 수 있나 보라 또 그에게 이르시되 네 자손이 이와 같으리라"라고 말씀하셨다(15:5). 그러나 처음 약속을 받은 후 10년이 지났을 때에도 여전히 그에게는 단 한 명의 자녀도 없었다. 그럼에도 불구하고 "아브람은 여호와를 믿었다"(15:6). 그리고 그는 지금 그 약속이 성취되기를 기다리고 있었다. 그러나 자연적인 마음으로 기다리는 것은 결코 쉬운 일이 아니다. 사람은 하나님의 약속이 성취되기를 기다리기보다, 차라리 자신의 손과 인간적인 경험을 사용하여 스스로 그것을 이루기를 더 좋아한다. 그것은 야곱의 경우에도 마찬가지였다. 장자의 명분은 에서가 아니라 그에게 주어졌다. 그러나 그는 하나님이 주실 때까지 기다리는 대신 자신의 계략으로 그것을 얻고자 했다. 그것은 모세의 경우에도 마찬가지였다. 하나님은 아브람의 자손들이 이방의 객이 되어 400년 동안 괴롭힘을 당할 것이라고 말씀하셨다. 그러나 한 애굽인이 어떤 히브리인을 때리는 것을 보고 모세가 나섰을 때는 그로부터 단지 360년이 지난 때일 뿐이었다. 그때 모세는 그 일을 자신이 떠맡으면서 그 애굽인을 쳐죽였다. 우리의 길을 하나님께 맡기는 것과 그를 계속적으로 신뢰하면서 그가 이루실 때까지 기다리는 것은 별개이다.

"아브람이 사래의 말을 들으니라"(16:2). 우리의 인류의 조상은 아내의 말을 들음으로 말미암아 범죄했다. 마찬가지로 우리의 믿음의 조상 역시 여기에서 아담의 모범을 따른다. 이 모든 것은 우리를 경계하기 위해 기록되었다. 사람의 원수가 자기 가족인 것은 얼마나 흔한 일인가! 가장 가까운 사람이 영적 생활을 훼방하는 올무와 장애물이 되는 것은 얼마나 흔한 일인가! 그러므로 우리는 "너희는 믿지 않는 자와 멍에를 함께 메지 말라"는 훈계를 항상 마음에 새길 필요가 있다

(고후 6:14).

"아브람의 아내 사래가 그 여종 애굽 사람 하갈을 데려다가 그 남편 아브람에게 첩으로 준 때는 아브람이 가나안 땅에 거주한 지 십 년 후였더라"(16:3). 갈라디아서 4:22-26은 여기의 행동과 그에 대한 아브람의 반응 안에 내포된 교리적 원리들에 대한 영감(靈感)된 주석이다. 많은 사람들이 아브람의 타락의 시대적 의미에 대해 충분히 설명했으므로 여기에서 그것을 다시금 장황하게 설명할 필요는 없다. 아브람은 하나님의 약속이 성취될 때를 기다리는 대신 스스로 그것을 이루기 위해 애굽 여자를 취함으로써 도리어 문제를 일으키고 말았다. 이것은 오늘날의 신자들 사이에서도 얼마나 자주 반복되는 일인가! 그것은 마치 성령으로 시작한 일을 육체로써 완성시키려고 하는 것과 마찬가지이다.

아브람이 아내로부터의 그럴듯한 유혹에 굴복한 결과는 즉시 나타났다. "아브람이 하갈과 동침하였더니 하갈이 임신하매 그가 자기의 임신함을 알고 그의 여주인을 멸시한지라"(4절). 그 결과는 충분히 예상할 수 있는 일이었다. 애굽인 여종은 자신에게 주어진 새로운 신분에 우쭐거리는 마음이 생겼다. 그녀가 볼 때 사래는 이제 아무것도 아니었다. 그리하여 사래는 자신이 한 일을 후회하며 남편에게 불평을 한다. "사래가 아브람에게 이르되 내가 받는 모욕은 당신이 받아야 옳도다 내가 나의 여종을 당신의 품에 두었거늘 그가 자기의 임신함을 알고 나를 멸시하니 당신과 나 사이에 여호와께서 판단하시기를 원하노라"(5절). 인간의 타락한 본성은 이와 같이 자신이 잘못한 일을 남의 탓으로 돌리며 비난하기를 좋아한다. 자신에게 닥친 "불행"에 대해 사람들은 너무나 자주 자신의 책임은 뒤로 감춘 채 하나님이나 혹은 사탄을 비난한다.

"아브람이 사래에게 이르되 당신의 여종은 당신의 수중에 있으니 당신의 눈에 좋을 대로 그에게 행하라 하매"(6 상반절). 아브람은 사래의 잘못의 책임을 자신이 취하기를 거절하면서 그녀로 하여금 자기가 뿌린 것의 열매를 스스로 취하도록 내버려 둔다. 여기에서 하나의 악이 어떻게 또 다른 악을 이끄는지 주목하라. 그렇게 하는 가운데 아브람은 가정의 머리로서의 자신의 위치를 아내에게 양도하고 있기 때문이다.

"사래가 하갈을 학대하였더니 하갈이 사래 앞에서 도망하였더라"(6 하반절). 솔로몬은 "다투며 성내는 여인과 함께 사는 것보다 광야에서 사는 것이 나으니라"라고 말했다(잠 21:19). 이러한 말은 여기의 아브람에게도 해당되는가? 하갈

역시도 잘못을 행한 자의 길이 험하다는 것을 배워야만 했다. 계속해서 7절을 주목해 보라. "여호와의 사자가 광야의 샘물 곁 곧 술 길 샘 곁에서 그를 만나." 이것은 얼마나 큰 은혜인가! 여기에서 처음으로 언급되는 "여호와의 사자"가 하나님 자신의 현현(顯現)이라는 사실은 굳이 길게 설명할 필요가 없다. 여호와의 사자가 여기의 가련한 애굽인 여종을 만난 장소를 주목해 보라. 그곳은 "광야의 물 근원 곁"이었다(by a fountain of water in the wilderness, 한글개역개정판에는 "광야의 샘물 곁"이라고 되어 있음). 또 그곳은 14절에서 "샘"(well)으로 일컬어진다. 바로 여기가 성경에서 "샘"이라는 단어가 처음 나타나는 장소이다. 여기에서 잠깐 멈추고 구약에서 "샘"이 언급되는 다른 몇 개의 구절들을 살펴보도록 하자. 그것은 그러한 구절들에 나타나는 "샘"이 너무나 아름답게도 "영원히 목마르지 않는" 생수를 주는 자를 가리키고 있기 때문이다(요 4:14).

"샘"이 언급되는 구약의 다른 구절들로 가기에 앞서, 먼저 우리는 그 단어가 여기(창세기 16장)에서 어떻게 말하여지는지 살펴볼 필요가 있다. 이 "샘"과 관련하여 우리는 세 가지를 주목할 수 있다. 첫째로, 그것은 "광야"에 있었다. 둘째로, 그것은 "물 근원 곁"에 있었다. 셋째로, 바로 이 샘에서 하나님이 하갈에게 스스로를 나타내셨다. 여기의 상징들을 해석하는 것은 어렵지 않다. 그리스도가 발견되는 곳은 세상의 화려하며 시끌벅적한 곳이 아니다. 구주를 만나는 것은 사람이 일시적인 "죄의 낙"을 누리고 있을 때가 아니다. 그곳은 광야이다. 다시 말해서 죄인이 구주를 만나는 것은 우리가 세상의 현란한 것들로부터 물러나 "광야"에 있을 때이다. 가련한 인생이 구주를 발견하는 곳은 어디인가? 그곳은 다름 아닌 기록된 말씀을 상징하는 "물 근원 곁"이다. 가련한 죄인들이여! 진지한 마음으로 주 예수 그리스도를 찾고자 하는가? 사람들로부터 물러나 그에 대해 증언하는 성경을 찾으라. 마찬가지로 하나님이 스스로를 나타내신 곳 역시 바로 이 "샘"이었다. "하갈이 자기에게 이르신 여호와의 이름을 나를 살피시는 하나님이라 하였으니 이는 내가 어떻게 여기서 나를 살피시는 하나님을 뵈었는고 함이라"(13, 14절). 여기의 "샘"이 상징하는 그리스도는 "나를 본 자는 아버지를 보았거늘"이라고 말씀하셨다(요 14:9). 하나님이 스스로를 충분하게 나타내는 것은 그리스도 안에서이다.

성경에서 "샘"이 언급되는 다음 구절은 창세기 21:19이다. 이 구절 역시 하갈과 관련된다. "하나님이 하갈의 눈을 밝히셨으므로 샘물을 보고." 여기의 상징은 얼마나 명백한가! "나를 보내신 아버지께서 이끌지 아니하시면 아무도 내게 올 수 없으니"(요 6:44). 뿐만 아니라 하나님이 어떤 사람의 마음의 눈을 열어 주실 때까지, 그는 결코 그리스도를 볼 수 없다. "예수께서 대답하여 이르시되 바요나 시몬아 네가 복이 있도다 이를 네게 알게 한 이는 혈육이 아니요 하늘에 계신 내 아버지시니라"(마 16:17). 이것은 여기의 하갈에게도 마찬가지였다. "하나님이 하갈의 눈을 밝히셨으므로 샘물을 보고." 또 이것은 루디아에게도 마찬가지였다. "두아디라 시에 있는 자색 옷감 장사로서 하나님을 섬기는 루디아라 하는 한 여자가 말을 듣고 있을 때 주께서 그 마음을 열어 바울의 말을 따르게 하신지라"(행 16:14). 나아가 이것은 모든 사람들에게 마찬가지이다.

계속해서 창세기 29:1-2을 살펴보자. "야곱이 길을 떠나 동방 사람의 땅에 이르러 본즉 들에 우물이 있고 그 곁에 양 세 떼가 누워 있으니 이는 목자들이 그 우물에서 양 떼에게 물을 먹임이라." 이러한 말씀에 대해서는 특별한 해설이 필요치 않다. "우물"(well)은 양들이 물을 마시고 원기를 회복하는 장소이다. 여기의 우물이 상징하는 자를 생각해 보라. 우리 주님은 우리에게 생명 — 그 자신의 생명 — 을 주실 뿐만 아니라 우리의 곤고한 영혼을 날마다 새롭게 하신다.

계속해서 민수기 21:16-17을 살펴보자. "거기서 브엘에 이르니 브엘은 여호와께서 모세에게 명령하시기를 백성을 모으라 내가 그들에게 물을 주리라 하시던 우물이라 그 때에 이스라엘이 노래하여 이르되 우물물아 솟아나라 너희는 그것을 노래하라." 이것은 얼마나 놀라운 말씀인가! 여기에서 우리는 "우물"이 의인화되는 것을 발견한다 — "너희는 그것을 노래하라." 다시 말해서 "우물"을 찬미하며 노래하라는 것이다. 또 우리는 여기에서 우물이 이스라엘이 모이는 장소로 나타나는 것을 발견한다. 우리 모두 우리의 복된 주님 곁에 모이자! 그리고 우리를 사랑하사 자기 피로 우리의 모든 죄를 씻어 주신 그를 찬미하며 노래하자!

계속해서 사무엘하 17:17-19을 보도록 하자. "그 때에 요나단과 아히마아스가 사람이 볼까 두려워하여 감히 성에 들어가지 못하고 에느로겔 가에 머물고 어떤 여종은 그들에게 나와서 말하고 그들은 가서 다윗 왕에게 알리더니 한 청년이 그들을 보고 압살롬에게 알린지라 그 두 사람이 빨리 달려서 바후림 어떤 사람의 집으로 들어가서 그의 뜰에 있는 우물 속으로 내려가니 그 집 여인이 덮을 것을 가져다가 우물 아귀를 덮고 찧은 곡식을 그 위에 널매 전혀 알지 못하더라." 이와 같이 "우물"은 요나단과 그의 종을 보호해 준 장소였다. 그들은 우물 속에 안전하게 감추어졌다. 이것은 우리에게 "너희 생명이 그리스도와 함께 하나님 안에 감추어졌음이라"라는 말씀을 일깨워 주지 않는가(골 3:3)?

지금까지 이야기한 내용으로부터 우리는 다음과 같은 사실들을 배우게 된다. 첫째로, "샘"(혹은 "우물")은 "물 근원 곁"에서 발견된다는 사실. 다시 말해서 그리스도는 기록된 말씀 안에서 발견된다. 둘째로, 하나님은 샘에서 스스로를 나타내신다는 사실. 오늘날 하나님은 그리스도 안에서 스스로를 충분하게 알리시고 나타내신다. 셋째로, 하나님이 하갈의 눈을 열어 주시고 난 연후에야 비로소 그녀가 샘을 "보았다"는 사실. 이와 같이 성령 하나님이 우리의 마음의 눈을 열어 주셔야 비로소 우리가 그리스도를 올바로 볼 수 있다. 넷째로, "양들"이 물을 마시는 것은 우물이라는 사실. 이와 같이 우리 영혼이 새로워지는 것은 그리스도와의 교제 안에서이다. 다섯째로, 우물은 이스라엘이 함께 모이는 장소였다는 사실. 이와 같이 오늘날 그리스도는 우리가 예배를 위해 모이는 중심지(Gathering-Center)이다. 여섯째로, 이스라엘이 우물을 "노래"하라고 명령받은 사실. 이와 같이 우리 주님은 영원히 우리의 찬미의 주제이며 대상이다. 일곱째로, 우물은 요나단과 그의 종이 적들로부터 보호받은 장소였다는 사실. 이와 같이 그리스도 안에서 우리는 모든 원수들로부터의 은신처와 모든 폭풍으로부터의 피난처를 발견한다.

"여호와의 사자가 광야의 물 근원 곁 곧 술 길 샘 곁에서 그를 만나 이르되 사래의 여종 하갈아 네가 어디서 왔으며 어디로 가느냐 그가 이르되 나는 내 여주인 사래를 피하여 도망하나이다 여호와의 사자가 그에게 이르되 네 여주인에게로 돌아가서 그 수하에 복종하라"(16:7-9). 은혜는 의(義)로 말미암아 통치한다. 그녀를 찾은 것은 은혜였으며, 그와 같이 그녀에게 충고한 것은 의였다. 은혜는 결코 의를 희생시킨 값으로 역사(役事)하지 않는다. 은혜는 하나님과 이웃에 대한 우리의 책임을 무시하기보다 도리어 강화시킨다. 구원을 가져다주는 하나님의 은혜는 우리가 "경건하지 않은 것과 이 세상 정욕을 버리고 신중함과 의로움과 경건함으로 살도록" 가르친다(딛 2:12). 여기에서 하갈과 관련하여 두 가지를 주목하라. 첫째로, 여호와의 사자는 그녀를 "사래의 여종"이라고 부름으로써 그녀가 아브람과 결혼한 것을 인정하지 않는다. 둘째로, 하갈은 그녀의 여주인에게로 "돌아가도록" 명령받는다. 하나님 자신이 문을 열면서 하갈을 아브람의 집으로부터 내보낼 날이 올 것이었다(창 21:12-14). 그러나 그때까지 그녀는 사래의 권위에 "복종"해야만 한다. 이후 13년 동안 그녀는 자신의 몫을 견디며 자신의 의무를 이행해야만 한다. 그러는 가운데 하나님은 그녀에게 한 가지 약속을 주심으로써 그녀의 마음을 위로하신다(창 5:10을 보라). 여기의 말씀에서 우리는 무슨 교훈을 배우는가? 여기에 자신의 의무로부터 도망친 자가 있는가? 그런 사람들에게 하나님은 "돌아가서 복종하라"고 말씀하신다. 만일 우리가 어떤 잘못을 행했다면, 평안과 축복을 회복하는 유일한 길은 회개와 복종으로 우리의 발걸음을 돌이키는 것이다.

"여호와의 사자가 또 그에게 이르되 네가 임신하였은즉 아들을 낳으리니 그 이름을 이스마엘이라 하라 이는 여호와께서 네 고통을 들으셨음이니라 그가 사람 중에 들나귀 같이 되리니 그의 손이 모든 사람을 치겠고 모든 사람의 손이 그를 칠지며 그가 모든 형제와 대항해서 살리라 하니라"(11, 12절). 이러한 예언은 이스마엘 자신보다 그의 자손들에게 더 밀접하게 관련되는 것으로 보인다. 여기의 예언이 아랍인들 사이에서 얼마나 정확하게 성취되었는지 생각해 보라. 모든 세대를 통해 그들은 항상 거칠고 호전적인 사람들이었다. 그들은 여러 나라들에 의해 정복을 당했지만, 단 한 번도 고분고분하게 순복하지 않았다.

"하갈이 자기에게 이르신 여호와의 이름을 나를 살피시는 하나님이라 하였으니 이는 내가 어떻게 여기서 나를 살피시는 하나님을 뵈었는고 함이라"(13, 14절). 하나님이 예전에 "샘"에서 하갈을 발견하셨던 것처럼, 오늘날 우리를 발견하시기를 원한다. 또 그녀가 거기에서 그를 보고 그의 말씀을 들은 것처럼, 오늘날 우리도 그렇게 되기를 바란다.

제22장

99세 때의 아브라함

창세기 17장

우리는 아브람의 일생 가운데 또 한 번의 중요한 위기에 도달했다. 그리고 여기에서 우리는 모든 신자들의 조상을 다루실 때 여호와의 비할 데 없는 은혜를 또 다시 보게 될 것이다. 아브람이 "사래의 말을 들은" 이래 13년이 지났다(창 17:25을 보라). 이것은 얼마나 의미심장한 숫자인가! 성경에서 "13"은 항상 불길한 분위기 속에서 발견된다. 그것은 불신앙과 배반과 배교와 관련되는 숫자이다. 이 숫자가 처음 나타나는 것은 창세기 14:4이다. 거기에서 우리는 "이들이 십이 년 동안 그돌라오멜을 섬기다가 제 십삼년에 배반한지라"라는 말씀을 읽는다. 아브람의 경우도 그와 비슷했다. 그는 75세 때에 고향과 친척과 아비 집을 떠나 믿음의 길을 걸어가라는 하나님의 부르심을 받았다. 그는 이후 거의 12년 동안 보이지 않는 자를 보는 것처럼 하여 참았다. 그러나 86세 때에 그는 믿음의 길로부터 돌이켜 육체의 생각을 따랐다(창 17장 1절과 25절을 참조하라). 그는 사라의 제안에 따라 아들을 얻기 위해 애굽인 여종 하갈을 첩으로 취했다. 이후 13년이 지나는 동안 그에게 하나님이 나타나셨다는 언급은 전혀 나타나지 않는다. 그 기간은 하늘의 침묵 가운데 지나갔다. 그 기간은 공백이며, 영적 불모의 기간이었다. 그 기간은 명백히 나무와 풀과 짚 외에 아무것도 맺지 못한 기간이었다. 이와 같이 우리는 숫자 13이 배반과 불신앙과 관련되는 것을 발견한다. 이와 같이 "13"은 성경 전체를 통해 악한 숫자로 나타난다(왕상 7:1; 창 6:38; 에 3:12-13 등을 참조하라). 그것을 보여 주는 실례(實例)로 우리는 이스라엘이 완강한 여리고 성벽을 13바퀴 돈 것과, 배교의 책인 사사기에 13명의 사사들이 등장하는 것과, 마가복음 7:21-23에서 주님이 사람을 더럽게 하는 것으로서 13가지를 열거하신 것과, 계시록에서 "용"이라는 단어가 정확하게 13번 나타나는 사실 등을 들 수 있다. 또 그러한 사실을 우리는 성경에 "13"의 배수(倍數)가 나타나는 다양한 구절들에서도 또 다시 확인할 수 있다. 예컨대 야곱은 바로에게 "내 나그네 길의 세월이 백삼십 년이니이다 내 나이가 얼마 못 되니 우리 조상의 나그네 길의 연조에 미치지 못하나 험악한(evil) 세월을 보내었나이다"라고 말한다(창 47:19). 130은 13에다가 10을 곱한 숫자이다. 또 민수기 16장에 고라와 다단과 아비람의 반역 이야기가 기록되어 있는데, 우리는 거기에서 멸망을 당한 사람이 모두 14,950명이었음을 발견한다(민 16장 35절의 250명과 49절의 14,700명을 더하면 14,950명이 된다), 14,950은 13에다가 1,150을 곱한 숫자이다. 또 신명기 14장에 이스라엘 백성들이 먹어서는 안 되는 부정한 동물들의 목록이 나오는데, 그 숫자를 주의 깊게 세어 보면 모두 26가지가 된다(7-19절을 보라). 26은 13에다가 2를 곱한 숫자이다. 또 바울은 믿지 않는 유대인들에게 "사십에 하나 감한 매"를 다섯 차례나 맞았다(고후 11:24). 39는 13에다가 3을 곱한 숫자이다. 또 기독교 세계의 배교를 다루는 유다서는 신약에서 스물여섯 번째 책이다. 26은 13에다가 2를 곱한 숫자이다. 이 모든 실례(實例)들을 감안할 때, 우리는 창세기 16장에 기록된 사건과 17장에 기록된 사건 즉 아브람이 사라의 말을 들었을 때와 여호와께서 그에게 다시 나타나신 것 사이의 13년의 간격이 단순한 우연이 아님을 확신할 수 있다. 그 기간은 하늘의 침묵 가운데 지나간 영적 불모의 기간이었다. 그러면 우리는 오랜 침묵 후의 그와 같은 하나님의 은혜로운 나타나심을 살피기에 앞서 먼저 다음과 같은 중요한 질문을 생각해 볼 필요가 있다.

아브람에게 있어 여호와께서 자신에게 다시 나타나실 때까지 그토록 오랜 시간을 기다려야만 했던 이유는 무엇이었나? 여호와께서 아브람에게 다시금 스스로를 나타내시면서 아들을 주실 것을 약속하시기에 앞서 그토록 오랜 시간이 지나가야만 했던 이유는 무엇이었나? 이러한 질문에 대한 대답을 우리는 로마서 4:19에서 찾을 수 있을 것이다. "그가 백 세나 되어 자기 몸이 죽은 것 같고 사라의 태가 죽은 것 같음을 알고도 믿음이 약하여지지 아니하고." 하나님은 은혜 가운데 행하실 것이었다. 그러나 은혜가 나타날 수 있기에 앞서 먼저 사람의 자아(自我)가 종말에 이르러야만 한다. 사람은 하나님의 능력이 나타나기에 앞서 먼저 자신의 무능력을 배워야만 한다. 홍해 앞에 선 이스라엘 백성들을 생각해 보라. 그들이 아무것도 할 수 없는 절망 가운데 처했을 때 비로소 "너희는 가만히 서서 여호와께서 오늘 너희를 위하여 행하시는 구원을 보라"라는 말씀이 임했다(출

14:13), 여기에서도 마찬가지였다. 아브람의 몸이 "죽고" 나서야 비로소 하나님은 자신의 말씀을 이루시고 그에게 아들을 주실 것이었다. 하나님의 기회는 사람이 마지막 순간에 도달할 때 비로소 임한다. 우리는 항상 이러한 교훈을 마음에 새겨야 한다. 그것은 매우 큰 실제적 중요성을 가지고 있기 때문이다. 우리는 그것을 다음과 같이 요약할 수 있다 — "하나님이 나중까지 미루시는 데는 반드시 이유가 있다." 하나님은 옳은 일을 행하시며, 최선의 일을 행하신다. 그러나 그것이 전부가 아니다. 그와 함께 하나님은 항상 합당한 시간에 그리고 최선의 시간에 행하신다. "때가 차매 하나님이 그 아들을 보내사 여자에게서 나게 하시고"(갈 4:4). 하나님은 때가 찼을 때 비로소 그 아들을 보내셨다. 바로 이것이 많은 사람들이 쓰라린 마음으로 던지는 질문에 대한 대답이다. 하나님이 그 아들의 재림을 미루시는 이유 말이다. 시스라의 어머니처럼, 우리 역시도 종종 "그의 병거가 어찌하여 더디 오는가 그의 병거들의 걸음이 어찌하여 늦어지는가?"라고 쓰라린 마음으로 묻곤 한다(삿 5:28). 아, 그 대답이 바로 여기에 있다! 아직 "때가 차지" 않은 것이다. 하나님의 미루심에는 반드시 합당한 이유가 있다. 그 이유가 무엇인지에 대해 베드로는 이렇게 말한다. "주의 약속은 어떤 이들이 더디다고 생각하는 것 같이 더딘 것이 아니라 오직 주께서는 너희를 대하여 오래 참으사 아무도 멸망하지 아니하고 다 회개하기에 이르기를 원하시느니라"(벧후 3:9). 하나님이 그 아들의 재림을 미루시는 것은 그의 오래 참으심 때문이다. 왜냐하면 하나님은 아무도 멸망하지 않고 다 회개하기에 이르기를 원하시기 때문이다.

이것을 또 다른 곤란한 문제에 적용해 보도록 하자. 하나님의 미루심에는 반드시 이유가 있다. 하나님은 사람의 자아(自我)가 종말에 이를 때까지 자신의 능력을 나타내지 않으실 것이다. 하나님의 기회는 사람의 자아가 마지막 순간에 도달할 때까지 임하지 않을 것이다. 하나님은 우리의 능력이 "죽을" 때까지 은혜 가운데 행하지 않으실 것이다. 시편 107편이 바로 이것을 가르치지 않는가? "그들이 광야 사막 길에서 방황하며 거주할 성읍을 찾지 못하고 주리고 목이 말라 그들의 영혼이 그들 안에서 피곤하였도다 이에 그들이 근심 중에 여호와께 부르짖으매 그들의 고통에서 건지시고 … 그러므로 그가 고통을 주어 그들의 마음을 겸손하게 하셨으니 그들이 엎드러져도 돕는 자가 없었도다 이에 그들이 그 환난 중에 여호와께 부르짖으매 그들의 고통에서 구원하시되 … 배들을 바다에 띄우며 큰 물에서 일을 하는 자는 여호와께서 행하신 일들과 그의 기이한 일들을 깊은 바다에서 보나니 여호와께서 명령하신즉 광풍이 일어나 바다 물결을 일으키는도다 그들이 하늘로 솟구쳤다가 깊은 곳으로 내려가나니 그 위험 때문에 그들의 영혼이 녹는도다 그들이 이리저리 구르며 취한 자 같이 비틀거리니 그들의 모든 지각이 혼돈 속에 빠지는도다 이에 그들이 그들의 고통 때문에 여호와께 부르짖으매 그가 그들의 고통에서 그들을 인도하여 내시고"(4-6, 12-13, 23-28절). 우리는 우리의 모든 지혜와 재주와 노력이 아무것도 아닌 것이 될 때 비로소 "고통 가운데 여호와께 부르짖는다." 그리고 그때 여호와는 우리를 고통으로부터 건져내신다.

사랑하는 독자여, 이러한 원리를 당신 자신의 개인적인 삶에 적용해 보라. 당신은 하나님의 미루심으로 인해 쓰라린 마음을 가지고 있는가? 하나님에게는 그렇게 해야만 하는 분명한 이유가 있다. 하나님은 아브람에게도 그렇게 하셨고, 당신에게도 그렇게 하신다. 그가 하란을 떠난 75세 때부터 이삭이 태어난 100세 때까지의 25년은 기다리기에 너무나 긴 시간이었다. 그러나 그렇게 하신 것은 하나님의 지혜였으며, 결과가 그것을 증명한다. 하나님의 미루심에는 여러 가지 이유가 있다. 어떤 때는 자기 자녀들의 믿음을 시험하기 위함이며, 어떤 때는 그들의 인내를 증진시키기 위함이며, 어떤 때는 그들의 자아를 죽게 하기 위함이다. 또 하나님은 자신의 구원의 능력이 보다 선명하게 나타나게 하기 위해 일을 미루시기도 한다. 그런가 하면 당신이 행하셨음을 사람들이 보다 더 분명하게 깨닫고 당신께 영광을 돌리도록 하기 위해 그렇게 하시기도 한다.

"아브람이 구십구 세 때에 여호와께서 아브람에게 나타나서 그에게 이르시되 나는 전능한 하나님이라 너는 내 앞에서 행하여 완전하라"(창 17:1). 이러한 말씀은 먼저 일종의 책망으로 간주되어야만 한다. 그것은 하나님이 이를테면 이렇게 말씀하시는 것과 마찬가지였다. "더 이상 불신앙적인 방법을 의지하지 말라. 이제 올바른 길을 지켜라. 그리고 내 자신의 때와 방법으로 나의 약속을 이루도록 내게 맡겨라." 이와 같이 우리는 창세기 17장의 첫 구절을 하나님이 아브람에게 "씨"를 주겠다는 본래의 약속과 그것을 자기 자신의 노력으로 이루려는 아브람의 허탄한 시도의 빛에 비추어 읽을 필요가 있다(창 13:15, 16). 아브람이 알아야 할 필요가 있었던 것은 하나님의 전능하심이었다. 그가 잘못된 방법을 의지(依支)한 것은 그것을 충분히 생각하지 않았기 때문이었다. 여기에서 우리는 또 하나의 중요한 교훈을 배워야 한다. 그것은 하나님의 일을 이루기 위해 잘못된 방법을 사용해서는 안 된다는 것이다. 하나님의 종들은 이러한 사실을 항상 명심해야 한다. 그들은 아브람처럼 하나님이 약속하신 "씨"를 간절한 마음으로 기다린다. 그러나 오랜 시간이 지나도 그것은 오지 않는다. 그리하여 그들은 목적이 수단을 정당화한다고 말하면서 스스로 "씨"를 만들어 내기 위해 잘못된 방법을 사용한다. 인내할 줄 모르는 모든 성급함을 효과적으로 치료할 수 있는 것이 바로 여기에 있다. 그것은 완전히 은혜로우며, 완전히 충족하며, 완전히 전능한 자를 생각하는 것이다.

창세기 17:1을 다시 한 번 읽어 보도록 하자. "아브람이 구십구 세 때에 여호와께서 아브람에게 나타나서 그에게 이르시되 나는 전능한 하나님이라 너는 내 앞에서 행하여 완전하라." 이 말씀은 또한 신적 사랑의 복된 나타남으로 간주되어야 한다. 고린도전서 13장은 "사랑은 오래 참고 사랑은 온유하며"라고 말한다(4절). 옛 족장들에 대한 하나님의 다루심에서 우리는 이것이 온전히 실증(實證)되는 것을 발견한다. 그들은 얼마나 자주 하나님의 사랑을 시험했나! 그들은 얼마나 자주 하나님의 사랑을 슬프게 했나! 그들은 얼마나 자주 하나님의 사랑과 불합(不合)하게 행동했나! 그럼에도 불구하고 하나님은 그들을 사랑으로 다루셨다. "세상에 있는 자기 사람들을 사랑하시되 끝까지 사랑하시니라"(요 13:1). 하나님은 아브람에 대해 얼마나 오래 참으셨나! 아브람의 잘못에 대해 "오래 참은" 것은 사랑이었다. 모든 결함과 약점에도 불구하고 그를 버리지 않은 것은 사랑이었다. 그의 마음의 소원을 이루어 주겠노라고 약속하고 때가 차매 그에게 아들을 준 것은 사랑이었다. 사랑하는 독자들이여, 여전히 여러분에 대하여 "오래 참는" 것은 하나님의 사랑이 아닌가! 그 사랑이 없었다면, 우리는 이미 오래 전에 망했을 것이 아닌가! 아무것도 우리를 그리스도 예수 안에 있는 하나님의 사랑으로부터 끊을 수 없다. 여기에서 특별히 "그리스도 예수 안에 있는" 이라는 표현을 주목하라. 그것은 그리스도 예수 안에 있는 하나님의 사랑이다. 그 사랑은 의로운 사랑이다. 그것은 의가 결여된 병적인 감상주의가 아니다. 요한일서는 "하나님은 사랑이시라"라고 말한다. 그러나 그 서신은 그렇게 말하기에 앞서 먼저 "하나님은 빛이시라"라고 말한다(요일 1:5과 4:8을 보라).

창세기 17:1로 다시 돌아가자. "아브람이 구십구 세 때에 여호와께서 아브람에게 나타나서 그에게 이르시되 나는 전능한 하나님이라." 여기에서 하나님이 스스로에 대해 계시하신 것은 이때의 정황과 잘 부합한다. 여기에서 하나님은 처음으로 스스로를 "전능자"로 계시하셨다. 모든 능력을 소유한 자 외에는 아무도 이때의 아브람의 필요에 부응할 수 없었다. 그는 지금 99세였으며, 그의 몸은 죽은 자와 같았다. 사라도 마찬가지였다. 그녀 역시 이미 오래 전에 아이를 낳을 수 없는 몸이 되었다. 도대체 어떻게 그들이 아들을 가질 것을 바랄 수 있단 말인가? 그러나 하나님에게 불가능한 것은 없다. 그 이유가 무엇인가? 그것은 그가 엘 샤다이, 전능한 하나님이기 때문이다. "전능자"라는 호칭은 악인의 마음에 두려움을 불러일으키는 호칭이지만, 그러나 의인에게 그것은 하늘의 안식을 가져다 주는 호칭이다. "여호와의 이름은 견고한 망대라 의인은 그리로 달려가서 안전함을 얻느니라"(잠 18:10).

하나님이 두 번째로 스스로를 엘 샤다이로 계시하신 것은 여기의 창세기 17:1의 상황과 매우 비슷한 상황 아래에서였다. "야곱이 밧단아람에서 돌아오매 하나님이 다시 야곱에게 나타나사 그에게 복을 주시고 하나님이 그에게 이르시되 네 이름이 야곱이지마는 네 이름을 다시는 야곱이라 부르지 않겠고 이스라엘이 네 이름이 되리라 하시고 그가 그의 이름을 이스라엘이라 부르시고 하나님이 그에게 이르시되 나는 전능한 하나님이라 생육하며 번성하라 한 백성과 백성들의 총회가 네게서 나오고 왕들이 네 허리에서 나오리라"(창 35:9-11). 하나님이 아브람에게 스스로를 전능한 하나님으로 계시하시면서 곧이어 그의 이름을 아브람에서 아브라함으로 바꾸어 주신 것을 주목하라. 그것은 여기의 야곱의 경우에도 마찬가지였다. 여기에서도 하나님은 스스로를 전능한 하나님으로 계시하시면서 야곱의 이름을 이스라엘로 바꾸어 주셨다. 창세기 17장에서 하나님은 아브람에게 "내가 내 언약을 나와 너 사이에 두어 너를 크게 번성하게 하리라 … 너는 여러 민족의 아버지가 될지라"라고 말씀하셨다(2, 4절). 마찬가지로 창세기 35장에서 하나님은 야곱에게 "생육하며 번성하라 한 백성과 백성들의 총회가 네게서 나오리라"라고 말씀하셨다(11절). 또 창세기 17장에서 우리는 하나님이 아브람에게 "나타나셨다"는 말씀을 듣는다(1절). 이것은 문자적으로 "아브람에게 보였다"를 의미하는데, 여기 창세기 35:9에서도 같은 단어가 사용되었다. 이것은 매우 주목할 만한 사실이다. 왜냐하면 여기 두 곳이 — 창 12:7을 제외하고 — 창세기에서 우리가 족장들에게 "나타나신" 하나님에 대하여 읽는 유일한 구절들이기 때문이다. 이것은 "전능한 하나님"이라는 신적 호칭의 중요성을 강조하기 위한 것으로 보인다. 마지막으로 창세기 17장과 35장을 비교할 때, 우리는 두 곳에서의 하나님과의 만남이 모두 비슷하게 끝나는 것을 주목할 수 있다. 17장의 만남은 22절에서 "하나님이 아브라함과 말씀을 마치시고 그를 떠나 올라가셨더라"라는 말씀과 함께 끝나며, 35장의 만남은 13절에서 "하나님이 그와 말씀하시던 곳에서 그를 떠나 올라가시는지라"라는 말씀과 함께 끝난다.

이와 동일한 신적 호칭이 신약의 서신들에서 발견되는 것은 얼마나 복된 사실인가! "그러므로 너희는 그들 중에서 나와서 따로 있고 부정한 것을 만지지 말라 내가 너희를 영접하여 너희에게 아버지가 되고 너희는 내게 자녀가 되리라 전능하신 주의 말씀이니라 하셨느니라"(고후 6:17, 18). 그리스도는 "자기를 힘입어 하나님께 나아가는 자들을 온전히 구원할" 수 있는데, 그것은 그가 "전능하시기" 때문이다(히 7:25). 그리스도는 "시험 받는 자들을 능히 도우실" 수 있는데, 그것은 그가 "전능하시기" 때문이다(히 2:18). 아무것도 우리를 "우리 주 그리스도 예수 안에 있는 하나님의 사랑에서 끊을" 수 없는데, 그것은 그가 "전능하시기" 때문이다(롬 8:39). 우리 구주는 "만물을 자기에게 복종하게 하실 수 있는 자의 역사로 우리의 낮은 몸을 자기 영광의 몸의 형체와 같이 변하게 하실" 것인데, 그것은 그가 "전능하시기" 때문이다(빌 3:21). 하나님은 "우리 가운데서 역사하시는 능력대로 우리가 구하거나 생각하는 모든 것에 더 넘치도록 능히 하실" 수 있는데, 그것은 그가 "전능하시기" 때문이다(엡 3:20). 우리 구주는 "능히 우리를 보호하사 거침이 없게 하시고 우리로 그 영광 앞에 흠이 없이 기쁨으로 서게 하실" 것인데, 그것은 그가 "전능하시기" 때문이다(유 24).

"아브람이 구십구 세 때에 여호와께서 아브람에게 나타나서 그에게 이르시되 나는 전능한 하나님이라 너는 내 앞에서 걸어 완전하라"(walk before Me, 한글개역개정판에는 "내 앞에서 행하여"라고 되어 있음). 우리는 서로 다른 전치사를 사용함으로써 하나님의 백성들의 다양한 "걸음"에 대해 이야기하는 네 구절을 주목하고자 한다. 여기 창세기 17:1에서 아브람은 전능한 하나님 "앞에서"(before) 걸으라고 명령받는다. 또 신명기는 이스라엘 자손들에게 여호와를 "따라"(after) 걸으라고 훈계한다. "너희는 너희의 하나님 여호와를 따라 걸으며 그를 경외하며 그의 명령을 지키며"(신 13:4). 그런가 하면 창세기는 에녹과 노아에 대해 그들이 하나님과 "함께"(with) 걸었다고 증언한다(창 5:24, 6:9). 한편 그리스도의 몸의 지체들에게 신약은 그리스도 "안에서"(in) 걸으라고 훈계한다. "그러므로 너희가 그리스도 예수를 주로 받았으니 그 안에서 걷되"(골 2:6). "앞에서" 걷는 것은 아버지 앞에서 뛰어가는 아이를 암시한다. 아버지가 뒤에 있으므로 자신의 완전한 안전을 의식하면서 말이다. "따라" 걷는 것은 뒤에서 주인을 따라 걸어가는 종의 모습과 잘 부합된다. "함께" 걷는 것은 교제와 친교를 암시한다. 그리고 "안에서" 걷는 것은 연합을 암시한다. 우리가 어떻게 그리스도 안에서 걷는지에 대해, 성령은 다음 절에서 가르쳐준다 — "그 안에 뿌리를 박으며 세움을 받아"(골 2:7). 네 가지 서로 다른 전치사로 구성되는 신자의 걸음의 다양한 측면을 우리는 다음과 같이 요약할 수 있다. "우리는 하나님의 자녀로서 그 앞에서 걸으며, 종으로서 그를 따라 걸으며, 친구로서 그와 함께 걸으며, 그의 몸의 지체로서 그 안에서 걷는다."

"나는 전능한 하나님이라 너는 내 앞에서 행하여 완전하라." 주의 깊은 독자라면 여기의 "완전"을 대체하는 단어로서 난외(欄外)에 "정직"과 "성실"이 보충되어 있는 것을 주목할 수 있을 것이다. 그러나 나는 그렇게 할 필요가 없다고 생각한다. 히브리어 "타민"은 마땅히 "완전"으로 번역되어야 하기 때문이다. 같은 단어가 시편 19:7에 나타난다. "여호와의 율법은 완전하여 영혼을 소성시키며." 또 그 단어는 "흠 없는"(without blemish)으로 44회 번역된다. 그러면 하나님은 정말로 아브람에게 "완전하라"고 말씀하셨나? 그렇다. 하나님은 분명히 그렇게 말씀하셨다. 도대체 어떻게 하나님이 그 이하로 말씀하실 수 있단 말인가? 도대체 어떻게 완전하신 하나님이 자기 피조물 앞에 완전함 보다 낮은 표준을 제시할 수 있단 말인가? 사람들은 너무나 자주 자신들의 수준에 맞추기 위해 하나님의 말씀의 예리함을 두루뭉술하게 만들곤 했다. 하나님은 성경 전체에 걸쳐 우리 앞에 완전함의 표준을 제시하신다. 율법은 이스라엘이 마음을 다하여 하나님을 사랑해야 한다고 요구한다. 주 예수 그리스도 역시도 자신의 제자들에게 "하늘에 계신 너희 아버지의 완전하심과 같이 너희도 완전하라"고 말씀하셨다(마 5:48). 나아가 신약의 모든 서신들의 가르침은 "이를 위하여 너희가 부르심을 받았으니 그리스도도 너희를 위하여 고난을 받으사 너희에게 본을 끼쳐 그 자취를 따라오게 하려 하셨느니라"라는 말씀으로 요약된다(벧전 2:21). 바로 이것이 완전함의 표준이 아닌가? 형제들이여, 바로 이것이 우리 앞에 놓인 표준이다. 바로 이것이 우리가 계속해서 추구하며 분투해야 할 표준이다. 여기에 미치지 못하는 것으로 우리는 결코 만족할 수 없다. 그러나 육체 안에 있는 자는 어느 누구도 이러한 표준을 완전하게 이루지 못했다. 그러므로 우리 모두는 바울과 함께 다음과 같이 말할 수 밖에 없다. "내가 이미 얻었다 함도 아니요 온전히 이루었다 함도 아니라 오직 내가 그리스도 예수께 잡힌 바 된 그것을 잡으려고 달려가노라 형제들아 나는 아직 내가 잡은 줄로 여기지 아니하고 오직 한 일 즉 뒤에 있는 것은 잊어버리고 앞에 있는 것을 잡으려고 푯대를 향하여 그리스도 예수 안에서 하나님이 위에서 부르신 부름의 상을 위하여 달려가노라"(빌 3:12-14). 그럼에도 불구하고 하나님은 예전에 아브람에게 그렇게 하셨던 것처럼 오늘날 우리들에게도 똑같이 "완전하라"고 말씀하신다. 어떤 사람들은 "이것은 불가능한 표준이야!"라고 중얼거린다. 그렇다면 그렇게 말씀하신 자가 "엘 샤다이"였음을 기억하라. 전능자가 우리 하나님인데 누가 감히 "불가능"에 대해 말한단 말인가? 그가 "내 은혜가 네게 족하도다"라고 말씀하시지 않았는가? 그러므로 우리는 그가 우리 앞에 도달할 수 없는 표준을 놓았다고 비난해서는 안 된다. 도리어 우리는 그의 전능한 품 안에서 안식하지 못하는 것으로 인해 스스로를 비난해야 한다. 그리고 그의 족한 은혜를 충분히 전유(專有)하지 못하는 잘못이 우리 자신에게 있음을 부끄러운 마음으로 고백해야 한다.

"아브람이 엎드렸더니 하나님이 또 그에게 말씀하여 이르시되"(17:3). 나는 아브람이 하나님 앞에 엎드린 이러한 행동이 앞장에 기록된 그의 태도 즉 아들을 얻는 일을 하나님에게 맡기는 대신 스스로 그 일을 이루려고 했던 태도의 빛 안에서 이해되어야 한다고 생각한다. 그때 그는 하나님이 행동하실 때까지 기다리는 대신 육신적인 방법을 의지(依支)했다. 그로 말미암아 13년간의 침묵의 기간이 지났다. 오랜 침묵이 끝나고 이제 하나님은 다시금 아브람에게 스스로를 나타내신다. 그리고 아브람은 그러한 은혜에 압도된다. 그는 자신의 불신앙에도 불구하고 하나님이 호의를 나타내시는 것에 놀라면서 엎드린다.

오늘 우리는 창세기 17장의 나머지 구절들에 대해서는 다루지 않을 것이다. 다만 두드러진 사실 한 가지만 주목하도록 하자. 여기에서 우리는 스스로를 "전능한 하나님"으로 계시하신 여호와께서 아브람에게 일곱 번에 걸쳐 "I will"을 반복하는 복합적인 약속을 주고 계시는 것을 주목할 수 있다. "내가 너로 심히 번성하게 하리니 내가 네게서 민족들이 나게 하며 왕들이 네게로부터 나오리라 내가 내 언약을 나와 너 및 네 대대 후손 사이에 세워서 영원한 언약을 삼고 너와 네 후손의 하나님이 되리라 내가 너와 네 후손에게 네가 거류하는 이 땅 곧 가나안 온 땅을 주어 영원한 기업이 되게 하고 나는 그들의 하나님이 되리라 … 하나님이 이르시되 아니라 네 아내 사라가 네게 아들을 낳으리니 너는 그 이름을 이삭이라 하라 내가 그와 내 언약을 세우리니 그의 후손에게 영원한 언약이 되리라 … 내 언약은 내가 내년 이 시기에 사라가 네게 낳을 이삭과 세우리라"(6-8, 19, 21절). 여기에 사용된 "전능한 하나님"이라는 신적 호칭은 그러한 약속이 성취될 것에 대한 보증이다. 그의 약속이 확실하게 성취되는 것은 모든 능력이 그의 손 안에 있기 때문이며, 그가 스스로 충족하신 하나님이기 때문이다. 하나님은 당신이 말씀하신 것을 반드시 행하실 것이다. 그것이 확실한 것은 여호와께서 5절에서 "내가 너를 여러 민족의 아버지가 되게 함이니라"라고 말씀하시기 때문이다(for a father of many nations have I made thee, 5절). 여기에서 하나님은 아브람에게 "내가 너를 여러 민족의 아버지가 되게 할 것이라"라고 말씀하시지 않고, "되게 했느니라"라고 말씀하신다. 마찬가지로 바울 역시도 로마서 8:30에서 "하나님이 의롭다 하신 그들을 또한 영화롭게 하셨느니라"라고 말한다(롬 8:30). 비록 경험적으로 영화롭게 되는 것은 아직 미래에 남아 있음에도 불구하고 말이다.

여기의 일곱 번의 "I will"을 출애굽기 6:6-8의 일곱 번의 "I will"과 비교해 보라. "그러므로 이스라엘 자손에게 말하기를 나는 여호와라 내가 애굽 사람의 무거운 짐 밑에서 너희를 빼내며 내가 그들의 노역에서 너희를 건지며 내가 편 팔과 여러 큰 심판들로써 너희를 속량하여 내가 너희를 내 백성으로 삼고 내가 너희의 하나님이 되리니 나는 애굽 사람의 무거운 짐 밑에서 너희를 빼낸 너희의 하나님 여호와인 줄 너희가 알지라 내가 아브라함과 이삭과 야곱에게 주기로 맹세한 땅으로 너희를 인도하고 내가 그 땅을 너희에게 주어 기업을 삼게 하리라 나는 여호와라 하셨다 하라." 우리가 이 구절에 주의를 기울이는 이유는 창세기 17장에서 하나님이 아브람에게 스스로를 "전능한 하나님"으로 계시하신 이후 칠중적인 약속이 따랐던 것처럼 여기의 출애굽기 6장에서도 하나님이 스스로를 여호와로 계시하신(3절) 이후 이와 같은 칠중적인 약속이 따르기 때문이다. 이와 같이 하나님의 말씀도 완전하고, 그가 행하시는 방식도 완전하다.

제 23장

그랄에서의 아브라함

창세기 20장

앞장에서 우리는 하나님이 스스로를 아브라함에게 "전능자"로 나타내시면서 그와 함께 아들을 주겠다는 말씀이 포함된 칠중적인 약속을 주신 것을 살펴보았다. 계속해서 창세기 18장에서 우리는 당신의 벗과 더불어 풍성한 교제를 나누시는 하나님을 보게 된다. 하나님은 아브라함의 식탁에서 음식을 드시며, 그에게 소돔과 관련한 당신의 계획을 알리신다. 그리고 같은 장 끝 부분에서 아브라함은 하나님 앞에 중보자로서 나타난다.

이제 우리는 창세기 20장에 도달했다. 여기에서 우리는 슬프면서도 극적인 변화를 목격하게 된다. 아브라함은 여기에서 예전에 애굽으로 내려갔을 때 사용했던 부끄러운 책략을 또 다시 반복한다. 아내로 인해 목숨을 잃게 될 것을 두려워하면서 또 다시 아내를 누이처럼 꾸민 것이다. 그러나 사라는 하나님의 직접적인 개입에 의해 남편의 죄의 결과로부터 건짐을 받는다.

"아브라함이 거기서 네게브 땅으로 옮겨가 가데스와 술 사이 그랄에 거류하며 그의 아내 사라를 자기 누이라 하였으므로 그랄 왕 아비멜렉이 사람을 보내어 사라를 데려갔더니"(창 20:1, 2). 여기의 창세기 20장에서 우리는 성경의 신적 영감(靈感)에 대한 또 하나의 두드러진 증거를 발견한다. 일반적인 작가라면 아브라함 같은 훌륭한 인물의 생애를 기록하는 가운데 이토록 부끄러운 이야기를 포함시키지는 않을 것이다. 사람의 마음은 항상 영웅 숭배로 기울어지는 법이다. 그리고 전기(傳記) 작가들은 통상적으로 그들이 묘사하는 인물의 경력 가운데 부끄러운 부분이나 결함 같은 것들은 되도록 감추려는 경향이 있다. 여기의 아브라함의 경우도 마찬가지이다. 단순한 전기 작가라면 틀림없이 아브라함 같은 위대한 인물의 생애 가운데 이토록 부끄러운 타락 이야기는 넣지 않았을 것이다. 바로 이 부분에서 성경은 다른 모든 책들과 다르다. 성령은 성경에 등장하는 인물들의 초상화를 사실 그대로 묘사한다. 그는 인간의 마음을 있는 그대로 그린다.

언뜻 볼 때 아브라함이 창세기 20장에 기록된 대로 행동했다는 것은 도무지 믿을 수 없는 일처럼 보인다. 그러나 조금만 더 깊이 생각하면 우리는 바로 이것이 인간의 보편적인 모습이라는 사실을 인정하지 않을 수 없게 된다. "물에 비치면 얼굴이 서로 같은 것 같이 사람의 마음도 서로 비치느니라"(잠 27:19). 신자 안에 남아 있는 옛 사람의 본성, 그것이 이따금씩 행동으로 돌출되어 나타나는 사실, 어느 시대든 하나님의 자녀들이 추악한 일에 연루되어 세상을 시끄럽게 하는 사실, 때때로 믿음과 의의 길로부터 벗어나는 우리 자신의 부끄러운 경험 — 이 모든 사실들은 여기의 아브라함의 도무지 설명할 수 없는 것처럼 보이는 부끄러운 행동을 설명하기에 조금도 부족하지 않다. 이 글을 읽는 어떤 독자가 이러한 타락과 넘어짐에 대해 아무것도 알지 못한다면, 그는 자신의 신실함과 우월한 경건을 자랑하는 대신 모든 영광을 우리를 능히 넘어짐으로부터 지키실 수 있는 자의 비할 데 없는 은혜에 돌려야 한다.

여기의 아브라함의 행동은 이루 말할 수 없을 정도로 부끄러운 행동이었다. 그는 자신의 목숨을 지킬 수만 있다면 기꺼이 아내의 명예를 희생시킬 준비가 되어 있었다. 그것은 아직 경험이 충분치 않은 어린 제자의 타락이 아니었다. 도리어 오랫동안 믿음의 길을 걸었던 자의 부끄러운 타락이었다. 더욱이 사라는 하나님의 약속을 가지고 있는 사람이었으며, 이런 사실은 그의 행동을 더욱 나쁜 것으로 만든다. 이와 관련하여 그랜트(F. W. Grant)는 이렇게 말한다. "아, 인간이란 도대체 무엇이란 말인가! 하나님 없이 인간에게 도대체 무슨 소망이 있단 말인가! 결코 없다. 위대한 하나님의 종들의 끔찍한 넘어짐 앞에서 우리는 낙망하는 마음을 가지지 않을 수 없다. 그러나 그것은 우리를 낙망으로 이끌지 않는다. 도리어 그것은 우리를 모든 위로와 능력의 근원으로 이끈다. 약함 안에서 우리는 그것을 발견하기 때문이다. 하나님을 떠나서는 아무것도 할 수 없음을 알게 될 때, 비로소 우리는 그가 매 순간 우리에게 어떤 존재인지 깨닫게 된다."

여기의 아브라함의 경우가 더욱 나쁜 것은 그것이 즉흥적으로 벌어진 일이 아니었다는 사실이다. 그것은 옛 죄가 되풀이되는 것이었다. 오래 전에 그는 애굽에서 똑같은 일을 행했다. 거기에서도 그는 여기에서와 같은 이중성을 드러냈으며, 그로 말미암아 그곳에서 불명예스럽게 추방되었다. 그러나 그는 그런 부끄러운 경험으로부터 아무 유익도 얻지 못했다. 그로부터 20년 내지 25년이 지나갔다. 그는 여호와께 제단을 쌓았으며, 그돌라오멜을 쳐부수었으며, 지극히 높으신 하나님의 제사장 멜기세덱으로부터 축복을 받았으며, 모든 재물을 취하라는 소돔 왕의 제안을 멋지게 거절했으며, 하나님으로부터 놀라운 계시와 약속을 받았다. 그러나 지금 우리는 그가 자신의 얄팍한 계산으로 하나님을 떠나며, 사람을 두려워하는 올무에 빠지며, 가장 수치스러운 거짓말에 의지(依支)하는 것을 본다. 아, 이것을 어떻게 설명할 것인가? 그것은 명백하다. 여기의 사건이 일어나는 순간까지, 아브라함은 그의 마음속에 잠재해 있는 악을 행할 환경 속에 놓여 있지 않았던 것이다.

"아브라함 안에 잠재해 있었던 악은 그때까지 충분하게 펼쳐지지 않았다. 그러나 위급한 순간이 되자 그의 약한 부분이 또 다시 드러났다. 그는 모든 재물을 취하라는 소돔 왕의 유혹을 멋지게 물리쳤다. 그러나 그것은 그의 약한 부분과 직접적으로 관련되지 않았다. 그가 애굽으로부터 올라온 때로부터 그랄에 내려갈 때까지 일어난 어떤 일도 그것과 직접적으로 관련되지 않았다. 그 사이에 그것과 직접적으로 관련되는 일이 일어났다면, 틀림없이 그때에도 그는 여기와 같이 행동했을 것이다.

"우리는 우리 마음 안에 있는 것을 결코 알 수 없다. 특별한 환경에 의해 그것이 밖으로 드러날 때까지 말이다. 베드로는 자신이 주님을 부인할 줄은 꿈에도 몰랐다. 그러나 그의 약한 부분과 직접적으로 관련되는 환경에 직면했을 때, 그의 약한 부분은 여지없이 밖으로 드러났다.

"이스라엘 자녀들의 마음이 어떠한지가 드러나기 위해 광야의 40년 방랑이 필요했다(신 8:2). 하나님의 백성들에게 있어 연단의 긴 과정의 한 가지 중요한 목적은 그들이 자신의 약함과 아무것도 아님을 더 깊이 깨닫도록 하기 위한 것이다. '우리는 우리 자신이 사형 선고를 받은 줄 알았으니 이는 우리로 자기를 의지하지 말고 오직 죽은 자를 다시 살리시는 하나님만 의지하게 하심이라'(고후 1:9). 스스로의 연약함을 더 깊이 의식할수록, 우리는 그리스도를 더 가까이 따라야 할 필요성을 더욱 절실하게 느끼게 될 것이다. 그리고 그럴수록 우리는 그의 은혜를 더욱 사모하며, 그의 속죄의 피 속으로 더 깊이 들어가게 될 것이다. 아직 어린아이의 상태에 있는 그리스도인은 결코 자신의 마음을 알지 못한다. 자신의 마음을 충분하게 아는 것을 그는 아직 감당할 수 없다. 충분하게 알게 된다면, 틀림없이 그는 거기에 압도되어 절망 속에 빠지게 될 것이다. '블레셋 사람의 땅의 길은 가까울지라도 하나님이 그들을 그 길로 인도하지 아니하셨으니 이는 하나님이 말씀하시기를 이 백성이 전쟁을 하게 되면 마음을 돌이켜 애굽으로 돌아갈까 하셨음이라' (출 13:17). 그러므로 하나님은 우리를 우회로로 인도하신다. 우리의 나아가는 발걸음이 우리가 스스로를 아는 지식과 보조를 맞추도록 하기 위해서 말이다"(C. H. M).

이와 같이 아브라함의 마음의 상태를 드러낸 것은 — 우리의 경우와 마찬가지로 — 환경의 압력이었다. 오래 전에 한 설교자는 "우리의 믿음의 분량은 곧 우리가 곤경의 때에 갖는 믿음의 분량이다"라고 말했는데, 우리는 그 말에 전적으로 동의한다. 모든 것이 평온하고 순탄할 때 하나님을 의지하는 것은 상대적으로 쉽다. 그러나 낙망과 상실과 핍박의 때는 시험의 때이다. 그때 우리는 얼마나 자주 넘어지고 마는가! 이 부분에서 우리 주님은 다른 모든 사람들과 근본적으로 다르다. 환경의 압력은 단지 그의 마음의 완전함을 온전히 드러나게 하는데 기여할 뿐이었다. 굶주림 가운데 사탄으로부터 자신의 필요를 위해 떡을 만들라는 유혹을 받았을 때, 그는 하나님의 모든 말씀으로 말미암아 사셨다. 행로에 지쳐 우물가에 앉으셨을 때, 그는 가련한 사마리아 여인에게 은혜와 생명의 말씀을 할 수 없을 정도로 피곤하지 않았다. 그가 이적을 행한 성읍들이 그의 메시지를 배척했을 때, 그는 온유함으로 "옳소이다 이렇게 된 것은 아버지의 뜻이니이다"라고 말하며 그 모든 것을 받아들이셨다(마 11:23-26). 그는 욕을 받으시되 욕하지 않으셨다. 그리고 그의 완전함은 십자가 위에서의 최고의 위기의 때에 충분하게 드러났다. 그때 그는 원수들을 위해 기도하셨으며, 회개하는 강도에게 "오늘 나와 함께 낙원에 있을" 것이라고 말씀하셨으며, 가련한 어머니를 자신의 사랑하는 제자에게 맡겼으며, 자신의 영혼을 아버지의 손에 맡기셨다. 우리의 옷은 — 옷은 행동과 성품과 삶의 방식을 상징한다 — 기껏해야 수많은 헝겊쪼가리들을 이어 붙인 누더기일 뿐이다. 그러나 그의 옷은 "호지 아니하고 위에서부터 통으로 짠" 옷이었다(요 19:23). 그렇다, 그는 모든 면에서 특별하며 탁월했다.

13절이 여기의 아브라함의 행동에 대해 빛을 던져 준다. "하나님이 나를 내 아버지의 집을 떠나 두루 다니게 하실 때에 내가 아내에게 말하기를 이 후로 우리의 가는 곳마다 그대는 나를 그대의 오라비라 하라 이것이 그대가 내게 베풀 은혜라 하였었노라." 아내에게 자신을 오라비라고 부르라는 아브라함의 요구는 그들이 갈대아를 떠나기 전에 이루어진 것이라는 사실을 주목하라. 그러므로 그것은 그들이 태어난 곳으로부터 가져온 것이었다. 다시 말해서 그것은 무의식중에 옛 사람에 들러붙어 있는 것이었다. 이로부터 우리는 육체의 악함과 옛 본성의 전적 부패와 옛 사람의 추악함을 배워야만 한다. 진실로 우리는 땅에 있는 지체를 "죽일" 필요가 있다.

사라에 대한 아브라함의 그 같은 요구는 명백히 자신들을 돌보시는 하나님의 능력에 대한 그의 믿음의 연약함에 기인하는 것이었다. 그러나 우리는 바리새적인 태도로 아브라함을 판단해서는 안 된다. 도리어 우리 자신의 모습을 돌아보아야 한다. 아브라함은 단지 우리 모두에게 공통적인 것을 실증(實證)하고 있었을 뿐이다. 우리는 그것을 믿음과 행함의 불일치라고 이름붙일 수 있을 것이다. 영혼과 관련해서는 하나님을 신뢰하기를 두려워하지 않는 자들이 얼마나 자주 육체와 관련해서는 하나님을 신뢰하기를 두려워하는가! 영원한 것들과 관련해서는 확실한 믿음을 갖는 자들이 얼마나 자주 일시적인 것들과 관련해서는 불신앙과 두려움에 사로잡히는가! 우리는 주님을 믿었으며, 그것이 우리에게 의로 여겨졌다. 그러나 여기의 아브라함과 마찬가지로 우리는 일상의 실제적인 삶의 문제들 가운데 얼마나 자주 하나님을 신뢰하기보다 우리 자신의 지혜와 재주를 더 많이 신뢰하는가!

이런 아브라함에 대해 하나님은 어떻게 행동하셨는가? 하나님은 아브라함에 대해 더 이상 참지 않고 그를 내던져 버리셨는가? 분명 아브라함은 이방인들 앞에서 악한 모범을 보임으로써 하나님을 욕되게 했다. 그러나 여기에 나타난 하나님의 은혜를 보라. 그를 내던져 버리는 대신, 하나님은 특별하게 개입하셔서 그와 그의 아내를 위기로부터 건져내셨다. 하나님은 아브라함을 버리지 않으셨다. 뿐만 아니라 그를 원수들의 손에 내버려두지도 않으셨다. 하나님의 은사와 부르심에는 "후회하심이 없다." 그 이유가 무엇인가? 그것은 그들이 마땅히 받을 자격과 무관하게 부르심을 받았기 때문이다. 하나님의 선물은 우리의 공로와 무관하게 값없이 주어진다. 그러므로 우리의 어떤 연약함도 그것을 무효로 만들지 못한다.

"예수를 의지(依支)하는 영혼을
나는 결코 원수들의 손에 버려두지 않을 것이라.

지옥이 삼키려고 애쓸지라도,
나는 결코, 결코, 결코 버리지 않을 것이라."

"그 밤에 하나님이 아비멜렉에게 현몽하시고 그에게 이르시되 네가 데려간 이 여인으로 말미암아 네가 죽으리니 그는 남편이 있는 여자임이라"(20:3). 별 생각 없이 읽는 독자들에게 이러한 말씀은 매우 상투적인 말처럼 들릴는지 모른다. 그러나 깊이 생각하며 읽는 독자들은 여기에서 매우 중요한 진리가 나타나는 것을 발견할 것이다. 하나님의 통치는 보편적이며, 하나님은 자신의 피조물들에 대해 절대적인 통치권을 갖는다. 하나님은 당신이 원하실 때 쉽게 사람들을 움직여 당신의 뜻을 이루신다. 하나님은 모든 사람들에게 다가가 꿈이나 혹은 고통이나 혹은 여러 가지 다양한 방법으로 그들에게 메시지를 전달할 수 있으시다. 여기에서도 하나님은 아비멜렉에게 무엇인가를 가르치기 위해 꿈을 사용하신다. 하나님은 그에게 그가 알지 못하고 행한 일이 잘못된 일임을 보이신다. 그리고 그에게 지금 당장 해야 할 일을 가르치신다. 아비멜렉은 블레셋 사람으로서 이교도였다. 그는 사라가 이스라엘 민족의 어머니가 될 자로 선택된 사실에 대해 그리고 그녀로부터 메시야가 올 것이라는 사실에 대해 아무것도 알지 못했다. 지금 겉으로 나타나는 상황은 하나님의 계획이 좌절될 위기에 처한 것처럼 보였다. 그러나 하나님은 그러한 상황을 얼마나 쉽게 해결하셨는가! 하나님은 단순히 꿈을 통해 그렇게 하셨다. 그 이상 필요한 것은 아무것도 없었다. 사라는 위기에서 구출되었으며, 하나님의 계획을 좌절시킬 것처럼 보였던 장애물은 제거되었다. 여기에서 내가 강조하고 싶은 것은 하나님은 너무나 쉽게 사람들을 당신이 원하시는 대로 움직일 수 있다는 사실이다. 인간의 "자유"와 관련한 모든 논의는 전적으로 하나님에게 맡기자. 사람이 하나님의 은밀한 계획에 도전하며 맞설 수 있느냐 하는 문제도 그렇게 하자. 하나님이 사람들에게 어떤 영향을 끼치고자 하지만 사람이 그렇게 하기를 거부한다는 식으로 말하는 것은 또 다시 전능자를 아무 일도 할 수 없는 구경꾼으로 되돌리는 것이다. 그런 하나님은 은혜를 베풀고자 하는 의도는 많이 가지고 있지만 사람들에게 실제로 선을 이루는 능력은 결여한 "전능하지 않은" 하나님이다. 그러나 성경이 무엇이라고 말하는가? 성경이 말하는 것을 들어보라. "왕의 마음이 여호와의 손에 있음이 마치 봇물과 같아서 그가 임의로 인도하시느니라"(잠 21:1). 그렇다. 그는 아주 쉽게 왕의 마음을 돌릴 수 있다. 그는 당신이 원하시면 "꿈"을 사용해서도 얼마든지 당신의 뜻을 이루실 수 있다.

"하나님이 꿈에 또 그에게 이르시되 네가 온전한 마음으로 이렇게 한 줄을 나도 알았으므로 너를 막아 내게 범죄하지 아니하게 하였나니 여인에게 가까이 하지 못하게 함이 이 때문이니라"(20:6). 어떤 사변적인 신학자들은 여기의 말씀에 기초하여 아담에게 선택의 능력을 주심에 있어 하나님이 그의 타락을 막을 수 없었느냐는 반론을 제기한다. 그러나 위의 구절로 그러한 이론을 세우는 것은 터무니없는 일이다. 하나님께서 아비멜렉이 범죄하는 것을 "저지할" 수 있었다면, 분명 우리의 첫 조상들에게도 그렇게 하실 수 있었을 것이다. 그러면 왜 하나님은 아담이 범죄하는 것을 "저지하지" 않으셨나? 그것은 죄가 들어오도록 허락하심으로써 당신의 은혜가 나타날 수 있도록 하기 위함이었다.

"아비멜렉이 그 날 아침에 일찍이 일어나 모든 종들을 불러 그 모든 일을 말하여 들려 주니 그들이 심히 두려워하였더라 아비비멜렉이 아브라함을 불러서 그에게 이르되 네가 어찌하여 우리에게 이렇게 하느냐 내가 무슨 죄를 네게 범하였기에 네가 나와 내 나라가 큰 죄에 빠질 뻔하게 하였느냐 네가 합당하지 아니한 일을 내게 행하였도다 하고"(20:8, 9). 아비멜렉이 간음을 "큰 죄"로 인식하고 있는 것을 주목하라. 여기에 나타나는 것처럼 이교도들도 자신들이 행하는 여러 가지 잘못된 행동들을 죄로서 인식한다. "이런 이들은 그 양심이 증거가 되어 그 생각들이 서로 혹은 고발하며 혹은 변명하여 그 마음에 새긴 율법의 행위를 나타내느니라"(롬 2:15).

마지막으로 한 가지만 더 생각해 보도록 하자. 여기에서 아브라함에 대해 아비멜렉이 말하는 것과 하나님이 말씀하시는 것이 얼마나 다른지 주목하라. "이제 그 사람의 아내를 돌려보내라 그는 선지자라 그가 너를 위하여 기도하리니 네가 살려니와"(7절). 아비멜렉은 아브라함을 뻔뻔스러운 거짓말이나 하는 사람으로 생각했다. 그러나 하나님은 그리스도 안에서 아브라함을 바라보셨다. 그리하여 하나님은 그를 "선지자"로 말씀하시면서 아비멜렉으로 하여금 그의 기도의 빚을 지도록 만드셨다. 이와 같이 항상 하나님은 불신자 앞에서 자기 백성을 옹호하신다. 하나님이 발람의 입을 통해 이스라엘에 대해 말씀하실 때도 그랬다. "야곱의 허물을 보지 아니하시며 이스라엘의 반역을 보지 아니하시는도다"(민 23:21). 하나님은 당신 앞에서 주야로 형제들을 고소하는 원수의 참소에 대해서도 그와 같은 방식으로 대답하신다. 아, 이것은 얼마나 복된 사실인가! "그러므로 이제 그리스도 예수 안에 있는 자에게는 결코 정죄함이 없나니"(롬 8:1). 이러한 사실이 우리를 아무렇게나 살도록 조장하는가? 절대로 그렇지 않다. "죄가 너희를 주장하지 못하리니 이는 너희가 법 아래에 있지 아니하고 은혜 아래에 있음이라"(롬 6:14).

제 24장

우리 모두의 조상인 아브라함

구약 성경 그 가운데서도 특별히 앞부분의 책들을 읽는 사람들 가운데 많은 사람들이 그것을 단순히 오래 전에 일어났던 사건들을 담고 있는 역사적(歷史的) 기록 이상의 아무것도 아닌 것으로 받아들이는데, 이것은 참으로 우려할 만한 일이 아닐 수 없다. 그들은 족장들의 삶의 이야기에 이르러서는 그 속에서 고대의 전기(傳記) 이상의 아무것도 발견하지 못한다. 그러나 이런 태도는 하나님을 욕되게 하는 것이다. 우리가 아브라함과 이삭과 야곱과 요셉에 대한 이야기를 단순히 오래 전의 옛 이야기로만 들으면서 영감(靈感)된 기록 안에서 오늘날 우리에게 적용될 수 있는 것을 아무것도 발견하지 못한다면, 우리는 실제적으로 창세기를 죽은 책으로 만드는 것이다. 그러나 실제로 창세기는 "생명의 말씀"의 일부이며(빌 2:16), 생기로 가득 찬 살아 있는 책이며, 다른 책들은 가지고 있지 못한 특별한 생명력을 가진 책이며, 모든 세대에 영속적으로 적용될 수 있는 책이다.

이제 또 하나의 개념을 생각해 보도록 하자. 성경이 하나님에 대해 계시하는 한 가지 진리는 그에게는 변함이 없으시다는 것이다. 그는 "어제나 오늘이나 영원토록 동일하시기" 때문이다. 그러므로 그의 길은 항상 동일하다는 사실이 필연적으로 따른다. 다시 말해서 하나님은 모든 세대를 통해 사람들 특별히 자기 백성들을 동일한 원리로 다루신다. 바로 이것이 "역사(歷史)는 반복된다"는 잘 알려진 사실의 이유이다. 그러면 그러한 원리를 실제로 적용해 보도록 하자. 방금 이야기한 것이 옳다면, 우리는 하나님이 아브라함을 다루신 것이 오늘날 우리를 다루시는 것의 전조(前兆)가 될 것이라고 충분히 예상할 수 있다. 아브라함이 경험한 것들은 오늘날 우리가 경험하는 것들의 실례(實例)가 될 것이다. 이것을 받아들일 때, 우리는 앞 단락 말미에 언급한 결론 즉 "성경은 살아 있는 책으로서 모든 세대에 영속적으로 적용될 수 있다"는 결론과 동일한 결론에 도달하게 된다. 이제 두 개념을 결합해 보도록 하자.

성경은 살아 있는 책이기 때문에, 그 안에 쓸모없는 부분은 하나도 없다. 물론 그 안에 기록된 이야기들은 모두 예전에 일어났던 이야기들이다. 그럼에도 불구하고 그 안에 낡은 것은 아무것도 없다. 성경은 살아 있는 책이기 때문에, 그것의 모든 부분은 우리 시대에 적용될 수 있는 유용한 메시지를 가지고 있다. 또 하나님은 변함이 없으시기 때문에, 그의 길은 예전이나 오늘날이나 근본적으로 동일하다. 그러므로 하나님이 아브라함을 다루신 것은 오늘날 우리를 다루시는 것의 전조와 실례가 된다. 그러므로 우리가 아브라함의 생애의 이야기를 가장 효과적이며 유익한 방법으로 읽고자 한다면, 우리는 그 안에 다름 아닌 우리 자신의 삶의 이야기가 담겨 있는 것을 인식해야만 한다. 본론에 들어가기에 앞서 한 가지만 더 생각해 보도록 하자.

"그러므로 상속자가 되는 그것이 은혜에 속하기 위하여 믿음으로 되나니 이는 그 약속을 그 모든 후손에게 굳게 하려 하심이라 율법에 속한 자에게뿐만 아니라 아브라함의 믿음에 속한 자에게도 그러하니 아브라함은 우리 모든 사람의 조상이라"(롬 4:16). 어떻게 아브라함이 우리 모두의 "조상"이 되는가? 어떤 의미에서 그는 우리 모두의 조상인가? 물론 육체적으로가 아니라, 상징적이며 모형적으로 그러하다. 아들은 아버지로부터 생김새라든지 등을 물려받는다. 그들 사이에 닮음이 있다. 아담은 "자기의 형상과 같은" 아들을 낳았다(창 5:3). 그와 같이 아브라함과 그의 자손들 사이에는 닮음과 비슷함이 있다. 한 마디로 아브라함은 신자의 표본으로서 간주되어야 한다. 같은 맥락에서, 아브라함의 생애와 우리의 생애 사이에는 긴밀한 상응관계가 있다. 여기에서 또 다시 우리는 앞에서 이야기한 결론과 동일한 결론에 도달하게 된다. 이제 우리는 이러한 결론의 타당성을 시험하면서 그것을 좀 더 상세하게 검토할 수 있는 모든 준비를 갖추게 되었다.

그러므로 우리는 창세기에 기록된 아브라함의 생애를 오랜 전에 일어났던 오늘날 별 쓸모없는 이야기로 읽어서는 안 된다. 뿐만 아니라 단순히 한 토막의 영감(靈感)된 역사(歷史)로서만 읽어서도 안 된다. 거기에서 한 걸음 더 나아가 우리는 그것을 모든 세대의 아브라함의 자손들의 경험을 보여 주는 표본으로서, 그리고 모든 세대에 하나님이 자기 백성들을 다루시는 다루심을 묘사하는 것으로서 읽어야만 한다. 좀 더 구체적으로 생각해 보자. 처음에 아브라함은 어떤 사람이었나? 그는 잃어버린 죄인이었다. 그는 하나님을 알지 못하는 사람이었으며,

우상 숭배자였다. 우리도 마찬가지였다. "그러므로 생각하라 너희는 그 때에 육체로는 이방인이요 … 그 때에 너희는 그리스도 밖에 있었고 이스라엘 나라 밖의 사람이라 약속의 언약들에 대하여는 외인이요 세상에서 소망이 없고 하나님도 없는 자이더니"(엡 2:11, 12). 그러다가 무슨 일이 일어났나? 영광의 하나님이 그에게 나타나셨다(행 7:2). 우리도 마찬가지였다. 하나님이 우리에게 스스로를 나타내셨다. 다음으로 무슨 일이 있었나? 하나님은 아브라함이 스스로를 그의 옛 삶에 속하는 모든 것으로부터 분리시키도록 부르셨다. 우리에 대한 하나님의 부르심도 마찬가지이다. 우리는 스스로를 세상과 세상에 속한 모든 것으로부터 분리시켜야 한다. 아브라함은 그러한 부르심에 순종했나? 처음에는 단지 불완전하게 순종했을 뿐이었다. 하나님이 명령하신 대로 친척들을 떠나는 대신, 그는 아버지 데라와 조카 롯과 함께 갈대아를 떠났다. 이것으로부터 우리는 마땅히 경고를 받아야만 한다. 세상과 세상에 속한 모든 것으로부터 스스로를 분리시키라는 하나님의 부르심에, 우리는 단지 부분적으로 그리고 마지못해 순종하지 않았나? 계속해서 나아가 보자. 아브라함이 가나안에 도착한 직후 가혹한 환경이 그의 믿음을 시험한다. "기근"이 일어난 것이었다. 그로 말미암아 그는 어떻게 행동했나? 그는 자신의 필요를 하나님께 고하면서 그것이 채워지는 일에 하나님을 바라보았나? 아, 우리는 우리 자신의 슬픈 경험으로부터 이런 질문에 대한 답을 찾을 수 있지 않는가! 우리 역시도 궁핍의 때에 구원과 도움을 위해 세상으로 가지 않았나! 아브라함이 애굽으로 갔던 것처럼 말이다. 계속해서 창세기 16장에 나타나는 아브라함을 보라. 그는 아들이 없었다. 하나님은 그의 씨가 약속의 땅을 상속받을 것이라고 약속하셨다. 그러나 세월이 흘러도 사라는 여전히 자녀를 낳지 못했다. 아브라함은 어떻게 했나? 그는 오래 참음으로 계속해서 기다렸나? 설령 성경이 이에 대해 아무 말도 해주지 않는다 하더라도, 다시 한 번 우리는 우리 자신의 경험으로부터 이에 대한 답을 찾을 수 있다. 불행하게도 아브라함은 육체의 방법을 의지하면서 스스로 하나님의 계획을 이루기 위해 하갈을 끌어들였다. 그 결과가 무엇이었나? 하나님은 참지 아니하시고 아브라함을 버리셨나? 하나님은 그렇게 하실 수 있으셨다. 그러면 하나님은 실제로 그렇게 하셨나? 하나님은 오늘날에도 우리를 그렇게 다루시나? 결코 그렇지 않다. "우리는 미쁨이 없을지라도 주는 항상 미쁘시니"(딤후 2:13). 우리는 더 이상 아브라함의 생애를 되돌아볼 필요가 없다. 사랑하는 독자들이여, 이제 여러분은 왜 아브라함이 "우리 모두의 조상(father)"으로 불리는지 알겠는가? 한 마디로 그 아버지에 그 아들이기 때문이다. 그러나 우리는 다른 주제로 넘어가기에 앞서 한 가지만 더 살펴볼 필요가 있다. 창세기 22장에 나타나는 아브라함을 보라. 여기에서 그는 이삭을 제물로 바친다. 이것 역시 우리에게 적용되는가? 오늘날의 그리스도인들의 경험 속에 모리아 산에서 행해진 사건과 상응하는 것이 있는가? 물론 그렇다. 그러나 이 일이 언제 일어났는지 주목하라. 그것은 아브라함의 순례여행의 초창기가 아니라 거의 막바지 때이었다. 아, 삶의 연단은 결코 헛되지 않았다! 불은 자신의 역할을 훌륭하게 수행했다. 아브라함은 결국 정금처럼 단련되었기 때문이다. 마침내 아브라함은 사랑하는 독자 이삭을 하나님의 제단 위에 올려놓는 자리에까지 도달했다. 그는 모든 것을 하나님께 드렸다. 그는 자기 마음이 가장 사랑하는 우상을 하나님의 발 앞에 놓았다. 마침내 은혜가 승리했다. 오직 은혜만이 사람의 마음을 신적 의지(意志)에 전적으로 순복하는 자리로 이끌 수 있기 때문이다. 이와 같이 은혜는 우리에 대하여도 결국 승리할 것이다. 이와 같이 아브라함의 수많은 경험과 시험과 실패 속에서 당신 자신의 경험과 시험과 실패가 나타나는 것을 보라. 또 아브라함에 대한 하나님의 은혜의 다루심에서 당신에 대한 다루심이 나타나는 것을 보라. 또 "아브라함 안에서의 은혜의 최종적인 승리" 안에서 "당신 안에서의 그것의 궁극적인 승리"에 대한 약속을 보라. 이와 같이 창세기는 현재로 그대로 옮겨질 수 있는 살아 있는 책이다.

이와 같이 우리는 아브라함의 생애로부터 매우 값진 교훈들을 많이 배울 수 있다. 지금까지 우리는 그를 신자의 표본으로서 살펴보았는데, 다음으로 믿음의 사람으로서 그를 고찰해 보도록 하자. 믿음 장인 히브리서 11장에서, 아브라함은 매우 두드러진 위치를 차지한다. 거기에서 우리는 이삭의 믿음과 야곱의 믿음에 대해서는 단지 한 번만 들을 수 있을 뿐이다. 반면 아브라함의 믿음에 대해서는 세 번 언급된다(8, 9, 17절을 보라). 아브라함의 믿음이 다른 사람들의 믿음보다 더 많이, 더 가혹하게, 더 반복적으로, 그리고 더 다양하게 시험을 받았다고 말하는 것은 결코 과장이 아니다. 먼저 그는 자신이 태어난 땅을 떠나도록, 스스로를 가정과 친척으로부터 분리시키도록, 그리고 하나님이 "보여 주실" 땅으로 먼 여행을 떠나도록 부름을 받았다. 이제 히브리서 11장에서 우리는 그가 "갈 바를 알지 못하고 나아갔다"는 말씀을 듣는다(8절). 그리고 새 땅에 도착한 후 그는 그 땅을 소유하지 못한 채 외인과 나그네로 거기에서 거류했다. 나중에 그가 소유한 것은 고작 매장지가 전부였다. 그는 이삭과 야곱과 더불어 장막에 거하면서 거의 100년을 거기에서 머물렀다. 또 그의 믿음은 사라로 말미암아 아들을 주겠다는 하나님의 약속과 관련하여 시험을 받았다. 그의 몸은 "죽은" 것과 같았으며, 그의 아내의 몸 역시 오래 전부터 아이를 가질 수 없는 상태였다. 그럼에도 불구하고 그는 "믿음이 없어 하나님의 약속을 의심하지 않고 믿음으로 견고하여져서 하나님께 영광을 돌리며 약속하신 그것을 또한 능히 이루실 줄을 확신"했다(롬 4:20, 21). 마지막으로 최고의 시험이 임했는데, 그것은 그의 사랑하는 독자 이삭을 제물로 바치라는 것이었다. 그러나 그는 하나님이 능히 이삭을 다시 살리실 것으로 생각하면서 믿음으로 아들을 드렸다. "아브라함은 시험을 받을 때에 믿음으로 이삭을 드렸으니 그는 약속들을 받은 자로되 그 외아들을 드렸느니라 … 그가 하나님이 능히 이삭을 죽은 자 가운데서 다시 살리실 줄로 생각한지라"(히 11:7, 9).

그러면 아브라함의 믿음은 결코 흔들리지 않았는가? 그렇지 않다. 우리의 믿음과 마찬가지로, 그의 믿음 역시 때로 흔들렸다. 그 역시도 우리와 똑같은 성정(性情)을 가진 사람이었다. 그리고 그 안에도 역시 불신앙의 악한 마음이 있었다. 하나님의 영은 밝은 부분과 마찬가지로 어두운 부분까지도 있는 그대로 나타낸다. 만일 우리가 우리 자신의 영적 삶의 비극적인 역사(歷史)를 고통스러운 마음으로 직시해본 적이 없다면, 우리는 믿음과 불신앙 그리고 순종과 불순종의 이상한 혼합을 보면서 의아해 할 것이다. 믿음으로 아브라함은 하나님이 갈대아 우르를 떠나라고 할 때 순종했다. 그러나 동시에 그는 불신앙으로 여호와의 명백한 명령에 불순종하여 아버지와 조카를 데리고 떠났다. 또 그는 믿음으로 갈대아 우르를 떠났지만, 그러나 불신앙으로 하란에서 멈추었다(창 11:31). 또 그는 믿음으로 약속의 땅에 들어갔지만, 기근이 일어나자마자 그 땅을 버리고 애굽으로 내려갔다(12:10). 또 그는 믿음으로 약속의 땅에 돌아와 거류했지만, 그러나 불신앙으로 하나님이 사라를 통해 아들을 주실 때까지 기다리는 대신 애굽인 여종 하갈을 첩으로 취했다. 또 그는 믿음으로 그돌라오멜을 쳐부수고 롯을 구출했지만, 불신앙으로 나중에 아비멜렉에게 자기 아내를 누이라고 속였다(20:21). 이 모든 것들은 신자 안에 있는 두 본성을 보여 주는 슬픈 실례(實例)들이다.

이와 같이 하나님의 백성들의 삶 속에서 우리는 종종 큰 불일치를 발견한다. 믿음으로 이스라엘은 홍해를 건넜다. 그러나 얼마 후 불신앙으로 그들은 광야에서 굶주려 죽을 것을 두려워했다. 여호와를 붙잡는 믿음으로 다윗은 골리앗과 싸우는 것을 두려워하지 않았다. 그러나 그 뒤에 다윗은 사울 왕으로부터 도망 다녔다. 여호와에 대한 확신에 가득 찬 엘리야는 홀로 바알의 선지자 400명과 맞섰다. 그러나 그 직후 그는 두려움 가운데 격노한 이세벨 왕비로부터 도망쳤다. 또 베드로를 생각해 보라. 그는 바다로 뛰어들기를 두려워하지 않았으며, 로마 군병들 앞에서도 두려워하지 않고 칼을 빼어 내제사장의 종의 귀를 잘랐다. 그러나 바로 그 날 밤 한 여종 앞에서 두려워 떠는 가운데 주님을 부인하고 말았다. 아, 불신앙의 길은 우리에게 얼마나 가까이 있나! 정말로 불신앙은 우리가 너무나 쉽게 사로잡히는 죄이다.

위에 열거한 모든 이야기들은 우리에게 하나님의 불가사의한 오래 참으심을 보여 준다. 하나님은 자기 백성들을 오래 참으심으로 다루신다. 이스라엘은 하나님에 대한 계속적인 원망과 불평에도 불구하고 광야에서 굶주림으로 멸망을 당하지 않았다. 도리어 하나님은 그들을 "천사의 양식"으로 먹이셨다(시 78:25, 한글개역개정판에는 "힘센 자의 떡"이라고 되어 있음). 또 다윗은 사울에게 죽임을 당하지 않았다. 도리어 나중에 이스라엘의 왕이 되었다. 엘리야 역시도 마찬가지였다. 그는 이세벨의 격노의 희생물이 되지 않았다. 도리어 나중에 죽음을 보지 않고 하늘로 올려졌다. 베드로 역시도 주님을 부인했음에도 불구하고 주님으로부터 부인을 당하지 않았다. 도리어 그는 부활하신 주님으로부터 "내 양을 먹이라"는 특별한 위임을 받았다. 이것은 아브라함에게도 마찬가지였다. 그의 믿음이 비틀거렸음에도 불구하고 하나님은 그를 버리지 않으셨다. 도리어 하나님은 그를 온유와 인내로서 대하셨다. 그리고 그를 한 발자국씩 인도하시면서 경험의 학교에서 훈련시키셨다. 마침내 갈보리의 모형인 모리아 산에서 믿음으로 독자를 드릴 수 있게 될 때까지 말이다.

하나님이 아브라함을 다루신 그와 같은 놀라운 실례들은 그의 주권을 놀랍게 나타낸다. 하나님은 아브라함에게 특별한 존귀를 주셨다. 그를 선민 이스라엘의 조상으로 택하신 것이다. 이스라엘이 어떤 나라인가? 그 나라를 통해 장차 그리스도가 오실 것이 아닌가? 여기에서 하나님의 주권이 당신이 택하신 한 인물 안에서 어떻게 나타났는지 주목하라. 아브라함에게는 그렇게 선택될 만한 자격이 전혀 없었다. 혈통적으로 그는 우상을 숭배하는 가족 가운데 속했다. 또 하나님의 부르심에 응답하여 갈대아를 떠나기 전에, 그는 아내와 더불어 악한 약속을 했다(창 20:13). 이와 같이 아브라함에게는 특별하게 선택될 만한 아무런 자격이 없었다. 훗날 하나님은 아브라함과 사라에게 아무런 자격도 없었음을 강조하기 위해 이스라엘에게 이렇게 말씀하셨다. “너희를 떠낸 반석과 너희를 파낸 우묵한 구덩이를 생각하여 보라 너희의 조상 아브라함과 너희를 낳은 사라를 생각하여 보라” (사 51:1, 2). 우리 모두의 조상인 아브라함은 모범 혹은 본보기였다. 하나님이 창세 전에 우리를 택하신 것은 우리 안에 어떤 선이나 공로를 미리 보셨기 때문이 아니었다. 하나님의 택하심은 “은혜”로 말미암는다(롬 11:5). 그것은 처음부터 끝까지 은혜이다. 그것은 주권적인 은혜이며, 값없이 베풀어지는 은혜이며, 무엇과도 비교할 수 없는 은혜이다.

다음으로 하나님의 사랑의 대상으로서의 아브라함을 살펴보도록 하자. 아브라함의 일생은 참으로 파란만장한 일생이었다. 그는 편안한 꽃침대 위에서 호사를 누리도록 허락되지 않았다. 그가 견디도록 부름받은 시련은 참으로 고통스러운 것이었다. 계속해서 그는 물과 불을 통과했다. 그러나 그 곁에는 항상 하나님이 계셨으며, 하나님은 그를 홀로 내버려두지 않으셨다. 믿음의 조상으로서 아브라함은 앞에서 이야기한 것처럼 신자의 표본이었다. 그가 경험한 것들은 우리가 경험하는 것들과 동일한 것이었다. 믿음은 시련의 과정을 통해 인내의 열매를 맺는다. 불순물이 섞여 있는 금이 정금으로 정련(精鍊)되기 위해서는 반드시 풀무를 통과해야만 한다. 하나님에게는 한 명의 죄 없는 아들이 있다. 그러나 고난과 슬픔이 없는 아들은 단 하나도 없다. 하나님은 사랑하는 자를 징계하시며, 당신이 받으시는 모든 아들을 채찍질하신다. 먼저 아브라함은 자연적인 유대(紐帶)의 끈들이 끊어지는 것을 견뎌야만 했다. 하나님의 부르심에 응답하여 고향과 친척을 떠나야만 했던 것이다. 이것은 우리에게도 역시 마찬가지이다. “아버지나 어머니를 나보다 더 사랑하는 자는 내게 합당하지 아니하고”(마 10:37). 아브라함은 자신이 태어난 땅을 떠나라는 부르심에 응답하여 이방 땅에서 외인과 나그네가 되었으며, 그럼으로써 자신의 “시민권이 하늘에 있음을” 배우게 되었다(빌 3:20). 또 아브라함은 자신의 목자들과 롯의 목자들 사이의 다툼으로 인해 조카와 나누어질 수밖에 없었는데, 그러한 사실은 그에게 믿음의 길은 종종 홀로 걸어가는 고독한 길이라는 사실을 가르쳐 주었다. 그와 같이 우리도 육체가 좋아하는 것들로부터 떨어져 걸어가야만 한다. 또 하나님이 약속하신 아들을 얻기 위해 그가 기다린 오랜 시간은 우리에게 매우 중요한 교훈을 가르쳐 준다. 그것은 우리가 하나님의 때를 기다려야만 한다는 교훈이다. 마지막으로, 아브라함은 사랑하는 독자 이삭을 하나님께 제물로 드리도록 부름을 받았다. 그와 같이 우리도 우리의 모든 것을 그의 처분 아래 놓도록 부름을 받는다. 그렇게 할 때, 우리는 여기의 아브라함처럼 아무것도 잃지 않을 것이다. 이와 같이 모든 신자들의 조상에게 역사(役事)한 하나님의 사랑을 보라. 징계 가운데 나타난 그 사랑은 마침내 "의와 평강의 열매"를 맺었다(히 12:11).

이러한 보석에는 많은 단면(斷面)들이 있다. 우리는 하나님의 오래 참으심과 그의 주권과 그의 사랑이 아브라함에게 어떻게 나타났는지 살펴보았다. 이제 그의 비할 데 없는 은혜를 살펴보도록 하자. 비할 데 없는 은혜! 이것은 얼마나 적절한 표현인가! 하나님이 아브라함을 당신의 "벗"으로 삼은 것은 얼마나 큰 은혜인가! 아, 이것은 하나님의 얼마나 큰 낮추심인가! 창조주께서 피조물과 더불어 그토록 친밀한 관계를 맺으시는 것은 무엇과도 비교할 수 없는 은혜가 아닌가! 그를 "하나님의 벗"으로 만든 것은 아무런 자격도 없고 공로도 없는 자에게 베풀어진 값없는 호의(好意)였다. 이러한 친밀한 관계가 어떻게 나타났는지 생각해 보라. 하나님이 그의 "벗"에게 훗날 그의 자손들에게 무슨 일이 일어날 것인지를 어떻게 알리셨는지 보라(15:13-16). 또 그가 소돔에 행할 일을 알리실 정도로 그의 벗을 신뢰하신 것을 생각해 보라(18:17). 또 하나님이 아브라함과의 친밀한 교제 가운데 그의 식탁에서 먹고 마신 것을 생각해 보라(18:8). 또 하나님이 그를 얼마나 놀랍게 당신의 마음의 교제 안으로 취하셨는지 생각해 보라(22장). 모리아 산에서의 아브라함만큼 갈보리에서의 아버지의 마음을 가장 잘 나타낸 사람은 아마도 아무도 없을 것이다.

마지막으로, 아브라함이 예표하는 것을 생각해 보도록 하자. 우리는 구약의 인물들 가운데 아브라함만큼 여러 가지를 예표하는 인물을 알지 못한다. 첫째로, 그는 아버지의 모형이었다. 이것은 그가 아들을 간절히 열망한 것에서(엡 1:5과 비교하라), 이삭이 젖을 뗄 때 "잔치"를 배설한 것에서(마 22:2-4과 비교하라), 사랑하는 독자 이삭을 제물로 드리는 것에서(요 3:16과 비교하라), 아들을 위해 신부를 준비한 것에서(계 21:9과 비교하라), 그리고 자기 아들을 자신의 기업을 잇는 상속자로 세운 것에서(창 25:5) 나타난다. 둘째로, 아브라함은 그리스도의 모형이었다. 이것은 그가 하나님의 부르심에 응답하여 그의 아버지의 집을 떠나는 것에서, 땅의 모든 족속이 그로 말미암아 복을 받게 될 것이라는 사실에서, 그가 이스라엘의 친족(구속자)이라는 사실 안에서, 그리고 그가 열방의 주권을 가진 자라는 사실에서 나타난다. 셋째로, 그는 교회의 모형이었다. 이것은 특별히 그가 땅에서 외인과 나그네였던 사실에서 나타난다. 갈대아 우르에 있는 자신의 집을 떠났음에도 불구하고, 그는 가나안에서 새로운 집을 발견하지 못했다. 그는 장막의 사람이었다. 이러한 사실이 그의 생애의 끝 부분에 어떻게 나타났는지 생각해 보라. 매장지가 필요했을 때, 그는 헷 족속으로부터 그것을 샀다(창 23:3, 4). 그는 그것을 이방인들로부터 선물로 받기보다 돈을 주고 사기를 더 좋아했다. 모든 재물을 취하라는 소돔 왕의 제안을 거절했을 때와 마찬가지로, 그는 그들로 말미암아 치부하기를 원하지 않았다. 아브라함이 그 땅에서 외인이었던 것은 또한 그가 이삭을 위해 아내를 준비한 것에서도 나타났다. 그는 가나안에서 외인이었으므로 아들의 아내를 찾기 위해 하란으로 자신의 종을 보냈다. 이와 같이 가나안에 장막을 쳤음에도 불구하고 그는 그 땅의 백성들과 분명하게 구별되었다. 그는 그들 가운데 있었지만, 그들에게 속하지 않았다. 넷째로, 아브라함은 이스라엘의 모형이었다. 이것은 그가 하나님으로부터 팔레스타인을 기업으로 받은 사람이었다는 사실에서, 그가 하나님과 더불어 언약을 맺은 자였다는 사실에서, 이방 나라에 거하는 동한 하나님으로부터 특별한 보호를 받았다는 사실에서(창 20장), 그리고 파란만장한 생애 가운데 오랜 세월 초자연적으로 살아남았다는 사실에서 나타났다.

부디 하나님의 은혜로 말미암아 여러분과 내가 보는 것을 따라 행하지 아니하고 믿음을 따라 행하는 사람들이 되기를 기원한다. 그리고 우리가 외인과 나그네로서 세상으로부터 온전하게 분리되며, 하나님에게 기꺼이 순종하며, 그의 뜻에 온전히 순복하며, 그의 처분에 모든 것을 맡기면서 살게 되기를 기원한다. 그럴 때 우리는 아브라함과 함께 의인의 길이 "돋는 햇살처럼 크게 빛나 한낮의 광명에 이르는" 것을 발견하게 될 것이다(잠 4:18).

제 25장

이삭의 탄생

창 21장

이삭의 탄생은 하나님의 영원한 목적이 성취되는 과정에서 핵심적인 위치를 차지한다. 아브라함과 사라에게 이 아들이 온 것은 여호와의 계획이 성취되는 과정의 두 번째 큰 단계였다. 하나님의 목적과 계획은 하나님이 주변의 이방 나라들로부터 분리된 자기 백성을 갖는 것이었다. 그들은 하늘의 거룩한 계시를 맡을 백성들이었으며, 육체를 따라 그들을 통해 구주가 오실 백성들이었으며, 궁극적으로 온 땅에 축복을 가져다주는 통로가 될 백성들이었다. 그러한 목적과 계획을 이루는 과정의 첫 번째 큰 단계는 아브람을 택함 받은 나라의 조상으로 부르는 것이었다. 그것은 그를 주변의 우상 숭배 하는 사람들로부터 분리시키는 부름이었으며, 그를 여호와께서 약속하신 땅으로 이주(移住)시키는 부름이었다.

이제 아브람이 갈대아를 떠난 지 25년이 되었다. 그 동안 그는 하나님으로부터 그가 큰 나라가 될 것이며(12:2), 그의 자손이 땅의 티끌처럼 될 것이라는(13:16) 약속을 받았다. 그러나 오랜 시간이 지났음에도 불구하고 아브람에게는 자녀가 없었다. 약속된 자손을 받지 못 했으며, 아브람은 혼란에 빠졌다. “아브람이 이르되 주 여호와여 무엇을 내게 주시려 하나이까 나는 자식이 없사오니 나의 상속자는 이 다메섹 사람 엘리에셀이니이다 아브람이 또 이르되 주께서 내게 씨를 주지 아니하셨으니 내 집에서 길린 자가 내 상속자가 될 것이니이다”(창 15:2, 3). 이러한 질문에 여호와는 이렇게 대답하셨다. “그 사람이 네 상속자가 아니라 네 몸에서 날 자가 네 상속자가 되리라”(4절). 그 이후로도 많은 시간이 지났지만, 그러나 여전히 아들은 생기지 않았다. “사래가 아브람에게 이르되 여호와께서 내 출산을 허락하지 아니하셨으니 원하건대 내 여종에게 들어가라 내가 혹 그로 말미암아 자녀를 얻을까 하노라 하매 아브람이 사래의 말을 들으니라 아브람의 아내 사래가 그 여종 애굽 사람 하갈을 데려다가 그 남편 아브람에게 첩으로 준 때는 아브람이 가나안 땅에 거주한 지 십 년 후였더라 아브람이 하갈과 동침하였더니 하갈이 임신하매"(16:2-4). 이로부터 또 다시 13년이 지났다. "하나님이 또 아브라함에게 이르시되 네 아내 사래는 이름을 사래라 하지 말고 사라라 하라 내가 그에게 복을 주어 그가 네게 아들을 낳아 주게 하며 내가 그에게 복을 주어 그를 여러 민족의 어머니가 되게 하리니 민족의 여러 왕이 그에게서 나리라 아브라함이 엎드려 웃으며 마음속으로 이르되 백 세 된 사람이 어찌 자식을 낳을까 사라는 구십 세니 어찌 출산하리요 하고 아브라함이 이에 하나님께 아뢰되 이스마엘이나 하나님 앞에 살기를 원하나이다 하나님이 이르시되 아니라 네 아내 사라가 네게 아들을 낳으리니 너는 그 이름을 이삭이라 하라"(17:15-19). 이 일이 있은 직후 하나님은 두 천사와 함께 마므레 평지에서 그의 종에게 나타나셨다. "그들이 아브라함에게 이르되 네 아내 사라가 어디 있느냐 대답하되 장막에 있나이다 그가 이르시되 내년 이맘때 내가 반드시 네게로 돌아오리니 네 아내 사라에게 아들이 있으리라 하시니 사라가 그 뒤 장막 문에서 들었더라 아브라함과 사라는 나이가 많아 늙었고 사라에게는 여성의 생리가 끊어졌는지라 사라가 속으로 웃고 이르되 내가 노쇠하였고 내 주인도 늙었으니 내게 무슨 즐거움이 있으리요 여호와께서 아브라함에게 이르시되 사라가 왜 웃으며 이르기를 내가 늙었거늘 어떻게 아들을 낳으리요 하느냐 여호와께 능하지 못한 일이 있겠느냐 기한이 이를 때에 내가 네게로 돌아오리니 사라에게 아들이 있으리라"(18:9-14).

마침내 하나님이 아브라함과 사라에게 주신 약속이 이루어질 때가 왔다. 그리하여 우리는 다음과 같은 말씀을 읽는다. "여호와께서 말씀하신 대로 사라를 돌보셨고 여호와께서 말씀하신 대로 사라에게 행하셨으므로 사라가 임신하고 하나님이 말씀하신 시기가 되어 노년의 아브라함에게 아들을 낳으니"(21:1, 2). 앞에서 이야기한 것처럼, 이렇게 하여 우리는 여호와의 목적이 성취되는 과정에 있어서의 두 번째 큰 단계에 도달하게 된다. 이처럼 이삭의 탄생은 택함 받은 나라의 역사(歷史)에서 매우 중요한 위치를 차지한다. 이스마엘이 아니라 "이삭에게서 나는 자라야 아브라함의 씨라 불릴" 것이기 때문이다(21:12).

지금까지 이야기한 내용으로부터 우리는 매우 중요한 교훈들을 배울 수 있다. 그 가운데 한 가지는 하나님은 당신의 계획을 이루심에 있어 결코 서두르지 않는다는 사실이다. 사람은 안달하며, 조바심을 내며, 서두르며, 부산을 떨 수 있다.

그러나 여호와는 모든 것을 자기 뜻대로 움직이시며, 그렇기 때문에 유유하며 여유롭게 역사(役事)하신다. 우리는 "믿는 자는 서두르지 않을 것이라"는 말씀을 깊이 묵상할 필요가 있다(사 28:16, 한글개역개정판에는 "그것을 믿는 이는 다급하게 되지 아니하리로다"라고 되어 있음). 또 우리는 여기에서 하나님의 전능하심을 주목할 수 있다. 아무도 하나님의 계획을 방해하거나 좌절시킬 수 없다. 아브라함은 늙었고, 그 아내 사라는 이미 아이를 가질 수 없는 몸이었을는지 모른다. 그러나 무한한 능력을 가진 자에게 그런 것들은 아무 문제도 되지 않는다. 아브라함이 하갈을 통해 상속자를 얻으려고 했을는지 모른다. 그러나 그렇다고 해서 하나님의 계획이 좌절되는 것은 아니다. 여종의 아들이 아니라 사라의 아들이 그의 상속자가 될 것이었다. 또 우리는 여기에서 하나님의 신실하심을 주목할 수 있다. 하나님은 사라에게 아들이 있을 것이라고 약속하셨으며, 마침내 그러한 약속을 이루셨다. 육신적인 사람들에게 그러한 약속은 불합리하며 불가능한 것처럼 보일 수 있다. 그러나 그의 말씀은 확실하다. 또 우리는 여기에서 믿음이 어떻게 시험되고 시련되는지 배울 수 있다. 믿음이 시험과 시련을 거치는 것은 그것의 진정성을 나타내기 위함이다. 시련을 견딜 수 없는 믿음은 믿음이 아니다. 아브라함에게 약속된 것은 어려운 것이었다. 그러나 "아브라함은 백 세나 되어 자기 몸이 죽은 것 같고 사라의 태가 죽은 것 같음을 알고도 믿음이 약하여지지 아니하고 믿음이 없어 하나님의 약속을 의심하지 않고 믿음으로 견고하여져서 하나님께 영광을 돌렸다"(롬 4:19, 20). 마지막으로, 우리는 여기에서 하나님의 뜻이 이루어지고 그의 말씀이 성취되는 정해진 때가 있음을 주목할 수 있다. 아무것도 우연에 맡겨지지 않는다. 피조물에게 우연한 것은 아무것도 없다. 모든 것은 하나님이 사전에 명확하게 정하신다. "사라가 임신하고 하나님이 말씀하신 시기가 되어 노년의 아브라함에게 아들을 낳으니"(21:2). 다음과 같은 말씀들이 계속적으로 반복되는 것은 그러한 사실을 강조하며 재확인한다. "내 언약은 내가 내년 이 시기에 사라가 네게 낳을 이삭과 세우리라"(17:21). 또 "기한이 이를 때에 내가 네게로 돌아오리니 사라에게 아들이 있으리라"(18:14). 이러한 개념을 우리는 성경의 다른 곳에서도 찾을 수 있다. "이 묵시는 정한 때가 있나니 그 종말이 속히 이르겠고"(합 2:3). 또 갈라디아서 4:4은 이렇게 말한다. "때가 차매 하나님이 그 아들을 보내사 여자에게서 나게 하시고."

이삭은 약속의 자녀였다. 여호와는 이 아이의 탄생에 매우 큰 관심을 가지고 계셨다. 어떤 아이의 탄생과 관련하여 이 아이보다 더 많이 말씀한 아이는 아무도 없을 것이다. 오직 한 아이 즉 더 위대한 "아브라함의 아들"만 제외하고 말이다. 하나님은 아브라함에게 "네 아내 사래는 이름을 사래라 하지 말고 사라라 하라 내가 그에게 복을 주어 그가 네게 아들을 낳아 주게 할 것"이라고 말씀하셨다(17:15, 16). 이러한 말씀에 대한 아브라함의 반응이 다음 절에 기록되어 있다. "아브라함이 엎드려 웃으며"(17절). 그러한 약속은 나중에 다음과 같이 재확인되었다. "그가 이르시되 내년 이맘때 내가 반드시 네게로 돌아오리니 네 아내 사라에게 아들이 있으리라"(18:10). 이때 사라는 장막 문 뒤에서 그 말을 들었다. 그때의 사라의 반응과 관련하여 우리는 다음과 같은 말씀을 듣는다. "사라가 속으로 웃고 이르되 내가 노쇠하였고 내 주인도 늙었으니 내게 무슨 즐거움이 있으리요"(12절). 이성(理性)은 항상 하나님의 약속을 의심한다. 아브라함의 "웃음"은 감사와 기쁨의 웃음이었지만, 사라의 웃음은 불신의 웃음이었다. 어떤 위기의 순간 하나님이 우리를 도우셨을 때 그가 우리의 입에 채우시는 웃음이 있다. "여호와께서 시온의 포로를 돌려보내실 때에 우리는 꿈꾸는 것 같았도다 그 때에 우리 입에는 웃음이 가득하고 우리 혀에는 찬양이 찼었도다 그 때에 뭇 나라 가운데에서 말하기를 여호와께서 그들을 위하여 큰 일을 행하셨다 하였도다"(시 126:1, 2). 그런가 하면 냉소적이며 불신앙적인 웃음도 있다. 전자의 웃음과 관련하여 우리는 아무런 거리낌도 갖지 않는다. 그러나 후자의 웃음은 사라의 경우처럼 우리를 겁쟁이와 거짓말쟁이로 만든다. 그럼에도 불구하고 우리는 "믿음으로 사라는 나이가 많아 단산하였으나 잉태할 수 있는 힘을 얻었으니 이는 약속하신 이를 미쁘신 줄 알았음이라"라는 말씀을 듣는다(히 11:11). 우리는 어떻게 이것을 그녀의 불신앙적인 웃음과 조화시킬 것인가? 어떤 사람들에게 이것은 명백한 모순처럼 보일 것이다. 그러나 우리는 이러한 두 가지를 조화시키는데 아무런 어려움도 느끼지 않는다. 왜냐하면 우리는 우리 마음속에서 믿음과 불신앙 사이의 싸움이 계속적으로 전개되는 것을 경험으로 알기 때문이다. 어떤 때는 믿음이 주도권을 쥐는가 하면, 또 어떤 때는 불신앙이 주도권을 쥔다. 그러나 신약에서 사라의 불신앙이 간과되고 그녀의 믿음만이 부각되는 것은 얼마나 복되며 감사한 일인가! 그것은 라합이 거짓말을 한 것이나(히 11:31), 욥이 괴로움 가운데 불평하며 탄식한 것에 대해서도 마찬가지였다(약 5:11).

또 이삭은 기적의 자녀였다. 사라의 태는 "죽은" 상태였다(롬 4:19). 따라서 그녀가 잉태하기 위해서는 초자연적인 "힘"을 받아야만 했다(히 11:11). 두 말할 것도 없이 여기에서 우리는 주 예수 그리스도의 기적적인 탄생이 예표적으로 나타나는 것을 발견한다. 아, 그러나 안타깝게도 오늘날 얼마나 많은 사람들이 주 예수 그리스도의 기적적인 탄생을 부인하는가! 우리 구주의 동정녀 탄생의 중요성은 아무리 강조해도 지나치지 않는다. 앤더슨 경(Sir Robert Anderson)은 "기독교 체계 전체가 마태복음의 마지막 구절 즉 '볼지어다 내가 세상 끝날까지 너희와 항상 함께 있으리라' 라는 말씀에 의존한다"고 말한다. 이삭의 기적적인 탄생으로 다시 돌아오자. 그 안에서 우리는 예수 그리스도의 초자연적인 탄생이 예표적으로 나타나는 것뿐만 아니라 이스라엘로 하여금 그것을 믿을 수 있도록 준비하시는 하나님의 놀라운 방법도 볼 수 있지 않은가! 하나님이 죽은 태를 다시 살리시고 잉태하게 하셨다면, 도대체 어째서 하나님이 처녀가 아이를 낳도록 만든 것이 도무지 믿을 수 없는 일로서 여겨져야만 한단 말인가!

이삭의 탄생이 그리스도의 탄생을 예표적으로 나타내는 것은 최소한 일곱 가지 측면에서 그러하다. 첫째로, 이삭이 약속된 아들이었던 것처럼 그리스도 역시도 그러했다(창 3:15; 사 7:14). 둘째로, 하나님이 아브라함에게 처음 약속하신 때와 그것이 실제로 이루어진 때 사이의 긴 간격을 생각해 보자. 창세기 21:1의 "여호와께서 말씀하신 대로 사라를 돌보셨고"라는 말씀은 가깝게는 창세기 17:16과 18:14을 가리키는 것이지만, 멀게는 창세기 12:7의 최초의 약속을 가리키는 것이었다. 이와 마찬가지로 하나님이 그리스도를 보내겠다는 약속과 그것이 실제로 성취된 것 사이에는 긴 간격이 있었다. 셋째로, 이삭의 탄생이 예고되었을 때 그의 어머니 사라는 "내가 늙었거늘 어떻게 아들을 낳으리요"라고 물었다(창 18:13), 그리고 곧바로 "여호와께 능하지 못한 일이 있겠느냐?"라는 응답이 되돌아왔다(14절). 이것은 주의 천사가 마리아에게 구주의 어머니가 될 것이라는 사실을 알렸을 때의 상황과 너무나 유사하다. 그때 마리아는 "나는 남자를 알지 못하니 어찌 이 일이 있으리이까?"라고 물었다(눅 1:34). 그러자 곧바로 "대저 하나님의 모든 말씀은 능하지 못하심이 없느니라"라는 응답이 되돌아왔다(37절). 이와 같이 두 경우 모두에서 아기가 탄생할 것이 예고됨과 동시에 하나님의 전능하심이 선언되었다. 넷째로, 이삭의 이름은 그가 태어나기 전에 미리 주어졌다. "너는 그 이름을 이삭이라 하라"(창 21:19). 이것을 그리스도가 태어나기 전에 천사가 요셉에게 한 말과 비교해 보라. "아들을 낳으리니 이름을 예수라 하라"(마

1:21). 다섯째로, 이삭은 하나님이 정하신 때에 태어났다(창 21:2). 마찬가지로 주 예수와 관련하여 우리는 "때가 차매 하나님이 그 아들을 보내사 여자에게서 나게 하시고"라는 말씀을 읽는다(갈 4:4). 여섯째로, 앞에서 살펴본 것처럼 이삭은 기적적으로 탄생했다. 이것은 임마누엘의 성육신에 있어서도 마찬가지였다. 일곱째로, 웃음을 의미하는 이삭이라는 이름은 그가 그의 아버지의 기쁨이 될 것을 보여 준다(그것은 사라가 아니라 아브라함에 의해 붙여진 이름이었다, 창 21:3). 이것은 베들레헴에서 태어난 아이의 경우에도 마찬가지였다. "이는 내 사랑하는 아들이요 내 기뻐하는 자라"(마 3:17). 이러한 일곱 가지 모형들은 성경의 신적 영감과 함께 창세기가 "성령에 감동된" 사람에 의해 기록된 것을 증명한다.

우리는 아브라함에게는 선택의 두드러진 실례를, 그리고 이삭에게는 아들됨(sonship)의 보배로운 진리를 발견한다. 아브라함은 하나님에 의해 선택되고 부름받은 사람이었으며, 이삭은 하나님의 능력으로 약속되고 태어난 사람이었다. 이와 같이 창세기의 역사적인 순서는 신약의 교리적인 순서와 정확하게 일치한다. 이와 관련하여 에베소서 1:4-5을 읽어 보라. "곧 창세 전에 그리스도 안에서 우리를 택하사 우리로 사랑 안에서 그 앞에 거룩하고 흠이 없게 하시려고 그 기쁘신 뜻대로 우리를 예정하사 예수 그리스도로 말미암아 자기의 아들들이 되게 하셨으니." 상징적으로 이삭은 우리 앞에 거듭남을 제시한다. 이에 대해 좀 더 상세히 살펴보도록 하자

첫째로, 이삭이 태어날 수 있기 전에 먼저 자연(nature)의 능력과 활동이 종말에 이르러야 했다. 아브라함과 사라는 스스로에 대해 종말에 이르렀다. 아브라함의 몸은 "죽은" 것 같았으며, 사라의 태 역시 마찬가지였다(롬 4:19). 그러므로 이삭이 태어나기 위해서는 하나님에 의해 죽은 것이 다시 살아나야만 했다. 많은 사람들이 이러한 진리를 시큰둥하게 생각한다. 오직 하나님의 은혜만이 우리가 그러한 진리를 받아들이도록 만들어 준다. 자연인(自然人)의 상태는 사람들이 통상적으로 생각하는 것보다 훨씬 더 나쁘다. 그는 본성적으로나 실제적으로 죄인일 뿐만 아니라 "하나님의 생명에서 떠나" 있다(엡 4:18). 한 마디로 죄인은 허물과 죄로 죽었다. 아버지는 탕자에 대해 "이 내 아들은 죽었다가 다시 살아났으며 내가 잃었다가 다시 얻었노라"라고 말했는데, 이것은 자연인에 대해 문자적으로 사실이다(눅 15:24).

자연인이 허물과 죄로 죽었다는 것은 단순한 상징이 아니다. 그것은 엄중한 실

재이며, 두려운 사실이다. 오늘날의 수많은 거짓 가르침들의 뿌리에 바로 이러한 사실에 대한 무지(無知)와 부인(否認)이 있다. 자연인에게 가장 먼저 필요한 것은 교육이나 개선이 아니라 생명이다. 그것은 그가 죽었기 때문이다. 무엇보다도 먼저 그는 다시 태어나야만 한다. 그러나 오늘날 이러한 진리는 얼마나 자주 간과되는가! 자연인의 두려운 상태는 오늘날 그럴듯한 모습으로 포장되고 가려진다. 오늘날 많은 설교자들은 인간 본성의 완전한 파멸과 전적인 부패를 계속적으로 고수하기를 두려워하는 것처럼 보인다. 그러나 그것은 치명적인 결함이다. 자신들의 잃어버린 상태를 깨달을 때까지, 죄인들은 결코 구주의 필요성을 알지 못할 것이다. 또 자신들이 죄 가운데 죽었음을 깨달을 때까지, 그들은 결코 자신들의 잃어버린 상태를 발견하지 못할 것이다.

그러면 죄인에 대하여 성경이 "죽었다"고 말할 때, 그것은 무엇을 의미하는 것인가? 이것은 자연인에게 터무니없는 소리처럼 들릴 것이다. "육에 속한 사람은 하나님의 성령의 일들을 받지 아니하나니 이는 그것들이 그에게는 어리석게 보임이요, 또 그는 그것들을 알 수도 없나니 그러한 일은 영적으로 분별되기 때문이라"(고전 2:14). 자연인에게 자신은 충분히 살아 있는 것처럼 보일 것이다. 그러나 성경은 "향락을 좋아하는 자는 살았으나 죽었느니라"라고 말한다(딤전 5:6). 우리 주님이 선한 사마리아인에 대해 말씀하실 때 사용하신 표현의 의미를 여는 열쇠가 바로 여기에 있다. 거기에서 우리 주님은 자연인의 상태를 강도 만난 자의 상징으로 묘사한다. 그는 옷이 벗겨지고 상처를 입은 채 길가에 버려졌다. 그리고 주님은 그를 "거의 죽었다"고 표현하셨다(눅 10:30). 여기에서 이러한 표현이 얼마나 정확한 것인지 주목하라. 죄인은 "거의 죽었다"(half dead). 그는 사람에 대하여, 세상에 대하여, 죄에 대하여 살았다. 그러나 그는 하나님에 대하여 죽었다. 죄인은 자연적으로, 육체적으로, 정신적으로, 도덕적으로 살았다. 그러나 그는 영적으로 죽었다. 바로 이것이 새로운 탄생이 "사망에서 생명으로 옮겨지는" 것으로 표현되는 이유이다(요 5:24). 이삭이 태어날 수 있기 전에 먼저 아브라함과 사라의 죽었던 것이 다시 살아나야만 했던 것처럼, 죄인은 하나님의 아들이 될 수 있기 전에 먼저 하나님에 의해 새로운 생명으로 다시 살아나야만 한다.

둘째로, 이삭이 잉태되기 위해 하나님은 기적을 행하셔야만 했다. 앞에서 이야기한 것처럼 아브라함의 몸은 "죽은" 것 같았으며, 사라 역시도 오래 전에 아기를 가질 수 없는 몸이 되었다. 그런데 도대체 어떻게 그들이 아들을 가질 수 있었는가? 그런 말을 들으며 사라는 웃었다. 그러나 자연의 범위를 초월하는 것 역시 신적 능력의 범위 안에 있다. "여호와께 능하지 못한 일이 있겠느냐"(창 18:14). 그런 일은 결코 없다. "주 여호와여 주께서 큰 능력과 펴신 팔로 천지를 지으셨사오니 주에게는 할 수 없는 일이 없으시니이다"(렘 32:17).

이것은 이삭과 마찬가지로 모든 그리스도인들에게도 그러하다. 우리가 거듭나기 위해서는 먼저 하나님이 기적을 행하셔야만 한다. 우리는 이 점을 분명히 해야만 한다. 거듭남은 하나님의 초자연적인 역사(役事)의 직접적인 결과이다. 이것은 오늘날 특별히 강조될 필요가 있다. 오늘날 너무나 많은 설교자들이 거듭남을 그릇되게 가르치고 있기 때문이다. 그들에게 "새로운 탄생"은 계속적인 개선(改善)의 과정 외에 아무것도 아니다. 그러나 새로운 탄생은 단순히 마음을 고쳐먹으면서 더 나은 삶을 살고자 노력하는 것이 아니다. 새로운 탄생은 단순히 종교적인 모임에 나가 설교자와 악수하는 것 훨씬 이상이다. 그것은 단순히 등록카드에 서명하고 "교회에 가입하는" 것 훨씬 이상이다. 새로운 탄생은 창조주의 창조적 행동이다. 그것은 영적 생명을 나누어 주는 것이며, 우리에게 신적 본질 자체가 전달되는 것이다.

여기의 아브라함과 사라를 생각해 보라. 지금 그들은 거의 100세에 가까워져 있었다. 그들은 아들을 간절히 열망했다. 그렇지만 그들이 도대체 무엇을 할 수 있었단 말인가? 아무것도 할 수 없었다. 오직 하나님이 오셔서 기적을 행하셔야만 했다. 이와 같이 자연 안에는 자랑할 것이 아무것도 없다. 그것은 우리에게도 마찬가지이다. 자연인은 단지 잃어버린 죄인일 뿐만 아니라 또한 그 스스로는 아무것도 할 수 없는 무력한 죄인이다. 도움이 온다면, 그것은 밖으로부터 와야만 한다. 그는 하나님으로부터 단절되어 있다.

셋째로, 이삭의 탄생은 아브라함의 가정에 다툼과 반목을 일으켰다. "사라가 본즉 아브라함의 아들 애굽 여인 하갈의 아들이 이삭을 놀리는지라"(창 21:9). 갈라디아서에서 우리는 이 사건의 시대적 의미와 적용을 보게 된다. "그러나 그 때에 육체를 따라 난 자가 성령을 따라 난 자를 박해한 것 같이 이제도 그러하도다"(4:29). 우리는 여기의 상징을 개인적으로도 적용할 수 있다. 이스마엘은 육체를 따라 난 자를 상징하며, 이삭은 성령을 따라 난 자를 상징한다. 이삭이 태어남으로 말미암아 이스마엘의 진짜 성격이 드러났다. 그와 같이 우리가 거듭나 새로운 본성을 받을 때, 비로소 육체는 자신의 참된 색깔을 드러낸다.

아브라함의 가정에 두 아들이 있었던 것을 주목하라. 하나는 육체를 따라 난 자연의 산물이었고, 다른 하나는 신적 능력의 역사(役事)로 말미암은 하나님의 선물이었다. 두 아들은 각각 모든 면에서 총체적으로 다른 두 원리를 대표한다. 이와 같이 신자 안에는 서로 다른 두 본성이 있다. 이스마엘과 이삭 사이에 다툼이 있었던 것처럼, 우리 안에 있는 육체는 영을 거스르고 영은 육체를 거스른다. "육체의 소욕은 성령을 거스르고 성령은 육체를 거스르나니 이 둘이 서로 대적함으로 너희가 원하는 것을 하지 못하게 하려 함이니라"(갈 5:17).

그리스도인에게 있어 — 특별히 어린 그리스도인에게 있어 — 신자 안에 두 본성이 있음을 분명하게 인식하는 것은 매우 중요하다. 새로운 탄생은 옛 본성이 개선되는 것이 아니라, 새로운 본성을 받는 것이다. 그리고 새로운 본성을 받는 것은 옛 본성이 개선되는 것이 아니다. 뿐만 아니라 신자 안에 있는 옛 본성과 새 본성은 서로 대적하며 거스른다. 이와 관련하여 어떤 학자는 이렇게 말한다. "거듭나는 것이 옛 본성이 경험하는 어떤 변화라고 생각하는 사람들이 있다. 그들은 이러한 변화가 점진적으로 계속됨으로 말미암아 마침내 전인(全人)이 변화된다고 생각한다. 우리는 신약의 다양한 구절들을 인용함으로써 이러한 생각이 잘못된 것임을 증명할 수 있다. 육신의 생각은 하나님과 원수가 된다. 그런데 도대체 어떻게 그것이 개선되고 개량될 수 있단 말인가? 바울 사도는 육신의 생각은 하나님의 법에 굴복하지 않을 뿐만 아니라 할 수도 없다고 말한다. 만일 그것이 하나님의 법에 굴복할 수 없다면, 도대체 어떻게 그것이 개량될 수 있단 말인가? 육체를 따라 행한 것은 결국 육체일 뿐이다. 솔로몬이 말한 것처럼, '미련한 자를 곡물과 함께 절구에 넣고 공이로 찧을지라도 그의 미련은 벗겨지지 않는다'(잠 27:22). 미련한 자를 지혜로운 자로 만들려고 하는 것은 쓸모없는 일이다. 지금까지 미련함에 의해 지배되어 왔던 마음 안으로 하늘의 지혜가 부어져야만 한다."

넷째로, 이삭의 탄생이 이스마엘의 진짜 성격을 드러낸 것을 주목하라. 우리는 이삭이 탄생할 때까지 실제적으로 이스마엘의 실체에 대해 아무것도 알지 못한다. 그러나 약속의 자녀가 나타나자마자, 하갈의 아들의 진짜 성격이 드러났다. 그는 전에는 매우 조용하고 예의바른 아이였을는지 모른다. 그러나 하나님의 살리는 능력에 의해 태어난 아이가 무대에 등장하자마자, 이스마엘은 그 아이를 핍박하며 놀림으로 자신의 진짜 성격을 드러냈다. 이것이 우리에게 보여 주는 상징은 분명하다. 사람은 새로운 본성을 받을 때까지 자신의 옛 본성의 진짜 성격을 알지 못한다. 우리는 거듭나기 전까지 육체가 얼마나 악하고 두려운 것인지 알지 못한다. 이것을 발견하는 것은 매우 고통스럽고 혼란스러운 일이다. 거듭나는 것을 옛 본성이 개량되는 것으로 생각해 온 사람들에게, 육체의 끔찍한 부패를 인식하는 것은 충격이고 종종 그의 영혼을 극심한 혼란에 빠뜨린다. 왜냐하면 자신들이 지금까지 거듭나지 못한 것이었음을 비소로 깨닫게 되기 때문이다. 육체의 진짜 성격을 깨닫고 그것을 미워하게 되는 것은 거듭남의 가장 분명한 증거들 가운데 하나이다. 거듭나지 못한 사람은 육체의 악함에 대해 맹인이기 때문이다. 내 안에 영과 육 사이의 다툼이 있는 것은 거기에 두 본성 즉 "이스마엘 본성"과 "이삭 본성"이 있음을 증명하는 분명한 증거이다. 그리고 앞에서 이야기한 것처럼, 이삭이 태어날 때까지 이스마엘의 진짜 성격은 드러나지 않는다.

다섯째로, 이삭은 난 지 팔 일 만에 할례를 받았다(21:4). 이에 대해서는 간략하게만 이야기하고자 한다. 이삭과 훗날 이스라엘 백성들의 할례는 우리의 영적 할례를 예표적으로 보여 주는 것이었다. "너희도 그 안에서 충만하여졌으니 그는 모든 통치자와 권세의 머리시라 또 그 안에서 너희가 손으로 하지 아니한 할례를 받았으니 곧 육의 몸을 벗는 것이요 그리스도의 할례니라"(골 2:10, 11). 우리는 법정적으로 할례를 받았다. 이제 하나님은 우리를 "육체 안에서"가 아니라 "그리스도 안에서" 바라보신다. 왜냐하면 할례는 — 상징적으로 그리고 영적으로 — 육체로부터 분리되는 것이기 때문이다. 그리고 여덟째 날은 우리를 그리스도 안에서 부활의 땅으로 데려간다. 골로새서 3:9 이하를 보라.

여섯째로, "아이가 자라매 젖을 떼고 이삭이 젖을 떼는 날에 아브라함이 큰 잔치를 베풀었더라"(21:8). 여기에서 우리는 또 다시 멋진 상징이 나타나는 것을 발견한다. 이삭은 어머니의 젖을 먹음으로 말미암아 "자랐다." 이것은 신자들에게도 마찬가지이다. 새로 태어났을 때 우리는 단지 영적인 어린아이에 불과하며, 우리는 말씀의 젖을 먹음으로 말미암아 자란다. "갓난 아기들 같이 순전하고 신령한 젖을 사모하라 이는 그로 말미암아 너희로 구원에 이르도록 자라게 하려 함이라"(벧전 2:2). 여기의 "큰 잔치"에 대해서는 오늘 다루지 않고자 한다.

일곱째로, "사라가 본즉 아브라함의 아들 애굽 여인 하갈의 아들이 이삭을 놀리는지라 그가 아브라함에게 이르되 이 여종과 그 아들을 내쫓으라 이 종의 아들은 내 아들 이삭과 함께 기업을 얻지 못하리라 하므로 아브라함이 그의 아들로 말미암아 그 일이 매우 근심이 되었더니 하나님이 아브라함에게 이르시되 네 아이나 네 여종으로 말미암아 근심하지 말고 사라가 네게 이른 말을 다 들으라 이삭에게서 나는 자라야 네 씨라 부를 것임이니라 그러나 여종의 아들도 네 씨니 내가 그로 한 민족을 이루게 하리라 하신지라 아브라함이 아침에 일찍이 일어나 떡과 물 한 가죽부대를 가져다가 하갈의 어깨에 메워 주고 그 아이를 데리고 가게 하니 하갈이 나가서 브엘세바 광야에서 방황하더니"(21:9-14). 마침내 다툼은 끝난다. 이삭을 "박해한" 자는 이제 "쫓겨난다"(갈 4:29). 이것은 우리에게도 마찬가지일 것이다. 법정적으로 육체의 생명은 이미 우리에게 끝났다. 그러나 실제적으로 그것은 여전히 우리 안에 있으며 우리 곁에 있다. 그러나 지금 법정적으로 이루어진 것은 조만간 경험적으로도 사실이 될 것이다. 그리스도께서 우리를 위해 다시 오실 때, 육체를 영원히 벗어버릴 것이다. 마치 엘리야가 그의 겉옷을 벗어버리고 하늘로 올라간 것처럼 말이다. 여기의 상징이 얼마나 정확한지 보라. 이삭이 "자라 젖을 떼기" 전까지, 박해하는 이스마엘은 쫓겨나지 않았다. 이것을 오늘의 마지막 교훈으로 삼자. 조만간 우리의 이스마엘은 쫓겨날 것이다. 조만간 "우리의 낮은 몸은 그리스도의 영광의 몸과 같이" 될 것이다(빌 3:21). 조만간 구주께서 다시 오시고 우리는 "그와 같이" 될 것이다. 우리가 그를 "그의 참모습 그대로" 볼 것이기 때문이다(요일 3:2). 이것은 얼마나 복된 약속인가! 이것은 얼마나 영광스러운 소망인가! 지금 우리 안에 저급한 육체가 있는 사실은 우리가 우리의 복된 주님의 다시 오심을 더욱 간절히 열망하도록 만들지 않는가? "아멘 주 예수여 오시옵소서!"(계 22:20).

제26장

이삭을 제물로 바침

창세기 22장

"그 일 후에 하나님이 아브라함을 시험하시려고 그를 부르시되"(창 22:1). "그 일 후에"라는 표현은 우리를 이삭의 탄생과 관련한 21장으로 데려가는데, 앞에서 살펴본 것처럼 거기에는 매우 풍부한 상징적 의미가 담겨 있었다. 우리는 그것을 두 가지 관점으로부터 바라볼 필요가 있다. 그것은 개인적인 적용과 시대적인 적용이다. 앞글에서 우리는 전자에 대해 살펴보았다. 이제 후자에 대해 간략하게 살펴보고자 한다.

이삭의 탄생은 이스마엘의 적의(敵意)를 일깨웠다. 그리하여 사라는 아브라함에게 "이 여종과 그 아들을 내쫓으라 이 종의 아들은 내 아들 이삭과 함께 기업을 얻지 못하리라"라고 말하기에 이르렀다(21:10). 갈라디아서 4:22-31로부터 우리는 사라의 이러한 요구 속에 매우 심대한 의미가 있었음을 배운다. 다시 말해서 거기에는 시대적인 의미가 담겨 있었던 것이다. 먼저 우리는 사라가 "기업"이라고 말한 것을 주목할 필요가 있다. "이 종의 아들은 내 아들 이삭과 함께 기업을 얻지 못하리라." 앞장에서 이야기한 것처럼, 이삭은 그의 기적적인 탄생 안에서 주 예수를 예표할 뿐만 아니라 또한 그리스도 예수를 믿는 믿음으로 하나님의 자녀가 되는 자들을 가리킨다. 한 마디로 그는 신적 아들됨(divine sonship)을 대표한다. 다시 말해서 이삭은 "약속으로 말미암은 영적 자녀들"을 대표하는 것이다. 성경은 그들을 "하나님의 상속자요 그리스도와 함께 한 상속자"로 부른다(롬 8:17). 나라로서 이스라엘은 신약의 교회와 함께 기업을 상속받지 못한다. 이런 차원에서 이삭이 그리스도의 몸의 지체들을 상징한다면, 이스마엘은 만민에게 복음이 전파되는 시대에 선민의 자리로부터 쫓겨난 이스라엘 나라를 상징한다. 이제 이러한 열쇠를 가지고 창세기 21장의 두 번째 부분으로 들어가 보도록 하자. 그리고 한 나라로서의 이스라엘의 향후 역사(歷史)가 어떻게 상징적으로 펼쳐지는지 주목해 보도록 하자.

1. "아브라함이 아침에 일찍이 일어나 떡과 물 한 가죽부대를 가져다가 하갈의 어깨에 메워 주고 그 아이를 데리고 가게 하니 하갈이 나가서 브엘세바 광야에서 방황하더니"(21:14). 여기에서 우리는 하갈과 그녀의 아들이 광야에서 방랑자가 된 것을 보게 된다. 이것은 얼마나 정확한 상징인가! 바로 이것이 이스라엘이 "더 큰 아브라함의 아들"을 배척한 것의 분깃이었다. 하나님이 교회를 세워 오신 그 오랜 기간 동안, 유대인들은 광야에서 방랑했다.

2. "가죽부대의 물이 떨어진지라"(15절). 여기에서 우리는 상징적으로 이스라엘로부터 성령이 거두어지는 것을 발견한다. "물이 떨어진지라!" 바로 이것이 유대인들이 성경을 읽을 때 "수건"이 그 마음을 덮은 것을 설명해 준다(고후 3:15). 성령이 없이는 아무도 하나님의 말씀으로부터 양식을 끌어올 수 없기 때문이다.

3. "이르되 아이가 죽는 것을 차마 보지 못하겠다 하고 화살 한 바탕 거리 떨어져 마주 앉아 바라보며 소리 내어 우니"(16절). 여기에 예루살렘이 자신의 무너짐을 보며 애곡하는 것이 상징적으로 나타난다. 여기의 하갈의 모습은 애가(哀歌)를 부르는 예레미야의 모습과 얼마나 비슷한가! 그녀는 예루살렘 성문 앞에서 "애곡하는" 가련한 유대인들의 모습을 상징적으로 보여 준다.

4. "하나님이 그 어린 아이의 소리를 들으셨으므로 하나님의 사자가 하늘에서부터 하갈을 불러 이르시되 하갈아 무슨 일이냐 두려워하지 말라 하나님이 저기 있는 아이의 소리를 들으셨나니"(17절). 바로 여기가 희망이 시작되는 곳이다. 여호와가 자신의 언약 백성을 다시 받으시는 것은 그들이 자신들의 죄로 인해 애곡하며, 하나님의 아들을 십자가에 못 박은 죄를 고백하며, 겸비한 마음으로 "찬송하리로다 주의 이름으로 오시는 이여"라고 부르짖을 때이다(마 23:39).

5. "하나님이 하갈의 눈을 밝히셨으므로 샘물을 보고 가서 가죽부대에 물을 채워다가 그 아이에게 마시게 하였더라"(19절). 상징적으로 하나님의 영이 다시 한 번 이스라엘에게 부어진다. 여기에서 하나님이 "하갈의 눈을 밝히신" 것처럼, 머지않은 장래에 하나님은 유대인들의 눈을 밝히실 것이다. 그리고 장차 올 대환난의 때에, 경건한 남은 자들은 하나님의 증언을 지키며 어린 양의 피로 자신들의 옷을 씻을 것이다(계 14:3-4, 20:4).

6. "하나님이 그 아이와 함께 계시매 그가 장성하여 광야에서 거주하며 활 쏘는

자가 되었더니"(20절). 이와 짝을 이루는 것이 "그가 큰 민족을 이루게 하리라"는 18절의 약속이다. 이러한 상징은 얼마나 정확한가! 하나님의 호의(好意)를 회복한 이스라엘은 천년왕국 때에 그와 같이 될 것이다.

7. "그가 바란 광야에 거주할 때에"(21절). 바란은 "아름다움" 혹은 "영광"을 의미한다. 천년왕국 때에 광야는 장미꽃처럼 아름답게 필 것이다. 그것은 지금 창조세계 위에 드리워져 있는 저주가 그때 제거될 것이기 때문이다. 그때 쉐키나의 영광이 다시 한 번 그들 가운데 있을 것이다.

8. "그의 어머니가 그를 위하여 애굽 땅에서 아내를 얻어 주었더라"(21절). 이것은 상징적으로 이스라엘을 애굽과 연합시킨다. 천년왕국 동안 그와 같이 될 것이다. "그 날에 이스라엘이 애굽 및 앗수르와 더불어 셋이 세계 중에 복이 되리니 이는 만군의 여호와께서 복 주시며 이르시되 내 백성 애굽이여, 내 손으로 지은 앗수르여, 나의 기업 이스라엘이여, 복이 있을지어다 하실 것임이라"(사 19:24, 25).

9. "그 때에 아비멜렉과 그 군대 장관 비골이 아브라함에게 말하여 이르되 네가 무슨 일을 하든지 하나님이 너와 함께 계시도다"(22절). 이와 같이 천년왕국 때에 이방인들은 여호와께서 다시금 유대인들 가운데 계시는 것을 인정하면서 그들에게 경의를 표할 것이다. "만군의 여호와가 이와 같이 말하노라 그 날에는 말이 다른 이방 백성 열 명이 유다 사람 하나의 옷자락을 잡을 것이라 곧 잡고 말하기를 하나님이 너희와 함께 하심을 들었나니 우리가 너희와 함께 가려 하노라 하리라 하시니라"(슥 8:23).

10. "아브라함은 브엘세바에 에셀나무를 심고"(33절). 아브라함의 이러한 행동 속에는 매우 큰 의미가 담겨 있다. 그것은 나그네로부터 소유로의 변화를 상징한다. 이스라엘의 조상인 아브라함은 "맹세의 샘"을 의미하는 브엘세바에 에셀나무를 심음으로써 그 땅을 소유로 취한다. 나무를 심는 것은 오랫동안 정착하는 것을 상징하기 때문이다. "그들이 건축한 데에 타인이 살지 아니할 것이며 그들이 심은 것을 타인이 먹지 아니하리니 이는 내 백성의 수한이 나무의 수한과 같겠고 내가 택한 자가 그 손으로 일한 것을 길이 누릴 것이며"(사 65:22).

11. "아브라함은 브엘세바에 에셀 나무를 심고 거기서 영원하신 하나님 여호와의 이름을 불렀으며"(33절). 여기에서 아브라함은 "영원하신 하나님"을 부른다. 주의 나라가 능력과 영광 가운데 임할 때도 그럴 것이다. 계속적인 변화와 모든 썩음 대신에, 영원과 불변과 평안과 축복이 있을 것이다. 그때 이스라엘은 이렇

게 말할 것이다. "주는 한결같으시고 주의 연대는 무궁하리이다 주의 종들의 자손은 항상 안전히 거주하고 그의 후손은 주 앞에 굳게 서리이다"(시 102:27, 28),

12. 여기의 상징을 완성하는 마지막 한 가지만 더 살펴보도록 하자. "이들은 이스마엘의 아들들이요 그 촌과 부락대로 된 이름이며 그 족속대로는 열두 지도자들이었더라"(25:16). 천년왕국 때에 이스라엘 열두 지파 전체가 회복되어, 열방 가운데 지도자의 위치로 높여질 것이다.

이스라엘의 이후 역사(歷史)에 대한 이러한 놀라운 개요에 이어 무엇이 따르는가? 그것은 창세기 22장의 모리아 사건 즉 구주의 죽음과 부활을 가장 놀라운 방식으로 예표하는 사건이다. 그러면 두 가지가 함께 연결되는 이유는 무엇인가? 그것은 우리에게 — 그리고 나중에 유대인들에게 — 이스라엘의 천년왕국의 축복이 어린 양의 보배로운 희생제사로 말미암은 것임을 보이기 위함이다. 이제 창세기 21장에 대한 시대적 적용은 여기에서 멈추고, 그것의 개인적인 적용을 한 번 더 고찰해 보도록 하자.

이전 글에서 우리는 이삭의 탄생이 일곱 가지 측면에서 주 예수 그리스도의 탄생을 예표하는 모형임을 살펴보았다. 이제 우리는 모리아에서 이삭을 제물로 바치는 것이 어떻게 갈보리의 십자가를 가리키는지 살펴보고자 한다.

창세기 22장의 이야기는 하나님의 성도들이 항상 좋아하는 이야기였다. 모리아 이야기를 좀 더 상세히 살피기에 앞서, 먼저 우리는 여기의 사건이 구약에서 하나님이 인신제물(人身祭物)을 요구하신 유일한 경우라는 사실을 기억할 필요가 있다. 여기에서 하나님은 처음으로 죄를 제거하기 위해 사람을 희생제물로 드릴 필요가 있음을 계시하셨다. 사람이 죄를 범하였으므로, 신적 공의가 만족되기 위해서는 동물이 아니라 사람을 희생제물로 드릴 필요가 있었다.

1. "여호와께서 이르시되 네 아들 네 사랑하는 독자 이삭을 데리고 모리아 땅으

[1] 나는 이삭을 제물로 바친 "산"이 바로 갈보리였음을 추호도 의심하지 않는다. 여기에서 그 산의 이름은 구체적으로 나타나지 않는다. 그것은 모리아 땅에 있는 "한 산"이었다(모리아가 "여호와가 준비할 것이라"를 의미하는 것은 매우 의미심장하다). 갈보리는 모리아 땅에 있는 한 산이었다. 이삭이 제물로 바쳐진 산과 갈보리를 동일시하는 것은 여기의 상징이 갖는 놀라운 정확성과 부합할 뿐만 아니라 또한 창 22:14에서 그 산이 "여호와의 산"으로 구체적으로 일컬어지는 사실과도 부합한다. 도대체 갈보리 외에 어떤 산이 감히 그와 같은 이름으로 일컬어질 수 있단 말인가!

로 가서 내가 네게 일러 준 한[1] 산 거기서 그를 번제로 드리라"(창 22:2). 이것은 우리 앞에 아들 하나님뿐 아니라 아버지 하나님까지 보여 주는 구약의 매우 드문 모형 가운데 하나이다. 여기에서 우리는 아버지의 마음이 나타나는 것과 갈보리의 신적 측면이 놀랍게 나타나는 것을 보게 된다. 또 여기의 모형 속에서 우리는 하나님이 "자기 아들을 아끼지 아니하신" 것을 발견한다(롬 8:32). 진실로 바로 이것이 창세기 22장의 핵심이다. 여기에서 가장 두드러진 인물은 이삭이 아니라 아브라함이다. 이삭은 단순히 아버지의 뜻에 순종하는 것으로만 나타날 뿐이다. 여기에서 가장 강렬하게 나타나는 것은 아버지의 마음이다.

2. "아브라함이 아침에 일찍이 일어나 나귀에 안장을 지우고 두 종과 그의 아들 이삭을 데리고 번제에 쓸 나무를 쪼개어 가지고 떠나 하나님이 자기에게 일러 주신 곳으로 가더니"(3절). 여기의 모형 속에서 우리는 아버지가 아들을 희생제물로서 따로 두는 것을 발견한다. 이스라엘 백성들은 유월절 어린 양을 잡기 전에 그것을 다른 가축 떼로부터 나흘간 따로 두어야만 했다(출 12:3). 그와 같이 여기에서 이삭을 제단에 드리기 사흘 전에 아버지 아브라함이 따로 취했다. 이것은 우리 앞에 지극히 보배로운 진리를 제시한다. 주 예수의 십자가는 까닭 없이 그를 미워한 자들의 광분한 행동 훨씬 이상이었다. 그리스도의 십자가는 "하나님의 정하신 뜻과 미리 아심"에 따른 것이었다(행 2:23). 헤롯과 본디오 빌라도와 이방인들과 유대인들은 단지 "하나님의 권능과 뜻대로 이루려고 예정하신" 그것을 행했을 뿐이었다(행 4:28). 그리스도는 "창세 전부터 미리 알린 바 된" 흠 없고 점 없는 어린 양이었다(벧전 1:20). 그렇다. 주 예수는 영원 전부터 희생제물로서 따로 구별되었다. 하나님의 영원한 계획 속에서, 그는 "창세로부터 죽임 당한 어린 양"이었다(계 13:8). 그러한 사실이 여기의 모형 속에 암시적으로 나타나는 것을 주목하라. "아브라함이 아침에 일찍이 일어나."

3. "이에 아브라함이 종들에게 이르되 너희는 나귀와 함께 여기서 기다리라 내가 아이와 함께 저기 가서 예배하고 우리가 너희에게로 돌아오리라 하고"(5절). 여기의 모형 속에서 우리는 희생제사가 드려지는 산에서 아버지와 아들 사이에 계약이 맺어진 것을 보게 된다. 하나님은 여기의 모형 속에서 그러한 사실을 나타내기를 원하셨다. 창세기 22장에서 사라는 전혀 언급되지 않는다. 그 앞장과 뒷장 즉 21장과 23장에서는 매우 두드러지게 나타남에도 불구하고 말이다. 오직 아브라함과 이삭만 나타나야만 했다. "두 종"도 아브라함과 이삭을 따라 산 밑에까지

왔다(22:3). 그러나 희생제사가 드려지는 장소에는 오직 아브라함과 이삭만 있어야 했다(5절). 아브라함과 이삭을 두 종이 산 밑에까지 따라온 것은 별 의미 없는 일인가? 나는 그렇게 생각하지 않는다. 둘은 증인의 숫자이다. 그러나 여기에는 그것 이상의 의미가 있다. 여기의 두 종은 나무를 지고 산으로 올라간 이삭은 보았지만, 제단에서 그와 그의 아버지 사이에 일어난 일을 보는 것은 허락되지 않았다. 그렇다. 아무도 그것을 보아서는 안 되었다. 이제 원형을 바라보자. 여러분은 거기에 "두 사람"이 있는 것을 보지 못하는가? 두 강도는 갈보리까지 그리스도를 따랐다. 그러나 다른 모든 구경꾼들과 마찬가지로, 그들 역시도 제단 위에서 아버지와 아들 사이에 일어난 일을 보는 것은 허락되지 않았다. 세 시간 동안의 캄캄한 어둠이 모든 사람의 눈으로부터 아버지와 아들 사이의 계약을 가렸다.

4. "아브라함이 이에 번제 나무를 가져다가 그의 아들 이삭에게 지우고"(6 상반절). 이삭은 어린 소년이 아니었다. 이미 충분히 자란 청년이었다. 그는 하고자 한다면 얼마든지 늙은 아버지에게 저항할 수 있었다. 그러나 이삭은 저항하는 대신 조용히 아버지를 따른다. 그는 저항의 목소리를 높이는 대신 자신의 어깨에 나무를 지고 묵묵히 순복한다. 여기에 아버지의 뜻에 묵묵히 복종하는 우리 구주의 모습이 나타나지 않는가! "하나님이여 보시옵소서 두루마리 책에 나를 가리켜 기록된 것과 같이 하나님의 뜻을 행하러 왔나이다"가 그의 즐거운 외침이었다(히 10:1). 또 "내가 주의 뜻 행하기를 즐기오니"라는 말씀 속에 그의 마음의 온전함이 충분하게 나타났다(시 40:8). 그리스도와 아버지는 완전하게 일치되었다. 이것이 창세기 22장의 모형 속에서 어떻게 아름답게 나타나는지 보라. "두 사람이 동행하더니"(6절). 또 다시 "두 사람이 함께 나아가서"(8절). 그리고 여기의 "나무"를 짊어진 이삭이 십자가를 짊어진 그리스도를 예표하는 것은 두말할 필요조차 없다.

5. "자기는 불과 칼을 손에 들고 두 사람이 동행하더니"(6 하반절). 아브라함의 손은 불을 들고 있었다. 성경에서 "불"은 신적 심판을 상징한다. 그것은 죄를 영속적으로 태우는 신적 거룩하심의 에너지를 표현한다. 악을 그냥 내버려 둘 수 없는 것이 신적 본성의 완전함이다. 그것은 생명나무의 길을 가로막은 화염검에 의해 최초로 나타났다(창 3:24). 그리고 그것은 불과 유황으로 타는 못에서 최종적으로 그리고 영원히 나타날 것이다. 이와 같이 창세기 22장의 모형 가운데 아브라함의 손에 들린 "불"은 십자가 위에서 우리의 죄를 담당하신 자의 머리 위에 떨어

진 신적 심판의 두려운 폭풍을 가리킨다. 이삭의 아버지가 손에 불과 칼을 든 것처럼, 하나님의 사랑하는 아들은 "아버지에게 맞으며 고난을 당하셨다"(사 53:4).

6. "이삭이 그 아버지 아브라함에게 말하여 이르되 내 아버지여 하니 그가 이르되 내 아들아 내가 여기 있노라 이삭이 이르되 불과 나무는 있거니와 번제할 어린 양은 어디 있나이까 아브라함이 이르되 내 아들아 번제할 어린 양은 하나님이 자기를 위하여 친히 준비하시리라 하고 두 사람이 함께 나아가서"(7, 8절). 여기의 아브라함의 말 속에는 두 가지 의미가 담겨 있다. 하나는 하나님이 "어린 양"을 "준비"하신다는 것이고, 다른 하나는 그것이 하나님 자신을 위한 것이라는 것이다. 오직 하나님만이 자신을 만족시킬 수 있는 것을 준비할 수 있으셨다. 사람으로부터 말미암은 것은 아무것도 신적 요구에 부응할 수 없었다. 죄를 위한 희생 제물이 필요하다면, 하나님 자신이 그것을 준비하셔야만 한다. 나아가 하나님이 "어린 양"을 준비하는 것은 그 자신을 위한 것이라는 사실을 주목하라. 사람들에게 축복이 흘러들어올 수 있게 되기에 앞서, 먼저 신적 공의와 거룩하심의 요구가 만족되어야만 한다. 그리스도께서 죄인들을 위해 죽으신 것은 분명한 사실이다. 그러나 그는 먼저 하나님을 위해 다시 말해서 "하나님의 의로우심을 나타내기 위해" 죽으셨다. "자기의 의로우심을 나타내사 자기도 의로우시며 또한 예수 믿는 자를 의롭다 하려 하심이라"(롬 3:26). 이것이 본문 가운데 어떻게 나타나는지 주목하라. 하나님 자신이 어린 양을 준비하실 뿐만 아니라, 하나님이 자신을 위해 어린 양을 준비하실 것이다.

7. "하나님이 그에게 일러 주신 곳에 이른지라 이에 아브라함이 그 곳에 제단을 쌓고 나무를 벌여 놓고 그의 아들 이삭을 결박하여 제단 나무 위에 놓고 손을 내밀어 칼을 잡고 그 아들을 잡으려 하니 여호와의 사자가 하늘에서부터 그를 불러 이르시되 아브라함아 아브라함아 하시는지라 아브라함이 이르되 내가 여기 있나이다 하매 사자가 이르시되 그 아이에게 네 손을 대지 말라 그에게 아무 일도 하지 말라 네가 네 아들 네 독자까지도 내게 아끼지 아니하였으니 내가 이제야 네가 하나님을 경외하는 줄을 아노라 아브라함이 눈을 들어 살펴본즉 한 숫양이 뒤에 있는데 뿔이 수풀에 걸려 있는지라 아브라함이 가서 그 숫양을 가져다가 아들을 대신하여 번제로 드렸더라 아브라함이 그 땅 이름을 여호와 이레라 하였으므로 오늘날까지 사람들이 이르기를 여호와의 산에서 준비되리라 하더라"(9-14절). 여기에서 모형은 이삭으로부터 "그를 대신하여 드려진" 숫양으로 바뀐다. 이것은

죄인들을 대신하여 죽으신 그리스도를 얼마나 아름답게 예표하는가! 이삭과 마찬가지로, 그들은 이미 사망의 장소에 있었다. 그들은 결박되었으며, 스스로의 힘으로는 아무것도 할 수 없었으며, 신적 공의의 칼이 그들 위에 머물러 있었다. 여기에서 아브라함에게 복음이 전파되었다(갈 3:8). 성경의 다른 곳에서도 우리는 여기와 같은 이중적인 상징(즉 이삭과 숫양)을 발견한다. 예컨대 속죄일의 두 마리의 염소라든지 혹은 나병환자를 깨끗하게 하는 두 마리의 비둘기 같은 것들 말이다.

8. "아브라함은 시험을 받을 때에 믿음으로 이삭을 드렸으니 그는 약속들을 받은 자로되 그 외아들을 드렸느니라 그에게 이미 말씀하시기를 네 자손이라 칭할 자는 이삭으로 말미암으리라 하셨으니 그가 하나님이 능히 이삭을 죽은 자 가운데서 다시 살리실 줄로 생각한지라 비유컨대 그를 죽은 자 가운데서 도로 받은 것이니라"(히 11:17-19). 이와 같이 창세기 22장의 모형은 우리에게 그리스도께서 제단 위에서 제물로 드려진 것뿐만 아니라 사흘 만에 죽은 자 가운데 다시 살아나신 것을 보여 준다. 아브라함은 사흘 만에 이삭을 다시 돌려받았다. 하나님으로부터 명령을 받은 때로부터 아들을 제단 위에 올려놓은 때까지 사흘이 경과했기 때문이다. 그 사흘 동안 그의 아들은 그에게 죽은 것이나 마찬가지였다. 뿐만 아니라 창세기 22장의 상징은 놀랍게도 은연중에 그리스도의 승천까지도 암시한다. 이삭을 대신하여 숫양이 제물로 드려진 후, 우리는 창세기 22장에서 그에 대해 더 이상 아무것도 읽지 못한다. 19절을 주의 깊게 읽어 보라. "이에 아브라함이 그의 종들에게로 돌아가서 함께 떠나 브엘세바에 이르러 거기 거주하였더라." 창세기 22장의 상징은 이삭을 그가 제물로 드린 산 위에 그냥 남겨 두었다.

이제 아브라함이 받은 믿음의 시험들과 그를 붙잡아 준 신적 은혜에 대해 간단하게 요약하면서 오늘의 이야기를 마무리 짓도록 하자.

아브라함의 영적 역사(歷史)는 네 개의 큰 위기로 특징지어진다. 그리고 그때마다 그는 자신에게 육체적으로 소중한 무엇인가를 포기해야만 했다. 첫째로, 그는 스스로를 자신의 고향과 친척으로부터 분리시키도록 부름 받았다(12:1). 둘째로, 그는 롯을 포기하도록 부름 받았다(13:1-18). 셋째로, 그는 이스마엘에 대한 계획을 포기해야만 했다(17:17, 18). 그리고 넷째로, 하나님은 그에게 이삭을 번제로 드리라고 명령하셨다. 이와 같이 신자의 생애는 시험의 연속이다. 그것은 오직 시험과 연단을 통해서만 신자의 성품이 계발되고 다듬어지기 때문이다. 그런 가운데 때로 다른 모든 시험들을 훨씬 뛰어 넘는 매우 강력한 시험이 임한다. 이것은 아브라함에게도 마찬가지였다. 그는 계속해서 시험을 받고 또 받았다. 그러나 여기와 같은 시험은 결코 없었다. 하나님의 요구는 "아들아, 네 마음을 내게 달라!"는 것이다(잠 23:26). 그것은 우리의 지성(知性)이나 달란트나 돈이 아니라, 우리의 마음이다. 하나님은 최고를 요구하신다. 우리는 하나님의 요구에 응답한다. 그러면 하나님은 우리의 응답의 진정성을 증명하기 위해 종종 우리가 특별히 소중하게 여기는 것에 손을 대신다. 하나님은 단순히 입술에 발린 말이 아니라 마음의 진실함을 원하시기 때문이다. 하나님은 이와 같이 아브라함을 다루셨다. 여기에서 아브라함에게 시험이 임한 때를 주목해 보라.

하나님이 아브라함을 시험하신 것은 "그 일 후에"였다(22:1). 다시 말해서 그것은 25년간의 기다림 후였으며, 후손의 약속이 계속적으로 반복된 후였으며, 희망이 최고로 고조된 후였으며, 이삭이 상당히 장성한 후였다. 어쩌면 아브라함은 이삭이 태어나면 자신의 모든 시험이 끝날 것이라고 생각했을는지 모른다. 그렇다면 그는 크게 오해한 것이다. 이제 아브라함의 시험의 성격을 생각해 보도록 하자.

아브라함은 직접 그의 손으로 아들을 제물로 바치라고 명령받았다. 아들을 희생제물로 다른 사람에게 주라는 것이 아니었다. "네 자신이 제사장이 되라. 네가 직접 네 아들을 번제로 드려라." 이것은 너무나 가혹한 요구였다. 이스마엘이 13살이었을 때, 아브라함은 또 다른 아들이 없이도 충분히 만족할 수 있었다. 그러나 이삭이 태어나 자신의 마음을 사로잡았을 때, 그와 나누어지는 것은 너무나 가혹한 고문일 수밖에 없었다. 뿐만 아니라 사흘간의 여행, 이삭은 나무를 지고 자신은 칼과 불을 가지고 산으로 올라가는 일, 그리고 무엇보다도 자신이 희생제물인 줄도 모르고 "불과 나무는 있거니와 번제할 어린 양은 어디 있나이까?"라고 묻는 아들의 가슴을 아리게 하는 질문 — 이 모든 것은 진실로 사람이 감당하기에 너무나 어려운 일이었다. 그러나 여기의 시험의 가장 가혹한 부분은 아브라함의 감정적인 부분이 아니었다. 이삭은 단순한 아들이 아니라, 특별히 약속의 씨(promised seed)였다. 그를 통해 아브라함의 자손과 관련하여 약속된 모든 위대한 일들이 이루어질 것이었다. 이스마엘을 내보내라는 명령을 받았을 때는 하나님이 그 이유를 설명해 주셨다. 그러나 여기에서는 어떤 설명도 없었다. 이스마엘을 내보내야만 했던 것은 그가 약속의 자녀가 아니었기 때문이었다. "오직 이삭으로부터 난 자라야 네 씨라 불리리라"(롬 9:7). 그렇다면 이삭이 떠난다면, 도대체 누가 그를 대체할 것이란 말인가? 이삭을 제물로 드리는 것은 곧 믿음의 대상을 희생제물로 드리는 것이었다. 계속해서 아브라함의 반응을 생각해 보도록 하자.

그의 신속성을 주목하라. 거기에는 어떤 의심이나 지체함이나 머뭇거림이나 마지못함이 없었다. 도리어 그는 "아침에 일찍 일어났다." 그에게 아버지로서의 감정이나 혹은 불신앙으로 말미암은 어떤 저항도 없었다. 도리어 그는 하나님의 뜻에 절대적으로 순복했다. 믿음은 육친(肉親)의 감정도 이기고, 이성(理性)도 이기고, 자기의지도 이긴다. 신적 은혜는 인간의 모든 마음과 생각과 감정을 하나님의 뜻에 완전하게 순복시킬 수 있는데, 우리는 바로 여기에서 그에 대한 가장 두드러진 실례(實例)를 발견한다. 그러면 이러한 시험을 통해 아브라함은 무엇을 얻었나? 그는 전에는 전혀 알지 못했던 — 혹은 불완전하게 밖에는 알지 못했던 — 사실을 발견했다. 그것은 하나님이 "여호와 이레" 즉 준비하시는 여호와라는 사실이었다. 시험을 통과하는 과정을 통해, 우리는 하나님의 은혜와 그의 신실하심과 그의 충족하심에 대해 깨닫게 된다. 부디 하나님이 나와 이 글을 읽는 독자들에게 그와 같은 믿음의 능력을 더 풍성하게 허락해 주시기를 간절히 기원한다.

제 27장

이삭의 생애

창세기 26장

오늘 우리는 이삭의 생애에 대해 간략하게 살펴보고자 한다. 이삭은 네 명의 위대한 족장들 가운데 가장 오래 살았음에도 불구하고 실제로 그에 대한 기록은 다른 족장들에 비해 상대적으로 적다. 아브라함의 생애를 위해서는 열두 장이 할당되었으며, 야곱과 요셉의 경우에도 비슷하다. 반면 이삭의 생애는 여기저기에서 한두 마디 언급된 것을 제외하면 오직 한 장에 응축되어 있다. 이삭의 성격을 그의 아버지인 아브라함과 그의 아들인 야곱의 성격과 비교할 때, 우리는 이삭에게 아브라함에게서 나타나는 믿음의 승리와 야곱에게서 나타나는 허물이 상대적으로 적게 나타나는 것을 주목할 수 있다.

앞에서 이야기한 것처럼, 이삭은 아들됨(sonship)을 상징한다. 그가 아브라함의 모든 소유를 이어받는 상속자가 된 것은 바로 이러한 사실로 말미암은 것이었다. 엘르아살은 브두엘에게 "나의 주인의 아내 사라가 노년에 나의 주인에게 아들을 낳으매 주인이 그의 모든 소유를 그 아들에게 주었나이다"라고 말했다(창 24:36). 이것이 창세기 25:5에서 다시금 반복되는 것을 주목하라. "아브라함이 이삭에게 자기의 모든 소유를 주었고." 이것은 일차적으로 하나님이 "더 큰 아브라함의 아들"을 만유의 상속자로 세우신 것을 가리킨다(히 1:2). 그러나 동시에 그것은 믿음으로 말미암아 아브라함의 자손과 하나님의 자녀가 된 모든 사람들에게도 똑같이 사실이다. "자녀이면 또한 상속자 곧 하나님의 상속자요 그리스도와 함께 한 상속자니"(롬 8:17). 이것은 이삭에게 사실이었던 것처럼, 또한 우리에게도 사실이다. 아버지 집의 모든 소유가 우리의 것이다. 그러나 이삭은 단지 신자의 아들됨(sonship)과 상속자됨(heirship)을 상징할 뿐만 아니라 또한 우리의 하늘의 부르심을 예표적으로 보여 준다. 독자들이 잘 아는 것처럼, 가나안 땅은 우리의 시민권이 있는 하늘(빌 3:20)과 우리의 영적 싸움(엡 6:12)을 상징했다. 족장들 가운데 평생 가나안 밖으로 나가지 않은 사람은 오직 이삭뿐이었다. 아브라함은 잠시 동안 그 땅을 떠났었으며, 야곱과 요셉은 그 땅을 떠나 애굽으로 갔다가 결국 애굽에서 눈을 감았다.

지금까지 우리는 상징적인 측면에서 이삭을 살펴보았는데, 이제는 도덕적인 측면에서 살펴보도록 하자. 창세기 22장의 장면에 이어 우리가 그에 대해 처음 읽게 되는 것은 다음과 같은 말씀이다. "그 때에 이삭이 라해로이 우물(well Lahai-roi, 한글개역개정판에는 "브엘라해로이"라고 되어 있음)에서 왔으니 그가 네게브 지역에 거주하였음이라 이삭이 저물 때에 들에 나가 묵상하다가 (혹은 기도하다가) 눈을 들어 보매 낙타들이 오는지라"(24:62, 63). 이러한 말씀은 우리에게 이삭의 성격과 관련한 좋은 통찰력을 제공해 준다. 그는 조용하며 차분한 성격의 사람이었다. 그는 자기 아버지의 적극적이며, 행동적이며, 공격적인 기질을 이어받지 않았다. 그는 조용하며, 온유하며, 다투지 않는 사람이었다.

그는 본질적으로 우물의 사람이었다. 아브라함이 제단의 사람이며 야곱이 장막의 사람이었다면, 이삭에게 가장 두드러진 것은 "우물"이었다. 창세기 22장에 기록된 사건 이후 이삭과 관련하여 처음으로 언급되는 것은 "이삭이 라헤로이 우물에서 왔으니"라는 말씀이다(24:62). 앞의 글에서 우리는 창세기 22장의 사건이 그리스도의 죽으심과 부활과 승천을 상징적으로 나타내는 사실을 살펴보았다. 그 사건 이후 첫 번째 언급이 그와 같은 말씀인 것은 참으로 의미심장한 일이 아닐 수 없다. 다시 말해서 그리스도의 승천에 이어 성령의 역사(役事)의 상징이 따르고 있는 것이다. 우물의 상징으로 다시 돌아오자. 또 다시 다음으로 우리가 그에 대해 듣게 되는 것은 "아브라함이 죽은 후에 하나님이 그의 아들 이삭에게 복을 주셨고 이삭은 라해로이 우물 근처에 거주하였더라"라는 말씀이다(25:11). 또 다시 우리는 "이삭이 그 곳을 떠나 그랄 골짜기에 장막을 치고 거기 거류하며 그 아버지 아브라함 때에 팠던 우물들을 다시 팠으니 이는 아브라함이 죽은 후에 블레셋 사람이 그 우물들을 메웠음이라"라는 말씀을 읽는다(26:17, 18). 계속해서 창세기 26:20, 21, 22, 25절을 읽어보라. 이삭의 이름이 더도 아니고 덜도 아니고 일곱 번 "우물"과 연결되는 것은 너무나 의미심장하다. 여기에는 몇 가지 매우 중요한 교훈이 담겨 있다.

우물은 저수지와 다르다. 우물은 물이 솟아오르는 장소인 반면, 저수지는 단지 물이 모여 있는 장소일 뿐이다. 이삭의 우물의 상징적인 의미는 창세기 26:19에서 발견된다. "이삭의 종들이 골짜기를 파서 샘(springing water, 즉 솟아오르는 물) 근원을 얻었더니." 물은 자연적인 생명을 유지하는데 필수불가결하다. 또한 그것은 영적인 생명에 있어서도 마찬가지이다. 신자에게 첫 번째로 필요한 것은 "생수" 즉 말씀을 통해 역사(役事)하는 성령이다. 이와 관련하여 그랜트(F. W. Grant)는 이렇게 말한다. "물이 생명을 유지하고 자라게 하는 방식은 성령이 역사(役事)하는 방식을 잘 보여 준다. 물이 없다면 식물은 양분이 뿌리에 직접적으로 접촉되어 죽게 된다. 물의 역할은 양분이 유기체에 흡수되도록 만드는 것이다. 다시 말해서 물은 유기체에게 양분을 취할 수 있는 능력을 준다."

이삭이 등장하는 첫 번째 우물은 라해로이 우물이었다(24:62, 25:11). 라해로이는 "나를 살피시는 하나님"을 의미한다(창 16:14을 보라). 그것은 항상 살아 계시며 임재하시는 하나님의 끊임없는 돌보심을 이야기한다. 오늘날 그러한 우물은 어디에서 발견되는가? 우리는 어디에서 그러한 하나님의 임재를 발견하는가? 바로 성경이다. 성령에 의해 조명(照明)된 하나님의 말씀은 우리에게 하나님의 임재를 계시한다. 이와 같이 "우물"은 하나님의 임재를 발견하는 장소를 상징한다. 우리가 하나님의 임재 안에 머무는 것은 실제적으로 우리가 하나님의 말씀을 사용하며 순종하는 것에 달려 있다.

우리는 라해로이 우물가에 있는 이삭을 보았다. 그는 거기에 계속 머물러 있었는가? 여러분은 어떻게 생각하는가? 여러분 자신의 경험이 가르쳐 주지 않는가? "아브라함 때에 첫 흉년이 들었더니 그 땅에 또 흉년이 들매 이삭이 그랄로 가서 블레셋 왕 아비멜렉에게 이르렀더니"(창 26:1). 이삭이 라해로이 우물로부터 그랄로 간 것은 아들(신자)이 하나님의 임재와 신적 교제의 달콤함을 계속 유지하는데 실패한 것을 상징한다. 그러나 곧바로 다음과 같은 말씀이 나오는 것은 얼마나 복된 일인가! "여호와께서 이삭에게 나타나 이르시되 애굽으로 내려가지 말고 내가 네게 지시하는 땅에 거주하라 이 땅에 거류하면 내가 너와 함께 있어 네게 복을 주고 내가 이 모든 땅을 너와 네 자손에게 주리라"(2, 3절). 이삭은 지금, 예전에 기근이 임했을 때 그의 아버지가 그랬던 것처럼, 애굽으로 내려가고 있었다. 하나님이 나타나셔서 그의 발걸음을 붙들지 않으셨다면, 틀림없이 그는 그곳으로 갔을 것이었다. 여기에서 우리는 하나님의 주권의 한 두드러진 실례(實例)를 보게 된다. 여기에서 하나님은 이삭에게 나타나셔서, 애굽으로 내려가는 그의 발걸음을 붙드셨다. 그러나 예전에 여기와 거의 비슷한 상황에서 그의 아버지인 아브라함에게는 그렇게 하지 않으셨다.

"이삭이 그랄에 거주하였더니"(26:6). 그랄은 가나안과 애굽 중간에 있는 도시였다. 하나님은 그곳에 "거류"(sojourn)하라고 말씀하셨다(3절). 그러나 이삭은 거기에 "거주"(dwell)했다(6절). 그것도 "오랫동안" 말이다(8절). 이제 이삭이 그랄에 오랫동안 정착한 결과가 무엇이었는지 주목하라. 그는 거기에서 범죄했다. "그 곳 사람들이 그의 아내에 대하여 물으매 그가 말하기를 그는 내 누이라 하였으니 리브가는 보기에 아리따우므로 그 곳 백성이 리브가로 말미암아 자기를 죽일까 하여 그는 내 아내라 하기를 두려워함이었더라"(7절). 이와 같이 이삭은 아브라함의 죄를 똑같이 반복했다(창 20:1, 2). 아버지의 잘못된 본을 따르는 이삭으로부터 우리는 무엇을 배우는가? 첫째로, 여기의 사건은 우리에게 자녀들에게 있어 부모의 덕을 본받는 것보다 도리어 부모의 악과 연약함을 흉내 내는 것이 훨씬 더 쉽다는 사실을 가르쳐 준다. 부모의 죄는 자녀들 안에서 너무나 자주 반복되고 영속화된다. 둘째로, 또 여기의 사건은 우리에게 두 사람이 기질적으로 매우 다른 사람들이었음에도 불구하고 동일한 유혹에 굴복한 사실을 보여 준다. 기근이 일어났을 때, 두 사람 모두 도움을 위해 사람에게로 피했다. 아비멜렉의 땅에서 그들은 자신들의 아내를 사실 그대로 말하기를 두려워했다. 이러한 사실로부터 우리는 사람의 기질 여부와 상관없이 하나님의 은혜가 지켜주지 않을 때 여지없이 넘어지고 만다는 사실을 배울 수 있지 않은가! 아, 이것은 우리에게 얼마나 큰 경고가 되는가!

"이삭이 그 땅에서 농사하여 그 해에 백 배나 얻었고 여호와께서 복을 주시므로 그 사람이 창대하고 왕성하여 마침내 거부가 되어"(26:12, 13). 대부분의 주석가들은 여기에서 이삭이 하나님과의 교제 밖에 있었음에도 불구하고 크게 형통하게 된 것을 설명하는데 상당한 어려움을 느낀다. 그러나 우리가 3절의 "내가 네게 복을 주리라"는 약속의 말씀을 주목한다면, 그러한 어려움은 곧 사라진다. 그것은 이삭이 아비멜렉을 속이기 전에 주어진 약속이었다. 이것이 참된 해석이라는 것은 "복"이라는 단어에서 분명하게 나타난다. 하나님은 3절에서 "내가 네게 복을 주리라"라고 말씀하셨다. 그리고 12절은 그러한 하나님의 약속이 성취된 것을 보여 준다 — "여호와께서 복을 주시므로." 하나님이 약속하신 때와 그것이 성취된 때 사이에 행한 이삭의 잘못은 단지 우리에게 "약속하신 이는 미쁘시니"

라는 복된 말씀이 사실임을 증명해 주는 한 가지 두드러진 실례일 뿐이다(히 10:23). 그렇다. 하나님의 미쁘심을 송축하자! "우리는 미쁨이 없을지라도 주는 항상 미쁘시니 자기를 부인하실 수 없으시리라"(딤후 2:13).

"아비멜렉이 이삭에게 이르되 네가 우리보다 크게 강성한즉 우리를 떠나라"(창 26:16). 아비멜렉은 이삭에게 "우리를 떠나라"고 말했다. 이것은 하나님이 아비멜렉을 통해 이삭에게 말씀하고 계시는 것이 아닌가!

"이삭이 그 곳을 떠나 그랄 골짜기에 장막을 치고 거기 거류하며 그 아버지 아브라함 때에 팠던 우물들을 다시 팠으니 이는 아브라함이 죽은 후에 블레셋 사람이 그 우물들을 메웠음이라 이삭이 그 우물들의 이름을 그의 아버지가 부르던 이름으로 불렀더라"(17-18절). 블레셋 사람들이 메웠던 우물들을 다시 파는 것에서, 이삭은 신약 시대의 여명과 함께 바리새인들의 유전과 의식주의(儀式主義)에 의해 사실상 메워져 있었던 생명수 샘을 다시 여신 그리스도를 상징하는 것으로 나타난다.

"이삭의 종들이 골짜기를 파서 샘 근원을 얻었더니 그랄 목자들이 이삭의 목자와 다투어 이르되 이 물은 우리의 것이라 하매 … 또 다른 우물을 팠더니 그들이 또 다투므로 … 이삭이 거기서 옮겨 다른 우물을 팠더니"(19-22절). 이러한 "다툼"은 자기 자녀를 다시금 자신에게로 이끄시는 하나님의 특별한 방법이었다. 또 우리는 여기에서 악에 대해 대항하지 않는 이삭의 아름다운 도덕적 성품을 발견할 수 있다. 그는 자신의 "권리"를 주장할 수 있었으며, 자신이 판 우물들을 위해 싸울 수 있었다. 그러나 그렇게 하는 대신 그는 다른 장소로 조용히 "옮겼다." 여기에서 그는 우리 앞에 그리스도인들이 마땅히 따를 모범을 제시한다. "부당하게 고난을 받아도 하나님을 생각함으로 슬픔을 참으면 이는 아름다우나 죄가 있어 매를 맞고 참으면 무슨 칭찬이 있으리요 그러나 선을 행함으로 고난을 받고 참으면 이는 하나님 앞에 아름다우니라"(벧전 2:19, 20). 여기에 나타난 이삭의 태도는 두말할 필요도 없이 "욕을 당하시되 맞대어 욕하지 아니하신" 우리 구주의 모습을 예표적으로 보여 준다(벧전 2:23).

"이삭이 거기서부터 브엘세바로 올라갔더니"(26:23). 여기에서 이삭이 본래의 교제의 장소로 돌아온 것을 상징하는 지리학적인 언급을 주목하라. "브엘세바"는 맹세의 우물을 의미하기 때문이다. 그와 함께 곧바로 이어지는 말씀을 주목해 보라. "그 밤에 여호와께서 그에게 나타나 이르시되 나는 네 아버지 아브라함의 하나님이니 두려워하지 말라 내 종 아브라함을 위하여 내가 너와 함께 있어 네게 복을 주어 네 자손이 번성하게 하리라 하신지라"(24절). 이삭이 브엘세바로 돌아온 바로 그날, 여호와께서 그에게 "나타나셨다."

"이삭이 그 곳에 제단을 쌓고, 여호와의 이름을 부르며 거기 장막을 쳤더니 이삭의 종들이 거기서도 우물을 팠더라"(26:25). 여기에서 이삭이 "장막"을 치기 전에 먼저 "제단"을 쌓은 것을 주목하라. 그랄에서는 제단에 대한 어떤 언급도 없었다. 계속해서 이어지는 말씀을 주목해 보라. "아비멜렉이 그 친구 아훗삿과 군대 장관 비골과 더불어 그랄에서부터 이삭에게로 온지라"(26절). 이삭이 브엘세바로 돌아온 결과는 단지 개인적인 축복만이 아니었다. 겸하여 아비멜렉이 그를 찾아왔다. 그런데 이번에 찾아온 것은 그를 괴롭히기 위함이 아니었다. 여기의 마지막 우물에서는 "다툼"에 대한 어떤 언급도 나타나지 않는다. 도리어 이번에 찾아온 것은 이삭에게 특별한 부탁을 하기 위함이었다. 아비멜렉과 아훗삿과 비골은 "여호와께서 너와 함께 계심을 우리가 분명히 보았으므로 우리의 사이 곧 우리와 너 사이에 맹세하여 너와 계약을 맺으리라"라고 말했다(28절). 이삭이 하나님과의 교제의 장소로 돌아오자 무슨 일이 벌어졌나? 전에 그의 원수였던 자들이 그를 찾아와 하나님이 그와 함께하심을 증언한다. 이 얼마나 놀라운 사실인가! "사람의 행위가 여호와를 기쁘시게 하면 그 사람의 원수라도 그와 더불어 화목하게 하시느니라"(잠 16:7).

"이삭이 그들을 위하여 잔치를 베풀매 그들이 먹고 마시고 아침에 일찍이 일어나 서로 맹세한 후에 이삭이 그들을 보내매 그들이 평안히 갔더라"(창 26:30, 31). 앞에서 우리는 어떻게 이삭이 온유함으로 블레셋 사람들의 부당한 행동에 대처했는지 살펴보았다. 그러나 그는 여기에서 온유함에 수반되는 또 하나의 은혜를 나타내는데 실패했다. 본성으로 말미암은 온유함은 많은 경우 나약함으로 변질된다. 그러나 성령으로 말미암은 온유함은 의의 요구를 제쳐놓지 않는다. 도리어 하나님의 요구를 굳게 붙잡는다. 여기에서 이삭은 실패했다. 용서하는 것은 기독교적인 행동이다. 그러나 그와 함께 반드시 의(義)가 따라야만 한다. "만일 네 형제가 죄를 범하거든 책망(rebuke)하고 회개하거든 용서하라"(눅 17:3, 한글개역개정판에는 "경고하고"로 되어 있음). 분명 아비멜렉은 이삭에게 잘못된 일을 행했다. 그러나 이삭은 정당하게 책망하는 대신 그를 위해 "잔치"를 베풀었다. 물론 이것은 친절한 행동이기는 했지만, 의의 요구에 부합하는 행동은 아니었다. 이것을 여기와 비슷한 상황에서 아브라함이 한 행동과 비교해 보라. "아비멜렉의 종들이 아브라함의 우물을 빼앗은 일에 관하여 아브라함이 아비멜렉을 책망하매"(창 21:25).

"에서가 사십 세에 헷 족속 브에리의 딸 유딧과 헷 족속 엘론의 딸 바스맛을 아내로 맞이하였더니 그들이 이삭과 리브가의 마음에 근심이 되었더라"(창 26:34, 35). 이것은 참으로 슬픈 일이면서 동시에 우리에게 엄중한 경고를 발한다. 결혼은 매우 중요한 일이다. 하나님의 백성이 불신자와 연합하는 것은 그리스도의 존귀를 가리는 일일 뿐만 아니라 또한 스스로 재앙을 자초하는 일이다. 이스라엘 백성들에 대한 하나님의 말씀은 명확했다. 그들은 어떤 상황 아래서도 가나안 사람들과 혼인해서는 안 되었다. "그들과 혼인하지도 말지니 네 딸을 그들의 아들에게 주지 말 것이요 그들의 딸도 네 며느리로 삼지 말 것은 그가 네 아들을 유혹하여 그가 여호와를 떠나고 다른 신들을 섬기게 하므로 여호와께서 너희에게 진노하사 갑자기 너희를 멸하실 것임이니라"(신 7:3, 4). 아직까지 공식적으로 율법이 주어지지 않았다 하더라도, 창세기 전체에 걸쳐 하나님의 마음은 분명하게 나타났다. 아브라함이 자신의 친족 가운데 이삭의 아내를 예비하려고 했을 때에도 그것은 분명하게 나타났다(창 24장). 그때 아브라함은 이삭이 가나안의 딸과 혼인하는 것을 엄히 금했다. 그러나 이삭은 이 문제에 대해 아브라함만큼 단호하지 않았다. 그는 자기 아들이 가나안 여자와 혼인하는 것을 막는데 실패했다. 결국 에서는 헷 족속의 딸과 혼인했다. 아브라함에게 하나님은 "내가 그로 그 자식과 권속에게 명하여 여호와의 도를 지켜 의와 공도를 행하게 하려고 그를 택하였나니"라고 말씀하셨다(창 18:19). 그러나 이삭에게는 그렇게 말씀하실 수 없었다. 그렇지만 이삭의 의로운 영혼 속에는 큰 슬픔이 있었다. 그것은 "그들이 이삭과 리브가의 마음에 근심이 되었더라"라는 말씀 가운데 잘 나타난다.

창세기 27장에 대한 상세한 설명은 다음 장을 위해 유보하기로 하자. 여기에서는 다만 독자들이 잘 아는 사건을 간단히 제시하는 것만으로 충분하리라 생각한다. 140세가 되었을 때, 이삭은 자신이 갑자기 죽게 될 것을 우려했다. 그리하여 그는 족장으로서의 제사장적인 위치에서 자기 아들들에게 축복하는 마지막 영적 행동을 준비한다. 그러나 그렇게 함에 있어 그의 마음은 하나님의 인도하심을 구하는 대신 사냥해서 잡은 고기로 만든 별미에 온통 사로잡혀 있었다. 뿐만 아니라 그는 하나님의 명백한 뜻을 뒤집으면서 하나님이 야곱을 위해 예비하신 것을 에서에게 주려고 했다. 그러나 사람이 무엇으로 심든지 그대로 거두는 법이다. 이삭이 육체를 따라 행동하자, 리브가와 야곱도 같은 방법으로 행동한다. 여기에서 이삭의 역사(歷史)는 끝난다. 야곱에게 가나안의 딸들로부터 아내를 취하지 말라고 당부하고 난 후, 그는 무대에서 사라진다(28:1). 그리고 그때부터 그에 대한 기록은 더 이상 나타나지 않는다. 그의 죽음과 장사만 제외하고 말이다(25:27-29). 벨렛(J. G. Bellett)이 "족장들"(The Patriarchs)이라는 책에서 말한 것처럼, 이삭의 말년은 마치 더 이상 주인이 쓰기에 적합하지 않은 녹슨 그릇처럼 되었다. 그의 말을 좀 더 길게 인용해 보자.

"이삭은 귀퉁이가 깨진 그릇처럼 되었는가? 그는 주인의 쓰심에 합당하지 않은 그릇처럼 치워졌는가? 그는 더 이상 쓰임을 받기에 적합한 그릇이 아니었나? 그의 역사(歷史)는 그렇다고 말하는 것처럼 보인다. 아브라함은 그렇지 않았다. 그는 처음에 가지고 있었던 것을 끝까지 지켰다. 우리는 아브라함의 행로를 살피는 가운데 이미 그것을 보았다. 아브라함의 잎은 시들지 않았다. 그는 노년에 열매를 맺었다. 그것은 모세도 마찬가지였고, 다윗도 마찬가지였고, 바울도 마찬가지였다. 그들은 전쟁터에서 갑옷을 입은 채 죽었다. 그들은 밭에서 쟁기질을 하면서 죽었다. 물론 그들 역시도 일하는 가운데 많은 실수를 저질렀다. 그러나 그들은 더 이상 쓸모없는 그릇으로 치워지지 않았다. 모세는 요단강가에 있는 진(陣)에서 백성들을 지키고 있으며, 다윗은 나라의 안위를 보살피고 있으며, 바울은 전신갑주를 입고 있다. 그들은 주인이 돌아왔을 때 자기 자리에서 일하고 있었던 종들과 같았다. '주인이 이를 때에 그 종이 그렇게 하는 것을 보면 그 종은 복이 있으리로다' (눅 12:43). 그러나 이삭의 경우는 그렇지 못했다. 마지막 40년 동안 우리는 그에 대해 아무것도 듣지 못한다. 그는 이를테면 계속해서 녹이 슬어가고 있었다."

"이것은 우리에게 얼마나 두려운 경고가 되는가! 더 이상 쓰임 받기에 적합하지 못해 치워지는 것은 정말로 슬픈 일이다. 스스로를 더럽히면서 그냥 세상에 남아 있는 것은 얼마나 끔찍한 일인가! 우리는 하나님의 말씀 속에서 다양한 실례들을 발견한다. 애굽에서의 야곱의 말년을 생각해 보자. 그는 거기에서 치워진 그릇과 같지 않았다. 도리어 거기에서 그는 스스로를 회복시키고 있었다. 그가 애굽에서 보낸 17년 동안 정말로 보화와 같은 일들이 있었다. 우리는 야곱이 애굽에서 보낸 그의 말년의 생애로부터 많은 교훈을 배울 수 있다. 반면 솔로몬의 경우를 생각해 보자. 그는 훨씬 더 나쁜 경우이다. 그의 말년의 생애는 스스로를 더럽히는 생애였다. 그는 이삭이나 야곱과 많이 달랐다. 이삭은 도덕적인 측면에서 마지막까지 별다른 흠이 없었다. 또 야곱의 말년은 그의 생애 가운데 최선의 기간이었다. 그러나 솔로몬은 그렇지 않았다. 그의 말년에 대해 성경은 이렇게 기록한다. '솔로몬의 나이가 많을 때에 그의 여인들이 그의 마음을 돌려 다른 신들을 따르게 하였으므로 왕의 마음이 그의 아버지 다윗의 마음과 같지 아니하여 그의 하나님 여호와 앞에 온전하지 못하였으니' (왕상 11:4)."

"이삭과 야곱과 솔로몬은 오늘날의 우리에게 많은 교훈을 일깨워 준다. 그들은 우리에게 하나님의 집에 있는 다양한 그릇들을 보여 준다. 어떤 그릇은 끝까지 쓰기에 적합했으며, 어떤 그릇은 녹이 슬었으며, 어떤 그릇은 더러워져 흉하게 되었다." (J.G.Bellet, "The Patriarchs.")

제28장

두 아들을 축복하는 이삭

창세기 27장

본장에서는 이삭으로부터 축복을 받는 그의 두 아들을 살펴보고자 한다. 그들은 창세기 25:20-26에서 처음 등장한다. "이삭은 사십 세에 리브가를 맞이하여 아내를 삼았으니 리브가는 밧단 아람의 아람 족속 중 브두엘의 딸이요 아람 족속 중 라반의 누이였더라 이삭이 그의 아내가 임신하지 못하므로 그를 위하여 여호와께 간구하매 여호와께서 그의 간구를 들으셨으므로 그의 아내 리브가가 임신하였더니 그 아들들이 그의 태 속에서 서로 싸우는지라 그가 이르되 이럴 경우에는 내가 어찌할꼬 하고 가서 여호와께 묻자온대 여호와께서 그에게 이르시되 두 국민이 네 태중에 있구나 두 민족이 네 복중에서부터 나누이리라 이 족속이 저 족속보다 강하겠고 큰 자가 어린 자를 섬기리라 하셨더라 그 해산 기한이 찬즉 태에 쌍둥이가 있었는데 먼저 나온 자는 붉고 전신이 털옷 같아서 이름을 에서라 하였고 후에 나온 아우는 손으로 에서의 발꿈치를 잡았으므로 그 이름을 야곱이라 하였으며 리브가가 그들을 낳을 때에 이삭이 육십 세였더라." 이러한 말씀에 대한 해설은 다음에 야곱에 대해 다룰 때를 위해 유보해 두기로 하자. 그리고 오늘은 곧바로 에서가 자신의 장자권을 파는 유명한 사건으로 넘어가도록 하자.

"그 아이들이 장성하매 에서는 익숙한 사냥꾼이었으므로 들사람이 되고 야곱은 조용한 사람이었으므로 장막에 거주하니 이삭은 에서가 사냥한 고기를 좋아하므로 그를 사랑하고 리브가는 야곱을 사랑하였더라 야곱이 죽을 쑤었더니 에서가 들에서 돌아와서 심히 피곤하여 야곱에게 이르되 내가 피곤하니 그 붉은 것을 내가 먹게 하라 한지라 그러므로 에서의 별명은 에돔이더라 야곱이 이르되 형의 장자의 명분을 오늘 내게 팔라 에서가 이르되 내가 죽게 되었으니 이 장자의 명분이 내게 무엇이 유익하리요 야곱이 이르되 오늘 내게 맹세하라 에서가 맹세하고 장자의 명분을 야곱에게 판지라 야곱이 떡과 팥죽을 에서에게 주매 에서가 먹으며 마시고 일어나 갔으니 에서가 장자의 명분을 가볍게 여김이었더라" (25:27-34). 이러한 말씀의 기저(基底)에는 표면에 나타나는 것보다 훨씬 더 많은 의미가 담겨 있다. 에서와 야곱은 각각 특정한 부류의 사람들을 대표한다. 에서는 불신자를 대표하며, 야곱은 신자를 대표한다. 우리는 여기의 간략한 표현들 속에 담겨 있는 깊은 의미들을 놓쳐서는 안 된다.

에서는 "익숙한 사냥꾼"이었다(27절). "사냥꾼"은 고요하며 차분한 개념보다 끊임없이 이동하며 떠돌아다니는 개념을 전달한다. 성구사전을 찾아보라. 그러면 여러분은 "사냥꾼"이라는 단어가 대부분의 경우 악과 관련되어 나타나는 것을 발견하게 될 것이다(삼상 24:11; 욥 10:16; 시 140:11; 잠 6:26; 미 7:2; 겔 13:18 등을 참조하라). 성경에서 "사냥꾼"으로 특별하게 명명되는 사람은 오직 두 사람뿐이다. 한 사람은 니므롯이고 다른 한 사람은 여기의 에서이다. 두 사람 사이에는 공통점이 많다. 이와 같이 에서가 바벨탑을 쌓은 니므롯과 함께 연결되는 사실은 그가 어떤 성격의 사람이었는지를 그대로 보여 준다.

다음으로 우리는 에서가 "들사람"(man of the field)이었음을 듣는다(27절). 마태복음 13:38의 "밭(field)은 세상이요"라는 말씀의 빛에 비추어, 우리는 어렵지 않게 에서 안에 담겨 있는 영적 사실을 분별할 수 있다. 그는 상징적으로 세상에 속한 사람이었다. 여기에 묘사된 에서와 야곱의 모습은 서로 날카로운 대조를 보인다. 여기에서 야곱도 에서처럼 두 가지로 묘사된다. 야곱은 "조용한 사람"으로서, "장막에 거주했다"(27절). 여기에서 "조용한"(plain)으로 번역된 히브리어는 다른 곳에서 "온전한" "정직한" "더럽혀지지 않은" 등으로 번역된다. 이것은 그의 성격을 잘 보여 준다. 또 "장막에 거주한" 것은 그가 그 땅에서 외인과 나그네로서 장차 올 도성을 바라보았음을 암시한다.

"야곱이 죽을 쑤었더니 에서가 들에서 돌아와서 심히 피곤하여"(29절). 여기에서 또 다시 날카롭게 나타나는 이삭의 두 아들 사이의 대조는 우리에게 큰 교훈을 준다. 야곱은 집안일에 열중이었다. 그는 음식을 만들면서 자신의 분깃을 향유했다.[1] 반면 에서는 또 다시 "들"과 연결된다. 그는 "들에서 돌아와 심히 피곤했다." 앞에서 이야기한 것처럼, 에서는 세상에 속한 사람을 대표한다. 그런 차원에

[1] 왕하 4:38-40에서 "죽"이 하나님의 선지자들의 양식이었음을 주목하라.

서 여기에 묘사된 그림은 매우 시사적(示唆的)이다. 에서는 아무런 짐승도 잡지 못한 채 들로부터 돌아왔다. 그는 배가 고프고 심히 피곤했다. 세상에 속한 사람은 항상 이와 같다. "들"에는 사람을 참으로 만족시켜 줄 수 있는 것이 아무것도 없다. 세상은 인간의 영적 필요에 진정으로 부응하는 것을 전혀 주지 못한다. 인간은 짐승과는 달리 본질적으로 영적인 존재이기 때문이다. 이와 관련하여 우리 주님은 "이 물을 마시는 자마다 다시 목마르려니와"라고 말씀하신다(요 4:13). 어떻게 그렇지 않을 수 있겠는가? 어떻게 "악한 자 안에 놓인" 세상이 의식적으로든 무의식적으로든 항상 하나님을 향해 헐떡거리는 인간의 참된 필요를 진정으로 채워줄 수 있겠는가? 여기에서 에서가 경험한 것은 후대에 솔로몬이 경험한 것과 똑같은 것이었다. "해 아래서" 만족을 찾는 것은 헛되고 헛된 일이다. 이것은 오늘날에도 마찬가지이다. 오직 "야곱들"만이 — 즉 하나님의 은혜의 대상들만이 — 속사람의 굶주림을 진정으로 달래주는 것을 소유한다.

"야곱에게 이르되 내가 피곤하니 그 붉은 것을 내가 먹게 하라 한지라." 흠정역(KJV)의 번역자들이 여기에다가 "죽"(pottage)이라는 단어를 이탤릭체로 끼워놓음으로써 의미를 모호하게 한 것은 참으로 안타까운 일이다(흠정역에는 "red pottage"라고 되어 있음). 많은 경우 이탤릭체로 된 단어는 더 나은 의미를 전달하기는 고사하고 도리어 그것의 참된 의미를 가린다. 여기의 경우도 그렇다. 29절에서 성령에 의해 "죽"이라는 단어가 채택된 것은 야곱이 향유한 분깃을 나타내기 위한 것이었다. 그러나 여기 30절에서 에서가 실제로 말한 것은 "내가 피곤하니 나로 하여금 그 붉은 것을 먹게 하라"는 것이었다. 이것이 그가 말한 것의 전부였다. 그는 심지어 야곱이 만든 것의 이름조차 알지 못했다. 그는 사냥에 대해서는 완전히 익숙했지만, 하나님의 택함 받은 자들의 분깃에 대해서는 아무것도 알지 못했다. "그러므로 세상이 우리를 알지 못함은 그를 알지 못함이라"(요일 3:1).

"야곱이 이르되 형의 장자의 명분을 오늘 내게 팔라"(31절). 여기에서 야곱은 본래 하나님이 자신에게 주신 것을 에서로부터 사고자 한다. 그것은 "장자의 명분" 혹은 "장자권"이었다. 장자권은 당시 가장 소중하게 여겨진 소유였다. 거기에는 존귀와 권세가 부여되었으며, 그것을 가진 자는 통상적으로 갑절의 분깃을 받았다(창 49:3과 신 21:17을 보라). 아브라함의 가정을 생각해 보라. 그 가정의 장자권에는 특별한 축복이 덧붙여져 있었다. 거기에는 일시적인 축복뿐만 아니라 영적인 축복까지 덧붙여져 있었다. 이와 관련하여 마이어(F. B. Meyer)는 이렇게 말한다. "장자권은 영적인 기업(基業)이었다. 그것은 가족이나 혹은 가문의 제사장이 되는 권리를 부여했다. 또 거기에는 신적 비밀을 소유하며 전달하는 특권이 포함되어 있었다. 뿐만 아니라 그것은 메시야의 혈통에 참여하는 것이기도 했다."

에서는 "내가 죽게 되었으니 이 장자의 명분이 내게 무엇이 유익하리요"라고 말함으로써 그의 참된 성격을 드러낸다(32절). 이러한 말은 그가 "아브라함의 축복"을 얼마나 하찮게 여겼는지를 그대로 보여 준다. 그는 대수롭지 않다는 어투로 "이 장자의 명분"이라고 말한다. 나는 또한 에서의 그와 같은 말이 히브리서 12:16의 성령의 말씀을 설명해 준다고 생각한다. "음행하는 자와 혹 한 그릇 음식을 위하여 장자의 명분을 판 에서와 같이 망령된 자가 없도록 살피라." 다시 말해서 그와 같은 에서의 말은 "망령된"(profane), 즉 하나님을 모독하는 불경스러운 말이었다. 에서가 실제로 의미한 것은 당장 죽을 먹지 못하면 굶주림으로 죽을 것이라는 것이 아니었다. 왜냐하면 그는 아버지 집에 있는 모든 양식을 자기 마음대로 먹을 수 있었기 때문이다. 도리어 그가 실제로 의미한 것은 배고파 죽게 된 마당에 하나님이 아브라함과 그의 자손들에게 주신 약속이 도대체 무슨 가치가 있느냐는 것이었다. "나는 약속 따위를 먹고 살 수 없다. 내일 죽을 것이니 나에게 먹을 것과 마실 것을 달라" — 바로 이것이 에서가 말한 것의 진짜 의미였다.

다음으로 에서가 언급되는 곳은 창세기 26장 끝 부분이다. 거기에서 우리는 다음과 같은 말씀을 읽는다. "에서가 사십 세에 헷 족속 브에리의 딸 유딧과 헷 족속 엘론의 딸 바스맛을 아내로 맞이하였더니 그들이 이삭과 리브가의 마음에 근심이 되었더라"(34, 35절). 이와 관련하여 그랜트(Grant)의 글을 인용해 보도록 하자. "이것은 장자권을 팥죽 한 그릇 정도로밖에는 생각하지 않았던 망령된 태도의 자연적인 귀결이었다. 그는 지금 40세였다. 그러한 40년은 그의 시험 기간이 끝났음을 암시한다. 한꺼번에 두 명의 가나안 여자들과 혼인함으로써, 그는 한편으로 아버지의 모범과 훈계를 거역함과 동시에 다른 한편으로 하나님의 뜻을 거슬렀다. 그리고 그런 가운데 그는 자신의 마음 가장 깊은 곳에 있는 것을 여지없이 드러냈다."

마침내 우리는 창세기 27장의 슬픈 장면으로 들어갈 수 있는 모든 준비가 되었다. "이삭이 나이가 많아 눈이 어두워 잘 보지 못하더니 맏아들 에서를 불러 이르되 내 아들아 하매 그가 이르되 내가 여기 있나이다 하니 이삭이 이르되 내가 이제 늙어 어느 날 죽을는지 알지 못하니 그런즉 네 기구 곧 화살통과 활을 가지고 들에 가서 나를 위하여 사냥하여 내가 즐기는 별미를 만들어 내게로 가져와서 먹게 하여 내가 죽기 전에 내 마음껏 네게 축복하게 하라"(1-4절). 이삭이 에서를 축복하기 전에 그로부터 별미를 먹기를 갈망한 이유는 무엇이었는가? 이러한 질문에 창세기 25:28이 대답해 준다. "이삭은 에서가 사냥한 고기를 좋아하므로 그를 사랑하고." 이러한 말씀에 비추어 볼 때 아마도 이삭은 에서를 향한 자신의 마음을 더욱 뜨겁게 불붙이고 그럼으로써 그를 전심(全心)으로 축복하고자 그렇게 했던 것으로 보인다. 그러나 이삭의 눈은 육체적으로 뿐만 아니라 영적으로 "어두워져" 있었다. 우리는 여기의 말씀이 에서가 두 명의 가나안 여자들과 혼인했다는 기록 바로 다음에 나오는 사실을 주목할 필요가 있다. 이삭은 에서를 지나치게 편애하는 가운데 그가 여호와의 영광을 모독한 것을 너무나 가볍게 다루었다. 더구나 에서를 편애한 이유가 고작 그가 사냥한 고기 때문이었다니! 아, 육체(flesh, 혹은 "고기")를 향한 인간의 소욕은 얼마나 강렬한가! 그러나 가장 나쁜 것은 이삭이 에서를 편애한 것이 하나님이 리브가에게 하셨던 말씀 즉 "큰 자가 어린 자를 섬길" 것이라는 말씀을 정면으로 거스르는 것이었다는 사실이다. "두 국민이 네 태중에 있구나 두 민족이 네 복중에서부터 나누이리라 이 족속이 저 족속보다 강하겠고 큰 자가 어린 자를 섬기리라"(창 25:23). 히브리서 11:20을 로마서 10:7과 비교할 때, 이삭은 분명히 그것을 알고 있었다.

"이삭이 그의 아들 에서에게 말할 때에 리브가가 들었더니 … 리브가가 그의 아들 야곱에게 말하여 이르되 … 그런즉 내 아들아 내 말을 따라 내가 네게 명하는 대로 염소 떼에 가서 거기서 좋은 염소 새끼 두 마리를 내게로 가져오면 내가 그것으로 네 아버지를 위하여 그가 즐기시는 별미를 만들리니 네가 그것을 네 아버지께 가져다 드려서 그가 죽기 전에 네게 축복하기 위하여 잡수시게 하라"(27:5-10). 전에 사라는 육체적인 방법을 사용하여 스스로 하나님의 약속을 이루고자 했다. "원하건대 내 여종에게 들어가라 내가 혹 그로 말미암아 자녀를 얻을까 하노라"(창 16:2). 그런데 리브가 역시도 여기에서 시어머니 사라의 악을 똑같이 되풀이한다. 어떤 설교자가 이야기한 것처럼, 그들은 "하늘은 스스로 돕는 자를 돕는다"는 하나님을 모독하는 잘못된 격언 위에서 행동했다. 하나님은 스스로 돕는 자를 돕는 것이 아니라, 스스로에 대해 종말(end)에 이른 자를 돕는다. 리브가가 정말로 하나님의 약속을 믿었다면, 그녀는 때가 되면 하나님이 당신의 말씀을 이루실 것을 확신하면서 조용히 아내의 의무를 이행했을 것이다.

"야곱이 그 어머니 리브가에게 이르되 내 형 에서는 털이 많은 사람이요 나는 매끈매끈한 사람인즉 아버지께서 나를 만지실진대 내가 아버지의 눈에 속이는 자로 보일지라 복은 고사하고 저주를 받을까 하나이다"(11, 12절). 여기에서 야곱의 성격이 그대로 나타난다. 그는 매우 영리할 뿐만 아니라 장차 벌어질 일을 어느 정도 정확하게 예측할 수 있는 사람이었다. 그러나 그는 두려움 가운데 죄로부터 움츠리는 대신 예상되는 좋지 않은 결과에만 온통 마음을 쏟는다.

"어머니가 그에게 이르되 내 아들아 너의 저주는 내게로 돌리리니 내 말만 따르고 가서 가져오라 그가 가서 끌어다가 어머니에게로 가져왔더니 그의 어머니가 그의 아버지가 즐기는 별미를 만들었더라 리브가가 집 안 자기에게 있는 그의 맏아들 에서의 좋은 의복을 가져다가 그의 작은 아들 야곱에게 입히고 또 염소 새끼의 가죽을 그의 손과 목의 매끈매끈한 곳에 입히고 자기가 만든 별미와 떡을 자기 아들 야곱의 손에 주니"(13-17절). 야곱과 리브가 가운데 누가 더 비난을 받아야 할지 잘 모르겠다. 리브가는 두 아들과 관련한 하나님의 계획에 대해 하나님 자신으로부터 직접 들었다. 그녀는 하나님을 알지 못하는 이방 여인이 아니었다. 그녀는 여호와를 아는 여인이었다. 창세기 25:22은 그녀가 "여호와께 물었다"고 말한다. 그렇다면 그녀가 어떻게 행동해야 할지는 명백했다. 그녀는 이삭의 육신적인 계획이 무위(無爲)로 돌아가도록 여호와께 맡겼어야 했다. 그러나 그녀는 육체의 방법을 붙잡았다. 그녀는 거짓된 방법을 동원하면서 자기 아들에게 아버지를 속이도록 가르쳤다. 그러나 리브가를 비난함에 있어 우리는 로마서 2:1 말씀을 기억할 필요가 있다. "그러므로 남을 판단하는 사람아, 누구를 막론하고 네가 핑계하지 못할 것은 남을 판단하는 것으로 네가 너를 정죄함이니 판단하는 네가 같은 일을 행함이니라."

창세기의 이어지는 구절을 계속 인용할 필요는 없을 것이다. 야곱은 어머니의 제안을 따르면서, 죄에다가 죄를 더한다. 먼저 그는 스스로를 형으로 위장하면서 아버지에게 거짓말을 한다. 그리고 심지어 거짓으로 여호와 하나님의 이름을 끌어대기까지 한다. "이삭이 그의 아들에게 이르되 내 아들아 네가 어떻게 이같이 속히 잡았느냐 그가 이르되 아버지의 하나님 여호와께서 나로 순조롭게 만나게 하셨음이니이다"(20절). 잘못 내디딘 첫 발걸음은 계속해서 우리를 더 깊은 수렁으로 끌고 들어간다. 이와 비슷한 진행 과정이 시편 1:1에 암시적으로 나타난다. "복 있는 사람은 악인들의 꾀를 따라 행하지(walk) 아니하며 죄인들의 길에 서지(stand) 아니하며 오만한 자들의 자리에 앉지(sit) 아니하고." 악인들의 꾀를 따라 "행하는" 자는 곧 죄인들의 길에 "서게" 될 것이며, 머지않아 오만한 자들의 자리에 "앉아" 있는 모습으로 발견될 것이다.

처음에 다소 의심을 품었던 이삭은 야곱의 거짓말에 속아 모든 의심을 풀고 야곱을 축복한다. "그가 가까이 가서 그에게 입맞추니 아버지가 그의 옷의 향취를 맡고 그에게 축복하여 이르되 내 아들의 향취는 여호와께서 복 주신 밭의 향취로다 하나님은 하늘의 이슬과 땅의 기름짐이며 풍성한 곡식과 포도주를 네게 주시기를 원하노라 만민이 너를 섬기고 열국이 네게 굴복하리니 네가 형제들의 주가 되고 네 어머니의 아들들이 네게 굴복하며 너를 저주하는 자는 저주를 받고 너를 축복하는 자는 복을 받기를 원하노라"(27-29절). 여기에서 야곱이 아버지 이삭의 입술로부터 받은 "축복"은 그가 하나님의 은혜 앞에 온전히 엎드렸을 때 하나님 자신으로부터 직접 받은 복된 약속에 훨씬 못 미치는 것이었다(창 28:13-15을 보라).

계속해서 사건이 어떻게 전개되는지 주목하라. 야곱이 아버지의 면전으로부터 나오자, 곧바로 에서가 별미를 가지고 와서 말한다. "아버지여 일어나서 아들이 사냥한 고기를 잡수시고 마음껏 내게 축복하소서"(31절). 그제야 비로소 이삭은 자신이 속은 것을 깨닫고 "심히 크게 떨었다"(33절). 에서는 야곱이 행한 일을 알고 소리 내어 울면서 아버지에게 "내게 축복하소서 내게도 그리하소서"라고 부르짖는다(34절). 그러나 이삭은 "네 아우가 와서 속여 네 복을 빼앗았도다 내가 그를 너의 주로 세웠노라"라고 대답한다(35, 37절). 이에 에서는 "내 아버지여 아버지가 빌 복이 이 하나 뿐이리이까 내 아버지여 내게 축복하소서 내게도 그리하소서"라고 부르짖으면서 다시 간청한다(38절). 이에 이삭은 이후 역사(歷史) 속에서 놀랍게 성취된 다음과 같은 예언을 말한다. "네 주소는 땅의 기름짐에서 멀고 내리는 하늘 이슬에서 멀 것이며 너는 칼을 믿고 생활하겠고 네 아우를 섬길 것이며 네가 매임을 벗을 때에는 그 멍에를 네 목에서 떨쳐버리리라"(39, 40절). "에서가 그의 아우를 섬길" 것을 위해서는 사무엘하 8:14을 보라. "다윗이 에돔에 수비대를 두되 온 에돔에 수비대를 두니 에돔 사람이 다 다윗의 종이 되니라"(다윗은 야곱의 자손이었다). 또 "그 멍에를 그의 목에서 떨쳐버릴" 것을 위해서는 대하 21:8을 보라. "여호람 때에 에돔이 배반하여 유다의 지배하에서 벗어나 자기 위에 왕을 세우므로."

앞에서 우리는 에서 대신 야곱을 축복했음을 깨달았을 때 이삭이 "심히 크게 떤" 것을 주목했다. 바로 이것이 전체 사건의 흐름을 바꾸는 전환점이었다. 여기에서 처음으로 어두운 무대 위로 한 줄기 빛이 비춰다. 이삭은 지금까지 자신이 여호와의 명백한 뜻을 거슬러 왔음을 깨닫고 심히 두려워 떨었다. 야곱이 두려워했던 것과는 달리, 이삭은 야곱을 "저주"하지 않았다(12절을 참조하라). 도리어 이삭은 자신이 하나님의 명백한 뜻을 거슬렀음을 깨닫고 스스로를 책망하면서 "심히 크게 떨었다." "그가 반드시 복을 받을 것이니라"라는 표현 속에 우리는 그의 믿음이 나타나는 것을 발견한다(33절). 그는 하나님이 오래 전에 말씀하셨던 것이 지금까지 조금도 흔들리지 않고 유효한 것을 알게 되었다. 성령께서 히브리서 11:20에서 붙잡으시는 것이 바로 이것이다. "믿음으로 이삭은 장차 있을 일에 대하여 야곱과 에서에게 축복하였으며."

여기의 사건으로부터 우리는 많은 교훈을 배울 수 있다. 그 가운데 가장 중요한 것 몇 가지만 나열해 보도록 하자.

1. 오늘날 얼마나 많은 사람들이 여기의 에서처럼 신적 특권을 육신을 만족시키는 것과 바꾸는가?

2. 선을 이루기 위해 악을 행하는 것을 조심하라. 오늘날 선을 이루기 위해서라면 악한 방법도 불사하는 사람들이 얼마나 많은가? 그것은 스스로를 수치와 슬픔으로 몰아가는 것일 뿐이다. 여기의 리브가와 야곱이 그러하지 않았는가?

3. 하나님의 계시된 뜻보다 인간적인 감정을 앞세우지 않도록 조심하라. 그리고 그것을 위해 항상 은혜를 구하라.

4. 심음과 거둠의 법칙을 기억하라. 사랑하는 아들을 멀리 떠나보낸 것은 이삭이 아니라 리브가였음을 주목하라. 야곱을 끔찍한 죄로 이끈 것은 그녀였다. 마찬가지로 야곱이 오랫동안 집을 떠나는 일에 도구가 된 것 역시 그녀였다. 그녀는 야곱에게 외삼촌 라반의 집에서 "몇 날 동안" 피해 있으라고 말했다(44절). 그때 그녀는 자기의 사랑하는 아들이 거기에서 20년 동안이나 머물게 될 줄은 그리고 다시는 그 아들을 볼 수 없게 될 줄은 상상도 하지 못했을 것이다. 하나님의 맷돌은 천천히 돌아가지만, 모든 것을 "확실하게" 간다. 외삼촌 집에 머무는 20년 동안, 야곱은 여러 차례 라반에게 속임을 당한다. 자신이 아버지 이삭을 속였던

것과 똑같이 말이다.

5. 하나님의 계획을 자기 마음대로 바꾸려고 시도하는 것이 얼마나 어리석은 일인지 깨달으라. "그런즉 원하는 자로 말미암음도 아니요 달음박질하는 자로 말미암음도 아니요 오직 긍휼히 여기시는 하나님으로 말미암음이니라"(롬 9:16). 이삭은 하나님이 결정하신 것을 자기가 원하는 대로 바꿀 수 없었다. "사람의 마음에는 많은 계획이 있어도 오직 여호와의 뜻만이 완전히 서리라"(잠 19:21). 사람이 계획할지라도 그것을 이루시는 이는 하나님이시다.

마지막으로, 우리는 여기에서 복음의 아름다운 그림이 언뜻 나타나는 것을 발견할 수 있다. 야곱이 그의 아버지로부터 받아들여져 축복을 받은 것은 그가 아버지의 사랑하는 장자(에서)의 이름 뒤에 숨고 또 그의 옷을 입었기 때문이었다. 마찬가지로 죄인인 우리는 하나님의 사랑하는 장자(예수 그리스도)의 이름 뒤에 숨고 그의 의의 옷을 입음으로써 비로소 하나님으로부터 받아들여져 그의 축복에 참여하게 된다.

제29장

야곱의 인생 행로

창세기 28장

우리는 야곱과 그가 겪은 경험들을 두 가지 관점에서 바라볼 수 있다. 하나는 신자의 상징으로서의 관점이고, 다른 하나는 유대 나라의 모형으로서의 관점이다. 후자를 먼저 살펴보도록 하자. 야곱에게서 우리는 유대 나라의 역사(歷史)가 그림자처럼 나타나는 것을 주목할 수 있다. 그러면 그러한 실례들을 열거해 보도록 하자.

1. 야곱은 하나님이 택하신 자였다(롬 9:10). 유대 나라 역시 그와 같다. 신명기 6:7과 아모스 3:2을 보라.

2. 야곱은 태어나기 전에 이미 하나님의 사랑을 받았다(롬 9:11-13). 그와 같이 유대 나라에 대하여도 하나님은 이렇게 말씀하신다. "여호와께서 이같이 말씀하시니라 칼에서 벗어난 백성이 광야에서 은혜를 입었나니 곧 내가 이스라엘로 안식을 얻게 하러 갈 때에라 옛적에 여호와께서 나에게 나타나사 내가 영원한 사랑으로 너를 사랑하기에 인자함으로 너를 이끌었다 하였노라"(렘 31:2, 3).

3. 야곱은 타고난 매력이 별로 없는 사람이었다. 이것은 유대인들에게 특별히 사실이다.

4. 야곱의 열두 아들로부터 이스라엘의 열두 지파가 이루어졌다.

5. 야곱이라는 이름은 훗날 이스라엘을 일컫는 가장 흔한 이름이 되었다. 이사야 2:5 이하를 보라.

6. 하나님은 야곱을 "섬김을 받을" 자로 선언하셨다. 창세기 25:23과 27:29을 보라. 마찬가지로 이스라엘에 대하여 선지자들은 다음과 같이 선언한다. "주 여호와가 이같이 이르노라 내가 뭇 나라를 향하여 나의 손을 들고 민족들을 향하여 나의 기치를 세울 것이라 그들이 네 아들들을 품에 안고 네 딸들을 어깨에 메고

올 것이며 왕들은 네 양부가 되며 왕비들은 네 유모가 될 것이며 그들이 얼굴을 땅에 대고 네게 절하고 네 발의 티끌을 핥을 것이니"(사 49:22, 23). 또 "나 여호와가 말하노라 이스라엘 자손이 예물을 깨끗한 그릇에 담아 여호와의 집에 드림 같이 그들이 너희 모든 형제를 뭇 나라에서 나의 성산 예루살렘으로 말과 수레와 교자와 노새와 낙타에 태워다가 여호와께 예물로 드릴 것이요"(사 66:20).

7. 야곱은 하나님으로부터 약속의 땅을 기업으로 받은 사람이었다. 창세기 27:28과 28:13을 보라. 이스라엘 백성들 역시 그러하다.

8. 야곱은 본래 자신의 것인 기업을 자신의 소유로 삼기 위해 많은 애를 썼다. 창세기 27장을 보라. 이스라엘 백성들 역시 그러했다.

9. 야곱은 하나님의 축복을 매우 소중하게 여겼지만, 믿음과 상반되게 육신적인 방법으로 그것을 얻으려고 했다. 창세기 26:27을 보라. 유대인들에 대해 성경은 이렇게 기록한다. "내가 증언하노니 그들이 하나님께 열심이 있으나 올바른 지식을 따른 것이 아니니라 하나님의 의를 모르고 자기 의를 세우려고 힘써 하나님의 의에 복종하지 아니하였느니라"(롬 10:2, 3).

10. 야곱은 자신의 죄의 결과로 그 땅에서 쫓겨났다. 창세기 28:5을 보라. 이스라엘 백성들도 그러했다.

11. 야곱은 자신의 생애의 많은 부분을 그 땅으로부터 떠나 방랑하면서 보냈다. 그의 후손들의 역사(歷史) 역시 그러했다.

13. 야곱은 족장들 가운데서도 특별히 방랑을 많이 한 사람이었다. 이런 측면에서도 그는 방랑하는 유대인들의 모형이다.

14. 야곱은 쫓겨난 땅에서 "제단"을 가지지 못했다. 이와 같이 유대인들에 대하여도 성경은 다음과 같이 기록한다. "이스라엘 자손들이 많은 날 동안 왕도 없고 지도자도 없고 제사도 없이 … 지내다가"(호 3:4).

15. 그 땅을 떠나 유랑하는 동안에도 야곱의 마음은 항상 그 땅에 있었다. 고향을 열망하는 그의 간절한 마음이 라반에 대한 그의 말 가운데 잘 나타난다. "야곱이 라반에게 이르되 나를 보내어 내 고향 나의 땅으로 가게 하시되"(창 30:25). 우리는 오늘날 시온주의자들(zionists) 가운데서 이와 동일한 열망을 발견한다. 그들은 팔레스타인 땅에 돌아갈 수 있도록 미국과 영국의 유력 정치인들에게 계속 청원하고 있다.

16. 야곱은 쫓겨난 땅에서 부당한 대접을 받았다. 창세기 29:23과 31:41-42를

보라.

17. 야곱은 세상적인 부(富)를 얻기 위해 간교한 방법을 사용했다. 창세기 30장 37절과 43절을 보라.

18. 야곱은 쫓겨난 땅에 있는 동안 하나님으로부터 다시 약속의 땅으로 돌아오게 될 것이라는 약속을 받았다. 창세기 28:15을 보라.

19. 야곱은 쫓겨난 땅에 있는 동안 약속의 땅으로 돌아가라는 명령을 받을 때까지 하나님으로부터 더 이상의 계시를 받지 못했다(창 31:3).

20. 야곱은 쫓겨난 땅에 있는 동안 하나님으로부터 특별하게 보존되었다. 그는 하나님의 끊임없는 섭리적 돌보심의 대상이었다.

21. 야곱은 쫓겨난 땅에 있는 동안 부자가 되었다. 창세기 30:43을 보라.

22. 이로 인해 야곱은 주변 사람들의 적의(敵意)를 불러일으켰다. 창세기 31:1을 보라.

23. 야곱은 결국 이방인들의 재물을 가지고 약속의 땅으로 돌아왔다. 창세기 31:18을 보라.

24. 야곱은 결국 이방인들의 축복으로 나타나며(창 47:7), 하나님의 선지자로서 행동한다(창 49장). 이 모든 측면에서 야곱은 유대인을 보여 주는 두드러진 모형이었다.

계속해서 신자(信者)의 모형으로서의 야곱을 살펴보도록 하자. 각각의 족장들이 신자 안에 있는 특별한 사실들을 어떻게 상징적으로 보여 주는지 주목하는 것은 매우 흥미로운 일이다. 아브라함에게서 우리는 신적 주권의 사실과 믿음의 삶의 사실을 본다. 또 이삭에게서는 신적 아들됨(divine sonship)의 사실과 순복의 삶의 사실을 보며, 야곱에게서는 신적 은혜의 사실과 투쟁의 삶의 사실을 본다. 또 우리는 아브라함에게서 선택의 사실을, 이삭에게서 새로운 탄생의 사실을, 그리고 야곱에게서 두 본성이 나타나는 사실과 함께 그가 외삼촌의 집에서 종으로 섬긴 사실을 본다. 이와 같이 우리는 구약에 나타나는 각각의 족장들의 생애가 지금 신약에 충분하게 계시된 것을 정확하게 나타내는 것을 주목할 수 있다. 여기에서 특별히 세 족장들의 순서를 주목해 보라. 하나님의 순서는 항상 이와 같다. 필연적으로 하나님이 주권적 선택의 대상인 아브라함이 먼저 와야만 한다. 그리고 다음에 초자연적으로 태어난 아들로서 아버지 집의 상속자인 이삭이 오며, 그 다음에 종인 야곱이 따른다. 오늘날 우리는 이러한 순서에 특별한 주의를 기울일 필요가 있다. 많은 사람들이 오랜 동안의 섬김의 삶의 마지막에 하나님의 아들이 되는 것을 놓기 때문이다. 다시 말해서 그들은 아들이 되는 것을 마지막에 놓는다. 그러나 하나님은 아들이 되는 것을 처음에 놓는다. 사람들은 하나님의 아들이 되기 위해 하나님을 섬기라고 말한다. 그러나 하나님은 "나를 합당하게 섬기고자 한다면 먼저 나의 아들이 되어야만 한다"고 말씀하신다. 바울 사도 역시도 "내가 속한 바 그리고 내가 섬기는 하나님"이라고 말할 때 이러한 순서를 표현했다(행 27:23, 한글개역개정판에는 "내가 속한 바 곧 내가 섬기는 하나님"이라고 되어 있음). 우리는 야곱의 생애 가운데서도 이러한 순서가 나타나는 것을 주목할 수 있다. 그는 밧단아람에서의 섬김을 시작하기 전에 먼저 "하나님의 집"을 의미하는 벧엘을 통과해야만 했다 — 우리는 하나님을 섬기기에 앞서 먼저 그의 집의 권속이 되어야만 한다. 이러한 순서는 호세아에도 나타난다. "야곱이 아람의 들로 도망하였으며 이스라엘이 아내를 얻기 위하여 섬기며 아내를 얻기 위하여 양을 쳤고"(12:12). 여기의 이야기를 우리는 창세기 29장과 30장에서 발견한다. 거기에서 우리는 야곱이 라반의 신실한 종이었음을 발견한다. 그는 이렇게 말한다. "내가 이 이십 년을 외삼촌과 함께 하였거니와 외삼촌의 암양들이나 암염소들이 낙태하지 아니하였고 또 외삼촌의 양 떼의 숫양을 내가 먹지 아니하였으며 물려 찢긴 것은 내가 외삼촌에게로 가져가지 아니하고 낮에 도둑을 맞았든지 밤에 도둑을 맞았든지 외삼촌이 그것을 내 손에서 찾았으므로 내가 스스로 그것을 보충하였으며 내가 이와 같이 낮에는 더위와 밤에는 추위를 무릅쓰고 눈 붙일 겨를도 없이 지냈나이다"(창 31:38-40).

이와 같이 세 명의 위대한 족장들의 순서 즉 아브라함과 이삭과 야곱의 순서는 우리에게 "하나님의 택하심"과 "아들이 되는 것"과 "종으로서 섬기는 것"의 순서를 그대로 보여 준다. 그랜트(F. W. Grant)가 특별히 이것을 강력하게 주창했다. 그는 불붙은 떨기나무에서 하나님이 모세에게 하셨던 말씀 즉 "너는 이스라엘 자손에게 이같이 이르기를 아브라함의 하나님, 이삭의 하나님, 야곱의 하나님께서 나를 너희에게 보내셨다 하라"는 말씀을 해설하는 가운데 이렇게 말한다(출 3:15). "우리는 아브라함에게서 아버지의 모형이, 이삭에게서 아들의 모형이, 그리고 야곱에게서 성령의 역사(役事)의 모형이 나타나는 것을 발견한다. 나아가 발람이 이스라엘 백성들에 대하여 말했던 것을 생각해 보라. 그는 '야곱과 이스라엘에 대하여 논할진대 하나님께서 행하신 일이 어찌 그리 크냐 하리로다' 라고 말했다(민 23:23). 요컨대 야곱의 하나님은 우리 안에서 전능하신 능력으로 당신의 주권적인 은혜를 이루어 가시는 자이다."

이와 같이 세 명의 위대한 족장들 즉 아브라함과 이삭과 야곱은 각각 신적 계시에 있어서의 어떤 특정한 진리들을 나타낸다. 아브라함 안에서 우리는 선택의 진리를 본다. 하나님은 땅의 모든 사람들 가운데 그를 선택하셨다. 또 우리는 같은 진리가 이삭에게서도 나타나는 것을 발견한다. 이것은 하나님이 이스마엘은 그냥 간과하시고 "이삭에게서 나는 자라야 네 씨라 부를 것임이니라"라고 선언하신 것으로부터 분명하게 나타난다(창 21:12). 나아가 이삭은 신적 아들됨(divine sonship)을 나타낸다. 그는 하나님의 능력의 개입으로 초자연적으로 태어났다. 또 우리는 야곱에게서 이러한 두 가지 진리가 좀 더 특별하게 나타나는 것을 주목할 수 있다. 아브라함과 이삭의 경우보다 더 분명하게, 야곱은 하나님의 주권적인 선택의 대상이었다. 켈리(W. Kelly)는 "야곱"(Jacob)이라는 책에서 다음과 같이 말한다. "우리는 야곱에게서 하나님의 절대적인 주권이 나타나는 것을 발견한다. '그 자식들이 아직 나지도 아니하고 무슨 선이나 악을 행하지 아니한 때에 택하심을 따라 되는 하나님의 뜻이 행위로 말미암지 않고 오직 부르시는 이로 말미암아 서게 하려 하사 리브가에게 이르시되 큰 자가 어린 자를 섬기리라 하셨나니' (롬 9:11-12). 이것은 전에 여종과 그의 아들을 쫓아내는 것에서도 똑같이 나타났었다. 그러나 그것은 에서가 아니라 야곱을 선택하신 것에서 훨씬 더 강조적으로 나타난다. 어떤 육체도 하나님 앞에서 자랑할 수 없다. 자랑해야만 한다면, 오직 하나님만을 자랑해야 한다. 사람이 자신의 권리에 대해 이러쿵저러쿵 말할 수 있는가? 아, 죄인이여! 오직 하나님만이 권리를 가지고 계시지 않는가! 사람에게 도대체 무슨 권리가 있단 말인가? 오직 허물만이 있을 뿐이 아닌가? 신자는 거듭난 순간부터 이 사실을 한 순간도 잊어서는 안 된다."

이러한 진리는 오늘날 사람들에 의해 많은 반박을 당한다. 그러므로 우리는 위의 진리를 뒷받침하기 위해 이 시대의 대표적인 정통주의 신학자 가운데 한 사람인 그리피스 토머스(Griffith-Thomas)의 「창세기 주석」(*Commentary on Genesis*) 가운데 한 구절을 인용하고자 한다. "이 모든 것에서 우리는 신적 주권의 놀라운 영광을 본다. 어째서 형 대신 동생이 선택되었는지 우리는 알지 못한다. 그러나 우리는 이와 동일한 원리가 다른 경우들에서도 적용되는 것을 주목할 필요가 있다. 아브라함이 데라의 장자가 아니었던 것은 거의 확실하다. 이삭은 아브라함의 둘째 아들이었으며, 요셉은 야곱의 장자가 아니었다. 이 모든 사실들은 자연(nature)의 순서가 필연적으로 은혜(grace)의 순서가 아니라는 단순한 사실을 보여 준다. 이 모든 것을 통해 하나님은 자신의 주권적인 은혜를 나타내고자 하셨다. 물론 신적 주권의 문제는 인간의 이성(理性)으로 완전하게 설명되지 않는다. 다만 그것은 단순한 사실로서 받아들여져야 한다. 그러나 우리는 그것이 단지 영적인 영역에만 해당되는 것이 아니라는 사실을 주목할 필요가 있다. 그것은 자연 안에서 예컨대 사람의 기질이라든지 인종의 문제와 관련해서도 발견된다. 고레스와 바로의 경우에서 볼 수 있는 것처럼, 인류 역사(歷史) 전체는 신적 선택의 실례(實例)들로 가득 차 있다. 우리가 이해할 수 있든 이해할 수 없든, 신적 선택은 명백한 사실이다. 하나님의 목적은 종종 불가사의하기는 하지만 확실하다. 에서와 야곱의 경우에 나타나는 것처럼, 신적 선택이 사람의 공로라든지 혹은 그의 어떠함과 무관한 것은 완전히 명백하다(롬 9:11). 그러한 사실은 하나님이 '자신의 기쁘신 뜻대로 우리를 예정하사 예수 그리스도로 말미암아 자기의 아들들이 되게 하셨다'는 바울의 말과 완전하게 일치된다(엡 1:5). 우리는 하나님의 뜻을 다 알지 못한다. 그의 뜻은 '비밀'로 가득 차 있다(엡 1:9). 그럼에도 불구하고 우리는 하나님이 '모든 일을 자신의 뜻의 결정대로' 일하시는 것을 확신할 수 있다(엡 1:11). 하나님은 아무렇게나 일하시지 않는다. 그러므로 우리는 하나님이 왜 그렇게 일하시는지 그 이유를 알지 못할 때에도 평온한 마음으로 '옳소이다 그렇게 된 것은 아버지의 뜻이니이다'라고 말할 수 있다(눅 10:21)."

이와 같이 야곱에게서 우리는 (아브라함의 경우와 마찬가지로) 신적 주권이 나타나는 것과, (이삭의 경우와 마찬가지로) 거듭남의 진리가 상징적으로 나타나는 것을 발견한다. 리브가가 야곱을 잉태한 것은 자연적인 것이 아니라 오로지 기도와 신적 개입의 결과였다. 창세기 25:21을 보라.

앞에서 나는 야곱에게서 특별히 성령의 역사(役事)가 두드러지게 나타나는 것을 지적했다. 야곱에 대한 신적 다루심 가운데 가장 두드러진 것은 비할 데 없는 하나님의 은혜와, 그의 놀라운 오래 참으심과, 그의 변함없는 사랑과, 그의 신실하심과, 그의 능력이다. 하나님의 은혜는 그것을 받을 만한 어떤 자격도 없는 자에게 나타났으며, 그의 오래 참으심은 그를 신뢰하기를 너무나 지체하며 머뭇거리는 자에게 나타났다. 또 하나님의 변함없는 사랑은 야곱의 생애 전체를 계속해서 따라다녔으며, 하나님의 신실하심은 그의 신실하지 못함에도 불구하고 변하지 않았으며, 하나님의 능력은 수많은 위험으로부터 그를 지키고 보존했으며 마침내 벌레와 같은 그를 하나님의 방백 이스라엘로 변화시켰다. 이제 성령께서 야곱을 묘사하는 다양한 그림들을 살펴보도록 하자. 그러면 우리는 위에서 열거한 하나님의 속성들이 어떻게 나타났는지 보게 될 것이다. 이제 창세기 28장에 나타나는 야곱의 모습을 살펴보도록 하자

앞장에서 우리는 아버지를 속이는 야곱을 다루었다. 이제 우리는 그러한 악행으로 인해 그가 고통을 당하는 것을 보게 된다. "이삭이 야곱을 불러 그에게 축복하고 또 당부하여 이르되 너는 가나안 사람의 딸들 중에서 아내를 맞이하지 말고 일어나 밧단아람으로 가서 네 외조부 브두엘의 집에 이르러 거기서 네 외삼촌 라반의 딸 중에서 아내를 맞이하라"(28:1, 2). 야곱은 이제 집을 떠나 먼 곳으로 가게 된다. 그리고 그는 오랫동안 다시 집으로 돌아오지 못한다. 이삭에 대해 공부할 때, 우리는 그가 **하늘의 부르심**에 속한 자들을 상징하는 것을 살펴보았다. 반면 앞에서 지적한 것처럼, 야곱은 **땅의 부르심**을 받은 자들을 상징한다. 이러한 사실은 여러 가지 사건들 속에서 나타난다. 이삭은 하늘의 상징인 가나안을 떠나는 것이 금지되었다(창 24:5, 6). 그래서 그의 아내가 먼 곳으로부터 그에게로 와야만 했다. 그러나 야곱은 아내를 얻기 위해 가나안으로부터 외삼촌의 집으로 보내졌다. 우리는 여기에서도 이삭과 야곱이 선명하게 대조되는 것을 발견한다.

"야곱이 브엘세바에서 떠나 하란으로 향하여 가더니 한 곳에 이르러는 해가 진지라 거기서 유숙하려고 그 곳의 한 돌을 가져다가 베개로 삼고 거기 누워 자더니 꿈에 본즉 사닥다리가 땅 위에 서 있는데 그 꼭대기가 하늘에 닿았고 또 본즉 하나님의 사자들이 그 위에서 오르락내리락 하고 또 본즉 여호와께서 그 위에 서서 이르시되 나는 여호와니 너의 조부 아브라함의 하나님이요 이삭의 하나님이라 네가 누워 있는 땅을 내가 너와 네 자손에게 주리니 네 자손이 땅의 티끌 같이 되어 네가 서쪽과 동쪽과 북쪽과 남쪽으로 퍼져나갈지며 땅의 모든 족속이 너와 네 자손으로 말미암아 복을 받으리라 내가 너와 함께 있어 네가 어디로 가든지 너를 지키며 너를 이끌어 이 땅으로 돌아오게 할지라 내가 네게 허락한 것을 다 이루기까지 너를 떠나지 아니하리라 하신지라"(10-15절). 여기에는 우리가 살펴야 할 것들이 많이 있지만, 짤막하게 한두 가지만 언급하고자 한다.

여기에서 우리는 하나님의 놀라운 은혜를 본다. 하나님의 은혜는 여기에서 그것을 받기에 가장 합당하지 않은 사람에게 임한다. 야곱은 지금 격노한 형을 피

해 아버지의 집으로부터 도망치고 있었다. 아마도 지금 그의 마음속에 하나님에 대한 생각은 전혀 없었을 것이다. 그는 지금 돌 외에는 아무것도 없는 황량한 땅에 있었으며, 밤의 어둠 가운데 잠들어 있었다(잠든 것은 죽은 것을 상징한다). 우리는 여기에서 자연 상태의 인간의 모습을 보여 주는 놀라운 그림을 발견한다. 사람에게 있어 잠들어 있을 때보다 더 무력한 때는 결코 없다. 야곱이 바로 이런 상태에 있는 동안 하나님이 그에게 나타나셨다. 야곱에게 도대체 무슨 자격이 있어서 그에게 이런 복된 일이 일어났는가? 야곱에게 도대체 무슨 공로가 있었기에 그에게 이런 놀라운 특권이 주어졌는가? 아무것도 없었다. 절대적으로 아무것도 없었다. 하나님이 여기에서 처음으로 그를 만나주시고 그와 그의 후손들에게 지금 그가 누워 있는 땅을 주신 것은 전적으로 하나님의 은혜였다. 하나님의 방법은 항상 이와 같다. 그는 이 세상의 어리석은 것들과 약한 것들을 택하시기를 기뻐하신다. 그는 아무것도 가지고 있지 않은 자들을 택하신다. 그리고 그들에게 모든 것을 주신다. 그는 아무 자격 없는 자들을 택하신다. 그리고 그들에게 축복을 주신다. 그러나 여기에서 신적 호의를 받는 자는 먼저 티끌 가운데 자신의 자리를 취해야만 한다는 사실을 주목하라. 여기의 야곱이 그러하지 않은가! 하나님이 축복하시기 전에, 그는 황량한 땅에 맨몸으로 잠들어 있었다.

여기에서 하나님이 어떤 모습으로 스스로를 벌레와 같은 야곱에게 나타내셨는지 주목하라. 야곱은 꿈에 그 꼭대기가 하늘에 닿은 사닥다리를 보았다. 그리고 그 위에서 하나님의 음성이 그에게 임했다. 다행히도 우리는 이것의 의미를 이해함에 있어 우리 자신의 상상력에만 의존할 필요가 없다. 요한복음 1:51이 우리를 위해 그 의미를 해석해주고 있기 때문이다. "또 이르시되 진실로 진실로 너희에게 이르노니 하늘이 열리고 하나님의 사자들이 인자 위에 오르락 내리락 하는 것을 보리라 하시니라." 이와 같이 "사닥다리"는 그리스도 자신을 가리킨다. 그는 하늘과 땅 사이의 무한한 간격을 잇는 다리이며, 우리가 그를 통해 하나님께 나아갈 수 있는 길이다. "사닥다리"가 땅으로부터 하늘에까지 닿는 사실은 죄인을 위해 하나님의 은혜가 완전하게 준비되었음을 보여 준다. 그 사닥다리는 지금 격노한 형을 피해 도망치고 있는 야곱이 누운 자리에까지 내려오며, 하나님 자신에까지 올라간다.

여기에서 야곱에게 하나님은 예전에 아브라함과 이삭에게 하셨던 약속을 반복하신다. 그리고 그와 함께 하나님은 그가 어디에 있든 그와 함께 있을 것이며, 그가 어디로 가든 그를 지켜 줄 것이며, 마침내 그를 다시 이 땅으로 돌아오게 해 주겠다는 확증을 덧붙이신다(15절). 야곱이 땅의 백성을 대표하는 사실과 완전하게 조화되게, 여기에서 하나님은 야곱의 자손이 — "하늘의 별처럼"이 아니라 — "땅의 티끌처럼" 될 것이라고 말씀하신다.

이러한 환상의 결과는 무엇이었나? 야곱은 잠에서 깨어 일어나 두려워 떨면서 "두렵도다 이 곳이여 이것은 다름 아닌 하나님의 집이요 이는 하늘의 문이로다"라고 말했다(17절). 그리고 계속해서 자신이 베게로 삼았던 돌을 취하여 그 위에 기름을 부었다. 그러고 나서 그는 그곳 이름을 루스에서 벧엘로 바꾸었다. 이러한 이름의 변화는 우리에게 매우 놀라운 사실을 시사한다. 그곳의 본래 이름인 루스는 "분리"를 의미한다. 반면 새 이름인 벧엘은 "하나님의 집"을 의미한다. 이것이 상징하는 바는 너무나 놀랍지 않은가? 하나님은 우리를 세상으로부터 분리되도록 부르신다. 그리고 우리는 세상을 떠남으로써 하나님의 집에 들어간다.

마지막으로, 20절부터 22절까지를 읽어 보자. "야곱이 서원하여 이르되 하나님이 나와 함께 계셔서 내가 가는 이 길에서 나를 지키시고 먹을 떡과 입을 옷을 주시어 내가 평안히 아버지 집으로 돌아가게 하시오면 여호와께서 나의 하나님이 되실 것이요 내가 기둥으로 세운 이 돌이 하나님의 집이 될 것이요 하나님께서 내게 주신 모든 것에서 십분의 일을 내가 반드시 하나님께 드리겠나이다 하였더라." 아, 우리는 얼마나 여기의 야곱과 비슷한가! 이것은 야곱 자신의 개인적인 특성일 뿐만 아니라, 우리 모두의 모습을 상징적으로 보여 준다. 야곱은 하나님의 은혜의 수준까지 올라가지 못했으며, 평안 대신 두려움으로 가득했다. 그런 가운데 그는 자신이 하나님께 무엇인가를 행하겠다고 말함으로써 일종의 율법주의적인 태도를 나타냈다. 아, 우리는 얼마나 자주 그의 발자취를 따르는가! 하나님의 선하심 안에 안식하며 그의 값없는 은혜를 향유하는 대신, 우리는 여기의 야곱처럼 하나님과 더불어 너무나 자주 이런저런 조건을 제시하며 거래를 시도하곤 한다. 하나님이여, 당신의 은혜를 무조건적으로 받아들일 수 있도록 우리의 마음을 넓히소서! 그리고 우리가 이런저런 조건을 붙임으로써 당신의 은혜를 모독하는 어리석음에 떨어지지 않게 하소서!

제 30장

밧단아람에서의 야곱

❶

창세기 29장

앞장에서 우리는 아버지의 집을 떠나 외삼촌 라반이 사는 밧단아람을 향해 긴 여행을 시작한 야곱을 추적했다. 브엘세바를 떠난 첫 날 밤 그는 한 장소에 이르러 돌 하나를 취하여 베개를 삼고 거기에서 잠들었다. 그 날 밤 꿈에 여호와께서 그에게 나타나셨다. 아마도 그것은 그의 인생 가운데 처음으로 하나님이 나타나신 것이었을 것이다. 그때 하나님은 그에게 지금 그가 누워 있는 땅을 주고, 그의 자손을 땅의 티끌처럼 많아지게 할 것이며, 땅의 모든 족속이 그와 그의 자손으로 말미암아 복을 받을 것을 말씀하셨다. 그러고 나서 계속해서 그는 하나님이 그와 함께하실 것이며, 그가 어디로 가든 하나님이 그를 지키실 것이며, 마침내 그를 다시 그와 그의 조상들에게 준 땅으로 돌아오게 하실 것이라는 확증의 말씀을 받았다. 다음 날 아침 야곱은 일어나, 베게로 삼았던 돌에다가 기름을 붓고, 그곳 이름을 "하나님의 집"을 의미하는 벧엘로 명명했다.

야곱의 이러한 경험의 결과가 창세기 29:1에 짤막하게 묘사된다. "야곱이 그의 발을 높이 들고 동방 사람의 땅에 이르러"(Then Jacob lifted up his feet, 한글개역개정판에는 "야곱이 길을 떠나"라고 되어 있음). 집을 떠날 때 그의 발은 너무나 무거웠지만, 그러나 이제 그런 무거움은 사라졌다. 이제 그는 하나님으로부터 항상 함께하시며 지켜 주시겠다는 확증을 받고 가벼운 마음으로 길을 떠날 수 있게 되었다. 브엘세바를 출발할 때 그의 발이 얼마나 무거웠을지 생각해 보라. 브엘세바에서 목적지인 밧단아람까지의 거리는 대략 800km 정도 되었다. 혼자 걸어서 여행했음을 생각할 때, 우리는 첫 날 밤 하나님이 그에게 나타나 그가 어디로 가든 그와 함께할 것이며 항상 지켜 줄 것이라는 위로의 약속을 주신 것이 얼마나 큰 은혜인지 충분히 이해할 수 있다(28:15). 그러므로 이제 야곱이 즐겁고 확신에 찬 마음으로 나아가게 된 것은 조금도 놀랄 일이 아니다. 이와 관련하여 한 유대인 주석가는 "그의 마음이 그의 발을 높이 들게 했다"라고 표현했다. 독자들이여, 우리 주님이 "볼지어다 내가 세상 끝날까지 너희와 항상 함께 있으리라"라고 약속하신 것을 기억하라(마 28:20). 만일 우리 마음이 이러한 복된 약속으로부터 위로와 격려를 끌어낸다면, 우리 역시도 이 세상을 여행하는 가운데 "우리의 발을 높이 들" 수 있을 것이다. 우리의 발을 납덩이처럼 무겁게 만들면서 큰 곤비함으로 질질 끌며 힘겹게 세상을 여행하는 것은 "세상 끝날까지 항상 함께 있을" 것이라는 우리 주님의 "지극히 크고 보배로운 약속"을 잊어버리는 불신앙이다.

이후의 여행은 특별한 사건 없이 지나간 것으로 보인다. 우리가 읽게 되는 다음 사건은 그가 실제로 목적지에 도착해서의 일이기 때문이다. 여기에서 우리는 여호와께서 실제로 그와 함께하셨던 것에 대한 놀라운 증거를 발견한다. 왜냐하면 그는 자신이 찾아가고 있는 사람의 딸을 만나게 될 우물로 인도되고 있었기 때문이다. 야곱이 그 우물로 가게 된 것은 결코 우연이 아니었다. 또 그 시간에 라헬이 그곳으로 온 것 역시 우연이 아니었다. 하나님이 통치하는 세상에서 우연이란 존재하지 않는다. 요셉의 형들이 요셉을 죽이려고 음모를 꾸미고 있었을 때 이스마엘 족속이 그곳을 지나가게 된 것은 결코 우연이 아니었다. 또 그들이 애굽으로 내려가고 있었던 것 역시 우연이 아니었다. 바로의 딸이 목욕하러 강으로 갔을 때 거기에서 한 시녀가 갈대상자 안에 있는 아기 모세를 발견한 것은 결코 우연이 아니었다. 어느 날 밤 아하수에로 왕이 잠이 오지 않아 침상에서 일어나 모르드개가 자신의 목숨을 구해 준 사실이 기록되어 있는 궁중일기를 읽은 것은 결코 우연이 아니었다. 마찬가지로 지금 야곱이 라헬을 만난 것 역시 결코 우연이 아니었다. 그렇다. 다시 반복하거니와, 하나님이 통치하는 세상에서 우연은 결코 존재하지 않는다. 하물며 하나님이 항상 "함께하는" 사람들의 삶 가운데에는 얼마나 더 그렇겠는가! 독자들이여, 우리의 삶 가운데 우연한 일이나, 우연한 만남이나, 우연한 지체나, 우연한 실패는 결코 없다. 모든 것은 하나님의 섭리로 말미암는다.

이와 같이 하나님은 야곱의 발걸음을 라헬을 만나게 될 우물로 신실하게 인도하셨다. 그러나 우리는 여기에서 야곱의 한 가지 명백한 잘못을 간과해서는 안 된다. 그에게 한 가지 매우 중요한 것이 빠져 있는 것이다. 목적지에 거의 도착했을 때, 그는 스스로를 분명하게 하나님의 손에 맡겨야 했다. 특별히 그가 지금 아내가 될 사람을 찾는 매우 중요한 일에 착념하고 있는 사실을 생각할 때 더욱 그렇다. 예전에 아브라함의 종이 이삭의 아내가 될 사람을 찾기 위해 이 지역으로 온 적이 있었다. 한 우물에 도착했을 때, 그는 다음과 같이 기도했다. "우리 주인 아브라함의 하나님 여호와여 원하건대 오늘 나에게 순조롭게 만나게 하사 내 주인 아브라함에게 은혜를 베푸시옵소서"(창 24:12). 그러나 여기에서 우리는 하나님의 인도하심과 축복을 위해 기도하는 야곱의 모습을 전혀 보지 못한다. 그는 다만 하란의 목자들과 이런저런 이야기를 나누었을 뿐이다.

"본즉 들에 우물이 있고 그 곁에 양 세 떼가 누워 있으니 이는 목자들이 그 우물에서 양 떼에게 물을 먹임이라 큰 돌로 우물 아귀를 덮었다가 모든 떼가 모이면 그들이 우물 아귀에서 돌을 옮기고 그 양 떼에게 물을 먹이고는 우물 아귀 그 자리에 다시 그 돌을 덮더라 야곱이 그들에게 이르되 내 형제여 어디서 왔느냐 그들이 이르되 하란에서 왔노라 야곱이 그들에게 이르되 너희가 나홀의 손자 라반을 아느냐 그들이 이르되 아노라 야곱이 그들에게 이르되 그가 평안하냐 이르되 평안하니라 그의 딸 라헬이 지금 양을 몰고 오느니라"(29:2-6). 여기에 묘사된 세부적인 부분들에 이르기까지 영적인 의미가 담겨 있는 것은 의심의 여지없는 사실이다. 이 일이 "들"에서 발생한 것이라든지, 거기에 양 "세" 떼가 누워 있었던 것이라든지, 우물 아귀가 "큰 돌"로 덮여 있었던 것 등은 결코 아무 의미 없는 것일 수 없다. 그러나 나는 그 의미를 잘 알지 못함을 고백한다. 그러므로 이에 대해서는 그냥 내버려두기로 하자.

"보라 그의 딸 라헬이 지금 양을 몰고 오느니라"(6절). 라헬이 온다는 말을 듣자, 야곱은 매우 특이하게 행동했다. "야곱이 이르되 해가 아직 높은즉 가축 모일 때가 아니니 양에게 물을 먹이고 가서 풀을 뜯게 하라"(7절). 야곱의 의도는 분명하다. 그는 목자들을 보내고, 라헬과 단둘이 만나고자 했다. 그러나 그의 의도는 좌절되었다. "야곱이 그들과 말하는 동안에 라헬이 그의 아버지의 양과 함께 오니 그가 그의 양들을 치고 있었기 때문이더라"(9절). 이어 야곱과 장차 그의 아내가 될 라헬 사이의 감동적인 만남이 펼쳐진다.

"야곱이 그의 외삼촌 라반의 딸 라헬과 그의 외삼촌의 양을 보고 나아가 우물 아귀에서 돌을 옮기고 외삼촌 라반의 양 떼에게 물을 먹이고 그가 라헬에게 입맞추고 소리 내어 울며 그에게 자기가 그의 아버지의 생질이요 리브가의 아들 됨을 말하였더니 라헬이 달려가서 그 아버지에게 알리매"(10-12절). 이러한 말씀은 야곱의 성격에 대해 흥미로운 빛을 던져 준다. 라헬의 등장은 야곱 안에 있는 자연적인 감정을 깨어나게 했다. 그는 우물 아귀에서 돌을 옮기고, 외삼촌 라반의 양 떼에게 물을 먹이고, 라헬에게 입을 맞추고, 소리 내어 울었다. 라헬을 보면서 야곱은 그녀와 자기 어머니 사이의 관계를 생각했다. 10절에 그의 어머니가 세 번 언급되는 것을 주목하라. "야곱이 그의 어머니의 형제 라반의 딸 라헬과 그의 어머니의 형제의 양을 보고 나아가 우물 아귀에서 돌을 옮기고 그의 어머니의 형제 라반의 양 떼에게 물을 먹이고"(한글개역개정판에는 "그의 어머니의 형제" 대신 "외삼촌"이라고 되어 있음). 이와 같이 야곱은 감정이 메마른 냉랭한 사람이 아니라 따뜻한 성정을 가진 사람이었다. 그는 자기 어머니를 생각나게 하는 모든 것으로 인해 소리 내어 울었다. 이것은 얼마나 따뜻하며 사랑스러운 그림인가!

"라반이 그의 생질 야곱의 소식을 듣고 달려와서 그를 영접하여 안고 입맞추며 자기 집으로 인도하여 들이니 야곱이 자기의 모든 일을 라반에게 말하매 라반이 이르되 너는 참으로 내 혈육이로다 하였더라 야곱이 한 달을 그와 함께 거주하더니"(29:13-14). 모든 일은 리브가가 생각했던 대로 잘 풀려가고 있는 것처럼 보였다. 지금 야곱은 격노한 에서로부터 안전한 거리에 떨어져 있었다. 브엘세바로부터 밧단아람까지의 긴 여행은 큰 어려움 없이 끝났으며, 야곱은 무사히 외삼촌의 집에 머물게 되었다. 라헬은 야곱의 입맞춤에 별다른 거부감을 나타내지 않았으며, 라반은 야곱을 따뜻하게 맞아주었다. 그리고 한 달 동안 그들 사이에 아무런 문제도 생기지 않았다. 그러면 하나님은 어떻게 되었나? 하나님의 도덕적 통치는 어떻게 되었나? 하나님의 보응의 법칙은 어떻게 되었나? 야곱은 악을 행했음에도 불구하고 아무런 징계도 받지 않을 것인가? 그가 아버지를 속인 일은 그냥 흐지부지 되고 말 것인가? "사악한 자의 길은 험하니라"라는 말씀은 그의 경우에는 해당되지 않는가(잠 13:15)? "스스로 속이지 말라 하나님은 업신여김을 받지 아니하시나니 사람이 무엇으로 심든지 그대로 거두리라"(갈 6:7). 하나님은 때로 천천히 일하는 것처럼 보일 수 있지만, 확실하게 일하신다. 사람들이 너무나 자주 이러한 사실을 간과하는 것은 매사를 너무나 근시안적으로만 보기 때문이다. "악한 일에 관한 징벌이 속히 실행되지 아니하므로 인생들이 악을 행하는 데에 마음이 담대하도다"(전 8:11). 결국 하나님의 일하심은 온전히 드러난다. 역사(歷史)의 단편적인 사건들은 종종 사람들이 하나님의 존재를 부인하도록 만든다. 그러나 전체로서의 역사는 결국 그의 이야기임이 명백하게 드러난다. 가혹한 애굽인 감독들과 그들 아래에서 신음하는 히브리인 노예들을 생각해 보라. 그들은 하늘에 부르짖었지만, 하늘은 오랫동안 듣지 못하는 것처럼 보였다. 그렇지만 우리는 그 일의 결말을 안다. 그 일의 결말은 우리에게 하나님이 보시고 들으셨음을 말해주지 않는가! 그리하여 마침내 하나님이 의(義) 가운데 통치하고 계심이 증명되지 않았는가! 우리는 오늘날의 역사 속에서도 이러한 원리가 계속적으로 작동되는 것을 발견한다. 몇 년 전 우리는 벨기에 사람들이 콩고에서 행한 잔인한 행동에 대해 들었다. 또 러시아 사람들이 유태인들에게 행한 잔혹행위에 대해서도 들었다. 그러나 그 결말을 보라. 지금의 벨기에와 러시아를 보라. 그렇다. "사악한 자의 길은 험한" 법이다. 여기의 야곱도 결국 그러한 사실을 깨닫게 되었다.

"라반이 야곱에게 이르되 네가 비록 내 생질이나 어찌 그저 나를 섬기겠느냐 네 품삯을 어떻게 할지 내게 말하라"(29:15, 한글개역개정판에는 "나를 섬기겠느냐" 대신 "내 일을 하겠느냐"로 되어 있음). 야곱의 지평선 위에 처음으로 먹구름이 낀다. 그리고 하나님의 징계의 회초리가 처음으로 나타난다. 우리는 여기에서 보응의 법칙이 놀랍게 작동하는 것을 발견한다. 야곱은 자신이 뿌린 것을 거두기 시작하고 있었다. 이것은 피상적으로 볼 때 분명치 않아 보일 수 있다. 그러므로 잠시 멈추고 생각해 보도록 하자. 야곱이 아버지 이삭을 속인 목적이 무엇이었는지 생각해 보라. 그것은 아버지로부터 장자의 축복을 받기 위함이었다. 우리는, 두 아들이 태중에 있을 때 여호와께서 리브가에게 하신 말씀에서, 그것이 무슨 축복인지 안다. 그때 하나님은 야곱이 장자의 축복을 받을 것을 분명하게 선언하셨다 — "큰 자가 어린 자를 섬기리라"(창 25:23). 여기에서 장자의 축복은 다름 아닌 섬김을 받는 것으로서 나타난다. 이와 같이 야곱이 악한 방법으로 이삭으로부터 얻고자 간절히 바란 것은 섬김을 받는 자로서의 존귀와 위엄의 위치였다. 섬기는 자가 되는 대신 그는 섬김을 받는 자가 되기를 원했다. 한편 여기에서 라반이 야곱에게 한 말을 주목해 보라. "네가 비록 내 생질이나 어찌 그저 나를 섬기겠느냐." 한 달 동안의 환대 이후 라반이 야곱에게 한 최초의 말은 "섬김"과 관련한 것이었다. 야곱은 아버지의 축복을 받기 위해 "교활한 계획"을 꾸몄다. 그런 야곱이 여기에서 "교활한 계획"을 꾸미는 자의 손에 떨어진 것은 얼마나 의미심장한가! 라반은 야곱을 자신의 권속(眷屬)으로 받아들이는 것을 기뻐했다. 그러나 자신의 조카였음에도 불구하고 라반은 야곱이 언제까지나 손님으로 남아 있는 것을 좋아하지 않았다. 도리어 그는 야곱을 이용해서 자신의 이익을 더욱 증대시키고자 했다. 라반은 야곱에게 그의 신분을 분명하게 규정해 준다. 그가 자신의 집에 남아 있다면, 그것은 어디까지나 삯을 받는 종의 위치로서 그런 것일 뿐이라는 것이다. 그가 "품삯"의 문제를 제기한 것은 바로 이것 때문이었다. 이것은 야곱에게 매우 쓰라린 분깃이었으며, 그의 자존심에 큰 상처를 주었을 것이다. 그는 악을 행한 자의 길이 험하다는 사실을 배우기 시작하고 있었다.

이어지는 말씀은 한층 더 주목할 만하다. "라반에게 두 딸이 있으니 언니의 이름은 레아요 아우의 이름은 라헬이라 레아는 시력이 약하고 라헬은 곱고 아리따우니 야곱이 라헬을 더 사랑하므로 대답하되 내가 외삼촌의 작은 딸 라헬을 위하여 외삼촌에게 칠 년을 섬기리이다 라반이 이르되 그를 네게 주는 것이 타인에게 주는 것보다 나으니 나와 함께 있으라 야곱이 라헬을 위하여 칠 년 동안 라반을 섬겼으나 그를 사랑하는 까닭에 칠 년을 며칠 같이 여겼더라 야곱이 라반에게 이르되 내 기한이 찼으니 내 아내를 내게 주소서 내가 그에게 들어가겠나이다 라반이 그 곳 사람을 다 모아 잔치하고 저녁에 그의 딸 레아를 야곱에게로 데려가매 야곱이 그에게로 들어가니라 라반이 또 그의 여종 실바를 그의 딸 레아에게 시녀로 주었더라 야곱이 아침에 보니 레아라 라반에게 이르되 외삼촌이 어찌하여 내게 이같이 행하셨나이까 내가 라헬을 위하여 외삼촌을 섬기지 아니하였나이까 외삼촌이 나를 속이심은 어찌됨이니이까 라반이 이르되 언니보다 아우를 먼저 주는 것은 우리 지방에서 하지 아니하는 바이라 이를 위하여 칠 일을 채우라 우리가 그도 네게 주리니 네가 또 나를 칠 년 동안 섬길지니라 야곱이 그대로 하여 그 칠 일을 채우매 라반이 딸 라헬도 그에게 아내로 주고"(29:16-28).

인용문이 다소 길기는 하지만, 독자들의 충분한 이해를 위해서는 이렇게 길게 인용하는 것이 꼭 필요하다. 앞에서 우리는 하나님이 야곱에게 가르치고 계셨던 첫 번째 교훈이 바로 겸비한 순복의 교훈이었음을 보았다. 그가 하나님께 순복하기를 거부했다면, 그는 사람의 종으로서 사람에게 순복하며 "섬기는" 자가 되어야만 한다. 그리고 여기에서 우리는 야곱이 배워야만 하는 두 번째 교훈이 장자의 권리(여기에서는 "장녀의 권리"가 될 것임)를 존중하는 것이었음을 발견한다. 이것은 야곱이 에서와 관련하여 무시한 바로 그것이었다. 그는 형과 관련하여 무시한 것을 아내와 관련하여 순복하며 따라야만 했다. 또 세 번째로 하나님이 여기에서 어떻게 야곱의 인내할 줄 모르는 조급함을 고쳐 주고 계셨는지 주목하라. 그가 격노한 에서로부터 도망쳐 수많은 시련에 부닥치게 된 것은 하나님의 약속이 성취될 때를 기다리지 않았기 때문이다(창 25:23). 그렇게 볼 때 그가 라헬을 얻기 위해 7년을 기다려야만 했던 것은 얼마나 적절한 일인가! 그는 그녀와 혼인한 후에도 그녀를 위해 또 다시 7년을 더 섬겨야만 했다.

오늘의 이야기를 마치기에 앞서, "신적 보응의 원리"라고 일컬어지는 성경의 매우 중요한 원리를 간단히 살펴보도록 하자. "내가 보건대 악을 밭 갈고 독을 뿌리는 자는 그대로 거두나니"(욥 4:8). 라반이 야곱을 다루는 것에서 우리는 속인 자가 속임을 당하는 것을 본다. 성경 전체에 걸쳐 우리는 "사람이 무엇으로 심든지 그대로 거두는" 원리를 발견한다. 그것의 구체적인 실례들은 이루 열거할 수 없을 정도로 무수히 많다. 애굽 왕 바로는 히브리인이 아들을 낳으면 "나일 강에 던져" 물에 빠져 죽게 하라고 명령했다(출 1:22). 그리고 그는 마침내 물에 빠졌다(출 14:28). 또 고라는 이스라엘 회중 가운데 틈이 벌어지도록 만들었다(민 16:2, 3). 그리하여 하나님은 땅으로 하여금 그를 삼키도록 틈을 만드셨다(민 16:30). 또 아도니 베섹은 많은 사람들의 엄지손가락과 엄지발가락을 잘랐다가 나중에 자신도 똑같이 그렇게 잘림을 당했다. "아도니 베섹이 도망하는지라 그를 쫓아가서 잡아 그의 엄지손가락과 엄지발가락을 자르매 아도니 베섹이 이르되 옛적에 칠십 명의 왕들이 그들의 엄지손가락과 엄지발가락이 잘리고 내 상 아래에서 먹을 것을 줍더니 하나님이 내가 행한 대로 내게 갚으심이로다 하니라"(삿 1:6, 7). 또 아합 왕은 나봇을 죽이고 개들이 그의 피를 핥도록 만들었다(왕상 21:19). 그리고 우리는 아합이 죽고 사마리아에 묻혔을 때 "그 병거를 사마리아 못에서 씻으매 개들이 그의 피를 핥았으니"라는 말씀을 읽는다(왕상 22:38). 또 하만은 모르드개를 매달기 위해 교수대를 준비했지만, 자신이 그 위에 달렸다(에 7:10). 또 다소의 사울은 스데반이 돌에 맞는 것을 합당히 여기며 서 있었다. 그리고 우리는 나중에 루스드라에서 유대인들이 그를 돌로 친 것을 읽는다(행 14:19).

그러나 신적 보응의 원리가 나타나는 가장 두드러진 실례는 여기의 야곱의 경우이다. 첫째로, 그는 아버지(father)를 속였다가 나중에 외삼촌(father-in-law)으로부터 속임을 당했다. 그는 작은 아들이었음에도 불구하고 아버지를 속이기 위해 큰 아들로 위장했다가, 나중에 아내로서 라반의 작은 딸 대신 큰 딸을 받았다. 둘째로, 우리는 야곱의 아내들 사이에서도 동일한 원리가 작동하는 것을 주목할 수 있다. 라반은 야곱에게 레아를 주는 것으로 라헬을 속였다. 그리고 우리는 나중에 라헬이 라반을 속이는 것을 보게 된다(창 31:35). 셋째로, 우리는 팥죽 한 그릇으로 에서의 장자권을 산 야곱에게서 장사꾼적인 기질을 발견한다. 그리고 우리는 야곱의 품삯을 열 번이나 바꾼 라반에게서 똑같은 기질을 보게 된다(창 31:41을 보라). 마지막으로, 야곱은 자신의 손과 목을 "염소 새끼의 가죽"으로 덮음으로써 아버지 이삭을 속였다(창 27:16). 그리고 우리는 나중에 야곱의 아들들이 요셉의 옷을 "염소 새끼의 피"로 적심으로써 아버지 야곱을 속이는 것을 보게 된다(창 37:31). 또 야곱이 이삭을 속인 것이 그의 사랑하는 아들(에서)과 관련된 것이었던 것처럼, 야곱이 그의 아들들에게 속임을 당한 것도 그의 사랑하는 아들(요셉)과 관련된 것이었다.

악한 일을 행한 것과 그것의 악한 결과 사이의 연관관계가 위에서 열거한 경우들처럼 명백하지 않은 경우도 많이 있을 것이다. 그럼에도 불구하고 하나님은 우리에게 "모든 범죄함과 순종하지 아니함에는 반드시 공정한 보응이 따르는" 사실을 확증하는 충분한 증거를 주셨고 또 여전히 주고 계신다(히 2:2). 이러한 "공정한 보응"이 세상에서 하나님의 자녀들에게 임하는 것은 그의 진노로 말미암는 것이 아니라 그의 사랑으로 말미암는 것이다. 하나님은 "공정한 보응"이 임하는 것을 통해 그들의 마음과 양심을 움직이시고, 그럼으로써 그들이 자신들이 행한 악한 일에 대해 스스로 판단하도록 만드신다. 반면 악인들에 대하여는 종종 반대로 된다. 많은 경우 그들은 이 땅에서 푸른 월계나무처럼 번성한다. 그러나 마침내 크고 흰 보좌(계 20:11) 앞에서 책이 펼쳐지고, 그들은 "자신들이 행한 대로" 심판을 받을 것이다.

이 글을 읽는 사람들 가운데 그리스도 밖에 있는 사람들이 있다면, 부디 이 글을 통해 "다가올 진노로부터 피하라"는 음성을 듣기를 바란다. 죄인들을 구원하기 위해 세상에 오신 우리의 유일한 피난처이신 구주 예수 그리스도에게로 피하라. 또 그리스도인 독자들은 이 글을 통해 죄가 얼마나 악독한 것인지 새롭게 배우기를 바란다. 그리고 육체의 정욕을 십자가에 못 박을 수 있도록 간절히 은혜를 구하기를 바란다. "자기의 육체를 위하여 심는 자는 육체로부터 썩어질 것을 거두고 성령을 위하여 심는 자는 성령으로부터 영생을 거두리라"(갈 6:8).

제 31 장

밧단아람에서의 야곱

❷

창세기 29, 30장

야곱이 밧단아람에서 머문 기간은 매우 길었다. 그것은 그가 그곳에 처음 갔을 때 생각했던 것보다 훨씬 더 긴 기간이었다. 이와 같이 우리는 우리의 미래가 어떻게 될지 전혀 알지 못한다. 우리는 어떤 장소로 옮기면서 그곳에서 오랫동안 정착할 것으로 예상한다. 그러나 불과 얼마 후 하나님은 우리의 장막을 거두고 우리를 다른 장소로 옮기신다. 그런가 하면 어떤 때는 잠시 동안만 머물 것으로 생각하면서 어떤 장소로 가지만, 거기에서 오랜 기간 머물기도 한다. 여기의 야곱도 그랬다. 우리의 앞날이 주의 손에 있음을 기억하는 것은 얼마나 복된 일인가! "나의 앞날이 주의 손에 있사오니 내 원수들과 나를 핍박하는 자들의 손에서 나를 건져 주소서"(시 31:15).

성경은 야곱이 라반의 집에 머문 동안 벌어진 일들에 대해 비교적 길게 묘사한다. 우리의 목적은 그 부분을 상세하게 해설하는 것이 아니다. 그것은 다른 사람들에게 맡기고자 한다. 다만 우리는 몇 가지 특별히 중요한 주제들에 대해 대략적으로 논평하고자 한다.

창세기 30장은 읽기에 그다지 유쾌한 내용이 아니다. 그러나 구약의 다른 모든 부분들과 마찬가지로, 그것은 우리의 교훈을 위해 기록되었다. 여기에 일부다처제로 말미암은 미묘한 갈등과 다툼이 나타나는데, 그것을 읽는 우리의 마음은 결코 유쾌함을 느끼지 못한다. 야곱의 아내들 사이에서 벌어지는 불화와 시기와 질투는 한 남자와 한 여자가 한 몸을 이루도록 한 하나님의 법이 얼마나 지혜로우며 선한 것인지를 잘 보여 준다. 막연한 교훈보다 실례(實例)를 보여 주는 것이 훨씬 더 나은 법이다. 성령께서는 창세기 30장에다가 여러 아내를 두는 것은 필연적으로 불화와 시기와 미움을 일으키는 사실을 보여 주는 분명한 실례를 두셨다. 우리에게 올바른 결혼이 어떤 것인지를 가르치는 분명한 교훈을 주신 하나님께 감사하자. 하나님의 교훈을 따를 때, 우리의 가정의 정결이 보호될 뿐만 아니라 또한 가정의 평안과 행복도 필연적으로 따른다.

야곱의 아내들의 시기와 다툼은 물론 불쾌하며 씁쓸한 것이다. 그럼에도 불구하고 우리는 아이를 낳고자 하는 그녀들의 열망을 단순한 육신적인 동기(動機)로만 돌려서는 안 된다. 만일 여기에 그것 이상의 아무것도 없었다면, 성령께서는 그것에 대해 이토록 장황하게 기록하지 않으셨을 것이다. 라반의 딸들이 아브라함에게 주신 하나님의 약속 즉 그의 자손들이 가장 부요한 축복을 상속받을 것이며 그들로부터 때가 되면 메시야가 오실 것이라는 약속에 영향을 받았음은 의심의 여지없는 사실이다. 그 시대의 모든 경건한 여자들이 아이를 낳기를 간절히 열망하도록 만든 것은 바로 그러한 약속에 대한 믿음이었다. 그리고 바로 그것이 히브리 여인들이 아이를 낳기 위해 그토록 간절히 기도한 이유를 설명해준다.

앞장에서 우리는 야곱의 생애 가운데 나타난 보응의 법칙을 비교적 상세하게 다루었다. 사람이 무엇으로 심든지 그대로 거두는 것은 성경의 다양한 이야기들 속에서 계속 나타난다. 그러나 보응의 법칙으로 야곱을 다루심에 있어, 우리는 하나님이 진노 안에서가 아니라 사랑 안에서 행동하고 계셨음을 결코 잊어서는 안 된다. 그것은 진실로 "거룩한 사랑"(holy love)이었다. 하나님의 사랑은 결코 거룩함을 희생시키면서 나타나지 않기 때문이다. 명백한 보응 속에서 하나님은 야곱의 양심과 마음에 말씀하고 계셨다. 이와 관련하여 어떤 학자는 이렇게 논평한다. "하나님은 자기 종 야곱이 거짓으로 속이는 것이 얼마나 악한 일인지를 처절하게 배우게 하셨다. 그리하여 하나님은 기꺼이 야곱을 징계하셨으며, 그것은 마침내 선한 결과로 귀결되었다."

이제 우리는 야곱의 열두 아들에게 붙여진 이름에 우리의 관심의 초점을 맞추고자 한다. 여기에서 우리는 단순히 아들들에게 붙여진 이름뿐만이 아니라, 그 의미와 그러한 이름이 붙여지게 된 정황까지도 듣게 된다. 이러한 사실은 여기에 우리가 꼭 배워야만 하는 매우 중요한 교훈들이 담겨 있음을 암시한다. 본장은 우리에게 훗날 이스라엘 열두 지파의 조상이 되는 열두 족장들이 어떻게 시작되었는지를 보여 준다. 열두 족장의 이름들의 의미와 그러한 이름들이 주어지게 된 정황이 이스라엘의 초창기 역사(歷史)와 밀접하게 연결되는 것은 확실한 사실이다. 열두 족장이 태어난 순서와 각각의 이름들이 주어지게 된 정황이 이스라엘 자손의 역사(歷史)의 진행 과정과 정확하게 일치하기 때문이다.

열두 족장들과 그들의 이름의 상징적인 의미와 그들이 언급되는 순서 등에 대해서는 이미 많은 연구가 이루어졌다. 그와 함께 여기에서 죄인이 은혜로 구원받는 과정이 암시적으로 발견된다는 주장이 계속적으로 제기되어 왔다. 예를 들어 야곱의 첫째 아들 르우벤은 "보라 아들이라"를 의미한다. 이것은 복음을 통해 하나님이 우리에게 말씀하시는 바로 그것이다. 우리는 그의 사랑하는 아들을 바라보도록 초청받는다 — "하나님의 어린 양을 보라!" 다음으로 시므온이 오는데, 그 이름은 "들음"을 의미한다. 이것은 믿음으로 복음을 받아들이는 것을 가리킨다. 믿음은 들음으로 오며, 복음의 약속은 "들으라, 그리하면 네 영혼이 살리라"이기 때문이다. 다음으로 레위가 오는데, 그 이름은 "연합"을 의미한다. 이것은 우리가 말씀을 들음을 통해 아들과 하나가 되는 복된 연합을 가리킨다. 다음으로 "찬송"을 의미하는 유다가 온다. 우리는 찬송을 의미하는 유다에게서 신자 안에 있는 신적 생명을 나타내며, 그리스도 안에 있는 은혜의 부요함으로 인해 즐거운 감사를 표현한다. 다음으로 단은 "판단"을 의미한다. 이것은 신자가 자신이 행한 것에 대해서 뿐만 아니라 자신의 존재에 대해 서로 스스로 단호하게 판결을 선언하는 것을 가리킨다. 다시 말해서 그는 스스로를 죄에 대하여 죽은 자로서 간주한다. 다음으로 납달리는 "씨름"을 의미한다. 이것은 새 생명의 호흡인 기도를 가리킨다. 다음으로 "군대" 혹은 "무리"를 의미하는 갓은 신자가 하나님의 백성들과 더불어 교제하는 것을 가리킨다. 그리고 계속해서 야곱의 여덟 번째 아들인 아셀은 기독교적 교제의 결과를 가리킨다. 아셀은 "행복"을 의미하기 때문이다. 그리고 아홉 번째 아들 잇사갈은 "값"을 의미하는데, 그것은 섬김을 가리킨다. 계속해서 "거함"(dwelling)을 의미하는 스불론은 우리가 그리스도께서 오실 때까지 "거할" 것을 가리킨다. 계속해서 "더함"(adding)을 의미하는 요셉은 하나님이 신실하게 거하며 부지런히 섬긴 자들에게 주실 상급을 가리킨다. 그리고 야곱의 마지막 아들은 베냐민은 "나의 오른손의 아들"을 의미하는데, 그것은 직접적으로 그리스도를 가리킨다. 이와 같이 모든 것은 마치 둥근 원처럼 처음에 시작한 것으로 다시 귀결된다. 그는 "처음이요 나중"이기 때문이다.

이와 같이 야곱의 열두 아들의 이름 뒤에는 상징적인 의미가 숨겨져 있다. 뿐만 아니라 우리는 여기에 예언적인 의미가 담겨 있다고 믿는다. 히브리 민족이

"이스라엘 자손"으로 알려지게 된 사실을 생각할 때, 우리는 야곱(나중에 "이스라엘"로 이름이 바뀜)의 아들들을 좀 더 깊이 고찰할 필요가 있다. 나아가 창세기 29장과 30장이 야곱의 열두 아들들의 초창기 역사(歷史)를 기록하고 있는 사실을 생각할 때, 우리는 그들의 역사가 장차 그들로부터 이루어질 나라의 초창기 역사와 어떤 방식으로든 상응하리라는 것을 충분히 예상할 수 있다. 이제 나는 독자들 앞에 그것을 제시하고자 한다.

앞에서 우리는 야곱의 열두 아들의 이름의 상징적인 의미를 간략하게 살펴보았다. 그러나 우리는 창세기 29장과 30장이 열두 족장들에게 이름을 지어 주는 것에서 한 걸음 더 나아가 그러한 이름을 지어 주게 된 정황을 기록하는 것을 주목할 필요가 있다. 다시 말해서 각각의 아들들에게 특정한 이름이 주어지게 된 이유가 제시되어 있는 것이다. 아들들을 낳을 때마다 어머니들이 한 말이 성경에 그대로 보존되어 있는데, 우리는 거기에 특별한 의미가 담겨 있다고 믿는다. 그러므로 우리는 성령께서 그녀들이 한 말을 그토록 주의 깊게 보존한 이유가 무엇인지 묻지 않을 수 없다.

야곱의 첫째 아들은 레아로 말미암아 태어났다. 그에게는 르우벤이라는 이름이 주어졌는데, 그러한 이름을 지어 주면서 그녀는 "여호와께서 나의 **괴로움을 돌보셨으니**"라고 말했다(29:32). 둘째 아들 역시 레아로 말미암아 태어났다. 그에게는 시므온이라는 이름이 주어졌는데, 그러한 이름을 지어 주면서 그녀는 "여호와께서 내가 사랑 받지 못함을 **들으셨으므로**"라고 말했다(33절). 여기의 두 언급과 애굽에서의 이스라엘의 고통과 관련하여 출애굽기에 기록된 것 사이에는 놀라운 유사성이 있다. 첫째로, 우리는 출애굽기 2:25에서 "하나님이 이스라엘 자손을 **돌보셨고**"라는 말씀을 읽는다. 또 하나님은 모세에게 "내가 애굽에 있는 내 백성의 **고통을 분명히 보고**"라고 말씀하셨다(3:7). 계속해서 하나님은 "내가 그들의 부르짖음을 **듣고**"라고 덧붙이셨는데, 이러한 말씀은 시므온이 태어날 때 레아가 한 말과 상응한다(7 하반절). 이스라엘의 **처음 두 아들**이 태어날 때 그들의 어머니가 "괴로움"을 언급하면서 여호와께서 그것을 "돌보시고" "들으셨다"고 말한 것을 생각해 보라. 이와 유사한 말이 애굽 사람들에 의해 "고통"을 당하고 있었던 이스라엘 자손들의 초창기 역사(歷史)를 묘사하는 구절에서 발견되는 것은 결코 우연이 아니다. 여호와께서 모세에게 당신께서 이스라엘의 "고통"을 돌보셨고 그들의 부르짖음을 "들으셨다"고 말씀하셨을 때, 그의 마음속에 오래 전에 레아가 했던 말이 있었지 않았겠는가?

야곱의 셋째 아들에게는 레위라는 이름이 주어졌으며, 그가 태어날 때 그의 어머니는 "내 남편이 지금부터 나와 연합하리로다"라고 말했다(창 29:34). 레위의 어머니의 이러한 말 역시 우리에게 이스라엘 역사의 초창기를 가리킨다. 여호와가 이스라엘과 "연합"하여 그들의 "남편"이 된 것은 언제였나? 그것은 그들이 애굽을 떠나기 전날 밤이었다. 다시 말해서 어린 양이 죽임을 당하고 그 피가 뿌려졌던 유월절 밤이었다. 그날 밤 여호와께서 그의 백성들과 "연합"하셨다. 오늘날 하나님이 그리스도 안에서 우리와 연합하시고 우리와 더불어 하나가 되신 것처럼 말이다. 하나님과 믿는 죄인이 만나는 것은 죽임을 당하셨지만 지금은 영광을 받으신 어린 양 안에서이다. 그때 여호와는 택함 받은 나라와 더불어 언약관계 안으로 들어오시고, 그들의 "남편"이 되셨다. 바로 이 단어가 예레미야에서 어떻게 사용되는지, 그리고 이것이 어떻게 유월절 밤을 가리키는지 주목하라. "보라 날이 이르리니 내가 이스라엘 집과 유다 집에 새 언약을 맺으리라 이 언약은 내가 그들의 조상들의 손을 잡고 애굽 땅에서 인도하여 내던 날에 맺은 것과 같지 아니할 것은 내가 그들의 남편이 되었어도 그들이 내 언약을 깨뜨렸음이라 여호와의 말씀이니라"(렘 31:31, 32).

야곱의 넷째 아들은 유다였으며, 그가 태어날 때 그의 어머니는 "내가 이제는 여호와를 찬송하리로다"라고 말했다(창 29:35). 레위가 태어날 때 그의 어머니가 한 말이 유월절을 가리켰다면, 유다가 태어날 때 한 말은 이스라엘 자손들이 홍해를 건넌 것을 가리킨다. 그때 이스라엘 자손들은 노래를 부르며 여호와의 승리를 기념했으며, 자신들의 놀라운 구원으로 인해 하나님을 찬송했다. 그것은 이스라엘이 처음 하나님을 찬송한 것이었다. "여호와여 신 중에 주와 같은 자가 누구니이까 주와 같이 거룩함으로 영광스러우며 찬송할 만한 위엄이 있으며 기이한 일을 행하는 자가 누구니이까"(출 15:11). 이러한 기념비적인 사건을 언급하면서, 시편기자는 이렇게 말한다. "그들의 대적들은 물로 덮으시매 그들 중에서 하나도 살아 남지 못하였도다 이에 그들이 그의 말씀을 믿고 그를 찬양하는 노래를 불렀도다"(시 106:11, 12).

야곱의 다섯째 아들은 단이었으며, 그가 태어날 때 라헬은 "하나님이 나를 판단하시려고"(God hath judged me)라고 말했다(창 30:6, 한글개역개정판에는 "하나님이 내 억울함을 푸시려고"라고 되어 있음). 우리의 해석과 적용이 옳다면, 라헬의 이러한 말은 광야여행에서의 이스라엘의 초창기 경험을 가리킨다 — 이것은 유다가 태어났을 때 한 레아의 말 즉 예언적으로 홍해를 가리켰던 말에 이은 것이었다. 우리는 이러한 해석이 옳다고 믿는다. "하나님이 나를 판단하시려고"라는 라헬의 말 속에 광야에서 끊임없이 원망하며 불평한 이스라엘에게 하나님이 "진노하신" 것이 암시적으로 나타나지 않는가?

야곱의 여섯째 아들이 태어났을 때, 라헬은 "내가 언니와 크게 경쟁하여 이겼다"고 말했다(창 30:8). 이것은 이스라엘의 역사(歷史)와 얼마나 놀랍게 상응하는가! 하나님이 므리바에서 이스라엘을 "판단하신" 후 곧바로 우리가 읽게 되는 것은 그들이 아말렉과 더불어 "싸운" 혹은 "씨름한" 것이었다. 이스라엘과 아말렉 사이의 "씨름"을 묘사할 때, 우리는 납달리가 태어날 때 라헬이 사용한 단어와 똑같은 단어가 사용된 것을 주목할 수 있다. "모세가 손을 들면 이스라엘이 이기고 손을 내리면 아말렉이 이기더니"(출 17:11). 납달리의 어머니가 사용한 단어가 그녀의 말이 예언적으로 가리켰던 사건 속에서 두 번 반복적으로 나타나는 것은 결코 우연일 수 없다. 이와 같이 야곱의 아들들이 태어날 때 그들의 어머니들이 한 말의 순서는 이스라엘의 초창기 역사(歷史)에서 일어난 사건들의 순서와 정확하게 일치한다.

야곱의 일곱째 아들과 여덟째 아들이 태어날 때 그들의 어머니가 한 말과 아홉째 아들과 열째 아들이 태어날 때 그들의 어머니가 한 말은 서로 짝을 이루는 것으로 받아들일 수 있다. 여종 실바를 통해 갓이 태어났을 때, 레아는 "한 무리가 오도다"(a troop comes)라고 말했다(창 30:11, 한글개역개정판에는 "복되도다"라고 되어 있음). 이것 역시 이스라엘의 역사의 순서와 완벽하게 일치한다. 광야여행을 마치고 요단강을 건너자, 실제로 이스라엘을 만나기 위해 "한 무리가 왔기" 때문이었다. 가나안의 일곱 족속이 그들을 대적하기 위해 온 것이다. 계속해서 아셀이 태어날 때, 레아는 "기쁘도다"라고 말했다(창 30:13). 이것은 가나안의 원수들을 물리쳤을 때의 이스라엘의 기쁨을 표현한다. 계속해서 레아는 야곱의 아홉째 아들이 태어났을 때 "하나님이 내게 그 값을 주셨다"고 말했으며(창 30:18), 열째 아들이 태어났을 때는 "하나님이 내게 후한 선물을 주셨다"고 말했다(20절). 이러한 두 말은 이스라엘이 하나님이 자신들에게 "주신" 아름다운 땅을 차지하는 것을 가리킨다. 그리고 마지막 두 아들이 태어날 때까지 어느 정도의 간격이 있었다. 마지막 두 아들은 야곱의 족속을 완성했으며, 그의 오랜 열망을 실현시켰다. 그리고 그들은 야곱이 특별히 사랑했던 라헬로 말미암아 태어났다. 라헬은 요셉이 태어날 때 "여호와께서 다시 다른 아들을 내게 더하시기를 원하노라"라고 말했으며(24절), 말째 아들에게는 "슬픔의 아들"을 의미하는 "베노니"라는 이름을 붙여 주었다. 그런데 그러한 이름을 야곱은 "나의 오른손의 아들"을 의미하는 "베냐민"으로 바꾸어 주었다. "그가 죽게 되어 그의 혼이 떠나려 할 때에 아들의 이름을 베노니라 불렀으나 그의 아버지는 그를 베냐민이라 불렀더라"(35:18). 요셉이 태어날 때 한 라헬의 말은 통일왕국으로서의 이스라엘 역사의 완성과 그들의 오랜 열망의 실현을 가리킨다. 하나님은 그들에게 한 왕으로서 다윗을 주셨으며, 계속해서 "다른 아들" 즉 솔로몬을 "더하셨다." 그리고 베냐민이 태어날 때 한 야곱과 라헬 두 사람의 말을 우리는 솔로몬의 통치의 양면에 대한 예언적 표현으로 이해할 수 있다. 그것은 찬란한 것이면서 동시에 어두운 것이었다. 그가 통치하는 동안 이스라엘 왕국은 최고의 영광과 존귀를 얻었지만("나의 오른손의 아들"), 그가 보좌에 앉는 순간부터 이스라엘의 슬픈 타락과 쇠퇴가 시작되었기 때문이다("슬픔의 아들").

이와 같이 야곱의 열두 아들이 태어날 때 그들의 어머니들이 한 말은 장차 그들로부터 형성될 나라의 역사(歷史)를 예언적으로 암시한다. 또 그들의 어머니들이 한 말들의 순서는 이후 이스라엘의 역사의 진행 과정과 정확하게 일치한다. 특별히 그것은 이스라엘이 애굽에서 시작된 때로부터 솔로몬의 죽음과 함께 통일왕국이 끝날 때까지의 역사를 요약한다. 왜냐하면 한 나라로서의 이스라엘의 역사는 그때 끝났기 때문이다. 그렇게 볼 수 있는 이유는 그로부터 얼마 후 열 지파가 포로로 끌려가 다시 돌아오지 못했기 때문이다.

이러한 은밀하면서도 놀라운 예언을 보다 충분히 이해하기 위해, 우리는 야곱의 열두 아들을 각각의 어머니 별로 그룹을 지어 살펴볼 필요가 있다. 이것 역시 이스라엘 역사의 두드러진 사건들의 그룹과 정확하게 일치하기 때문이다. 처음 네 아들은 모두 레아로 말미암아 태어났는데, 그들이 태어날 때 한 레아의 말들은 모두 한 그룹의 사건들 즉 애굽과 애굽 사람들로부터의 이스라엘의 구원을 가리킨다. 다섯째와 여섯째 아들은 라헬의 여종 빌하를 통해 태어났는데, 그들이 태어날 때 한 라헬의 말들은 이스라엘 역사 가운데 또 다른 그룹의 사건들 즉 광야에서의 그들의 경험을 가리킨다. 계속해서 일곱째와 여덟째 아들은 레아의 여종 실바로 말미암아 태어났으며, 아홉째와 열째 아들은 또 다시 레아로 말미암아 태어났다. 이들이 태어날 때 레아가 한 말들은 예언적으로 이스라엘이 가나안을 점령하고 향유할 것을 가리킨다. 그리고 라헬로 말미암아 태어난 열한째 아들과 열두째 아들은 다른 모든 아들들과 분리된다. 그와 같이 그때 그녀가 한 말들 역시 이스라엘 역사의 초기 사건들로부터 분리되어, 우리를 다윗과 솔로몬 시대의 왕국 설립으로 데려간다.

본장을 마치기에 앞서 몇 가지 고찰해 볼 것이 있다.

첫째로, 여기에 성경의 신적 영감(靈感)의 증거가 얼마나 확실하게 나타나는지 주목하라. 만일 이것이 영감된 글이 아니라면, 도대체 어떻게 아들들에게 이름을 지어줄 때 어머니들이 한 말이 이토록 엄청난 의미를 가질 수 있단 말인가? 우리는 세속 역사를 기록한 어떤 책 속에서도 이와 유사한 예를 찾지 못한다. 그녀들의 입술은 스스로도 알지 못하는 사이에 하나님의 인도를 받았으며, 성령께서는 그녀들이 한 말을 기록하시기를 기뻐하셨다. 그녀들이 한 말 속에는 은밀하지만 실제적이며 예언적인 의미가 담겨 있었기 때문이었다. 이와 같이 그녀들이 한 말이 기록된 것에서, 그러한 말들이 이스라엘 역사 가운데 일어난 두드러진 사건들과 정확하게 일치하는 것에서, 그리고 그러한 예언적인 말들이 훗날 놀랍게 성취된 것에서, 우리는 성경의 신적 영감에 대한 놀라운 증거를 발견한다.

둘째로, 여기에서 우리는 성경에 하찮은 것이나 무의미한 것은 아무것도 없다는 명백한 교훈을 발견한다. 오늘날 많은 사람들이 하나님의 말씀을 가볍게 여기는 것은 얼마나 두려운 일인가! 많은 사람들이 너무나 자주 성경의 어떤 부분은 신적이며 위대하게 받아들이면서 또 어떤 부분에 대해서는 무가치한 것으로 여기곤 한다. 성경에 언뜻 볼 때 무가치한 것처럼 보이는 것이 있다면, 그것은 하나님의 말씀의 불완전함이 아니라, 우리의 시야가 흐린 것에 기인하는 것이다. "모든 성경"이 하나님의 감동으로 기록되었다. 보통명사들과 마찬가지로 고유명사들도 그러하며, 시편의 아름다운 노래들과 마찬가지로 족보의 목록들도 그러하다. 야곱의 아들들의 이름 속에 이토록 엄청난 의미가 담겨 있을 것을 도대체 누가 생각할 수 있단 말인가! 그들이 태어난 순서를 주목하는 것이 이토록 중요할 것이라고 도대체 누가 상상할 수 있단 말인가! 아들들에게 이름을 지어줄 때의 정황 가운데 어머니들이 한 말 속에 이토록 놀라운 예언이 담겨 있는 것을 도대체 누가 상상할 수 있단 말인가? 우리는 성경에 하찮은 것이나 무의미한 것은 아무것도 없다는 사실을 확신해야 한다. 우리는 각각의 단어들에 이르기까지 성경의 모든 곳에 의미와 가치가 있음을 확신해야 한다. 그럴 때 우리는 성경의 모든 부분을 깊이 숙고하게 될 것이며, 심지어 족보에 열거된 이름들 안에서조차 "감추어진 보화"를 발견할 것을 기대하게 될 것이다(잠 2:4).

셋째로, 우리는 여기 창세기 29장과 30장에서 하나님의 절대적인 주권이 놀랍게 나타나는 것을 주목할 수 있다. 여기에서 하나님의 통치와 다스림이 놀랍게 증명되지 않는가? 여기에 심지어 우리의 가장 사소한 행동들 안에서조차 우리가 지극히 높으신 자에 의해 통제되는 것이 나타나지 않는가? 여기의 야곱의 아내들을 보라. 그녀들은 아들들의 이름을 지어 주는 가운데 그리고 그렇게 이름을 짓는 이유를 이야기하는 가운데 무심코 하나님의 은혜의 복음을 요약하면서 장차 자신의 아들들로부터 형성될 나라의 초창기 역사(歷史)를 예언적으로 말하고 있었다. 만일 그녀들이 아들들의 이름을 지어 주는 가운데 스스로도 알지 못하는 사이에 하나님에 의해 인도되고 있었다면, 여기에 필연적으로 하나님의 주권이 나타나는 것이다. "이는 만물이 주에게서 나오고 주로 말미암고 주에게로 돌아감이라"(롬 11:36).

제 32장

야곱이 하란을 떠남

창세기 31장

야곱이 집을 떠나 밧단아람으로 갈 때, 아브라함의 하나님 이삭의 하나님 여호와가 그에게 "내가 너와 함께 있어 네가 어디로 가든지 너를 지키며 너를 이끌어 이 땅으로 돌아오게 할지라 내가 네게 허락한 것을 다 이루기까지 너를 떠나지 아니하리라"라고 말씀하셨다(창 28:15). 이제 야곱이 약속의 땅으로 돌아갈 때가 가까워져 오고 있었다. 그는 외삼촌의 집에서 남은 생애를 보내지 않을 것이었다. 하나님은 그에게 다른 목적을 가지고 계셨으며, 모든 일은 그러한 목적을 향해 움직이고 있었다. 그렇지만 야꼽은 하나님의 때가 무르익을 때까지는 밧단아람에 그냥 머물러 있어야만 했다. 그러나 야곱은 하나님의 때가 이르기 전에 그곳을 떠나고자 시도했다. "라헬이 요셉을 낳았을 때에 야곱이 라반에게 이르되 나를 보내어 내 고향 나의 땅으로 가게 하소서"(30:25). 물론 라반은 야곱의 요청을 받아들이기를 원하지 않았다. 그리하여 라반은 야곱이 계속 남아 있게 할 요량으로 그의 품삯을 올려 주겠노라고 제안했다. "라반이 그에게 이르되 여호와께서 너로 말미암아 내게 복 주신 줄을 내가 깨달았노니 네가 나를 사랑스럽게 여기거든 그대로 있으라 또 이르되 네 품삯을 정하라 내가 그것을 주리라"(27, 28절). 여기에서 잠깐 라반의 말을 주목해 보도록 하자. 라반은 하나님이 야곱으로 말미암아 자신에게 복을 주신 것을 기꺼이 인정했다. 라반은 그 자신으로 말미암아 복을 받은 것도 아니었고, 그가 행한 어떤 선행으로 말미암아 복을 받은 것도 아니었다. 다만 그는 "다른 사람으로 말미암아" 복을 받았다. 여기에서 하나님은 상징적으로 "다른 사람" 즉 그의 사랑하는 아들로 말미암아 죄인들에게 복을 주는 원리를 제시하고 계셨던 것이 아니었나? 여기의 라반의 말은 복음을 가리키고 있었던 것이 아니었나? 예컨대 오늘날 우리가 신약에서 읽는 "하나님이 그리스도로 말미암아 너희를 용서하셨도다"라든지, 혹은 "너희 죄가 그의 이름으로 말미암아 사함을 받았음이요" 등과 같은 말씀들 말이다(엡 4:32, 요일 2:12). 그렇다. 바로 이것이 창세기 30:28의 "하나님이 야곱으로 말미암아 라반에게 복을 주셨다"는 말씀 속에 예표된 복된 진리이다. 마찬가지로 우리는 창세기 39:5에서 보디발과 관련하여 "여호와께서 요셉으로 말미암아 그 애굽 사람의 집에 복을 내리시므로"라는 말씀을 읽는다. 또 이러한 보배로운 진리는 사무엘하 9:1에도 나타난다. "다윗이 이르되 사울의 집에 아직도 남은 사람이 있느냐 내가 요나단으로 말미암아 그 사람에게 은총을 베풀리라 하니라." 독자들이여, 여러분은 이러한 구원의 진리를 깨달았는가? 우리가 하나님에 의해 받아들여지고 구원받는 것은 우리가 행한 어떤 의의 공로로 말미암는 것도 아니고, 심지어 우리 자신의 믿음 때문도 아니다. 그것은 전적으로 그리스도로 말미암는다.

야곱은 일단 외삼촌의 제안을 받아들이면서 좀 더 머물기로 결심했다. 그러나 품삯을 열 번이나 바꾸면서 자신을 계속해서 붙잡아 두려고만 하는 외삼촌에게 모든 것을 맡기는 대신, 야곱은 자신에게 큰 부요를 가져다줄 새로운 제안을 했다(30:31-42을 보라). 그것은 양 중에 아롱진 것과 점 있는 것과 검은 것 그리고 염소 중에 점 있는 것과 아롱진 것을 자신의 품삯으로 정하자는 제안이었다(32절). 야곱의 이러한 제안에 대해 많은 연구가 행해졌으며, 다양한 의견들이 제시되었다. 그러나 한 가지는 분명하다. 그것은 하나님이 번창하게 하지 않으셨다면 그의 계획은 결코 성공할 수 없었을 것이라는 것이다. 그것은 양이나 염소가 "얼룩얼룩한 것과 점이 있고 아롱진 것을 낳기" 위해서는 단순히 껍질을 벗긴 가지 이상의 것이 필요하기 때문이다(30:39).

어쨌든 라반은 야곱의 제안을 받아들였고, 우리는 그 결과를 창세기 30장 마지막 절에서 읽는다. "이에 그 사람이 매우 번창하여 양 떼와 노비와 낙타와 나귀가 많았더라"(43절). 이것은 외삼촌의 집을 떠나겠노라고 처음 말한 이후 어느 정도의 시간이 지났음을 암시한다. 그 동안 야곱은 크게 번창했다. 그리하여 이제 그는 더 이상 그곳을 떠나기를 원하지 않았던 것으로 보인다. 이제 우리는 야곱이 그곳을 떠나기를 갈망했다는 말을 더 이상 듣지 못하기 때문이다. 비록 라반이 예전처럼 호의적이지도 않았고 또 그의 아들들이 노골적으로 시기했다 하더라도 말이다(31:1, 2). 그러나 앞에서 이야기한 것처럼 하나님의 때가 다가오고 있었다. 그러므로 우리는 다음과 같은 말씀을 읽게 된다. "여호와께서 야곱에게 이르시되 네 조상의 땅 네 족속에게로 돌아가라 내가 너와 함께 있으리라 하신지라" (31:3).

이러한 하나님의 말씀은 매우 시의적절한 것이었다. 창세기 31장의 첫 구절은 라반의 가족들 사이에 야곱에 대한 적대감과 시기심이 적지 않게 있었음을 보여준다. "야곱이 라반의 아들들이 하는 말을 들은즉 야곱이 우리 아버지의 소유를 다 빼앗고 우리 아버지의 소유로 말미암아 이 모든 재물을 모았다 하는지라"(1절). 라반의 아들들만 야곱의 번창에 대해 불평한 것이 아니었다. 라반 자신도 같은 마음을 품고 있었다. "야곱이 라반의 안색을 본즉 자기에게 대하여 전과 같지 아니하더라"(2절). 하나님은 야곱이 어디로 가든 그와 함께 있으며 그를 지킬 것이라고 약속하셨다. 이제 하나님은 당신의 약속을 실증하신다. 하나님은 마치 옆에서 지켜보는 친구처럼 야곱을 주목하고 계시다가 마침내 떠날 것을 명령하셨다. 이와 관련하여 앤드류 풀러(Andrew Fuller)는 이렇게 논평한다. "야곱이 단순히 개인적인 분개나 혹은 억울한 감정으로 말미암아 떠났다면, 그것은 하나님에 대해 죄를 범하는 것이 될 수 있었다. 그러나 하나님이 그에게 '네 조상의 땅 네 족속에게로 돌아가라 내가 너와 함께 있으리라' 라고 말씀하셨으므로, 그의 길은 명백했다. 이와 같이 우리는 신적 임재와 축복이 따를 것을 바랄 수 있는 방향으로 행동하고 움직여야 한다. 그렇지 않으면 어떤 고통으로부터 피하여 도망친다 하더라도 또 다른 고통이 우리 앞을 가로막게 될 것이며, 우리는 더 감당할 수 없게 될 것이다."

"여호와께서 야곱에게 이르시되 네 조상의 땅 네 족속에게로 돌아가라 내가 너와 함께 있으리라 하신지라"(31:3). 이것은 얼마나 놀라운 은혜인가! 야곱이 밧단아람에서 보낸 20년 동안 그와 하나님 사이의 만남을 암시하는 어떤 말씀도 우리는 발견하지 못한다. 거기에서 그가 제단을 쌓았다든지, 혹은 기도했다든지, 혹은 스스로를 철저한 세속주의자들로부터 구별시켰다는 등의 언급은 전혀 나타나지 않는다. "제단"은 단순히 희생제사와 관련되는 것일 뿐만 아니라 교제와 관련되는 것이기도 하다. 제단은 그리스도를 가리키는 것으로서, 하나님과 구속받은 죄인이 만나 교제하는 것은 그리스도 안에서이다. 야곱은 밧단아람에서 제단을 가지고 있지 않았다. 그것은 그가 하나님과의 교제 밖에 있었음을 의미한다. "하나님은 신실하심 가운데 우리와 함께 계시지만, 우리는 항상 하나님과 함께 있지 않는다"(J. N. D.). 그러나 비록 야곱이 하나님을 잊었다 하더라도, 하나님은 그를 잊지 않으셨다. 여기를 보라. 야곱에게 절실한 필요가 생기기 시작한 바로 그 순간, 하나님이 그에게 떠날 것을 말씀하셨다.

하나님으로부터 밧단아람을 떠나라는 말씀을 받고, 야곱은 자기 아내들을 들로 불렀다. "야곱이 사람을 보내어 라헬과 레아를 자기 양 떼가 있는 들로 불러다가"(4절). 그곳은 그가 그녀들과 더불어 자유롭게 이야기할 수 있는 곳이었다. 야곱이 아내들에게 떠날 것을 이야기한 이유는 부분적으로 하나님의 말씀 때문이기도 했지만, 또 부분적으로 라반의 태도 때문이기도 했다. "내가 그대들의 아버지의 안색을 본즉 내게 대하여 전과 같지 아니하도다"(5절). 이와 관련하여 풀러의 글을 인용해 보도록 하자. "대부분의 경우 안색은 그 마음의 상태를 나타내는 확실한 표지이다. 그렇지 않다면 세상에는 지금보다 훨씬 더 많은 거짓과 속임이 있을 것이다. 우리는 사람의 말보다 그의 안색이나 표정을 통해 그의 기분을 간파한다. 그리고 가정의 평안과 행복은 말보다 안색에 의해 더 큰 영향을 받는다. 찌무룩한 표정으로 침묵을 지키는 것은 종종 불평을 늘어놓는 것보다 더 견디기 어렵다. 후자의 경우에는 그나마 서로 대화하여 문제를 풀 수 있는 여지가 있기 때문이다. 그러나 야곱은 라반의 찌무룩한 안색에도 불구하고 '그러할지라도 내 아버지의 하나님은 나와 함께 계셨느니라' 라고 말할 수 있었다. 다른 사람의 찌푸린 얼굴 때문에 근심하는 우리에게 임하는 최고의 위로는 바로 하나님의 웃음이다. 우리가 하나님의 웃음 가운데 행한다면, 우리는 사람들의 찌푸린 얼굴을 두려워할 필요가 없다."

이와 같이 야곱은 밧단아람을 떠나는 문제에 대해 아내들에게 말하고 그녀들로부터 동의를 얻었다. 그렇다면 이제 다음 일은 떠날 준비를 하는 것이었다. 야곱은 자신이 떠나는 것을 외삼촌이 반대할 것이라고 생각할 만한 충분한 이유가 있었다. 어쩌면 자신을 강제로 붙잡아 둘는지도 모르며, 최소한 자신의 소유의 상당 부분을 빼앗길 수도 있었다. 그리하여 야곱은 매우 조심스럽게 행동한다. 그는 외삼촌이 양털을 깎으러 갈 때까지 기다린 후 그 기회를 이용한다. 마침내 야곱은 아내들과 자녀들과 모든 소유를 이끌고 "그 거취를 라반에게 말하지 아니하고 가만히" 떠났다(20절). 이렇게 가만히 떠나는 것은 하나님을 믿는 믿음과 그의 인도하심을 구하는 것과는 너무도 다른 것이었다. 여기의 그의 모습은 다음의 말씀이 묘사하는 모습과 얼마나 다른가! "여호와께서 너희 앞에서 행하시며 이스라엘의 하나님이 너희 뒤에서 호위하시리니 너희가 황급히 나오지 아니하며 도망하듯 다니지 아니하리라"(사 52:12). 이것이 하나님의 인도하심을 따르는 것이 아니라는 사실은 19절에 의해 한층 더 분명해진다. "그 때에 라반이 양털을 깎으러 갔으므로 라헬은 그의 아버지의 드라빔을 도둑질하고." 여기에서 드라빔에 대해 잠깐 생각해 보도록 하자.

많은 학자들은 "드라빔"이라는 단어의 어원을 "묻다"를 의미하는 수리아어 어근에서 찾는다.[1] 이것은 왜 라헬이 야곱과 함께 밧단아람을 떠날 때 이러한 "가족신"(family gods)을 가지고 떠났는지 그 이유를 설명해 준다. 이제 성경에서 드라빔이 어떻게 사용되는지 살펴보도록 하자. 성경에서 "드라빔"이 나타나는 다음 구절은 그것이 신탁(神託)을 묻기 위한 용도로 사용되었음을 보여 준다. 사사기 17:5에서 우리는 "그 사람 미가에게 신당이 있으므로 그가 에봇과 드라빔을 만들고 한 아들을 세워 그의 제사장으로 삼았더라"라는 말씀을 읽는다. 그리고 계속해서 다음과 같은 말씀들이 이어진다. "그 때에는 이스라엘에 왕이 없었으므로 사람마다 자기 소견에 옳은 대로 행하였더라"(6절). "미가가 그 레위인을 거룩하게 구별하매 그 청년이 미가의 제사장이 되어 그 집에 있었더라"(12절). 그리고 다음 장에서 우리는 단 지파가 자신들의 거할 기업을 찾는 가운데 그 땅으로 정탐꾼들을 보내는 이야기를 읽는다. 그들은 드라빔이 있는 미가의 집으로 와서 그의 제사장에게 말한다. "청하건대 우리를 위하여 하나님께 물어 보아서 우리가 가는 길이 형통할는지 우리에게 알게 하라"(삿 18:5). 정탐꾼들은 미가의 제사장이 하나님에게가 아니라 "드라빔"에게 묻기를 바랐다. 그러한 사실은 이 사건의 결말로 분명하게 드러난다. 정탐꾼들은 임무를 마치고 자신들의 지파로 돌아갈 때 미가의 제사장을 데리고 가기를 원했으며 그는 "에봇과 드라빔과 새긴 우상"을 가지고 가서 그들의 "제사장"이 되었기 때문이다(삿 18:8-20을 보라). 다음으로 우리가 "드라빔"에 대해 듣게 되는 것은 사무엘상 19:13이다. "미갈이 드라빔을 가져다가 침상에 누이고 염소 털로 엮은 것을 그 머리에 씌우고 의복으로 그것을 덮었더니"(한글개역개정판에는 "미갈이 우상을 가져다가"로 되어 있음). 여기의 말씀은 사울의 딸이 우상 숭배자였다는 슬픈 사실을 보여 줄 뿐만 아니라 그 시대에 "드라빔"이 사람의 형상으로 만들어졌음도 암시한다 — 미갈이 드라빔을 가져

[1] 어쩌면 "드라빔"(teraphim)이라는 이름은 원문에서 그룹(cherubim)이 변조된 것이었는지도 모른다.

다가 침상에 누인 것은 마치 자기 남편이 잠자고 있는 것처럼 꾸미기 위함이었음을 주목하라.[2] 에스겔 21:21 역시 "드라빔"이 신탁을 묻기 위한 용도로 사용된 것을 보여 준다. "바벨론 왕이 갈랫길 곧 두 길 어귀에 서서 **드라빔에게 묻되** 화살들을 흔들어 우상에게 묻고 희생제물의 간을 살펴서"(한글개역개정판에는 "점을 치되"로 되어 있음). 계속해서 성경은 우리에게 나중에 이스라엘이 여호와를 멀리 하는 가운데 점점 더 깊이 "드라빔"에 빠졌음을 보여 준다. "드라빔들은 허탄한 것을 말하며 복술자는 진실하지 않은 것을 보고 거짓 꿈을 말한즉 그 위로가 헛되므로 백성들이 양 같이 유리하며 목자가 없으므로 곤고를 당하나니"(슥 10:2). 오늘날 우리는 이와 비슷한 경우를 얼마나 자주 보는가? 예전에 이스라엘이 여호와로부터 돌이켜 이교도들의 "드라빔"에게로 갔던 것처럼, 오늘날 기독교 세계의 배교와 함께 너무나 많은 사람들이 하나님의 참된 신탁인 성경에서 돌이켜 유혹하는 영들과 사탄의 속임수에 관심을 기울이지 않는가?

라반의 집에 "드라빔"이 있었던 사실은 그의 가정이 여전히 바벨론의 우상 숭배와 연결되어 있었던 것을 보여 준다. 그가 참 하나님에 대한 어느 정도의 지식을 가지고 있었음에도 불구하고 말이다(창 31:53을 보라). 라반은 훗날 스바냐 선지자가 "여호와께 맹세하면서 말감을 가리켜 맹세하는 자들"이라고 묘사한 사람들과 같은 부류의 사람이었다(습 1:5). 라반의 종교적인 삶 가운데 나타나는 이러한 이상한 모순은 오랫동안 성경 연구자들을 혼란에 빠뜨린 한 인물 위에 빛을 던져 준다. 그는 발람이다. 여기의 신비한 선지자는 점을 치는 이교도 예언자였던 것으로 보인다. 그러면서도 그는 여호와와 어느 정도 관계를 가지고 있었다. 어쩌면 발람은 라반의 자손이었을는지 모른다. 그렇다면, 그러한 사실은 라반의 종교적 혼합주의를 충분히 설명해 주고도 남는다. 민수기 23:7로부터 우리는 발람이 "아람"으로부터 왔음을 듣는데, 아람은 라반이 살았던 밧단아람과 동일시될 수 있다. 발람은 야곱이 라반의 집을 떠난 때로부터 대략 280년 후에 선지자로서 활동했다. 당시에 280년은 두 세대를 망라하는 정도에 불과했다. 요나단 탈굼(Targum of Jonathan) 민수기 27:5과 역대하 1:44은 발람을 라반 자신과 동일시한다. 그런가 하면 탈굼의 또 다른 구절들은 발람이 라반의 아들인 브올의 아들이었다고 말한다. 다시 말해서 발람이 라반의 손자였다는 것이다. 라반이 "드라빔"

[2] 이것은 라헬이 자신의 말 안장 아래 숨겼던 것보다 훨씬 큰 것이 분명하다.

을 자신의 신(神)으로 간직하고 있었던 것을 생각해 보라. 발람이 정말로 라반의 후손 가운데 한 사람이었다면, 여기에서 라반이 여호와를 완전히 부인하지 않으면서도 이교도의 가증한 일을 행했던 것은 충분히 설명되고도 남는다.

본래의 이야기로 다시 돌아가자. 라반은 야곱이 가만히 떠나고 난 후 삼일 만에 비로소 모든 사실을 알게 된다. 그는 즉시로 사람들을 거느리고 야곱을 추격했다. 의심의 여지없이 그는 상당한 정도의 무력(武力)을 동원했을 것이다. 그러나 그가 야곱 일행을 따라잡기 전 날 밤, 하나님이 꿈 가운데 그에게 나타나셔서 "너는 삼가 야곱에게 선악간에 말하지 말라"고 경고하셨다(31:29). 이와 같이 여호와는 다시 한 번 야곱에 대한 자신의 약속을 지키셨다. 다음 날 라반은 야곱을 만나 꾸짖는데, 그러한 꾸짖음 속에 라반이 하나님의 말씀을 무시하지 않았음이 나타난다. 오늘 나는 야곱과 라반 사이의 긴 대화에 대해서는 이야기하지 않을 것이다. 비록 양자 사이에 다소 감정적인 언사가 오고가기는 했지만, 어쨌든 만남은 잘 끝났다. 그리고 마지막 작별 장면은 매우 감동적이었다. 그러나 만남의 끝 부분에 두 사람이 사용한 언어를 통해 그들의 어떠함이 그대로 드러난 것은 매우 주목할 만하다. 이와 같이 매우 사소한 것처럼 보이는 것을 통해 우리의 어떠함이 그대로 드러난다. "네 말로 의롭다 함을 받고 네 말로 정죄함을 받으리라"(마 12:37). 여기에서도 그랬다. 야곱이 한 돌을 취하여 그들 사이의 언약을 증거하는 기둥으로 삼았을 때, 라반은 그것을 "여갈사하두다"라고 불렀다. 그것은 "증거의 무더기"를 의미하는 갈대아어였다. 이와 같이 그는 이교도들의 언어를 사용했다. 반면 야곱은 그것을 "갈르엣"이라고 불렀는데, 그것은 "증거의 무더기"를 의미하는 히브리어였다. 이와 같이 오직 참된 신자만이 하나님의 백성들의 언어를 사용할 수 있다. 반면 경건치 않은 우상 숭배자는 세속적인 언어를 사용한다. 이와 같이 대제사장의 관정에서 어떤 사람들이 베드로에게 말했던 것처럼, 사람의 말소리가 그 사람을 표명하는 법이다. "조금 후에 곁에 섰던 사람들이 나아와 베드로에게 이르되 너도 진실로 그 도당이라 네 말소리가 너를 표명한다 하거늘"(마 26:73),

창세기 31장의 마지막 부분은 우리에게 또 하나의 아름다운 그림을 보여 준다. "야곱이 또 산에서 제사를 드리고 형제들을 불러 떡을 먹이니 그들이 떡을 먹고 산에서 밤을 지내고 라반이 아침에 일찍이 일어나 손자들과 딸들에게 입맞추며 그들에게 축복하고 떠나 고향으로 돌아갔더라"(54, 55절). 먼저 화평의 언약이 제안되었으며, 다음으로 그것이 제사로 말미암아 확정되었으며, 마지막으로 그것이 만찬으로 기념되었다. 이것은 애굽에서도 마찬가지였다. 먼저 하나님이 모세에게 약속을 주셨으며, 다음으로 어린 양이 죽임을 당했으며, 마지막으로 백성들이 그 고기를 불에 구워 먹었다. 이것은 오늘날 우리들에게도 마찬가지이다. 먼저 하나님이 창세 전에 화평의 언약을 세우셨으며, 다음으로 때가 차매 희생제사가 드려지고 열납되었으며, 마지막으로 그것이 주의 만찬으로 기념되었다(고전 5:8). 마지막으로, "산에서 제사를 드린" 사람은 나이가 많은 라반이 아니라 그의 조카 야곱이었음을 주목하라.

오늘의 이야기를 마치기에 앞서 야곱이 밧단아람을 떠나는 이야기와 관련하여 한 가지 매우 실제적인 문제를 생각해 보도록 하자. 그리피스 토머스 박사(Dr. Griffith Thomas)는 이 사건이 우리에게 신자가 매일의 삶 가운데 하나님의 뜻을 알 수 있는 방법을 가르쳐 주는 매우 유용한 원리들을 제공해 준다고 말한다. 우리는 얼마나 자주 하나님의 뜻이 무엇인지 알지 못한 채 우왕좌왕하곤 하는가! 우리는 어떻게 특정 문제와 관련한 하나님의 뜻을 확신할 수 있는가? 이것은 매우 중요한 문제이며, 우리가 종종 마주치는 문제이다. 그리고 우리는 이러한 문제에 대한 답을 오직 하나님의 말씀에서 찾아야만 한다. 의심의 여지없이 하나님은 분명한 인도하심 없이 우리를 그냥 내버려두지 않으신다. 우리는 어떤 성경인물의 상황이 우리의 상황과 절대적으로 동일한지를 찾기 위해 매번 성경구절을 뒤져서는 안 된다. 그렇게 하는 대신 우리는 우리의 상황과 부합하는 분명한 원리들을 찾아야만 한다. 그러한 원리들을 우리는 여기의 창세기 31장에서 발견한다.

야곱은 20년 동안 이방 땅에 있었다. 그러나 그는 언제까지나 그곳에 남아 있어서는 안 된다는 사실을 잘 알고 있었다. 하나님은 그가 다시 가나안으로 돌아가야만 한다고 분명하게 말씀하셨다. 그러면 그는 얼마나 더 그곳에 머물러야 할 것인가? 그는 언제 고향으로 출발할 것인가? 하나님의 때가 언제 이를 것인지 그는 어떻게 확신할 수 있나? 이것은 매우 절실한 문제이다. 이러한 질문들에 대한 대답으로 우리는 여기에서 세 가지를 발견할 수 있다. 첫째로, 야곱의 마음 가운데 고향으로 돌아가고자 하는 분명한 열망이 솟아올랐다. 이것은 창세기 30:25로부터 명백하다. 그러나 이것만으로는 동기(動機)를 보증하기에 충분하지 않았다. 그러므로 야곱은 좀 더 기다려야만 했다. 둘째로, 제반 상황이 이제 떠날 때가 되었음을 알려 주는 것처럼 보였다. 라반과 그의 아들들의 시기심은 야곱이 계속 거기에 머무는 것을 견딜 수 없는 일로 만들었다(31:1, 2). 이것은 "모든 것을 합력하여 선을 이루시는" 하나님이 이끄신 것이었다. 그러나 야곱이 밧단아람을 떠나는 것이 정당하게 되기 위해서는 무엇인가가 좀 더 필요했다. 그러므로 셋째로, 하나님으로부터의 분명한 말씀이 있었다. "여호와께서 야곱에게 이르시되 네 조상의 땅 네 족속에게로 돌아가라"(31:3).

하나님이 우리에게 항상 이러한 세 가지 원리를 나타내시는 것은 아니다. 그러나 그러한 것들이 결합되어 분명해질 때, 우리는 주어진 상황 아래서의 하나님의 뜻을 확신할 수 있다. 첫째로, 하나님이 우리에게 무엇을 원하시는지와 관련하여 우리 마음 안에서 일어나는 명확한 확신. 둘째로, 외적인 상황에 의해 펼쳐지는 길. 셋째로, 우리의 경우와 상응하는 성경으로부터의 특별한 말씀. 이러한 말씀은 각 사람의 마음에 임하는 하나님의 메시지이다. 이와 같은 방법으로 우리는 우리에 대한 하나님의 뜻을 확신할 수 있다. 여기에서 가장 중요한 것은 하나님을 기다리는 것이다. 그분에게 당신의 어려움을 토로하라. 부디 잘못된 길로 가지 않도록 지켜 달라고 그분께 간구하라. 부디 "주의 길을 내 목전에 곧게" 해달라고 간절히 기도하라(시 5:8). 그리고 그가 응답하실 때까지 "참음으로 기다려라." 그리고 "믿음을 따라 하지 아니하는 것은 다 죄"라는 사실을 기억하라(롬 14:23). 당신이 믿음으로 간절히 기도하고 참음으로 기다린다면, 그는 그의 선한 때에 그리고 그의 선한 방법으로 가장 확실하게 응답하실 것이다. 당신의 길을 가로막고 있는 장애물을 제거하기도 하며, 당신의 길을 열기도 하며, 당신이 처한 환경을 바꾸기도 하며, 당신의 마음으로부터 열망을 변화시키기도 하며, 그의 기록된 말씀으로부터 명확한 말씀을 주기도 하는 등 다양한 방법으로 말이다. "네 길을 여호와께 맡기라 그를 의지하면 그가 이루시고"(시 37:5). 그는 "온유한 자를 정의로 지도하시고 온유한 자에게 그의 도를 가르치실" 것이다(시 25:9). 부디 이 글을 쓰는 나와 이 글을 읽는 여러분 모두가 "하나님의 선하시고 기뻐하시고 온전하신 뜻이 무엇인지" 아는 것으로 오는 복된 평안을 풍성히 누리기를 간절히 기원한다(롬 12:2).

제 33장

마하나임에서의 야곱

창세기 32장

앞장에서 우리는 야곱이 "네 조상의 땅 네 족속에게로 돌아가라 내가 너와 함께 있으리라"는 하나님의 명령에 순종하여 밧단아람을 떠난 것을 살펴보았다(창 31:3). 그리고 그렇게 떠난 야곱을 라반이 추격했다가 마침내 둘 사이에 감동적인 작별을 하게 된 경위도 살펴보았다. 이제 우리는 고향으로 돌아오는 도중에 야곱에게 일어난 또 하나의 중요한 사건을 살펴보고자 한다.

"야곱이 길을 가는데 하나님의 사자들이 그를 만난지라"(창 32:1). 지금 야곱은 순종의 길 위에 서 있었다. 그리하여 하나님은 또 다른 계시로 그에게 은총을 베푸심으로써 그의 믿음을 강하게 하고 그에게 용기를 주셨다. 그리고 그렇게 하심으로써 하나님은 지금 그를 기다리고 있는 일 즉 400명을 거느린 에서와 만나는 일을 위해 준비시키고 계셨다. 순종의 길 위에서조차 우리는 우리의 믿음을 시험하는 것과 마주칠 것을 예상해야만 한다. 그리고 그러한 시험 가운데에는 외적으로 볼 때 하나님 자신이 우리를 대적하고 계시는 것처럼 보이는 것도 적지 않게 있을 수 있다. 그럼에도 불구하고 순종의 길을 계속해서 걸어갈 때, 하나님은 우리에게 스스로를 분명하게 나타내심으로써 우리를 격려하신다. 이와 같이 하나님이 우리에게 스스로를 나타내시는 것은 우리를 인정하시는 증표로서 우리의 믿음을 강화시킨다. 그리고 마침내 우리는 의인의 길이 한낮의 광명처럼 밝게 빛나는 사실을 발견한다. 이것은 야곱에게도 마찬가지였다.

"야곱이 길을 가는데 하나님의 사자들이 그를 만난지라." 여기의 "만난지라"라는 단어는 참으로 아름다운 개념을 암시한다. 하나님의 천사들(angels of God)이 그에게 "나타난" 것이 아니라, 그를 "만났다." 야곱은 오랜 타향살이에서 돌아오고 있었다. 그는 여호와께서 그의 조상들에게 (그리고 나중에 그 자신에게) 주신 땅으로 돌아오고 있었다. 그리하여 천사들이 이를테면 그를 맞이하기 위해 나온 것이었다. 하나님은 그의 종이 집으로 돌아오는 것을 환영하고 자신의 선한 뜻을 나타내기 위해 자신의 사자들을 보내셨다. 예전에 야곱이 가나안을 떠나 밧단아람으로 갈 때, 하나님이 그를 만나시고 그에게 천사들의 환상을 보여주셨다. 그리고 지금 밧단아람에서 가나안으로 돌아올 때, 천사들이 그를 만났고 곧이어 하나님 자신이 그에게 나타나실 것이었다.

"야곱이 길을 가는데 하나님의 사자들이 그를 만난지라 야곱이 그들을 볼 때에 이르기를 이는 하나님의 군대라 하고 그 땅 이름을 마하나임이라 하였더라"(32:1, 2). 여기에서 우리는 다시 한 번 하나님이 시의적절하게 개입하시는 것을 보게 된다. 야곱은 방금 한 무리의 적으로부터 피해 도망쳐 나왔다(라반과 그의 아들들 — 31:22, 23). 그런데 또 한 무리의 적 즉 400명을 거느린 에서가 그를 만나기 위해 다가오고 있었다. 바로 이때 하나님의 군대가 나타났다. 마치 그가 누구의 도움으로 라반으로부터 벗어날 수 있었는지를 보여 주려는 듯이, 그리고 그에게 전에 구원해 주신 자가 이제 또 다시 구원해 줄 수 있음을 보여 주려는 듯이 말이다. 야곱은 거기에 나타난 천사들을 단수로 "하나님의 군대"(God' s host)라고 불렀다. 그러나 야곱이 그 장소를 "마하나임"이라고 이름 붙인 사실에서 그들은 두 무리로 나누어져 있었던 것으로 보인다. 마하나임은 "두 군대"(two hosts)를 의미하기 때문이다. 그러므로 거기에 하나님의 "천사들"로 구성한 하나의 군대가 있었지만, 그들은 두 무리의 군대로 나누어져 있었다. 그리고 아마도 한 군대는 앞에서 그리고 다른 한 군대는 뒤에서 그를 둘러싸고 있었던 것으로 보인다. 야곱에게 두 무리의 적이 있었던 것을 생각해 보라. 그들 모두 야곱에게 폭력을 사용할 계획을 가지고 있었다. 여기의 하나님의 두 군대는 바로 그러한 적들을 위해 준비된 것이 아니었겠는가! 한 무리의 적은 아무런 타격도 가하지 못한 채 이미 돌아갔다(라반과 그의 무리). 그리고 또 한 무리의 적 역시 그렇게 될 것이었다(400명을 거느린 에서). 새로운 무리의 적은 아직 야곱에게 나타나지 않았다. 그러나 그를 앞과 뒤에서 둘러싸고 있는 천사들의 군대는 "그가 어디로 가든 하나님이 그와 함께 계시며 그를 지킬" 것이라는 약속에 대한 가장 확실한 확증이 될 것이었다. 이것은 우리에게 훗날 이스라엘이 광야를 여행하는 동안 하나님이 낮에는 구름기둥으로 밤에는 불기둥으로 지키시고 보호해 주신 것을 일깨워 주지 않는가?

"야곱이 세일 땅 에돔 들에 있는 형 에서에게로 자기보다 앞서 사자들을 보내며

그들에게 명령하여 이르되 너희는 내 주 에서에게 이같이 말하라 주의 종 야곱이 이같이 말하기를 내가 라반과 함께 거류하며 지금까지 머물러 있었사오며 내게 소와 나귀와 양 떼와 노비가 있으므로 사람을 보내어 내 주께 알리고 내 주께 은혜 받기를 원하나이다 하라 하였더니"(32:3-5). 지금까지 야곱은 형 에서가 세일 땅에 정착했다는 것 외에는 그에 대해 아무것도 듣지 못했다. 그러나 전에 자신이 행한 일과 그로 인한 형의 분노를 생각할 때, 그는 형을 다시 만나는 것의 결과를 쉽게 예상할 수 있었다. 그리하여 그는 자기보다 앞서 사자들을 보내기로 결심했다. 마치 적국을 행군하면서 앞서 정탐꾼들을 보내는 것처럼 말이다. 사자들은 에서에게 무슨 말을 하며 어떻게 행동할지에 대해 야곱으로부터 상세한 지시를 받았다. 모든 것은 에서의 격노한 마음을 무마시키기 위해 의도된 것이었다. 야곱이 사자들의 입에 넣어준 말은 물론 다 사실이었다. 그러나 그 것으로 우리는 또 다시 야곱 특유의 용의주도함을 보게 된다.

"그들에게 명령하여 이르되 너희는 내 주 에서에게 이같이 말하라 주의 종 야곱이 이같이 말하기를 내가 라반과 함께 거류하며 지금까지 머물러 있었사오며 내게 소와 나귀와 양 떼와 노비가 있으므로 사람을 보내어 내 주께 알리고 내 주께 은혜 받기를 원하나이다 하라 하였더니"(4, 5절). 야곱은 아버지로부터 받은 자신의 축복과 특권을 거론하지 않는다. 이삭은 야곱에게 "네가 형제들의 주가 되고 네 어머니의 아들들이 네게 굴복하며"라고 말했다(창 27:29). 그러나 여기에서 야곱은 자신의 우월성을 주장하지 않는다. 그렇게 하는 대신 그는 에서를 "주"로 칭하면서 스스로 종의 자리를 취한다. 또 그는 여기에서 자신이 밧단아람으로 도망친 이유에 대해 아무것도 말하지 않는다. 그는 다만 "내가 라반과 함께 거류하며 지금까지 머물러 있었사오며"라고 단순하게 말할 뿐이다. 야곱은 에서에게 자신이 장자권을 주장한다든지 혹은 아버지의 기업을 나누기 위해 온 것이 아님을 이해시키고자 애썼다. 그는 그렇게 할 필요가 없었다. 하나님이 그에게 이 세상의 재물을 풍성하게 주셨기 때문이었다. 이 모든 것 속에 야곱의 천부적인 용의주도함이 얼마나 잘 나타나는가!

"사자들이 야곱에게 돌아와 이르되 우리가 주인의 형 에서에게 이른즉 그가 사백 명을 거느리고 주인을 만나려고 오더이다"(32:6). 이야기의 전체적인 흐름에서 볼 때, 야곱이 보낸 사자들은 단지 멀찍이서 에서가 400명을 거느리고 오는 것만을 발견했을 뿐 자신들의 메시지를 그에게 전달하지는 못한 것으로 보인다. 에서가 이미 자신이 오는 것을 알고 있다는 보고는 틀림없이 야곱에게 엄청난 충격이었을 것이다. 야곱이 외삼촌의 집을 떠나온 것이 불과 두어 주 전의 일이었다. 그의 여행은 조용히 진행된 것이었지, 결코 요란스러운 행차가 아니었다. 그런데 도대체 어떻게 에서가 그것을 알 수 있었단 말인가? 그 동안 복수심에 불타 계속해서 동생의 일거수일투족을 지켜보고 있었단 말인가? 라반의 일꾼들 가운데 에서가 보낸 정탐꾼이라도 있었단 말인가? 틀림없이 누군가가 에서에게 야곱이 돌아온다는 사실을 알려 주었을 것이다. 따라서 에서가 지금 자신을 만나기 위해 오고 있다는 사실은 야곱에게 정말로 두려운 소식이었다. 그리하여 야곱은 "심히 두렵고 답답했다"(7절). 죄인은 아무도 고소하지 않아도 두려운 법이다.

"야곱이 심히 두렵고 답답하여 자기와 함께 한 동행자와 양과 소와 낙타를 두 떼로 나누고 이르되 에서가 와서 한 떼를 치면 남은 한 떼는 피하리라 하고"(32:7, 8). 머뭇거릴 시간이 없었다. 그리하여 야곱은 특유의 용의주도함으로 신속하게 행동했다. 먼저 그는 함께 동행하는 사람들과 짐승떼를 두 무리로 나누었다. 그렇게 하면 혹시 에서가 와서 한 무리를 친다 하더라도 최소한 다른 한 무리는 피할 수 있었다. 다음으로 그는 기도에 의지(依支)했다. 여기에서 야곱을 비난하기 전에 먼저 우리 자신의 모습을 돌아보자. 우리 역시도 최후의 수단으로서 하나님을 찾는 경우가 얼마나 많은가! 우리 역시도 먼저 계획을 세우고 머리를 짜내고 하다가 이도 저도 안 되면 하나님에게 부르짖는 경우가 얼마나 많은가! 아, 우리 역시도 "하늘은 스스로 돕는 자를 돕는다"는 하나님을 모독하는 격언의 기초 위에서 행동하는 경우가 얼마나 많은가! 하나님은 "스스로 돕는" 자들을 돕지 않는다. 도리어 스스로 도울 수 없음을 깨닫고 상한 마음으로 나오는 자들을 돕는다. "피곤한 자에게 능력을 주시며 무능한 자에게 힘을 더하신다"는 것이 하나님의 약속이다(사 40:29).

야곱의 기도에는 주목할 만한 부분이 많이 있다. 무엇보다도 그것은 매우 강력한 기도였다. 그리고 그것은 성경에 처음 기록된 실제적인 기도이다. **"야곱이 또 이르되 내 조부 아브라함의 하나님, 내 아버지 이삭의 하나님 여호와여 주께서 전에 내게 명하시기를 네 고향, 네 족속에게로 돌아가라 내가 네게 은혜를 베풀리라 하셨나이다 나는 주께서 주의 종에게 베푸신 모든 은총과 모든 진실하심을 조금도 감당할 수 없사오나 내가 내 지팡이만 가지고 이 요단을 건넜더니 지금은 두 떼나 이루었나이다 내가 주께 간구하오니 내 형의 손에서, 에서의 손에서 나를 건져내시옵소서**

내가 그를 두려워함은 그가 와서 나와 내 처자들을 칠까 겁이 나기 때문이니이다 주께서 말씀하시기를 내가 반드시 네게 은혜를 베풀어 네 씨로 바다의 셀 수 없는 모래와 같이 많게 하리라 하셨나이다"(9-12절).

첫째로, 여기에서 야곱이 기도한 하나님을 생각해 보자. 그는 단순히 창조주 하나님이 아니라 "그의 조부 아브라함의 하나님 그의 아버지 이삭의 하나님"에게 나아갔다. 그것은 언약관계 안에서의 하나님이었다. 그것은 신적 신실하심을 붙잡는 것이었으며, 믿음의 기도였다. 그것은 하나님에게 나아가, 확실한 관계의 기초 위에서 그에게 호소하는 것이었다. 우리는 우리 조상들의 하나님에게 나아가는 것이 아니라, "주 예수 그리스도의 아버지 그러므로 우리의 아버지"이신 하나님에게 나아간다. 하나님은, 우리가 이러한 관계의 기초 위에서 기도할 때, 우리를 축복하시기를 기뻐하신다.

둘째로, 야곱은 스스로를 여호와의 확실한 말씀 위에 던졌다. 다시 말해서 야곱은 하나님의 약속에 호소했다. "주께서 전에 내게 명하시기를 네 고향, 네 족속에게로 돌아가라 내가 네게 은혜를 베풀리라 하셨나이다"(9절). 여기의 야곱으로부터 우리는 매우 중요한 교훈을 배운다. 성경에는 신자들에게 일반적으로 주어지는 많은 약속들이 있다. 믿음의 길 가운데 시련과 난관에 봉착할 때마다 그러한 약속들에 호소하는 것은 우리의 특권이다. 여기의 야곱을 보라. 그는 하나님이 예전에 주신 약속을 붙잡고 그것에 호소했다. 그러므로 우리도 그렇게 해야 한다. 고린도후서 12:9에서 우리는 "내 은혜가 네게 족하도다"라는 말씀을 읽는다. 매일 아침마다 은혜의 보좌로 나아가라. 그리고 경건한 믿음으로 주님께 그가 전에 하셨던 말씀들을 일깨워드려라. 그리고 예전에 다윗이 그랬던 것처럼 "주여, 말씀하신 대로 행하시옵소서"라고 말하라(삼하 7:25). 또 우리는 빌립보서 4:19에서 "나의 하나님이 … 너희 모든 쓸 것을 채우시리라"라는 말씀을 읽는다. 위급한 때에 이 말씀을 붙잡고, "주여, 말씀하신 대로 행하시옵소서"라고 말하라.

셋째로, 야곱은 자신에게 아무런 공로도 없음을 완전히 인정했다. 그는 지극히 높은 자 앞에 겸비한 자리를 취하면서, 그가 자신에게 빚진 것이 아무것도 없음을 고백한다. "나는 주께서 주의 종에게 베푸신 모든 은총과 모든 진실하심을 조금도 감당할 수 없사오나"(10절). 사랑하는 독자들이여, 특별히 이것을 마음에 새기라. 오늘날 스스로를 낮추는 것에 대해서는 거의 가르치지 않기 때문이다. 오늘날 성도가 자신의 무가치함과 무자격을 고백하는 것은 매우 희귀한 일이 되었다.

오늘날 사람들은 라오디게아인들처럼 하나님 앞에 자랑할 것을 많이 가지고 있다. 그러나 이상하게도 "다른 신자들 앞에서 자신이 하나님의 은총을 받기에 아무런 자격이 없음을 고백하는" 것은 심히 꺼려하며 두려워한다. 나는 오늘날 사람들이 기도에 있어 실제적인 능력을 거의 갖지 못하는 주된 이유가 바로 이것이라고 생각한다. 우리가 하나님의 축복을 받고자 하면, 먼저 우리는 그 앞에 티끌의 자리로 내려가야만 한다. 우리가 하나님으로부터 우리의 필요를 채움 받고자 한다면, 우리는 하나님 앞에 빈 손으로 나아가야만 한다. 우리는 우리에게 아무런 공로나 자격이 없음을 기꺼이 인정하며 고백해야 한다. 그리고 오직 은혜의 기초 위에서 그로부터 무엇인가를 받고자 해야 한다. 그럴 때 비로소 우리의 기도는 응답될 것이다.

마지막으로, 여기에서 야곱으로 하여금 하나님께 탄원하도록 이끈 동기(動機)를 주목하라. 그의 기도는 다음과 같이 요약될 수 있다. "간절히 구하오니 나를 나의 형 에서의 손으로부터 구원하소서. 그가 와서 나와 내 처자들을 칠까 두려워함이니이다." 언뜻 보기에 여기에 남편과 아버지로서의 육친(肉親)의 사랑 이상의 것은 아무것도 없는 것처럼 보인다. 이것은 단순히 자상한 남편과 사랑이 많은 아버지의 간구로만 보인다. 그러나 우리가 여기의 야곱의 기도를 마지막 끝맺음의 말에 비추어 다시 읽는다면, 우리는 그가 훨씬 더 높은 동기에 이끌리고 있음을 발견하게 될 것이다. 그는 "주께서 말씀하시기를 내가 반드시 네게 은혜를 베풀어 네 씨로 바다의 셀 수 없는 모래와 같이 많게 하리라 하셨나이다"라는 말로 자신의 기도를 끝맺는다(12절). 이러한 끝맺음의 말 속에서 우리는 그가 하나님의 영광을 바라보았음을 알 수 있다. 여호와는 야곱의 씨를 바다의 모래와 같이 많게 하겠다고 약속하셨다. 그러나 만일 그의 처자들이 죽임을 당한다면, 그러한 하나님의 약속은 도대체 어떻게 성취될 것이란 말인가? 우리가 사랑하는 자들의 구원에 큰 관심을 갖는 것은 지극히 자연스러운 일이며 하등 잘못될 것이 없다. 그러나 우리의 주된 관심은 단순히 우리와 친밀한 관계에 있는 자들의 복리(福利)에 초점을 맞추어서는 안 된다. 그것보다도 궁극적으로 하나님의 영광을 위한 것에 초점을 맞추어야 한다. "그런즉 너희가 먹든지 마시든지 무엇을 하든지 다 하나님의 영광을 위하여 하라"(고전 10:31). 나머지 모든 것들은 이것에 종속되어야만 한다. 여기에 엄정한 시금석이 있다. 내가 어떤 사람의 구원을 그토록 바라는 이유가 무엇인가? 단순히 그가 나와 가까운 혹은 나에게 사랑스러운 사람이기 때문인가? 그렇지 않으면 그의 구원을 통해 하나님이 영광을 받으시고 그리스도의 이름이 존귀하게 되기 때문인가? 하나님이여, 우리에게 은혜를 베푸사 우리의 끈질긴 "이기주의"(selfishness)를 제하시고 기도에 있어서의 우리의 동기(動機)를 정결하게 하소서! "주여, 우리에게 기도를 가르쳐 주소서."

제 34 장

브니엘에서의 야곱

창세기 32장

앞장에서 우리는 밧단아람으로부터 돌아오는 도중에 야곱에게 벌어진 사건을 살펴보았다. 그때 "하나님의 천사들"이 그를 만났는데, 그들은 두 무리로 나누어져 있었다. 아마도 그들 가운데 한 무리는 앞에서 그리고 다른 한 무리는 뒤에서 그를 둘러싸고 있었던 것으로 보인다. 천사들이 이와 같이 배치된 것에는 상징적인 의미가 담겨 있는 것으로 보인다. 하나님은 방금 야곱을 그의 뒤에 있는 적으로부터 구원하셨다(라반의 무리). 그와 같이 이제 하나님은 그를 그의 앞에 있는 적으로부터 구원하실 것이다(에서의 무리). 천사들이 사라지고 난 후 야곱은 사자들을 에서에게 보내 그의 마음을 누그러뜨리고자 했다. 사자들은 곧바로 야곱에게로 돌아와 에서가 400명을 거느리고 오고 있다는 두려운 소식을 전했다. 그리하여 야곱은 "심히 두렵고 답답했다"(32:7). 그는 먼저 동행한 무리와 모든 소유를 둘로 나눈 후 하나님께 간절히 기도했다. 앞장에서 우리는 그의 기도를 비교적 자세히 고찰하면서 거기에 나타나는 몇 가지 두드러진 특징들을 살펴보았다. 한 마디로 그것은 우리가 본받을 만한 믿음의 기도였다.

이제 그러한 기도 후에 벌어지는 이야기를 주목해 보도록 하자. 여기에서 한 가지 놀라운 대조가 즉시로 우리의 주의를 끈다. 그것은 정말로 터무니없는 것처럼 보이지만, 실제로 우리의 경험 속에서 무수히 반복되는 대조이다. 야곱은 곧바로 믿음의 행동으로부터 불신앙의 행동으로, 기도로부터 잔꾀로, 하나님으로부터 육신적인 전략으로 돌아간다. **"야곱이 거기서 밤을 지내고 그 소유 중에서 형 에서를 위하여 예물을 택하니"**(32:13).

형에게 예물을 보내는 것 자체에는 잘못된 것이 아무것도 없었다. 문제는 그렇게 하는 동기(動機)였다. 그리고 이것 역시 "우리를 깨우치기 위해 기록된" 것임을 기억하라(고전 10:11). 이어지는 말씀 가운데 야곱의 중심이 적나라하게 나타난다. 그리고 이를 통해 우리는 우리 자신의 거짓되며 악한 중심을 좀 더 깊이 인식할 필요가 있다. 만일 그의 동기가 정말로 정당하고 칭찬할 만한 것이었다면, 그는 형에게 보낼 예물을 준비하면서 그렇게 조바심을 내며 두려워할 필요가 없었을 것이다. 먼저 그는 자신의 예물을 세 무리로 나누었다. 그리고 각각의 무리 사이에 어느 정도의 공간을 두었다. 이 모든 것은 어떻게 해서든 형에게 좋은 인상을 심어 주기 위한 것이었다. 다음으로 야곱은 예물을 맡은 종들에게 에서를 만나 그가 "이 모든 것들이 누구의 것이냐"고 묻거든 "당신의 종 야곱의 것이요 자기 주 에서에게로 보내는 예물이나이다"라고 대답하도록 시켰다(18절). 이러한 야곱의 메시지는 분명 하나님의 자녀의 존귀를 심히 떨어뜨리는 것이었다. "나의 주 에서"라든지 혹은 "당신의 종 야곱"과 같은 표현들을 보라. 지나칠 정도로 비굴하지 않은가! 세상에 속한 사람 앞에서의 이러한 비굴한 태도는 그의 마음 상태가 어떤 것이었는지를 그대로 보여 준다. 분명 야곱은 에서를 두려워하고 있었다. 그는 지금 하나님을 신뢰하며 의지(依支)하는 것에서 너무나 멀리 떨어져 있었다. 마지막으로 20절의 독백은 그의 마음이 어떤 것이었는지를 가장 확실하게 보여 준다. "이는 야곱이 말하기를 내가 내 앞에 보내는 예물로 형의 감정을 푼 후에 대면하면 형이 혹시 나를 받아 주리라 함이었더라"(20절).

야곱은 화해의 영으로 역사(役事)하는 하나님을 신뢰하는 대신 스스로의 노력으로 형의 마음을 움직이려고 했다 — "내가" 그의 마음을 움직일 것이라! 그러나 그 모든 인간적인 계획과 전략에도 불구하고 그는 단지 "형이 혹시 나를 받아 주리라"라고밖에는 말할 수 없었다. 이것은 지금도 마찬가지이다. 우리의 모든 인간적인 수고와 노력은 우리를 확신으로 이끌지 못한다. 우리의 모든 수고의 결과는 고작해야 불확실한 "혹시"일 뿐이다. 이것은 믿음의 길과 얼마나 다른가! 이것은 하나님과 그의 약속을 굳게 붙잡는 것으로부터 나오는 고요한 확신과 얼마나 다른가!

다음 주제로 넘어가기에 앞서 여기에서 잠깐 멈추고 지금까지 이야기한 것으로부터 자연스럽게 떠오르는 중요한 질문 한 가지를 생각해 보도록 하자. 여기에 나타나는 야곱의 모습을 다시 한 번 주목해 보라. 바로 앞에서 그토록 진지하게 기도했음에도 불구하고 형의 마음을 움직이기 위해 곧바로 자신의 육신적인 생각과 계획으로 돌아가는 것이 도대체 어떻게 가능할 수 있었단 말인가? 그렇다면 야곱은 결국 불신자(unbeliever)였단 말인가? 결코 그렇지 않다. 이제까지의 그에 대한 하나님의 모든 다루심은 그러한 개념을 명백히 배격한다. 그러면 그는 신자였다가 "은혜로부터 떨어져" 불신자가 되었는가? 우리는 이러한 개념 역시 분명하게 배격해야 한다. 성경은 거듭난 자가 다시 거듭나지 못한 상태로 돌아가는 것은 불가능하다고 분명하게 가르치기 때문이다. 나는 하나님의 신실하지 못한 자녀일 수 있지만, 그럼에도 불구하고 나는 여전히 그의 자녀이다. 하나님의 은사와 부르심에는 "후회함" 즉 "마음을 바꾸는 것"이 없다(롬 11:29). 일단 어떤 죄인이 어둠으로부터 빛으로 부르심을 받았으면 다시 말해서 하나님이 그에게 빛과 구원을 주셨다면, 그는 결코 그러한 부르심을 무효화시킬 수도 또 그의 선물을 되돌릴 수도 없다. 그는 하나님의 선물을 받기 위해 특별한 공로를 행한 것이 아무것도 없었던 것과 마찬가지로 그것을 되돌리기 위해서도 아무것도 할 수 없기 때문이다. 하나님이 선물을 주시는 기초는 사람의 어떤 공로나 자격이 아니라, 오직 그의 주권적인 은혜이다. 이것은, 그렇기 때문에 우리가 마음대로 죄를 지어도 좋음을, 의미하지 않는다. 그런 식의 태도는 단지 우리가 하나님의 구원의 "선물"을 받지 못했음을 증명하는 것일 뿐이다. 도리어 우리는 죄를 더욱 미워하며 조심하게 될 것이다. 그렇게 하는 것은 우리가 잘못을 범한 결과를 두려워하기 때문이 아니라, 하나님을 기쁘시게 하는 삶으로 말미암아 그에 대한 우리의 깊은 감사를 나타내기를 간절히 바라기 때문이다. 우리에 대한 그의 풍성한 긍휼하심과 선하심에 대한 보답으로 말이다.

그러나 여전히 이것은 야곱과 관련한 앞의 질문에 대한 충분한 대답이 되지 못한다. 야곱은 하나님을 믿는 신자였다. 창세기 32:9-12에 기록된 그의 기도가 그것을 증명한다. 그러나 신자였음에도 불구하고 여전히 그 안에 "육체" 곧 악한 옛 본성이 남아 있었다. 그리고 그는 이것에게 길을 내주었다. 육체는 항상 우리를 불신앙과 하나님의 영광을 가리는 행동으로 이끈다. 신자 안에 있는 두 본성을 보여 주는 가장 분명한 실례(實例)를 우리는 야곱의 생애에서 발견한다. 성령께서는 우리를 "경계"하기 위해 그것을 있는 그대로 기록하셨다. 그러한 두 본성 즉 "하나님을 신뢰하는 영적인 본성"과 "하나님을 신뢰하지 않는 육체적인 본성"은 하나님의 모든 자녀들 안에 있다. 그러므로 우리는 매일 같이 "주여 내가 믿나이다 나의 믿음 없는 것을 도와주소서"라고 기도해야 한다(막 9:24).

"그 예물은 그에 앞서 보내고 그는 무리 가운데서 밤을 지내다가 밤에 일어나 두

아내와 두 여종과 열한 아들을 인도하여 얍복 나루를 건널새 그들을 인도하여 시내를 건너가게 하며 그의 소유도 건너가게 하고 야곱은 홀로 남았더니 어떤 사람이 날이 새도록 야곱과 씨름하다가"(32:21-24). 우리는 여기에서 야곱의 생애 가운데 가장 중요한 위기의 순간을 보게 된다. 창세기는 야곱을 두 가지 모습으로 제시한다. 이를테면 하나는 야곱의 모습으로, 그리고 다른 하나는 이스라엘의 모습으로 말이다. 전자는 자연적인 사람이며, 후자는 영적인 사람이다. 이제 우리는 야곱이 이스라엘이라는 새 이름을 공식적으로 받게 되는 이야기를 살펴보고자 한다. "빼앗는 자"라는 이름을 가졌던 자는 이제 "하나님이 명령하시다"라는 이름을 갖게 되었다.

야곱이 공식적으로 새 이름을 받게 되는 이야기는 정말로 우리가 최고의 주의를 기울여 살펴볼 만한 이야기이다. 앞에서 살펴본 것처럼, 에서가 400명을 거느리고 오고 있다는 소식을 들은 야곱은 극도의 혼란과 두려움 속에 빠져 있었다. 그가 지금까지 밧단아람에서 그토록 힘들게 수고하여 얻은 모든 것이 그의 손으로부터 빠져나가려고 하는 것처럼 느껴졌다. 그와 그의 아내들과 그의 자식들의 목숨이 절박한 위험 가운데 있는 것처럼 보였다. 그리하여 그는 그의 가족들이 먼저 얍복 나루를 건너게 했다.[1] 이제 그는 홀로 남았다. 그는 지금 20년 전 아버지의 집을 떠날 때보다 더 절박한 상태였다. 밤이 되었다. 갑자기 한 신비한 사람이 나타났으며, 그는 어둠 속에서 야곱과 씨름했다. 그리고 씨름은 밤새도록 계속되었다.

"야곱은 홀로 남았더니"(24 상반절). 이 문장 속에 지금 우리가 살피고 있는 사건의 비밀을 여는 첫 번째 열쇠가 숨겨져 있다. 이러한 말씀과 관련하여 한 설교자는 이렇게 논평한다. "하나님과 함께 홀로 남는 것은 우리 자신과 우리의 삶의 방식에 대해 제대로 보고 알게 되는 유일한 길이다. 성소(聖所)의 저울에 달아볼 때까지, 우리는 결코 우리 자신의 본성에 대한 올바른 평가에 도달하지 못한다. 우리가 스스로에 대해 어떻게 생각하는지는 중요하지 않다. 또 다른 사람들이 우리에 대해 어떻게 생각하는지도 중요하지 않다. 중요한 것은 하나님이 우리에 대해 어떻게 생각하느냐 하는 것이다. 그에 대한 대답은 오직 우리가 '홀로 남아 있

[1] 얍복은 "비움"을 의미한다. 이것은 얼마나 적절한 이름인가! 왜냐하면 그것은 야곱이 "홀로 남은" 사실을 강조하기 때문이다.

을' 때만 얻을 수 있다. 자기로부터 떠나고, 세상으로부터 떠나고, 본성의 모든 생각과 판단과 상상과 추론으로부터 떠나 오직 '하나님과 홀로 남아 있을' 때 — 오직 이때에만 우리는 스스로에 대해 정확하게 판단할 수 있다"(C. H. M.).

"어떤 사람이 날이 새도록 야곱과 씨름하다가"(24 하반절). 호세아 12:4에서 이 "사람"은 "천사"로 일컬어진다. "천사와 겨루어 이기고 울며 그에게 간구하였으며." 다시 말해서 우리는 그를 "언약의 천사"(the Angel of the Covenant), 혹은 다른 말로 주 예수 자신의 현현으로 취할 수 있다. 그는 소돔이 멸망하기 직전 아브라함에게 나타나셨던 자와 동일한 자였다. 창세기 18:2에서 우리는 "세 사람"이 아브라함에게 나타났다는 말씀을 읽는다. 그러나 뒤에서 그 가운데 한 사람은 "여호와"로 일컬어진다(13절). 그와 같이 여기 창세기 32장에서도, 야곱은 그 "사람"과의 씨름 막바지에 "내가 하나님과 대면하여 보았으나 내 생명이 보전되었다"라고 말하면서 그곳 이름을 브니엘이라고 불렀다(30절).

"어떤 사람이 … 야곱과 씨름하다가." 본문은 야곱이 어떤 신비한 방문자와 씨름했다고 말하지 않고, 어떤 사람이 야곱과 씨름했다고 말한다. 이 이야기는 성도의 기도의 능력을 보여 주는 예화로 종종 사용되어 왔다. 그러나 그러한 개념은 과녁을 다소 빗나가는 개념이다. 야곱이 축복을 얻기 위해 그 사람과 씨름하고 있었던 것이 아니었다. 도리어 그 사람이 야곱으로부터 무엇인가를 얻기 위해 그와 씨름하고 있었던 것이다. 그러면 그 사람이 얻고자 했던 것은 무엇이었을까? 그것은 야곱으로 하여금 자신이 가련하며, 무력하며, 무가치하며, 아무것도 아니라는 사실을 깨닫게 하는 것이었다. 우리는 여기의 야곱으로부터 "우리의 약함을 깨닫는 바로 거기에 우리의 강함이 있다"는 매우 중요한 교훈을 배워야만 한다.

"어떤 사람이 날이 새도록 야곱과 씨름하다가." 새벽이 될 때까지 신비한 씨름은 계속되었다. 앞에서 내가 이야기한 것에 대해 이의를 제기하면서 "만일 하나님이 야곱이 자신이 아무것도 아님을 깨닫게 하기 위해 그와 씨름하고 계셨던 것이라면 하나님은 굳이 날이 샐 때까지 길게 씨름할 필요 없이 한 순간에 당신의 목적을 이루셨을 것"이라고 말하는 사람들이 있다. 그러나 이러한 반론은 자기 백성을 향한 하나님의 오래 참으심을 보지 못하는 것이다. 하나님은 "우리를 향하여 오래 참으신다." 또 하나님은 종종 우리와 더불어 오랜 시간 씨름하면서 마침내 당신의 목적을 이루시곤 하신다. 그리고 이와 같이 오랜 시간 씨름하는 것을 통해 하나님은 당신의 오래 참으심을 나타내신다.

"자기가 야곱을 이기지 못함을 보고 그가 야곱의 허벅지 관절을 치매 야곱의 허벅지 관절이 그 사람과 씨름할 때에 어긋났더라"(25절). 이것은 우리에게 하나님이 얼마나 빨리 그리고 얼마나 쉽게 야곱의 저항을 무력화시키고 그를 아무것도 할 수 없는 상태로 만드실 수 있는지를 잘 보여 준다. 하나님이 하신 일은 단지 "허벅지 관절을 건드리는(touch)" 것뿐이었다(한글개역개정판에는 "허벅지 관절을 치매"라고 되어 있음). 이로써 한 순간에 야곱의 모든 힘은 사라지고 말았다. 여기에서 우리는 이 사건의 비밀을 여는 두 번째 열쇠를 발견한다. 야곱이 가진 모든 자원은 이제 다 없어졌다. 하나님의 손이 한 번 살짝 건드리는 것으로 그는 완전히 무력해졌다. 바로 이것이 우리에 대한 하나님의 다루심의 목적이다. 우리의 길을 인도하시는 가운데 때로 우리에게 시험과 시련과 연단을 허락하는 하나님의 주된 목적 가운데 하나는 우리에게 우리 자신의 무력함과 아무것도 아님을 보이시고 우리가 육체를 신뢰하지 않도록 가르치는 것이다. 그리하여 우리의 약함을 깨닫는 것에서 그의 강함이 온전하게 나타나도록 하시는 것이다.

"그가 이르되 날이 새려하니 나로 가게 하라 야곱이 이르되 당신이 내게 축복하지 아니하면 가게 하지 아니하겠나이다"(26절). 여기에 이 사건의 비밀을 푸는 세 번째 열쇠가 있다. 그리고 여기에서 우리는 신비한 방문자의 목적이 이루어진 것을 보게 된다. 야곱은 이제 더 이상 씨름을 계속할 수 없게 되었다. 이제 그가 할 수 있는 모든 것은 붙잡고 늘어지는 것뿐이었다. 야곱은 자신의 체중 전체로 그를 붙잡고 늘어질 수밖에 없었다. 신비한 방문자는 바로 그 지점까지 야곱을 데려갔다. 지금까지 야곱은 자신의 머리로 계략을 꾸미고, 계획을 세우고, 잔꾀를 부렸다. 그러나 이제 그는 "홀로 남았다." 그는 이제 완전히 무력한 존재가 되었다. 신비한 방문자는 그의 힘이 나오는 곳을 건드렸다. 그리하여 마침내 그는 "당신을 가게 하지 않겠나이다. 이제 나에게 다른 피난처는 없나이다. 나는 이제 완전히 무력하나이다. 오직 당신을 붙잡고 늘어질 뿐이나이다"라고 말하는 자리에까지 이르게 되었다. 이렇게 하여 "빼앗는 자" 야곱의 역사(歷史)에 새로운 기원이 열리게 되었다. 지금까지 그는 자신의 수단과 방법을 굳게 붙잡았다. 그러나 이제는 "당신을 가게 하지 않겠나이다"라고 말하는 자리에까지 이르게 되었다. 그러나 여기에서 그가 그렇게 말한 것은 "그의 허벅지 관절이 건드려진" 이후였음을 주목하라. 이것은 우리에게도 마찬가지이다. 우리 자신의 무력함과 아무것도 아님을 충분히 깨닫고 난 연후에야 비로소 우리는 하나님을 붙잡고 늘어지며 그의 축복을 찾는다. 여기에서 야곱이 "당신이 내게 축복하지 아니하면 가게 하지 아니하겠나이다"라고 말한 것을 주목하라.

"그 사람이 그에게 이르되 네 이름이 무엇이냐 그가 이르되 야곱이니이다 그가 이르되 네 이름을 다시는 야곱이라 부를 것이 아니요 이스라엘이라 부를 것이니 이는 네가 하나님과 및 사람들과 겨루어 이겼음이니라"(27, 28절). 나는 대부분의 주석가들이 여기의 말씀을 오해했다고 느낀다. 여기의 신적 방문자가 야곱의 이름을 물은 이유가 무엇이었겠나? 그의 양심에 "빼앗는 자"라는 그의 이름의 의미를 강조하며 각인시키려는 것이 아니었겠나? 야곱은 새 이름을 받는 것에서 책망을 받고 있었던 것으로 보인다. 설령 새 이름의 의미가 여기의 사건의 중심적인 교훈을 잘 요약한다 하더라도 말이다. 그러면 그의 새 이름인 "이스라엘"의 의미는 무엇인가? 개정역(Revised Version)은 난외(欄外)에서 "하나님이 겨루신다"(God striveth)라는 독법(讀法)을 제시한다. 나는 이것이 올바른 개념을 전달한다고 믿는다. 설령 "하나님이 명령하신다"(God commandeth)라는 흠정역의 독법이 좀 더 어울리는 대안일 수 있다 하더라도 말이다. 어쨌든 일단은 흠정역의 독법을 그대로 따르기로 하자. 한 저명한 히브리어 학자는 "엘"과 합성된 이름은 거의 예외 없이 "엘"이 주어가 되고 나머지 부분이 동사가 된다고 말한다. 실제로 "엘"(El) 혹은 "야"(Jah)와 합성된 40여개의 이름에서, 하나님은 항상 주격의 행위자로서 나타난다. 예컨대 히엘은 "하나님이 살아 계신다"를 의미하며, 다니엘은 "하나님이 심판하신다"를 의미하며, 가브리엘은 "하나님이 나의 힘이시다"를 의미한다. 이와 같이 이스라엘은 "하나님이 명령하신다"를 의미한다. 이러한 이름은 세상에서 하나님의 통치의 중심이었으며 장차 중심이 될 나라의 이름으로서 가장 적합한 이름이 아닌가! 이스라엘 — "하나님이 명령하신다!"

"그가 이르되 네 이름을 다시는 야곱이라 부를 것이 아니요 이스라엘이라 부를 것이니 이는 네가 **통치자로서 힘을 가지고** 하나님과 및 사람들과 겨루어 이겼음이니라"(28절, 한글개역개정판에는 "통치자로서 힘을 가지고"가 없음). **"통치자로서"**(as a prince) — 이것은 그를 영예롭게 하기 위한 것이 아니라 그를 책망하기 위해 사용되었다. **"힘을 가지고"**(hast thou power) — 여기에 사용된 단어의 히브리어 어원은 "반역" "배반" 등으로 번역된다. 그는 어머니 복중에 있을 때 에서와 더불어 다투었으며, 그리하여 "야곱"이라는 이름을 얻었다. 그는 스스로 자신의 삶을 통치하는 자로서 "하나님과 및 사람들과 더불어" 다투었으며, 그리고 "이겼다." 컴

패니언 바이블(Companion Bible)로부터 인용해 보도록 하자. "그는 장자권을 위해 다투었고, 이겼다(창 25:29-34). 그는 아버지의 축복을 위해 다투었고, 이겼다(창 27장). 그는 라반과 더불어 다투었고, 이겼다(창 31장). 그는 '사람들' 과 더불어 다투었고, 이겼다. 그는 지금 얍복 나루에서 하나님과 더불어 다투었고, 졌다. 그리하여 그의 이름이 이스라엘('하나님이 명령하신다')로 바뀌었는데, 이것은 그에게 하나님을 의지(依支)해야 한다는 위대한 교훈을 가르치기 위함이었다." 야곱은 형 에서의 마음을 움직이기 위해 장황한 계획을 세웠다. 그러나 이제 하나님이 그를 대신하여 모든 일을 준비하실 것이었다. 이러한 교훈을 배우기 위해 그는 낮아져야만 했다. 자신의 힘에 대해 그는 절름발이가 되어야만 했다. 이제부터 이스라엘이라는 새 이름은 그에게 지금 그가 배운 것을 항상 일깨워 줄 것이었다. 그는 자신의 일을 통치하며 움직이는 것은 자신이 아니라 하나님이라는 교훈을 결코 잊어서는 안 되었다. 이제부터 그의 이름은 이스라엘 즉 "하나님이 명령하신다"가 될 것이었다. 야곱으로서, 그는 "이겼다." 그러나 이제부터 이스라엘로서, 하나님이 명령하시고 이기실 것이었다.

여기의 이야기에서 우리는 "신자 안에 있는 육체"와 관련한 가장 상징적이며 두드러진 그림을 발견한다. 신자 안에 있는 "육체"는 얼마나 끈질긴 생명력을 가진 것인가! 또 그것은 얼마나 고치기 어려운 것인가! 하나님은 그것에 대해 놀랍도록 오래 참으시며 다투시는 가운데, 마침내 그것을 이기신다. 첫째로, 에서에게 보낼 예물을 선택하고 배치하는 것에서 우리는 "육체"의 성격과 활동을 보게 된다. 그것은 계획하며 전략을 세운다. 둘째로, 야곱의 경험 안에서 우리는 "육체"의 무력함과 무가치함을 보게 된다. 셋째로, 오직 하나님과 더불어 "홀로" 있을 때 비로소 우리는 우리의 아무것도 아님(nothingness)을 배우게 된다. 넷째로, 야곱과 더불어 씨름하기 위해 온 신비한 방문자에게서 우리는 하나님이 신자 안에 있는 "육체"를 정복하는 것을 보게 된다. 그리고 씨름이 밤새도록 계속된 것에서 우리는 하나님의 오래 참으심을 보게 된다. 하나님은 자신의 일을 천천히 이루어가신다. "육체"는 점진적으로 정복되기 때문이다. 다섯째로, 야곱의 허벅지 관절을 건드리는 것에서 우리는 하나님이 사용하시는 방법을 분별할 수 있다. 하나님은 우리를 우리 자신의 완전한 무력함을 깨닫는 자리에까지 데려가신다. 여섯째로, 야곱이 그를 붙잡고 늘어지는 것에서 우리는 오직 우리의 지체에 사망이 선고된 이후에야 비로소 우리가 스스로를 주님께 무조건적으로 던진다는 사실을 발견한다. 일곱째로, 야곱이라는 이름이 이스라엘이라는 새 이름으로 바뀐 것에서 우리가 기꺼이 하나님이 우리에게 명령하도록 맡기는 것은 오직 우리가 우리의 무력함과 아무것도 아님을 발견한 이후라는 사실을 배운다. 여덟째로, "그가 거기에서 야곱에게 축복한지라"라는 말씀에서 우리는 하나님이 "명령하실" 때 축복이 따른다는 사실을 배운다. 아홉째로, 이 이야기의 아름다운 결말을 보라. "그가 브니엘을 지날 때에 해가 그 위에 떠올랐고"(31절, 한글개역개정판에는 "해가 돋았고"라고 되어 있음). 이것은 상징적으로 그가 받은 "축복"의 영적 성격을 보여 주지 않는가? 열째로, 여기의 상징이 얼마나 정확한지 주목하라. "해가 그 위에 떠올랐고 그의 허벅다리로 말미암아 절었더라 그 사람이 야곱의 허벅지 관절을 침으로 말미암아 힘줄이 오그라들었으므로 이스라엘 사람들이 지금까지 허벅지 관절에 있는 둔부의 힘줄을 먹지 아니하더라"(31, 32절, 한글개역개정판에는 "야곱의 허벅지 관절에 있는 둔부의 힘줄을 쳤으므로"라고 되어 있음). 여기를 보라. 힘줄은 단지 "오그라들었을" 뿐이었다. 그것은 제거되지 않았다. 이와 같이 "육체"는 신자로부터 완전히 사라지지 않는다.

여기의 이야기에서 우리가 배워야만 하는 중요한 교훈들을 간략하게 열거해 보도록 하자.

(1) "육체"가 삶을 계획하며, 계략을 꾸미며, 조종하기를 바라는 것은 지극히 자연스러운 일이다.

(2) "육체"는 자신이 삶을 조종할 만한 충분한 자격이 있다고 생각한다.

(3) 그러나 하나님은 사랑과 신실하심 가운데 자기 백성 안에 있는 이런 습관을 고치기를 원하신다.

(4) 하나님은 우리가 스스로를 신뢰하며 스스로를 충족하게 여기는 습관에 대해 오래 참으신다. 그러나 하나님은 결국 우리의 자아를 종말에 이르게 하신다.

(5) 그것을 이루기 위해 하나님은 우리에게 손을 대시며 우리가 자신의 완전한 무력함을 깨닫게 하신다.

(6) 이것을 하나님은 우리의 힘의 근원을 "마르게" 하시고 우리의 육체에 사망을 선고하심으로써 행하신다.

(7) 마침내 우리는 우리의 연약함 가운데 그를 붙잡고 그의 "축복"을 간절히 구하게 된다.

(8) 그럼에도 불구하고 "육체"는 완전히 사라지지 않는다. 다만 그것의 힘줄은

"오그라들어야만" 한다. "육신의 생각은 하나님과 원수가 되나니 이는 하나님의 법에 굴복하지 아니할 뿐 아니라 할 수도 없음이라"(롬 8:7).

(9) 우리가 은혜 안에서 자라는 것을 가로막는 것은 우리의 영적 약함이라기보다 우리가 우리의 자연적인 강함을 의지(依支)하는 것이다.

(10) 이러한 진리를 깨닫고 난 연후에야 비로소 우리는 더 이상 "빼앗는 자"가 되기를 그치고 기꺼이 토기장이의 손에 들린 진흙이 되기를 바라게 된다. 그 삶이 "육체"가 아니라 하나님이 명령하고 조종하는 자는 얼마나 복된가!

(11) "그가 거기서 야곱에게 축복한지라," 이것은 우리에게도 마찬가지일 것이다.

(12) 이야기의 결말을 보라. "그가 브니엘을 지날 때에 해가 그 위에 떠올랐고." 이것 역시 우리에게도 마찬가지일 것이다. "의인의 길은 돋는 햇살 같아서 크게 빛나 한낮의 광명에 이르거니와"(잠 4:18).

제 35장

에서를 만나는 야곱

창세기 33장

"야곱이 **눈을 들어 보니 에서가 사백 명의 장정을 거느리고 오고 있는지라 그의 자식들을 나누어 레아와 라헬과 두 여종에게 맡기고 여종들과 그들의 자식들은 앞에 두고 레아와 그의 자식들은 다음에 두고 라헬과 요셉은 뒤에 두고 자기는 그들 앞에서 나아가되 몸을 일곱 번 땅에 굽히며 그의 형 에서에게 가까이 가니"**(창 33:1-3). 여기에서 우리는 야곱의 믿음에 또 다시 반전이 일어나는 것을 발견한다. 사실이 허구보다 더 이상한 법이다. 그것은 여기에서도 마찬가지였다. 야고보는 말씀을 듣고 행하지 않는 자는 마치 "제 자신을 보고 가서 그 모습이 어떠했는지를 곧 잊어버리는" 사람과 같다고 말한다(약 1:24). 세상에 있는 모든 책들 가운데 성경만큼 사람의 마음속에 가장 깊숙이 숨어 있는 것을 적나라하게 드러내는 책은 아무것도 없다. 성령은 성경에 등장하는 인물들의 생애를 묘사할 때 사람의 본성을 있는 그대로 사실적으로 그린다. 야곱이라는 한 인물의 생애를 기록함에 있어 성령의 감동을 받지 않은 일반적인 작가라면 틀림없이 브니엘에서의 놀라운 경험에 이어 온전한 삶이 따르는 것으로 묘사했을 것이다. 그러나 성령께서는 그렇게 하지 않으셨다. 그는 실제로 일어난 그대로 기록하셨다. 그는 우리에게 야곱이 또 다시 하나님을 신뢰하지 못하고 사람을 두려워하는 올무에 떨어졌음을 그대로 보여 준다. 이것은 여기뿐만 아니라 성경 전체에 걸쳐 마찬가지이다. 아브라함은 믿음으로 하나님의 부르심에 순종하여 "갈 바를 알지 못하고" 갔다. 그러나 가나안에 도착한 후 기근이 일어났을 때, 그는 애굽에서 피난처를 찾고자 했다. 엘리야는 갈멜산에서 비할 데 없는 용기를 나타냈다. 혼자서 400명의 바알의 선지자들과 맞선 것이다. 그러나 다음 순간 우리는 그가 이세벨을 두려워하여 그녀로부터 도망치는 것을 보게 된다. 또 다윗을 생각해 보라. 그는 당당하게 골리앗과 맞섰지만, 나중에 사울로부터 도망 다녔다. 이와 같이 우리는 성경의 가장 위대한 영웅들에게서조차 믿음에 있어 일관적(一貫的)이지 못한 모습을 보게 된다. 그것은 여기의 야곱의 경우도 마찬가지였다. 신적 방문자를 붙잡았던 그는 이제 에서 앞에 굽실거린다.

여기에 우리가 꼭 마음에 새겨야만 하는 중요한 교훈이 있다. 그것은 하나님의 나타나심과 같은 특별한 경험을 하는 것과 실제로 그의 능력 가운데 살아가는 것은 전혀 별개라는 사실이다. 여기의 야곱의 경험은 우리에게 그리스도와 함께 "거룩한 산"에 있었던 제자들을 생각나게 한다. 그들은 자신들이 보고 들은 것에 깊은 인상을 받았다. 그리하여 베드로는 제자들을 대표하여 "주여, 우리가 여기 있는 것이 좋사오니"라고 말했다. 그러나 바로 다음 날 일어난 사건을 주목해 보라. 다음 날 한 아버지가 제자들에게 귀신 들린 아들을 데려왔다. 그러나 그들은 그를 고쳐 줄 수 없었다. 그들이 자신들의 실패의 원인을 물었을 때, 주님은 그들에게 "너희 믿음이 작은 까닭이니라"라고 말씀하셨다(마 17:20). 두 장면을 나란히 놓고 비교해 보라. 그것은 우리에게 특별한 영적 경험과 실제로 그의 능력 가운데 살아가는 것은 전혀 별개라는 사실을 가르쳐 주지 않는가? 그것은 여기의 야곱의 경우도 마찬가지였다. 브니엘에서의 하나님의 특별한 나타나심 직후에 그는 또 다시 하나님을 신뢰하지 못하는 상태로 떨어져 버렸다. 도대체 누가 감히 "나는 항상 그가 기뻐하시는 일을 행하노라"라고 말할 수 있단 말인가? 오직 한 분만이 그렇게 말할 수 있을 뿐이다(요 8:29).

야곱이 어디에서 실패했는지 주목해 보자. 그는 믿음으로 자신의 새 이름의 축복을 사용하는데 실패했다. 밤새도록 씨름한 것으로부터 그가 배워야만 했던 교훈은 그 자신의 모든 노력이 결국 무익하며 쓸모없는 것이라는 것이었다. 그는 육체를 신뢰하는 대신 하나님을 붙잡아야만 했다. 그리고 그가 받은 새 이름 즉 "하나님이 명령하신다"를 의미하는 이스라엘이라는 새 이름 안에서, 그는 하나님이 자신의 삶을 명령하며 움직이는 자라는 사실을 배워야만 했다. 아, 우리는 하나님이 우리에게 주신 "성도" "아들" "상속자" 등의 새 이름의 축복 안에서 살며 그것을 누리는데 얼마나 느린가! 아, 우리는 매일의 삶 가운데 그러한 이름들이 가져다주는 위로와 감화와 강함과 고귀함을 얼마나 적게 경험하는가! 여기의 야곱을 보라. 에서의 마음을 움직일 수 있는 하나님을 의지하는 대신, 야곱은 또 다시 자신의 옛 계략과 잔꾀를 의지하는 자리로 떨어지고 말았다.

밤새도록 천사와 씨름한 야곱은 날이 새자 얍복 나루를 건너 다시 가족들과 합류했다. 그리고 눈을 들었을 때, 그는 에서가 400명의 장정을 거느리고 오는 것을 보았다. 도망가는 것은 불가능했다. 그리하여 그는 즉시로 이러한 상황에 대처할 수 있는 나름대로의 방법을 취했다. 에서를 만나기까지는 아직까지 어느 정도의 시간이 있었다. 그는 각각의 자식들을 각각의 어머니들에게 맡기고, 더 사랑하는 사람일수록 더 뒤에 배치했다. 이것은 그가 에서를 얼마나 두려워했는지를 잘 보여 준다. 비록 외적으로는 그를 신뢰로써 대하는 것처럼 보였다 하더라도 말이다. 마침내 야곱은 앞으로 나아가 형을 만난다. "자기는 그들 앞에서 나아가되 몸을 일곱 번 땅에 굽히며 그의 형 에서에게 가까이 가니"(3절). 이것은 야곱이 형에게 완전한 복종의 위치를 기꺼이 취할 준비가 되어 있었음을 보여 준다. 이러한 행동은 그의 참된 마음 상태를 그대로 나타낸다. 그는 형에게 자신이 우월성을 주장할 생각이 추호도 없으며, 기꺼이 종의 위치를 취할 준비가 되어 있음을 나타내고자 애썼다. 이러한 상황에서 그가 한 말을 주목해 보라. 그러면 그러한 사실이 한층 더 명백해질 것이다.

"에서가 달려와서 그를 맞이하여 안고 목을 어긋맞추어 그와 입맞추고 서로 우니라"(33:4). 대부분의 주석가들은 여기에서 핵심을 놓치는 것처럼 보인다. 그들은 여기에서 하나님의 능력과 선하심과 신실하심 대신 오로지 에서의 너그러움만을 본다. 에서 스스로에게만 맡겨졌다면, 틀림없이 그는 자신을 속이고 도망쳤던 동생을 여기에서와는 전혀 다른 방식으로 맞이했을 것이다. 그러나 그는 그 스스로에게만 맡겨지지 않았다. 야곱은 간절히 하나님께 기도하면서, 특별히 그의 약속에 의지하여 탄원했다. 그리하여 사람의 마음을 임의로 인도하시는 하나님이 에서의 적개심에 불타는 마음을 부드러운 마음으로 바꾸시고 그가 야곱을 따뜻하게 맞이하도록 만드셨다(잠 21:1). 그가 달려와 야곱을 안고, 목을 어긋맞추고, 입을 맞춘 것을 주목하라. 야곱의 아내들과 자식들이 모두 에서에게 "절한" 사실에 또 다시 하나님의 손이 나타나지 않는가? "그 때에 여종들이 그의 자식들과 더불어 나아와 절하고 레아도 그의 자식들과 더불어 나아와 절하고 그 후에 요셉이 라헬과 더불어 나아와 절하니"(6, 7절).

"에서가 또 이르되 내가 만난 바 이 모든 떼는 무슨 까닭이냐 야곱이 이르되 내 주께 은혜를 입으려 함이니이다"(30:8). 에서는 자신이 앞서 만난 짐승떼의 의미를 알고자 했다. 야곱의 대답은 매우 솔직했다. 그러나 그것은 그가 형의 마음을 움직임에 있어 하나님을 의지하기보다 자신의 예물을 의지하고 있었음을 보여 준다. 또 여기에서 야곱이 에서를 어떻게 부르는지 주목해 보라. 5절에서 스스로를 "당신의 종"으로 부른 것처럼, 또한 그는 여기에서 에서를 "나의 주"라 부른다. 이러한 굽실거리는 태도는 세상 사람 앞에서 하나님의 자녀의 합당한 태도가 아니다. 이러한 그의 지나칠 정도로 비굴한 태도는 그의 노예적인 두려움을 그대로 보여 준다. 이러한 태도는 그가 형의 우월성을 인정할 충분한 준비가 되어 있음을 보여 주기 위한 것이었다.

"에서가 이르되 내 동생아 내게 있는 것이 족하니 네 소유는 네게 두라"(33:9). 에서의 이러한 말은 타인의 것을 원하지 않는 독립적인 정신의 표현일 수도 있고, 그의 너그러운 마음을 표현한 것일 수도 있다. 아마도 후자가 좀 더 개연성이 높을 것이다. 에서는 결코 궁핍한 사람이 아니었기 때문이다. 그러나 어떤 경우든, 두 사람 사이의 불화를 치료하는데 그런 종류의 예물은 필요치 않았다. 그리고 그와 같은 에서의 말은 야곱의 정교한 계획이 모두 쓸모없는 것이었음을 분명하게 보여 준다. 야곱은 자신이 어떻게 형의 마음을 움직일 수 있을지에 대해 많은 신경을 썼다. 그리고 그러한 목적을 위해 큰 비용을 치르는 것을 마다하지 않았다. 왜냐하면 형의 격노를 너무나 두려워했기 때문이었다. 그러나 그 모든 것은 결국 아무 소용없는 것으로 드러났다. 이야기의 결말이 보여 주는 것처럼, 그 모든 것은 헛수고였다. 앞에서 하나님이 라반의 마음을 움직이셨던 것처럼, 여기에서도 하나님이 에서의 마음을 "녹이셨다." 야곱이 자신은 "가만히" 있고 하나님이 자신을 위해 일하시도록 맡겼다면 얼마나 더 좋았겠는가? 여기에서 한 가지 중요한 교훈을 배우자. 그것은 우리의 모든 육체적인 계략과 수고는 불필요할 뿐만 아니라 결국 하나님의 영광을 가리는 것일 뿐이라는 사실이다. 그것은 결국 아무것도 이루지 못한다.

야곱은 형의 너그러운 말로 만족할 수 없었다. 한 걸음 더 나아가 선의(善意)의 증표로서 자신의 예물을 받아 줄 것을 간청했다. **"야곱이 이르되 그렇지 아니하니이다 내가 형님의 눈앞에서 은혜를 입었사오면 청하건대 내 손에서 이 예물을 받으소서 내가 형님의 얼굴을 뵈온즉 하나님의 얼굴을 본 것 같사오며 형님도 나를 기뻐하심이니이다"**(10절). 다른 사람으로부터 예물을 받는 것은 항상 선의와 우호관계의 증표로서 간주된다. 아무도 원수로부터 예물을 받지 않을 것이다. 우리에 대한 하나님의 다루심의 기저(基底)에도 같은 원리가 놓여 있다. 하나님은 죄인의 손으로부터 예물을 받지 않으실 것이다. 그들이 그의 아들의 속죄를 믿는 믿음으로 그와 더불어 화해할 때까지 말이다. 독자들은 이 점을 분명히 인식해야만 한다. 하나님은 당신의 손으로부터 아무것도 받지 않으실 것이다. 당신이 먼저 그의 손으로부터 그가 죄인들을 위해 예비하신 구주를 받을 때까지 말이다. 하나님의 은총을 받기 위해 먼저 그분께 무엇인가를 드려야만 한다고 생각하는 사람들이 많이 있다. 그러나 그것이 아무리 멋지고 훌륭하며 자기희생적인 예물이라 하더라도, 그리스도가 여전히 배척되고 있다면, 하나님은 그것을 받지 않으실 것이다. 당신의 어떤 행위나 공로를 하나님께 드린다 하더라도, 그리스도가 여전히 무시되고 있다면, 그것은 결국 하나님을 모독하며 가인의 길로 행하는 것에 불과할 뿐이다. 성경은 이 부분을 가장 강조적인 언어로 가르친다. "악인의 제사는 여호와께 가증한 것이니라"(잠 15:8).

야곱은 계속해서 간청했다. 그의 예물을 받는 것은 형이 자신에 대해 더 이상 악의를 품지 않고 있음을 증명하는 것이었다. 그러면서 그는 "내가 형님의 얼굴을 뵈온즉 하나님의 얼굴을 본 것 같사오며"라고 말하면서, 마지막으로 "하나님이 내게 은혜를 베푸셨고 내 소유도 족하오니"라고 덧붙인다. 결국 그는 에서가 자신의 예물을 받도록 만드는데 성공한다. "그에게 강권하매 받으니라"(11절).

"에서가 이르되 우리가 떠나자 내가 너와 동행하리라 야곱이 그에게 이르되 내 주도 아시거니와 자식들은 연약하고 내게 있는 양 떼와 소가 새끼를 데리고 있은즉 하루만 지나치게 몰면 모든 떼가 죽으리니 청하건대 내 주는 종보다 앞서 가소서 나는 앞에 가는 가축과 자식들의 걸음대로 천천히 인도하여 세일로 가서 내 주께 나아가리이다"(33:12-14). 형을 만났을 때의 야곱의 두려움을 생각할 때, 우리는 이러한 야곱의 말을 충분히 이해할 수 있다. 형이 이제 자신의 예물을 받았으므로, 야곱은 다시 형과 헤어지기를 간절히 바랐다. 에서는 함께 동행할 것을 제안하지만, 이것은 야곱이 원하는 것이 아니었다. 에서의 생각 속에 언제 옛 적개심이 다시 떠오를지 모를 일이었다. 그래서 야곱은 가능한 대로 형과 멀리 떨어지기를 바랐다. 그러나 그는 형의 감정을 상하게 해서는 안 되었다. 그리하여 그는 즉시로 그들 무리가 서로 헤어져야만 하는 이유를 말한다. 그러나 실제로 그것은 핑계에 불과했다. 그러자 에서는 자신의 종 몇 사람을 머물게 하겠다고 제안한다. "에서가 이르되 내가 내 종 몇 사람을 네게 머물게 하리라"(15절). 이것은 틀림없이 야곱의 무리가 위험한 지역을 지나가는 동안 보호해 주기 위한 것이었을 것이다.

그러나 야곱은 형의 제안 뒤에 어떤 적대적인 계략이 있는 것이 아닌지 의심한 것으로 보인다. 그리하여 그는 형의 제안을 사양했다. "어찌하여 그리 하리이까 나로 내 주께 은혜를 얻게 하소서."

야곱은 에서를 불신하였을 뿐만 아니라, 그에게 거짓말을 했다. 그는 에서에게 "청하건대 내 주는 종보다 앞서 가소서 나는 앞에 가는 가축과 자식들의 걸음대로 천천히 인도하여 세일로 가서 내 주께 나아가리이다"라고 말했다(14절). 그러나 에서가 떠나고 난 후, 우리는 "야곱이 숙곳에 이르러 자기를 위하여 집을 짓고 그의 가축을 위하여 우릿간을 지었으므로"라는 말씀을 읽는다(17절). 야곱은 에서와 약속한 장소로 가는 대신, 완전히 다른 방향으로 이동했다. 에서가 예상치 못한 온정을 베풀었음에도 불구하고, 야곱은 하나님이 형의 마음을 변화시킨 것을 믿지 않았다. 그리하여 야곱은 에서를 불신하고, 몇 사람을 머물게 하여 보호해 주겠다는 그의 제안을 사양했을 뿐만 아니라, 심지어 거짓말을 하면서까지 또 다른 만남을 회피했다. 아, 인간이란 도대체 무엇인가! "사람은 그가 든든히 서 있는 때에도 진실로 모두가 허사뿐이니이다"라는 말씀은 얼마나 사실인가(시 39:5)!

야곱의 불신앙은 그 땅으로 돌아오는 그의 여행이 지체된 이유를 설명해준다. 그는 곧바로 집으로 돌아오는 대신 숙곳에 정착했다. 계속해서 우리는 다음과 같은 말씀을 듣는다. **"야곱이 밧단아람에서부터 평안히 가나안 땅 세겜 성읍에 이르러 그 성읍 앞에 장막을 치고 그가 장막을 친 밭을 세겜의 아버지 하몰의 아들들의 손에서 백 크시타에 샀으며"**(18, 19절). 이것은 밧단아람에 있을 때 하나님이 "네 조상의 땅 네 족속에게로 돌아가라 내가 너와 함께 있으리라"라고 말씀하셨던 것을 정면으로 거스르는 것이었다. 그러나 그는 이러한 불신앙과 불순종으로 인해 큰 대가를 치러야만 했다. 신적 보응의 법칙은 결코 잠자는 법이 없으며, 야곱은 자신이 뿌린 것을 거둬야만 했다. 그것을 보기 위해 우리는 단지 그가 세겜에 거주하는 동안 그의 가정에 무슨 일이 벌어졌는지를 읽어 보기만 하면 된다 — 그가 숙곳에 머무는 동안 그의 딸에게 엄청난 일이 벌어졌다.

그러나 창세기 33장 마지막 절에서 우리는 약간의 빛이 비치는 것을 발견한다. **"그가 거기에 제단을 쌓고 그 이름을 엘엘로헤이스라엘이라 불렀더라"**(20절). 이것이 믿음의 행동이었다는 것은 의문의 여지가 없다. 그러나 그의 믿음의 깊이가 어느 정도였느냐 하는 문제에 대해서는 주석가들 사이에 서로 의견이 엇갈린다.

그는 그 제단의 이름을 "엘엘로헤이스라엘" 즉 "하나님 이스라엘의 하나님"이라고 불렀는데, 그러한 이름은 여호와와 아브라함과 그의 후손들 사이의 언약관계를 놓치고 하나님을 단순히 자신의 하나님으로만 생각한 것이었다. 어떻든 간에 하나님은 야곱이 숙곳에 세운 제단을 기뻐하지 않으셨던 것으로 보인다. 우리는 그러한 사실이 창세기 35:1에 암시적으로 나타나는 것을 발견한다. "하나님이 야곱에게 이르시되 일어나 벧엘로 올라가서 거기 거주하며 네가 네 형 에서의 낯을 피하여 도망하던 때에 네게 나타났던 하나님께 거기서 제단을 쌓으라 하신지라." 이에 대해서는 다음에 살펴보기로 하자. 부디 신적 은혜가 우리의 눈을 열어 주셔서 우리가 우리 자신의 악함을 보게 하시기를 바란다. 또 우리가 육체를 신뢰하는 것이 얼마나 헛된 일인지를 깨닫고 전심으로 하나님을 신뢰하도록 이끄시기를 간절히 바란다.

제 36장

벧엘로 돌아온 야곱

창세기 35장

앞의 글에서 우리는 야곱이 에서와 헤어진 후 나중에 세일로 찾아가겠다는 약속을 지키지 않고 반대쪽 방향으로 이동한 것을 살펴보았다. 그리고 우리는 창세기 34장의 슬픈 기록은 그냥 건너뛰었다. 그것은 독자들 스스로 읽어 보기를 바란다. 창세기 34장의 끔찍한 이야기를 읽으면서 우리는 야곱이 급히 세겜을 떠났을 것으로 충분히 상상할 수 있다. 야곱에게 라반은 다시 만나고 싶지 않은 사람이었다. 에서 또한 피하고 싶은 사람이었다. 이제 그는 또 다시 세겜 사람들로부터도 피해야만 했다. 그러면 이제 그는 어디로 가야 한단 말인가? 아, 가련한 야곱이여! 그는 큰 진퇴유곡 가운데 빠져 있었다. 그러나 사람이 극단의 상황에 빠져 있을 때, 하나님의 기회가 시작되는 법이다. 그것은 여기의 야곱의 경우에도 마찬가지였다. 하나님은 다시 한 번 그에게 나타나셔서 말씀하셨다. **"일어나 벧엘로 올라가서 거기 거주하며 네가 네 형 에서의 낯을 피하여 도망하던 때에 네게 나타났던 하나님께 거기서 제단을 쌓으라"**(창 35:1).

이러한 하나님의 말씀은 야곱에게 대한 일종의 책망이었다. "형 에서의 낯을 피하여 도망하던 때"는 물론 야곱이 거짓으로 아버지의 축복을 받고 난 후 형의 격노를 두려워하여 집에서 처음 도망친 때를 가리킨다. 그렇게 집으로부터 도망친 첫 날 밤 하나님은 꿈 가운데 그에게 나타나셔서 그가 어디로 가든 지켜 주셨다가 마침내 이곳으로 다시 돌아오게 하겠노라고 약속하셨다. 야곱은 잠에서 깨어 "여호와께서 과연 여기 계시거늘 내가 알지 못하였도다"라고 말했다(28:16). 그리고 아침에 일찍 일어나 베게로 삼았던 돌을 가져다가 기둥으로 세우고, 그 위에다가 기름을 붓고, 그곳 이름을 "하나님의 집"을 의미하는 "벧엘"이라 불렀다. 그리고 그때 그는 다음과 같이 서원했다. "야곱이 서원하여 이르되 하나님이 나와 함께 계셔서 내가 가는 이 길에서 나를 지키시고 먹을 떡과 입을 옷을 주시어 내가 평안히 아버지 집으로 돌아가게 하시오면 여호와께서 나의 하나님이 되실 것이요 내가 기둥으로 세운 이 돌이 하나님의 집이 될 것이요 하나님께서 내게 주신 모든 것에서 십분의 일을 내가 반드시 하나님께 드리겠나이다 하였더라" (28:20-22).

야곱이 "사닥다리의 환상"을 본 후 대략 30년 정도 지났다. 이제 하나님은 야곱에게 그가 예전에 했던 서원을 다시금 일깨워 주신다. 그리고 그렇게 하시는 가운데 하나님은 서원을 이행하지 않은 것과 관련하여 그의 양심을 건드리셨다. 하나님은 그의 몫을 이행하셨지만, 야곱은 그의 몫을 이행하지 않았다. 하나님은 그가 어디로 가든 그를 지켜 주셨으며, 마침내 가나안 땅으로 돌아오게 하셨다. 지금 야곱은 최소한 7년 동안 그 땅에 있었다 — 최소한 이 정도 기간이 지나지 않고는 시므온과 레위가 세겜 성을 기습하는 일을 할 수 없었기 때문이다(창 34:25을 참조하라). 그럼에도 불구하고 그는 벧엘로 올라가지 않았다.

창세기 35:1이 엄중한 책망이었음은 그것이 야곱에게 가져다준 즉각적인 효과에 의해 또 다시 증명된다. 야곱이 벧엘에 올라가지 않은 것이 전부가 아니었다. 그보다 더 나쁜 것은 그의 가정이 우상으로 오염되어 있었다는 사실이다. 라헬이 훔친 "드라빔"은 그 가정의 올무가 되었다. 라반이 뒤쫓아 왔을 때, 야곱은 그러한 신들에 대해 아무것도 알지 못했던 것으로 보인다. 그러나 나중에 그는 그러한 신들에 대해 알게 되었다. 그러나 하나님이 그에게 나타나 일깨워 주실 때까지, 그는 아버지의 권위를 행사하여 그것들을 쫓아내지 않았다. 여기에서 하나님은 "드라빔"에 대해 직접적으로 말씀하시지 않으셨다. 그럼에도 불구하고 하나님의 나타나심은 야곱의 양심을 일깨웠고, 그로 인해 그는 즉시로 이방 신상들을 버리도록 명령했다. **"야곱이 이에 자기 집안 사람과 자기와 함께 한 모든 자에게 이르되 너희 중에 있는 이방 신상들을 버리고 자신을 정결하게 하고 너희들의 의복을 바꾸어 입으라"**(35:2). 이러한 말은 야곱이 자기 가정의 타락한 행습에 대해 알고 있었음에도 불구하고 오랫동안 묵인해 왔음을 보여 준다.

야곱이 부닥쳤던 세겜에서의 소동이 바로 이 문제를 제대로 처리하지 못했던 것에 직접적으로 기인한다고 보는 것은 충분히 가능한 관점이다. 야곱이 곧바로 벧엘로 올라갔다면, 그의 가정은 좀 더 빨리 "이방 신상들"로부터 정결하게 되었을 것이다. 뿐만 아니라 그가 좀 더 일찍 벧엘로 올라갔다면, 그의 딸 디나는 유혹의 길로 들어서지 않았을 것이고 그의 아들들의 무자비한 피의 복수는 일어나지 않았을 것이다. 나아가 창세기 35:2은 우리에게 죄의 문둥병이 얼마나 무섭게 퍼져나가는지 여실히 보여 준다. 처음에 드라빔은 라헬이 감추었다. 그리고 그녀 외에는 아무도 그것에 대해 알지 못했던 것으로 보인다. 그러나 여기에서 야곱은 "그의 가족들과 그와 함께 한 모든 사람들"에게 그들 중에 있는 이방 신상들을 버리라고 명령해야만 했다. 이것이 가르치는 교훈은 명백하다. 영적인 무관심과 유혹을 대수롭지 않게 여기는 태도는 장차 큰 재앙을 초래할 수 있다. 우리는 하나님의 집에 대하여 무관심하거나 혹은 그의 명령을 지키는 것을 대수롭지 않게 여겨서는 안 된다.

"우리가 일어나 벧엘로 올라가자 내 환난 날에 내게 응답하시며 내가 가는 길에서 나와 함께 하신 하나님께 내가 거기서 제단을 쌓으려 하노라 하매"(35:3). 야곱은 가족들에게 우상을 버릴 것을 명령했을 뿐만 아니라, 그들 모두에게 함께 벧엘로 올라갈 것을 촉구했다. 여기에서 야곱은 하나님이 어떻게 환난 날에 자신에게 응답하셨는지를 이야기한다. 그런데 그러한 말은 그들 모두가 그와 함께 벧엘로 올라가는 것이 지극히 마땅함을 역설하는 것일 뿐만 아니라 또한 세겜에서의 가혹한 복수로 인해 지금 그들 위에 드려워져 있는 어두운 먹구름을 하나님이 몰아내실 것이라는 소망을 고취하기 위한 것이었다.

"그들이 자기 손에 있는 모든 이방 신상들과 자기 귀에 있는 귀고리들을 야곱에게 주는지라 야곱이 그것들을 세겜 근처 상수리나무 아래에 묻고"(4절). 여기에서 모든 가족이 야곱의 명령에 기꺼이 순종하는 것을 주목하는 것은 얼마나 멋진 일인가! 그들은 자신들의 "이방 신상들"뿐만 아니라 "귀고리들"까지도 버렸다. 이것들 역시도 종종 우상 숭배를 위한 용도로 전환되곤 했었다. 이러한 사실은 아론이 "금 귀고리들"로부터 금송아지를 만든 것뿐만 아니라(출 32:2), 호세아 2:13로부터도 분명하게 나타난다. "그가 귀고리와 패물로 장식하고 그가 사랑하는 자를 따라가서 나를 잊어버리고 향을 살라 바알들을 섬긴 시일대로 내가 그에게 벌을 주리라 여호와의 말씀이니라." 야곱은 드라빔과 귀고리들을 다른 용도로 사용하고자 하지 않고 땅에 묻어 버렸는데, 이러한 사실은 우리에게 사탄에게 속한 것들은 결코 하나님의 일에 사용될 수 없음을 가르쳐 준다. 악한 것은 그 모양까지도 버려야 한다. 물론 야곱의 가족들이 모두 그의 명령에 기꺼이 따른 것에는 하나님의 손이 있음은 두 말할 나위가 없다. 실제로 이 사건 전체에 하나님의 능력이 온전히 나타난다. 벧엘로 올라가라는 하나님의 말씀의 즉각적인 효과, 그의 가족 전체의 즉각적인 순종, 그리고 특별히 5절에 묘사된 사실("그들이 떠났으나 하나님이 그 사면 고을들로 크게 두려워하게 하셨으므로 야곱의 아들들을 추격하는 자가 없었더라") — 이 모든 것이 그것을 증명한다.

바로 앞에 인용한 구절에서 우리는 하나님이 사람들을 — 심지어 그의 백성이 아닌 사람들에 대하여까지 — 당신의 뜻대로 주관하시는 것에 대한 한 가지 두드러진 실례를 발견한다. 세겜 사람들은 야곱의 가족에 대해 극도로 격분해 있었다. 따라서 만일 하나님이 역사(役事)하지 않으셨다면, 틀림없이 그들은 곧바로 야곱의 가족에게 복수했을 것이었다. 그러나 하나님의 직접적인 허락 없이는 아무도 그의 백성들에게 해를 끼칠 수 없다. 원수들이 우리에 대하여 격분할 때, 하나님은 그들의 마음속에 "두려움"을 불어 넣음으로써 능히 그들을 무력화시킬 수 있다. "왕의 마음이 여호와의 손에 있음이 마치 봇물과 같아서 그가 임의로 인도하시느니라"라는 말씀은 얼마나 사실인가!(잠 21:1). 하나님은 어제나 오늘이나 영원토록 동일하시다. 하나님은 영원히 살아 계시면서, 전능하신 능력으로 통치하신다. 얼마 전에 독일 기병대가 자신들보다 훨씬 수가 적은 영국군을 두려워하여 퇴각한 적이 있었는데, 그 사건속에서 우리는 창세기 35:5의 현대적인 실례를 발견한다. "하나님이 그 사면 고을들로 크게 두려워하게 하셨으므로 야곱의 아들들을 추격하는 자가 없었더라."

"야곱과 그와 함께 한 모든 사람이 가나안 땅 루스 곧 벧엘에 이르고 그가 거기서 제단을 쌓고 그 곳을 엘벧엘이라 불렀으니 이는 그의 형의 낯을 피할 때에 하나님이 거기서 그에게 나타나셨음이더라"(35:6, 7). 여기에서 처음에 벧엘이 그 본래의 이름인 "루스"로 불리고 있는 것은 매우 의미심장하다. "루스"는 "떠남"을 의미한다. 야곱은 하나님으로부터 떠났으며, 밧단아람에 거하는 동안 "제단"을 쌓지 않았다. 그러다가 이제 그는 하나님에게, "하나님의 집"에, 하나님의 제단에 돌아온다. 그리고 그렇게 하기 위해 그는 발걸음을 돌이켜 자신이 "떠났던" 장소로 돌아와야만 했다. 이것은 아브라함의 경우도 마찬가지였다. 그가 애굽을 떠난 후, 우리는 다음과 같은 말씀을 읽는다. "그가 네게브에서부터 길을 떠나 벧엘에 이르며 벧엘과 아이 사이 곧 전에 장막 쳤던 곳에 이르니 그가 처음으로 제단을 쌓은 곳이라 그가 거기서 여호와의 이름을 불렀더라"(13:3, 4). 이것은 오늘날의 우리에게도 마찬가지이다.

"리브가의 유모 드보라가 죽으매 그를 벧엘 아래에 있는 상수리나무 밑에 장사하고 그 나무 이름을 알론바굿이라 불렀더라 야곱이 밧단아람에서 돌아오매 하나님이 다시 야곱에게 나타나사 그에게 복을 주시고"(35:8, 9). 여기의 두 절은 서로 불가분리적으로 연결된다. 야곱이 아버지의 집을 떠난 때부터 다시금 벧엘로 돌아온 때까지, 성경에 드보라에 대한 언급은 전혀 나타나지 않는다. 이와 같이 야곱의 떠남과 돌아옴은 "리브가의 유모" 드보라에 대한 언급에 의해 서로 연결된다. 같은 사실이 9절에 다시 나타난다. "야곱이 밧단아람에서 돌아오매 하나님이 다시 야곱에게 나타나사." 하나님은 야곱에게 그가 밧단아람에 도착하기 전에 나타나셨었다. 그리고 지금 그가 밧단아람으로부터 돌아왔을 때 "다시" 그에게 나타나셨다. 숙곳과 세겜에서 살았던 기간과 마찬가지로, 라반과 함께 보낸 모든 기간은 잃어버린 것이었다. 외삼촌의 집에서 봉사한 20년은 "나무와 풀과 짚"이었다. 우리는 히브리서 11:29-30에서도 이와 동일한 원리가 나타나는 것을 발견한다. 거기에서 우리는 먼저 "믿음으로 이스라엘이 홍해를 건넜다"는 말씀을 읽는다. 그러고 나서 우리가 읽게 되는 다음 말씀은 "믿음으로 칠 일 동안 여리고를 도니 성이 무너졌으며"라는 말씀이다. 광야에서 불신앙 가운데 방랑한 40년은 무시되었다. "믿음으로" 말미암지 않은 것은 이스라엘의 거룩한 역사(歷史) 가운데 포함되지 않을 것이었다. 광야의 40년은 잃어버린 것이었다. 사랑하는 독자들이여, 언젠가 우리의 모든 행적을 기록한 책이 그리스도의 심판대 앞에서 읽혀질 것이다. 그때 나는 우리의 삶 가운데 아마도 대부분의 기간이 여기와 비슷한 비극적인 공백이 될 것이라고 생각한다.

야곱이 벧엘로 돌아온 결과는 너무나 아름답다. 오늘 나는 이 부분에 대해 상세하게 설명하는 대신 요점만 간략하게 정리하고자 한다. 하나님은 야곱에게 다시 나타나셔서, 그가 이스라엘이라는 새 이름으로 불릴 것을 다시금 확증하시고, 스스로를 "전능한 하나님"으로 계시하시며, 그에게 "생육하고 번성하라고" 명령하시며, "한 백성과 백성들의 총회가 네게서 나오고 왕들이 네 허리에서 나올" 것을 확언하시며, 마지막으로 "아브라함과 이삭에게 준 땅을 그와 그의 후손에게 줄" 것을 확약하셨다(11, 12절).

계속해서 "야곱이 하나님이 자기와 말씀하시던 곳에 기둥 곧 돌 기둥을 세우고 그 위에 전제물을 붓고 또 그 위에 기름을 붓고"라는 말씀이 따르는데(14절), 이로부터 하나님과 야곱 사이의 교제가 다시금 충분하게 회복되었음이 나타난다

(창 28:18을 참조하라).

계속해서 우리는 **"그들이 벧엘에서 길을 떠났더라 그리고 에브랏까지는 가까운 길이었더라"**라는 말씀을 읽는다(30:16, 한글개역개정판에는 "그들이 벧엘에서 길을 떠나 에브랏에 이르기까지 얼마간 거리를 둔 곳에서"라고 되어 있음). 이러한 말씀은 얼마나 아름다우며 깊은 의미를 갖는가! 에브랏은 베들레헴이며(19절), 베들레헴은 "떡집"을 의미한다. 여기에서 "에브랏까지는 — 즉 벧엘에서부터 에브랏까지는 — 가까운 길이었더라"라는 말씀을 다시 한 번 주목해 보라. 그렇다. 하나님과의 교제를 회복한 장소(벧엘)로부터 영혼의 참된 만족과 배부름이 있는 장소(에브랏)까지는 가까운 길이다.

"라헬이 죽으매 에브랏 곧 베들레헴 길에 장사되었고"(35:19). 이와 같이 야곱의 삶을 밧단아람과 연결하는 연결고리는 이제 끊어졌다. "드라빔"이 "상수리나무 아래 묻혔으며"(4절), 드보라 역시 "상수리나무 아래 묻혔으며"(8절), 이제 라헬이 "묻힌다." 여기의 무대 전체에 "죽음"이 큰 글자로 기록된다. 우리 역시도 마찬가지이다. 우리가 하나님과의 충분한 교제 가운데 행하며 떡집에서 살고자 한다면, 우리 역시도 우리의 지체 위에 "죽음"을 기록해야 한다. 다시 말해서 우리의 육체에 "사망선고"를 내려야만 한다. 라헬의 죽음과 함께 "오른손의 아들"인 베냐민이 나오는 것은 너무나 놀랍지 않은가!

우리는 지금까지 창세기 35장이 가르치는 몇 가지 도덕적인 교훈들을 살펴보았다. 이제 본장을 마무리하면서, 여기에서 장차 이스라엘이 회복될 것을 예표적으로 보여 주는 것들을 열거해 보도록 하자.

1. 야곱이 하나님의 집(벧엘)을 떠나 이방 땅으로 내려갔던 것처럼, 이스라엘 역시도 하나님으로부터 떨어져 내려갔다.

2. 여기에서 야곱에게 "일어나 벧엘로 올라가라"고 다시 말해서 신적 교제와 특권의 장소로 돌아가라고 부르셨던 것처럼, 하나님은 장차 이스라엘에게도 그와 같이 부르실 것이다.

3. 하나님의 부르심에 따라 야곱이 즉각적으로 자신의 집을 우상 숭배로부터 정결하게 하고 의복을 바꾸어 입은 것처럼(창 35:2), 이스라엘 역시도 그들의 마지막 우상 숭배(적그리스도와 연결된)로부터 스스로를 정결하게 하고 자신들의 행로와 삶의 방식을 바꿀 것이다.

4. 야곱이 "하나님이 환난 날에 응답하신" 것을 인정한 것처럼(35:3), 이스라엘

역시도 대환난 때에 하나님이 그들의 부르짖음에 응답하신 것을 인정할 것이다.

5. "하나님의 두려움"이 세겜 사람들에게 임한 것처럼(35:5), 하나님이 자신의 언약 백성을 다시 다루기 시작하실 때 그것이 이방인들에게 다시 한 번 임할 것이다.

6. 벧엘에 돌아왔을 때 야곱이 새로운 "제단"을 쌓은 것처럼, 이스라엘이 하나님의 은총을 회복할 때 그들은 다시 한 번 하나님이 받으시는 예배를 드리게 될 것이다.

7. 여기에서 야곱의 과거와의 연결고리가 끊어진 것처럼(드보라의 죽음-35:8), 이스라엘 역시도 과거의 삶에 대해 죽을 것이다.

8. 여기에서 스스로를 "다시" 야곱에게 나타내셨던 것처럼, 하나님은 장차 다시금 스스로를 이스라엘에게 나타내실 것이다.

9. 여기에서 하나님이 "네 이름을 다시는 야곱이라 부르지 않겠고 이스라엘이 네 이름이 되리라"라고 말씀하셨던 것처럼(35:10), 그의 후손들은 더 이상 유대인이라 불리지 않고 이스라엘이라고 일컬어질 것이다.

10. 여기에서 하나님이 야곱에게 처음으로 "전능한 하나님"으로 나타나신 것처럼, 이스라엘이 회복될 때 메시야는 "기묘자, 모사, 전능하신 하나님"으로 나타나실 것이다.

11. 여기에서 야곱에게 민족적인 번성이 약속된 것처럼("생육하며 번성하라 한 백성과 백성들의 총회가 네게서 나올 것이라" — 35:11), 선지자들을 통해 약속된 번성과 축복이 그들의 것이 될 것이다.

12. 여기에서 하나님이 야곱에게 "내가 아브라함과 이삭에게 준 땅을 네게 주고 내가 네 후손에게도 그 땅을 주리라"라고 말씀하신 것처럼(35:12), 하나님은 또한 장차 회복될 이스라엘에게도 그렇게 말씀하실 것이다.

13. 야곱이 벧엘에 세운 돌 위에 기름을 부은 것처럼, 하나님은 장차 이스라엘과 모든 육체 위에 성령을 부으실 것이다.

14. 여기에서 야곱이 벧엘로부터 베들레헴까지의 거리가 가까움을 발견한 것처럼, 두 번째 벧엘을 갖게 될 때 이스라엘은 마침내 생명의 떡을 발견하게 될 것이다.

15. 여기에서 베냐민이 야곱의 가족 안에 자신의 자리를 취한 것처럼, 어머니의 "슬픔의 아들"이지만 아버지의 "오른손의 아들"인 참 베냐민이 구속된 이스

라엘 가운데 자신의 정당한 자리를 취할 것이다. 여기의 상징 속에는 또 다른 요점들이 있지만, 그러나 독자들 스스로 연구하도록 내버려두고자 한다. 하나님의 이스라엘을 기다리고 있는 복된 미래를 보기 위해서는, 예컨대 다음과 같은 말씀들을 주의 깊게 살펴보는 것보다 더 좋은 방법은 결코 없을 것이다. "예루살렘이여 내가 너의 성벽 위에 파수꾼을 세우고 그들로 하여금 주야로 계속 잠잠하지 않게 하였느니라 너희 여호와로 기억하시게 하는 자들아 너희는 쉬지 말며 또 여호와께서 예루살렘을 세워 세상에서 찬송을 받게 하시기까지 그로 쉬지 못하시게 하라" (사 62:6, 7).

제 37 장

야곱의 말년의 생애

창세기 37-49장

신자에게 그리스도 안에서 완전한 신분을 준 은혜와 넘어지기 잘하는 신자를 오래 참음으로 붙잡아 주는 은혜 — 둘 가운데 어느 것이 더 놀라운 은혜인지 결정하기는 매우 어렵다. 나의 죄가 법정적으로 영원히 제거된 것과 하나님이 당신의 백성인 나의 죄와 허물을 긍휼로써 다루시는 것 — 둘 가운데 어느 것이 더 놀라운 은혜인가? 물론 심은 대로 거두는 것은 영원히 사실이다. 그러나 신자들과 관련하여 하나님이 "우리의 죄를 따라 처벌하지 아니하시고 우리의 죄악을 따라 그대로 갚지 아니하시는" 것 역시 똑같이 사실이다(시 103:10).

민수기 23:21은 많은 성도들에게 얼마나 큰 위로를 주는 말씀인가? "그는 야곱의 허물을 보지 아니하시며 이스라엘의 반역을 보지 아니하시는도다." 이것은 완악한 마음으로 늘 원망하며 불평하는 백성들에 대해 하나님이 발람의 입을 통해 하신 말씀이었다. 발람이 야곱 안에 죄와 허물이 없었다고 말하지 않는 사실을 주목하라. 발람이 그렇게 말했다면, 그것은 신자들에게 아무런 위로도 주지 못했을 것이다. 나는 내 안에 죄와 허물이 없다고 결코 말할 수 없다. 내 안에 그것이 있음을 너무나 잘 알기 때문이다. 다만 내가 확신하며 붙잡는 것은 하나님이 내 안에 있는 죄를 보지 않는다는 놀라운 사실이다. 이러한 사실은 나의 양심에 평안을 가져다준다. 하나님은 이스라엘의 반역을 보지 않으셨다. 그것은 그가 그들을 어린 양의 피 안에서 바라보셨기 때문이다. 하나님이 신자 안에서 죄를 보지 않으시는 이유가 무엇인가? 그것은 "여호와께서 우리 모두의 죄악을 그(예수 그리스도)에게 담당시키셨기" 때문이다(사 53:6).

그렇다면 이제 우리의 발걸음은 어떠해야 할 것인가? 이제 우리는 우리를 위해 그토록 놀라운 일을 행하신 자를 실망시키는 일은 결코 행할 수 없다. 이제 우리는 우리를 위해 그토록 놀라운 일을 행하신 자에게 기꺼이 기쁨으로 순종해야만 한다. 이제 우리는 악의 모양까지도 멀리해야만 한다. 그러나 여기의 "해야만 한다"(ought)라는 단어는 여전히 우리를 정죄한다. 그 안에 우리의 실패가 함축되어 있기 때문이다. 그렇게 볼 때 우리의 실패와 허물에 대해, 감사할 줄 모르는 강퍅한 마음에 대해, 주의 영광을 가리는 잘못된 삶의 방식에 대해 오래 참으시는 것은 얼마나 놀라운 은혜인가! 그러므로 우리는 다시금 반복해서 말하지 않을 수 없다. 우리의 모든 죄를 씻어 주신 사랑과 우리의 연약함에도 불구하고 "끝까지" 사랑하신 사랑 가운데 어느 것이 더 큰 사랑인지를 결정하는 것은 너무나 어려운 일이라고 말이다.

야곱의 생애를 돌아볼 때, 우리는 바로 이러한 주제와 직면하게 된다. 야곱의 생애에 대한 성령의 기록을 읽어 보라. 그러면 당신은 그토록 고집스럽고 자격 없는 자를 다루시는 하나님의 비할 데 없는 오래 참으심에 대해 놀라고 또 놀라게 될 것이다. 오직 "모든 은혜의 하나님"만이 그와 같은 사람을 그토록 오랫동안 참으실 수 있으셨다(벧전 5:10). 아, 이것은 나와 여러분에게도 똑같이 사실이다! 나와 여러분에게 대한 하나님의 오랜 다루심을 설명할 수 있는 유일한 것은 우리 하나님의 비할 데 없는 은혜이다. 진실로 하나님은 "우리에 대하여 오래 참으신다"(벧후 3:9).

야곱에 대한 하나님의 다루심을 추적하는 것은 얼마나 감동적인 일인가! 뿐만 아니라 특별히 그의 말년에 나타나는 신적 은혜의 승리 또한 너무도 아름답다. 진실로 "의인의 길은 돋는 햇살 같아서 크게 빛나 한낮의 광명에 이른다"(잠 4:18). 그리고 이러한 사실은 특별히 야곱의 생애 가운데 가장 분명하게 나타난다. 야곱의 어린 시절과 중년 시절을 생각해 보라. 그때 그 안에 있었던 신적 생명은 얼마나 미약했나! 그때 그는 대부분 육체의 능력으로 행했다. 그의 영적 생명이 실제로 시작된 때가 언제인지 정확하게 말하기는 매우 어렵다. 그러나 그의 삶이 말년으로 가까워져 갈수록, 나그네로서의 그의 인생길은 그 안에서 점점 더 분명해져 갔다. 그는 우리와 마찬가지로 "겉사람은 낡아지나 속사람은 날로 새로워져 갔다"(고후 4:16). 야곱의 말년은 하나님의 은혜의 승리와 그의 변화시키는 능력을 분명하게 보여 준다. 이제 야곱 안에 있는 신적 생명의 몇 가지 열매들을 살펴보도록 하자.

그러면 그러한 열매들을 산출한 것은 무엇인가? 이러한 질문에 대한 한 가지 대답을 우리는 히브리서 12장에서 발견한다. "내 아들아 주의 징계하심을 경히 여기지 말며 그에게 꾸지람을 받을 때에 낙심하지 말라 주께서 그 사랑하시는 자를 징계하시고 그가 받아들이시는 아들마다 채찍질하심이라 하였으니 … 무릇 징계가 당시에는 즐거워 보이지 않고 슬퍼 보이나 후에 그로 말미암아 연단 받은 자들은 의와 평강의 열매를 맺느니라"(히 12:5, 6, 11). 이러한 말씀은 우리에게 야곱의 말년의 비밀을 여는 열쇠를 제공해 주지 않는가! 우리는 그에게 임했던 하나님의 징계의 손길들을 분명하게 분별할 수 있다. 먼저 신실한 유모 드보라의 죽음이 있었다(창 35:8). 그리고 곧바로 그가 사랑했던 라헬의 죽음이 따랐다(19절). 다음으로 우리는 그의 장자가 "아버지의 첩 빌하와 동침하매"라는 말씀을 읽는다(22절). 그리고 곧이어 이삭이 죽었다(29절). 아, 가련한 야곱이여! 슬픔이 계속해서 그에게 임했다. 그러나 하나님의 징계의 손은 그에게 점점 더 강하게 임했다. 마침내 그가 가장 사랑했던 아들과 관련하여 일이 터졌다. 그의 사랑하는 아들 요셉이 그로부터 없어진 것이다. 야곱은 요셉이 죽었다고 생각하며 애통해했다. 이것은 너무도 가혹한 슬픔이었다. 이와 관련하여 창세기는 이렇게 기록한다. "야곱이 자기 옷을 찢고 굵은 베로 허리를 묶고 오래도록 그의 아들을 위하여 애통하니 그의 모든 자녀가 위로하되 그가 그 위로를 받지 아니하여 이르되 내가 슬퍼하며 스올로 내려가 아들에게로 가리라 하고 그의 아버지가 그를 위하여 울었더라"(37:34, 35).

이러한 고통들을 우리는 어떻게 봐야 할 것인가? 신적 진노의 표적으로 볼 것인가? 하나님의 심판으로 볼 것인가? 그렇지 않다. 하나님은 자기 백성들에 대해 그렇게 행하시지 않는다. 하나님은 사랑하는 자를 징계하신다. 심지어 고통조차도 그의 사랑의 선물의 일부이다. 그것은 그의 충족하심을 경험적으로 배우게 하기 위해 신실하심 가운데 보내진 것이며, 우리의 축복을 위해 보내진 것이며, 우리를 연단하기 위해 보내진 것이며, 우리가 세상에 속한 것들로부터 마음을 떼게 하기 위해 보내진 것이며, 우리가 하나님만을 온전히 의지(依支)하도록 하기 위해 보내진 것이다. 야곱이 경험한 모든 상실과 시련과 괴로움들은 합력하여 선을 이루는 "모든 것" 안에 포함되는 것들이다.

그러나 야곱에 대한 하나님의 연단이 즉시로 의와 평강의 열매를 맺은 것은 아니었다. 그것은 "후에" 왔다(히 12:11). "무릇 징계가 당시에는 즐거워 보이지 않고 슬퍼 보이나 후에 그로 말미암아 연단 받은 자들은 의와 평강의 열매를 맺느니라." 처음에 그는 오로지 육체의 저항만을 나타냈을 뿐이었다. 그의 아들들이 애굽으로부터 돌아왔을 때를 생각해 보라. 그때 시므온은 함께 돌아오지 않았다. 더 나쁜 소식은 "애굽의 주"가 다시 올 때는 반드시 베냐민을 데려와야 한다고 요구했다는 것이었다. 그런 소식을 듣고 야곱이 어떻게 반응했는지 들어 보라. "그들의 아버지 야곱이 그들에게 이르되 너희가 나에게 내 자식들을 잃게 하도다 요셉도 없어졌고 시므온도 없어졌거늘 베냐민을 또 빼앗아 가고자 하니 이는 다 나를 해롭게 함이로다"(42:36). 아, 가련한 야곱이여! 그는 보이지 않는 것을 바라보는 대신 보이는 것을 바라보고 있었다. 그는 믿음으로 행하는 대신 보는 것으로 행하고 있었다. 이 모든 사건들 속에 하나님의 특별한 계획이 있을 수 있음을 그는 생각하지 못하고 있었다. 그는 단순히 감각(感覺), 즉 보는 것과 듣는 것과 느끼는 것으로 판단하고 있었다. 그러나 우리는 여기의 야곱을 판단하기에 앞서 먼저 로마서 2:1 말씀을 기억할 필요가 있다. "그러므로 남을 판단하는 사람아, 누구를 막론하고 네가 핑계하지 못할 것은 남을 판단하는 것으로 네가 너를 정죄함이니 판단하는 네가 같은 일을 행함이니라."

그러나 야곱이 이러한 마음 상태 가운데 계속 있었던 것은 아니었다. 우리가 그에 대해 다음으로 읽게 되는 말씀은 그의 기분이 상당히 나아졌음을 보여 준다. "그 땅에 기근이 심하고 그들이 애굽에서 가져온 곡식을 다 먹으매 그 아버지가 그들에게 이르되 다시 가서 우리를 위하여 양식을 조금 사오라"(43:1, 2). 야곱의 아들들이 첫 번째로 애굽에 내려가서 얻어온 양식은 곧 떨어졌다. 그러나 그 땅에 기근은 여전히 심한 상태였다. 그리하여 야곱은 아들들에게 "다시 가서 우리를 위하여 양식을 조금 사오라"고 명령했다. 여기의 "조금"이라는 단어는 그에 대한 하나님의 연단의 긍정적인 결과를 증명하지 않는가? 불신앙과 탐심은 장기간의 기근에 대비하여 많은 양식을 쌓아두기를 바라는 법이다. 그러나 야곱은 "조금"으로 만족한다. 이제 우리는 더 이상 그의 탐욕적이며 이기적인 모습을 보지 못한다. 대신에 그는 자신뿐만 아니라 다른 사람들의 형편까지도 생각하는 사람이 되었다. 그리고 불확실한 미래와 관련하여 그는 하나님을 신뢰하며 의지(依支)했다.

그러나 문제가 있었다. 야곱의 아들들은 베냐민을 데려가지 않는 한 애굽에 내려갈 수 없었다. 그러나 베냐민을 데려가는 것은 야곱이 가장 꺼리는 일이었다. 그리하여 야곱의 마음속에서 격렬한 싸움이 일어났다. 아버지의 사랑과 기근으로 인한 굶주림이 서로 싸웠다. 아버지의 걱정을 덜어주기 위해, 유다가 베냐민의 보증인이 되겠노라고 자청하며 나섰다. 그리하여 야곱은 비록 내키지는 않았지만 베냐민을 데려가도록 허락했다. 여기에서 노인 야곱의 수용(受容)하는 태도를 주목해 보라. 그것은 어쩔 수 없는 운명에 마지못해 굴복하는 사람의 찌무룩한 동의(同意)가 아니었다. 그렇다. 그는 하나님의 사람에게 합당한 태도로 받아들였다. 그는 "애굽의 주"가 요구한 것을 묵묵히 수용하면서 모든 문제를 하나님께 맡겼다.

"네 아우도 데리고 떠나 다시 그 사람에게로 가라 전능하신 하나님께서 그 사람 앞에서 너희에게 은혜를 베푸사 그 사람으로 너희 다른 형제와 베냐민을 돌려보내게 하시기를 원하노라 내가 자식을 잃게 되면 잃으리로다"(43:13, 14). 여기에서 야곱이 하나님을 어떻게 부르는지 주목하라 — "전능하신 하나님." 이것은 하나님이 아브라함에게 나타나실 때 사용하신 호칭이었다. "아브람이 구십구 세 때에 여호와께서 아브람에게 나타나서 그에게 이르시되 나는 전능한 하나님이라"(창 17:1). 또 이것은 이삭이 야곱을 축복할 때 사용한 호칭이었다. "전능하신 하나님이 네게 복을 주시어 네가 생육하고 번성하게 하여 네가 여러 족속을 이루게 하시고"(28:3). 그러므로 여기에서 야곱은 그와 같은 호칭을 사용하는 가운데 하나님의 언약의 약속과 축복을 붙잡고 있었던 것이다. 그러므로 여기의 그의 기도는 믿음의 기도였다. 나아가 여기에서 야곱이 하나님의 주권적인 능력을 확신하고 있는 사실을 주목하라. 야곱은 하나님께 부디 "그 사람"의 마음을 감동시키셔서 그가 자신의 아들들을 기꺼이 보내 주도록 해 달라고 기도한다. 마지막으로, 여기에 나타나는 모든 것을 포기하는 정신을 주목하라. "내가 자식을 잃게 되면 잃으리로다."

계속해서 이 이야기가 어떻게 결말지어지는지 주목하라. 그것은 너무나 멋지지 않은가! 야곱은 베냐민을 하나님의 손에 맡겼으며, 베냐민은 아무 탈 없이 아버지에게 돌아왔다. 자기 백성들을 다루실 때, 하나님은 통상적으로 그들의 가장 사랑스러운 부분을 건드리신다. 만일 어떤 사람에게 거의 하나님과 비견할 정도로 사랑하거나 아끼는 어떤 것이 있다면, 하나님은 바로 그것을 건드리신다. 그러나 하나님이 그것을 건드리셨을 때 만일 그가 그것을 기꺼이 하나님의 손에 내어드린다면, 하나님은 대부분 다시 그것을 그에게 돌려주신다. 이것은 아브라함의 경우도 마찬가지였다. 그는 이삭을 하나님께 내어드림으로써 그를 다시 돌려

받았다. 다윗의 경우도 그랬다. 그가 스스로를 하나님에게 맡기며 내어드렸을 때, 하나님은 수많은 위험 속에서 그를 보호해 주셨다. 여기의 베냐민의 경우도 마찬가지이다. 야곱이 그를 포기하며 모든 것을 하나님께 맡겼을 때, 그는 다시 야곱에게로 돌아왔다.

야곱의 아들들이 돌아왔을 때, 그들은 요셉이 살아서 애굽 전국을 치리하는 총리가 되었다는 이상한 소식을 가지고 돌아왔다. 처음에 야곱은 그러한 말을 믿을 수가 없었다. 그것은 너무나 터무니없는 말이었기 때문이었다. 그러나 우리는 계속해서 다음과 같은 말씀을 읽는다. "그들이 또 요셉이 자기들에게 부탁한 모든 말로 그에게 말하매 그들의 아버지 야곱은 요셉이 자기를 태우려고 보낸 수레를 보고서야 기운이 소생한지라 이스라엘이 이르되 족하도다 내 아들 요셉이 지금까지 살아 있으니 내가 죽기 전에 가서 그를 보리라 하니라"(창 45:27, 28). 여기에서 그의 이름이 처음에 야곱으로 불리다가 뒤에 이스라엘로 바뀌는 것을 주목하는 것은 얼마나 아름다운 일인가! 계속해서 다음 절을 읽어 보라. "이스라엘이 모든 소유를 이끌고 발행하여 브엘세바에 이르러 그 아비 이삭의 하나님께 희생을 드리니"(46:1). 이와 같이 애굽으로 가는 긴 여행이 시작된 후 야곱과 관련하여 첫 번째로 기록된 사실은 그가 하나님께 희생을 드렸다는 것이었다. 그는 경험의 학교에서 오랜 세월 훈련을 받았다. 그리고 그러한 훈련은 그에게 하나님을 첫 번째 자리에 놓는 법을 가르쳐 주었다. 그는 요셉을 보기 위해 만사 제쳐놓고 허둥지둥 달려가지 않았다. 그렇게 하기 전에, 그는 먼저 그의 아버지 이삭의 하나님께 예배드리기 위해 멈추었다. 여기에서 하나님이 그에게 일곱 번째로 나타나신 것을 주목하라(창 28:13; 31:3; 32:1, 24; 35:1, 9을 보라). 그리고 여기가 하나님이 그에게 나타나셨다고 기록된 마지막 경우였다. 여기에서 하나님은 야곱에게 다음과 같이 말씀하셨다. "밤에 하나님이 이상 중에 이스라엘에게 나타나시고 불러 가라사대 야곱아 야곱아 하시는지라 야곱이 가로되 내가 여기 있나이다 하매 하나님이 가라사대 나는 하나님이라 네 아비의 하나님이니 애굽으로 내려가기를 두려워 말라 내가 거기서 너로 큰 민족을 이루게 하리라 내가 너와 함께 애굽으로 내려가겠고 정녕 너를 인도하여 다시 올라올 것이며 요셉이 그 손으로 네 눈을 감기리라 하셨더라"(46:2-4).

마침내 야곱은 애굽에 도착하여 요셉을 만났다. 그리고 요셉은 아버지 야곱을 바로 앞으로 인도했다. 그리고 우리는 다음과 같은 말씀을 듣는다. "요셉이 자기 아비 야곱을 인도하여 바로 앞에 서게 하니 야곱이 바로에게 축복하매"(47:7). 연로하여 기력이 쇠한 야곱은 세상에서 가장 강력한 제국의 통치자 앞에 섰다. 여기에서 야곱이 얼마나 존귀한 모습으로 나타나는지 주목하라! 여기의 야곱의 모습을 전에 에서 앞에서 일곱 번 몸을 구부렸던 모습과 비교해 보라. 여기에 더 이상 굽실거리는 모습은 전혀 나타나지 않는다. 여기에 더 이상 비굴한 모습은 전혀 나타나지 않는다. 야곱은 하나님의 자녀로서 당당하게 섰다. 그는 만왕의 왕의 아들이었으며, 지극히 높은 자의 대리자였다. 여기에 짤막하게 기록되었을 뿐이지만, 그것은 우리에게 많은 것을 암시한다. 특별히 "낮은 자가 높은 자로부터 축복을 받는" 법이라는 사실을 생각할 때 더욱 그러하다(히 7:7). 계속해서 9절을 주목하라. "야곱이 바로에게 고하되 내 나그네 길의 세월이 일백 삼십년이니이다." 마침내 야곱은 이 땅이 자신의 본향이 아님을 배웠다. 이 땅에서 그는 단지 외인과 나그네일 뿐이었다. 그는 지금 인생은 단지 나그네 길에 불과하다는 사실을 알고 있다. 나그네의 인생! 거기에는 출발점과 종착점이 있다. 출발점은 거듭나는 순간이고, 종착점은 하늘의 영광이다.

히브리서 11:21에서 우리는 "믿음으로 야곱은 죽을 때에 요셉의 각 아들에게 축복하고 그 지팡이 머리에 의지하여 경배하였으며"라는 말씀을 읽는다. 여기에서 성령께서 야곱의 생애에 있어서의 연약한 부분들은 그냥 지나치면서 그의 말년의 영광스러운 모습으로 곧바로 직행하는 것을 주목하라. 여기에서 야곱의 믿음으로서 그의 두 가지 행동이 선택된다. 전자는 창세기 48장에 기록된 행동이며, 후자는 창세기 47:31에 기록된 행동이다. 지금 나는 히브리서 기자가 창세기에 나타나는 순서를 바꾼 이유에 대해서는 다루지 않고자 한다. 다만 그가 제시하는 두 가지 믿음의 행동만을 창세기에 나타나는 순서대로 간단하게 설명하고자 한다.

"이스라엘의 죽을 기한이 가까우매 그가 그 아들 요셉을 불러 그에게 이르되 이제 내가 네게 은혜를 입었거든 청하노니 네 손을 내 환도뼈 아래 넣어서 나를 인애와 성심으로 대접하여 애굽에 장사하지 않기를 맹세하고 내가 조상들과 함께 눕거든 너는 나를 애굽에서 메어다가 선영에 장사하라 요셉이 가로되 내가 아버지의 말씀대로 행하리이다 야곱이 또 가로되 내게 맹세하라 맹세하니 이스라엘이 침상 머리에서 경배하니라"(창 47:29-31). 여기에서 야곱이 하나님께 경배하는 것과 관련한 정황을 주목해 보라. 그것은 너무도 아름답지 않은가! 여기에는 언뜻 볼 때 나타나는 것보다 훨씬 더 깊은 의미가 담겨 있다. 이것은 단순히 죽음을 앞둔 한 노인의 감상적인 마음을 묘사한 것이 아니다. 오래 전에 하나님은 야곱과 그의 후손에게 가나안 땅을 주실 것을 약속하셨다. 지금 야곱은 그 약속을 "붙잡고" 있는 것이다. 아직 야곱은 그 땅을 소유하지 못했다. 그리고 그는 이방 땅에서 곧 죽을 것이다. 그러나 그는 하나님의 말씀이 결코 땅에 떨어질 수 없음을 알며, 그의 믿음은 부활을 내다본다. 마침내 그의 오랜 불신앙은 힘을 잃었으며, 믿음이 승리했다. 그는 요셉에게 자신의 시신을 애굽에 묻지 말 것을 당부했다. 그의 시신은 애굽에서 옮겨 그의 조상들의 매장지에 묻혀야만 했다. 그러고 나서 그는 "그의 지팡이 머리에 의지하여 경배했다." 여기에서 그의 믿음 즉 "하나님이 당신이 말씀하신 모든 것을 행하시고 당신이 약속하신 모든 것을 이루실 것"이라는 믿음이 온전히 나타났다.

히브리서 11장이 제시하는 야곱의 두 번째 믿음의 행동은 창세기 48장에 기록된 행동이다. 창세기 48장 전체에 걸쳐 우리는 야곱의 생각 속에 하나님이 얼마나 강력하게 자리 잡고 있는지 그리고 그의 마음 가운데 하나님의 약속이 얼마나 강력한 위치를 차지하고 있는지 잘 볼 수 있다. 그는 요셉에게 하나님이 루스에서 자신에게 나타나셔서 가나안 땅을 자신과 자신의 후손에게 영원한 기업으로 주신 것을 이야기한다(48:3). 그는 하나님을 "지금까지 자신을 기르신" 자로서, 그리고 "자신을 모든 환난에서 건진" 자로서 말한다(15, 16절). 이것은 "그의 평생에 선하심과 인자하심이 정녕 그를 따랐음을" 기꺼이 인정하는 것이었다(시 23:6).

야곱은 머지않아 죽을 것이었다. 이제 그는 요셉의 두 아들을 축복하기를 원한다. 요셉은 이 일에 각별한 관심을 가지고 있었으며, 특별히 그의 장자 므낫세가 축복을 받기를 바랐다. 그리하여 그는 므낫세를 야곱의 오른편에, 그리고 에브라임을 왼편에 위치시켰다. 그렇게 함으로써 야곱의 오른손이 므낫세의 머리 위에, 그리고 그의 왼손이 에브라임의 머리 위에 놓이도록 했다. 그러나 야곱의 자연적인 시력(視力)이 어두웠음에도 불구하고 그의 영적인 분별력은 그렇지 않았다. 그는 의도적으로 자신의 손을 "엇바꾸어" 얹었다(14절). 성경은 "이스라엘"이 그렇게 했다고 분명하게 언급한다. "이스라엘이 오른손을 펴서 차남 에브라임의 머리에 얹고 왼손을 펴서 므낫세의 머리에 얹으니." 그렇게 행동한 것은 옛 사람 "야곱"이 아니라, 새 사람 "이스라엘"이었다. 이와 같이 그는 "믿음으로" 요셉의 두 아들을 축복했다. 분명 그것은 보는 것이나 혹은 이성(理性)으로 행한 것이 아니었다. 여기의 총리의 두 아들이 자신들이 태어난 애굽을 버리고 가나안 땅으로 이주할 것이라는 것은 얼마나 있음직하지 않은 일인가! 또 두 아이가 각각 한 지파씩을 이룰 것이라는 것 역시 얼마나 있음직하지 않은 일인가! 또 아우가 형보다 더 큰 자가 될 것이라는 것 역시 얼마나 있음직하지 않은 일인가! 또 여기의 노인 야곱에게 있어 훗날 에브라임이 남쪽의 "유다 왕국"과 구별되는 북쪽의 "이스라엘 왕국"을 대표하는 지파가 될 것을 예견하는 것은 얼마나 불가능한 일인가! 그러나 그는 하나님으로부터 영감(靈感)을 받았으며, 그것이 확실하게 성취될 것을 믿었다. 여기에 나타난 그의 믿음을 보라! 그것은 얼마나 멋진 믿음인가! 그의 자연적인 시력은 흐릿했을지 모르지만, 믿음의 시력은 날카로웠다. 그리고 그의 육체의 약함 가운데 믿음의 강함이 온전케 되었다.

계속해서 야곱은 에브라임과 므낫세를 축복하고 난 후 요셉에게로 돌이켜 "나는 죽으나 하나님이 너희와 함께 계시사 너희를 인도하여 너희 조상의 땅으로 돌아가게 하시려니와"라고 말한다(21절). 이것 역시 얼마나 있음직하지 않은 일로 보이는가! 요셉은 지금 애굽에 완전하게 정착해 있었기 때문이었다. 그것도 매우 영화로운 신분으로 말이다. 그러나 야곱은 더 이상 "보는 것으로" 행하지 않는다. 그는 흔들리지 않는 믿음으로 (그의 후손이 가나안 땅을 소유할 것이라는) 하나님의 약속을 굳게 붙잡으면서, 확신으로 가득 찬 마음에서 말하고 있었다.

창세기 49장에 묘사된 마지막 장면은 우리에게 하나님의 은혜의 능력의 마지막 절정을 보여 준다. 모든 자손들이 임종을 앞둔 야곱의 침상 주위에 모였으며, 야곱은 각 사람들에게 축복한다. 어린 시절과 중년 시절에 그의 관심은 오로지 자기 자신뿐이었다. 그러나 인생의 마지막 순간에 그의 모든 관심은 다른 사람들에게로 모아진다. 과거에 그는 주로 현재의 것들에 모든 관심을 기울였다. 그러나 지금 그는 미래와 관련한 것 외에는 아무것에도 관심을 기울이지 않는다. "야곱이 그 아들들을 불러 이르되 너희는 모이라 너희가 후일에 당할 일을 내가 너희에게 이르리라"(49:1). 여기에서 특별히 18절을 주목하라. "여호와여 나는 주의 구원을 기다리나이다." 과거에 "기다리는" 것은 그의 성격과 어울리지 않는 것이었다. 자신에게 약속된 장자권을 하나님이 주실 때까지 기다리는 대신, 그는 스스로 그것을 얻고자 했다. 라반으로부터 품삯을 받는 문제에 있어서도 마찬가지였다. 그러나 이제 그는 가장 어려운 교훈을 배웠다. 그는 은혜로 말미암아 기다리는 법을 배웠다. 야곱 안에서 선한 일을 시작하신 자는 결국 그 일을 성공적으로 이루었다. 마침내 은혜가 승리한 것이다. 부디 하나님이 나와 독자들로 하여금 "모든 무거운 것과 얽매이기 쉬운 죄를 벗어 버리고 인내로써 우리 앞에 당한 경주를" 능히 달려갈 수 있도록 더 큰 은혜를 베푸시기를 간절히 기원한다(히 12:1).

제 38장

야곱의 예언

❶

창세기 49장

마침내 우리는 야곱의 생애 가운데 마지막 장면에 도착했다. 여기저기에서 우리는 야곱 위에 비치는 하늘의 빛을 보았지만, 너무나 자주 그것은 땅의 구름에 의해 가려졌다. 그 안에서 영과 육의 싸움이 오랫동안 격렬하게 펼쳐졌다. 그러나 말년으로 갈수록 은혜의 승리와 세상을 이긴 믿음이 점점 더 뚜렷해지고 분명해졌다.

이것이 창세기 49장의 장면보다 더 분명하게 나타나는 곳은 결코 없다. 오래 전에 하나님은 가나안 땅을 아브라함과 그의 후손들에게 주실 것을 약속하셨다. 그 약속은 이삭에게 재확인되었으며, 야곱에게 또 다시 재확인되었다. 그러나 아직까지 그 약속이 성취될 것을 나타내는 어떤 증표도 없었다. 아브라함과 이삭은 가나안 땅에서 단지 "외인과 나그네"일 뿐이었다. 그들은 죽은 자를 묻기 위한 매장지 외에 아무런 땅도 갖지 못했다. 야곱 역시도 "아브라함과 이삭과 함께 장막에 거했다"(히 11:9). 그리고 지금 야곱은 죽음을 눈앞에 두고 있었다. 그것도 약속의 땅에서가 아니라, 그곳으로부터 멀리 떨어진 이방 땅에서 말이다. 지금 야곱은 이방 땅 애굽에서 세상을 떠날 준비를 하고 있었다. 지금 그의 기력은 거의 다 쇠했다. 그러나 그의 믿음은 찬란하게 빛나고 있었다.

야곱은 자신의 열두 아들을 침상으로 불러 모았다. 그리고 우리는 여기에서 구약에 나타나는 가장 놀라운 예언 가운데 하나를 보게 된다. 대부분의 다른 예언들과 마찬가지로, 여기의 예언 역시 최소한 이중적으로 성취된다. 그리고 그것은 궁극적으로 "마지막 때" 즉 다니엘의 70이레 동안 혹은 천년왕국 동안의 열두 지파의 운명을 내다본다(이스라엘의 "마지막 때"를 위해서는 렘 23:19, 29; 사 2:2

등을 참조하라). 오늘 우리는 여기의 예언의 최종적인 성취에 대해서는 다루지 않을 것이다. 다만 야곱의 자손들의 지난 역사(歷史)가 어떻게 여기의 예언과 상응하는지 간략하게 살펴보고자 한다.

"너희는 모여 들으라 야곱의 아들들아 너희 아버지 이스라엘에게 들을지어다 르우벤아 너는 내 장자요 내 능력이요 내 기력의 시작이라 위풍이 월등하고 권능이 탁월하다마는 물의 끓음 같았은즉 너는 탁월하지 못하리니 네가 아버지의 침상에 올라 더럽혔음이로다 그가 내 침상에 올랐었도다"(창 49:2-4). 여기에서 르우벤과 관련하여 세 가지가 언급된다. 첫째로, 그는 야곱의 장자로서 "탁월한" 위치를 가지고 있었다. 둘째로, 그와 같은 탁월한 위치를 그는 아버지의 침상을 더럽힌 죄로 말미암아 빼앗겼다. 야곱은 장차 르우벤 지파가 탁월하지 못할 것을 예언한다. 셋째로, 계속해서 야곱은 이 지파가 "물의 끓음" 같을 것이라고 예언한다. 이것은 물이 끓어 증발하는 것으로부터 취한 상징적인 표현이다. 그들은 한 여름의 강물처럼 마를 것이었다. 이제 이 지파의 운명이 실제로 여기에서 야곱이 예언한 대로 되었음을 보여 주는 구약의 몇몇 구절들을 살펴보도록 하자.

첫째로, 역대상 5:1-2을 살펴보도록 하자. "이스라엘의 장자 르우벤의 아들들은 이러하니라 르우벤은 장자라도 그의 아버지의 침상을 더럽혔으므로 장자의 명분이 이스라엘의 아들 요셉의 자손에게로 돌아가서 족보에 장자의 명분대로 기록되지 못하였느니라 유다는 형제들 위에 뛰어나고 주권자(예수 그리스도)가 유다에게서 났으나 장자의 명분은 요셉에게 있으니라." 두말할 것도 없이 "장자의 명분" 즉 장자권은 탁월함의 위치를 가리킨다. 그리고 그것은 야곱이 예언한 대로 르우벤으로부터 취하여져 요셉의 아들들에게 주어진다. 그들이 "갑절의" 혹은 "장자의" 분깃을 받았기 때문이다. 그리고 르우벤이 아니라 유다가 장차 메시야가 태어나는 왕의 지파가 되고, 그리하여 "형제들 위에 탁월하게" 된다. 진실로 르우벤은 탁월하게 되지 못했다.

둘째로, 우리는 구약 전체를 통해 르우벤 지파가 탁월했음을 증언하는 어떤 구절도 보지 못한다. 르우벤 지파로부터는 사사도 없었고, 왕도 없었고, 선지자도 없었다. 이 지파는 "우리로 하여금 요단 강을 건너지 않게 하소서"라고 말하면서 요단 동편 광야 쪽에 정착했다(민 32:5). 그때까지도 그들은 가축 치는 것이나 좋아하던 사람들이었다. "르우벤 자손과 갓 자손은 심히 많은 가축 떼를 가졌더라 그들이 야셀 땅과 길르앗 땅을 본즉 그 곳은 목축할 만한 장소인지라 갓 자손과 르우벤 자손이 와서 모세와 제사장 엘르아살과 회중 지휘관들에게 말하여 이르되 … 여호와께서 이스라엘 회중 앞에서 쳐서 멸하신 땅은 목축할 만한 장소요 당신의 종들에게는 가축이 있나이다 … 또 이르되 우리가 만일 당신에게 은혜를 입었으면 이 땅을 당신의 종들에게 그들의 소유로 주시고 우리에게 요단 강을 건너지 않게 하소서"(민 32:1-5). 그리고 그러한 사실은 사사기 5:15-16과도 완전하게 일치한다. "르우벤 시냇가에서 큰 결심이 있었도다 네가 양의 우리 가운데에 앉아서 목자의 피리 부는 소리를 들음은 어찌 됨이냐 르우벤 시냇가에서 큰 결심이 있었도다." 여호수아 때에 그 땅이 각 지파별로 나누어질 때 르우벤에게 할당된 기업은 창세기 49장의 야곱의 예언이 그대로 성취되었음을 또 다시 보여 준다. 그들의 기업은 요단 동편의 남쪽에 치우쳐 있는 가장 작은 땅이었다.

셋째로, 르우벤 지파는 "물의 끓음" 같을 것이었다. 그들은 한 여름의 강물처럼 마를 것이었다. 다시 말해서 그들은 수적으로 크게 번성하지 못할 것이었다. 모세는 르우벤과 관련하여 "르우벤은 죽지 아니하고 살기를 원하며 그 사람 수가 적지 아니하기를 원하나이다"라고 기원했다(신 33:6). 첫 번째 계수했을 때 르우벤 지파에서 전쟁에 나갈 만한 남자들의 숫자는 46,500명이었다(민 1:21). 그리고 두 번째 계수했을 때는 그보다 조금 줄어든 43,750명이었다(민 26:7). 이것은 매우 주목할 만하다. 왜냐하면 대부분의 다른 지파들은 약간씩 늘어났기 때문이다. 또 르우벤은 "축복"을 선포하는 그리심 산에 서지 않고, "저주"를 선포하는 에발 산에 섰다(신 27:12-13을 보라). 또 역대상 26:31-32에서 우리는 다음과 같은 말씀을 읽는다. "다윗이 왕 위에 있은 지 사십 년에 길르앗 야셀에서 그들 중에 구하여 큰 용사를 얻었으니 그의 형제 중 이천칠백 명이 다 용사요 가문의 우두머리라 다윗 왕이 그들로 르우벤과 갓과 므낫세 반 지파를 주관하여 하나님의 모든 일과 왕의 일을 다스리게 하였더라." 또 우리는 하나님이 이스라엘에 대해 심판을 행하심과 관련하여 다음과 같은 말씀을 읽는다. "이 때에 여호와께서 이스라엘에서 땅을 잘라 내기 시작하시매 하사엘이 이스라엘의 모든 영토에서 공격하되 요단 동쪽 길르앗 온 땅 곧 갓 사람과 르우벤 사람과 므낫세 사람의 땅 아르논 골짜기에 있는 아로엘에서부터 길르앗과 바산까지 하였더라"(왕하 10:32, 33). 이와 같이 르우벤이 결코 "탁월"하지 못했음이 구약 전체를 통해 분명하게 나타난다. 야곱의 장자로서의 그의 존귀와 영광은 완전히 말라버렸다.

"시므온과 레위는 형제요 그들의 칼은 폭력의 도구로다 내 혼아 그들의 모의에 상

관하지 말지어다 내 영광아 그들의 집회에 참여하지 말지어다 그들이 그들의 분노대로 사람을 죽이고 그들의 혈기대로 소의 발목 힘줄을 끊었음이로다 그 노여움이 혹독하니 저주를 받을 것이요 분기가 맹렬하니 저주를 받을 것이라 내가 그들을 야곱 중에서 나누며 이스라엘 중에서 흩으리로다"(창 49:5-7). 이러한 말씀은 성경의 신적 영감을 증명하는 또 하나의 증거가 된다. 모세 스스로에게만 남겨졌다면, 그는 틀림없이 이 부분의 예언을 빠뜨렸을 것이다. 그 자신이 레위 지파의 자손이었기 때문이다.

여기에서 시므온과 레위는 한 묶음으로 "폭력의 도구"로 일컬어진다. 두말할 것도 없이 역사적(歷史的)으로 이것은 창세기 34:25과 연결된다. 거기에서 우리는 다음과 같은 말씀을 읽는다. "제삼일에 아직 그들이 아파할 때에 야곱의 두 아들 디나의 오라버니 시므온과 레위가 각기 칼을 가지고 가서 몰래 그 성읍을 기습하여 그 모든 남자를 죽이고." 여기에서 시므온의 이름이 먼저 언급되는 사실로 미루어 그가 이 일을 주도한 것으로 보인다. 또 요셉을 죽이고자 한 음모에서 시므온이 주도적인 위치를 차지했다고 보는 것도 어느 정도 가능한 추측이다. 나중에 요셉이 형제 중 한 사람을 "결박"하여 애굽에 남게 했는데, 바로 그가 시므온이었기 때문이다(창 42:24). 이후의 성경이 묘사하는 시므온 지파의 성격이 그들의 조상(즉 시므온)의 성격과 상응하는 것을 주목하는 것은 참으로 흥미로운 일이다. 예컨대 유다 지파가 자신의 기업을 차지하기 위해 올라갔을 때를 생각해 보자. 그때 유다 지파는 시므온 지파에게 도움을 요청했다. "유다가 그의 형제 시므온에게 이르되 내가 제비 뽑아 얻은 땅에 나와 함께 올라가서 가나안 족속과 싸우자 그리하면 나도 네가 제비 뽑아 얻은 땅에 함께 가리라 하니 이에 시므온이 그와 함께 가니라"(삿 1:3). 유다 지파는 시므온 지파가 그들의 조상의 옛 폭력성을 똑같이 가지고 있음을 알고 그렇게 요청한 것으로 보인다. 또 우리는 역대상 4:42-43에서 다음과 같은 말씀을 읽는다. "또 시므온 자손 중에 오백 명이 이시의 아들 블라댜와 느아랴와 르바야와 웃시엘을 두목으로 삼고 세일 산으로 가서 피신하여 살아남은 아말렉 사람을 치고 오늘까지 거기에 거주하고 있더라."

계속해서 레위에 대해 살펴보도록 하자. 모세가 산에서 내려왔을 때, 그의 눈앞에 이스라엘이 금송아지를 숭배하는 장면이 펼쳐져 있었다. 그때 모세는 "누구든지 여호와의 편에 있는 자는 내게로 나아오라"라고 말했다. 곧이어 우리는 다음과 같은 말씀을 읽는다. "레위 자손이 다 모여 그에게로 가는지라 모세가 그들에게 이르되 이스라엘의 하나님 여호와께서 이렇게 말씀하시기를 너희는 각각 허리에 칼을 차고 진 이 문에서 저 문까지 왕래하며 각 사람이 그 형제를, 각 사람이 자기의 친구를, 각 사람이 자기의 이웃을 죽이라 하셨느니라 레위 자손이 모세의 말대로 행하매 이 날에 백성 중에 삼천 명 가량이 죽임을 당하니라"(출 32:26-28). 이와 같이 레위 지파는 하나님을 위해 담대하게 헌신했으며, 그로 말미암아 야곱의 "저주"가 취소되고 여호와의 축복이 따랐다. 또 민수기 25:6-13에서 우리는 다음과 같은 말씀을 읽는다. "이스라엘 자손의 온 회중이 회막 문에서 울 때에 이스라엘 자손 한 사람이 모세와 온 회중의 눈앞에 미디안의 한 여인을 데리고 그의 형제에게로 온지라 제사장 아론의 손자 엘르아살의 아들 비느하스가 보고 회중 가운데에서 일어나 손에 창을 들고 그 이스라엘 남자를 따라 그의 막사에 들어가 이스라엘 남자와 그 여인의 배를 꿰뚫어서 두 사람을 죽이니 염병이 이스라엘 자손에게서 그쳤더라 그 염병으로 죽은 자가 이만 사천 명이었더라 여호와께서 모세에게 말씀하여 이르시되 제사장 아론의 손자 엘르아살의 아들 비느하스가 내 질투심으로 질투하여 이스라엘 자손 중에서 내 노를 돌이켜서 내 질투심으로 그들을 소멸하지 않게 하였도다 그러므로 말하라 내가 그에게 내 평화의 언약을 주리니 그와 그의 후손에게 영원한 제사장 직분의 언약이라 그가 그의 하나님을 위하여 질투하여 이스라엘 자손을 속죄하였음이니라." 이와 같이 레위에게 예언되었던 "저주"는 취소되었다. 처음에 레위는 폭력 안에서 시므온에게 연합되었으나, 나중에 은혜 안에서 여호와에게 연합되었다.

그러나 시므온과 레위에 대한 야곱의 예언에서 가장 두드러지는 것은 그들이 이스라엘에서 "나누어지고" "흩어질" 것이라는 예언이다(49:7). 이러한 예언은 문자적으로 성취되었다. 여호수아 때에 그 땅이 분배될 때, 우리는 시므온 지파가 별도의 땅을 받지 못한 것을 발견한다. 그들은 다만 유다의 기업에서 자신들의 분깃을 얻었을 뿐이었다(수 19:1-8을 보라). 그리하여 시므온 사람들은 필연적으로 유다의 성읍들 가운데 분산되어 "흩어질" 수밖에 없었다. 이것은 레위인들도 마찬가지였다. 그들의 기업은 그 땅 곳곳에 흩어진 48개의 성읍이었다(민 35:8, 수 14:4, 수 21장을 보라). 이와 같이 다른 지파들은 별도의 기업을 가지고 함께 모여 살 수 있었던 반면, 시므온과 레위의 자손들은 "나누어지고" "흩어졌다." 그들은 오래 전에 야곱이 예언한 그대로 되었다.

"유다야 너는 네 형제의 찬송이 될지라 네 손이 네 원수의 목을 잡을 것이요 네 아

버지의 아들들이 네 앞에 절하리로다 유다는 사자 새끼로다 내 아들아 너는 움킨 것을 찢고 올라갔도다 그가 엎드리고 웅크림이 수사자 같고 암사자 같으니 누가 그를 범할 수 있으랴 규가 유다를 떠나지 아니하며 통치자의 지팡이가 그 발 사이에서 떠나지 아니하기를 실로가 오시기까지 이르리니 그에게 모든 백성이 복종하리로다 그의 나귀를 포도나무에 매며 그의 암나귀 새끼를 아름다운 포도나무에 맬 것이며 또 그 옷을 포도주에 빨며 그의 복장을 포도즙에 빨리로다 그의 눈은 포도주로 인하여 붉겠고 그의 이는 우유로 말미암아 희리로다"(창 49:8-12).

유다에 대한 야곱의 예언은 그리스도 안에서 궁극적으로 성취된다. 그것은 역대상 5:2과 짝을 이룬다. "유다는 형제보다 뛰어나고 주권자가 유다에게서 났으나." 여기에서 "주권자"(Chief Ruler)로 번역된 히브리어는 "나기드"인데, 그것은 다니엘 9:24에서 "메시야 왕"(Messiah the Prince)으로 번역된 단어와 같은 단어이다(한글개역개정판에는 단순히 "지극히 거룩한 이가 기름 부음을 받으리라"라고만 되어 있음). 우리 주님이 오신 것은 바로 이 지파로부터였다. 야곱의 예언으로 다시 돌아가 보자.

첫째로, 우리는 유다와 관련하여 "너는 네 형제의 찬송이 될 것이라"라는 예언을 듣는다(8절). 여기에서 "찬송"으로 번역된 단어는 항상 하나님께 드려지는 찬미나 혹은 예배를 표현하기 위해 사용되는 단어이다. 그리스도는 육체를 따라 그의 "형제"된 자들 즉 이스라엘의 찬미와 예배를 받을 유일한 자이다. 둘째로, 유다에 대해 야곱은 "네 손이 네 원수의 목을 잡을 것이요 네 아버지의 아들들이 네 앞에 절하리로다"라고 말한다. 이와 같이 그리스도는 이스라엘에 대한 통치권을 가질 자이며, 그들의 원수들을 굴복시킬 자이다. 이러한 유다의 통치권은 그 지파로부터 나온 첫 번째 왕인 다윗의 때에 시작되었다. 그가 통치하는 동안, 유다의 손이 "그들의 원수들의 목을 잡았다." 셋째로, 여기에서 유다는 "사자"(lion)로 상징된다 — "유다는 사자 새끼로다"(9절). 이것은 우리에게 예수 그리스도가 "유다 지파의 사자"로 일컬어지는 계시록 5:5을 일깨워 준다.

유다 지파의 운명이 사자의 상징으로 묘사되는 것으로부터, 우리는 이 지파의 역사(歷史)를 사자의 성장 과정을 따라 뚜렷하게 구별되는 세 단계로 나눌 수 있다. 첫째 단계는 "새끼 사자"의 단계이며, 둘째 단계는 "젊은 사자"의 단계이며, 셋째 단계는 "늙은 사자"의 단계이다. 여기에 강함에 있어 이 지파가 걸어온 과정이 나타난다. 첫 번째 "새끼 사자"의 단계는 여호수아의 시대로부터 사울의 시대까지이다. 두 번째 "젊은 사자"의 단계는 용맹한 전사 다윗의 시대이다. 그리고 세 번째 "늙은 사자"의 단계는 솔로몬의 시대로부터 시작해서 그 이후의 시대이다.

"규가 유다를 떠나지 아니하며 통치자의 지팡이가 그 발 사이에서 떠나지 아니하기를 실로가 오시기까지 이르리니 그에게 모든 백성이 복종하리로다"(49:10). 여기에서 "규"로 번역된 히브리어는 같은 장 16절과 28절에서 "지파"로 번역된다. 그것은 어떤 지파나 혹은 종족을 대표하는 지팡이를 의미하는 단어로서, 권세를 상징한다. 그러므로 여기의 야곱의 예언은 그러한 "종족의 지팡이"가 어떤 특별한 인물이 올 때까지 유다로부터 떠나지 않을 것을 선언하는 것이다. 다시 말해서 "실로" 즉 메시야가 올 때까지 유다가 계속해서 통치자의 권세를 유지할 것이라는 것이다. 이러한 예언은 가장 놀랍게 성취되었다. 열 지파로 이루어진 이스라엘 왕국은 일찌감치 멸망을 당했다. 그러나 유다는 메시야가 올 때까지 계속해서 그 땅에 남아 있었다.

계속해서 야곱은 유다와 관련하여 이 지파로부터 "실로가 오시기까지 입법자(lawgiver)가 떠나지 않을" 것이라고 선언한다(The scepter shall not depart from Judah; nor a lawgiver from between his feet, until Shiloh come, 한글개역개정판에는 "통치자의 지팡이"라고 되어 있음). 실로가 온 후 이 지파에게 부여된 법적 권세가 사라진 것은 얼마나 놀라운 사실인가! 요한복음 18:31은 우리에게 그러한 사실을 분명하게 보여 준다. "빌라도가 이르되 너희가 그를 데려다가 너희 법대로 재판하라 유대인들이 이르되 우리에게는 사람을 죽이는 권한이 없나이다 하니." 이것은 얼마나 놀라운 고백인가! 이것은 그들에게 더 이상 통치권이 없으며 그들이 이방 권세의 주권 아래 있음을 인정하는 것이었다. 범법자에게 사형을 선고하는 권세를 가진 자는 그 나라의 통치자(governor) 혹은 "입법자"(lawgiver)이다. 가야바와 그의 무리들은 "우리에게는 사형을 선고할 권세가 없나이다. 오직 로마 총독인 당신만이 나사렛 예수에게 사형을 선고할 수 있나이다"라고 말했다. 그들의 이러한 고백 속에서 우리는 창세기 49:10의 예언이 성취된 것을 보게 된다. 그들은 더 이상 그들 자신의 "입법자"를 갖지 못할 것이었다. 그들을 보라! 그들의 말이 그들을 정죄하고 있지 않는가(마 12:37). "규"는 떠났으며, "입법자"는 사라졌다. 그러므로 실로는 오셨음에 틀림없다.

"그에게 모든 백성이 모이리로다"(Unto Him shall the gathering of the people be, 한글개역개정판에는 "복종하리로다"라고 되어 있음). 이것은 그리스도의 재림을 내다본다. 이어지는 말씀이 암시하는 것처럼 말이다. "그의 나귀를 포도나무에 매며 그의 암나귀 새끼를 아름다운 포도나무에 맬 것이며 또 그 옷을 포도주에 빨며 그의 복장을 포도즙에 빨리로다 그의 눈은 포도주로 인하여 붉겠고 그의 이는 우유로 말미암아 희리로다"(11, 12절). 이러한 말씀은 이중적으로 적용된다. 첫째로는 유다 지파에 대해 적용되며, 둘째로는 그리스도 자신에 대해 적용된다. 가나안에서의 유다의 기업은 포도가 자라는 남쪽 지역이었다(대하 26:9-10을 보라). 아가 1:14에 "엔게디 포도원"이라는 표현이 나오는데, 여호수아 25:62에서 우리는 "엔게디"가 유다의 성읍들 가운데 하나였음을 발견한다. 또 여호수아 15:55은 우리에게 갈멜 역시도 유다의 기업에 속한 지역이었음을 가르쳐 준다. 또 창세기 49:11-12을 우리 주님에게 적용시키는 것은 이사야 63:1-3을 볼 때 충분히 정당하게되는 것으로 보인다. "에돔에서 오는 이 누구며 붉은 옷을 입고 보스라에서 오는 이 누구냐 그의 화려한 의복 큰 능력으로 걷는 이가 누구냐 그는 나이니 공의를 말하는 이요 구원하는 능력을 가진 이니라 어찌하여 네 의복이 붉으며 네 옷이 포도즙틀을 밟는 자 같으냐 만민 가운데 나와 함께 한 자가 없이 내가 홀로 포도즙틀을 밟았는데 내가 노함으로 말미암아 무리를 밟았고 분함으로 말미암아 짓밟았으므로 그들의 선혈이 내 옷에 튀어 내 의복을 다 더럽혔음이니."

"스불론은 해변에 거주하리니 그 곳은 배 매는 해변이라 그의 경계가 시돈까지리로다"(창 49:13). 아들들을 축복하는 가운데, 여기에서 야곱은 넷째 아들로부터 곧바로 열째 아들로 넘어간다. 그 이유는 무엇인가? 성경에 불완전한 것은 없다. 성경의 모든 부분이 완전하다. 성경의 모든 단어들이 신적으로 영감되었을 뿐만 아니라, 단어들의 배열과 배치까지도 그것이 성령의 역사(役事)임을 증명한다. 하나님은 질서(order)의 하나님이시다. 성경을 부지런히 연구하는 사람들이라면 누구나 그의 모든 말씀 속에서 그것(order)을 발견한다. 앞에서 이야기한 것처럼, 야곱은 넷째 아들 유다를 축복할 때 육체를 따라 그 지파로부터 오게 될 그리스도 자신을 내다보았다. 한편 우리 주님은 이 땅에 계시는 동안 스불론 땅과 밀접하게 관련되어 있었으며, 그렇기 때문에 여기에서 유다와 스불론이 나란히 놓이게 된 것이다. 우리 주님이 태어난 지파가 언급된 후, 곧바로 그가 30년 동안 사셨던 지파가 언급된다. 나는 바로 이것이 여기에서 야곱이 넷째 아들로부터 곧바로 열째 아들로 넘어간 주된 이유라고 믿는다.

이스라엘 역사(歷史) 가운데 스불론 지파가 맡은 역할은 그다지 두드러진 것이 아니었다. 스불론 지파는 비록 매우 드물게 언급되기는 하지만 언급될 때마다 매우 명예로운 일과 관련하여 언급된다. 첫째로, 우리는 사사기 5장에서 그들에 대해 읽는다. 거기에서 드보라는 야빈과 시스라에 대한 이스라엘의 승리를 송축하면서, 각각의 지파들이 맡은 역할을 노래로써 표현한다. 그때 그녀는 스불론과 납달리에 대해 이렇게 말한다. "스불론은 죽음을 무릅쓰고 목숨을 아끼지 아니한 백성이요 납달리도 들의 높은 곳에서 그러하도다"(18절). 또 역대상 12장에서 우리는 "다윗에게로 나아와서 사울의 나라를 그에게 돌리고자" 했던 사람들을 보게 되는데(23절), 거기에 스불론과 관련하여 다음과 같은 말씀이 나온다. "스불론 중에서 모든 무기를 가지고 전열을 갖추고 두 마음을 품지 아니하고 능히 진영에 나아가서 싸움을 잘하는 자가 오만 명이요"(33절). 또 같은 장 40절에서 우리는 다음과 같은 말씀을 보게 된다. "또 그들의 근처에 있는 자로부터 잇사갈과 스불론과 납달리까지도 나귀와 낙타와 노새와 소에다 음식을 많이 실어왔으니 곧 밀가루 과자와 무화과 과자와 건포도와 포도주와 기름이요 소와 양도 많이 가져왔으니 이는 이스라엘 가운데에 기쁨이 있음이었더라."

스불론에 대한 야곱의 예언은 장차 그 지파가 가나안 땅에서 차지하게 될 기업의 위치에 초점이 모아진다. 신명기 33장에 열두 지파에 대한 모세의 예언이 기록되어 있다. 거기에 스불론에 대한 예언이 나타나는데, 그것은 창세기 49장의 야곱의 예언과 매우 비슷하다. "스불론에 대하여는 일렀으되 스불론이여 너는 밖으로 나감을 (즉 바다로 나감을) 기뻐하라 잇사갈이여 너는 장막에 있음을 즐거워하라 그들이 백성들을 불러 그 산에 (즉 시온 산에) 이르게 하고 거기에서 의로운 제사를 드릴 것이며 바다의 풍부한 것과 모래에 감추어진 보배를 흡수하리로다"(신 33:18, 19).

여기에서 야곱이 묘사하는 스불론의 성격은 유다의 성격과 매우 다르다. 스불론 지파는 공간적으로 다른 지파들로부터 상당히 떨어져 있는 것으로 묘사되는데, 그들은 "움킨 것을 찢고 올라가는 사자"와 같은 유다 지파와도 다르고(9절) "양의 우리 사이에 꿇어앉은 나귀"와 같은 잇사갈과도 다르다(14절). 스불론은 바다를 무대로 상업을 하는 지파가 될 것이었다. 야곱은 스불론에 대해 "그의 경계가 시돈까지" 이를 것이라고 예언한다. 시돈은 베니게(Phoenica)에 속한 도시인데, 그러한 예언은 그들이 베니게인들의 교역에 참여할 것을 함축한다.

(납달리 지파와 함께) 스불론 지파에게 할당된 땅은 신약에서 "이방의 갈릴리"(Galilee of the Gentiles)로 알려진 지역이었다. "스불론 땅과 납달리 땅과 요단 강 저편 해변 길과 이방의 갈릴리여"(마 4:15). 이 지역의 갈릴리인들은 이방인들과 자유롭게 교류했던 활기가 넘치며 진취적인 사람들이었다. 스불론에 대한 모세의 예언은 그러한 사실을 잘 보여 준다(신 33:18-19을 보라). 그리고 그것은 갈릴리인들이 십자가를 전파한 최초의 복음전도자들이 된 신약시대를 내다본다. 모세가 "스불론이여 너는 밖으로 나감을 기뻐하라"고 말한 것을 주목하라(신 33:18). 그리스도의 열두 사도 가운데 열한 명이 갈릴리인이었던 것은 정말로 놀랍지 않은가? 오직 유다 한 사람만 예외였다. 이어지는 모세의 예언은 얼마나 아름다운가! "그들이 백성들을 불러 산에 이르게 하고 거기에서 의로운 제사를 드릴 것이며"(19절).

스불론에 대한 야곱의 예언 가운데 또 한 가지 주목할 만한 것이 있다. 이 지파와 관련하여 야곱은 "그는 배들의 피난처가 될 것이라"라고 말했다(He shall be for a haven of ships, 한글개역개정판에는 "그 곳은 배 매는 해변이라"라고 되어 있음). 갈릴리는 폭풍에 시달린 배들이 닻을 내리고 안식할 수 있는 피난처를 제공해줄 것이었다. 요셉과 마리아가 어린 그리스도와 함께 애굽으로부터 돌아온 후 "피난처"를 발견한 장소는 바로 이 곳이었다. 또 주 예수께서 공생애를 시작할 때까지 살았던 곳 역시 바로 이곳이었다. 또 요한복음 7:1에서 우리는 "그 후에 예수께서 갈릴리에서 다니시고 유대에서 다니려 아니하심은 유대인들이 죽이려 함이러라"라는 말씀을 읽는다. 여전히 갈릴리는 그에게 "피난처"였다.

"잇사갈은 양의 우리 사이에 꿇어앉은 건장한 나귀로다 그는 쉴 곳을 보고 좋게 여기며 토지를 보고 아름답게 여기고 어깨를 내려 짐을 메고 압제 아래에서 섬기리로다"(창 49:14, 15). 이러한 말씀에 대해 나는 아주 적은 빛밖에는 가지고 있지 못하다. 여기에서 다섯째 아들 잇사갈에 대한 예언을 구성하는 각각의 표현들의 정확한 의미를 결정하는 것은 쉬운 일이 아니다. 뿐만 아니라 그러한 각각의 표현들이 실제로 잇사갈 지파의 행적 속에서 어떻게 성취되었는지 추적하는 것 역시 쉬운 일이 아니다. 다만 한 가지는 분명하다. 오늘날 어떤 사람(혹은 지파)을 나귀와 비교하는 것은 결코 좋은 의미가 아니다. 그 안에는 그에 대한 힐난(詰難)의 의미가 함축되어 있다. 그러나 야곱의 시대에는 그렇지 않았다. 당시 이스라엘에서 사람들은 나귀를 경멸적으로 바라보지 않았다. 도리어 나귀는 영예로운 동물이었다. 나귀는 짐을 나르는 유용한 동물이었을 뿐만 아니라, 높은 계급의 사람들이 타고 다니는 것이기도 했다(삿 10:4; 12:14을 보라). 솔로몬의 시대까지, 이스라엘에는 말이 없었다. 하나님이 그것을 기르는 것을 금하셨기 때문이다(신 17:16을 보라). 그렇기 때문에 당시 통상적으로 사용된 유용한 동물은 나귀였다. 마치 오늘날의 말이 그런 것처럼 말이다. "나귀"는 이스라엘에게 그들이 특별하게 구별된 백성임을 일깨워 주는 한 가지 도구였다. 그들은 고대의 다른 나라들과는 달리 말과 병거가 아니라 여호와를 의지(依支)해야 했다.

야곱은 잇사갈을 "건장한 나귀"라고 표현했다. 야곱의 이러한 예언은 이후 잇사갈 지파의 역사(歷史) 속에서 분명하게 성취되었다. 광야에서 행한 두 번째 인구 조사가 민수기 26장에 기록되어 있는데, 거기에서 우리는 오직 유다와 단만이 잇사갈보다 수적으로 더 강성했음을 발견한다. 그리고 단은 잇사갈보다 고작 100명 더 많았을 뿐이었다. 뿐만 아니라 왕정 시대에 잇사갈 지파는 한층 더 강성해졌다. 광야 시대에는 잇사갈 지파 가운데 전쟁에 나갈 만한 남자들의 숫자가 64,300명이었던 반면(민 26:25), 왕정 시대에는 87,000명이었기 때문이다. "그의 형제 잇사갈의 모든 종족은 다 용감한 장사라 그 전체를 계수하면 팔만 칠천 명이었더라"(대상 7:5).

제39장

야곱의 예언

❷

창세기 49장

"단은 **이스라엘의 한 지파 같이 그의 백성을 심판하리로다 단은 길섶의 뱀이요 샛길의 독사로다 말굽을 물어서 그 탄 자를 뒤로 떨어지게 하리로다 여호와여 나는 주의 구원을 기다리나이다"**(창 49:16-18). 우리는 단 지파에 대한 야곱의 예언을 신명기 33:22에 기록된 모세의 예언과 비교할 필요가 있다. "단에 대하여는 일렀으되 단은 바산에서 뛰어나오는 사자의 새끼로다." 두 사람 모두 단 지파의 악에 대해 예언한 것으로 보인다.

성경이 단에 대해 기록하는 첫 번째 사실은 그의 비천한 탄생이다(창 3:1-6을 보라). 다음으로 우리는 창세기 37:2에서 그를 보게 된다. 비록 그의 이름이 직접적으로 언급되지는 않는다 하더라도 말이다. "요셉이 십칠 세의 소년으로서 그의 형들과 함께 양을 칠 때에 그의 아버지의 아내들 빌하와 실바의 아들들과 더불어 함께 있었더니 그가 그들의 잘못을 아버지에게 말하더라." 빌하와 실바의 네 아들 가운데 단이 제일 맏이였다. 그리고 이때 그의 나이는 대략 20세 정도였다. 여기에서 요셉이 그들의 "잘못"을 아버지에게 말했다고 했는데, 그러한 잘못을 주도한 사람은 아마도 단이었을 가능성이 매우 높다. 계속해서 창세기 46장에 애굽으로 내려간 야곱의 자손들의 목록이 나온다. 여기에서 르우벤과 시므온과 레위와 다른 아들들의 자손들은 일일이 그 이름이 기록되는 반면, 단의 경우에는 그의 아들들의 이름이 나오지 않고 다만 후심 혹은 수함이라는 종족의 이름으로만 뭉뚱그려 언급된다(23절을 보라). 우리가 이것을 특별히 주목해야만 하는 것은 놀랍게도 민수기 26장에도 똑같이 그렇게 되어 있기 때문이다. 야곱의 열두 아들로부터 태어난 자손들은 단에 이를 때까지는 일일이 그 이름이 기록된다. 그러나 마침내 단에 이르러서는 그의 아들들의 이름이 기록되지 않고 단지 종족의 이름만 나타날 뿐이다(42절을 보라). 이와 같이 단의 자손들의 이름이 감추어지는 것은 이후 성경에서 이스라엘의 열두 지파 가운데 그의 이름이 조용히 "사라지는" 것에 대한 최초의 암시이다. 예컨대 역대상 2-10장에 기록된 족보 속에 단 지파는 전혀 언급되지 않는다. 뿐만 아니라 계시록 7장의 인 맞은 144,000명 속에도 단 지파는 전혀 나타나지 않는다. 성령께서 단의 자손들의 이름을 기록하지 않은 이유가 바로 여기에 있었던 것으로 보인다. 뿐만 아니라 성경은 열두 지파의 이름을 언급할 때 거의 대부분 단 지파를 뒷부분이나 혹은 제일 마지막에 놓는다. 예컨대 우리는 민수기 10:25에서 다음과 같은 말씀을 읽는다. "다음으로 단 자손 진영의 군기에 속한 자들이 그들의 진영별로 행진하였으니 이 군대는 모든 진영의 마지막 진영이었더라." 뿐만 아니라 단은 여호수아가 가나안 땅을 분배할 때 제일 마지막으로 기업을 받은 지파였다. "단 자손의 지파가 그에 딸린 가족대로 받은 기업은 이 성읍들과 그들의 마을들이었더라 이스라엘 자손이 그들의 경계를 따라서 기업의 땅 나누기를 마치고 자기들 중에서 눈의 아들 여호수아에게 기업을 주었으니"(수 19:47-9). 마찬가지로 역대상 27:16-22에서 모든 지파들이 언급될 때에도 단은 제일 마지막에 언급된다.

야곱의 예언과 모세의 예언을 종합할 때, 우리는 단 안에서 두 가지 주된 특성을 발견한다. 첫째는 그의 반역성이며(단은 길섶의 뱀이요 샛길의 독사로다), 둘째는 그의 잔인성이다(단은 바산에서 뛰어나오는 사자의 새끼로다). 사사기 18장은 이러한 예언이 어떻게 최초로 성취되었는지 잘 보여 준다. 단 지파가 라이스를 공격한 것은 뱀처럼 교활하며 사자처럼 잔인한 행동이었다. 그것은 마치 사자의 새끼가 바산으로부터 뛰어나오는 것과 같았으며, 샛길의 독사가 먹이를 보고 튀어오르는 것과 같았다. 또 사사기 18:30로부터 우리는 우상 숭배에 떨어진 최초의 지파가 바로 단 지파였음을 보게 된다. 틀림없이 그들은 여로보암의 시대까지 계속해서 그와 같은 상태로 남아 있었던 것으로 보인다. 그렇게 추측할 수 있는 것은 여로보암이 금송아지 둘을 세우면서 하나는 벧엘에 그리고 다른 하나는 단에 세웠기 때문이다(왕상 12:28-29). 그리고 예후의 시대 이후에도 두 금송아지는 여전히 그 자리에 서 있었다. 예후의 시대에 큰 개혁이 있었다. 그때 바알의 선지자들과 바알을 숭배하는 자들이 죽임을 당하고, 바알을 새긴 형상들이 불태워지고, 바알의 신전이 허물어졌다. 그럼에도 불구하고 우리는 다음과 같은 말씀을 듣는다. "그러나 이스라엘에게 범죄하게 한 느밧의 아들 여로보암의 죄 곧 벧엘과 단에 있는 금송아지를 섬기는 죄에서는 떠나지 아니하였더라"(왕하 10:29).

단 지파에 대한 야곱의 예언 가운데 우리가 주목할 것이 또 한 가지 있다 — "단은 그의 백성을 심판하리로다(judge)." 이러한 예언은 삼손의 때에 부분적으로 성취되었다. 물론 그것의 최종적인 성취는 대환난의 때를 기다리고 있다 하더라도 말이다. 여호수아 19:41은 우리에게 단 지파에 할당된 성읍들 가운데 소라와 에스다올이 있었음을 알려 준다. 이것을 사사기 13:2과 비교해 보라. 둘을 비교할 때, 우리는 삼손의 부모가 단 지파에 속한 사람들로서 소라에 살았음을 알게 된다. 이와 같이 이스라엘의 사사(judges) 가운데 한 사람인 삼손에게서 "단이 그의 백성을 심판(judge)할 것이라는" 야곱의 예언이 놀랍게 성취된다. 단의 특이한 이력(履歷)을 특징짓는 것은 사자의 강함과 뱀 같은 계략이었다. 삼손이 어떻게 그의 죽음으로 이를테면 "말굽을 물었는지" 생각해 보라.

여기에서 우리는 특별히 야곱이 단에 대한 예언을 마치고 다음 지파로 넘어가기에 앞서 "여호와여 나는 주의 구원을 기다리나이다"라고 말한 것을 주목할 필요가 있다(창 49:18). 이것은 얼마나 특이하며 의미심장한 삽입(挿入)인가! 단을 "길섶의 뱀"으로 말하고 난 다음, 야곱의 마음 가운데 하나님이 옛 뱀 마귀에게 하셨던 말씀이 떠오른 것으로 보인다. "내가 너로 여자와 원수가 되게 하고 네 후손도 여자의 후손과 원수가 되게 하리니 여자의 후손은 네 머리를 상하게 할 것이요 너는 그의 발꿈치를 상하게 할 것이니라"(창 3:15). 여기에서 죽음을 앞둔 야곱의 눈은 그 "뱀"을 넘어 "그의 머리를 상하게 할" 자를 바라본다. 그러면서 그는 "여호와여 나는 주의 구원을 기다리나이다"라고 말한다. 장차 유대인 가운데 경건한 남은 자들도 이와 똑같이 기도할 것이다. 만일 — 예언을 연구하는 많은 학자들이 일반적으로 받아들이는 것처럼 — 적그리스도가 정말로 단 지파로부터 나온다면, 단의 자손과 관련한 야곱의 옛 예언은 그때 최종적으로 성취될 것이다. 그때 단은 최고의 형태로 (적그리스도 안에서) "그의 백성" 즉 이스라엘을 "심판하며" 통치할 것이다. 그때 단은 "길섶의 뱀"과 "샛길의 독사"가 될 것이다. 그때 그는 반역적이며 잔인하게 "말굽을 물" 것이다. 그리고 그때 짐승에게 절하지 아니하고 그의 "표"를 받는 것을 거부하는 신실한 무리는 "여호와여 나는 주의 구원을 기다리나이다"라고 부르짖을 것이다.

"갓은 군대의 추격을 받으나 도리어 그 뒤를 추격하리로다"(창 49:19). 여기에서 "군대"에 해당되는 히브리어는 갑자기 습격하여 약탈하는 무리를 의미한다. 그리고 우리는 이것과 같은 어원을 가진 단어가 열왕기하 5:2에서 "떼"로 번역되는 것을 발견한다. "전에 아람 사람이 떼를 지어 나가서 이스라엘 땅에서 어린 소녀 하나를 사로잡으매." 또 같은 단어는 열왕기하 24:2에서 "부대"로 번역된다. "여호와께서 그의 종 선지자들을 통하여 하신 말씀과 같이 갈대아의 부대와 아람의 부대와 모압의 부대와 암몬 자손의 부대를 여호야김에게로 보내 유다를 쳐 멸하려 하시니." 그러므로 "갓은 군대의 추격을 받으나 도리어 그 뒤를 추격하리로다"라는 야곱의 말은 패배를 승리로 바꾸는 것을 의미하는 것으로 보인다. 갓 지파는 항상 전쟁 상태에 있을 것이었다. 그들은 마치 베두인족처럼 계속해서 방랑하며 안정되지 못한 상태로 존재할 것이었다. 어떤 사람들은 "어슬렁거리며 다니다"(Gad-about)라는 단어가 이 지파(즉 Gad 지파)의 성격으로부터 기원한 것이 아닌지 추측하기도 한다.

우리는 또 다시 이 지파와 관련한 야곱의 예언과 모세의 예언이 밀접하게 병행되는 것을 주목할 필요가 있다. 신명기 33:20-21에서 모세는 갓 지파와 관련하여 이렇게 말한다. "갓에 대하여는 일렀으되 갓을 광대하게 하시는 이에게 찬송을 부를지어다 갓이 암사자 같이 엎드리고 팔과 정수리를 찢는도다 그가 자기를 위하여 먼저 기업을 택하였으니 곧 입법자의 분깃으로 준비된 것이로다 그가 백성의 수령들과 함께 와서 여호와의 공의와 이스라엘과 세우신 법도를 행하도다." 여기의 앞부분의 예언은 갓의 불안정하며 호전적인 성격을 강조한다. 그리고 갓이 "자기를 위하여 먼저 기업을 택하였다"는 두 번째 언급은 이 지파가 요단 동편에서 자신들의 기업을 얻고자 했던 사실과 관련된다. 이것은 여호수아의 때에 가나안 땅이 지파들 사이에 분배되기 전의 일이었다. 그러한 갓의 기업은 "길르앗 땅"으로 알려지게 되었다(신 3:12-15을 보라). 계속해서 모세가 "갓을 광대하게 하시는 이에게 찬송을 부를지어다"라고 말한 것을 주목하라. 우리는 역대상 5:16에서 이러한 말씀이 성취된 것을 발견할 수 있다. 거기에서 우리는 갓의 자손들이 "사론의 모든 들에 거주했다"는 말씀을 읽는다. 여호수아 13:24-28에 샤론에 대해 아무런 언급도 나타나지 않는 것을 주목하라. 이와 같이 그들의 경계는 "광대하게" 되었다.

갓이 차지한 기업은 지정학적으로 매우 불안정한 곳이었다. 그들은 다른 지파들로부터 어느 정도 단절된 채 고립되어 있었다. 그리고 암몬 족속이나 미디안 족속과 같은 이방 나라들로부터의 공격에 계속적으로 노출되어 있었다. 따라서 그들은 항시적으로 전쟁 상태 가운데 살고 있었다. 이와 같이 창세기의 야곱의 예언은 반복적으로 성취되었다. 갓은 믿음의 결핍으로 말미암은 잘못된 선택으로 인해 많은 고통을 당했다. 그들의 선택은 롯의 선택만큼이나 나쁜 선택이었다. 그리고 그것은 마침내 재앙으로 증명되었다. 그들은 포로로 끌려간 최초의 지파들 가운데 한 지파였기 때문이다(대상 5:26을 보라).

갓에 대한 야곱의 예언이 성취된 특별한 실례(實例)를 위해서는 사사기 11장을 보라. 4절에서 우리는 "얼마 후에 암몬 자손이 이스라엘을 치려 하니라"라는 말씀을 읽는다. 이제 그들이 이스라엘의 어떤 지역을 쳤는지 주목해 보라. "암몬 자손이 이스라엘을 치려 할 때에 길르앗 장로들이 입다를 데려오려고 돕 땅에 가서 입다에게 이르되 우리가 암몬 자손과 싸우려 하니 당신은 와서 우리의 장관이 되라 하니 … 이에 입다가 길르앗 장로들과 함께 가니 백성이 그를 자기들의 머리와 장관을 삼은지라 입다가 미스바에서 자기의 말을 다 여호와 앞에 아뢰니라 입다가 암몬 자손의 왕에게 사자들을 보내 이르되 네가 나와 무슨 상관이 있기에 내 땅을 치러 내게 왔느냐 하니"(5-6, 11-12절). 또 사무엘상 11:1에서 우리는 다음과 같은 말씀을 읽는다. "암몬 사람 나하스가 올라와서 길르앗 야베스에 맞서 진 치매 야베스 모든 사람들이 나하스에게 이르되 우리와 언약하자 그리하면 우리가 너를 섬기리라 하니." 그러나 종국에 갓은 "이길" 것이다. 나는 예레미야 49:1-2이 바로 이것을 가리킨다고 믿는다. "암몬 자손에 대한 말씀이라 여호와께서 이와 같이 말씀하시되 이스라엘이 자식이 없느냐 상속자가 없느냐 말감이 갓을 점령하며 그 백성이 그 성읍들에 사는 것은 어찌 됨이냐 여호와의 말씀이니라 그러므로 보라 날이 이르리니 내가 전쟁 소리로 암몬 자손의 랍바에 들리게 할 것이라 랍바는 폐허더미 언덕이 되겠고 그 마을들은 불에 탈 것이며 그 때에 이스라엘은 자기를 점령하였던 자를 점령하리라 여호와의 말씀이니라." 또 스바냐 2:8-9에서 우리는 다음과 같은 말씀을 읽는다. "내가 모압의 비방과 암몬 자손이 조롱하는 말을 들었나니 그들이 내 백성을 비방하고 자기들의 경계에 대하여 교만하였느니라 그러므로 만군의 여호와 이스라엘의 하나님이 말하노라 내가 나의 삶을 두고 맹세하노니 장차 모압은 소돔 같으며 암몬 자손은 고모라 같을 것이라 찔레가 나며 소금 구덩이가 되어 영원히 황폐하리니 내 백성의 남은 자들이 그들을 노략하며 나의 남은 백성이 그것을 기업으로 얻을 것이라."

"아셀에게서 나는 먹을 것은 기름진 것이라 그가 왕의 수라상을 차리리로다"(창

49:20). 스불론과 납달리와 잇사갈과 함께, 아셀의 자손들은 팔레스타인 북쪽에 정착했다. 그곳은 전체적으로 "이방의 갈릴리"라고 불리는 지역이었다. 그러한 이름은 특별히 아셀 지파와 가장 잘 어울리는 이름이었다. 그 지파는 절반이 이방인이 지파였기 때문이었다. 아셀의 영토는 팔레스타인 최북단 즉 레바논 산으로부터 지중해 사이에 걸쳐 있었으며, 그 경계 안에 두로와 시돈 등의 고대의 유명한 도시들이 포함되어 있었다(수 19:24-31을 보라). 이 지파의 영토는 "종려나무의 땅"을 의미하는 "베니게"(Phoenicia)라는 그리스 이름으로 더 잘 알려졌다. 그곳에 그와 같은 이름이 붙여진 것은 거기에 번성한 종려나무들이 매우 많았기 때문이었다. 여기의 야곱의 예언이 바라본 것은 그와 같이 기름지며 아름다운 땅이었다.

"아셀에게서 나는 먹을 것은 기름진 것이라 그가 왕의 수라상을 차리리로다." 이제 이러한 예언이 성취된 것을 보여 주는 몇몇 구절들을 살펴보도록 하자.

"두로 왕 히람이 다윗에게 사절들과 백향목과 목수와 석수를 보내매 그들이 다윗을 위하여 집을 지으니"(삼하 5:11). 앞에서 이야기한 것처럼, 두로는 아셀 지파의 영토 안에 있었다(수 19:29). 그리고 우리는 여기에서 두로의 왕이 다윗의 집을 짓기 위해 자재와 일꾼들을 보냄으로써 "왕의 수라상을 차린" 것을 보게 된다.

이러한 일은 솔로몬의 시대에 또 다시 반복된다. "솔로몬이 기름 부음을 받고 그의 아버지를 이어 왕이 되었다 함을 두로 왕 히람이 듣고 그의 신하들을 솔로몬에게 보냈으니 이는 히람이 평생에 다윗을 사랑하였음이라 이에 솔로몬이 히람에게 사람을 보내어 이르되 당신도 알거니와 내 아버지 다윗이 사방의 전쟁으로 말미암아 그의 하나님 여호와의 이름을 위하여 성전을 건축하지 못하고 여호와께서 그의 원수들을 그의 발바닥 밑에 두시기를 기다렸나이다 이제 내 하나님 여호와께서 내게 사방의 태평을 주시매 원수도 없고 재앙도 없도다 여호와께서 내 아버지 다윗에게 하신 말씀에 내가 너를 이어 네 자리에 오르게 할 네 아들 그가 내 이름을 위하여 성전을 건축하리라 하신 대로 내가 내 하나님 여호와의 이름을 위하여 성전을 건축하려 하오니 당신은 명령을 내려 나를 위하여 레바논에서 백향목을 베어내게 하소서 내 종과 당신의 종이 함께 할 것이요 또 내가 당신의 모든 말씀대로 당신의 종의 삯을 당신에게 드리리이다 당신도 알거니와 우리 중에는 시돈 사람처럼 벌목을 잘하는 자가 없나이다 히람이 솔로몬의 말을 듣고 크게 기뻐하여 이르되 오늘 여호와를 찬양할지로다 그가 다윗에게 지혜로운 아들을 주사 그 많은 백성을 다스리게 하셨도다 하고 이에 솔로몬에게 사람을 보내어 이르되 당신이 사람을 보내어 하신 말씀을 내가 들었거니와 내 백향목 재목과 잣나무 재목에 대하여는 당신이 바라시는 대로 할지라 내 종이 레바논에서 바다로 운반하겠고 내가 그것을 바다에서 뗏목으로 엮어 당신이 지정하는 곳으로 보내고 거기서 그것을 풀리니 당신은 받으시고 내 원을 이루어 나의 궁정을 위하여 음식물을 주소서 하고 솔로몬의 모든 원대로 백향목 재목과 잣나무 재목을 주매"(왕상 5:1-10). 이와 같이 우리는 여기에서 아셀이 또 다시 "왕의 수라상을 차린" 것을 보게 된다.

야곱이 "아셀에게서 나는 먹을 것은 기름진 것이라"라고 말한 것을 다시 한 번 주목하라. 엘리야의 때에 온 땅에 기근이 있었을 때, 하나님은 "내가 그 곳 과부에게 명령하여 네게 음식을 주게 하였느니라"라고 말씀하시면서 그를 사렙다의 과부에게로 보내셨다(왕상 17:9). 사렙다는 시돈 안에 있었으며(눅 4:26), 시돈은 아셀의 영토 안에 있었다(수 19:28).

계속해서 우리는 역대하 30장에서 아셀이 "왕의 수라상을 차린" 또 하나의 실례(實例)를 발견한다. 그때 이스라엘에 큰 종교적 부흥이 있었다. 히스기야 왕은 "온 이스라엘과 유다에 사람을 보내고 또 에브라임과 므낫세에 편지를 보내어 예루살렘 여호와의 전에 와서 이스라엘 하나님 여호와를 위하여 유월절을 지키라"고 명령했다(1절). 그런데 우리는 "보발꾼이 에브라임과 므낫세 지방 각 성읍으로 두루 다녀서 스불론까지 이르렀으나 사람들이 그들을 조롱하며 비웃었더라"라는 말씀을 듣는다(10절). 그러나 바로 다음에 우리는 다음과 같은 말씀을 읽게 된다. "그러나 아셀과 므낫세와 스불론 중에서 몇 사람이 스스로 겸손한 마음으로 예루살렘에 이르렀고"(11절).

나아가 신약까지도 우리에게 아셀이 "왕의 수라상을 차린" 두 가지 실례를 보여 준다. 누가복음 2장을 보라. 거기에서 우리는 아셀 지파에 속한 한 여인이 새로 탄생한 이스라엘의 왕에게 최고의 수라상을 차린 것을 발견한다. 마리아와 요셉이 아기 예수를 데리고 성전에 왔을 때, 우리는 다음과 같은 말씀을 듣는다. "또 아셀 지파 바누엘의 딸 안나라 하는 선지자가 있어 나이가 매우 많았더라 그가 결혼한 후 일곱 해 동안 남편과 함께 살다가 과부가 되고 팔십사 세가 되었더라 이 사람이 성전을 떠나지 아니하고 주야로 금식하며 기도함으로 섬기더니 마침 이 때에 나아와서 하나님께 감사하고 예루살렘의 속량을 바라는 모든 사람에게 그에 대하여 말하니라"(36-38절).

또 사도행전 27장을 보라. 그때 바울 사도는 죄수로서 로마로 호송되고 있었다. 로마로 가는 항해 도중 배가 (아셀 지파의 영토 안에 있는) 시돈에 도착했을 때, 우리는 다음과 같은 말씀을 듣는다. "이튿날 시돈에 대니 율리오가 바울을 친절히 대하여 친구들에게 가서 대접 받기를 허락하더니"(3절). 여기에서 우리는 아셀이 왕의 수라상을 차린 또 하나의 실례를 보게 된다.

"납달리는 놓인 암사슴이라 아름다운 소리를 발하는도다"(창 49:21). 납달리는 "씨름"을 의미한다(창 30:8을 보라). "납달리는 놓인 암사슴이라." 야곱은 납달리가 마치 사냥꾼들에 의해 에워싸여 붙잡혔다가 겨우 그들의 올무로부터 벗어난 암사슴과 같다고 말한다. 납달리는 "놓인" 암사슴이 될 것이었다. 이러한 표현은 이중적인 의미를 갖는다. 히브리어에서 그 단어는 첫째로 "쫓긴"(sent)을 의미한다. 그것은 자신의 은신처로부터 쫓긴 사슴이 그곳으로부터 뛰쳐나가는 것을 표현한다. 그러나 그 단어는 또한 "풀려난" 혹은 "가게 함을 받은"을 의미한다. 그것은 노아가 방주로부터 까마귀와 비둘기를 "보낼" 때 사용된 단어이다. 그 단어는 사냥꾼에게 붙잡혔다가 자유를 되찾은 동물의 기쁨을 표현한다. 우리는 종종 묶인 쇠줄이 풀렸을 때 팔딱팔딱 뛰며 좋아하는 개를 보지 않는가! 그 단어가 표현하는 것은 바로 이와 같은 기쁨이다. 야곱은 여기에서 자유를 되찾은 암사슴처럼 기뻐 뛰는 납달리를 묘사한다. 다시 말해서 야곱은 납달리 지파가 자유를 되찾은 후 기쁨으로 노래하며 뛸 것을 예언하고 있는 것이다 — "납달리는 놓인 암사슴이라 아름다운 소리를 발하는도다." 자유를 되찾은 후, 납달리 지파는 찬미의 노래를 부를 것이다.

야곱의 이러한 예언이 놀랍게 성취된 것을 우리는 이 지파 출신의 위대한 영웅인 바락의 승리에서 발견한다(삿 4:6을 보라). 그는 마치 갈릴리 산지에 있는 자신의 은신처로부터 쫓긴 사슴과 같았다. 그는 자신의 은신처로부터 쫓겨 다볼 산으로 와서 900승의 철병거를 거느린 시스라의 군대와 마주했다. 바락은, 마치 쫓긴 사슴처럼, 처음에는 드보라의 부름에 소극적으로 응답했다. 그는 적은 수의 병사들과 함께 감히 시스라의 군대와 맞설 수 없었다. 사사기 4장 전체를 읽어 보라. 그리고 그가 사슴처럼 재빠르게 시스라를 공격할 것을 주목해 보라. "바락"이라는 이름이 "번개"를 의미하는 것은 매우 의미심장하다. 그는 번개처럼 재빠르게 시스라의 군대를 공격했으며, 그와 함께 그들은 여호와의 손에 의해 흩어졌다

(삿 4:14을 보라).

그 날의 싸움은 바락이 주도적으로 선택한 것이 아니었다. 도리어 그것은 드보라에 의해 재촉된 것이었다. 바락은 수동적으로 골짜기로 "보내졌다"(삿 5:15의 "바락도 그의 뒤를 따라 골짜기로 보내지니"라는 표현을 주목하라 — 한글개역개정판에는 "골짜기로 달려 내려가니"라고 되어 있음). 다볼 산에 있을 때, 바락의 군대는 시스라의 철병거 부대가 공격할 수 있는 범위 밖에 있었다. 그러나 골짜기로 내려왔을 때, 그들은 마치 스스로를 보호할 수 없는 한 무리의 사슴과 같았다. 그들에게는 공격을 위한 창도, 수비를 위한 방패도 없었다(5:8을 보라). 여기에서 납달리의 고립무원(孤立無援) 무방비 상태를 생각해 보라. 그들은 다른 형제들로부터 고립된 채, 가나안 족속들에게 에워싸여 있었다. 그들은 정말로 고립무원의 상징이었다. 그럼에도 불구하고 압제자의 손은 깨어졌다. 하나님이 개입하셨으며, 납달리는 "놓임"을 받았다. 우리는 그들의 풍성한 기쁨이 사사기 5장에 기록된 드보라와 바락의 노래 안에 온전하게 표현된 것을 발견한다. 야곱이 예언한 대로, 거기에 "아름다운 소리"가 있었다. 이와 같이 납달리는 이중적인 의미에서 "놓인" 암사슴이었다. 그들은 드보라에 의해 "쫓김"을 받았으며, 하나님에 의해 가나안 족속들의 멍에로부터 자유롭게 "놓임"을 받았다.

우리에게 있어 납달리 지파는 구약에서보다 신약에서 훨씬 더 큰 흥미와 관심을 불러일으킨다. 스불론과 납달리는 가까이 있었음에도 불구하고 신약에서 그 성격이 서로 다르게 나타난다. 스불론 땅은 주 예수께서 사람들 가운데 장막을 치셨던 처음 30년 동안 그를 위한 "안식처"를 제공해 주었다. 반면 많은 이적을 보았음에도 불구하고 회개하지 않은 가버나움과 벳세다와 고라신 등의 성읍들은 납달리의 경계 안에 있었다. 그는 두루 다니며 선한 일을 행하시고, 생명의 말씀을 전파하셨다. 그가 가난한 자들에게 복음을 전파한 것에 야곱이 말한 "아름다운 소리"가 있었다.

"요셉은 무성한 가지 곧 샘 곁의 무성한 가지라 그 가지가 담을 넘었도다 활쏘는 자가 그를 학대하며 적개심을 가지고 그를 쏘았으나 요셉의 활은 도리어 굳세며 그의 팔은 힘이 있으니 이는 야곱의 전능자 이스라엘의 반석인 목자의 손을 힘입음이라 네 아버지의 하나님께로 말미암나니 그가 너를 도우실 것이요 전능자로 말미암나니 그가 네게 복을 주실 것이라 위로 하늘의 복과 아래로 깊은 샘의 복과 젖먹이는 복과 태의 복이리로다 네 아버지의 축복이 내 선조의 축복보다 나아서 영원한 산이

한 없음 같이 이 축복이 요셉의 머리로 돌아오며 그 형제 중 뛰어난 자의 정수리로 돌아오리로다"(창 49:22-26).

요셉에 대한 예언은 두 부분으로 나누어진다. 22절부터 24절까지는 뒤를 돌아보며, 25절부터 26절까지는 앞을 내다본다. 이것은 시제(時制)가 바뀌는 것에서 분명하게 나타난다. 첫 번째 부분의 동사들은 과거 시제로 나타나며, 두 번째 부분의 동사들은 미래 시제로 나타난다. 야곱은 과거를 돌아보면서 사랑하는 아들 요셉과 관련하여 세 가지를 언급한다. 22절은 요셉이 아버지의 집에 있었던 어린 시절을 언급하는 것처럼 보인다. 그때 그는 아버지로부터 따뜻한 돌봄을 받았으며 아버지의 마음에 기쁨을 주는 아들이었는데, 이 모든 것이 "샘 곁의 무성한 가지"라는 아름다운 상징으로 묘사된다. 다음으로 야곱은 요셉에게 향해졌던 가혹한 적개심과 증오심을 언급한다 — "활쏘는 자들이 그를 학대하며 적개심을 가지고 그를 쏘았으나"(23절). 활쏘는 자들이 그를 슬프게 했다. 그들은 그를 향해 잔인한 화살을 쏘았으며, 그에게 자신들의 비이성적인 적개심을 폭발시켰다. 그러나 그 모든 것에도 불구하고 요셉은 특별한 신적 보호하심을 받았다 — "요셉의 활은 도리어 굳세며 그의 팔은 힘이 있으니 이는 야곱의 전능자 이스라엘의 반석인 목자의 손을 힘입음이라"(24절). 영원하신 하나님의 손이 그와 함께했으며, 주의 천사가 그를 둘러 진을 쳤다. 그의 팔은 하나님의 손을 힘입음으로 말미암아 강해졌다.

24절의 어법(語法)에 곤혹스러움을 느끼는 사람들이 있다. 심지어 흠정역 번역자들조차도 그것을 분명하게 이해하지 못한 것으로 보인다. 흠정역 24절은 다음과 같다. But his bow abode in strength, and the arms of his hands were made strong by the hands of the mighty God of Jacob, from thence is the Shepherd, the Stone of Israel. 흠정역은 "from thence" 다음에 고딕체 "is"를 끼워 넣음으로써 이것이 마치 그리스도와 관련한 예언인 것처럼 읽는다. 그러나 이것은 명백한 오류이다. 메시야는 요셉 지파로부터 오지 않고, 유다 지파로부터 왔다. 그러므로 고딕체 "is"는 제거되어야만 한다. 그러면 24절은 이렇게 될 것이다. "His hands were made strong by the hands of the mighty God of Jacob, from thence the Shepherd, the Stone of Israel." 요셉의 모든 강함과 축복은 "from thence" 즉 이스라엘의 목자와 반석으로부터 온 것이었다.

요셉에 대한 예언에서 가장 두드러지게 나타나는 특징은 **"무성함"**이다. 이것은 그로부터 두 지파 즉 에브라임 지파와 므낫세 지파가 나오는 사실에서 온전히 성취된다. 마치 하나의 줄기에서 두 개의 가지가 뻗어 나온 것처럼 말이다. 요셉은 약속의 땅에서 장자의 권리인 "갑절의 몫"을 받았다. 장자권이 르우벤으로부터 그에게로 옮겨졌기 때문이다(대상 5:1-2을 보라). 이것은 천년왕국에서도 마찬가지일 것이다. 에스겔 끝 부분에 나오는 천년왕국과 관련한 말씀에서, 우리는 다음과 같은 말씀을 읽는다. "주 여호와께서 이같이 말씀하셨느니라 너희는 이 경계선대로 이스라엘 열두 지파에게 이 땅을 나누어 기업이 되게 하되 요셉에게는 두 몫이니라"(겔 47:13). "에브라임"이 "무성함"을 의미하는 것은 매우 주목할 만하다. 또 야곱은 에브라임과 므낫세에 대해 "이들이 세상에서 번식되게 하시기를 원하나이다"라고 축복했다(48:16). 마지막으로, 우리는 여호수아가 요셉으로부터 말미암은 두 지파 가운데 한 지파로부터 나온 것을 주목할 필요가 있다(민 13:8). 이와 같이 요셉과 관련한 야곱의 예언은 여호수아 안에서 또 다시 성취되었다.

"베냐민은 물어뜯는 이리라 아침에는 빼앗은 것을 먹고 저녁에는 움킨 것을 나누리로다"(창 49:27). 이것 역시 성경의 신적 영감을 증명하는 또 하나의 두드러진 증거이다. 만일 야곱 자신에게만 남겨졌다면, 틀림없이 그는 사랑하는 막내아들 베냐민에 대해 이와 같이 말하지 않았을 것이다. 그러나 성경이 명백하게 보여 주는 것처럼, 여기의 예언은 문자 그대로 성취되었다.

여기에서 베냐민은 "이리"와 연결된다. 이리는 재빠름과 사나움으로 특징지어지는 동물이다. 베냐민은 열두 지파 가운데 가장 사납고 호전적이었다. 그것의 실례(實例)를 위해서는 사사기 19:16, 사무엘하 2:15-16, 역대상 8:40, 12:2, 역대하 17:17 등을 참조하라. 그 가운데 특별히 사무엘하 2:15-16을 보기로 하자. "그들이 일어나 그 수대로 나아가니 베냐민과 사울의 아들 이스보셋의 편에 열두 명이요 다윗의 신복 중에 열두 명이라 각기 상대방의 머리를 잡고 칼로 상대방의 옆구리를 찌르매 일제히 쓰러진지라"(삼하 2:15, 16).

베냐민 지파의 영웅들은 이리와 같은 사나움과 잔인함으로 특징지어진다. 에훗이 이 지파 출신이었다(삿 3:15-22을 읽어보라). 또 사울 왕도 베냐민 사람이었다(삼상 22:17-20을 읽어보라). 사무엘하 4:1-6에서 힘없는 양을 물고 있는 이리를 주목하라. 또 처음에 교회를 박해하는데 앞장섰던 다소의 사울 역시도 이 지파 출신이었다(롬 11:1).

마지막으로, 각각의 아들들에 대한 야곱의 예언이 어떻게 주 예수 안에서 성취되는지 살펴보도록 하자.

1. 르우벤에 대한 예언은 우리에게 그리스도의 인격의 탁월함과 존귀함을 일깨워 준다(3절). 그리스도는 장자로서 "위풍이 월등하고 권능이 탁월하다."

2. 시므온과 레위에 대한 예언은 우리에게 십자가에 달린 그리스도를 일깨워준다(5-7절). 그에게 "폭력의 도구"가 사용되었다. 야곱은 "내 혼아 그들의 모의에 상관하지 말지어다"라고 말한다. 야곱은 그들과 전혀 관계가 없었다. 그와 같이 그리스도는 십자가 위에서 하나님과 사람에 의해 버려졌다. 여기에서 야곱은 그들에게 "저주"를 선언한다. 그와 같이 그리스도는 십자가 위에서 "우리를 위해 저주가 되셨다."

3. 특별히 레위에 대한 예언은 우리 주님의 제사장직을 보여 준다. 레위는 나중에 제사장 지파가 되었기 때문이다.

4. 유다에 대한 예언은 우리 주님의 왕직을 보여 준다(8-12절).

5. 스불론에 대한 예언은 그리스도를 위대한 피난처와 안식의 항구로 바라본다(13절).

6. 잇사갈에 대한 예언은 그리스도의 겸비한 섬김을 보여 준다(14, 15절).

7. 단에 대한 예언은 그를 심판자로서 바라본다(16-18절).

8. 갓에 대한 예언은 그의 승리의 부활을 선언한다(19절).

9. 아셀에 대한 예언은 그를 생명의 떡으로서 바라본다(20절).

10. 납달리에 대한 예언은 그를 "아름다운 소리"를 발하는 하나님의 완전한 선지자로서 바라본다(21절).

11. 요셉에 대한 예언은 천년왕국에서의 그의 통치를 내다본다(22-26절).

12. 베냐민에 대한 예언은 그를 두려운 전사(戰士)로 묘사한다(사 63:1-3을 참조하라).

제 40장

어린 시절의 요셉

창세기 37장

야곱과 관련하여 이야기한 첫 번째 장(즉 본서 제29장)에서, 우리는 이스라엘의 각각의 족장들이 특정한 영적 진리들을 예증(例證的)으로 나타내는 사실과 그들의 삶의 연대기적인 순서가 진리의 교리적인 순서와 정확하게 일치하는 사실을 살펴보았다. 아브라함 안에서 우리는 선택의 교리가 나타나는 것을 보았다. 그것은 그가 이스라엘 민족의 조상이 되기 위해 하나님에 의해 모든 이방인들로부터 선택되었기 때문이다. 또 이삭에게서 우리는 신적 아들됨(divine sonship)의 교리가 예표적으로 나타나는 것을 보았다. 아브람의 장자 이스마엘은 육체를 따라 낳은 사람, 즉 옛 본성을 상징한다. 반면 하나님의 기적적인 능력으로 말미암아 태어난 이삭은 새 사람, 즉 영적 본성을 상징한다. 또 야곱에게서 우리는 신자 안에 있는 두 본성 사이의 싸움과 영으로 하여금 육을 이기도록 이끄는 하나님의 은혜로운 훈련을 본다. 계속해서 여기의 요셉은 상징적으로 "고난"을 거쳐 상속자가 되는 진리에 대해 이야기하는 동시에 아들이면서 상속자가 된 자들이 그리스도와 함께 통치할 때를 가리킨다. 이와 같이 우리는 이스라엘의 위대한 족장들 각각에 의해 특정한 진리들이 예증적으로 나타나는 것을 발견한다. 그리고 그들의 삶의 연대기적인 순서는 또한 성경 전체가 보여 주는 교리적인 순서와 정확하게 일치한다. 우리는 이러한 사실 역시 성경의 신적 저작권을 증명하는 또 하나의 증거라고 믿는다. 모든 것은 정확한 위치에 정확하게 배치되어 있다.

이와 같이 요셉은 우리에게 상속권자(heirship)에 대해 말해 준다. 어떤 학자는 이것을 다음과 같이 아름답게 표현했다. "요셉에게서 우리는 고난을 통해 영광에 이르는 진리를 발견한다. 자녀들에게 연단이 따르는 것처럼, 상속자로서 우리 앞에 고통이 따른다. 야곱과 요셉을 구별하는 것이 바로 여기에 있다. 우리가 야곱에게서 보는 것은 연단이다. 그는 연단을 통해 하나님의 거룩하심에 참여하는 자가 되었다. 반면 우리가 요셉에게서 보는 것은 고통, 순교자의 고통, 의를 위한 고통이다. 가장 높은 자리에 있는 것이 바로 이것이다. 창세기라는 놀라운 책에서 모든 것을 마무리 짓는 것으로서 오는 것이 바로 이것이다. 이와 같이 창세기는 완벽한 구조를 가지고 있다. 도덕적이며 교리적인 진리들이 마치 사슬처럼 계속해서 이어지며 나온다. 그들에게서 우리는 우리의 부르심, 우리의 역사(歷史)의 근원과 결말, 그리고 우리의 선택으로부터 우리의 기업에 이르기까지 모든 것을 배운다"(J. G. Bellett).

요셉은 창세기에서 두드러진 위치를 차지하는 인물들 가운데 마지막 인물이다. 그들은 모두 일곱 명이다 — 아담, 아벨, 노아, 아브라함, 이삭, 야곱, 요셉. 특별히 마지막 인물인 요셉에게 다른 인물들보다 상대적으로 더 많은 지면(紙面)이 할애된다. 거기에는 몇 가지 이유가 있다. 그것은 무엇보다도 요셉의 역사(歷史)가 창세기와 출애굽기를 연결하는 주된 연결고리이기 때문이다. 창세기의 마지막 열 장이 없다면 출애굽기의 앞부분은 불가해(不可解)한 것이 되고 만다. 히브리인들이 고작 수십 명의 목자들로부터 큰 민족으로 번성한 것을 설명하는 것은 다름 아닌 요셉의 생애이다. 그러나 요셉의 생애가 그토록 상세하게 기록된 가장 주된 이유는 의심의 여지없이 그 안에 있는 거의 모든 것이 그리스도와 직간접적으로 연결되기 때문이다. 그러나 이에 대해서는 나중에 살펴보기로 하자.

요셉과 관련하여 토머스 박사(Dr. G. Thomas)는 다음과 같이 이야기한다. "요셉은 라헬의 첫째 아들이었다(창 30:24). 그의 어린 시절에 대해서는 기록된 것이 아무것도 없다. 그의 아버지가 하란을 떠날 때, 그의 나이는 대여섯 살을 넘지 못했을 것이다. 그는 야곱이 노년에 낳은 아들이었다. 그러므로 그는 그의 가족들이 하란에서의 초창기 생활 동안 겪어야만 했던 어려움들을 겪지 않았다. 본장(창 37장)에서 그는 열일곱 살의 소년으로 우리 앞에 나타난다. 그는 빌하와 실바의 소생인 이복형들과 함께 어울렸다. 대체적으로 볼 때 그들은 요셉이 함께 어울리기에 그다지 적합하지 않은 사람들이었다. 그들은 자연적으로 하란에서의 삶에 영향을 받았다. 가족끼리 서로 시기하며 질투하는 것이라든지 혹은 라반과 야곱 사이에 서로 위계(僞計)를 행하는 것 같은 것들 말이다. 요셉이 변화된 야곱 혹은 '이스라엘' 의 영향을 받으며 자란 반면, 그들은 옛 야곱의 영향을 받으며 자랐다. 동생에게 나쁜 영향을 끼침에 있어 악한 형보다 더 강력한 존재는 아무도 없다."

"야곱의 족보는 이러하니라 요셉이 십칠 세의 소년으로서 그의 형들과 함께 양을 칠 때에 그의 아버지의 아내들 빌하와 실바의 아들들과 더불어 함께 있었더니 그가 그들의 잘못을 아버지에게 말하더라 요셉은 노년에 얻은 아들이므로 이스라엘이 여러 아들들보다 그를 더 사랑하므로 그를 위하여 채색옷을 지었더니 그의 형들이 아버지가 형들보다 그를 더 사랑함을 보고 그를 미워하여 그에게 편안하게 말할 수 없었더라"(창 37:2-4).

우리 대부분은 어린 시절부터 요셉과 관련한 아름다운 이야기를 들으며 자랐다. 거기에 노인 야곱이 있었으며, 그의 사랑하는 아들이 있었으며, 채색옷이 있었으며, 요셉의 꿈 이야기가 있었으며, 시기하는 형들이 있었으며, 그들의 악한 행동이 있었다. 이 모든 것은, 처음 어머니의 무릎 위에 앉아 배웠거나 혹은 주일학교 선생님의 입술로부터 들은 이후, 우리의 머릿속에 지워지지 않는 기억으로 남아 있다. 이 이야기 속에서 우리는 많은 교훈을 배우기도 했고, 또 여러 가지 경고를 발견하기도 했다. 그러나 지금은 그러한 것들은 그냥 내버려두고 보다 더 심오하며 중요한 것들로 곧바로 직행하도록 하자.

우리가 구약 성경을 주의 깊게 읽는다고 가정해 보자. 그럼에도 불구하고 우리가 거기에서 하나님이 다양한 방법으로 그 아들의 강림을 위한 길을 준비하고 계셨던 것을 발견하지 못한다면, 우리의 연구는 단지 피상적인 것에 불과할 뿐이다. 곳곳에 신적 성육신과 주 예수의 생애와 죽음이 예표적으로 나타나며, 우리는 바로 거기에 우리의 주의를 집중시켜야 한다. 그것을 위해 하나님이 사용하신 방법들 가운데 다양한 사람들의 역사(歷史)가 있다. 하나님은 그들을 통해 그리스도의 생애와 성품이 나타나도록 하셨다. 이와 같이 아담은 그리스도의 머리됨(Headship)을 나타냈으며, 아벨은 그의 죽음을 나타냈으며, 노아는 그의 백성을 위해 피난처를 준비하는 그의 사역을 나타냈으며, 멜기세덱은 그를 제사장으로 가리켰으며, 모세는 그를 선지자로 가리켰으며, 다윗은 그를 왕으로 가리켰다. 그러나 이 모든 인물들 가운데 가장 두드러진 인물은 단연 요셉이다. 왜냐하면 우리는 그의 생애와 그리스도의 생애 사이에서 최소한 100가지 이상의 유비점(類比點)을 추적할 수 있기 때문이다. 우리 앞서 많은 학자들이 이러한 매혹적인 주제를 다루었다. 이제 그들의 수고의 결과로부터 요셉의 역사(歷史)의 상징적인 의미들을 최대한 끌어내 보도록 하자.[1]

위에 인용한 창세기 37:2-4로부터 우리는 요셉이 그리스도를 일곱 가지로 예표하는 것을 발견할 수 있다. 일곱 가지는 다음과 같다. 그의 이름의 의미, 그의 일의 성격, 악에 대한 그의 대항, 그의 아버지의 사랑, 아버지의 나이에 대한 그의 관계, 그의 채색옷, 그리고 형들의 미움. 이제 이러한 것들을 차례대로 살펴보도록 하자.

1. 그의 이름의 의미.

그에게 "요셉"과 "사브낫바네아"라는 두 개의 이름이 있었던 것은 매우 큰 의미를 갖는다(창 41:45). 유대 랍비들은 "사브낫바네아"를 "비밀을 드러내는 자"로 번역한다. 이러한 이름은 바로가 그의 신적 지혜를 칭찬하면서 지어 준 이름이었다. 우리는 요셉을 그의 인적 이름(human name)으로, 그리고 사브낫바네아를 그의 신적 이름(divine name)으로 간주할 수 있다. 이와 같이 요셉이 예표한 자 역시 두 개의 이름을 가졌다. 하나는 그의 인적 이름인 "예수"이며, 다른 하나는 하나님의 "기름부음 받은 자"를 의미하는 "그리스도"이다. 또 다른 측면에서 그는 그의 인성을 가리키는 "사람의 아들"(人子)라는 이라는 이름과 그의 신성을 가리키는 "하나님의 아들"이라는 이름을 가졌다. 이제 요셉의 두 이름의 의미가 어떻게 그리스도와 관련되는지 살펴보도록 하자.

"요셉"은 더함을 의미한다(창 30:24을 보라). 첫째 아담은 "빼는 자"였다. 반면 마지막 아담은 "더하는 자"이다. 첫째 아담을 통해 사람들은 잃어버린 자가 된다. 반면 마지막 아담을 통해 그를 믿는 모든 사람들은 구원을 받는다. 예수 그리스도는 하늘의 백성들을 계속해서 "더하는" 자이다. 그가 이 땅에 오셔서 30년 이상 사람들 가운데 장막을 치셨다가 마침내 십자가 위에서 죽으신 것은 바로 이러한 목적 때문이었다. "내가 진실로 진실로 너희에게 이르노니 한 알의 밀이 땅에 떨어져 죽지 아니하면 한 알 그대로 있고 죽으면 많은 열매를 맺느니라"(요 12:24). 그의 죽음의 궁극적인 목적은 "많은 열매"를 맺는 것이다. 그리고 그가 다시 오실 때 그 모든 열매들은 천국 곳간에 들여질 것이다(요 14:3).

한편 요셉의 두 번째 이름은 "비밀을 드러내는 자"를 의미한다. 이것은 그를 표현하는 가장 적합한 이름이었다. 요셉은 항상 "비밀을 드러내는 자"였다. 단지 꿈을 해석할 때뿐만 아니라 그의 삶의 모든 장면에서와 그가 맡은 모든 일 가운데,

[1] 이러한 주제에 대해 우리는 할데만(Dr. Haldeman)과 냅(C. Knapp)에게 많은 빚을 졌다.

그는 항상 다른 사람들의 "비밀을 드러내는 자" 였다. 이것은 그리스도를 얼마나 놀랍게 예표하는가! 그에 대하여 시므온은 이렇게 예언한다. "보라 이는 이스라엘 중 많은 사람을 패하거나 흥하게 하며 비방을 받는 표적이 되기 위하여 세움을 받았고 또 칼이 네 마음을 찌르듯 하리니 이는 여러 사람의 마음의 생각을 드러내려 함이니라"(눅 2:34, 35).

창세기 37:2-4의 장면에서 요셉은 두 가지 측면에서 "비밀을 드러내는 자" 로서 나타난다. 첫째로, 그는 아버지의 마음을 드러냈다. 그것은 그가 여기에서 아버지의 사랑을 독차지하는 특별한 대상으로서 나타나기 때문이다. 둘째로, 그는 형들의 미워하는 마음을 드러냈다. 마찬가지로 우리의 복된 주님은 아버지의 마음을 드러내셨다. "본래 하나님을 본 사람이 없으되 아버지 품 속에 있는 독생하신 하나님이 나타내셨느니라"(요 1:18). 그는 또한 사람들의 마음속에 있는 것을 드러내셨다. 사복음서가 제시하는 가장 두드러진 사실 가운데 하나는 주 예수가 어디를 가든 모든 것을 드러냈다는 사실이다. 그는 그가 접촉하는 모든 것의 은밀한 상태를 분명하게 드러내셨다. 그는 진실로 "어둠" 가운데 비취는 "세상의 빛" 이셨다. 그는 어둠 가운데 감추어진 것들을 찾아내며, 덮개를 벗기며, 폭로하며, 빛으로 드러내셨다. 이와 같이 요셉은 "더하는" 자이며, "비밀을 드러내는 자" 였다.

2. 요셉의 일은 목자로서 "양을 치는" 것이었다.

구약의 중요한 인물들 가운데 상당수의 사람들이 "양을 치는" 목자들이었다. 아벨과 야곱과 요셉과 모세와 다윗이 그러했으며, 그들 각자는 우리 주님의 목자 되심을 다양한 측면으로 보여 준다. 그리스도를 상징하는 것 가운데 이것보다 더 아름다운 것은 아무것도 없다. 우리가 가장 사랑하는 시편 23편은 그를 목자로서 묘사한다. 우리가 어린 시절에 우리 주님에 대해 배운 최초의 개념들 가운데 하나는 선한 목자였다. 이러한 상징은 그의 주의 깊은 돌보심, 그의 계속적인 보호하심, 그의 따뜻한 보살피심, 그의 복된 오래 참으심, 양을 위해 목숨을 바치는 그의 비할 데 없는 사랑 등을 표현한다. 이와 같이 요셉은 "양을 치는" 목자로서 "이스라엘 집의 잃은 양" 을 찾기 위해 보냄을 받은 그리스도의 지상(地上) 사역을 가리킨다.

3. 악에 대한 그의 대항.

"그가 그들의 악(evil)을 아버지에게 말하더라"(한글개역개정판에는 "그들의 잘못을"이라고 되어 있음). 요셉의 이런 행동이 종종 논쟁의 대상이 되어 온 것은 참으로 안타까운 일이다. 어떤 사람들은 요셉이 잘못된 행동을 했다고 주장하는 반면, 또 어떤 사람들은 그의 행동을 옹호한다. 그러나 여기의 요셉은 고자질쟁이가 아니라 진실을 말하는 자로서 간주되어야 한다. 그는 비겁한 침묵으로 그들의 악한 행동에 동조하는 자가 되서는 안 되었다. 그리고 여기에서도 우리는 주 예수 그리스도가 예표적으로 나타나는 것을 분별할 수 있다. 이를 위해서는 요한복음의 한 구절을 인용하는 것으로 충분할 것이다. "세상이 너희를 미워하지 아니하되 나를 미워하나니 이는 내가 세상의 일들을 악하다고 증언함이라"(요 7:7).

4. 그의 아버지의 사랑.

"이스라엘이 여러 아들들보다 그를 더 사랑하므로." 이것은 요셉과 관련한 그림 가운데 가장 두드러지게 나타나는 특징 가운데 하나이다. 야곱은 특별히 요셉을 사랑했다. 그가 요셉을 위해 채색옷을 지어 준 것, 요셉이 악한 짐승에게 먹혔다고 생각하면서 위로받기를 거절하고 슬퍼한 것, 죽기 전에 사랑하는 아들을 보겠노라며 애굽까지의 먼 여행을 마다하지 않은 것 — 이 모든 것이 요셉에 대한 야곱의 특별한 사랑을 말해 준다. 이것은 우리에게 자기의 독생자에 대한 아버지의 사랑을 말해 주지 않는가? 솔로몬을 통해 예언의 영은 아버지와 아들 사이에 존재하는 영원한 관계를 다음과 같이 표현한다. "여호와께서 그 조화의 시작 곧 태초에 일하시기 전에 나를 가지셨으며 … 내가 그 곁에 있어서 창조자가 되어 날마다 그의 기뻐하신 바가 되었으며 항상 그 앞에서 즐거워하였으며"(잠 8:22, 30). 이것은 요셉에 대한 야곱의 사랑에 의해 얼마나 아름답게 예증(例症)되는가! 하나님의 아들이 성육신하시고 공생애를 시작하실 때 하늘로부터 울려 퍼진 음성이 무엇이었나? 그때 하늘이 열리면서 "이는 내 사랑하는 아들이요 나의 기뻐하는 자라"는 아버지의 음성이 들렸다(마 3:17). 그리고 그의 공생애가 끝날 즈음 변화산에서 다시 한 번 아버지의 음성이 들렸다. "이는 내 사랑하는 아들이요 내 기뻐하는 자니 너희는 그의 말을 들으라"(마 17:5). 아들 역시도 자신에 대한 아버지의 사랑을 증언하셨다. "내가 내 목숨을 버리는 것은 그것을 내가 다시 얻기 위함이니 이로 말미암아 아버지께서 나를 사랑하시느니라"(요 10:17). 아들이 자신에게 주어진 일을 마쳤을 때 그리고 그가 자신의 목숨을 내려놓고 죽은 자 가운데 다시 살아났을 때, 아버지는 그를 고통과 수치의 자리로부터 지극히 높은 자리로 옮기심으로써 자신의 사랑을 나타내셨다. "이러므로 하나님이 그를 지극히 높여 모든 이름 위에 뛰어난 이름을 주사"(빌 2:9). 하나님은 자기 아들을 지극히 높이셨을 뿐만 아니라 또한 그를 자신의 보좌에 앉히셨다(계 3:21).

5. 아버지의 나이에 대한 그의 관계.

"요셉은 노년의 아들이므로"(한글개역개정판에는 "노년에 얻은 아들이므로"라고 되어 있음). 여기의 그림 속에 있는 모든 특징들 가운데 의미 없는 것은 아무것도 없다. 그 그림을 그린 자가 성령이심을 생각할 때, 그것은 너무나 당연하지 않은가! 여기에 있는 모든 단어들이 모두 의미를 가지고 있다. 이와 관련하여 어떤 설교자는 이렇게 말한다. "노년을 영적인 언어로 바꾸어 하나님에게 적용하면, 그것은 '영원' 을 의미한다. 예수 그리스도는 하나님의 영원의 아들이셨으며, 모든 영원으로부터 하나님의 아들이셨다. 그는 무엇으로부터 말미암은 자가 아니라, 영원히 낳음을 받으신 자이다. 그는 하나님이시오, 아버지와 동등된 자시오, 아버지와 동일 본체이시다." 요한복음의 첫 구절은 이렇게 시작된다. "태초에 말씀이 계시니라 이 말씀이 하나님과 함께 계셨으니 이 말씀은 곧 하나님이시니라"(요 1:1). 또 예수 그리스도는 대제사장의 기도 가운데 다음과 같이 말씀하셨다. "아버지여 창세 전에 내가 아버지와 함께 가졌던 영화로써 지금도 아버지와 함께 나를 영화롭게 하옵소서"(요 17:5). 주 예수 그리스도는 피조물이 아니라 창조주이다. "만물이 그로 말미암아 지은 바 되었으니 지은 것이 하나도 그가 없이는 된 것이 없느니라"(요 1:3). 그는 단순히 "신성(神性)의 유출"이 아니라, "그 안에 신성의 모든 충만이 육체로 거하는" 자이다(골 2:9). 그는 하나님의 나타나심 훨씬 이상이다. 그는 하나님 자신이다. 그는 "육체 가운데 나타나신" 하나님이다(딤전 3:16). 그는 시간 안에서 존재하기를 시작한 자가 아니라, 영원히 존재하는 자이다. 미가 5:2이 선언하는 것처럼, 베들레헴에서 태어난 자는 "그 근본이 상고에, 영원에 있는" 자이다. 그러므로 여기의 상징을 차용하여 말할 때, 예수 그리스는 (그의 아버지의) "노년의 아들" 즉 "영원하신 하나님의 아들"이다.

6. 그의 채색옷.

지금까지의 상징을 해석하는 것은 그다지 어렵지 않았다. 그러나 여기에서 우리는 제법 난해한 상징과 직면한다. 그렇지만 하나님은 이럴 때 우리에게 도움을 베푸시는 은혜의 하나님이시다. 하나님은 우리가 채색옷의 의미를 추측하도록 우리 자신의 상상력에만 남겨 두지 않으셨다. 결코 그렇지 않다. 추측하는 것은 하나님의 복된 말씀과 관련하여 무익할 뿐만 아니라 전적으로 불필요하다. 성경이 성경을 해석한다. 사사기 5:30에서 우리는 다음과 같은 말씀을 읽는다. "그들이 어찌 노략물을 얻지 못하였으랴 그것을 나누지 못하였으랴 사람마다 한두 처녀를 얻었으리로다 시스라는 채색옷을 노략하였으리니 그것은 수 놓은 채색옷이리로다 곧 양쪽에 수 놓은 채색 옷이리니 노략한 자의 목에 꾸미리로다 하였으리라." 여기에서 우리는 사람이 구별의 증표로서 채색옷을 입은 것을 발견한다. 또 사무엘하 13:18에서 우리는 "다말이 채색옷을 입었으니 출가하지 아니한 공주는 이런 옷으로 단장하는 법이라"라는 말씀을 읽는다. 여기에서도 같은 개념이 나타난다. 채색옷은 출가하지 않은 공주의 복장으로서 존귀의 증표였다. 사람들은 채색옷을 입음으로써 자신의 고귀한 신분을 나타냈다. 이와 같이 야곱이 (라헬로부터 태어난) 요셉에게 채색옷을 지어 준 것은 그를 (여종들로부터 태어난) 다른 이복형들로부터 구별하기 위함이었다.

이것은 그리스도를 나타내는 얼마나 훌륭한 예표인가! 예수 그리스도는 육체를 따른 그의 모든 형제들로부터 구별된 자이다. 하나님이 그의 복된 아들의 채색옷을 나타내는 일에 얼마나 큰 관심을 기울이셨는지 생각해 보라. "처녀"를 통해 태어난 아기는 베들레헴 들판에 울려 퍼진 천사들의 노래로 말미암아 다른 모든 아기들로부터 구별되었다. 지금까지 태어난 어떤 아기도 하늘의 천군천사들로부터 이토록 열렬한 환영을 받은 적이 없었으며, 앞으로도 없을 것이다. 동방박사들에게 나타난 "별" 역시도 새로 탄생한 왕이 하늘로부터 온 자임을 증언했다. 그가 세례를 받을 때에도 우리는 또 다시 채색옷을 보게 된다. 많은 사람들이 요단강에 와서 요한으로부터 세례를 받았다. 그러나 오직 그리스도가 물에서 올라올 때에만 하늘이 열리고 하나님의 영이 비둘기의 형상으로 그 위에 임했다. 이와 같이 그리스도는 다른 모든 사람들로부터 구별되었다. 또 요한복음 12장에 나타나는 채색옷을 주목해 보라. 요한복음 13장에서 우리는 제자들이 발이 더러워진 것을 보게 된다. 그들의 (행함을 상징하는) 발은 (말씀을 상징하는) 물로 씻음을 받을 필요가 있었다. 그러나 앞장에서 우리는 주님의 복된 발이 물로 씻음을 받는 것이 아니라 — 왜냐하면 그에게는 어떤 더러운 것도 없었기 때문에 —

값비싼 향유로 부음을 받는 것을 본다. 그리고 그로 말미암아 집 전체가 향기로 가득 찼는데, 이것은 상징적으로 그의 모든 발걸음이 아버지에게 달콤한 향기였음을 말해 준다. 이와 같이 또 다시 그리스도는 다른 모든 사람들로부터 구별되었다. 또 우리는 십자가에서도 채색옷이 나타나는 것을 발견할 수 있다. 그의 독특함은 다른 모든 곳에서와 마찬가지로 죽음에서도 나타났다. 그의 죽음은 다른 모든 사람들의 죽음과 달랐다. 그는 "자신의 목숨을 내어 놓으셨다." 또 그의 죽음을 전후하여 나타난 여러 가지 초자연적인 현상들 역시도 그의 죽음의 독특성은 증언한다. 세 시간 동안의 캄캄한 흑암이라든지, 지진이 일어나 땅이 흔들린 것이라든지, 성전 휘장이 찢어진 것과 같은 것들 말이다. 나아가 채색옷을 구성하는 "여러 색깔들"은 우리에게 그리스도의 다양한 영광과 무한한 완전에 대해 말해 준다.

7. 형들의 미움.

"그의 형들이 그를 미워하여 그에게 편안하게 말할 수 없었더라." 형들의 마음에 미움을 불러일으킨 것은 요셉에 대한 야곱의 사랑이었다. 이와 같이 요셉은 아버지의 사랑과 형들의 미움 모두를 나타냈다. 이것은 예수 그리스도도 마찬가지였다. 그는 아버지의 사랑을 나타냄과 동시에 사람들의 적대감을 드러내셨다. 사람들은 그가 자신들의 적대감을 드러낸 것으로 인해 그를 미워했든지, 아니면 그것을 받아들이면서 그가 나타낸 은혜 안에서 피난처를 발견했다 — 둘 가운데 하나가 항상 따랐다. 그리스도가 바리새인들의 외식(外飾)을 드러냈을 때, 그들은 그를 미워했다. 반면 그가 사마리아 여자에게 그녀의 죄로 얼룩진 삶을 드러냈을 때, 그녀는 기꺼이 그것을 받아들이면서 하나님의 은혜 안으로 들어왔다. 이것은 오늘날에도 마찬가지이다. 사람들이 예컨대 "허물과 죄로 죽은 자연인의 잃어버린 상태"와 같은 하나님의 진리를 들었을 때를 생각해 보라. 그때 사람들은 그러한 진리를 미워하며 자신들의 자기의(自己義)의 누더기 뒤에 숨든지, 아니면 빛으로 나아와 하나님의 말씀 앞에 머리를 숙이면서 복음이 전파하는 구주를 믿는다. 사랑하는 독자여, 당신은 어느 쪽인가? 당신은, 아버지의 사랑하는 아들을 미워한 요셉의 형들처럼, 그리스도를 "멸시하며 배척하고" 있는가? 친구여, 착각하지 말라. 당신은 주 예수 그리스도를 사랑하든지 미워하든지 둘 중의 하나이다. "만일 누구든지 주를 사랑하지 아니하면 저주를 받을지어다"(고전 16:22). 부디 시편의 다음과 같은 엄중한 경고를 가볍게 흘려듣지 말라. "그의 아들에게 입맞추라 그렇지 아니하면 진노하심으로 너희가 길에서 망하리니 그의 진노가 급하심이라 여호와께 피하는 모든 사람은 다 복이 있도다"(시 2:12).

이제 창세기 37:1-11에 나타나는 몇 가지 요점들을 살펴보도록 하자.

"요셉이 꿈을 꾸고 자기 형들에게 말하매 그들이 그를 더욱 미워하였더라 요셉이 그들에게 이르되 청하건대 내가 꾼 꿈을 들으시오 우리가 밭에서 곡식 단을 묶더니 내 단은 일어서고 당신들의 단은 내 단을 둘러서서 절하더이다 그의 형들이 그에게 이르되 네가 참으로 우리의 왕이 되겠느냐 참으로 우리를 다스리게 되겠느냐 하고 그의 꿈과 그의 말로 말미암아 그를 더욱 미워하더니 요셉이 다시 꿈을 꾸고 그의 형들에게 말하여 이르되 내가 또 꿈을 꾼즉 해와 달과 열한 별이 내게 절하더이다 하니라 그가 그의 꿈을 아버지와 형들에게 말하매 아버지가 그를 꾸짖고 그에게 이르되 네가 꾼 꿈이 무엇이냐 나와 네 어머니와 네 형들이 참으로 가서 땅에 엎드려 네게 절하겠느냐 그의 형들은 시기하되 그의 아버지는 그 말을 간직해 두었더라"(창 37:5-11).

8. 요셉은 그의 말로 인해 미움을 받는다.

요셉과 관련한 그림에서 가장 두드러지게 나타나는 두 가지 특징은 아마도 요셉에 대한 야곱의 사랑과 그에 대한 형들의 미움일 것이다. 여기의 짧은 본문 가운데 형들의 "미움"이 최소한 세 번 언급된다. 4절에서 우리는 "그의 형들이 그를 미워하여 그에게 편안하게 말할 수 없었더라"라는 말씀을 읽는다. 또 5절에서 우리는 "요셉이 꿈을 꾸고 자기 형들에게 말하매 그들이 그를 더욱 미워하였더라"라는 말씀을 듣는다. 계속해서 8절은 "그들이 그의 꿈과 그의 말로 말미암아 그를 더욱 미워하더니"라고 말한다. 이러한 세 언급으로부터 우리는 그들의 악한 적대감에 두 가지 이유가 있었음을 보게 된다. 첫째로, 그들은 요셉의 인격(person)을 미워했다. 그것은 아버지 야곱이 그를 특별히 사랑했기 때문이었다. 둘째로, 그들은 "그의 말"로 인해 그를 미워했다. 요컨대 그들은 그의 인격으로 인해 그를 미워했으며, 그가 말한 것으로 인해 그를 미워했다. 이것은 요셉이 상징한 자와 관련해서도 마찬가지이다.

사복음서로 가보라. 그러면 당신은 육체를 따라 우리 주님의 형제된 자들이 여기와 똑같은 두 가지 이유로 그를 미워한 것을 발견하게 될 것이다. 그들은 그가 아버지의 사랑하는 아들인 사실로 인해 그를 미워했으며, 또한 그가 가르친 것으로 인해 그를 미워했다. 전자의 실례(實例)를 위해 다음의 말씀들을 보라. "유대인들이 이로 말미암아 더욱 예수를 죽이고자 하니 이는 안식일을 범할 뿐만 아니라 하나님을 자기의 친 아버지라 하여 자기를 하나님과 동등으로 삼으심이러라" (요 5:18). "자기가 하늘에서 내려온 떡이라 하시므로 유대인들이 예수에 대하여 수군거려"(요 6:41). "나와 아버지는 하나이니라 하신대 유대인들이 다시 돌을 들어 치려 하거늘"(요 10:30, 31). 이와 같이 육체를 따라 그의 형제된 유대인들은 그의 인격(person)에 대해 악한 적대감을 가졌다. 그리고 그들이 그를 미워한 또 하나의 이유는 그의 가르침 때문이었다. 이것의 실례를 위해서는 다음의 말씀들을 보라. "회당에 있는 자들이 이것을 듣고 다 크게 화가 나서 일어나 동네 밖으로 쫓아내어 그 동네가 건설된 산 낭떠러지까지 끌고 가서 밀쳐 떨어뜨리고자 하되"(눅 4:28, 29). "세상이 너희를 미워하지 아니하되 나를 미워하나니 이는 내가 세상의 일들을 악하다고 증언함이라"(요 7:7). "지금 하나님께 들은 진리를 너희에게 말한 사람인 나를 죽이려 하는도다"(요 8:40).

9. 요셉에게 놀라운 미래가 약속되었다.

요셉의 두 꿈은 그가 위대한 운명의 주인공이라는 사실을 암시하면서, 동시에 그가 미래에 존귀한 자가 될 것이라는 사실에 대한 신적 확증이었다. 야곱과 그의 아들들이 그것이 예언적인 꿈이라는 사실을 감지했던 것은 의심의 여지가 없다. 그렇지 않았다면, 형들은 그로 인해 그토록 분노하는 대신 그것을 "허튼소리"로 여기며 무시했을 것이었다. 또 "그의 아버지는 그 말을 간직해 두었더라"라는 말씀 역시 그러한 사실을 암시한다(11절). 이것은 요셉이 상징하는 원형과 관련해서도 마찬가지였다. 처음에 수치와 비천함 가운데 나타났던 자에게 놀라운 미래가 약속되었다. 장차 탄생할 아기에게 어떤 예언이 주어졌는지 주목하라. "이는 한 아기가 우리에게 났고 한 아들을 우리에게 주신 바 되었는데 그의 어깨에는 정사를 메었고 그의 이름은 기묘자라, 모사라, 전능하신 하나님이라, 영존하시는 아버지라, 평강의 왕이라 할 것임이라 그 정사와 평강의 더함이 무궁하며 또 다윗의 왕좌와 그의 나라에 군림하여 그 나라를 굳게 세우고 지금 이후로 영원히 정의와 공의로 그것을 보존하실 것이라"(사 9:6, 7). 또 그의 어머니 마리아에게 천사가 말한 것을 주목해 보라. "보라 네가 잉태하여 아들을 낳으리니 그 이름을 예수라 하라 그가 큰 자가 되고 지극히 높으신 이의 아들이라 일컬어질 것이요 주 하나님께서 그 조상 다윗의 왕위를 그에게 주시리니 영원히 야곱의 집을 왕으로 다스리실 것이며 그 나라가 무궁하리라"(눅 1:31-33). 이와 같이 요셉에게 놀라운 미래가 약속된 것처럼, 그가 상징한 원형에게도 예언을 통해 놀라운 미래가 약속되었다.

10. 요셉은 자신의 미래의 통치권을 예언했다.

우리는 요셉의 두 꿈이 이중적인 통치권을 가리키는 사실을 주목할 필요가 있다. "밭"과 관련된 첫 번째 꿈은 상징적으로 우리 주님의 지상(地上) 통치권을 가리키는 반면 해와 달과 별과 관련된 두 번째 꿈은 그의 하늘의 통치권을 가리킨다. 왜냐하면 하늘과 땅의 모든 권세가 그에게 주어졌기 때문이다.

미래의 영광과 관련한 요셉의 말은 형들의 증오심에 더욱 부채질을 했다. 이것은 우리 주님에 대해서도 마찬가지였다. 우리 주님이 자신의 영광을 더 많이 드러내고 자신의 미래의 존귀에 대해 더 많이 이야기할수록, 육체를 따라 그의 형제 된 유대인들은 그를 더 많이 미워했다. 이것의 절정은 마태복음 26:64에 나타난다. "그러나 내가 너희에게 이르노니 이 후에 인자가 권능의 우편에 앉아 있는 것과 하늘 구름을 타고 오는 것을 너희가 보리라 하시니." 우리 주님은 이와 같이 자신의 미래의 영광에 대해 말씀하셨다. 그러면 이러한 말씀을 들은 자들의 즉각적인 반응은 무엇이었나? 다음 구절을 보라. "이에 대제사장이 자기 옷을 찢으며 이르되 그가 신성 모독 하는 말을 하였도다"(65절).

11. 형들은 요셉을 시기했다.

"그의 형들이 아버지가 형들보다 그를 더 사랑함을 보고 그를 미워하여"(4절). 이와 같이 형들이 요셉을 미워한 주된 원인은 시기심이었다. 11절이 그것을 분명하게 보여 준다. "그의 형들은 시기하되." 그들은 아버지의 편애로 인해 이복동생을 시기했다. 시기와 탐심은 모든 세대를 통해 인간 본성을 특징짓는 죄이다. 둘 사이의 차이는 시기의 대상은 사람인 반면 탐심의 대상은 사물이라는 것뿐이다.

이것 역시도 그리스도를 보여 주는 좋은 모형이다. 여기의 요셉처럼, 그리스도 역시도 육체를 따라 형제된 자들의 시기의 대상이었다. 악한 농부들의 비유 속에 이것이 잘 나타난다. "이제 한 사람이 남았으니 곧 그가 사랑하는 아들이라 최후로 이를 보내며 이르되 내 아들은 존대하리라 하였더니 그 농부들이 서로 말하되 이는 상속자니 자 죽이자 그러면 그 유산이 우리 것이 되리라 하고"(막 12:6, 7). 또 요한복음 12:18-19에서 우리는 다음과 같은 말씀을 읽는다. "이에 무리가 예수를 맞음은 이 표적 행하심을 들었음이러라 바리새인들이 서로 말하되 볼지어다 너희 하는 일이 쓸 데 없다 보라 온 세상이 그를 따르는도다 하니라." 이러한 말 속에 그들의 마음 안에 있는 시기심이 얼마나 분명하게 나타나는가! 그러나 그들 안에 있는 시기심을 가장 분명하게 나타내는 말씀은 마태복음 27:17-18이다. "그들이 모였을 때에 빌라도가 물어 이르되 너희는 내가 누구를 너희에게 놓아 주기를 원하느냐 바라바냐 그리스도라 하는 예수냐 하니 이는 그가 그들의 시기로 예수를 넘겨 준 줄 앎이더라." 계속해서 다음 장에서 형들에게 배반을 당하는 요셉을 살펴보도록 하자.

제 41장

형들에게 배반을 당한 요셉

창세기 37장

"그의 형들이 세겜에 가서 아버지의 양 떼를 칠 때에 이스라엘이 요셉에게 이르되 네 형들이 세겜에서 양을 치지 아니하느냐 너를 그들에게로 보내리라 요셉이 아버지에게 대답하되 내가 그리하겠나이다"(창 37:12, 13).

12. 아버지의 보냄을 받은 요셉.

위에 인용한 구절은 우리를 요셉이 주 예수 그리스도를 예표적으로 보여 주는 두 번째 그림으로 데려간다. 여기에서 요셉의 형들은 아버지로부터 멀리 떨어져 있는 것으로 나타난다. 야곱은 사랑하는 아들에게 "내가 너를 그들에게로 보내리라"라고 말한다. 이러한 말씀은 우리에게 야곱의 마음을 잘 보여 준다. 그는 그들이 잘 있는지 여부에 대해 무관심하지 않았다. 아버지의 집으로부터 멀리 떨어져 있었음에도 불구하고, 야곱은 요셉의 형들이 잘 있는지 여부에 관심을 가졌다. 그리하여 그는 그들에게 긍휼을 베풀기 위해 그의 사랑하는 아들을 보낼 것을 계획한다. 그러한 아버지의 부름에 요셉이 즉각적으로 응답하는 것을 주목하라. 그는 추호도 싫어하거나, 머뭇거리거나, 핑계를 대지 않았다. 그는 아버지의 뜻을 행할 완전한 준비가 되어 있었다. "내가 여기 있나이다."

여기에서 우리는 창세 전에 아버지와 아들 사이에 있었던 "영원한 의논"을 되돌아볼 필요가 있다. 주 하나님은 신적 전지로 인간의 타락과 인류가 자신으로부터 단절될 것을 내다보셨다. 그리하여 하나님은 놀라운 은혜 가운데 그의 사랑하는 아들에게 아버지의 집으로부터 멀리 떨어진 자들을 찾기 위해 세상으로 갈 것을 제안하셨다. 우리가 성경으로부터 아들이 아버지로부터 보냄을 받았다는 말씀을 그토록 자주 듣는 이유가 바로 여기에 있다. "사랑은 여기 있으니 우리가 하나님을 사랑한 것이 아니요 하나님이 우리를 사랑하사 우리 죄를 속하기 위하여 화목 제물로 그 아들을 보내셨음이라"(요일 4:10). 아버지의 사랑하는 아들인 우리 주님은 여기의 요셉처럼 기꺼이, 즐거이, 그리고 추호의 머뭇거림도 없이 아버지의 사랑의 일을 가지고 세상에 오셨다. 그리스도 역시도 "내가 여기 있나이다"라고 즉각적으로 응답하셨다. 이와 관련하여 히브리서 10:7은 다음과 같이 기록한다. "이에 내가 말하기를 하나님이여 보시옵소서 두루마리 책에 나를 가리켜 기록된 것과 같이 하나님의 뜻을 행하러 왔나이다 하셨느니라."

13. 형들이 잘 있는지를 살피는 요셉.

"이스라엘이 그에게 이르되 가서 네 형들과 양 떼가 다 잘 있는지를 보고 돌아와 내게 말하라 하고 그를 헤브론 골짜기에서 보내니 그가 세겜으로 가니라"(창 37:14). 요셉은 형들의 "시기"를 모를 수 없었다. 분명 그는 형들이 자신을 그토록 미워하는 것을 잘 알고 있었을 것이다. 이런 관점에서 볼 때, 아버지가 맡긴 일을 달가워하지 않는 것이 도리어 그에게 있어 자연스러운 일이었을 것이다. 그러나 넓은 마음과 아버지에 대한 사랑으로, 그는 자신에게 맡겨진 일을 위해 기꺼이 아버지의 집을 떠났다.

여기의 모형이 원형과 얼마나 정확하게 상응하는지 보라. 그와 관련하여 우리는 특별히 두 가지를 주목할 필요가 있다. 첫째로, 요셉은 분명한 목적과 함께 보냄을 받았다. 그것은 형들을 찾는 것이었다. 사복음서로 가보라. 그러면 당신은 여기의 모형이 원형과 완벽하게 상응하는 것을 발견하게 될 것이다. 아버지의 사랑하는 아들이 이 세상에 오셨을 때, 그의 임무는 육체를 따라 그의 형제 된 자들에게 한정되었다. 요한복음 1:11을 읽어 보라. "자기 백성에게 오매 자기 백성이 영접하지 아니하였으나"(He came unto His own, and His own received Him not, 한글개역개정판에는 "자기 땅에 오매"라고 되어 있음). 여기에서 "His own"은 그의 백성인 유대인을 가리킨다. 또 마태복음 15:24에서 예수 그리스도는 "나는 이스라엘 집의 잃어버린 양 외에는 다른 데로 보내심을 받지 아니하였노라"라고 분명하게 선언한다. 또 로마서 15:8에서 우리는 "내가 말하노니 그리스도께서 하나님의 진실하심을 위하여 할례의 추종자가 되셨으니 이는 조상들에게 주신 약속들을 견고하게 하시고"라는 말씀을 읽는다.

둘째로, 요셉의 임무의 성격이 무엇인지 주목하라. 야곱은 "가서 네 형들이 잘 있는지 보라"고 말했다. 그가 보냄을 받은 것은 형들을 책망하기 위함이 아니라,

그들이 잘 있는지 살피기 위함이었다. 이것은 그가 예표한 자에게도 마찬가지였다. 요한복음 3:17을 읽어 보라. "하나님이 그 아들을 세상에 보내신 것은 세상을 심판하려 하심이 아니요 그로 말미암아 세상이 구원을 받게 하려 하심이라."

14. 요셉은 헤브론 골짜기로부터 보냄을 받았다.

"그를 헤브론 골짜기에서 보내니." 성령께서 그리신 여기의 아름다운 그림 속에 있는 특징들 가운데 의미 없는 것은 아무것도 없다. 여기에서 냅(C. Knapp)의 "무성한 가지"(A Fruitful Bough)로부터 한 구절 인용해 보도록 하자. "헤브론은 교제 혹은 친교를 의미하며, 골짜기는 고요한 안식과 평온을 상징한다. 이것은 하나님의 아들이 성육신으로 말미암아 죄와 수고와 슬픔으로 가득한 이 세상에 오시기 전에 아버지와 아들이 하늘의 영원한 평온 가운데 교제하고 계셨던 것을 나타내기 위한 것으로 보인다."

이와 같이 평화로운 헤브론 골짜기는 요셉이 아버지와 더불어 복된 교제 가운데 거하던 장소였다. 거기에서 요셉은 아버지의 사랑과 보살핌을 받으며 평안히 거하고 있었다. 그러나 그러한 복된 장소로부터 그는 싸움과 피 흘림으로 특징지어지는 장소로, 그리고 그에게 감사하기는 고사하고 도리어 시기하며 미워하는 자들에게로 보냄을 받았다. 이것은 우리에게 영광의 주가 하늘의 집을 떠나 까닭 없이 자신을 미워하는 자들에게로 내려오도록 이끈 "지식에 넘치는 사랑"을 보여주지 않는가?

15. 요셉은 세겜으로 왔다.

세겜은 "어깨"를 의미한다. 그것은 서쪽의 지중해와 동쪽의 요단강 사이의 고원(高原)에 자리 잡은 그곳의 지리적 위치로부터 취하여진 이름이다(Smith's Bible Dictionary). "어깨"는 짐을 짊어지는 곳으로서 섬김과 예속을 상징한다. 그 단어의 의미는 창세기 자체가 분명하게 규정한다. "어깨를 내려 짐을 메고 압제 아래에서 섬기리로다"(창 49:15). 요셉이 아버지의 집이 있는 헤브론 골짜기를 떠나 세겜으로 온 것은 얼마나 의미심장한가! 이것은 우리 주님이 기꺼이 취하신 비천한 위치를 얼마나 잘 나타내는가! 그는 하늘의 평온한 장소를 떠나 죄와 고통의 무대로 내려옴으로써 스스로 종의 위치 즉 섬김과 예속의 위치를 취하셨다. "그는 근본 하나님의 본체시나 하나님과 동등됨을 취할 것으로 여기지 아니하시고 오히려 자기를 비워 종의 형체를 가지사 사람들과 같이 되셨고"(빌 2:6, 7). 또 갈라디아서 4:4에서 우리는 "때가 차매 하나님이 그 아들을 보내사 여자에게서 나게 하시고 율법 아래에 나게 하셨다"는 말씀을 읽는다. 진실로 아버지의 사랑하는 아들은 "세겜"으로 내려왔다.

뿐만 아니라 세겜은 전에 특별한 사건이 벌어졌던 장소였다(창 34:25-30을 보라). 거기에서 무슨 일이 벌어졌었는지 생각해 보라. 세겜은 죄와 슬픔과 악한 정욕과 피 흘림의 장소였다. 그러므로 야곱에게 있어 자기 아들들이 그러한 장소에 있는 것으로 인해 근심하면서 요셉을 보내 그들이 거기에서 잘 있는지 살피도록 한 것은 조금도 이상한 일이 아니었다. 나아가 창세기 34장은 그 땅의 역사(歷史)를 간결하면서도 엄중하게 묘사한다. 이와 같이 세겜의 모든 것이 주 예수께서 오신 장소의 성격을 얼마나 정확하고 적절하게 나타내는지 생각해 보라. 그가 취한 장소는 종의 장소였으며, 그가 온 장소는 죄와 싸움과 고통의 장소였다.

16. 요셉은 들에서 방황하는 자가 되었다.

"어떤 사람이 그를 만난즉 그가 들(field)에서 방황하는지라 그 사람이 그에게 물어 이르되 네가 무엇을 찾느냐 그가 이르되 내가 내 형들을 찾으오니 청하건대 그들이 양치는 곳을 내게 가르쳐 주소서"(창 37:15, 16). 주 예수께서는 가라지 비유를 설명하는 가운데 "밭(field)은 세상이요"라고 말씀하셨다(마 13:38). 여기의 요셉과 마찬가지로, 아버지의 사랑하는 자는 이 세상에서 외인과 방황하는 자가 되었다. 여우도 굴이 있고 공중의 새도 거처가 있지만, 인자는 머리 둘 곳도 없으셨다. "다 각각 집으로 돌아가고 예수는 감람 산으로 가시니라"라는 말씀을 주목해 보라(요 7:53-8:1). 이 얼마나 애처로운 말씀인가! 모든 사람에게 돌아갈 집이 있었다. 그러나 주 예수 그리스도는 이 땅에서 집 없이 방랑하셨으며, 그러므로 황량한 산으로 물러가야만 했다. 내 영혼아, 부요하신 자셨으나 우리를 위해 가난하게 되신 자의 비할 데 없는 은혜 앞에 머리를 숙일지어다!

17. 요셉은 끝까지 형들을 찾았다.

"그 사람이 이르되 그들이 여기서 떠났느니라 내가 그들의 말을 들으니 도단으로 가자 하더라 하니라 요셉이 그의 형들의 뒤를 따라 가서 도단에서 그들을 만나니라"(창 37:17). 요셉이 세겜에 도착했을 때는 이미 형들이 그곳을 떠난 뒤였다. 이와 관련하여 냅(Knapp)은 이렇게 말한다. "만일 그의 마음이 아버지가 맡긴 일에 완전히 착념하고 있지 않았다면, 지금은 헤브론으로 돌아갈 좋은 기회였다. 맡은 일을 포기하고 돌아갈 수밖에 없는 좋은 핑곗거리가 생겼기 때문이다. 그러나 요셉은 그렇게 하지 않았다. 그는 아버지가 맡긴 일을 포기하고 집으로 돌아갈 생각을 전혀 하지 않았다." 이것은 요셉이 예표한 자의 경우에도 마찬가지였다. 그는 아버지의 잃은 양을 찾는 수고를 끝까지 감당했다. 마침내 찾을 때까지 말이다. 사람들의 외면과 배척과 몰이해까지도 그를 멈추게 하지 못했다. 대부분의 사람들이 그를 경멸하며 배척했으며, 가장 가까운 사람들이 그를 "미쳤다"고 생각했다. 심지어 베드로조차 "주여 그리 마옵소서 이 일이 결코 주께 미치지 아니하리이다"라고 말하며 그의 길을 가로막았다. 그러나 그 누구도 아버지의 일을 행하는 그의 발걸음을 돌이키지 못했다. 그가 행해야만 하는 일이 그에게 맡겨졌으며, 그는 그 일을 "마치기"까지 쉬지 않을 것이었다.

"요셉이 그의 형들의 뒤를 따라 가서." 사복음에 기록된 이야기 전체를 한 문장으로 축약하면 바로 이와 같이 될 것이다. 우리의 구속자는 항상 그의 형제들의 뒤를 따라 갔다. 그가 회당에 들어가 이사야의 글을 읽은 목적이 무엇인가? 두말할 것도 없이 그의 형제들에게 다가가기 위함이었다. 그는 또한 갈릴리 해변을 다니면서 잠시 동안 자신과 함께 다닐 사람들을 찾으셨다. 또 성경은 그가 사마리아를 통과해야만 했다고 말한다. 그러면 그 이유는 무엇이었나? 그것은 거기에 그의 몇 명의 "형제들"이 있었기 때문이었다. 그렇다. 인자는 "잃은 자를 찾아 구원하기 위해" 오셨다. 나의 독자여, 이러한 말씀이 당신에게 "요셉이 그의 형들의 뒤를 따라 갔다"는 말씀을 일깨워 주지 않는가? 아, 요셉이 예표하는 자가 얼마나 큰 인내와 오래 참음으로 당신을 뒤쫓아 왔는지 생각해 보라! 얼마나 오랫동안 그의 지칠 줄 모르는 사랑이 당신을 뒤쫓아 왔는지 생각해 보라! 그 사랑은 불신앙의 산을 넘고 죄의 벼랑을 지나 당신을 뒤쫓아 왔다.

"도단에서 그들을 만나니라." 할데만(Dr. Haldemann)은 "도단"이 "율법 혹은 전통"을 의미한다고 말한다. 그의 말을 잠깐 인용해 보도록 하자. "거기에서 예수는 그의 형제들이 율법의 멍에와 종교적 형식주의의 노예 아래 살고 있는 것을 발견했다." 그렇다, 여호와의 율법은 바리새인들의 "전통"으로 변질되었다. "너희가 하나님의 계명은 버리고 사람의 전통을 지키느니라"(막 7:8). 바로 이것이 그들에 대한 우리 주님의 책망이었다.

18. 형들이 요셉을 죽이고자 음모를 꾸밈.

"요셉이 그들에게 가까이 오기 전에 그들이 요셉을 멀리서 보고 죽이기를 꾀하여"(창 37:18). 형들의 미움은 그들을 찾는 사랑 안에서 스스로를 폭발시킬 기회를 발견했다. 여기에서 요셉을 죽이려는 음모를 "그가 그들에게 가까이 오기 전에" 꾸민 것을 주목하라. 이것은 우리에게 우리 주님이 아직 아기였을 때 일어났던 일들을 일깨워 주지 않는가? 그가 이 세상에 태어났을 때, 하나님을 대적하는 육신적인 사람들은 곧바로 자신들의 적의(敵意)를 드러냈다. 헤롯이 새로 태어난 구주를 죽이고자 끔찍한 "음모"를 꾸몄다. 그때는 구주가 아직 "멀리 있을" 때였다. 그가 유대인들에게 스스로를 공적으로 나타내기 30년 전이었다. 그의 공생애 기간 동안에도 이와 똑같은 일이 계속해서 반복되었다. 이것을 설명하기 위해 다음의 말씀을 인용하는 것으로 충분할 것이다. "바리새인들이 나가서 어떻게 하여 예수를 죽일까 의논하거늘"(마 12:14).

19. 형들이 요셉의 말을 믿지 않음.

"서로 이르되 꿈 꾸는 자가 오는도다 자, 그를 죽여 한 구덩이에 던지고 우리가 말하기를 악한 짐승이 그를 잡아먹었다 하자 그의 꿈이 어떻게 되는지를 우리가 볼 것이니라 하는지라"(창 37:19, 20). 요셉의 예언적인 이야기는 그의 형들에게 허튼 이야기로 들렸다. 그들은 그를 미워했을 뿐만 아니라 그가 말한 것을 믿지 않았다. 그들이 믿지 않은 것은 "자, 그를 죽이자 그리고 그의 꿈이 어떻게 되는지 보자"라는 악한 제안에서 분명하게 나타난다. 이것은 하나님의 그리스도에 대하여서도 마찬가지였다. 그가 십자가에 못 박힌 후에 어떤 일이 벌어졌는지 주목해 보라. "지나가는 자들은 자기 머리를 흔들며 예수를 모욕하여 이르되 아하 성전을 헐고 사흘에 짓는다는 자여 네가 너를 구원하여 십자가에서 내려오라 하고 그와 같이 대제사장들도 서기관들과 함께 희롱하며 서로 말하되 그가 남은 구원하였으되 자기는 구원할 수 없도다 이스라엘의 왕 그리스도가 지금 십자가에서 내려와 우리가 보고 믿게 할지어다"(막 15:29-32). 이러한 말씀은 그들이 그를 믿지 않았음을 분명하게 보여 준다. 유대인들은 예수 그리스도를 믿지 않았다. 그의 가르침은 그들에게 공허한 헛소리 외에 아무것도 아니었다. 그것은 그의 죽음과 장사 이후에도 마찬가지였다. "그 이튿날은 준비일 다음 날이라 대제사장들과 바리새인들이 함께 빌라도에게 모여 이르되 주여 저 속이던 자가 살아 있을 때에 말하되 내가 사흘 후에 다시 살아나리라 한 것을 우리가 기억하노니 그러므로 명령하여 그 무덤을 사흘까지 굳게 지키게 하소서"(마 27:62-64). 무덤을 돌로 인봉하고 경비병을 세웠을 때, 바리새인들은 사실상 "그의 꿈이 어떻게 되는지 우리가 볼 것이니라"라고 말하고 있었던 셈이었다.

이것은 오늘날의 기독교 세계에서도 마찬가지이다. 오늘날 사람들은 하나님의 신실한 말씀을 어떻게 다루는가? 복음을 듣는 자들은 자신들이 들은 것을 신뢰하는가? 그들은 하나님이 참되시다고 인치는가? 그들은 "그를 믿지 아니하는 자는 벌써 심판을 받은 것이니라"라는 주님의 말씀을 **정말로** 믿는가(요 3:18)? 아, 불신자여! 당신은 바로 지금 거룩하신 하나님의 정죄가 당신 위에 임하여 있는 것을 믿는가? 당신은 마지막 큰 날까지 기다릴 필요가 없다. 당신은 크고 흰 보좌의 심판 때까지 기다릴 필요가 없다. 그렇다. 하나님의 정죄는 지금 당신 위에 임하여 있다. 이것은 얼마나 두려운 사실인가! 구원의 길은 오직 하나뿐이다. 노아와 그의 가족들이 홍수로부터 피할 수 있는 방법은 오직 하나뿐이었다. 그것은 방주 안에서 피난처를 찾는 것이었다. 마찬가지로 당신이 하나님의 정죄로부터 피할 수 있는 유일한 방법이 있다. 그것은 그리스도께로 피하는 것이다. 그는 자신을 믿는 모든 사람들을 대신하여 정죄를 당하셨다. 성육신한 진리인 그는 "아들에게 순종하지 아니하는 자는 영생을 보지 못하고 도리어 하나님의 진노가 그 위에 머물러 있느니라"라고 선언하셨다(요 3:36). 아, 구원받지 못한 가련한 친구여! 만일 당신이 거짓말할 수 없는 자의 이러한 말씀들을 **정말로** 믿었다면, 틀림없이 당신은 나중으로 미루지 않았을 것이다. 당신은 감히 더 이상 꾸물거릴 수 없었을 것이다. 지금 당장 당신 자신을 그의 발 앞에 던지라. 가련한 죄인으로서 믿음으로 그를 당신의 구주로 영접하라. 하나님의 아들의 이러한 말씀들을 허튼소리로 여기지 말라. 도리어 그것을 믿고 영혼의 구원을 받으라.

20. 요셉이 모욕을 당함.

"요셉이 형들에게 이르매 그의 형들이 요셉의 옷 곧 그가 입은 채색옷을 벗기고"(창 37:23). 이러한 말씀을 통해 우리는 요셉에 대한 형들의 미움이 얼마나 강렬했는지 알게 된다. 요셉은 단지 형들이 잘 있는지 보기 위해 왔을 뿐이었다. 그런데 그들은 그를 그토록 미워했다. 마치 먹이를 덮치려는 짐승처럼, 그들은 즉시로 그에게 뛰어 올랐다. 그에게 상처를 입히는 것만으로는 충분하지 않았다. 그들은 그를 모욕해야만 했다. 그들은 그로부터 채색옷을 벗김으로써 노골적으로 그에게 수치를 가했다. 여기의 모형은 원형과 얼마나 완벽하게 상응하는가! 영광의 주님은 여기와 똑같은 방식으로 다루어졌다. 그 역시도 모욕과 수치를 당했다. "이에 총독의 군병들이 예수를 데리고 관정 안으로 들어가서 온 군대를 그에게로 모으고 그의 옷을 벗기고"(마 27:27, 28). 그는 십자가 위에서 또 다시 같은 수치를 당했다. "군인들이 예수를 십자가에 못 박고 그의 옷을 취하여"(요 19:23).

21. 요셉이 구덩이에 던져짐.

"그를 잡아 구덩이에 던지니 그 구덩이는 빈 것이라 그 속에 물이 없었더라"(창 37:24). 할데만(Dr. Haldemann)의 글을 잠시 인용해 보도록 하자. "물이 없는 구덩이는 지하 세계인 하데스의 다른 이름이다. 그곳은 죽은 자들이 육체가 없는 상태로 거하는 곳이다. '내가 네 갇힌 자들을 물 없는 구덩이에서 놓았나니' (슥 9:11). '요나가 밤낮 사흘 동안 큰 물고기 뱃속에 있었던 것 같이 인자도 밤낮 사흘 동안 땅 속에 있으리라' (마 12:40). 우리 주님은 죽으셨을 때부터 부활하실 때까지 그곳에 계셨다."

22. 요셉은 구덩이로부터 끌어올려졌다.

"형들이 요셉을 구덩이에서 끌어올리고"(창 37:28). 이와 관련하여 할데만 박사는 이렇게 말한다. "실제로 일어난 순서는 먼저 요셉을 구덩이 안으로 던지고, 그 다음에 팔았다. 이것은 요셉의 원형인 그리스도의 경우와 정반대이다. 그리스도는 먼저 팔리고, 그 다음에 구덩이로 던져졌기 때문이다. 그러나 이것은 아무 문제도 되지 않는다. 원형의 빛 속에서 모형은 충분히 정당화된다. 어쨌든 구덩이로부터 끌어올려지는 것은 창세기로부터 말라기까지 구약 전체에 걸쳐 나타나는 부활의 상징 가운데 하나이다."

23. 형들의 미움에 외식(外飾)이 더해짐.

"그들이 앉아 음식을 먹다가 … 유다가 자기 형제에게 이르되 우리가 우리 동생을 죽이고 그의 피를 덮어둔들 무엇이 유익할까 자 그를 이스마엘 사람들에게 팔고 그에게 우리 손을 대지 말자 그는 우리의 동생이요 우리의 혈육이니라 하매”(창 37:25-27). 먼저 25절의 첫 부분을 주목해 보라. “그들이 앉아 음식을 먹다가.” 요셉이 구덩이 안에 있는 동안 그들은 앉아 있었다. 이것은 우리에게 마태복음 27:35을 일깨워 주지 않는가? “그들이 예수를 십자가에 못 박은 후에 … 거기 앉아 지키더라.”

다음으로 그들의 외식을 주목하라. “자 그를 이스마엘 사람들에게 팔고 그에게 우리 손을 대지 말자.” 우리는 요한복음 18장에서 이것과 정확하게 병행되는 것을 발견한다. “그들이 예수를 가야바에게서 관정으로 끌고 가니 새벽이라 그들은 더럽힘을 받지 아니하려고 … 관정에 들어가지 아니하더라”(28절). 거짓은 또 다른 거짓을 만들어 내는 법이다. 이와 관련하여 계속해서 31절을 주목해 보라. “빌라도가 이르되 너희가 그를 데려다가 너희 법대로 재판하라 유대인들이 이르되 우리에게는 사람을 죽이는 권한이 없나이다 하니.”

24. 요셉이 이스마엘 사람들에게 팔림.

“형들이 요셉을 구덩이에서 끌어올리고 은 이십에 그를 이스마엘 사람들에게 팔매”(창 37:28). 요셉을 파는데 앞장 선 사람이 야곱의 열두 아들 가운데 유다였던 사실은 너무나 놀랍지 않은가? 우리 주님을 판 사람이 열두 사도 가운데 유다였던 것처럼 말이다.

25. 요셉의 피 묻은 옷이 아버지에게 제시됨.

“그들이 요셉의 옷을 가져다가 숫염소를 죽여 그 옷을 피에 적시고 그의 채색옷을 보내어 그의 아버지에게로 가지고 가서”(창 37:31, 32). 이와 관련하여 할데만 박사는 이렇게 말한다. “이러한 모형이 상징하는 것은 너무나 명백하다. 속죄양으로서 대속의 제물로 드려진 예수 그리스도의 피가 하나님 아버지에게 제시되었다.” 계속해서 다음 장에서 애굽으로 내려간 요셉에 대해 살펴보도록 하자.

제42장

애굽으로 내려간 요셉

창세기 39, 40장

창세기 37장은 야곱의 아들들이 이복동생 요셉을 미디안 사람들에게 팔고, 미디안 사람들이 다시 그를 애굽에 판 이야기로 끝난다. 이것은 상징적으로 그리스도가 이스라엘에 의해 배척을 당하고 이방인들에게 넘겨지는 것을 보여 준다. 유대 지도자들이 자신들의 메시야를 빌라도의 손에 넘겨준 때로부터, 이제 한 나라로서 이스라엘은 더 이상 그와 아무런 관계도 없게 되었다. 그리하여 하나님도 그들로부터 이방인들에게로 돌이키셨다. 그와 같이 여기의 모형에서도 그 무대에 있어 중요한 변화가 생긴다. 이제 요셉은 이방인들의 손 안에서 발견된다. 그러나 애굽으로 내려간 요셉에게 무슨 일이 생겼는지를 이야기하기에 앞서, 먼저 성령은 이를테면 요셉의 원형이 그 땅에 없는 동안의 유대인들의 역사(歷史)를 추적한다. 바로 이것이 창세기 38장이다.

창세기 38장이 유다(Judah)의 이야기를 기록하는 것은 매우 주목할 만하다. 메시야가 유대인들(Jews)에 의해 배척을 당하기 오래 전에 이미 이스라엘은 — 즉 열 지파는 — 별도의 역사(歷史)를 갖기를 그쳤기 때문이다. 이와 같이 여기에서 유다는 그리스도를 배척한 이후의 유대인들의 역사(歷史)를 예표적으로 보여 준다. "유다가 거기서 가나안 사람 수아라 하는 자의 딸을 보고 그를 데리고 동침하니" (38:2). 이것은 얼마나 놀라운가! "가나안 사람"은 "상인"을 의미하며, "수아"는 "부"(富)를 의미한다. 이러한 이름들은 십자가 이후의 유대인들의 가장 두드러진 특징을 얼마나 잘 나타내는가! 그들은 더 이상 예전과 같이 정착생활을 하는 농부나 고요한 목자가 아니었다. 대신에 그들은 여기저기를 떠돌아다니는 상인이 되었다. 그리고 그때 이후로 그들이 가장 열망하며 추구하는 것은 부(富)였다. 유다는 수아를 통해 세 아들을 낳았다. 「숫자 성경」(*Numerical Bible*)은 그들의 이름의 의미와 관련하여 "엘"은 적의(敵意)를, "오난"은 죄를, 그리고 "셀라"는 싹을 의미한다고 말한다. 이러한 이름들 속에 얼마나 깊은 의미가 담겨 있는지 주목하라. 그리스도 이후의 모든 세대를 통해 유대인들을 특징짓는 것은 그리스도에 대한 적의이다. 또 "죄" 역시 탐욕스러운 유대인들에게 매우 적합한 이름이다. 일반 상인들은 대체로 거짓말과 사기와 속임수를 흔히 사용하지 않는가! 계속해서 "싹"도 유대인들의 연약한 삶을 잘 묘사한다. 그들은 "싹"처럼 연약함에도 불구하고 수많은 고난과 핍박 가운데서 하나님에 의해 놀랍게 보존되었다. 창세기 38장은 다말의 추잡한 이야기와 함께 끝나는데, 그것은 마지막 때의 유대인들의 상태를 상징적으로 보여 준다. 그녀가 해산의 고통 가운데 있을 때, 그녀의 태 안에 쌍둥이가 있었다(38:27). 그와 같이 대환난의 때에 이스라엘에 두 무리가 있을 것이다. 첫째는 "베레스"이다. 베레스는 "불화"를 의미한다. 그는 하나님과 완전히 불화하면서 적그리스도를 영접하며 그에게 경배할 다수의 유대인들을 가리킨다. 둘째는 "그 손에 홍색 실을 가진" 세라이다(38:30). 그는 구원받을 경건한 남은 자들을 가리킨다. 마치 "붉은 줄"로 말미암아 구원받은 옛 라합처럼 말이다. 이제 창세기 39장을 살펴보도록 하자.

창세기 39장은 단순히 창세기 37장의 계속이 아니다. 그 이상(以上)이다. 창세기 39장은 38장으로 말미암아 37장과 완전하게 분리된다. 창세기 39장은 모형에 있어서의 새로운 시작이다. 그것은 우리를 성육신으로 데려가며, 주 예수 그리스도의 다양한 경험들을 다양한 각도로 추적한다.

26. 요셉이 종이 됨.

"요셉이 이끌려 애굽에 내려가매 바로의 신하 친위대장 애굽 사람 보디발이 그를 그리로 데려간 이스마엘 사람의 손에서 요셉을 사니라"(창 39:1). 요셉은 아버지 집의 사랑하는 아들로부터 애굽의 노예로 떨어졌다. 그러나 이것은 주 예수의 자발적인 비하(卑下)와 비교할 때 아무것도 아니었다. 하나님과 동등되며 그의 본체의 형상인 자는 스스로 종의 형체를 취하셨다. "그는 근본 하나님의 본체시나 하나님과 동등됨을 취할 것으로 여기지 아니하시고 오히려 자기를 비워 종의 형체를 가지사"(빌 2:6, 7). "노예"가 "종"보다 원어(原語)의 의미를 더 잘 나타낸다. 시편 40편의 예언적인 언어는 이것을 가리킨다. 거기에서 우리는 주 예수께서 다음과 같이 말씀하시는 것을 듣는다. "주께서 내 귀를 뚫으셨나이다 주는 제사와 예물을 기뻐하지 아니하시며 번제와 속죄제를 요구하지 아니하시나이다 그

때에 내가 말하기를 내가 왔나이다 나를 가리켜 기록한 것이 두루마리 책에 있나이다 나의 하나님이여 내가 주의 뜻 행하기를 즐기오니"(6-8절, 한글개역개정판에는 "주께서 내 귀를 통하여 내게 들려 주시기를"이라고 되어 있음). 이러한 말씀은 우리를 출애굽기 21:5-6로 데려간다. "만일 종이 분명히 말하기를 내가 상전과 내 처자를 사랑하니 나가서 자유인이 되지 않겠노라 하면 상전이 그를 데리고 재판장에게로 갈 것이요 또 그를 문이나 문설주 앞으로 데리고 가서 그것에다가 송곳으로 그의 귀를 뚫을 것이라 그는 종신토록 그 상전을 섬기리라." 시편 40편의 예언을 말하는 화자(話者)면서 동시에 출애굽기 21장의 상징을 성취한 자는 다름 아닌 주 예수였다. 그는 자발적으로 종의 위치를 취하고 노예의 자리로 들어가셨다. 요셉이 여기에서 상징한 것은 바로 이것이었다.

27. 요셉은 형통한 종이었다.

"여호와께서 요셉과 함께 하시므로 그가 형통한 자가 되어 그의 주인 애굽 사람의 집에 있으니 그의 주인이 여호와께서 그와 함께 하심을 보며 또 여호와께서 그의 범사에 형통하게 하심을 보았더라"(창 39:2, 3). 여기에서 특별히 "여호와께서 그의 손으로 행한 모든 일을 형통하게 하셨더라"(the Lord made all that he did to prosper in his hand)라는 표현을 주목하라(한글개역개정판에는 "여호와께서 그의 범사에 형통하게 하심을"이라고 되어 있음). 이러한 말씀은 우리에게 여호와의 완전한 종을 가리키는 두 가지 예언적인 말씀을 일깨워 준다. 첫 번째 것은 우리 앞에 "복 있는 사람"을 제시하는 시편 1편이다. "복 있는 사람은 악인들의 꾀를 따르지 아니하며 죄인들의 길에 서지 아니하며 오만한 자들의 자리에 앉지 아니하고 오직 여호와의 율법을 즐거워하여 그의 율법을 주야로 묵상하는도다"(1, 2절). 그 사람에게 하나님은 이렇게 말씀하신다. "그는 시냇가에 심은 나무가 철을 따라 열매를 맺으며 그 잎사귀가 마르지 아니함 같으니 그가 하는 모든 일이 다 형통하리로다"(3절). 이것은 분명히 그리고 특별하게 주 예수를 가리킨다. 오직 그 안에서만 여기의 모든 표현들이 완전하게 실현되었기 때문이다. 그리고 두 번째 것은 이사야 53장에서 발견된다(성육신하신 하나님의 아들을 가리키는 여기의 모든 구절들은 특별히 그를 여호와의 "종"으로서 지칭한다, 창 52:13을 보라). 10절에서 우리는 "여호와의 기쁨이 그의 손을 형통하게 할 것이라"라는 말씀을 읽는다(The pleasure of the Lord shall prosper in His hand, 한글개역개정판에는 "그의 손으로 여호와께서 기뻐하시는 뜻을 성취하리로다"라고 되어 있음). 이것은 창세기의 모형과 얼마나 놀랍게 상응하는가! 모형인 요셉에 대하여, 창세기 39:3은 "여호와께서 그의 손으로 행한 모든 일을 형통하게 하셨더라"라고 기록한다. 한편 원형인 그리스도에 대하여, 이사야 53:10은 "여호와의 기쁨이 그의 손을 형통하게 할 것이라"라고 기록한다.

28. 요셉의 주인은 요셉을 크게 기뻐했다.

"요셉이 그의 주인에게 은혜를 입어 섬기매 그가 요셉을 가정 총무로 삼고 자기의 소유를 다 그의 손에 위탁하니"(창 39:4). 어떻게 그렇지 않을 수 있었겠는가? 요셉은 보디발의 다른 종들과는 완전히 달랐다. 하나님을 경외함이 그 위에 있었으며, 그러므로 하나님이 그와 함께 계시면서 그를 형통하게 하셨다. 그리고 그는 자신의 주인을 신실하게 섬겼다. 이것은 요셉이 예표한 자의 경우에도 마찬가지였다. 주 예수 그리스도는 하나님의 다른 종들과는 완전히 달랐다. 하나님을 경외함이 그 위에 있었으며(사 11:2을 보라), 그는 신실함으로 하나님을 섬겼다. 그는 "나는 항상 그가 기뻐하시는 일을 행하노라"라고 말씀하실 수 있으셨다(요 8:29).

29. 종인 요셉은 다른 사람들에게 복이 되었다.

"그가 요셉에게 자기의 집과 그의 모든 소유물을 주관하게 한 때부터 여호와께서 요셉을 위하여 그 애굽 사람의 집에 복을 내리시므로 여호와의 복이 그의 집과 밭에 있는 모든 소유에 미친지라"(창 39:5). 이와 마찬가지로 아버지는 신적 성품을 나타내는 일이라든지, 하나님의 이름을 영화롭게 하는 일이라든지, 하나님의 왕권을 드러내는 일 등 자신의 모든 일을 아들에게 맡기셨다. 그러면 아들이 이 모든 일을 맡은 결과는 무엇이었는가? 여기의 요셉이 예표하는 자로 말미암아 하나님이 "'그 애굽 사람의 집'이 상징하는 것"에 복을 주시지 않으셨나? 그러면 "그 애굽 사람의 집"이 상징하는 것은 무엇이었나? 두말할 것도 없이 그것은 세상이었다. 여기에서 그리스도로 말미암아 세상이 얼마나 큰 복을 받았는지 생각해 보라.

30. 요셉은 용모가 빼어난 사람이었다.

"요셉은 용모가 빼어나고 아름다웠더라"(창 39:6). 여기에서 성령께서 모형을 완벽하게 만들고자 얼마나 많은 주의를 기울이셨는지 주목해 보라. 우리는 그의 인격과 그가 맡은 위치를 구별할 필요가 있다. 요셉은 노예의 비천함 안으로 들어갔다. 그는 더 이상 자신의 의지대로 행동할 수 없었다. 그는 다른 사람의 의지에 예속되었다. 그는 더 이상 가나안에 있는 아버지의 집에 거주하고 있지 않았다. 그는 한 애굽인의 집에 있는 노예였다. 바로 이것이 그의 위치였다. 그러나 그의 인격과 관련하여 우리는 그가 "용모가 빼어나고 아름다웠다"는 말씀을 듣는다. 마찬가지로 하나님의 아들 역시도 비천한 위치, 비하(卑下)와 수치의 위치, 순복과 종의 위치를 취하셨다. 그러나 아버지가 자기 아들의 인격의 영광이 온전히 보존되는 일에 얼마나 열심이셨는지 생각해 보라. 그가 (비천한 자리인) 구유에 뉘었을 때, 하나님은 천사들을 보내셔서 베들레헴의 목자들에게 지금 태어난 아기가 바로 "주 그리스도"임을 알리셨다. 그리고 곧바로 동방으로부터 온 박사들이 어린 아기 앞에 엎드려 경배한다. 또 그가 (섬김을 받기 위함이 아니라 섬기기 위해) 공생애를 시작할 때, 하나님은 그 앞서 한 사람을 먼저 보내셔서 그가 자신은 하나님의 어린 양의 신들메조차 풀기에 합당치 못한 자임을 증언하도록 하셨다. 이것은 십자가 위에서도 마찬가지였다. 그곳은 가장 수치스러운 장소였다. 그러나 그때 하나님은 한 사람을 부르셔서 그가 십자가에 달린 자가 바로 "하나님의 아들"임을 고백하도록 만드셨다(마 27:54). 진실로 그는 "용모가 빼어나고 아름다운" 자였다.

31. 요셉은 유혹을 당했으나 범죄하지 않았다.

"그 후에 그의 주인의 아내가 요셉에게 눈짓하다가 동침하기를 청하니 요셉이 거절하며 자기 주인의 아내에게 이르되 내 주인이 집안의 모든 소유를 간섭하지 아니하고 다 내 손에 위탁하였으니 이 집에는 나보다 큰 이가 없으며 주인이 아무것도 내게 금하지 아니하였어도 금한 것은 당신뿐이니 당신은 그의 아내임이라 그런즉 내가 어찌 이 큰 악을 행하여 하나님께 죄를 지으리이까 여인이 날마다 요셉에게 청하였으나 요셉이 듣지 아니하여 동침하지 아니할 뿐더러 함께 있지도 아니하니라 그러할 때에 요셉이 그의 일을 하러 그 집에 들어갔더니 그 집 사람들은 하나도 거기에 없었더라 그 여인이 그의 옷을 잡고 이르되 나와 동침하자 그러나 요셉이 자기의 옷을 그 여인의 손에 버려두고 밖으로 나가매"(창 39:7-

12).

성령께서 창세기 38장의 유다의 추잡한 이야기와 39장의 요셉의 정결한 이야기를 나란히 놓으신 데에는 분명한 목적이 있다. 한 사람의 신실치 못함이 다른 사람의 신실함 앞에 놓인 것은 얼마나 의미심장한가! 요셉의 유혹은 마지막 아담인 주 예수의 유혹을 상징한다. 주 예수는 신실함 가운데 사탄의 악한 유혹을 물리치셨는데, 그것은 그 앞서 있었던 첫째 아담의 실패와 완전하게 대조된다. 여기의 모형의 놀라운 정확성은 (우리 주님의 경우처럼) 요셉의 유혹이 세 부분으로 나누어지는 사실에 의해 한층 더 분명하게 나타난다. 창세기 39장 7절과 10절과 12절을 보라. 나아가 우리는 요셉이 가나안에서 형들에 의해 유혹을 당한 것이 아니라, (세상을 상징하는) 애굽에서 바로의 친위대장의 아내에 의해 유혹을 당한 것을 주목할 필요가 있다. 이와 같이 주 예수 역시도 육체를 따라 그의 형제된 유대인들에 의해 유혹을 당한 것이 아니라, "이 세상의 왕"인 사탄으로부터 유혹을 당했다.

여기에서 요셉이 세 번 반복된 유혹을 얼마나 멋지게 물리쳤는지 주목하라 — "내가 어찌 이 큰 악을 행하여 하나님께 죄를 지으리이까"(9절). 이러한 요셉의 말을 시편 105:19과 연결해 보라 — "그의 말씀이 그를 단련하였도다." 정말로 놀랍지 않은가! 우리 주님도 같은 말씀으로 원수를 물리치셨지 않은가! 그러나 우리는 요셉과 주 예수 사이에 한 가지 중요한 차이가 있는 것을 주목해야만 한다. "그러나 요셉이 자기의 옷을 그 여인의 손에 버려두고 밖으로 나가매"(12절). 요셉은 자신의 옷을 그녀의 손에 버려두고 피했다. 마찬가지로 바울 사도는 디모데에게 편지를 쓰면서 "너는 청년의 정욕을 피하라"라고 명령했다(딤후 2:22). 이것은 완전하신 우리 주님과 얼마나 다른가! 그는 피한 것이 아니라 "사탄아 물러가라"라고 말씀하셨다(마 4:10). 그리고 우리는 곧바로 "이에 마귀는 예수를 떠나고 천사들이 나아와서 수종드니라"라는 말씀을 읽는다(11절). 이와 같이 그는 모든 일에 탁월하신 자셨다.

32. 요셉은 거짓으로 참소를 당했다.

"그의 옷을 곁에 두고 자기 주인이 집으로 돌아오기를 기다려 이 말로 그에게 말하여 이르되 당신이 우리에게 데려온 히브리 종이 나를 희롱하려고 내게로 들어왔으므로 내가 소리 질러 불렀더니 그가 그의 옷을 내게 버려두고 밖으로 도망하여 나갔나이다"(창 39:16-18). 요셉에 대한 참소는 거짓이며 근거 없는 것이었음에도 불구하고 받아들여졌다. 이것은 "거룩하고 악이 없고 더러움이 없고 죄인에게서 떠나 계신" 자에게도 역시 마찬가지였다(히 7:26). 그의 원수들 즉 대제사장들과 장로들과 온 공회가 그를 죽이려고 그를 참소할 증거를 찾았으나 아무것도 찾지 못했다(마 26:59을 보라). 그러나 결국 "두 사람의 거짓 증인"이 왔다(마 26:59, 60).

33. 요셉은 아무 변명도 하지 않았다.

"그의 주인이 자기 아내가 자기에게 이르기를 당신의 종이 내게 이같이 행하였다 하는 말을 듣고 심히 노한지라"(창 39:19). 창세기 37장에서 우리는 요셉이 형들이 자신에게 가하는 악행을 묵묵히 받아들이는 것을 보았다. 여기에서도 마찬가지였다. 주인의 아내가 거짓으로 참소했을 때, 그는 아무 변명도 하지 않았다. 그는 아무 호소도 하지 않았으며, 부당하게 옥에 던져지는 것으로 인해 불평하지도 않았다. 거기에 어떤 항변도 없었다. 다만 자신에게 가해지는 행악을 묵묵히 감당할 뿐이었다. 우리 구주와 마찬가지로, 그는 욕을 당하되 욕하지 않았다. 이 모든 것은 우리에게 이사야 53:7을 생각나게 하지 않는가? "그가 곤욕을 당하여 괴로울 때에도 그의 입을 열지 아니하였음이여 마치 도수장으로 끌려 가는 어린 양과 털 깎는 자 앞에서 잠잠한 양 같이 그의 입을 열지 아니하였도다."

34. 요셉은 옥에 던져졌다.

"이에 요셉의 주인이 그를 잡아 옥에 가두니 그 옥은 왕의 죄수를 가두는 곳이었더라 요셉이 옥에 갇혔으나"(창 39:20). 이와 관련하여 토머스 박사(Dr. G. Thomas)의 글을 인용해 보도록 하자. "보디발의 아내는 자신에게 남겨진 요셉의 옷을 그의 죄를 입증하는 증거로 사용했다. 처음에는 다른 종들에게 그리고 나중에는 남편에게 말이다. 그리고 히브리 종을 감히 자신을 겁탈하고자 시도한 죄로 참소했다. 여기에서 그녀가 다른 종들에게 자신의 남편에 대해 어떻게 말하고 있는지 주목해 보라. '집 사람들을 불러서 그들에게 이르되 보라 주인이 히브리 사람을 우리에게 데려다가 우리를 희롱하게 하는도다' (14절). 그녀가 남편에 대해 말하는 방식은 그들의 부부관계가 어떠했는지를 은연중 암시한다. 또 보디발이 즉시로 요셉을 죽이지 않고 단순히 옥에 가둔 사실은 우리로 하여금 그가 정말로 아내의 말을 믿었는지에 대해 의구심을 갖게 만든다. 체면을 위해 보디발은 어떤 형태로든 조치를 취해야만 했다. 그러나 그는 요셉을 죽이는 대신 옥에 가두었다. 분명 그는 아내의 말을 믿지 않았던 것이다."

이와 같이 요셉은 완전히 무죄했음에도 불구하고 부당하게 옥에 갇혔다. 그와 같이 우리 주님도 "나는 그에게서 아무 죄도 찾지 못하노라"라고 반복적으로 고백한 사람에 의해 부당하게 사형 판결을 받으셨다. 여기에서 보디발의 행동과 빌라도의 행동이 놀랍게 병행되는 것을 주목하라. 분명히 보디발은 요셉에 대한 아내의 참소를 믿지 않았다. 만일 그가 아내의 참소를 믿었다면, 의문의 여지없이 그는 히브리 종을 죽일 것을 명령했을 것이다. 다만 그는 자신의 체면(appearances)을 위해 요셉을 옥에 가두었다. 이것은 빌라도의 행동과 놀랍게 병행된다. 그 역시도 예수에 대한 유대인들의 참소를 믿지 않았다. 그렇지 않다면 도대체 무엇 때문에 그가 예수를 십자가에 못 박도록 내어 주는 것을 그토록 꺼렸겠는가? 보디발과 마찬가지로, 빌라도 역시도 이 사건의 진짜 성격을 알고 있었다. 그러나 로마 총독으로서의 외양(appearances) 때문에, 그는 가이사에게 반역을 획책했다는 죄명으로 참소된 자에게 사형을 판결했다.

35. 이렇게 하여 요셉은 이방인들의 손에 넘겨졌다.

요셉은 형들로부터 미움과 시기를 받아 이방인들의 손에 넘겨졌을 뿐만 아니라, 이방인들에 의해 불법하게 다루어지고 부당하게 옥에 던져졌다. 이것은 그의 원형의 경우에도 마찬가지였다. "세상의 군왕들이 나서며 관리들이 함께 모여 주와 그의 그리스도를 대적하도다 하신 이로소이다 과연 헤롯과 본디오 빌라도는 이방인과 이스라엘 백성과 합세하여 하나님께서 기름 부으신 거룩한 종 예수를 거슬러"(행 4:26, 27).

36. 요셉은 무죄함에도 불구하고 가혹한 고난을 당했다.

스데반의 설교 속에서 우리는 여기의 사건과 관련한 언급을 발견한다. 그는 "여러 조상이 요셉을 시기하여 애굽에 팔았더니"라고 말한다. 그렇게 하여 그가 애굽에서 종이 되었음을 말하고 난 후 곧바로 다음과 같이 덧붙인다. "하나님이 그와 함께 계셔 그 모든 환난에서 건져내사"(행 7:9, 10). 이러한 말씀에 얼마나 많은 것이 함축되어 있나! 그는 얼마나 가혹한 시련과 고통과 모욕을 당해야만 했나! 시편 105편에서 우리는 좀 더 특별한 표현을 발견한다. "그(하나님)가 한 사람을 앞서 보내셨음이여 요셉이 종으로 팔렸도다 그의 발은 차꼬를 차고 그의 몸은 쇠사슬에 매였으니"(17, 18절). 이러한 언급들은 우리에게 모욕과 침 뱉음과 채찍질을 당하고, 가시 면류관을 쓰고, 마침내 십자가에 못 박힌 우리의 복된 구주를 생각나게 하지 않는가?

37. 요셉이 간수장에게 은혜를 받음.

"여호와께서 요셉과 함께 하시고 그에게 인자를 더하사 간수장에게 은혜를 받게 하시매"(창 39:21). 이것은 우리에게 우리 구주를 십자가에 못 박는 임무를 맡았던 백부장이 "이 사람은 정녕 의인이었도다"라고 고백한 사실을 일깨워 주지 않는가(눅 23:47)? 이와 같이 하나님은 자기 아들로 하여금 요셉의 간수장과 상응하는 로마의 백부장으로부터 은혜를 받게 하셨다.

38. 요셉은 죄인들과 함께 계수되었다.

"그 후에 애굽 왕의 술 맡은 자와 떡 굽는 자가 그들의 주인 애굽 왕에게 범죄한지라 바로가 그 두 관원장 곧 술 맡은 관원장과 떡 굽는 관원장에게 노하여 그들을 친위대장의 집 안에 있는 옥에 가두니 곧 요셉이 갇힌 곳이라"(창 40:1-3). 여기의 상징적인 그림에서 이것 역시 놀랄 만한 특징들 가운데 하나이다. 요셉은 수치와 고통의 장소에 홀로 있지 않았다. 이것은 주 예수께서 갈보리 언덕에서 십자가에 달리실 때도 마찬가지였다. 거기에서 두 강도가 그리스도와 함께 십자가에 못 박혔던 것처럼, 여기에서도 두 죄수가 요셉과 함께 옥에 있었다.

39. 요셉은 한 사람에게는 축복의 도구였던 반면 다른 한 사람에게는 심판을 선언하는 자였다.

두 사람 모두 꿈을 꾸었다. 그리고 그들의 꿈을 해석해 주는 가운데, 요셉은 술 맡은 관원장에게는 곧 풀려나게 될 것을 선언한 반면 떡 굽는 관원장에게는 "지금부터 사흘 안에 바로가 당신의 머리를 들고 당신을 나무에 달리니 새들이 당신의 고기를 뜯어 먹으리이다"라고 말했다(40:19). 성령께서 그들의 꿈을 자세히 기록한 데에는 그럴 만한 이유가 있다. 술 맡은 관원장과 관련하여, 우리는 포도를 짠 "잔"에 대하여 읽게 된다(10-12절). 이것은 어린 양의 보배로운 피 즉 그것을 믿는 자는 누구든지 구원을 받는 그리스도의 보혈을 상징한다. 반면 떡 굽는 자와 관련해서는 각종 구운 음식이 들어 있는 광주리가 등장하는데(16-17절), 이것은 죄인을 구원하기에 완전히 무력한 인간의 공로를 상징한다. 거기에는 오직 "저주"만이 있을 뿐이었으며, 그것은 "나무에 달리는" 것으로서 나타났다(갈 3:13을 참조하라). 이것은 갈보리에서도 마찬가지였다. 한 강도는 낙원으로 갔으며, 다른 강도는 멸망으로 떨어졌다.

40. 요셉은 미래를 아는 지식을 나타냈다.

요셉은 술 맡은 관원장과 떡 굽는 관원장의 꿈을 해석하는 가운데 그들의 미래의 운명을 예고했다. 그러면서 그는 "해석은 하나님께 있지 아니하니이까?"라고 말하면서 모든 영광을 하나님에게 돌렸다(8절). 이와 같이 여기의 요셉이 예표하는 자 역시도 계속해서 미래에 일어날 일들에 대해 이야기하면서 "내가 내 자의로 말한 것이 아니요 나를 보내신 아버지께서 내가 말할 것과 이를 것을 친히 명령하여 주셨으니"라고 말씀하셨다(요 12:49).

41. 요셉의 예언은 그대로 이루어졌다.

"제삼일은 바로의 생일이라 바로가 그의 모든 신하를 위하여 잔치를 베풀 때에 술 맡은 관원장과 떡 굽는 관원장에게 그의 신하들 중에 머리를 들게 하니라 바로의 술 맡은 관원장은 전직을 회복하매 그가 잔을 바로의 손에 받들어 드렸고 떡 굽는 관원장은 매달리니 요셉이 그들에게 해석함과 같이 되었으나"(창 40:20-22). 모든 일은 요셉이 해석한 그대로 되었다. 하나님의 아들의 모든 말씀 역시 그러할 것이다. 천지는 없어져도 그의 말씀은 없어지지 않을 것이다. 아, 구원받지 못한 독자여! 떡 굽는 관원장에 대해 요셉이 선언한 것이 그대로 이루어진 것처럼, "믿지 않는 자는 저주를 받을 것"이라는 주 예수 그리스도의 말씀 역시 그대로 이루어질 것이다.

42. 요셉은 자신이 기억되기를 바랐다.

"당신이 잘 되시거든 나를 생각하고 내게 은혜를 베풀어서 내 사정을 바로에게 아뢰어 이 집에서 나를 건져 주소서"(창 40:14). 그와 마찬가지로 최후의 만찬 자리에서 우리 주님은 "이것을 행하여 나를 기념하라"라고 말씀하셨다.

지금까지 우리는 요셉이 얼마나 다양한 모습으로 그리스도를 예표하는지 살펴보았다. 이 모든 것을 생각할 때, 우리는 머리를 숙이며 다음과 같이 고백할 수밖에 없다. "하나님이여 주의 생각이 내게 어찌 그리 보배로우신지요 그 수가 어찌 그리 많은지요"(시 139:17).

제 43장

요셉의 승귀(昇貴)

창세기 41장

창세기 41장은 애굽 왕이 꾼 두 가지 꿈 이야기와 함께 시작된다. 그는 크게 번민하는 가운데 왕궁의 점술가들과 현인들을 불러 자신의 꿈 이야기를 했으나, "그것을 해석하는 자가 없었다"(8절). 바로 그때 술 맡은 관원장이 감옥에 있을 때 경험한 것을 떠올렸다. 그는 자신이 꿈을 꾼 것과 한 히브리 노예가 그 의미를 정확하게 해석한 것을 기억했다. 그는 왕에게 그 사실을 설명했으며, 바로는 즉시로 요셉을 데려오도록 명령했다. 우리는 여기에서 몇 가지 중요한 사실이 나타나는 것을 발견한다.

첫째로, 여기에서 우리는 "왕의 마음이 여호와의 손에 있음이 마치 봇물과 같아서 그가 임의로 인도하시는" 사실을 보게 된다(잠 21:1). 바로가 꿈을 꾼 것은 결코 우연이 아니었다. 그것은 요셉을 감옥으로부터 건져내어 존귀한 자리로 승귀(昇貴)시키고자 하는 하나님의 때가 임했음을 의미한다. 바로의 꿈은 이러한 목적을 이루기 위해 하나님이 사용하신 도구에 불과했다. 이와 비슷하게 오랜 후 하나님은 모르드개와 유대인들을 구원하기 위해 또 다른 왕을 잠 못 들게 하셨다. 이와 관련하여 한 설교자의 말을 인용해 보도록 하자.

"가장 사소한 상황과 가장 중요한 상황, 가장 그럴듯한 상황과 가장 그럴듯하지 않은 상황이 합력하여 하나님의 목적을 이룬다. 창세기 39장에서 사탄은 보디발의 아내를 사용하며, 40장에서는 바로의 술 맡은 관원장을 사용한다. 사탄은 요셉을 감옥에 가두기 위해 보디발의 아내를 사용했으며, 그를 계속해서 거기에 붙잡아 두기 위해 술 맡은 관원장이 모든 것을 잊어버리도록 만들었다. 그러나 모든 것은 쓸데없는 일이었다. 무대 뒤에 하나님이 계셨다. 하나님의 손이 모든 것을 움직이고 계셨다. 마침내 하나님의 때가 왔으며, 하나님은 당신의 목적을 이루기 위해 적당한 사람들을 사용하셨다. 바로 이것이 하나님의 특권이다. 그는 모든 것 위에 계시며, 자신의 계획을 이루기 위해 모든 것을 사용할 수 있으시다. 이와 같이 모든 일 안에서 우리가 아버지의 은밀한 손과 계획을 추적할 수 있는 것은 얼마나 멋진 일인가! 하나님은 당신의 주권적인 의지(意志)대로 모든 종류의 사람들과 사물들을 사용할 수 있으시다. 사람들과 천사들과 심지어 마귀들까지 모든 것이 하나님의 전능하신 손 아래 있다. 그리고 모든 것이 합력하여 그의 목적을 이룬다."

둘째로, 우리는 창세기 41장 앞부분에서 이 세상의 지혜가 하나님에게는 어리석음이라는 사실을 보게 된다. 잘 알려진 것처럼, 성경에서 애굽은 이 세상을 상징한다. 요셉의 시대에 애굽은 학문과 문화의 중심지였다. 요컨대 그곳은 옛 문명의 오만한 중심지였다. 그러나 거기의 백성들은 우상을 숭배하는 자들이었다. 그들은 하나님을 알지 못했다. 오직 그의 빛 안에서 우리는 빛을 볼 수 있을 뿐이다. 그를 떠나서는 모든 것이 어둠이다. 도덕적으로도 그렇고, 영적으로도 그렇다. 우리는 여기 창세기 41장에서 그것을 본다. 점술가들은 무력했으며, 현인들은 자신들의 무지를 드러냈다. 바로는 인간의 모든 지혜가 무력하며 무익하다는 사실을 느낄 수밖에 없었다.

셋째로, 우리는 여기에서 하나님의 사람이 참된 지혜와 빛을 가진 유일한 사람이라는 사실을 보게 된다. "여호와의 친밀하심(secret)이 그를 경외하는 자들에게 있음이여"라는 말씀은 얼마나 사실인가!(시 25:14). 바로의 두 꿈은 예언적인 의미를 가진 것이었다. 그것은 (세상을 상징하는) 애굽의 미래와 관련한 꿈이었다. 어떤 이방인도 세상과 관련한 하나님의 계획을 알지 못했다. 하나님은 자신의 계획을 한 유대인에게 알리시기를 기뻐하셨다. 이것은 느부갓네살의 경우에도 마찬가지였다. 갈대아의 지혜자들은 여기의 점술가들과 마찬가지로 아무런 도움도 되지 못했다. 오직 다니엘만이 모든 것을 이해했다. 이것은 벨사살 왕의 경우에도 마찬가지였다. 그때에도 벽에 쓰인 메시지를 해독하기 위해 노(老) 선지자가 부름을 받아 와야만 했다. 오늘날 이 세상의 지도자들이 장차 이루어질 일을 위해 옛 히브리 선지자들이 기록한 영감된 책으로 돌이킨다면 얼마나 좋겠는가!

넷째로, 우리는 여기에서 "하나님을 사랑하는 자 곧 그의 뜻대로 부르심을 입은 자에게는 모든 것이 합력하여 선을 이루는" 사실을 보게 된다(롬 8:28). 우리는 너무나 자주 현재의 상황에 지나치게 매몰된 나머지 소망을 잃어버린 채 더 밝은 미래를 보지 못하곤 한다. 우리는 "일의 끝이 시작보다 낫다"는 성경의 선언을 항상 마음에 새길 필요가 있다(전 7:8). 마음을 새롭게 하며, 굳게 하라. 밤에는 슬픔이 있을지라도, 아침이 되면 기쁨이 올 것이다. 이것은 요셉의 경우에도 마찬가지였다. 그는 잠시 동안 부당하게 고난을 당했다. 그러나 마침내 하나님이 그의 의(義)를 드러내시고, 그에게 상급을 베푸셨다. 그러므로 고난 가운데 있는 독자여, 요셉을 기억하라. 그리고 "인내를 온전히 이루라."

43. 때가 되매 요셉은 옥으로부터 건짐 받았다.

요셉은 형들에 의해 배척을 당했으며, 애굽 사람들에 의해 부당하게 다루어졌다. 그는 아무 죄도 없이 옥에 던져졌다. 그러나 하나님은 그의 인생이 거기에서 끝나도록 내버려두지 않으셨다. 고통과 수치의 장소는 존귀와 영광의 장소로 바뀔 것이었으며, 비천한 감옥은 영광의 보좌로 대체될 것이었다. 그리고 마침내 하나님의 때가 도래했으며, 아무것도 그의 목적이 이루어지는 것을 방해할 수 없었다. 이것은 우리 주님의 경우에도 마찬가지였다. 이스라엘이 그를 경멸하며 배척했는지 모른다. 악한 손이 그를 붙잡아 십자가에 못 박았는지 모른다. 어둠의 권세가 그에 대하여 격노했는지 모른다. 그의 시신이 무덤에 던져졌는지 모른다. 그의 무덤이 인봉되고 경계병들이 세워졌는지 모른다. 그러나 그가 사망에 매여 있는 것은 가능할 수 없었다. "하나님께서 그를 사망의 고통에서 풀어 살리셨으니 이는 그가 사망에 매여 있을 수 없었음이라"(행 2:24). 그렇다. 사흘 만에 그는 승리 가운데 무덤으로부터 일어나셨다. 그의 세마포는 그곳에 그냥 남겨진 채 말이다. 여기에서 요셉의 승귀(昇貴)가 그것을 얼마나 아름답게 예표하는지 주목하라. "이에 바로가 사람을 보내어 요셉을 부르매 그들이 급히 그를 옥에서 내 놓은지라 요셉이 곧 수염을 깎고 그의 옷을 갈아 입고 바로에게 들어가니"(창 41:14). 또 이것을 요한복음 20:6-7과 비교하라.

44. 요셉은 하나님의 손에 의해 옥으로부터 건짐 받았다.

만일 하나님의 개입이 없었다면, 틀림없이 요셉은 평생 옥에서 나오지 못했을 것이다. 바로가 깊은 번민에 빠진 것, 점술가들이 그의 꿈을 해석하지 못한 것, 술 맡은 관원장이 갑자기 요셉을 기억한 것 — 이것은 모두 하나님으로부터 말미암은 것이었다. 그러므로 그를 옥으로부터 끌어낸 것은 전적으로 하나님이셨다. 요셉 자신도 그것을 분명하게 인식하고 있었다. 나중에 형들에게 한 말에서 그것이 분명하게 나타난다. "하나님이 큰 구원으로 당신들의 생명을 보존하고 당신들의 후손을 세상에 두시려고 나를 당신들보다 먼저 보내셨나니 그런즉 나를 이리로 보낸 이는 당신들이 아니요 하나님이시라 하나님이 나를 바로에게 아버지로 삼으시고 그 온 집의 주로 삼으시며 애굽 온 땅의 통치자로 삼으셨나이다 당신들은 속히 아버지께로 올라가서 아뢰기를 아버지의 아들 요셉의 말에 하나님이 나를 애굽 전국의 주로 세우셨으니"(창 45:7-9). 이것은 우리 주님이 무덤으로부터 건짐받은 것과 관련해서도 마찬가지였다. "하나님께서 그를 사망의 고통에서 풀어 살리셨으니"(행 2:24). "이 예수를 하나님이 살리신지라"(행 2:32). "하나님이 사흘 만에 다시 살리사 나타내시되"(행 10:40).[1]

45. 요셉은 이제 "비밀을 나타내는 자"로서 나타난다.

바로는 요셉에게 자신을 번민케 한 그리고 점술가들과 현인들이 해석할 수 없었던 꿈을 이야기한다. 여기에서 요셉의 겸손이 나타나는 것을 주목하라. "요셉이 바로에게 대답하여 이르되 내가 아니라 하나님께서 바로에게 편안한 대답을 하시리이다"(창 41:16). 이것보다 훨씬 더 높은 의미에서, 주 예수는 다음과 같은 말씀들을 하셨다. "나는 아버지께서 내게 주신 말씀들을 그들에게 주었사오며"(요 17:8). "나는 오직 아버지께서 가르치신 대로 말하노라"(요 8:28). "내가 내 자의로 말한 것이 아니요 나를 보내신 아버지께서 내가 말할 것과 이를 것을 친히 명령하여 주셨으니"(요 12:49).

바로의 꿈에 대해 듣고 난 후, 요셉은 "하나님이 그가 하실 일을 바로에게 보이심이니이다"라고 말했다(창 41:25). 그러고 나서 그는 그 꿈의 의미를 알려 주었다. 이것과 계시록 첫머리가 완전하게 병행되는 것을 주목하라. 여기에서 하나님은 요셉을 통해 "그가 하실 일"을 애굽 사람들에게 알리셨다. 마찬가지로 계시록에서 하나님은 예수 그리스도를 통해 이 세상에서 "반드시 속히 일어날 일들"을 우리에게 알려 주셨다. 둘은 얼마나 완전하게 병행되는가! 요셉은 "하나님이 그가 하실 일을 바로에게 보이실" 것이라고 말했다(창 41:28). 한편 계시록에서 우리는 "예수 그리스도의 계시라 이는 하나님이 그에게 주사 반드시 속히 일어날 일들을

[1] 물론 그리스도께서 스스로 일어나셨음을 보여 주는 구절들도 있다(요 2:19; 10:17, 18 등). 다만 위에 인용한 구절들은 창세기의 모형이 성취된 것을 강조하는 구절들이다.

그 종들에게 보이시려고"라는 말씀을 듣는다(1:1).

46. 요셉은 장차 임할 재난을 경고하면서 그에 합당한 준비를 할 것을 촉구했다.

요셉은 듣기 좋은 소리만 하는 "낙관주의자"가 아니었다. 그는 아무 두려움 없이 진리를 말했다. 그는 하나님의 계획을 선포하기를 회피하지 않았다. 그는 신적 축복의 때에 이어 기근의 때가 임할 것을 선언했다. 그는 기근이 땅 전체를 삼킬 정도로 매우 "심할" 것이라고 예고하면서, 계속해서 그에 합당한 준비를 할 것을 촉구했다. 충성되며 참된 증인이신 그리스도 역시 마찬가지였다. 그는 죽음이 모든 것의 끝이 아니며 내생(來生)이 있음을 알리셨다. 그는 세상의 재물을 의지(依支)하며 어떻게 그것을 향유할 것인지 자랑하는 자들에게 조만간 그들의 영혼이 부름받게 될 것을 경고하셨다. 그는 보이지 않는 것들을 가리고 있는 휘장을 열어젖히면서, 저주받은 자들이 지옥에서 당하는 고통을 보여 주셨다. 그는 벌레도 죽지 않고 불도 꺼지지 않는 장소에 대해 종종 말씀하셨다. 그곳은 거기에 있는 사람들이 영원히 울며, 통곡하며, 이를 가는 곳이었다. 그는 사람들에게 그러한 미래에 대해 준비할 것을 가르치셨다. 그리고 모두 앞에 놓여 있는 것 즉 하나님을 얼굴과 얼굴로 만날 것을 위해 준비하도록 명하셨다.

47. 계속해서 요셉은 "놀라운 조언자"(Wonderful Counselor)로서 나타났다.

바로의 꿈을 해석하고 난 연후에, 요셉은 장차 임할 재난에 대처하기 위해 취해야 할 조치에 대해 조언했다. 7년간의 대풍년에 이어 7년간의 대흉년이 따를 것이었다. 그리하여 요셉은 바로에게 궁핍의 때를 위해 풍부의 때 동안 곡식을 비축할 것을 조언했다. 이와 같이 요셉은 하나님이 주신 지혜를 나타내면서, 애굽의 모든 현인들과는 비교할 수 없는 탁월함을 드러냈다. 이것은 그리스도의 경우에도 마찬가지였다. 그리스도 역시도 "놀라운 조언자"(Wonderful Counselor, 혹은 기묘자와 모사)로서 나타나셨다. 그는 사람들에게 장차 임할 미래를 어떻게 준비할지를 알려주는 메시지와 함께 하나님에 의해 보냄을 받았다. 그는 "그 안에 지혜와 지식의 모든 보화가 감추어져 있는" 자이다(골 2:3).

48. 요셉의 조언은 바로와 그의 신하들을 놀라게 했다.

"바로와 그의 모든 신하가 이 일을 좋게 여긴지라 바로가 그의 신하들에게 이르되 이와 같이 하나님의 영에 감동된 사람을 우리가 어찌 찾을 수 있으리요 하고 요셉에게 이르되 하나님이 이 모든 것을 네게 보이셨으니 너와 같이 명철하고 지혜 있는 자가 없도다"(창 41:37-39). 바로는 이 히브리 노예에게서 나타난 지혜의 근원이 미신적인 점술이 아니라 하나님의 영임을 인식했다. 요셉이 가진 지혜와 명철은 애굽의 궁중 점술가들이 가진 것과는 완전히 달랐던 것이다. 바로와 그의 신하들은 그러한 사실을 기꺼이 인정했다. 예수 그리스도께서 말씀하실 때 그가 끼친 감화력 역시 그와 같았다. "예수께서 이 말씀을 마치시매 무리들이 그의 가르치심에 놀라니 이는 그 가르치시는 것이 권위 있는 자와 같고 그들의 서기관들과 같지 아니함일러라"(마 7:28, 29). "고향으로 돌아가사 그들의 회당에서 가르치시니 그들이 놀라 이르되 이 사람의 이 지혜와 이런 능력이 어디서 났느냐"(마 13:54). 바로와 그의 신하들은 요셉 안에 있는 지혜를 보고 놀랐다. 그와 같이 주 예수의 말씀을 들은 자들 역시도 그의 지혜를 보고 놀랐다. 바로가 "이와 같이 하나님의 영에 감동된 사람을 우리가 어찌 찾을 수 있으리요 … 너와 같이 명철하고 지혜 있는 자가 없도다"라고 인정한 것처럼, 그리스도의 말씀을 들은 자들도 "그 사람이 말하는 것처럼 말한 사람은 이 때까지 없었나이다"라고 말하면서 그의 지혜를 인정했다(요 7:46).

49. 요셉은 애굽 온 땅을 통치하는 자로 승귀(昇貴)되었다.

"요셉에게 이르되 하나님이 이 모든 것을 네게 보이셨으니 너와 같이 명철하고 지혜 있는 자가 없도다 너는 내 집을 다스리라 내 백성이 다 네 명령에 복종하리니 내가 너보다 높은 것은 내 왕좌뿐이니라"(창 41:39, 40). 이것은 얼마나 복된 변화였나! 이것은 수치로부터 영광으로, 감옥으로부터 통치자의 보좌로, 차꼬에 채워진 가장 낮은 노예로부터 가장 높은 자로 우뚝 세워지는 변화였다. 이것은 그의 신실함에 대한 큰 상급이었으며, 그의 가치를 올바로 인식한 것이었다. 이것은 우리에게 여기의 요셉이 예표하는 자를 얼마나 아름답게 보여 주나! 그는 여기에서 겸비와 수치 가운데 계셨다. 그러나 그는 여기에서 더 이상 그와 같이 계시지 않는다. 하나님이 그를 지극히 높이셨다. "그는 하늘에 오르사 하나님 우편에 계시니 천사들과 권세들과 능력들이 그에게 복종하느니라"(벧전 3:22).

50. 요셉은 다른 보좌에 앉았다.

여기의 모형이 얼마나 놀랍도록 정확한지 주목하라. 요셉은 그 자신의 보좌에 앉지 않았다. 그는 바로의 집을 다스리는 위치에 세워졌으며, 바로의 모든 백성이 그의 명령에 복종해야만 했다. 그럼에도 불구하고 그 보좌에 있어 여전히 바로가 요셉보다 더 높았다. 이와 같이 우리는 계시록 3:21에서 승천하신 그리스도가 "이기는 그에게는 내가 내 보좌에 함께 앉게 하여 주기를 내가 이기고 아버지 보좌에 함께 앉은 것과 같이 하리라"라고 말씀하신 것을 읽는다.

이와 관련하여 할데만 박사(Dr. Haldemann)의 말을 잠깐 인용해 보도록 하자. "요셉이 바로의 보좌에 함께 앉은 것처럼, 오늘날 우리 주 예수 그리스도는 아버지의 보좌에 함께 앉아 계신다. 요셉이 그의 말로 바로의 집을 다스린 것처럼, 오늘날 우리 주 예수 그리스도는 아버지의 집, 믿음의 집, 교회를 그의 말씀으로 다스리신다. 오늘날 주 예수 그리스도는, 비록 아버지의 보좌에 앉아 계신다 하더라도, 그 자신의 보좌에 앉아 계시지 않는다. 위에 인용한 계시록 구절을 다시 한 번 읽어 보라. 그러면 당신은 우리 주 예수 그리스도 자신이 자신의 보좌와 아버지의 보좌 사이를 구별하고 계시는 것을 발견하게 될 것이다. 그는 이기는 자에게 아버지의 보좌가 아니라 자신의 보좌에 앉게 해 주겠다고 약속하신다. 천사가 마리아에게 준 약속과 하나님이 다윗과 더불어 맺으신 언약과 그에게 '아브라함과 다윗의 자손' 이스라엘의 왕이라는 호칭이 붙여지는 사실 등을 통해, 우리는 그의 보좌가 '왕의 도성' 예루살렘에 있음을 알게 된다. 오늘날 그는 배척당한 자, 배척당한 유대인으로서 아버지의 보좌에 앉아 계신다."

51. 요셉은 그 자신의 개인적인 가치 때문에 보좌로 승귀(昇貴)되었다.

이와 관련하여 냅(Knapp)은 다음과 같이 말한다. "이 모든 것은 주 예수 그리스도의 현재적인 승귀를 상징한다. 한때 십자가에 달렸던 자는 지금 영광 가운데 계신다. 한때 사람들에 의해 배척을 당했던 자는 하나님에 의해 그의 보좌에 앉혀졌다. 요셉이 애굽에서 존귀한 위치로 승귀된 것은 전적으로 그 자신의 개인적인 가치와 그가 애굽에 행한 실제적인 봉사 때문이었다." 이것이 빌립보서 2장에서 우리가 발견하는 것과 얼마나 아름답게 병행되는지 주목하라. "그는 근본 하나님의 본체시나 하나님과 동등됨을 취할 것으로 여기지 아니하시고 오히려 자기를 비워 종의 형체를 가지사 사람들과 같이 되셨고 사람의 모양으로 나타나사 자기를 낮추시고 죽기까지 복종하셨으니 곧 십자가에 죽으심이라 이러므로 하나님이 그를 지극히 높여"(2:6-9).

52. 요셉은 그의 새로운 신분에 어울리는 복장을 갖추었다.

"바로가 자기의 인장 반지를 빼어 요셉의 손에 끼우고 그에게 세마포 옷을 입히고 금 사슬을 목에 걸고"(창 41:42). 우리는 요셉의 원형에 대해서도 다음과 같은 말씀들을 읽는다. "그를 오른손으로 높이사 임금과 구주로 삼으셨느니라"(행 5:31). "오직 우리가 천사들보다 잠시 동안 못하게 하심을 입은 자 곧 죽음의 고난 받으심으로 말미암아 영광과 존귀로 관을 쓰신 예수를 보니"(히 2:9). 또 계시록 1장에 묘사된 영화로워진 주님의 모습을 주목하라. "촛대 사이에 인자 같은 이가 발에 끌리는 옷을 입고 가슴에 금띠를 띠고"(1:13).

53. 요셉의 권세와 영광이 사람들에 의해 공적으로 시인됨.

"자기에게 있는 버금 수레에 그를 태우매 무리가 그의 앞에서 소리 지르기를 엎드리라 하더라 바로가 그에게 애굽 전국을 총리로 다스리게 하였더라"(창 41:43). 오순절 날 베드로는 구주를 정죄하고 십자가에 못 박은 유대인들에게 다음과 같이 말했다. "그런즉 이스라엘 온 집은 확실히 알지니 너희가 십자가에 못 박은 이 예수를 하나님이 주와 그리스도가 되게 하셨느니라"(행 2:36). 사랑하는 독자여, 바로 이것을 깨닫고 시인하는 것이 지혜이다. 당신은 그리스도의 승귀된 존귀를 깨달았는가? 당신은 갈보리 십자가 위에서 죽으신 자가 지금 위엄의 우편에 앉아 계신 것을 믿음의 눈으로 보는가? 당신은 그의 주되심을 인정하고, 이제는 오직 그를 기쁘시게 하기 위해 살고 있는가? 당신은 그 앞에 "무릎을 꿇었나?" 만일 그렇지 않다면, 부디 더 이상 지체하지 말고 지금 당장 그렇게 하라. 나는 당신이 미래에 억지로 그렇게 하는 수많은 무리 가운데 들지 않기를 바란다. 왜냐하면 하나님이 장차 "하늘에 있는 자들과 땅에 있는 자들과 땅 아래에 있는 자들로 모든 무릎을 예수의 이름에 꿇게" 하겠노라고 맹세하셨기 때문이다(빌 2:10).

54. 요셉은 바로로부터 새 이름을 받았다.

"그가 요셉의 이름을 사브낫바네아라 하고"(창 41:45). 사브낫바네아는 "세상의 구주"를 의미한다. 빌립보서 2:9에서 우리는 "이러므로 하나님이 그를 지극히 높여 모든 이름 위에 뛰어난 이름을 주사"라는 말씀을 읽는다. 이 땅에 계시는 동안 그는 "예수"라는 이름을 가지고 계셨다. 그러나 그때 그 이름은 아직까지 약속과 보증일 뿐이었다. 천사는 요셉에게 "아들을 낳으리니 이름을 예수라 하라 이는 그가 자기 백성을 그들의 죄에서 구원할 자이심이라"라고 말했다(마 1:21). 그러나 그는, 나무 위에서 자신의 몸으로 그들의 죄를 담당할 때까지 그리고 죽은 자 가운데 다시 살아날 때까지 그리고 하늘로부터 돌아와 그의 완성된 사역의 은택을 구체적으로 적용시키기 위해 성령을 보낼 때까지, "자기 백성을 그들의 죄에서 구원할" 수 없었다. 그러나 하늘로 승천하셨을 때, 그는 실제로 구주가 되셨다. "하나님이 그를 오른손으로 높이사 임금과 **구주**로 삼으셨느니라"(행 5:31). 이와 같이 하나님 자신이 그의 사랑하는 아들에게 실제로 **구주**를 의미하는 "모든 이름 위에 뛰어난 이름"을 주셨다. 마치 수치의 때가 끝났을 때 요셉이 바로에 의해 높여지고 "세상의 구주"를 의미하는 새 이름을 받은 것처럼 말이다.

독자여, 당신은 모든 이름 위에 뛰어난 이름을 가진 자와 개인적으로 연결되어 있는가? 연결되어 있지 않다면, 지금 당장 그를 당신의 구주로 영접하라. 연결되어 있다면, 찬미와 경배로 그 앞에 무릎을 꿇어라.

제44장

세상의 구주 요셉

창세기 41장

55. 요셉은 아내를 얻었다.

"그가 요셉의 이름을 (애굽어로 "세상의 구주"를 의미하는) 사브낫바네아라 하고 또 온의 제사장 보디베라의 딸 아스낫을 그에게 주어 아내로 삼게 하니라"(창 41:45). 이 부분에서 나는 다른 많은 주석가들과 의견을 달리 한다. 많은 주석가들은 여기의 아스낫을 교회를 상징하는 것으로 간주한다. 그렇게 간주하는 주된 이유는 요셉의 아내가 이방인이었기 때문이다. 그런 측면을 어느 정도 인정한다 하더라도, 나는 그와 상충되는 또 다른 측면이 있음을 느낀다. 물론 나는 여기의 영감(靈感)된 이야기 안에 있는 모든 것이 제각각 명확한 의미와 상징을 가지고 있음을 믿는다. 또 나는 모든 구절들이 성령에 의해 지금의 자리에 놓였음을 믿는다. 그럼에도 불구하고 아스낫이 교회를 상징한다면, 우리는 도저히 극복할 수 없는 난제와 직면하게 된다. 바로가 요셉에게 아내를 주었다는 언급에 이어지는 말씀을 보라. "요셉이 애굽 왕 바로 앞에 설 때에 삼십 세라"(46절). 만일 이러한 말씀이 요셉이 감옥으로부터 나와 바로 앞에 선 것을 언급하는 14절 바로 다음에 나왔다면 그리고 그 다음에 요셉에게 아내가 주어졌다는 언급이 따랐다면, 우리는 마땅히 아스낫을 교회를 상징하는 것으로 간주해야만 할 것이다. 이런 관점에서 나는 우리가 교회를 상징하는 것을 여기의 아스낫이 아닌 다른 곳에서 찾아야만 한다고 믿는다.

여기에서 성령은 요셉의 "나이"가 언급되기 전에 그리고 그가 공적인 사역을 시작하기 전에 그에게 아내가 주어졌음을 언급한다. 나는 성령께서 이와 같이 기록하신 데에는 분명한 목적이 있다고 확신한다. 요셉이 공적인 사역을 시작할 때의 "나이"는 논란의 여지없이 주 예수께서 공생애를 시작할 때의 나이를 가리킨다. 이와 같이 성령께서 요셉이 30세임을 언급하기 전에 그의 아내에 대해 먼저 언급한 사실은 나에게 있어 아스낫의 상징적인 의미를 주 예수께서 공생애를 시작하기 전의 어떤 지점에서 찾아야만 한다는 사실을 암시하는 것처럼 보인다. 그렇다면 두 말할 것도 없이 그것은 우리를 구약시대로 데려간다. 그리고 거기에서 우리는 여호와(주 예수)에게 이스라엘이라는 "아내"가 있었음을 배운다. 이러한 사실을 나타내는 두 개의 구절을 예레미야 3장으로부터 뽑아 보도록 하자. 거기에서 예레미야 선지자는 강퍅한 이스라엘 백성들을 꾸짖으면서 다음과 같이 말한다. "여호와의 말씀이니라 배역한 자식들아 돌아오라 나는 너희 남편임이라"(14절). 또 "이스라엘 족속아 마치 아내가 그의 남편을 속이고 떠나감 같이 너희가 확실히 나를 속였느니라 여호와의 말씀이니라"(20절).

그러나 이에 대해 반론이 제기될 것이다. 그것은 어떻게 애굽 사람인 요셉의 아내 아스낫이 여호와의 아내인 이스라엘을 상징할 수 있느냐 하는 것이다. 언뜻 볼 때 이러한 반론은 매우 강력한 위력을 가진 것처럼 보인다. 그럼에도 불구하고 그것은 어렵지 않게 해결될 수 있다. 난점은, 우리가 이스라엘이 처음 여호와의 아내가 되었을 때로 돌아가면, 즉시로 사라진다. 이 문제와 관련하여 성경은 매우 명백하다. 에스겔 16장에서 선지자는 이스라엘의 슬픈 역사(歷史)를 요약하면서 다음과 같이 말한다. "주 여호와의 말씀이니라 네가 이 모든 일을 행하니 이는 방자한 음녀의 행위라 네 마음이 어찌 그리 약한지 네가 누각을 모든 길 어귀에 건축하며 높은 대를 모든 거리에 쌓고도 값을 싫어하니 창기 같지도 아니하도다 그 남편 대신에 다른 남자들과 내통하여 간음하는 아내로다"(30-32절). 이와 같이 이스라엘을 꾸짖기에 앞서, 선지자는 먼저 다음과 같이 선언한다. "주 여호와께서 예루살렘에 관하여 이같이 말씀하시되 네 근본과 난 땅은 가나안이요 네 아버지는 아모리 사람이요 네 어머니는 헷 사람이라"(3절). 여기에서 우리는 이스라엘의 기원(물론 도덕적인 기원)을 배운다. 그리고 그러한 사실로부터 우리는 이방인 아스낫이 얼마나 적절하게 그 시대의 여호와(주 예수)의 아내를 상징할 수 있는지를 배운다. 이스라엘이 다른 모든 나라들로부터 분리된 것은 그들이 애굽의 멍에와 타락으로부터 구속된 이후였다. 또 다른 확증이 필요하다면, 예레미야 2:2을 읽어 보라. "가서 예루살렘의 귀에 외칠지니라 여호와께서 이와 같이 말씀하시기를 내가 너를 위하여 네 청년 때의 인애와 네 신혼 때의 사랑을 기억하노니 곧 씨 뿌리지 못하는 땅, 그 광야에서 나를 따랐음이니라." 이와 같이 이스라엘은 애굽에서 피와 권능으로 구속받았을 때 여호와의 소유가 되었다.

요셉의 결혼의 결과는 지금까지 내가 이야기한 해석이 아스낫을 교회의 상징으로 보는 통상적인 해석보다 훨씬 더 나음을 또 다시 재확인해 주는 것처럼 보인다. 요셉에게 두 아들이 태어났다(창 41:50). 이것은 이스라엘이 여호와의 아내가 된 이후의 그들의 역사(歷史)와 정확하게 일치하지 않는가? 이스라엘이 여호와의 아내가 된 이후 결국 르호보암의 때에 두 왕국이 되지 않았는가? 또 요셉의 두 아들의 이름의 의미는 이스라엘로부터 나온 두 왕국의 성격을 너무나도 잘 묘사하지 않는가? 요셉은 장남의 이름을 "잊음"을 의미하는 므낫세라 했다(41:51). 이것은 열 지파로 이루어진 북쪽의 이스라엘 왕국을 절묘하게 특징짓지 않는가? 또 요셉은 차남의 이름을 "번성"을 의미하는 에브라임이라고 했다. 주 예수께서 나오신 남쪽의 유다 왕국이 바로 이와 같지 않은가?

56. 요셉의 결혼은 바로에 의해 이루어졌다.

이것은 우리가 마태복음 22:2에서 읽는 것과 얼마나 완벽하게 일치하는가! "천국은 마치 자기 아들을 위하여 혼인 잔치를 베푼 어떤 임금과 같으니." 요셉이 30세에 바로 앞에 서서 (그리스도의 공생애를 상징하는) 공적인 사역을 시작했다는 언급에 앞서 아스낫이 언급되는 사실과 그 후에 그녀를 통해 두 아들을 낳고 그들에게 이름을 지어 주었다는 언급이 따르는 사실은 그녀에게 이중적인 상징이 있음을 암시한다. 요셉의 이방인 아내는 첫째로 여호와께서 다른 모든 백성들로부터 구별하여 자기에게로 취하기 이전의 이스라엘의 상태를 돌아보며, 둘째로 우리 구주가 이스라엘과의 관계를 다시 회복할 때를 내다본다.[1] 이와 관련하여 예레미야 31:31-34; 에스겔 16:62-63; 호세아 2:19-23; 이사야 54:5-8 등을 참조하라. 또 요셉의 두 아들의 이름 역시도 이중적인 의미를 가지는 것으로 나타날 것이다. 하나님은 이스라엘의 과거를 "잊으실"(므낫세) 것이며, 그때 이스라엘은 전과 같지 아니하고 "번성할"(에브라임) 것이기 때문이다.

57. 요셉은 30세에 공적인 사역을 시작했다.

[1] 하나님께서 당신의 옛 백성들과의 관계를 회복시키실 때의 이스라엘의 영적, 시대적 상태는 또 다시 이방인으로 묘사된다. 그것은 하나님이 지금 그리고 그때까지 그들을 "내 백성이 아니라"를 의미하는 "로암미"라고 부르시기 때문이다(호 1:9).

"요셉이 애굽 왕 바로 앞에 설 때에 삼십 세라 그가 바로 앞을 떠나 애굽 온 땅을 순찰하니"(창 41:46). 요셉과 관련한 놀라운 그림 속에 들어 있는 모든 특징들은 다 나름대로의 가치와 아름다움을 가지고 있다. 여기에 의미 없는 것은 아무것도 없다. 성령께서 여기에서 우리에게 요셉이 공적인 사역을 시작할 때의 나이를 알려 주신 것을 생각해 보라. 도대체 어떻게 여기에 의미가 없을 수 있단 말인가! 그때 그는 30세였다. 이 부분에서 모형과 원형은 얼마나 완벽하게 일치하는가! 누가복음 3:23에서 우리는 "예수께서 가르치심을 시작하실 때에 삼십 세쯤 되시니라"라는 말씀을 읽는다. 요셉이 공적인 사역을 시작할 때의 나이가 30세였던 것처럼, 우리 주님이 공생애를 시작할 때의 나이 역시 30세였다.

58. 요셉은 자신의 사역을 위해 바로 앞을 떠나 나왔다.

"요셉이 애굽 왕 바로 앞에 설 때에 삼십 세라 그가 바로 앞을 떠나 애굽 온 땅을 순찰하니"(창 41:46). 창세기 41장에서 바로는 — 애굽을 통치하는 자로서, 요셉의 탁월함을 기뻐하는 자로서, 요셉에게 자신의 집 전체를 맡긴 자로서, 그러면서도 여전히 최고의 보좌를 보유하고 계시는 자로서 — 아버지 하나님을 상징한다. 이런 관점으로부터 46절 하반절이 얼마나 큰 상징적인 의미를 갖는지 생각해 보라. 요셉이 공적인 사역을 시작한 것은 바로 "앞"을 떠나는 것으로부터였다. 이것은 우리가 누가복음 3장에서 읽는 것과 얼마나 놀랍게 일치하는가! 우리 주님이 공생애를 시작할 때의 나이가 30세 쯤 되었다는 언급 바로 앞에 나오는 말씀을 주목해 보라. 그것은 그가 세례를 받을 때 하늘로부터 울려 퍼진 아버지의 음성이었다. "너는 내 사랑하는 아들이라 내가 너를 기뻐하노라"(22절). 공생애를 시작하기 이전의 구주의 행적에 대해 우리는 거의 듣지 못한다. 나사렛에서 보낸 모든 세월은, 소년 시절에 성전에 왔을 때의 한 가지 짤막한 일화만을 제외하고, 침묵 안에서 사라진다. 그러나 세례 받을 때 그가 물로부터 나오는 순간, 아버지는 자기 아들이 이 땅에서 완전한 삶을 살았음을 공적으로 증언하셨다. "내가 너를 기뻐하노라"라는 말씀은 단순히 그리스도의 인격의 탁월함만을 확증하는 것이 아니라, 성육신한 아들이 살았던 30년의 모든 삶에 대해 아버지가 인정하신 것을 확증하는 것이기 때문이다. 여기에서 우리가 주목하고자 하는 것은 마치 요셉이 바로 "앞"을 떠남으로부터 공적인 사역을 시작한 것처럼 주 예수께서도 아버지 "앞"을 떠나 요단강에 나타나심으로부터 공생애를 시작하셨다는 사실이다.

59. 요셉의 사역은 온 땅을 두루 다니는 사역이었다.

"요셉이 바로 앞을 떠나 애굽 온 땅을 순찰하니"(창 41:46). 요셉은 결코 게으른 사람이 아니었다. 그는 자신에 대한 바로의 신뢰를 배신하지 않고, 신실하게 자신의 의무를 이행했다. 그는 안일한 장소에 머물지 않고 "애굽 온 땅"을 두루 다녔다. 이러한 말씀은 우리에게 여기의 요셉이 예표하는 자와 관련하여 사복음서가 말하는 것을 일깨워 주지 않는가? "예수께서 온 갈릴리에 두루 다니사 그들의 회당에서 가르치시며 천국 복음을 전파하시며 백성 중의 모든 병과 모든 약한 것을 고치시니"(마 4:23). 또 "예수께서 모든 도시와 마을에 두루 다니사 그들의 회당에서 가르치시며 천국 복음을 전파하시며 모든 병과 모든 약한 것을 고치시니라"(마 9:35).

60. 요셉의 승귀(昇貴) 후 풍요의 때가 뒤따랐다.

"일곱 해 풍년에 토지 소출이 심히 많은지라 요셉이 애굽 땅에 있는 그 칠 년 곡물을 거두어 각 성에 저장하되 각 성읍 주위의 밭의 곡물을 그 성읍 중에 쌓아 두매 쌓아 둔 곡식이 바다 모래 같이 심히 많아 세기를 그쳤으니 그 수가 한이 없음이었더라"(창 41:47-49). 이러한 말씀의 상징적인 의미와 관련하여 냅(Knapp)의 말을 인용해 보도록 하자. "이러한 7년 대풍년은 현재의 은혜의 시대를 상징한다. '보라 지금은 은혜 받을 만한 때요 보라 지금은 구원의 날이로다'(고후 6:2). 7년 동안의 '풍년'이 아니라 '대풍년'이었다. 이 기간에 '토지 소출이 심히 많았다'(47절). 그것은 엄청난 풍성함의 때였다. 우리가 사는 시대와 같은 시대는 결코 없었다. 현재의 은혜의 시대 이전에는 하나님이 모든 죄인에게 자유와 구원을 선포하도록 온 세상에 그의 사자들을 보내지 않으셨다. 이와 같은 대풍년 때는 결코 없었다. 또 성경에 언급된 각각의 시대들 가운데 현재의 은혜 시대가 단연 가장 긴 것은 매우 주목할 만한 사실이다. 아, 이것은 얼마나 큰 은혜인가! 진실로 하나님은 '우리를 대하여 오래 참으사 아무도 멸망하지 않기를' 간절히 바라신다(벧후 3:9)."

현재의 은혜의 시대에 구원받은 자가 이전 시대에 구원받은 자보다 훨씬 더 많은 것은 의심의 여지없는 사실이다. 아벨의 시대부터 홍수 시대까지 구원받은 사람들은 매우 적었다. 족장시대 동안 구원받은 사람들 역시 매우 소수였다. 또 여호수아 시대로부터 이스라엘 역사(歷史) 전체를 통해 거듭남의 증거를 가진 사람들은 소수였다. 심지어 그리스도의 공생애 기간에도 적은 수의 사람들만 구원받았다. 단지 120명의 사람들만이 다락방에 모여 성령의 오심을 기다렸을 뿐이었다. 그러나 이러한 이전의 모든 시대들과는 대조적으로, 현재의 은혜의 시대에 땅은 "풍성한" 소출을 내고 있다. 주님 자신이 말씀하신 것처럼, 그의 죽음으로 말미암아 "많은 열매"가 맺혔다. "내가 진실로 진실로 너희에게 이르노니 한 알의 밀이 땅에 떨어져 죽지 아니하면 한 알 그대로 있고 죽으면 많은 열매를 맺느니라"(요 12:24).

61. 풍요의 때에 이어 기근의 때가 따랐다.

"애굽 땅에 일곱 해 풍년이 그치고 요셉의 말과 같이 일곱 해 흉년이 들기 시작하매 각국에는 기근이 있으나 애굽 온 땅에는 먹을 것이 있더니"(창 41:53, 54). "일곱 해 풍년"(완전한 기간)이 풍성한 영적 추수가 거두어지는 현재의 은혜의 시대를 가리키는 것처럼, "일곱 해 흉년"(또 다른 완전한 기간)은 현재의 은혜의 시대 뒤에 올 시대를 바라본다. 은혜의 복음이 그 신적 목적을 완수하고 "이방인의 충만한 수가 들어오고" 난 후, 성령께서 세상을 떠나심과 함께 "대환난"의 때가 도래할 것이다(롬 11:25). 성경의 많은 구절들이 이때를 가리킨다. 그때는 "야곱의 환난의 때"라고 불리는데, 그것은 그때가 이스라엘의 가장 어두운 때가 될 것이기 때문이다(렘 30:7). 다니엘이 "또 환난이 있으리니 이는 개국 이래로 그 때까지 없던 환난일 것이며"라고 말한 것 역시 그때를 가리키는 것이었다(단 12:1). 또 그때와 관련하여 우리 주님은 "이는 그 날들이 환난의 날이 되겠음이라 하나님께서 창조하신 시초부터 지금까지 이런 환난이 없었고 후에도 없으리라 만일 주께서 그 날들을 감하지 아니하셨더라면 모든 육체가 구원을 얻지 못할 것이거늘"이라고 말씀하셨다(막 13:19, 20). 또 그때는 사탄이 땅에 던져지고, 적그리스도가 강력한 권세를 가지고 군림하며, 하나님의 심판의 폭풍이 세상에 몰아치는 때일 것이다. 또 도덕적으로 영적으로, 그때는 "기근"의 때일 것이다. 여기의 일곱 해 흉년의 날처럼, 그때는 기근이 "너무 심할" 것이다(창 41:31). 더욱이 그날의 기근은 특정 지역에 한정된 지역적인 기근이 아니라, 세계적인 기근일 것이다. 요셉 시대의 기근이 애굽에만 한정되지 않고 "온 지면"에 가득했던 것처럼

(41:56), 계시록 3:10에서 우리는 "시험의 때"가 "온 세상에 임하여 땅에 거하는 자들을 시험할 때"라는 말씀을 듣는다. 아모스가 "주 여호와의 말씀이니라 보라 날이 이를지라 내가 기근을 땅에 보내리니 양식이 없어 주림이 아니며 물이 없어 갈함이 아니요 여호와의 말씀을 듣지 못한 기갈이라 사람이 이 바다에서 저 바다까지, 북쪽에서 동쪽까지 비틀거리며 여호와의 말씀을 구하려고 돌아다녀도 얻지 못하리니"라고 예언한 것 역시 그때를 가리키는 것이었다(암 8:11, 12). 지금 세상은 대풍년의 때를 향유하고 있다. 그러나 조만간 "기근"의 때가 올 것이다. 그러므로 사랑하는 독자여, 부디 "너희는 여호와를 만날 만한 때에 찾으라 가까이 계실 때에 그를 부르라"는 말씀을 흘려듣지 말고 마음에 새겨라. (사 55:6). 예레미야 8:20에서 우리는 "추수할 때가 지나고 여름이 다하였으나 우리는 구원을 얻지 못하는도다"라는 말씀을 듣는다. 당신이 장차 임할 진노의 날에 이 땅에 남아 있다면, 다름 아닌 당신 자신이 그렇게 탄식하며 말하게 될 것이다.

62. 요셉은 이제 멸망의 세상에 양식을 나누어 주는 자로서 나타난다.

"애굽 온 땅이 굶주리매 백성이 바로에게 부르짖어 양식을 구하는지라 바로가 애굽 모든 백성에게 이르되 요셉에게 가서 그가 너희에게 이르는 대로 하라 하니라"(창 41:55). 이와 관련하여 힐데만 박사(Dr. Hildemann)의 말을 좀 길게 인용해 보도록 하자. "경멸과 배척을 당했던 한 유대인이 바로의 은총의 통로가 된 것은 얼마나 놀라운 일이었나! 그 유대인이 기근에 빠진 세상을 위한 구주의 위치로 승귀(昇貴)된 것은 얼마나 놀라운 일이었나! 그 유대인이 굶주림 가운데 빠진 세상을 위한 유일한 구주가 된 것은 얼마나 놀라운 일이었나! 마찬가지로 오늘날 배척을 당한 유대인인 예수가 하나님의 은총의 통로가 된 것은 얼마나 놀라운 일인가! 그가 "길이요 진리요 생명인" 사실과 "그로 말미암지 않고는 아무도 아버지께로 올 자가 없는" 사실은 얼마나 놀라운 사실인가! 배척을 당했던 그리스도가 기근에 빠진 세상을 위한 구주로 승귀된 것은 얼마나 놀라운 일인가! 배척을 당했던 그리스도가 굶주리는 세상을 위한 유일한 구주인 것은 얼마나 놀라운 일인가!

"아버지에 의해 요셉은 그의 형제들에게 그들의 축복을 위해 보냄을 받았다. 그러나 그들은 배척했다. 이에 하나님은 그들의 죄가 그들 자신에게는 심판이 되지만 다른 사람들에게는 축복이 되도록 역사(役事)하셨다. 마찬가지로 하나님은,

조상들에게 주신 약속을 이루기 위해 당신의 아들을 보내심으로써, 이스라엘에게 헤아릴 수 없는 축복을 주시고자 하셨다. 그러나 그들은 배척했다. 이에 하나님은 그들의 죄를 다른 사람들에게 구원이 되도록 사용하셨다. 하나님은 이스라엘의 죄가 온 세상의 은혜와 긍휼의 기회가 되도록 만드셨다. '그들이 넘어짐으로 구원이 이방인에게 이르러' (롬 11:11),"

63. 요셉 홀로 생명의 양식을 나누어주었다.

여기에서 바로가 자신에게 양식을 달라고 부르짖는 사람들을 모두 요셉에게로 보내는 것을 주목하라. "애굽 온 땅이 굶주리매 백성이 바로에게 부르짖어 양식을 구하는지라 바로가 애굽 모든 백성에게 이르되 요셉에게 가서 그가 너희에게 이르는 대로 하라 하니라"(55절). 요셉은 바로에 의해 공식적으로 임명된 구주였다. 굶주린 자는 누구든지 요셉에게 가서 도움을 받으라는 것은 애굽을 위한 복음, 복된 소식이었다. 이것이 얼마나 완벽하게 하나님의 은혜의 복음을 미리 보여 주는지 보라! 죄인이 영혼의 굶주림 가운데 하나님에게 부르짖을 때, 그의 응답은 무엇인가? "나의 복된 아들에게로 가라!"가 아닌가? 구원은 오직 예수 그리스도 안에서만 발견된다. 하나님이 구원을 받을 만한 다른 이름을 주신 적이 없기 때문이다. "다른 이로써는 구원을 받을 수 없나니 천하 사람 중에 구원을 받을 만한 다른 이름을 우리에게 주신 일이 없음이라"(행 4:12). 여기에서 바로가 애굽 사람들에게 "요셉에게 가서 그가 너희에게 이르는 대로 하라"고 말한 것처럼, 변화산에서 아버지는 그리스도의 제자들에게 "이는 내 사랑하는 아들이요 내 기뻐하는 자니 너희는 그의 말을 들으라"고 말씀하셨다(마 17:5). 여전히 하나님은 사람들에게 그렇게 말씀하신다.

64. 요셉은 온 세상의 구주가 되었다.

"각국 백성도 양식을 사려고 애굽으로 들어와 요셉에게 이르렀으니 기근이 온 세상에 심함이었더라"(창 41:57). 요셉은 온 세상의 기근을 위해 하나님에 의해 세움을 받았다. "기근"이 "모든 땅"에 있었다(41:54). 그러나 하나님은 요셉을 통해 모든 필요를 채울 수 있는 충분한 양식을 준비하셨다. 모든 지역의 사람들이 요셉이 나누어 주는 양식에 참여할 수 있었다. 요셉은 모든 사람들을 동일하게 대했다. 애굽 사람이든, 그의 형제들이든, 먼 나라로부터 온 외인들이든 문제될 것이 없었다. 모두가 다 양식을 받을 수 있었다. 이것은 요셉의 원형에게도 똑같이 사실이다. 죄인들을 위한 하나님의 구주는 결코 지역적인 구주가 아니다. 그는 유대인과 이방인, 부자와 가난한 자, 유식한 자와 무식한 자, 남자와 여자, 노인과 젊은이를 막론하고 모두를 위한 구주이다. 모든 사람이 똑같이 그 안에서 자신들의 가장 깊은 필요를 채울 수 있는 것을 발견할 수 있다. 복음은 모두를 위한 것이다. 다만 그 조건은 "누구든지 그를 믿는 자마다 멸망하지 않고 영생을 얻게 하려 하심이라"는 것이다(요 3:16). "각국 백성이 요셉에게 온" 것처럼, 하늘에서 새 노래를 부를 자들은 다음과 같이 선포할 것이다. "두루마리를 가지시고 그 인봉을 떼기에 합당하시도다 일찍이 죽임을 당하사 각 족속과 방언과 백성과 나라 가운데에서 사람들을 피로 사서 하나님께 드리시고"(계 5:9).

65. 요셉은 사람들의 필요를 채울 수 있는 무한한 양식을 가지고 있었다.

"쌓아 둔 곡식이 바다 모래 같이 심히 많아 세기를 그쳤으니 그 수가 한이 없음이었더라"(창 41:49). 하나님이 준비하신 양식은 얼마나 풍성한가! 하나님은 인색하게 준비하지 않으셨다. 모든 사람의 필요를 채울 수 있는 충분한 것이 준비되었다. 이것은 우리에게 신약의 서신들 속에서 너무나 자주 나타나는 표현들을 일깨워 준다. 거기에서 우리는 "그의 은혜의 풍성함"이라든지 혹은 "그 은혜의 지극히 풍성함"과 같은 표현들을 읽는다(엡 1:7; 2:7). 또 거기에서 우리는 "긍휼이 풍성하신 하나님"이라든지 혹은 "그의 많으신 긍휼대로"와 같은 표현들을 읽는다(엡 2:4; 벧전 1:3). 또 거기에서 우리는 "측량할 수 없는 그리스도의 풍성함"이라든지 혹은 "그 안에는 신성의 모든 충만이 육체로 거하시고"와 같은 표현들을 읽는다(엡 3:8; 골 2:9). 또 로마서 10:12에서 우리는 "한 분이신 주님은 모든 사람의 주가 되사 그를 부르는 모든 사람에게 부요하시도다"라는 표현을 발견한다.

아, 우리 주님이 우리를 위해 무한한 양식을 준비하신 것은 얼마나 감사한 일인가! 그 안에는 부족함이나 궁핍함이 없다. 그가 십자가에서 속죄를 위해 흘린 보배로운 피에는 무한한 가치가 있다. 죄인들을 향한 그의 마음에는 무한한 긍휼이 있다. 그 안에는 자기에게 나오는 모든 사람들을 기꺼이 영접하고자 하는 무한한 의지(意志)가 있다. 그의 팔에는 그를 의지(依支)하는 모든 사람을 구원하며 지킬 수 있는 무한한 능력이 있다. 그리스도의 피가 씻을 수 없을 만큼 타락한 죄인은 없다. 그리스도께서 풀어줄 수 없을 만큼 사탄의 멍에에 단단하게 결박된 죄인은 없다. 그리스도께서 만족시켜 줄 수 없을 만큼 낙망하고 절망한 죄인은 없다. 구주께서는 "수고하고 무거운 짐 진 자들아 다 내게로 오라 내가 너희를 쉬게 하리라"라고 약속하셨다(마 11:28). 아, 죄 가운데 신음하는 영혼이여! 그가 정말로 당신을 구원할 수 있는지 시험해 보라! 지금 모습 그대로 그리스도에게 나아가라. 당신의 모든 필요와 궁핍과 비참함을 그대로 가지고 그에게 나아가라. 그러면 그는 기쁨으로 당신을 영접하시고, 당신의 모든 죄를 도말하시고, 당신의 입에 새 노래를 넣어 주실 것이다. 부디 하나님이 당신에게 자기 아들의 무한한 충족하심을 깨닫는 은혜를 주시기를 기원한다.

제 45장

시대론(時代論)적으로 고찰한 요셉과 그의 형제들

창세기 37-38장 이후 우리는 야곱의 가족들에 대해 아무것도 듣지 못했다. 성령께서는 모든 관심을 오직 요셉에게만 집중하셨다. 창세기 37장에서 우리는 요셉이 아버지에 의해 형들이 잘 있는지 여부를 살피도록 보냄을 받은 것과, 요셉이 그들에게 갔으나 그들이 그를 영접하지 않은 것과, 도리어 그들이 그를 미워하고 시기하여 이방인들의 손에 판 것을 보았다. 이후 우리는 애굽에서의 요셉의 행적을 추적했다. 그러는 가운데 우리는 애굽 사람들 역시도 부당하게 그를 비천과 수치의 자리로 던진 것을 보았다. 그와 함께 우리는 하나님이 당신의 신실한 종의 의(義)를 드러내시면서 그를 감옥으로부터 꺼내어 애굽 전국의 총리로 세우신 것을 보았다. 그리고 계속해서 우리는 요셉이 승귀(昇貴)된 후 땅이 풍성한 소산을 낸 풍요의 때가 따른 것과 뒤이어 기근의 때가 따른 것을 보았다. 이때 요셉은 우리 앞에 멸망 아래 떨어진 인류에게 양식을 나누어 주는 자로서 나타났다. 그러나 이 모든 기간 동안 요셉의 형제들은 시야에서 사라졌다. 그러나 기근의 때가 되었을 때, 그들은 다시 전면에 나타난다.

이 모든 것은 큰 의미와 완벽한 상징성을 갖는다. 요셉은 육체를 따라 형제된 자들에게 그들이 잘 있는지 살피기 위해 보냄 받은 아버지의 사랑하는 아들을 예표했다. 그러나 그들은 그를 멸시하며 배척했다. 그들은 그를 팔았으며, 그를 이방인들의 손에 넘겨주었다. 이방인들은 부당하게 그를 사형에 해당하는 자로 정죄했으며, 그를 십자가에 못 박았으며, 그의 몸을 무덤의 감옥에 던졌다. 그러나 때가 되매 하나님은 그를 무덤의 감옥으로부터 건져내시고, 자신의 오른편으로 승귀(昇貴)시키셨다. 그리고 승천하신 그리스도는 세상의 구주와 멸망 아래 떨어진 인류를 위한 생명의 떡으로 나타나셨다. 이러한 "은혜의 시대" 동안 유대인들은 시야에서 사라진다. 이제 하나님은 이방인들을 자기 이름을 위한 백성으로 취하신다. 그러나 조만간 이러한 은혜의 시대가 끝나고 대환난의 시대가 올 것이다. 그러한 시대는 성령께서 세상으로부터 떠나심과 함께 시작될 것이며, 극심한 영적 기근이 임할 것이다. 그리고 하나님은 이러한 대환난 기간에 (육체를 따라 그리스도의 형제인) 유대인들과의 관계를 재개하실 것이다. 이와 같이 원형(原形)에서와 동일하게, 요셉의 형제들은 창세기의 마지막 부분에서 또 다시 전면에 나타난다. 이제 그들이 요셉을 배척한 때로부터 다시 그들의 행적을 따라가 보도록 하자.

66. 요셉의 형제들은 그들의 땅으로부터 쫓겨난다.

창세기 37장에서 야곱의 아들들이 요셉을 이방인들의 손에 넘겨 주고 난 후 42장에 이르기까지, 우리는 그들에 대해 아무것도 듣지 못한다. 그러면 마침내 창세기 42장에 이르러 우리는 그들과 관련하여 무슨 말을 듣는가? "그 때에 야곱이 애굽에 곡식이 있음을 보고 아들들에게 이르되 너희는 어찌하여 서로 바라보고만 있느냐 야곱이 또 이르되 내가 들은즉 저 애굽에 곡식이 있다 하니 너희는 그리로 가서 거기서 우리를 위하여 사오라 그러면 우리가 살고 죽지 아니하리라 하매 요셉의 형 열 사람이 애굽에서 곡식을 사려고 내려갔으나 … 이스라엘의 아들들이 양식 사러 간 자 중에 있으니 가나안 땅에 기근이 있음이라"(창 42:1-3, 5). 가나안조차도 하나님의 형벌로부터 안전하지 못했다. 그곳 역시도 기근에 의해 삼켜졌다. 야곱과 그의 가족들은 죽음의 위험 가운데 떨어졌으며, 굶주림의 고통이 요셉의 형들을 그 땅으로부터 몰아내면서 (세상을 상징하는) 애굽으로 내려가지 않을 수 없도록 만들었다. 이것은 "행동으로 나타난 예언"(prophecy in action)으로서, 2,000년 후에 비극적으로 성취되었다. 요셉의 형제들이 요셉을 배척하고 얼마 후 (하나님이 보낸) 기근으로 말미암아 자신들의 땅을 떠나 애굽으로 내려가야만 했던 것처럼, 유대인들은 그리스도를 배척하고 얼마 후 (하나님의 심판으로) 로마인들에 의해 그 땅으로부터 쫓겨나 세상 전체로 흩어졌다.

67. 요셉의 형제들은 요셉을 알아보지 못했다.

"때에 요셉이 나라의 총리로서 그 땅 모든 백성에게 곡식을 팔더니 요셉의 형들이 와서 그 앞에서 땅에 엎드려 절하매 … 요셉은 그의 형들을 알아보았으나 그들은 요셉을 알아보지 못하더라"(창 42:6, 8). 요셉은 바로의 집 전체를 다스리는 총리로 승귀(昇貴)되었지만, 야곱은 그것을 알지 못했다. 이 모든 기간 동안 그는 요셉이 죽었다고 생각했다. 지금 그의 가족들은 (하나님의 심판인) 기근으로 말미암아 괴로움을 당하고 있었으며, 그의 아들들은 굶주림의 고통으로 말미암아 가나안으로부터 쫓겨나 애굽으로 내려가고 있었다. 그들은 지금 누가 그 땅을 통치하고 있는지 알지 못했다. 자신들의 메시야를 배척한 이후의 야곱의 자손들의 모습이 이와 같지 않은가! 그들은 진리를 배척했으며, 거짓을 믿는 헛된 미망(迷妄)에 빠졌다. 그들은 하나님이 주 예수를 다시 살리신 것을 알지 못했으며, 그가 죽었다고 믿었다. 기독교 시대 전체를 통해 수건이 그들의 마음을 덮었으며, 대환난의 때가 시작될 때까지 그들은 여전히 주 예수 그리스도의 승귀와 영광을 알지 못할 것이다.

68. 그러나 요셉은 그들을 보고 알았다.

"요셉이 보고 형들인 줄을 아나 모르는 체하고 엄한 소리로 그들에게 말하여 이르되 너희가 어디서 왔느냐 그들이 이르되 곡물을 사려고 가나안에서 왔나이다"(창 42:7). 그렇다. 요셉은 그의 형제들을 "보았다." 그들이 그를 알지 못했음에도 불구하고, 그의 눈은 그들을 향해 있었다. 이와 같이 주 예수의 눈은 유대인들을 향해 있었다. 그들이 그를 배척한 기나긴 밤 전체를 통해 말이다. 예레미야 선지자를 통한 그의 말씀을 들어보라. "이는 내 눈이 그들의 행위를 살펴보므로 그들이 내 얼굴 앞에서 숨기지 못하며 그들의 죄악이 내 목전에서 숨겨지지 못함이라"(16:17). 그는 또한 호세아를 통해 이렇게 말씀하신다. "에브라임은 내가 알고 이스라엘은 내게 숨기지 못하나니"(5:3).

69. 요셉은 형제들에게 형벌을 내렸다.

"요셉이 보고 형들인 줄을 아나 모르는 체하고 엄한 소리로 그들에게 말하여 이르되 너희가 어디서 왔느냐 그들이 이르되 곡물을 사려고 가나안에서 왔나이다 … 그들을 다 함께 삼 일을 가두었더라"(창 42:7, 17). 이와 관련하여 할데만 박사(Dr. Haldemann)의 인상적인 글을 인용해 보도록 하자. "지금 그들이 고난을 당하는 원인은 요셉 때문이었다. 요셉은 예전에 그들이 자신에게 악을 행한 것으로 인해 그들에게 형벌을 내리고 있었다. 유대인들이 오랜 세월 동안 고난을 당한 것의 비밀은 그들로부터 배척을 당한 메시야가 그들을 '거칠게' 다룬 사실에서 발견된다. 그가 그들에게 형벌을 내리고 계셨던 것이다. '그들이 듣지 아니하므로 내 하나님이 그들을 버리시리니 그들이 여러 나라 가운데에 떠도는 자가 되리라' (호 9:7). '보라 너희 집이 황폐하여 버려진 바 되리라 내가 너희에게 이르노니 이제부터 너희는 찬송하리로다 주의 이름으로 오시는 이여 할 때까지 나를 보지 못하리라 하시니라' (마 23:38, 39). '그러므로 의인 아벨의 피로부터 성전과 제단 사이에서 너희가 죽인 바라갸의 아들 사가랴의 피까지 땅 위에서 흘린 의로운 피가 다 너희에게 돌아가리라 내가 진실로 너희에게 이르노니 이것이 다 이 세대에 돌아가리라' (마 23:35, 36). 유대인들의 특이한 고난을 설명할 수 있는 것은 주님의 심판과 연단 외에 아무것도 없다."

70. 요셉은 그들에게 대속물을 통해 구원받는 방법을 알려주었다.

"그들을 다 함께 삼 일을 가두었더라 사흘 만에 요셉이 그들에게 이르되 나는 하나님을 경외하노니 너희는 이같이 하여 생명을 보전하라 너희가 확실한 자들이면 너희 형제 중 한 사람만 그 옥에 갇히게 하고 너희는 곡식을 가지고 가서 너희 집안의 굶주림을 구하고 … 요셉이 그들 중에서 시므온을 끌어내어 그들의 눈앞에서 결박하고"(창 42:17-19, 24). 다시 한 번 요셉과 관련한 할데만 박사의 뛰어난 글을 인용해 보도록 하자.

"삼 일 후 요셉은 형제들을 대신하여 시므온을 결박하면서, 이런 방법으로 그들 모두가 풀려날 것을 선언했다. 오순절 날 사도 베드로는 하나님이 주 예수를 다시 살리셔서 이스라엘에게 임금과 구주가 되게 하셨다고 선포했다. 그리고 계속해서 이스라엘이 그에 대한 자신들의 죄와 악행을 회개한다면, 하나님이 그의 죽음을 그들에게 합당한 심판을 위한 대속물로서 받으실 것이며 그들을 구원하시고 그들에게 다시금 아들을 메시야와 구주로 보내실 것이라고 선포했다."

71. 요셉은 자신의 형제들이 낯선 땅에 있는 동안 그들을 위해 양식을 준비했다.

"명하여 곡물을 그 그릇에 채우게 하고 각 사람의 돈은 그의 자루에 도로 넣게 하고 또 길 양식을 그들에게 주게 하니 그대로 행하였더라"(창 42:25). 그들이 요셉을 알지 못했음에도 불구하고 또 그가 거칠게 말하면서 그들을 감옥에 던져 넣었음에도 불구하고, 그의 심판 속에 긍휼이 녹아 있었다. 요셉은 자신의 형제들이 길에서 죽도록 내버려두지 않았다. 그들이 낯선 땅에 있는 동안 그가 그들의 필요를 돌볼 것이었다. 이것은 은혜의 시대 동안 유대인들에 대하여서도 마찬가지이다. 그들은 하나님으로부터 가혹한 형벌을 받았다. 다른 어떤 나라도 경험하지 못한 특이한 고난을 겪었음에도 불구하고, 그들은 하나님에 의해 놀랍게 보존되었다. 자신들의 땅으로부터 쫓겨난 이후 오랜 세월 동안, 하나님이 그들을 지키시고 보존하셨다. 하나님이 그들을 위해 양식을 준비하셨다. 요셉이 자신에게 악을 행한 형들에게 그렇게 했던 것처럼 말이다. 이와 같이 하나님은 자신의 옛 약속을 이루셨다. "이는 여호와의 말씀이라 내가 너와 함께 있어 너를 구원할 것이라 너를 흩었던 그 모든 이방을 내가 멸망시키리라 그럴지라도 너만은 멸망시키지 아니하리라 그러나 내가 법에 따라 너를 징계할 것이요 결코 무죄한 자로만 여기지는 아니하리라"(렘 30:11). 또 "그런즉 너는 말하기를 주 여호와의 말씀에 내가 비록 그들을 멀리 이방인 가운데로 쫓아내어 여러 나라에 흩었으나 그들이 도달한 나라들에서 내가 잠깐 그들에게 성소가 되리라 하셨다 하고"(겔 11:16).

72. 요셉은 "두 번째에" 그의 형제들에게 알려졌다.

이것은 스데반이 이스라엘에게 전한 메시지 안에서 강조되었다. "또 재차 보내매 요셉이 자기 형제들에게 알려지게 되고"(행 7:13). 처음 왔을 때, 비록 요셉은 그들을 알아보았다 하더라도, 그들은 그를 알지 못했다. 요셉이 그들에게 자신을 드러낸 것은 그들이 두 번째 애굽에 왔을 때 즉 "그가 그들에게 두 번째 나타났을 때"였다. 여기의 모형은 얼마나 놀랍도록 정확한가! 주 예수께서 육체를 따라 형제된 자들에게 처음 나타났을 때, 그들은 그를 알지 못했다. 그러나 두 번째로 나타날 때, 그들은 그를 알 것이다.

성령께서 이러한 중요한 상징을 다양한 모형들 속에서 계속 반복하는 것은 얼마나 의미심장한가! 그것은 모세와 이스라엘의 경우에도 마찬가지였다. "모세가 장성한 후에 한번은 자기 형제들에게 나가서 그들이 고되게 노동하는 것을 보더니 어떤 애굽 사람이 한 히브리 사람 곧 자기 형제를 치는 것을 본지라 좌우를 살펴 사람이 없음을 보고 그 애굽 사람을 쳐죽여 모래 속에 감추니라"(출 2:11, 12). 그러면 그의 형제들은 언제 그가 자신들을 위해 나서는 것을 알게 되었는가? 그들은 그를 무시했다. 그들은 "누가 너를 우리를 다스리는 자와 재판관으로 삼았느냐"라고 말했다(출 2:14). 그들은 사실상, 이스라엘이 그리스도에게 말한 것처럼, "우리는 이 사람이 우리의 왕 됨을 원하지 아니하나이다"라고 말한 셈이었다(눅 19:14). 그러나 그가 그들에게 두 번째로 (그가 그들로부터 감춰어지고 난 오랜 후) 나타났을 때, 그들은 그를 자신들의 지도자로 영접했다.

이것은 여호수아와 이스라엘의 경우에도 마찬가지였다. 여호수아가 처음 이스라엘 앞에 나타난 때는 가나안 땅을 정탐하기 위해 보냄 받은 두 "정탐꾼" 가운데 한 사람으로서였다. 그때 그는 그 땅에 대해 좋게 말하면서, 형제들에게 올라가 취하자고 말했다. 그러나 이스라엘은 그의 메시지를 배척했다(민 13장). 그들이 그를 자신들의 지도자로 영접한 것은 오랜 시간이 지난 후 그가 그들에게 두 번째로 나타난 때였다.

이러한 원리는 다윗의 역사(歷史) 가운데서도 똑같이 반복되었다. 다윗은 아버지에 의해 그의 형제들이 잘 있는지 살피도록 보냄을 받았다. "이새가 그의 아들 다윗에게 이르되 지금 네 형들을 위하여 이 볶은 곡식 한 에바와 이 떡 열 덩이를 가지고 진영으로 속히 가서 네 형들에게 주고 이 치즈 열 덩이를 가져다가 그들의 천부장에게 주고 네 형들의 안부를 살피고 증표를 가져오라"(삼상 17:17, 18). 그러나 그들에게 왔을 때, 그들은 그의 호의에 대해 분개하며 그에게 욕설을 퍼부었다. "그가 다윗에게 노를 발하여 이르되 네가 어찌하여 이리로 내려왔느냐 들에 있는 양들을 누구에게 맡겼느냐 나는 네 교만과 네 마음의 완악함을 아노니 네가 전쟁을 구경하러 왔도다"(28절). 모든 이스라엘과 함께 그들이 그를 자신들의 왕으로 받아들인 것은 그로부터 오랜 세월이 지난 후였다.

위에 열거한 인물들은 모두 주 예수의 모형들이었다. 주 예수께서 처음 이스라엘에게 나타나셨을 때, 그들은 그를 영접하지 않았다. 그러나 그가 두 번째로 나타나실 때, 그들은 그를 자신들의 지도자와 왕으로 영접할 것이다.

73. 요셉의 형제들은 하나님 앞에서 자신들의 죄를 고백했다.

"유다가 말하되 우리가 내 주께 무슨 말을 하오리이까 무슨 설명을 하오리이까 우리가 어떻게 우리의 정직함을 나타내리이까 하나님이 종들의 죄악을 찾아내셨으니"(창 44:16). 이 부분에서도 모형과 원형은 정확하게 상응할 것이다. 선지서의 많은 구절들이 이러한 주제에 대해 빛을 비추어 준다. 그러한 구절들을 몇 개 인용해 보도록 하자. "내가 내 손을 들어 너희 조상들에게 주기로 맹세한 땅 곧 이스라엘 땅으로 너희를 인도하여 들일 때에 너희는 내가 여호와인 줄 알고 거기에서 너희의 길과 스스로 더럽힌 모든 행위를 기억하고 이미 행한 모든 악으로 말미암아 스스로 미워하리라"(겔 20:42, 43). 또 "그들이 그 죄를 뉘우치고 내 얼굴을 구하기까지 내가 내 곳으로 돌아가리라 그들이 고난 받을 때에 나를 간절히 구하리라"(호 5:15). 이것은 요셉의 경우에도 마찬가지였다. 그의 형제들이 그들의 "죄"를 인정할 때까지 그는 자신을 드러내지 않았다. 이와 같이 이스라엘이 실제적인 회개로 하나님께로 돌이키고 난 후에. 하나님이 그들에게 두 번째로 자기 아들을 보내실 것이다(행 3:19-20을 보라).

74. 요셉의 형제들은 요셉 앞에서 혼란에 빠졌다(troubled).

"요셉이 그 형들에게 이르되 나는 요셉이라 내 아버지께서 아직 살아 계시니이까 형들이 그 앞에서 놀라서(troubled) 대답하지 못하더라"(창 45:3). 이 부분에서도 모형과 원형은 완벽하게 상응할 것이다. 이스라엘이 자신들이 배척한 메시야를 보게 될 때, 우리는 다음과 같은 말씀을 듣는다. "그들이 그 찌른 바 그를 바라보고 그를 위하여 애통하기를 독자를 위하여 애통하듯 하며 그를 위하여 통곡하기를 장자를 위하여 통곡하듯 하리로다"(슥 12:10). 이스라엘이 자신들의 메시야를 배척하고 십자가에 못 박은 죄를 깨닫게 될 때, 그들은 진실로 "혼란에 빠지게" 될 것이다.

75. 요셉은 그의 형제들에게 놀라운 은혜를 베풀었다.

"요셉이 형들에게 이르되 내게로 가까이 오소서 그들이 가까이 가니 이르되 나는 당신들의 아우 요셉이니 당신들이 애굽에 판 자라 당신들이 나를 이 곳에 팔았다고 해서 근심하지 마소서 한탄하지 마소서 하나님이 생명을 구원하시려고 나를 당신들보다 먼저 보내셨나이다 … 요셉이 또 형들과 입맞추며 안고 우니 형들이 그제서야 요셉과 말하니라"(창 45:4, 5). 이스라엘이 그리스도와 화해할 때에도 이와 같을 것이다. "그 날에 죄와 더러움을 씻는 샘이 다윗의 족속과 예루살렘 주민을 위하여 열리리라"(슥 13:1). 그때 그리스도는 이스라엘에게 이렇게 말씀하실 것이다. "내가 잠시 너를 버렸으나 큰 긍휼로 너를 모을 것이요 내가 넘치는 진노로 내 얼굴을 네게서 잠시 가렸으나 영원한 자비로 너를 긍휼히 여기리라 네 구속자 주(Lord, 한글개역개정판에는 "여호와"라고 되어 있음)께서 말씀하셨느니라"

(사 54:7, 8).

76. 요셉은 동정의 사람(Man of Compassion)으로 나타났다.

"그 형제들에게 자기를 알리니 그 때에 그와 함께 한 다른 사람이 없었더라 요셉이 큰 소리로 우니"(창 45:1, 2). 우리는 요셉이 울었다는 이야기를 일곱 번 이상 듣는다. 그는 형제들이 자신들의 죄를 고백하는 것을 들을 때 울었다(42:24). 그는 베냐민을 볼 때 울었다(43:30). 그는 형제들에게 자신을 알릴 때 울었다(45:1, 2). 그는 형제들과 화해할 때 울었다(45:15). 그는 아버지 야곱을 만날 때 울었다(46:29). 그는 아버지가 죽을 때 울었다(50:1). 또 그는 나중에 형제들이 자신의 사랑을 의심했을 때 울었다(50:15-17). 이 모든 것은 우리에게 주 예수 그리스도의 뜨거운 동정심을 일깨워 주지 않는가? 그는 두 번 울었다. 한 번은 나사로의 무덤 앞에서 울었으며, 다른 한 번은 나중에 예루살렘을 바라보며 울었다.

77. 요셉은 먼저 유다와 그의 형제들에게 자신을 나타내고, 그 후에 야곱의 나머지 가족들에게 나타냈다.

이와 마찬가지로 우리는 스가랴 12:7에서 "여호와가 먼저 유다 장막을 구원하리니 이는 다윗의 집의 영광과 예루살렘 주민의 영광이 유다보다 더하지 못하게 하려 함이니라"라는 말씀을 듣는다.

78. 그러고 나서 요셉은 야곱을 위해 사람들을 보냈다.

이와 관련하여 할레만 박사의 글을 인용해 보도록 하자. "성경에서 유다는 유다와 베냐민 전체를 대표한다. 요셉이 자신의 정체를 드러낼 때 두드러지게 나타나는 사람은 유다와 베냐민이었다. 한편 예언의 언어에서 야곱은 열 지파를 의미한다. 그러므로 야곱과 그의 가족을 위해 보내는 것은 상징적으로 이스라엘 열 지파를 위해 보내는 것이다. 여기의 모형을 주목해 보라. 요셉은 먼저 유다에게 자신의 정체를 드러내고, 그 다음에 야곱을 만나게 된다. 그와 같이 성경은 그리스도가 먼저 예루살렘에서 유다에 의해 받아들여지고, 그 다음에 야곱의 남은 가족을 만나게 될 것으로 가르친다. '그들이 너희 모든 형제를 뭇 나라에서 나의 성산 예루살렘으로 … 여호와께 예물로 드릴 것이요' (사 66:20)."

79. 요셉의 형제들은 요셉의 영광을 전파하기 위해 간다.

"당신들은 속히 아버지께로 올라가서 아뢰기를 아버지의 아들 요셉의 말에 하나님이 나를 애굽 전국의 주로 세우셨으니 지체 말고 내게로 내려오사 … 당신들은 내가 애굽에서 누리는 영화와 당신들이 본 모든 것을 다 내 아버지께 아뢰고 속히 모시고 내려오소서 하며"(창 45:9, 13). 마찬가지로 이스라엘은 그리스도와 화해한 후 자신들의 왕의 영광을 전파하기 위해 갈 것이다. "내가 그들 가운데에서 징조를 세워서 그들 가운데에서 도피한 자를 여러 나라 곧 다시스와 뿔과 활을 당기는 룻과 및 두발과 야완과 또 나의 명성을 듣지도 못하고 나의 영광을 보지도 못한 먼 섬들로 보내리니 그들이 나의 영광을 뭇 나라에 전파하리라"(사 66:19). 또 "야곱의 남은 자는 많은 백성 가운데 있으리니 그들은 여호와께로부터 내리는 이슬 같고 풀 위에 내리는 단비 같아서 사람을 기다리지 아니하며 인생을 기다리지 아니할 것이며"(미 5:7).

80. 요셉은 자신의 수레를 준비하고 야곱을 맞이하기 위해 간다.

"요셉이 그의 수레를 갖추고 고센으로 올라가서 그의 아버지 이스라엘을 맞으며"(창 46:29). 이와 관련하여 할데만 박사는 이렇게 말한다. "이것은 요셉이 스스로를 실제적으로 나타내는 것이었다. 그는 백성들에게 통치자의 위엄과 광채 가운데 스스로를 나타낸다. 그는 먼저 고센에서 유다를 만나며, 다음으로 아버지 야곱과 그의 가족들을 만난다. 여기에 우리가 앞에서 살펴본 진리가 또 다시 나타난다. 그리스도는 먼저 유다를 만나고 다음으로 모든 이스라엘을 만나기 위해 영광 가운데 오신다. 여기에서 특별히 그가 영광의 수레 안에서 사람들에게 나타나는 것을 주목하라. 이것은 요셉의 원형의 경우에도 마찬가지일 것이다. 그와 관련하여 우리는 '보라 주(Lord)께서 불에 둘러싸여 강림하시리니 그의 수레들은 회오리바람 같으리로다' 라는 말씀을 읽는다(사 66:15)."

81. 요셉은 자기 형제들을 그들 자신의 땅에 정착시킨다.

"이스라엘 족속이 애굽 고센 땅에 거주하며 거기서 생업을 얻어 생육하고 번성하였더라"(창 47:27). 고센은 (세상을 상징하는) 애굽에서 가장 좋은 땅이었다. 바로가 "애굽 땅이 네 앞에 있으니 그 땅의 가장 좋은 곳에 네 아버지와 네 형들이 거주하게 하되 그들이 고센 땅에 거주하고"라고 말한 것처럼 말이다(창 47:6, 한글개역개정판에는 단순히 "땅의 좋은 곳에"라고 되어 있음). 이와 같이 팔레스타인은, 그 본래의 아름다움과 비옥함을 회복할 때, 세상에서 "가장 좋은 땅"이 될 것이다. 그리고 천년왕국 시대에 이스라엘은 그 땅에 거주하며 거기에서 크게 번성할 것이다.

82. 요셉의 형제들은 하나님의 대리자인 요셉 앞에 엎드린다.

"그의 형들이 또 친히 와서 요셉의 앞에 엎드려 이르되 우리는 당신의 종들이니이다 요셉이 그들에게 이르되 두려워하지 마소서 내가 하나님을 대신하리이까"(창 50:18, 19). 요셉의 예언적인 꿈은 그대로 이루어졌다. 형들은 요셉의 우월성을 인정하고, 기꺼이 그 앞에서 종의 위치를 취한다. 이와 같이 장차 모든 이스라엘이 주 예수 그리스도 앞에 엎드려 "이는 우리의 하나님이시라 우리가 그를 기다렸으니 그가 우리를 구원하시리로다 이는 주(Lord)시라 우리가 그를 기다렸으니 우리는 그의 구원을 기뻐하며 즐거워하리라"라고 말할 것이다(사 25:9).

이제 처음 출발했던 지점으로 다시 돌아가도록 하자. 요셉은 "더함"을 의미한다. "더함"은 성령께서 이사야 9:7에서 여기의 요셉이 예표하는 자의 나라의 주도적인 특징을 묘사할 때 사용하신 바로 그 단어이다. "그 정사와 평강의 더함이 무궁하며 또 다윗의 왕좌와 그의 나라에 군림하여 그 나라를 굳게 세우고 지금 이후로 영원히 정의와 공의로 그것을 보존하실 것이라."

제 46장

복음적으로 고찰한 요셉과 그의 형제들

우리는 주로 요셉과 그의 형제들에 대해 다루는 창세기의 마지막 아홉 장을 한 덩어리로 묶을 수 있다. 그런데 거기에는 매우 풍성한 상징들이 담겨 있다. 앞 글에서 우리는 그러한 상징들의 시대론(時代論)적인 의미에 대해 생각해 보았다. 두말할 필요도 없이 바로 그것이 그러한 상징들의 일차적인 적용이 될 것이다. 그러나 그것들을 또한 이차적으로도 적용될 수 있는데, 우리는 그것을 **복음적인** 적용이라고 이름붙일 수 있을 것이다. 이제 이 부분에 대해 고찰해 보도록 하자. 여기에서 요셉은 죄인들의 구주로서의 그리스도를 매우 두드러진 방식으로 예표한다. 반면 그의 형제들은 불경건한 자들의 자연적인 상태를 정확하게 묘사한다. 그리고 그들이 요셉과 화해하는 전체 과정에서, 우리는 구원받지 못한 자들이 사망으로부터 생명으로 옮겨지는 복음의 아름다운 그림을 보게 된다.

83. 요셉의 형제들은 양식이 없는 땅에서 거주했다.

그들은 가나안에 거주했다. 그런데 우리는 "가나안 땅에 기근이 있음이라"라는 말씀을 듣는다(창 42:5). 거기에 그들이 먹고 생명을 얻도록 해줄 수 있는 것은 아무것도 없었다. 거기에서 계속 거주하는 것은 죽음을 의미했다. 따라서 야곱은 아들들에게 애굽에 내려가 "우리가 살고 죽지 않을" 양식을 사오라고 명령했다(42:2). 바로 이것이 불경건한 사람들이 거주하는 곳의 실상이다. 그들은 하나님의 생명으로부터 단절된 채 영적 기근 가운데 떨어진 세상에서 살고 있다. 그곳은 영혼을 위한 양식을 전혀 제공해 주지 못한다. 거듭나지 못한 모든 사람들의 경험은 다름 아닌 탕자의 바로 그것이다. 거기에는 돼지가 먹는 쥐엄열매 외에는 아무것도 없다.

84. 요셉의 형제들은 값을 치르고 양식을 사려고 했다.

"요셉의 형 열 사람이 애굽에서 곡식을 사려고 내려갔으나"(창 42:3). 이것이 얼마나 강한 상징성을 갖는지 주목하라. "사다"라는 단어는 본장 앞부분에서 5회 이상 나타난다. 요셉의 형제들은 필요한 양식을 구함에 있어 값을 치르고 사는 것 외에는 다른 어떤 생각도 하지 못했다. 바로 이것이 자연인의 생각이다. 자연인의 생각은 하나님으로부터 선물을 받는 수준으로까지는 결코 올라가지 못한다. 자연인은 항상 값을 치르거나 혹은 어떤 공로를 통해 하나님으로부터 인정을 받고, 은총을 얻으며, 받아들여진다고 생각한다. 나아만이 나병을 고침 받고자 하나님의 선지자에게 올 때에도 그랬다. 이것은 탕자의 경우에도 마찬가지였다 — "나를 품꾼의 하나로 보소서"(눅 15:19). 다시 말해서 그는 무엇인가를 얻기 위해 일을 하는 자로서 아버지의 호의를 입고자 했다. 그것은 여기의 요셉의 형제들의 경우에도 마찬가지였으며, 지금도 모든 자연인에게 여전히 마찬가지이다.

85. 요셉의 형제들은 "애굽의 주" 앞에서 자기의(自己義)의 태도를 취했다.

그들이 요셉 앞에 나타났을 때, 요셉은 그들을 시험했다. "요셉이 보고 거칠게(roughly) 그들에게 말하여"(42:7, 한글개역개정판에는 "엄한 소리로"라고 되어 있음). 요셉은 그들에게 "너희는 정탐꾼들이라 이 나라의 틈을 엿보려고 왔느니라"라고 말했다(9절). 이에 대한 그들의 대답이 무엇이었나? "내 주여 아니니이다 당신의 종들은 곡물을 사러 왔나이다 우리는 다 한 사람의 아들들로서 진실한(true) 자들이니 당신의 종들은 정탐꾼이 아니니이다"(10, 11절, 한글개역개정판에는 "확실한"이라고 되어 있음). 죄인들을 고치기 위해 일하실 때, 하나님은 항상 이렇게 시작하신다. 그는 치료하기 전에 먼저 상처를 입히신다. 또 그는 치료할 수 있기 위해 상처를 입히신다. 그는 자신의 영으로 "거칠게" 말씀하신다. 그는 유죄 판결의 화살을 날리신다. 그는 자연인을 정죄하는 말씀을 하신다. 그러면 죄인들의 첫 반응은 무엇인가? 그들은 그와 같은 "거친" 말에 분개한다. 그들은 자신들에 대한 유죄 판결을 받아들이지 않는다. 그들은 자신들이 전적으로 타락했으며 "허물과 죄로 죽었음"을 부인한다. 그들은 스스로를 옹호하고자 시도한다. 그들은 스스로 의롭다고 생각한다. 그들은 자신들이 "진실한 자들"이라고 자랑한다.

86. 요셉의 형제들은 삼 일 동안 감옥에 갇혔다.

"그들을 다 함께 삼 일을 가두었더라"(창 42:17). 이것은 부당한 것도 아니었고, 가혹하게 다루는 것도 아니었다. 그것은 정확하게 그들이 받기에 합당한 것이었다. 그곳은 수치와 정죄의 장소로서, 그들이 있기에 합당한 곳이었다. 하나님은 이와 같이 잃어버린 자들을 다루신다. 죄인들은 자신들에게 합당한 것이 무엇인지 알아야만 한다. 그들은 자신들에게 합당한 것이 오직 형벌뿐이라는 사실을 배워야만 한다. 그들은 자신들이 있기에 합당한 장소가 오직 수치와 정죄의 장소뿐이라는 사실을 깨달아야만 한다. 그들은 높은 자리로 승귀(昇貴)될 수 있기 전에 먼저 낮은 자리로 비하(卑下)되어야만 한다.

87. 요셉의 형제들은 양심의 가책을 느꼈다.

"그들이 서로 말하되 우리가 아우의 일로 말미암아 범죄하였도다 그가 우리에게 애걸할 때에 그 마음의 괴로움을 보고도 듣지 아니하였으므로 이 괴로움이 우리에게 임하도다"(창 42:21). 그들이 "서로" 말한 것을 주목하라. 아직까지 그들의 양심은 하나님 앞에 있지 못했다. 거듭나지 못한 사람들 안에서 우리는 종종 이와 비슷한 것을 발견한다. 영혼 안에서 하나님이 일하실 때, 양심이 각성(覺醒)되며 "괴로움"이 임한다. 그리고 죄를 인식하게 된다. 그러나 죄를 인식하며 괴로워함에도 불구하고, 아직은 하나님 앞에 잃어진 죄인의 자리를 취하는 단계까지는 이르지 못했다.

88. 요셉은 은혜로 구원받는 진리를 보여 준다.

"명하여 곡물을 그 그릇에 채우게 하고 각 사람의 돈은 그의 자루에 도로 넣게 하고 또 길 양식을 그들에게 주게 하니 그대로 행하였더라"(창 42:25). 이것은 얼마나 아름다운 상징인가! 생명의 떡은 돈 주고 살 수 없다. 그것은 오직 값없이 주어지는 선물로서 받을 수 있을 뿐이다. 복음의 조건은 "돈없이 값없이"이다. 그리스도의 모형인 요셉이 "곡식을 사기 위해" 온 자들에게 돈을 돌려주라고 명령한 것에 그러한 진리가 얼마나 아름답게 나타나는지 주목하라. 분명 그것은 다음과 같은 복된 진리를 예표적으로 보여 주는 행동이었다. "너희는 그 은혜에 의하여 믿음으로 말미암아 구원을 받았으니 이것은 너희에게서 난 것이 아니요 하나님의 선물이라 행위에서 난 것이 아니니 이는 누구든지 자랑하지 못하게 함이라"(엡 2:8, 9).

89. 이제 요셉의 형제들은 일시적인 평안을 누린다.

"그들이 곡식을 나귀에 싣고 그 곳을 떠났더니"(창 42:26). 그들은 감옥으로부터 나왔으며, 원하는 곡식을 얻었다. 그리고 그들은 집으로 돌아가고 있었다. 지금 그들의 마음은 안식과 평안 가운데 있었으며, 얼마 전 괴로움 가운데 빠졌던 그들의 양심은 다시 평온해졌다. 그러나 아직까지 그들은 참된 안식에는 이르지 못했다. 아직까지 요셉과 화해하지 않았기 때문이다. 결국 그들은 일시적인 안식과 평안만을 얻었을 뿐이었다. 그들 앞에 더 중요한 과제가 남아 있었다. 이것은 양심이 각성된 죄인의 경험을 얼마나 멋지게 보여 주는가! 사람이 처음으로 구원이 공로가 아니라 은혜로 말미암는다는 사실을 배울 때, 일반적으로 그에게 마음의 평안과 안식이 따른다. 그러나 참으로 그리스도 앞에 나오기 전까지, 그에게 그것은 일시적인 것에 불과하다.

90. 요셉의 형들의 일시적인 평안은 곧 깨어졌다.

"한 사람이 여관에서 나귀에게 먹이를 주려고 자루를 풀고 본즉 그 돈이 자루 아귀에 있는지라 그가 그 형제에게 말하되 내 돈을 도로 넣었도다 보라 자루 속에 있도다 이에 그들이 혼이 나서 떨며 서로 돌아보며 말하되 하나님이 어찌하여 이런 일을 우리에게 행하셨는가 하고"(창 42:27, 28). 이 또한 얼마나 멋진 모형인가! 여기의 모형은 쉽게 이해될 수 있다. 하나님은 각성된 양심에게, 그것이 오직 그리스도 안에서 안식할 때까지, 참된 안식을 허락하지 않으실 것이다. 뿐만 아니라 하나님은 거짓 평안을 쫓아내는 작업을 하신다. 그 다음에 나오는 말씀을 읽어 보라. "그 땅에 기근이 심하고 그들이 애굽에서 가져온 곡식을 다 먹으매 그 아버지가 그들에게 이르되 다시 가서 우리를 위하여 양식을 조금 사오라"(43:1, 2). 여기의 모형 역시 쉽게 이해될 수 있다. 영혼의 굶주림은 하나님의 영이 역사(役事)하는 사람들 안에서 한층 더 날카로워진다. 그들은 자신들의 결핍을 더 깊이 의식(意識)하며, 세상이 "기근" 상태에 빠져 있음을 더 날카롭게 느낀다. 그들은 "진정한 애굽의 총리" 앞에 나아갈 때까지 참된 안식과 평안을 얻지 못한다.

91. 요셉의 형제들은 계속해서 율법주의적인 정신을 나타낸다.

"그들의 아버지 이스라엘이 그들에게 이르되 그러할진대 이렇게 하라 너희는 이 땅의 아름다운 소산을 그릇에 담아가지고 내려가서 그 사람에게 예물로 드릴

지니 곧 유향 조금과 꿀 조금과 향품과 몰약과 유향나무 열매와 감복숭아이니라 … 그 형제들이 예물을 마련하고 갑절의 돈을 자기들의 손에 가지고 베냐민을 데리고 애굽에 내려가서 요셉 앞에 서니라"(창 43:11, 15). 하나님이 일하기 시작한 영혼의 모습이 바로 이와 같다. 그들의 영혼은 불안하며, 그들은 세상의 헛됨을 점점 더 깊이 느낀다. 그리하여 그들은 하나님을 기쁘시고 하고자 갑절의 노력을 기울인다. 그는 스스로 마음을 새롭게 다잡으면서 하나님의 인정을 받고자 더 힘쓴다. 그들은 여기의 요셉이 예표하는 자가 진정으로 원하는 것이 무엇인지 아주 조금밖에 알지 못한다. 이와 같이 우리는 여기에서 새롭게 각성한 양심이 그리스도를 아주 조금밖에 알지 못하는 사실을 발견한다. 요셉은 "이 사람들이 정오에 나와 함께 먹을 것이니라"라고 말했다(16절). 이와 같이 그리스도도 우리를 위해 잔치를 배설하신다. 복음의 언어는 "오소서 모든 것이 준비되었나이다"이다(눅 14:17). 준비하신 자는 그리스도이다. 죄인은 단지 그것에 참여할 뿐이다.

92. 요셉의 형제들은 다시 즐거워졌다.

"그들이 요셉 앞에 앉되 그들의 나이에 따라 앉히게 되니 그들이 서로 이상히 여겼더라 요셉이 자기 음식을 그들에게 주되 베냐민에게는 다른 사람보다 다섯 배나 주매 그들이 마시며 요셉과 함께 즐거워하였더라"(창 43:33, 34). 아, 사람은 도대체 무엇이란 말인가! 그들은 아직 죄를 자백하지 않았으며, 올바른 관계는 아직 회복되지 않았다. 그럼에도 불구하고 그들은 "즐거워할" 수 있었다. 피상적으로만 보면 모든 일이 다 잘 해결된 것처럼 보인다. 그러나 이것은 우리에게 씨 뿌리는 자의 비유에 나오는 돌밭을 일깨워 준다. "돌밭에 뿌려졌다는 것은 말씀을 듣고 즉시 기쁨으로 받되 그 속에 뿌리가 없어"(마 13:20, 21). 오늘날 이와 같은 사람들이 얼마나 많은가! 하나님의 구원 역사(役事)는 단순히 일시적인 즐거운 감정을 만드는 것 훨씬 이상(以上)이다.

93. 요셉은 형제들을 불화 가운데 몰아넣는다.

"요셉이 그의 집 청지기에게 명하여 이르되 양식을 각자의 자루에 운반할 수 있을 만큼 채우고 각자의 돈을 그 자루에 넣고 또 내 잔 곧 은잔을 그 청년의 자루 아귀에 넣고 그 양식 값 돈도 함께 넣으라 하매 그가 요셉의 명령대로 하고"(창 44:1, 2). 잘못된 것이 바로잡혀질 때까지, 요셉과 형들 사이에 실제적인 교제는 있을 수 없었다. 죄를 충분하게 고백할 때까지, 참된 마음의 친교는 가능할 수 없었다. 바로 이것이 하나님이 항상 염두에 두고 계시는 계획이다. 하나님은 우리를 자신과의 참된 교제를 이끌기를 원하신다. 그러나 그는 거룩하시다. 그러므로 그와 화해할 수 있기 전에, 먼저 우리의 죄가 고백되고 도말되어야만 한다.

94. 요셉의 형제들은 마침내 하나님 앞에서 자신들의 참된 위치를 취한다.

그들은 요셉 앞에 있었으며, 그 앞에서 "즐거워" 했다. 그리고 지금 가벼운 마음으로 자신들의 길을 가고 있었다. 한편 요셉은 그들 뒤에 자신의 청지기를 보내면서, 그에게 "일어나 그 사람들의 뒤를 따라 가서 그들에게 이르기를 너희가 어찌하여 선을 악으로 갚느냐 하라"라고 말했다(44:4). 마찬가지로 우리 주님은 각성(覺醒)된 자의 마음속에서 자신의 일을 계속 행하기 위해 성령을 보내신다. "청지기"는 형들을 다시금 요셉 앞으로 데려왔다. 이와 같이 성령은 죄인을 다시금 하나님 앞으로 데려온다. 결국 이 일이 어떻게 결말지어지는지 보라. "유다가 말하되 우리가 내 주께 무슨 말을 하오리이까 무슨 설명을 하오리이까 우리가 어떻게 우리의 정직함을 나타내리이까 하나님이 종들의 죄악을 찾아내셨으니"(44:16). 아, 이 얼마나 복된 일인가! 전에 스스로를 "진실한 자들"이라고 공언할 때의 태도와 여기의 태도를 비교해 보라. 이 얼마나 놀라운 변화인가! 이제 그들은 자신들의 의(義)를 나타내고자 하는 모든 시도를 포기하고, 하나님이 "자신들의 죄악을 찾아내셨음을" 인정하면서 요셉 앞에서 죄인의 위치를 취한다. 바로 이것이 요셉이 항상 염두에 두고 있었던 계획이었다. 그리고 바로 이것이 성령께서 죄인 안에서 역사(役事)하실 때 항상 염두에 두고 계시는 계획이다. 죄인이 스스로를 변명하며 옹호하기를 그칠 때까지 그리고 자신이 죄인임을 인정하면서 빛으로 나올 때까지, 그는 결코 참된 축복의 자리에 들어오지 못한다. 죄인이 하나님 앞에 자신이 파멸된 자이며 잃어버린 자임을 시인한다면, 곧바로 그리스도께서 그에게 그의 가장 깊은 필요를 충분하게 채워 줄 수 있는 자로서 나타나실 것이다. 이것은 여기의 요셉과 그의 형제들 사이에서도 마찬가지였다.

95. 마침내 요셉은 형제들에게 자신을 알린다.

"그러자 요셉이 시종하는 자들 앞에서 그 정을 억제하지 못하여 소리 질러 모든 사람을 자기에게서 물러가라 하고 그 형제들에게 자기를 알리니"(창 45:1). 여기의 말씀이 "그러자"(then)로 시작하는 것을 주목하라(한글개역개정판에는 "then"이 나타나지 않음). 이것은 얼마나 복된 사실인가! 여기에서 우리는 형들이 자신들의 죄를 시인하자마자 곧바로 요셉이 자신을 나타내는 것을 보게 된다. 지금까지 요셉이 자신을 나타내지 못하도록 막고 있었던 것이 이제 사라진 것이다.

여기에서 특별히 요셉이 형제들에게 자신을 나타내면서 "모든 사람을 자기에게서 물러가게 하라"고 명령한 것을 주목하라. 이것은 그리스도께서 회개하는 죄인에게 자신을 나타내실 때에도 마찬가지이다. 회개하는 죄인과 구속자 사이에는 어느 누구도 있어서는 안 된다. 스스로 중보자의 위치를 취하는 사제(司祭)들이여, 떠날지어다! 구원의 조건으로서 이런저런 규례를 끼워 넣는 의식주의자(儀式主義者)들이여, 떠날지어다! 가련한 죄인과 그리스도 사이에 끼어들려고 하는 모든 자들이여, 떠날지어다! "모든 사람을 물러가게 하라."

96. 요셉은 형들에게 자기에게로 가까이 오라고 초청한다.

"요셉이 형들에게 이르되 내게로 가까이 오소서 그들이 가까이 가니"(창 45:4). 아, 이것은 얼마나 복된 사실인가! 요셉과 형들 사이의 간격은 이제 사라졌다. 이와 같이 우리 구주는 두려워 떠는 가련한 죄인에게 "내게로 가까이 오라"고 말씀하신다. 계속해서 요셉은 그들에게 놀라운 메시지를 선포한다. "하나님이 큰 구원으로 당신들의 생명을 보존하고 당신들의 후손을 세상에 두시려고 나를 당신들보다 먼저 보내셨나니"(7절).

여기에서 잠깐 냅(Knapp)의 글을 인용해 보도록 하자. "그것은 큰 구원이다. 그것은 하늘은 스스로 돕는 자를 돕는다는 식의 혹은 일단 구원받았다 하더라도 시간이 지나면 잃어버릴 수도 있는 제한적이며, 부분적이며, 보잘것없는 구원이 아니다. 결코 그렇지 않다. 그것은 그리스도께서 십자가에서 완성하신 사역의 결과로서 이루어진 구원이다. 큰 구원 외에 도대체 무엇이 우리와 같은 죄인을 구원할 수 있단 말인가? 우리는 모두 큰 죄인이며, 우리의 죄는 큰 죄이다. 그러므로 우리는 큰 구원을 필요로 한다. 큰 구원 외에는 그 어느 것도 우리에게 소용이 없다. 친구여, 나는 당신이 그것을 취하기를 바란다. 부디 그것을 대수롭지 않게 여기지 말라. '우리가 이같이 큰 구원을 등한히 여기면 어찌 그 보응을 피하리요'(히 2:3)."

97. 요셉은 형제들에게 그들을 위한 충분한 양식이 준비되었다고 말한다.

"아버지의 아들들과 아버지의 손자들과 아버지의 양과 소와 모든 소유가 고센 땅에 머물며 나와 가깝게 하소서 흉년이 아직 다섯 해가 있으니 내가 거기서 아버지를 봉양하리이다 아버지와 아버지의 가족과 아버지께 속한 모든 사람에게 부족함이 없도록 하겠나이다"(창 45:10, 11). 이것은 우리 주님의 마음속에 있는 것을 잘 보여 준다. 그는 구속받은 자들이 자기 가까이 있기를 바라신다. 그들에게 이제 그는 더 이상 외인(外人)이 아니다. 뿐만 아니라 그는 그들에게 필요한 양식을 공급해 주실 것을 약속하신다. "나의 하나님이 그리스도 예수 안에서 영광 가운데 그 풍성한 대로 너희 모든 쓸 것을 채우시리라"(빌 4:19).

98. 요셉은 자신이 형들과 완전하게 화해한 증거를 준다.

"요셉이 또 형들과 입맞추며 안고 우니 형들이 그제서야 요셉과 말하니라"(창 45:15). "입맞춤"은 그가 그들을 용서한 사실을 나타낸다. 뿐만 아니라 그것은 또한 그의 사랑을 나타낸다. 탕자의 아버지도 이와 같이 먼 나라로부터 돌아와 죄인임을 고백한 아들에게 입을 맞추었다. 여기에서 형들이 요셉에게 입을 맞춘 것이 아니라 요셉이 형들에게 입을 맞춘 것을 주목하라. 이것은 탕자의 경우에도 마찬가지였다. 그가 아버지에게 입을 맞춘 것이 아니라, 아버지가 그에게 입을 맞추었다. 이와 같이 하나님은 모든 부분에서 주도권(initiative)을 취하신다. 계속해서 하반절의 "형들이 그제서야 요셉과 말하니라"라는 말씀을 보라. 이 또한 얼마나 복된 사실인가! 이제 그들의 두려움은 모두 사라졌다. 요셉과 화해한 그들은 이제 그와의 교제와 대화를 즐길 수 있게 되었다. 이것은 구원받은 죄인과 구주 사이에서도 마찬가지이다.

99. 다른 사람들이 요셉의 기쁨에 참여했다.

"요셉의 형들이 왔다는 소문이 바로의 궁에 들리매 바로와 그의 신하들이 기뻐하고"(창 45:16). 이와 관련하여 냅(Knapp)은 다음과 같이 말한다. "이것은 구약의 누가복음 15장이다. 죄인들이 화해되고, 받아들여졌다. 그리고 잃어버린 자들이 찾아졌다. 그것은 이를테면 '죽은 자가 다시 살아난' 것이었다. 그리고 하나님 앞에서 기쁨이 있었다. 죄인들이 회개하고 돌아올 때, 여기의 바로와 그의 신하들처럼, 하나님과 천사들이 기뻐한다. 모두에게 기쁨이 있다. 요셉도 기뻐하며,

그의 형들도 기뻐하며, 바로도 기뻐하며, 그의 신하들도 기뻐한다."

100. 요셉의 형제들은 이제 다른 사람들을 찾기 위해 간다.

요셉은 형들에게 영광스러운 사명을 맡겼다. "당신들은 속히 아버지께로 올라가서 아뢰기를 아버지의 아들 요셉의 말에 하나님이 나를 애굽 전국의 주로 세우셨으니 지체 말고 내게로 내려오사 … 당신들은 내가 애굽에서 누리는 영화와 당신들이 본 모든 것을 다 내 아버지께 아뢰고 속히 모시고 내려오소서"(45:9, 13). 이와 같이 우리 주님도 구원받은 자들에게 사명을 맡기신다. 그는 그들에게 "가서 나를 알지 못하는 다른 사람들을 찾으라"고 명령하신다. 요셉은 형들에게 "아버지에게 가서 내가 살아 있는 사실과, 하나님이 나를 '애굽 전국의 주'로 세우신 사실과, 내가 애굽에서 누리는 모든 '영예'(glory)를 알리라"고 말했다. 마찬가지로 신자들은 구주와 관련하여 그가 영원히 살아 계신 사실과, 하나님이 그를 "주와 그리스도"로 삼으신 사실과, 그가 "영광과 존귀"로 관을 쓰신 사실을 전파하라고 보냄을 받는다. 여기에서 요셉이 "속히"라는 단어를 두 번 반복하는 것을 주목하라(9절과 13절). 이것은 우리에게도 마찬가지이다. 여기에는 어떤 지체함도 없어야 한다. 왕의 명령은 "속히" 시행되어야만 한다. 시간이 없다. 고귀한 영혼들이 우리 주위에서 계속 죽어가고 있다.

101. 요셉은 형들에게 "길에서 넘어지지 말라"고 훈계했다.

"이에 형들을 돌려보내며 그들에게 이르되 당신들은 길에서 넘어지지 말라(ye fall not out by the way) 하였더라"(창 45:24, 한글개역개정판에는 "길에서 다투지 말라"라고 되어 있음). 이러한 훈계의 말은 우리에게도 너무나 필요하다. 우리 안에 여전히 육체가 있다. 마귀는 우리 안에서 계속해서 시기와 경쟁의 영을 충동시키고자 애를 쓴다. 이와 관련하여 사도 바울은 "주의 종은 마땅히 다투지 아니하고 모든 사람에 대하여 온유하며"라고 말한다(딤후 2:24). 우리가 이러한 훈계에 주의(注意)한다면, 우리는 결코 "길에서 넘어지지" 않을 것이다.

이 이야기의 결말을 모형적으로 적용하는 작업은 그냥 독자들에게 남겨두고자 한다. 요셉의 형제들은 자신들에게 주어진 사명에 신실했다. 아버지에게 갔을 때, 그들은 스스로 자신들의 메시지를 창안하지 않았다. 그들에게는 그렇게 할 필요가 전혀 없었다. 요셉이 그들에게 무슨 말을 할 것인지 분명하게 알려 주었기 때문이다. 그들의 임무는 애굽의 "총리"의 말을 그대로 반복하는 것이었다. 그들은 그렇게 했으며, 모든 일은 계획대로 이루어졌다. 야곱과 70명의 가족들은 애굽으로 내려와 요셉으로부터 극진한 영접을 받았다. 이와 같이 우리도 스스로 우리 자신의 메시지를 창안할 필요가 없다. 우리에게도 우리가 전파해야 할 메시지가 분명하게 주어졌기 때문이다. 그러한 메시지에 신실할 때, 우리는 보상을 받을 것이다. 하나님은 우리에게 당신의 말씀이 헛되이 돌아오지 않을 것이라고 약속하셨기 때문이다. 그러므로 여기의 최초의 복음전도자들로부터 격려를 받도록 하자. 그리고 기근에 빠진 세상으로 가서, 굶주림으로부터 능히 구원해 줄 수 있는 자에 대해 말하자. 그리고 우리가 어느 정도로 성공을 거둘 것인지 하는 것은 그의 주권적인 뜻에 맡기자. 그러면 우리는 만민에게 복음을 전파하는 영광스러운 사명을 이행하는 자들 가운데 서게 될 것이며, 그렇게 하여 우리는 하나님께 영광을 돌리게 될 것이다. 그리고 그렇게 함으로써 우리는 여기의 요셉이 예표하는 자가 다시 오셔서 의와 평강 가운데 영원히 통치하실 그 영광스러운 날을 좀 더 앞당기게 될 것이다.

독자 여러분들께 알립니다!

'CH북스'는 기존 **'크리스천다이제스트'**의 영문명 앞 2글자와
도서를 의미하는 **'북스'**를 결합한 출판사의 새로운 이름입니다.

아더 핑크 클래식 3

아더 핑크 창세기 강해

1판 1쇄 발행 2015년 8월 3일
1판 3쇄 발행 2022년 1월 18일

발행인 박명곤 **CEO** 박지성 **CFO** 김영은
편집 채대광, 김준원, 박일귀, 이은빈, 김수연
디자인 구경표, 한승주
마케팅 임우열, 유진선, 이호, 김수연
펴낸곳 CH북스
출판등록 제406-1999-000038호
대표전화 070-4917-2074 **팩스** 0303-3444-2136
주소 경기도 파주시 회동길 37-20
홈페이지 www.hdjisung.com **이메일** main@hdjisung.com
제작처 영신사 월드페이퍼

'그리스도와 그의 나라를 위하여'
CH북스는 여러분의 의견 하나하나를 소중히 받고 있습니다.
원고 투고, 오탈자 제보, 제휴 제안은 main@hdjisung.com으로 보내 주세요.